国学
经典
文库

图文珍藏版

实录后宫沉浮　解密宫

后妃宫

王艳军◎主编

清代厚黑第一阉——李莲英

人物档案

李莲英:原名李进喜、李英泰,慈禧太后赐名连英,俗作莲英,字灵杰,道号乐元,生于直隶省顺天府大城县(今河北省廊坊市大城县)。中国清代末期总管太监。李莲英幼年净身,咸丰年间,先入王府。1857年进宫。1860年英法军略军陷通州,随帝后大臣等逃往避暑山庄。1861年咸丰帝晏驾,李莲英随两宫太后返京。1865年经师兄、内廷大总管安德海保荐,提升为首领太监,授六品顶戴花翎。1869年李莲英经授二总管,晋升为四品顶戴花翎。1886年4月,朝廷派李莲英带领御医跟随醇亲王奕譞巡阅炮台、水陆操练等情况。1894年破格加二品顶戴。慈禧太后死后,李莲英亦退。1900年八国侵略军践踏北京时,两宫逃往西安,李莲英亦跟随前往。李莲英于1911二月初四日卒,时年67岁,墓碑记为64岁。

生卒时间:公元前1848年11月12日~公元前1911年3月4日。

安葬之处:李莲英墓(北京海淀区恩济庄)。

性格特点:自幼聪慧过人,懂察言观色,圆滑世故,谦虚谨慎,识时务知进退,因擅长梳头而得宠;靠着敏锐的观察力,才成为慈禧最宠爱的大红人。

历史功过:一生在皇宫中度过,受慈禧太后的宠信,尤其是光绪时期,权势极大,收受贿赂、买卖官爵,其中,袁世凯为了拉拢他,一次送给李莲英的贿银就多达30万两,李莲英通过各种手段为自己搜罗了一大笔财富,他在老家有36项地,房产无数。值得一提的是,李莲英虽是一名太监,但经慈禧太后允许,娶了当时京城的名妓马芙蓉为他的大福晋,除此之外,还有4名过继的子嗣,在出宫之前,李莲英为他的4名儿子做了周密的安排,个个都有官职在身。李莲英作为阉宦势力的代表人物,活跃在清末政治舞台上,长达半个多世纪。

名家评点:十六个字的墓志铭是他一生做人做事风格的真实写照:"事上以敬,事下以宽,如是有年,未尝稍懈。"

一 "自阉"为宦

　　李莲英的祖辈原居住在山东省青州府齐河县石门高庄。明朝永乐年间,青州又燃起战火,老百姓背井离乡,四散逃命,李家先人也随着人流逃难至河北大城县境。当年的河间府大城县在元末明初连年战争中,生灵涂炭,遍遭横祸。明清交接之际,改朝换代的仗又热火朝天地打了几年,大城县更是十室九空,李家先辈流落到大城县时,只见遍地饿殍、荆棘丛生,举目四望只有乌鸦不停地盘旋,不见有半点人烟。此地虽生活无着,但李氏一家颠沛流离赢月,实在无力往前走了。李家先人心想在这人迹罕见的"世外桃源",只要自己辛勤劳作,说不定能够栖身。便打定主意在这儿安家落户了。苍天保佑,李氏一家披荆斩棘,经过几年两头不见太阳的劳作,总算自食其力,顾了温饱,保存了李家一脉香火。谁知这子牙河总是不老实,隔三岔五总是闹洪灾,毁堤埋田,冲房塌屋,残害生灵。李家又舍不得离开这片"世外桃源"。就这么子牙河一直发着水,李家也一直挣扎着繁衍生息,故而李家的人丁总兴旺不起来。到李莲英的父辈,就只剩李玉(李莲英的父亲)一条根。等到李玉长到十来岁时,其父母双双撒手归西,一个孤儿四处游荡,幸亏一位算命先生见他孤身一人,怪可怜的,即收他为徒,一边教他拉二胡,一边在四乡卜卦算命。不曾想这算命先生又早早走完人生旅程。于是,李玉又是孤身一人,成天拉着三根弦的胡琴,辗转在乡里,遇到别人有个红白喜事,上前凑个热闹,拉上一段琴,混口饭吃,平日里只好靠乞讨度日。乡里把他的名字都忘了,只记得他的绰号:胡胡李。

　　一天,十肠九空的"胡胡李"终于病倒了,横卧在村头的土地庙里,茶水不进,正在奄奄一息之际,一位好心的老人收养了他。这位老人是胡胡李的远房叔叔,他是个老实本分的忠厚的长者,村里都称他"老实人柱爷"。这位李柱凭着年轻时省吃俭用,拼死拼活挣下一点家业,老两口种着十几亩地,养着两头牲口,在当地来说也是个殷实之家。不如意的是无儿无女,是个"瞪眼绝户",后顾之忧的阴影时时笼罩在老两口的心头。李柱见胡胡李孤单可怜,老两口早有心将胡胡李接到自己家中抚养,但一怕别人说闲话,二怕胡胡李长大了变心,到时则自己会捡个包袱背,自讨没趣,所以一直下不了决心。如今见胡胡李病得小命都快丢了,难去怜悯之心,才横下一条心,把胡胡李从破庙里背回来。

　　在老俩口精心照料下,胡胡李现在一天有三顿饱饭,病很快好了,身体也渐渐复原。胡胡李是个聪明孩子,见二老对自己有救命之恩,无以为报,于是平日里担水扫院,出牲口棚、垫猪圈,样样都抢着干,"叔叔""婶娘"总是叫得那么甜,那么亲。老两口见他手脚勤快,老实懂事,着实喜欢,一合计,就认胡胡李为嗣子,自此之后,胡胡李有了固定的栖身之地,并有一对再生父母。

　　斗转星移,转眼胡胡李已成为挑家过日子的壮劳力,而李柱夫妇则弯腰驼背显著地老了。俗话说:"男大当婚,女大当嫁。"大城县农村的年轻人结婚都早,过了十五六岁还没说上媳妇的就成"大龄青年"了,何况胡胡李现已长成一个虎背熊腰的棒小伙子了。

　　老俩口要给胡胡李成家可费了脑子，自己一辈子口挪肚攒好不容易挣下来的家业，万一年轻人人大心大，"娶个媳妇卖个儿"，落个人财两空，怎么办？就算胡胡李不变心，媳妇进门不孝顺双老又怎么办？可眼见着胡胡李一天天成人，不给他完婚，续接李家香火那怎么行呢？老太太还等着抱孙子呢！

　　思来想去：老太太冲着柱爷一拍大腿，笑出声来："老糊涂了，真是老糊涂了，放着这么好的媳妇不要，还到哪里去找？"老头一时没反应过来，狐疑地问老伴："你说的是谁呀?！"

　　原来老太太认为作胡胡李媳妇的最佳人选是老太太娘家的远房侄女。老太太娘家是曹家坟的，在大城县东北角，离李贾村有十多里路，两个庄子都靠着子牙河，往来十分方便，这村的闺女嫁到那村，那村的闺女嫁到这村的不少，老太太娘家人稀没落，嫡亲的娘家人只有一个弟弟，前些年发水也丧了命，再远的几个哥弟，也都成了一家子，只不过平常不大走动。眼下说的这个侄女的爹娘与老太太是共太爷的，见了面打招呼还挺亲热。侄女的双亲也是发水那年没的，她本人又没有亲姨、亲姑，跟着一个近门的叔叔过活，日子过得很苦。

　　老太太之所以挑中这个侄女，是考虑到有多方面的好处：其一，按辈分她本该叫老太太姑姑，过了门成一家亲上加亲，婆媳之间容易相处。其二，这个侄女也是受过苦的，知道怎么过日子。老太太说明心意，柱爷觉得有道理，于是一拍即合。胡胡李对这回事无所谓，一句"全凭爹娘做主"就算同意了。

　　老太太托人到侄女家说媒，对方也是痛痛快快地答应了。一切顺利，于是便在当年腊月底给胡胡李完了婚，把媳妇接进了门。

　　这曹氏应该说不能算漂亮，但也不算丑，四方团脸，五官匀称，厚厚的耳垂，满脸喜气，待人接物举止大方，没有半点小家子气，谁见了都说她是个有福之人。

　　过得门来，曹氏着实没有辜负公公、婆婆和丈夫的期望。夫妻恩爱，孝顺公婆，和睦乡里，上炕一把剪子，下炕一把笤帚，不管干什么活计都是拿得起放得下。老头和老太太开始还不服老，强撑着折腾。胡胡李和曹氏劝了几次之后，二位老人家发现自己辛辛苦苦地干也起不了大作用，有些时候还会越帮越忙，于是图个清静，索性把地里活一推六二五，全扔给胡胡李夫妻二人侍弄。曹氏除帮丈夫下地外，家里的洗衣做饭也搞得井井有条，二老自此逍遥自在赛过活神仙。这且不说，曹氏在待人接物方面也很让老人家满意，不像有些媳妇，见有人时一口一个爹妈叫得比蛐蛐还欢，背地里横眉竖眼一口一个"老不死"的诅咒。曹氏喊爹妈喊的那个甜劲，老两口听着比泡在蜂蜜罐子里都舒服。每顿吃饭先给爹妈端上，然后是丈夫，最后才是她自己，平时问寒问暖，孝顺备至。对待左邻右舍，曹氏向来是不卑不亢，谁有个急事跑前边帮忙，当然谁要是想欺负李家她也是从不示弱，遇到麻烦镇静自若。因此，曹氏过门没半年功夫，左邻右舍都交口称赞李家娶了一位贤惠媳妇，老两口自是高兴得梦里笑醒了。

　　更令老两口乐得合不拢嘴的是：曹氏过门的第二年就生了肥头大耳的胖小子，

老两口过子得孙,那个高兴劲就别提了。

俗话说是"福无双至",那说的可能是人倒霉的时候,人倒霉时,喝凉水都能塞牙缝,哪能有双至之福?! 可是该你运气来了,真是泰山都挡不住,那才叫一顺百顺,一利万利,天上掉下个金元宝就刚巧让你捡到。李家老两口正你争我抢抱着个胖孙子乐陶陶时,曹氏看两位老人家一个孙子不够,一鼓作气,再接再厉,连着气又给二老生了四个胖小子。老两口这下有活干了,一人分两个抱着还得有一个坐在地上没人抱哇哇哇哇哭,尽管十分辛苦,但仍是整天笑得合不拢嘴,因为一连串的五个孙子,彻底打破了李家濒临绝户的困境。

曹氏所生五个男丁,肩挨肩像台阶一样,个个都壮壮实实,老两口对任何一个都亲得跟宝贝似的。不过五根指头伸出来都有长短,更何况人的感情呢? 确切一点说,五个孙子里面老两口最疼爱的要数老二,大名叫李英泰,小名叫灵杰。老俩口疼爱小灵杰,是因为这个孙子聪明伶俐。

这个小灵杰出生时,虽不见瑞云罩屋顶,室内红光冲天,但他一落地便在举手投足之间显示出那么一点特别倒是真的,小灵杰离开娘胎之后没像大哥和几位小弟一样手舞足蹈着大哭不止,他只是象征性地哭了一下,似乎是表示对娘胎的那种眷恋,然后便很安详地躺着了,经过些世面的老太太当时就说这小子不同常人。

"人有旦夕祸福,天有不测风云",正当胡胡李家的日子蒸蒸日上的关节,子牙河又一次决口,全县被淹。洪水过后,大城境内发生了瘟疫,患者一个个是上吐下泻,腿肚子转筋,一传十,十传百,而且发病快,得病就难活,晌午还好好的,下午一蹬腿就完。就在骇人听闻的时疫流行中,夺去了老李柱爷的生命。胡胡李一想到没有李柱爷,哪有他的今天,此份恩德平时无以为报,如今老人家到了极乐世界,这丧事决不能从简。当他从悲痛中清醒过来后,冲着几位长辈说道:

"老刘叔,张大爷,我爹的后事有劳你们照护着办吧! 花多少银子我应着!"

两老头儿平时就是李柱的最要好的老伙计,又见胡胡李有如此一份孝心,便像模像样地给李柱办理后事。这李柱爷的丧事算是办得既体面,又热闹,可钱也花了不少,胡胡李两口不但一点不心疼,反而花了钱心里觉得安然。

谁知"屋漏恰逢连阴雨,破船偏遇顶头风",李柱老头辞世的阴影还没从李家老小心里抹掉,老太太也一朝撒手西去了。胡胡李两口哭天抹泪地葬了老太太之后,晚上一合计,欠下的债窟窿已经大的补不住了。

"人到难处思亲朋",曹氏忽然想起有个娘家堂兄在北京耍手艺,干皮行。于是夫妻一合计,携带全家奔京城,投靠那个堂兄,以谋求一条生路。咸丰五年(公元1855 年),在一个萧索冷落的秋天,当排着人字形的大雁鸣叫着向南飞去的时候,胡胡李一家却担筐背篓向北走了。八岁的灵杰动情地望着炊烟袅袅的家乡,望着生他养他的宅院,望着蜿蜒的子牙河堤,他曾在这里上过学,放过牛,割过草,捉过鸟,度过难以忘怀的童年,沿着河堤一步一回头,无可奈何地向着茫茫的天际走去。

小灵杰跟着爹娘一路逃荒,来到了永定门城楼下。古都北京,高大的城墙,巍峨的城楼,白塔古刹,五彩缤纷的市场,是当朝天子的圣地,是达官贵人的乐土,然而，却不一定是穷人赖以谋生的好去处。

前门外大街路西有个"同增皮货店"，专门收售皮货，收购了新旧皮货，经过加工修饰再卖出去，曹氏的堂兄就在这里耍手艺，干皮行。胡胡李一家投奔他来，他只不过是个手艺人能帮什么忙呢？开始就让胡胡李买这里剪下来的皮屑，缝补破鞋，干这最下等的臭皮匠的生意。可是，就这个臭皮匠也不是那么好干的。技术如何先不论，当时行帮盛行，"国有国法，行有行规"，不懂行规行语的门外汉，则寸步难行。

胡胡李这位亲戚还真不错，他见胡胡李干修鞋这一行行不通，就和买卖皮货的商人一沟通，帮胡胡李改行——作起收生皮子的生意。在西直门外堂子胡同坐东朝西的一座三合院里，低矮的身子起脊不挂瓦，破旧不堪，门口挂出一块一尺多长的木牌，上写"永德堂皮作坊"六个字。这就是曹氏的堂兄帮胡胡李建起来的熟皮作坊，熟好的皮子供应同增皮货店销售。胡胡李的名字京城不知道，"皮硝李"的绰号又由此而来。

小小的皮作坊院，摆着七八口矮缸，盛满黄花绿沫的臭水，墙上钉着、屋里屋外挂着一串串羊皮、狗皮，夏天脏水横流，绿豆蝇嗡嗡乱飞，冬天坑坑洼洼都是冰水。长年累月一股腥臭难闻的芒硝味，呛得人透不过气来，就是眼睛也辣得难受。常言道："没有享不了的福，没有受不了的罪"，胡胡李和曹氏带着全家，就是在这又脏又臭的环境中，起五更睡半夜，翻缸倒水，洗皮搓皮，拼死拼活地挣扎着。小灵杰哥几个也不闲着，干着力所能及的活儿，"打皮""爪毛"刷洗，直至"登缸"。

全家靠这档子生意，好不容易稍微安定下来，灾祸又悄然袭来。小灵杰在帮助爹妈干活的时候，不知何时左膝盖上擦伤了皮，受伤的膝盖又浸入了污水，竟然红肿突起，如蝎蜇狗咬疼得钻心。后来竟然由疼变麻，浑身软苏苏地发起烧来，不过三天，疮口肿得有柿子那么大，且上面分布着七个窟窿，冒着黄水。仔细端详一下，有鼻子有眼，活像个小人脑袋。胡胡李夫妇为儿子的腿伤可是操了不少心，碰着先生郎中就请人回来看，凡是京城地片在经济条件许可下能请来的所谓名医也都请了，不管是游方郎中，江湖野医，还是号称家传秘方，百治百灵的，碰着小家伙这腿却都只有搔脑袋，搔完脑袋后漫不经心地开几丸药，留下几句"试试以观后效"的话，作为遮羞布然后掉头就走，喊都喊不回来。

眼见小家伙一天比一天虚下去，说话舌头似乎也不灵便了，眼睛珠子也没了昔日生气，黄皮寡瘦地躺在床上像一根芦柴棒。这一天曹氏正坐在灵杰的床头上，暗自流泪，心想我们为什么总是摊着倒霉命，一波未平一波又起，这可怎么办啊！在她自叹命苦的当儿，忽然听见一缕笛声由远而近，她侧耳细听，这笛声悠扬顿挫，声声入耳，她不禁听得入了神，可笛声骤然而止，只听得一个吆喝声：

"看病啦，包治各种疑难杂症，不管是腰腿疼，心口疼，大病小病，还是心病，一律包治。"

曹氏一听这个大为扫兴，心说，又是一个江湖野医，这是曹氏给小灵杰看了一段伤病后得出的经验。可这时小灵杰吃力地睁开眼睛，气息微弱地冲她说：

"娘，你去把那个先生请进来吧？说不定他能治好我的腿。"

· 凶残阴毒的太监 ·

图文珍藏版

曹氏一听儿子要请，痛病在床的人的要求，哪好拒绝，何况灵杰是自己的心肝宝贝啊！就算看不好病，满足一下儿子的要求，也是应该的，便毫不犹豫地将这个吹笛子的江湖郎中请了进来，原来他是个拉骆驼云游四方的江湖郎中。

在旧社会，算卦、相面、打把式、卖艺、变戏法、卖野药的，全凭着他那一张磨不破的嘴皮子，说出话来是八面风，两头截，没有个堵不上。比如他看你垂头丧气，面带愁容，便说你不是破财，便是有灾，还念上一段似歌非歌，似唱非唱的断语来。不过由于他们自身大都出身低微，故而其中也不乏对穷苦人家有些同情、怜悯之心的人。江湖郎中进屋一看，小灵杰家是个穷苦人家，挤不出什么油水，只好认真看病图个名声了。

他说了一段江湖话之后，便让小灵杰挽起裤腿，他看了看，又用手按了按，左瞧右瞧地瞅了一会儿，不禁紧皱眉头，叹口气道：

"这孩子长的是人面疮啊！"

"有治吗？"曹氏一听郎中能讲出个究竟来，赶紧抱着希望地问。

那位郎中长眉一展：

"治倒是能治，可是'病怕无名，疮怕有名'，人面疮可是难治得很啊！"

曹氏以为郎中是卖关子想多要钱，急忙给他吃定心丸：

"先生，你开开恩，救我儿一命，要多少钱，我们就是倾家荡产也不会短你一文。"

郎中连忙摆手：

"女主人误会了。我看你们也不是大户人家，全部家当卖了也值不了几个银子，难道我忍心敲你们的竹杠不成，我是初来京城，只不过图个名声而已。"

说完在钱褡子里掏出一贴膏药，用火烤烤贴在灵杰的疮口上，又抄起笔来，笔走龙蛇地开了一剂药方，递给曹氏说：

"若是信得过我，你们就按这个处方去抓药，将这些药研成粉末，以米饭为丸，每丸五钱，早晚各一丸，白滚汤送下。"他又说："服下药后，三天见效，十天见好，一个月后就可百事皆无了。"曹氏正在将信将疑，那郎中又补一句："十天头上，我来看分晓，若无效果分文不取。"听他说得斩钉截铁，曹氏千恩万谢，并放着胆子去抓药、制药，放着胆子让小灵杰吃药。

灵杰不知是心理作用还是怎的，自打贴上膏药起，似乎将病痛都收拢到疮口上，他身觉得有些轻松。不过事实摆在面前，三天后果真停止流脓，十天开始结疤，卧床半个月的小灵杰能下地活动，脸色又慢慢地恢复了红润血色。

第十天，郎中如期而至，胡胡李夫妇像待神仙一样毕恭毕敬地侍奉在左右。郎中见小灵杰的腿已大见好，元气开始恢复，孩童那个活泼劲已展现出来，他不禁仔细端详了一下灵杰，然后对曹氏夫妇说：

这小兄弟二目有神，额宽嘴阔，气宇非凡，非等闲之辈。相书上说："目秀而长，必近君王；口角如弓，位至王公。但依我看，他虽无远虑，却有近忧。你们如果愿破费一点，我可以给他算算命相。"此时此刻，胡胡李夫妇视这位郎中为救命恩人，对他的话，哪会怀疑，自然百依百从了。于是说了灵杰的生辰八字，就让他测测命相。

这位郎中仔细端详了小灵杰的面相，又将小灵杰的左手掌翻看了半天，便盘腿坐在地上，眼观鼻，鼻观心，满脸虔诚，口中振振有词道：

"属猴的是木命，木命克金，冬天的猴时运不佳，眼前是一小灾，只是皮肉之苦，没有性命之忧。可到了十岁上还要闯过一大关口……"

胡胡李夫妇急问怎么回事？郎中慢吞吞地说："恕我直言，这孩子命硬，上克父母，下克兄弟，到十岁上免不了有大灾大难呢！"

"哎呀，这可如何是好！"

"先生！这有破吗？"

胡胡李俩口一听，忙不迭地问那位郎中。江湖郎中皱起眉头咋咋舌，声称天机不可泄露，两口子再三央求，郎中磨不过，掏出一部旧书来翻了翻，念出四句偈语来：

> 山阴枯木难适春，
> 太公独钓空劳神；
> 若要逢凶化为吉，
> 不入空门入皇门。

再往下，郎中什么也不说了。胡胡李夫妇听到这里，已像掉进万丈深渊，战栗不已。小灵杰听不懂道士那几句话的意思，等郎中一走，他就问爹娘。胡胡李夫妇不能完全理解偈语的意思，但对于后一句他们是明白的，郎中所说的空门就是要出家当和尚，他所说的皇门，就是进宫当"老公"。小灵杰听完直嚷嚷："老公是啥东西？"曹氏含着眼泪说："儿啊，当'老公'就是作皇宫的太监啦！"

"那我愿意当老公！"灵杰随口而出。

小灵杰的话说得轻描淡写，可胡胡李夫妇心头不禁一颤，连忙问灵杰为啥愿意当"老公"，灵杰告诉他们两年前，在家乡他遇到的一件事：

一天，因胡胡李生病，曹氏让灵杰到十几里外的袁郎中家抓药。晌午时分，当小灵杰走到袁郎中家那条路拐口的时候，前面忽然吹吹打打着过来一群人，大人小孩子都有，还有三四顶轿子，小灵杰感到很迷惑不解，这群人干啥的，五黄绿月抬着轿子满地乱跑？不会是办喜事，农村办喜事的吉期都一般定在大年三十前后几天，再说办喜事娶媳妇能抬一顶轿子接新娘在这块儿就算是光耀门庭了。

说话间队伍已到面前，吹鼓手们分成两行，列在轿的两边，边往前走边卖力地吹打，好像是要在技艺上比个高低上下。几个吹唢呐的都憋成了猪肝脸，其余的也是满脸油汗，队伍走得并不快，抬轿的几位小伙子看着都精神头倍儿足。小灵杰正看得出神，忽然在他的身后、轿子和队伍的前方响起了一片鞭炮声。小灵杰扭过头去看，鞭炮的火花猛烈地冲击着地面，震得大地都在抖动，鞭炮声响处，原来也聚集着黑压压的人群，啊！他们正在迎候着这边走来的队伍，小灵杰虽闹不明白这两起队伍是干什么的，但好奇心驱赶着他随着轿子队伍前进，当两支队伍会合时，鞭炮声更是震天价响,鼓乐声也是震耳欲聋。在这一片嘈杂声中,轿子徐徐停下,从轿子里走出几位官服打扮的人。这里没有公堂,当官来这里干啥?灵杰更纳闷,便扯住旁边一个年龄与自己相仿的小孩子问:

"小哥儿,你们这是干啥的?轿子里下来的是什么人?"

那孩子看了灵杰一眼:"你连这个都不知道,噢!我知道了,你不是俺们村的。这是俺们村在皇宫作太监老爷的李公公回家省亲!"话语中不无炫耀的成分。

"当太监回来还这么威风?"灵杰问。

那孩子又白了灵杰一眼,"这还不算最威风的,去年邻村一位太监省亲,县太爷还亲自陪送到他家,那场面才威风哩!"

在皇宫当太监,在大城县不是什么新鲜事,可小灵杰没亲眼见过,今个看见一个真的,原来是如此威风,如今听爹娘说老公就是"太监",他一想起这件事,立马回答,他要当老公。在他那幼小的心灵哩,当老公不但自己威风,而且肯定会有很多钱,有了钱,就不会整天在这里硝皮,闻难闻的气味,干又脏又臭的活计了。

胡胡李夫妇看着儿子像喝口凉水似的把"当老公"三个字轻轻地从喉咙眼里送出来,知道他是不晓得当老公有多可怕。他们是见过老公的,而且曹氏当姑娘时,在娘家就听大人讲过他们村中一家人家因为穷,连动手术的礼金都备不齐,为了给孩子找一条活路,进宫当老公,他老爹一狠心,索性自己拿刀把儿子阉了。一个活蹦乱跳的小孩子,被几个大人扒光衣裳按倒在床上,啥手术器械都没有,就只有一把磨得雪亮的片儿刀,阉割时,两人摁手,两人摁腿,一人摁头,把小家伙草草按倒在床上。他老爹找了一根绳子,一头系住儿子的小鸡儿,一头牢牢绑在窗棂上,绳子扯得笔直笔直。当然小孩的小鸡儿也被扯得紧紧绷绷,他老爹就那么扬起片儿刀,"嗨"一声喊,手起刀落,小孩身物两分。一声撕心裂肺的惨叫划破了在场的每一个人的耳鼓,那绝对不是人所能发出来的声音。曹氏许多年来一直这么想,那种手术不是人所能承受的酷刑。那个小孩的事至今让曹氏的心有余悸。尽管她不好意思明说阉割的痛苦情景,但她极力劝阻道:

"儿啊!当老公这条路咱可不能走,你是不晓得当老公该咋样才能当。说起来干的是皇差蛮有气势,那受的可不是人受的罪呀!弄不好连命都保不住,还得受人冷落讥笑,媳妇也娶不成,男不男女不女,死后连祖坟都不能入,儿啊!咱要不是被逼到非当老公不成,说啥也不能去当,就真的逼到那条路上,就是咱自己把自己杀了,也不能去做那丢八辈子人的事。"

曹氏说着声泪俱下,仿佛儿子此刻就像她小时候听说的那个小孩子一样被绑在床上等候阉割,而她则是小孩的母亲。

胡胡李也只是在一旁闷腔。"不入空门入皇门",就是说儿子要想活下去,就只有这两条路可走了。在胡胡李眼里,这两条路都不好走,走到底都是断子绝孙,这个……胡胡李陷入了沉思。要说呢?相比而言,入空门似乎要好一些,免受皮肉之苦,可入空门做道士或者和尚,一辈子就得吃斋念佛,长年伴随古佛青灯,缁衣麻卷,心静如水,据说修炼到无喜无怒、无忧无愁、无心无肝方称得成正果。可要真成那样，人活着还有啥意思，那不成了一截木头。不知道什么是忧愁固然是好事，可是碰到天大的喜事也高兴不起来可就坏了。人活着就是图个高兴。要真出家出到这份上，何如当初不要这个儿子，眼睁睁地看着长这么大，等于没了，成了没有任何感情的冷血动物，榆木疙瘩。作算是有喜有忧，儿子一入空门，戒律森严，就那么在深山古刹待一辈子。就算能出来云游一番，手里也没有一文钱，吃口饭都得可怜巴巴地向人讨要。虽说能游遍名山大川，不能享受，又有啥意思?! 入空门一辈子就没半点福分，实在太苦了。这样一想，胡胡李又觉得入宫门当老公似乎要好一些。入得宫门，吃香喝辣，一呼百应，仆从如云，翻手为云，覆手为雨。住在深宅大院，且能长伴皇上身边，那可是无上的荣耀和实惠啊！可是当老公，且不说儿子受那一刀的洋罪吃不吃得消，就只做老公这个称谓就得让李家从此抬不起头来，给李家添垢蒙羞，他胡胡李要做李家的败家子搞到让儿子去当老公，他觉得还不如自刎的好，再活也没脸没皮了。可是，空门和皇门这两条路是确定的，二者必居其一，等于是挖好了两个陷阱让你跳，随便跳进哪个你都不可能活命。难道就没有第三条路可走？第三条路在哪里……胡胡李只是一边苦苦思索，一边听妻子劝小灵杰，他自己却一言不发。

小灵杰的疮，喝了江湖郎中的药，一天天见好。可越是疮好一分，胡胡李夫妇俩的心情却沉重一分。若是郎中的药不灵，他们尚可据此怀疑郎中"不入空门入皇门"的可信度。如今丸药一灵，他们想推翻郎中的偈语都找不到证据。好在是入空门还是入皇门不是迫在眉睫的事。家里的日子虽总罩着一层阴影，却毕竟又有几天平静。

这一天，胡胡李从外面回来，一进门直嚷着叫老婆给他沽酒，他今天要灌两口黄汤。灵杰他妈以为丈夫心情不好要借酒浇愁，可见他面带喜色，便没好气地说："捡到金元宝啦，这么高兴？"

胡胡李笑嘻嘻从怀里掏出一锭银子，说："金元宝没捡到，倒让我捡到一锭银子！"

曹氏看着这白花花的一锭足有五两重的银子，两眼直盯着丈夫，胡胡李连忙说道："孩他娘你别怕，这银子不是偷的，而是在京城当差的一位同乡送的。"曹氏更是不解，进李家十几年，不曾听说同乡有在京城当官的，来京几年了也未听胡胡李提起，如今从哪里冒出个当差的同乡呢？胡胡李知道自己越是这样简单地说，孩他娘越糊涂，他便向曹氏详细叙述了当天上午的际遇。

一连几天，胡胡李被儿子入空门还是入皇门的事缠得心里难受，索性出去散散心，思忖之间出了院门，走到街上，无心浏览街道两旁的景物，忧心忡忡地一直往前走，他也不晓得自己想往哪里去，只顾漫无边际地往前走。

转过一个街口，他魂不守舍地跨上了路当中，就在此时，突然一个骑士飞马而来，胡胡李根本就没有想到避让，一下子被撞了个仰八叉，这下他是清醒了，可清醒后发觉自己躺在街当心而且浑身觉得火辣辣地疼，他不由自主地"哎哟，哎哟"地叫喊起来。

马上骑士飞身下马，他身材魁梧，可脸蛋上光光的像个大姑娘。胡胡李正愣神间，那个骑士已指着他叫起来：

"嗨，我说你这个人咋搞的，连路都不晓得让，把你踢死了咋办！"

胡胡李知道错在己方，看那骑士虽然高声大气，却并不是怒言令色。心里更觉得愧疚，赶忙答道：

"对……对不起老爷，小的是乡下人，没见过大世面，冲撞了老爷的大驾，您多多包涵。"

哪知这么一说，那骑士连手中擎着的马鞭也放下来了，和颜悦色地走上来把胡胡李搀起，并问他：

"你是哪的人，咋会口音这么熟？"

胡胡李低着头恭恭敬敬地说自己是大城人，那人立刻喜笑颜开：

"嘿嘿嘿，我的耳力不错吧？咱们是老乡啊！我是崔张吉庄子人，就靠着子牙河啦！"

胡胡李一听是老乡，泪水扑嗒扑嗒就下来了，在离家这么远的地方，遇到一个在京城当差的老乡，真是惊喜过望。那个骑士叫崔玉贵，在皇宫里当差。说来说去，胡胡李和他还是沾着亲带着故的，胡胡李一个堂姐，嫁给了崔玉贵的一个堂兄，因而两个人还算是表兄弟。胡胡李和崔玉贵就站在大街上互诉衷肠，到最后崔玉贵临走时，掏出一锭银子，非要送给胡胡李不可，说：

"我还有公事要办，不能久待，这点银子你先用着，以后有事尽管找我。"说罢上马扬鞭而去，胡胡李也不散心了，高高兴兴地往家赶。

小灵杰不晓得崔玉贵是何许人，只听得老爹说他在皇宫里干事，以为是啥大官，要不出手咋这么阔绰，素未谋面的老乡一甩手就是五两白银的见面礼，心里十分好奇，于是便问老爹：

"爹，那个崔玉贵是干啥的？"

胡胡李随口答了一句说崔玉贵是老公，这下小灵杰眼睛不禁一亮，十分惊奇地问：

"当老公就这么有钱呀？"

"是呀！孩子，你崔表叔天天侍候皇上、太后的，是个内监管家，皇上出手多阔绰，整个天下都是他的，那随便赏一次还不是千儿八百两银子，咱们庶民百姓想都不敢想呀！"

曹氏在一旁直朝胡胡李使眼色，胡胡李一愣神，反应过来，发觉自己说走了嘴，马上打住话头不说了。只是让妻子去买酒买菜。

胡胡李这几句话着实在小灵杰的心里起了推波助澜的作用。如果说以前他愿意当老公还是一个朦胧的想法，现在则越来越清晰了。

这一天的晚饭，是胡胡李直吵着让老婆买酒买菜的，所以比较丰盛，全家正围坐在一起兴致勃勃地吃饭。胡胡李一口酒刚送到嘴边，小灵杰冷不丁来了一句：

"爹、娘，我想去做老公。"

胡胡李一听，到嘴里的酒呛得直咳嗽，他没想到小灵杰在这当口又旧话重提，一时不知说什么好。曹氏不抬眼看任何人，只是低着头嚷道："吃饭，今日娘难得弄几个好菜，你们吃吧！"

小灵杰见爹娘打岔，不回答他的问题，便执拗地说："爹娘不答应我当老公的事，我就不吃饭！"

好好一顿晚餐，叫小灵杰这一搅乎，胡胡李夫妻俩谁也没兴致吃，倒是那四位弟兄狼吞虎咽地吃了一顿。收拾好碗筷，胡胡李夫妻俩便坐在炕上，认真地商量起究竟是让小灵杰入空门还是入皇门的事来了。

本来，入空门还是入皇门，胡胡李认为这都是送孩子入火坑，可是今日见了同乡崔玉贵，似乎又觉得让儿子当老公或许也算是一种前途，起码也能脱离苦海。说起来，帮助儿辈们脱离苦海，是他不容推卸的责任，但眼看着膝下鸭一个、雁一个的一群孩子，嘴巴接起来有簸箕那么大，他确实没有这个本事。现在儿子被逼到去当老公的路上，不一定就是坏到底的事情，依眼下看，要想出人头地也似乎只有当老公这一条路可走。要说让自己儿子当老公免不了要背李家败家子的名声，那他即使九泉之下见着列祖列宗他也会振振有词。这是情势逼的。既然儿子心意已决，他也就想开了，反倒心平气和地对小灵杰说："你想咋办就咋办吧！"

曹氏虽一时转不过这个弯，但在妇从夫的观念支配下，她又能说什么呢，她唯一的要求是，找一个好的净身师，让儿子少受些痛苦，能够安全地活下来。

胡胡李夫妇觉得灵杰决意当老公的事不好挽回，便开始张罗着送他净身的事。头一次干这种事，具体有啥环节、要求、必备品都不晓得，向外人打听又不好意思，所以胡胡李去找了一趟老乡崔玉贵。崔玉贵听说胡胡李要送儿子净身当老公，开始劝阻了一阵子，见他似乎已考虑好了，也就不拦他，便把净身的注意事项，凡此等等详详细细给胡胡李说了一遍，并且答应净身师那边由他负责打点。但是还有许多事情还要胡胡李自己忙活，胡胡李一听崔玉贵愿意出面请净身师，放心多了，其余的事他都一一应承下来。

北京城有两家赫赫有名的"阉人世家"，一个是南长街会计司胡同的毕王，一个是地安门外方砖胡同的"小刀刘"。这两位都是祖辈传世的手艺，受过皇上的亲自封赏。他们俩全是六品顶戴，比县太爷还高一级。毕、刘两人据说每年要向清廷内务府供奉一百五六十名太监。

崔玉贵当年是在"小刀刘"那里净的身，他认为小刀刘的刀法还算可以，不太痛苦，所以他给小灵杰介绍的是小刀刘。

二　年少入宫

灵杰净身后在"小刀刘"那里待了头对头十天，刚刚脱离危险期，胡胡李就用排子车去接他回家。他拉着儿子慢慢地从阳光下穿越。这一天天气不错，静风日暖。小灵杰又疲又累。适应了阳光后他觉得很舒适，四肢百骸暴露在暖融融的阳光下说不出的痛快。他想让老爹一直拉着他在阳光下走,他闭着眼睛,他不顾忌别人看到他,但他不想看见任何人,他用手把耳朵眼堵住,因为他也不愿意听见人声。他睡着了。

小灵杰回到家,一边养伤,一边静候着秋后皇宫挑选太监的日子。

趁灵杰在家养伤的日子,胡胡李又找了同乡崔玉贵,求他帮忙,等宫里挑童监时,给灵杰找个好主子。崔玉贵应承之后,暗地里塞给内廷总管刘多生20两银子,要他多加关照。刘多生属意将灵杰安排在长春宫懿贵妃(即后来的慈禧太后)那里。不过叮嘱崔玉贵,我有这个意思,能不能选得上,就看他个人的造化了。崔玉贵立马通知胡胡李,让他静候小刀刘处送童监的消息。

八月初,内务府来人到了小刀刘家,按着名单,把准备选送的这些小太监,挨个儿上上下下地检查了一遍,检查合格后就把他们带走了。小灵杰在宫内有人照应,自然顺利地过了这一关。咸丰七年八月的一天,小灵杰随同其余入选的三四十个大大小小充作太监的人,被内务府的人带进了紫禁城。

这批充作太监的人,一律穿着宽大的蓝袍子入了皇宫,他们由一个老太监引导着,大门小门地过了也不知多少个,来到一片空地上。小灵杰晕头转向地喘了口气,一抬头不禁被眼前的景色怔住了。紫禁城果真不愧是紫禁城,端庄、威严、气象万千,太阳光薄薄地洒在他们这三四十号人面前地板上,地板是清一色且一样大小的青砖砌成的,整整齐齐,且不说那些高大雄伟、鳞次栉比的房屋,就只眼前这整块整块地延伸到无穷无尽处的青砖就够小灵杰赞叹的了,皇上真是富裕,要当上皇上多好。

他忘了低头,引导的太监一声怒斥:"李英泰,莫非你想找死不成!"

小灵杰又是一个愣神。"啊"喊李英泰是叫我,说实话,他知道自己有个名字叫李英泰,可那从来没人叫过,今天第一次有人叫,他还一时转不过弯来,等他刚反应过来准备低头时,只见正前方走来一群旗装丽人。他边低下头,边用余光扫着那些越走越近的一群丽人。

"叩见贵妃娘娘。"引导太监一边指使小灵杰他们跪下,一边自己嘴里念念有词地跪下来了。一听是贵妃娘娘来了,三四十号人齐刷刷地跪了一地。

小灵杰趴在头一排正中,听着一阵珠落玉盘的欢笑渐渐地逼近。到他面前,他看到一双鞋。香气陡然钻入他的鼻孔,他

清代皇帝朝服

闻不出是啥香气,也看不明白那鞋该叫啥样的鞋,但他分明觉得看着很舒服,闻着挺香,他大着胆子用余光扫了那一双穿着漂亮鞋的脚,又看到了那女人露在脚背上的玻璃丝袜……

他忘了自己今天是来皇宫应聘的,也忘了自己现在正跪在一群女人脚下听任差遣。晕晕乎乎的好像在做梦。忽可里听到一声莺啼燕啭:

"李英泰!"

第二次听到有人叫自己的大名,而且还是一个女人的声音,小灵杰不禁脑子一热,竟忘了老太监教他的对答时应用"奴才在"或"喳",情不自禁地抬起头来回应:

"嗯——哪!"

这是大城县人晚辈以对长辈教诲恭听时的谦辞,可在此处却大错特错了。他抬起头来看见了一张千娇百媚的脸,哪是人嘛! 简直是九天仙女下凡,小灵杰长这么大从未见过这么好看的脸,怎么形容呢? 他不晓得反正看着人心里就是痒痒,他真想蹦上去照着那张粉脸上掐一把,看能不能掐出水来。

他不但没掐一下,而且还立刻为那一眼付出了代价,那个丽人就是懿贵妃,她可是咸丰帝最为宠爱的贵妃。他看到懿贵妃粉脸一寒:

"哪儿来的小野种,给我掌嘴!"

立马有两只手从背后闪电般按住他的肩膀,把他摔了个大马叉,他的整张脸都被磕在地上,青砖上很凉,丝丝冷意渗入肤肌,他还没反应过来是怎么回事,就又被揪了起来,揪他的是不知何时冒出来的两个太监,其中一个抓住他的脖子,另一个左右开弓,"噼哩叭啦"一顿狠抽,小灵杰心里数着足足有二十多下,才听见懿贵妃幽幽叹了口气:

"算了,乡下人不懂规矩,饶他一次吧!"

小灵杰如蒙大赦,两个太监一松手,又把他结结实实扔到地上,再次摔得头晕眼花,金星乱冒,小灵杰还不明白自己为什么遭一顿痛打,他又听到懿贵妃说话:

"李英泰!"

"嗯——哪!"

"这个没教养的土包子,再给我掌嘴!"

两个年轻太监上来如前法炮制,又是二十多个大耳刮子。小灵杰觉得自己脸肿了,胀得难受,火辣辣的却不觉得怎么疼。嘴角似乎流了血,他不敢抹,也不敢去抹,不但现在不抹去嘴角上的血,而且在两次扇他耳光时他既没有求饶,也没有喊叫,只是默默地承受着。

"李英泰!"

"奴才在!"

挨了两次耳光,似乎打清醒了,终于记起了老太监关于如何回主子话的嘱咐。

"好! 还不是个榆木疙瘩! 小安子,记下来,这个小子我要了!"

懿贵妃不知是看中了小灵杰一口一个"嗯——哪"的乡土憨厚气,还是欣赏他挨打时忍受痛苦不叫屈的犟劲,反正鬼使神差地选中了他。

小灵杰大喜过望,心想早知有这个好结果,再挨几十记耳光又何妨,他忙不迭地磕头谢恩,懿贵妃却再不理他,又往下点了一串人名,却一个也没相中。小灵杰趴在地上不停地磕头,自始至终,懿贵妃临走之前终于发现了这个头磕得梆梆的小人。她似乎感到有些好笑,后边有几个侍女模样的人已经吃吃地笑出声来,懿贵妃说:

"李英泰,——这个名儿咋那么别扭,我给你改个名儿,以后你别叫英泰,叫莲英吧!"

小灵杰又是鸡啄米般一阵磕头,环佩叮咚渐去渐远他也没听到,那个引他来的老太监把他从地上扯起来,小家伙抬头一看,懿贵妃早已没人影了,只有那浓郁的香气挥之不去,仍丝丝沁人心脾。他仍呆站在那里不知所措,老太监摇了摇头,意味深长地对他说:

"懿贵妃看得起你,是你的福气,慢慢混吧!前途无限量啊!"

小灵杰的大号改成李莲英之后,就在长春宫侍候懿贵妃。说是入宫侍候懿贵妃,可是除了第一天入宫时冒死偷看一眼之后,就再没见过她的人影。

皇宫内院太监众多,分工细密,等级森严,李莲英初来乍到,加之年龄又小,不过是芸芸众生中的一个,没啥执掌,每天只是洒扫庭院,擦拭摆设,浇花喂鸟,坐更值班……日出日落,像一头拉磨的驴,转一圈又一圈,尽管是些鸡零狗碎的杂活,可这也把小家伙累得够呛。

这一天李莲英歇班,歇班对小太监而言可是大喜的日子,要不是特别有人关照或被看得起的,乍到宫内的小小太监是根本没这种机会的。李莲英熬了好几个月才熬到这一天,可以睡个好觉。于是一直睡下去,太阳晒着屁股了也不起身,快中午时,同住的一个小太监告诉他,说崔总管找他来了。

崔总管,就是曾帮李莲英介绍净身师傅的那位同乡——崔玉贵。崔总管自打李莲英进宫之后还没有来过,不过暗地里却托人给了李莲英不少关照,就是今日之歇班吧,没有崔总管"照着",他是享受不到这份"优惠"的。

崔总管虽不是懿贵妃的第一个大红人,但手下也管着大小太监好几十号。当然他的顶头上司的刘多生大总管,大总管权势熏天,忙着献媚渔利,实事当然得由他这个二总管来照应,"公务"琐碎繁杂,事无巨细都得要他出头露面去交涉解决。今天忙里抽空过来看看李莲英,目的是想找他聊聊。崔玉贵见刘多生果真把李莲英分到长春宫懿贵妃处,并且中选,他十分高兴。此时懿贵妃虽是一名贵妃,不是皇后,也做不了皇后。但由于她受宠于咸丰皇帝,并为咸丰帝生下第一个也是唯一的一个儿子载淳。母以子贵,将来小皇子作了皇帝,懿贵妃就是太后,李莲英真的在懿贵妃这里站住了脚,不愁没有出头的日子。到时也少不了自己的好处。于是他又拜托刘多生收李莲英为徒弟,让他好好调教。刘多生看这小子挺机灵,也满口答应了。所以崔玉贵今日来找这个货真价实的老乡,是想要教给李莲英一些过心话,他说:

"太监队伍中有一句行话:'不会做人,先学做狗'。眼下你就得老老实实地当奴才，要想当主子首先得学会当奴才，首先得学会怎样去讨主子欢心。这门学问很深，得有灵气才行，否则深宫禁地，奴才的命去一个还不如你在外边踩死的一只蚂蚁，在大腿上摁死一只蚊子值钱。今儿还好好的明儿说不定就得受气毙。大清圣明皇上体恤咱们已挨过一刀，对太监没有制定挨刀的刑罚，只有气毙，就是用湿草纸蒙脸，让你没法出气憋死。"

听到这里，李莲英不禁打了一个寒战，"我的娘，小刀刘那一刀我已是九死一生，在宫禁内受罚竟比挨刀还厉害。"他暗地里吐了吐舌头。

崔玉贵没有过多顾及李莲英的反应，清了清嗓子，继续说着他那"不会做人，先学做狗"的道理。

崔总管在李莲英屋里一直坐到天快黑时才出去。他一直在那儿不停地说，屋里屋外都没有其他人，只有他们表叔表侄儿两个，不必担心会被谁听去。崔总管显然是动了感情，说得眼圈发红，声音呜咽，李莲英先是吓了一头冷汗，来之后他仅仅觉得宫廷里许多礼节太烦琐了，还没看出有其他啥矛盾，经崔玉贵一说，大内皇宫整个成了阴风惨惨的白日鬼城。他没有理由不信崔玉贵的话，从第一眼见到崔玉贵时他就认定了崔玉贵决不会骗他，所以他只有害怕，只有后悔自己的许多言行举止。说不定以前的这段时间里已不知有多少次他都踏上了死亡陷阱的边缘，幸亏没有掉进去，他有几分傻福气。

崔总管是和白天一块走出李莲英的屋子的，他走之后天便黑了，李莲英再躺在床上，想起许多天来自己对太监的日思夜梦，联系对照崔玉贵的话，禁不住又汗水淋漓。如果不是崔总管适时过来，他李莲英总有一天会因此沦入十八层地狱，万劫不复。他在心里暗骂自己，进宫这么多天了，你都想些啥，干些啥！净身之前你海口夸的比天都大，一进宫就想天天在贵妃面前献媚，平步青云，这不是白日做梦吗！皇宫浩大，内情复杂，你不想吃苦，不想从头做起，还想光宗耀祖振兴门庭，不是做白日梦吗？

李莲英辗转反侧一夜没睡好觉，一直回味着崔总管的嘱咐，他暗下决心：把师傅当作自己的主人，首先把师父侍候好。从那天开始，他早晨天不亮就起床，给师傅倒夜壶，准备漱口水，洗脸水，服侍穿衣、用膳。晚上给师傅铺好被褥，安排他睡下。而且从不让自己睡得太死，以便师傅随叫随到，毫不懈怠。刘多生见这孩子虽小，却很懂事，也机灵，着实喜欢他。

光阴荏苒，日月如梭，冬去春来，花开花落，不知不觉李莲英已经在皇宫中待了两个年头了。两年来他日复一日地洒水，养花喂鸟，倒磨炼出了一副恬淡隐忍的表象。他严守宫禁，小心谨慎地侍候师傅，尊敬长者，手脚勤快，一言一行都特别注意。所以不但得到师傅的赞许，就是周围一些本来很不以他为然的大小太监，也觉得这小子人小鬼大，不可小视，说不定日后大有前程。

不过，口碑好归口碑好，两年来李莲英也只能在师傅手下打杂，如此这般地蹦跶，何时才有出头的日子？最令人遗憾的是，说是在懿贵妃宫里干差，可连她的影子都见不着，这可咋办？李莲英心里十分着急，表面上却装出一副若无其事的样子，依旧眼明手快地干活，依旧嘻嘻哈哈地逗乐，可心里一直在盘算着如何瞅准机会能到懿贵妃眼皮底下当差……

天缘凑巧，正当李莲英一筹莫展，无计可施时，命运之神却主动向他垂青，给他抛起媚眼来了。这天早上，他扫完院子，没事可干，和其他当差的在闳闳房边喝水边闲聊。闳闳房是供太监工作之余休息娱乐的公共场所。在这里太监可以啥都不顾忌地无拘无束闲聊。谈天说地，磨牙丰嘴，下下象棋，动动手脚都行，就像农村的光棍堂一样，在戒备森严，不小心说错一个字就会危及生命的宫廷内院之中，另是一番天地。李莲英正和一群年纪相仿的太监说笑之间，沈玉兰进来了。沈玉兰本是李莲英的嫡系老乡，当年又是他受崔玉贵之托，引他到"小刀刘"那里做净身手术的，所以平日李莲英十分敬重他，无人看见处，还经常坐一起说笑逗乐。

沈玉兰满脸愁容地走进来，一声不响地蹲在角落的小凳子上抽闷烟。一见这情景，大小太监的笑声收敛了，一双双疑惑的目光投向沈玉兰。人群里一个年纪较大的太监忍不住了，他本来就是沈玉兰的徒弟，所以师傅两字叫得特别甜：

"师傅，怎么啦？又使主子不高兴了。"

沈玉兰不抬头，喟然长叹：

"唉！我这碗饭很快就吃不上了。"

大家伙儿益发感到不好意思，看他的徒弟开了个头，于是一窝蜂围过来，七嘴八舌地问：

"沈师傅，到底发生什么事了？"

沈玉兰唉声叹气不止，满脸沮丧：

"你不是不晓得，这主子越来越难伺候了。"接着他把刚刚发生的事情一五一十给大家伙儿说了一遍，要大家伙儿看在他一把老骨头份上，帮他拿个主意。

沈玉兰是长春宫的主事太监，说是主事，却也没有个实权，只是专管乱七八糟的杂事，这梳头房役的事就归他管。

原来，懿贵妃除了权欲熏心外，又生性虚荣，一生最爱美，最爱修饰，她一旦升为大权在握的懿贵妃之后，更加骄横跋扈，这主子性在日常生活中也时时表现出来。懿贵妃有一头长长的黑发，散下来如小瀑布一般。乌黑光亮如云的头发，配上他那如脂如雪的肌肤，可谓相得益彰。她认为自己能得到咸丰皇帝的宠爱是与她天生的姿色分不开的，因此，她非常爱护自己的头发。她一珍爱不打紧，专司给她梳头的梳头房的太监就吃不消了。每次梳头她都找碴儿揍人，不是嫌发式陈旧，就是嫌手脚太重。若是伤掉一根头发或者使头皮稍有不适，她更是大动肝火，轻则斥骂罚跪，重则责打，甚至"赐"你"气毙"而死。

梳头房的太监们每天当班以后，梳头房剩余的太监静坐喝茶，一听见长春宫正房有人声嘶力竭地大叫，便会高兴得眉开眼笑，因为一挨打命至少是保住了。死罪免去，活罪难逃一向是执法的准则。可是，万一一整天没听见长春宫有动静，大家伙儿就开始提心吊胆了，懿贵妃没有哪天不打人的，除了她那天杀人了。所以此时十之八九这几位太监的命就不明不白葬进去了。因梳头而获死罪的大多是因为梳掉了头发。其实掉头发很正常的生理现象，你就是保养再得法，也没法避免头发中的一部分老化脱落，再高明的梳头师他也得梳下几根断了的头发。想想这些根断头发真够得上尊贵，一根就是一条人命。如此娇横撒性的主子，谁敢去碰她那一头乌发呢！

沈玉兰长叹一口气道："我兼管着梳头房，没有人给懿贵妃梳头，她从鼻孔里'哼'一口气我这条老命就没了。这不，前天，我求爷爷告奶奶说好话一个姓刘的太监实在磨不开面子，勉勉强强去了，刘太监去了之后，再没回来，他不小心碰掉了懿贵妃两根头发，自然是受了气毙。昨天我以老命担保，派了个姓王的去，姓王的小心翼翼地梳着梳着，看懿贵妃脸一耷拉，神经质地手下一用力，碰疼了些，立刻被拖下去打了四十宫杖，他的命保住了，我的老命也保住了，可是那苦他得自己受啊！这会儿可能还躺在房中连声哎哟呢！今儿的差役是我豁出老命不要，自己去梳的，别的人实在找不来，梳头房是我冲谁瞅一眼谁立马就把一雪亮的菜刀横在自己脖里，横鼻子竖眼睛对我大叫：'沈师傅，您老今天再派我去的话，我就死给您看。'

我实在没办法，战战兢兢去了长春宫，说今天由我来侍候贵妃娘娘梳头，懿贵妃没有问别的，再说原来我也干过这一行，尽管有些老眼昏花，手脚还算灵便，也没梳疼，也没掉头发，我正暗自庆幸老天有眼，可老天立刻就有眼没了眼珠，给了我个颜色看看。懿贵妃嫌我梳的'旗头'平板难看，把我轰出了宫门，天哪！'旗头'是宫廷的老例，别的样式一则没人会梳，二则与祖宗家法似有不妥。怎奈我百般解释，主子一点不听，最后把她惹急了，臭骂我是没有用的老东西，还说若不是看我上了几岁年纪，定要打我个筋断骨折。这算是小事，她要我在短时间内寻觅一个称心的梳头房役，否则，我这条老命……"

沈玉兰越说越伤感，竟然老泪纵横起来。大家伙也只能用话语宽慰他，真正替他分忧解难的办法，却一个也想不出来。不多会儿人群渐渐散去，沈玉兰无可奈何地连连摇头叹息不已，斜歪在太师椅上苦苦思忖。说者无心，听者有意。这件事打动了一个人，就是小小年纪的李莲英，他在心里拨弄小算盘：一分风险一分收获，风险越大，收获越大。越是不好办的事，越是荣升的极好机会。只有难办的事情办好了才能显出本事。我李莲英正冥思苦想要接近懿贵妃，这难道不是千载难逢的大好时机吗？虽然我现在对梳头也是一窍不通，可是可以去学吧！要是连梳头都学不会，我李莲英还活个啥？别说出人头地，恐怕连平平庸庸地活一辈子恐怕都办不到。"世上无难事，只怕有心人。"思路一转到这里，他不禁想起儿时，奶奶一边梳他那一根小辫，一边给他讲的故事：从前，有个皇帝头上长了肉瘤子，起初人们谁也不知道，梳头的一碰到这个肉瘤子，皇帝就喊："有刺客！"立刻把这个梳头者杀掉。京城里的理发匠，梳一次，杀一个，都被他杀光了。杀完理发匠，就叫满朝文武大臣轮班为他梳头，仍然是梳一次，杀一个，又杀了不少大臣。最后轮到罗丞相给皇帝梳头了，他回家后愁眉苦脸唉声叹气。他的妻子问他为何这样烦闷？他就把给皇帝梳头的事告诉了一遍。妻子寻思了一下，拿出一个滑头簪儿交给他说："皇帝的头发里一定有什么东西，你给他梳头时，用滑头簪拨一绺，梳一绺，看他头上有什么，小心无大错!"第二天罗丞相上朝后,便壮着胆子给皇帝梳头。他照妻子的话,用滑头篦拨一绺,梳一绺,梳来梳去露出那个肉瘤子。他小心翼翼地把这片头发拢起来,慢慢地梳过去,丝毫未动那个肉瘤子,把皇帝梳得舒舒服服,竟然睡着了。罗丞相不但避免了一场杀身之祸,救了一方臣民,还受到皇帝的赞许。后来被理发梳头业称为罗真人,奉他为祖师爷。三百六十行,梳头也是其中的一行,我就不信自己学不会,干不好!"

李莲英打定主意,候众人散去后,独个和沈玉兰聊了一会儿天,觉得时机差不多了。于是凑上去毕恭毕敬地问道:

"沈师傅,让我去试一下好不好?"

沈玉兰一下子没回过神来不解其意:

"你说什么?"

"我去试着给主子梳头啊!你看行不?"

沈玉兰上上下下打量了他一阵子,叹口气说道:"小李子,这事可不是闹着玩的。主子的为人,你又不是没听说过。你才这么大一点年纪,进宫刚两年,万一有个差池闪失,我咋向你爹妈交代?"

李莲英见沈玉兰不肯答应,他倒更坚决了:

"沈师傅,你也不是不晓得,我小李子别的谈不上,眼疾手快自认为还是行的。我寻思让我学一段时间,再来给主子梳头,弄的再不好,这条小命我想还能保得住的。不是说'世上无难事,只怕有心人'吗,沈师傅若能给我这个机会,我不会忘记你的恩德的。"

李莲英这一说,倒叫沈玉兰犯难了。按眼下的情形,小李子自告奋勇来跳火坑,去给懿贵妃梳头,这是打着灯笼也找不着的好事。可李莲英是总管刘多生的徒弟,这样危险的差事他不敢妄派给李莲英,万一有差错,刘多生面前他不好说话。一想到这一层,他冲李莲英说:"小李子,这事说大不大,说小不小,你还是与你师傅说一声再定。"

"好!"李莲英满口答应。

李莲英趁他师傅歇下来的功夫,侍候完茶水后提出他想去学梳头,回来好为主子梳头。刘多生猛一听倒有些吃惊。懿贵妃打骂、体罚梳头太监的事,刘总管是知情的,受打骂、体罚的人中有的也是他的徒弟。这些徒弟找他,多是求他免去给懿贵妃梳头的差事。可李莲英倒是主动要求去当这个差,他不禁有些佩服这小家伙的勇气了。平日他看到大小太监为梳头遭贵妃的打骂,也有些于心不忍,可是又没有办法,好在有沈玉兰挡着,他也懒得过问。可手下总有人受主子的体罚,搞得人心惶惶,心里也不是个滋味。他想,李莲英机灵,鬼点子多,兴许能学好了,如能哄得主子高兴,大家也心静了。便同意让李莲英去学梳头手艺。并对李莲英说:"等我与沈玉兰商量好,让他给你找一个学艺的好地方,给你两个月时间,用心学艺,回来为主子梳头,说不定是你造化的好机会。"刘多生这话说对了,李莲英日后邀宠发迹,步步高升,这梳头近主子确是第一步。

图文珍藏版

你道刘多生、沈玉兰找个什么去处,让李莲英学梳头手艺? 说起来这帮人头脑真叫活、办法真叫绝,他们安排李莲英到烟花巷(即窑子)去跟妓女学梳头。

俗话说,馋做买卖懒出家,想看媳妇卖绒花。这话也不假。你想想看,女人里边最爱打扮、最会打扮不数烟花女子为尊吗?! 有哪个男人不喜欢花枝招展的女人而独独青睐蓬头垢面的妇女? 所以职业需要风月楼的女子讲究打扮、学会打扮。太监如何与京城的烟花巷有瓜葛呢? 读者可能会这样问。别忘了,咸丰皇帝可是个风流天子,宫内有三宫六院七十二妃,供他一人玩赏,可他嫌全是旗人,都是尺足,觉得没意思,便在贴身太监的唆使、引导下经常出没于京城的烟花之地。所以京城烟花场中,哪个最出名,哪里的妓女打扮最出众,太监群中很多人是知道的。凭着刘多生的身份、凭着金钱和权势,找这么个地方易如反掌。

地方找好了,给李莲英一个月假,临行前沈玉兰对李莲英说:"小李子,我这是死马当活马医,没办法的办法。对于你,也可能是海阔天高,你就小点心撞大运吧!你放心去学吧! 出去的开销我负责,到时可要为你师傅和我争口气哟!"

"沈师傅,你老请把心放到肚里去吧,错不了的!"李莲英见自己的计划第一步已顺利实现,便满怀信心地回答。

到了烟花巷,老远就闻得一阵香风,再往前走,只听得一片珠落玉盘的"格格"娇笑。进得风月楼,不觉得眼前一花,一个个浓妆丽眼,粉面桃腮的姑娘移动金莲,如风摆杨柳雨打芭蕉,再看那发式,有如喜鹊登梅,有如孔雀开屏,有如天上云霞,有如水中波影,动中有静,静中有动,再配上姑娘的天生的丽质,真叫人生可餐之感。他想起宫中贵人虽同样是花枝招展,却异常刻板,与此一比,这里完全是另一番情趣,直看得李莲英眼发花、心发痒⋯⋯"先生,里边请!"李莲英正看得愣神之际,一声"请"使他如梦中惊醒,原来这是老鸨请他到里边说话。这一下李莲英完全回过神来,记起来他的使命是来学梳头的,不是来看花,更不是来采花的。

当老鸨稍事寒暄,李莲英便开始"工作",他逐一细细观察揣摩青楼女子的种种发式,便一一记在心里。并与老鸨讲清,要她挑几位发式新颖、梳头打扮最佳者陪他。时间不长,李莲英便和这些倚门卖笑的姑娘们混的厮热,有时隔帘、有时竟登堂入室细细地看姑娘们梳理青丝、盘缕发髻的技法。如是这般一来,到离约定期限还有上十天光景,京城主要妓院内各种梳头样式差不多都让他看了个遍。学了遍。回到家中,他又以三弟宝泰那根小辫子做试验品,在宝泰头上试来试去,把几种发式融会贯通,由简单到繁琐,由一种到多种,千变万化而无穷,自认为已有十成把握讨得懿贵妃欢心,正好期限已到,便起身回宫来了。

回到宫中拜见了师傅刘多生,正好沈玉兰也在场。李莲英把学手艺的情形添枝加叶述说一遍,尽管不免有许多炫耀,也说得二位满心欢喜。当下两人把慈禧的脾气、喜好、忌讳、怎么献茶请安、怎么三拜九叩以及应该注意的地方细细地说了一遍,李莲英一一点头牢记,只等第二天去当差。

这是一个雨后初晴的早上,懿贵妃起身后,在院中看那些雨后的盆景花卉,花枝上边的露珠浑圆欲滴。花朵分外娇艳,顿觉心旷神怡。正好沈玉兰领着李莲英走进来。只见李莲英手里托着一个托盘,上边放着梳子、篦子、分针、压发、头油之类的东西,轻手轻脚走上来请安。

刘多生安排一个童监去学梳头的事,懿贵妃听宫女说过。如今见一个稚气未干的小太监捧着梳头家什进来,她想这大概就是那个童监。此刻懿贵妃心情较为舒畅。便冲着跪在地上请安的李莲英说道:

"小猴儿崽子,学得怎么样啦,小心别挨我的板子,打烂你的屁股!"

"回主子的话,奴才没有学好,能伺奉主子,挨了板子心里也喜欢,也是教我长进哪!"李莲英带着笑说。

懿贵妃略带夸奖地说:

"你倒挺会说话。"

李莲英一时猜不透懿贵妃这话的意思,连忙跪在地上磕头说:

"奴才不敢。"

懿贵妃见李莲英那副认真的样子,不由得笑了,说道:

"小猴儿崽子,滚起来梳头吧!"

站在一旁的沈玉兰见李莲英第一关已顺利闯过,便诚惶诚恐地道一声:"主子吉祥"后退了出去,这里只剩下李莲英来侍奉懿贵妃了。

李莲英当时才11岁,长得个子又不高,给懿贵妃梳头时,必须双腿跪在椅子上,才能够得上懿贵妃的头发。他按照在烟花巷学的,小心翼翼地梳,第一宗重要的是注意手脚轻,千万不要碰断懿贵妃的头发,一边梳一边还求菩萨保佑,千万别让懿贵妃今天断头发。第二个注意的是搜肠刮肚,尽其所能,梳出一个新发式,好让懿贵妃感到新鲜、满意。

李莲英心想,成功与否,在此一举。便抖擞精神,先揣摩了一下懿贵妃的长相,见她脸稍长,额头有点宽,天庭饱满,确是一代佳人,但是美中不足的是,耳大肩窄,给人"稍长"之感。李莲英量体裁衣,看发下梳,他认认真真地破开懿贵妃长长的青丝,用梳子轻轻地梳理。……

梳了一阵,又用丝棉蘸上异香的生发油和爆花水之类的东西,学了青楼女子的手势,左盘右绕,慢慢将后发撩起,端端正正地梳了一只莲花髻,又把齐眉穗分到两边,成为水鬓,梳完之后,一朵出水芙蓉跃然"头"上。

懿贵妃接过李莲英递过来的镜子,前后左右地照,李莲英的心也怦怦直跳,他生怕懿贵妃对发型不满意。那他的用心可就白费了,这碗饭也吃不成了。懿贵妃自己端着镜子照了半天,又让李莲英捧着镜子,她自个上下左右地端详,只见镜中的自己端庄中增加几分典雅,美貌中又平添几分秀丽。那个发式梳得可真叫别致,远看如双凤朝阳,近看又似芙蓉出水,那乌发盘髻,"层林"交错,在高高翘起的燕尾上,还有两根雕琢精细,缀着珠花的银簪斜插在后脑顶上,活脱脱是黑色海浪上的龙盘玉柱,恰好与她天鹅绒般的黑发相映生辉。最让她惊奇的是,平时总以为憾的长脸居然一点也不长了。

"起来吧,活计做得还差不多。日后还要尽心研习。"懿贵妃尽量掩饰住内心的喜悦，淡淡地说道。

就这淡淡的一句，已足够让李莲英那拴在嗓子眼的心放下了。他赶忙从椅子上下来，立马跪在地上，说道：

"谢主子赏脸。"当懿贵妃叫他站起来说话时，他自己觉得内衣已全被汗水浸透了。

为什么给贵妃娘娘梳个头这么难呢？一来是这位懿贵妃天生爱美，难于伺候；二来也是清朝宫廷妇女发式本来就比较刻板、简单，就是把头发先分成左右两把，把头部顶端搭在一起，相交的中心形成一个空三角形，然后再用一个三角形的头垫去补空。身份高低贵贱的区分只在这个头垫的质地、颜色上：皇太后和皇后用黄色头垫；妃、嫔、贵人、王公及贝勒的福晋，用粉红色的头垫；满、蒙、汉军中的一品命妇，用黑缎头垫，发型款式是无大的差别的。懿贵妃虽不敢违背定制，完全梳成其他样式，但又不满足于这个梳法，所以别人梳的头，她总是不满意。今日见李莲英梳的这个发型一改旧貌，很有新意，她不由得高兴。

"你还会多少种头式？"懿贵妃左顾右盼半天后问道。

李莲英答道："奴才不才，可梳三十多种！"

"那么，梳哪一种发式比较好看？"

李莲英猜得出来，懿贵妃对他今天做的活是满意的，心中暗喜，胆子也大了，便把青楼装的那点梳头的"经"，尽其记忆"吐"出来："现在流行的有堕马髻、灵蛇髻、门扫髻，……这些发髻都各有所长。但是，要说哪种好看，奴才以为应根据具体人而定。"

"你看我适合梳什么样的发髻？"

李莲英没想到懿贵妃冷不丁问这样尖锐的问题，一时语塞，他一边端详贵妃的脸型、个头，一边寻思答语，片刻后答道：

"主子天庭饱满，地阔方圆，集吉祥于一体，总富贵于一身，龙形凤貌，福星寿相，梳什么发式都是称的！"

一番话不禁把个懿贵妃捧得心花怒放，飘然欲飞，于是笑着对李莲英说：

"小猴儿崽子，别光耍贫嘴。我倒要试试你的手段，自今而后，一个月内你不能给我梳重样的，如果有重样的，你就小心你的狗脑袋吧！"

李莲英连忙磕头道：

"谢主子赏脸，奴才一定尽心尽力地侍奉主子！"

这个李莲英就是聪明，自那天起，他想尽办法让这位贵妃娘娘喜欢，对两把头的梳法加以改进，虽然不是一天一个大翻新，但他总是设法换花样。不过有两点是他牢牢把握住的，那就是无论花样怎样翻新，一是懿贵妃的身材略矮，李莲英总是让这位贵妃娘娘的发型略高一点儿，显得她的身材高了一些；再就是根据这位贵妃娘娘的脸型来设计发式，梳出头来之后，使得脸型显得不长不短，不胖不瘦。

据说李莲英给这位懿贵妃梳过这样一个发型，就是在相交的两把头的前部，让头发高高突起，显得乌发光泽明亮，蓬松自然，后面两缕头发分开，垂于脑后，如同燕尾。前面两鬓,头发略向前弯,犹如凤尾低垂。再加上这位懿贵妃的凤眼朱唇,更是显得秀中生媚。这位爱美的贵妃娘娘,由于发型的改进,既像增高了身材,也显得更加窈窕。不仅这位懿贵妃自己满意,就是咸丰帝见了她也连连夸奖,这可更乐坏了这位娘娘。一高兴,赏了李莲英20两银子,对沈玉兰的态度也大为好转了。

就这样,李莲英凭着梳头这一技之长,讨得懿贵妃的欢心,终于被懿贵妃看中而成了梳头房中的中坚力量,不久,又被懿贵妃升为梳头房首领。李莲英不仅再也不用干浇花喂鸟、洒扫庭院的杂活,而且凭着他的一张精明的嘴和机灵的心,慢慢在懿贵妃面前"红"了起来。

李莲英一进梳头房,便感觉到懿贵妃这位主子不好伺奉,稍不注意丢饭碗是小事,小命丢了也不稀奇。他发现这位贵妃娘娘不仅脾气特别霸道,而且反复无常,让人捉摸不定。对于宫女、太监非常残酷,打人、责罚下人是家常便饭,稍不顺她的心意,不是掌嘴,就是杖责,简直成了她的嗜好。李莲英小小年纪,心思却非常深。他想学梳头接近贵妃,以图将来有个出头的日子,这一步我已走出,而且开局不错,可如今已成为河卒子,只能向前而不能回头了,要讨得主子欢心不能不处处谨慎小心。他通过观察,又揣摩多日,为自己立下了规矩:凡是主子喜欢的,要尽力为之;凡是主子不喜欢的,要极力戒之。于是平日梳头总是察言观色,不仅头梳得认真,而且在懿贵妃问话时,总是捡她爱听地说。

在李莲英看来,懿贵妃爱美、爱表现,却又心胸狭窄,刻薄刁钻且爱报复人。李莲英决定逆来顺受,把准自己的行为原则不放,要让懿贵妃觉得他李莲英是她离不开、少不得的人。于是他毫不敢怠慢,且一有机会就以自己稚气未干这一特有的优势,在懿贵妃面前拍马屁。

懿贵妃对李莲英也确实渐生兴趣,她感到这小猴崽子人小鬼大,狡猾刁钻,工于心计,是个可造之才。抓住这小猴儿崽子好好调教,不比眼下的小安子(安德海)差,将来或许大有用场。她存了这个心。便在梳头之余,还时常让李莲英陪她蹓弯(懿贵妃有个吃完饭蹓弯散步的习惯)、观花、说说闲话。

时间长了,李莲英又发现懿贵妃喜欢听讲故事,于是他用尽全身解数,把自己从小在奶奶那里听来的乡村轶事,笑话趣闻信口编来,什么精灵鬼怪,风土人情,蠢媳媳、傻儿子、笨姑爷之类,凭他那一张小嘴诙谐幽默,往往还讲得妙趣横生。有时竟逗得懿贵妃笑出眼泪。

记得有一次懿贵妃用过晚膳后,觉得闲暇无事让人唤李莲英来陪她蹓弯。一群人陪着贵妃娘娘观了一趟鱼,李莲英正在琢磨今天找个什么由头好让主子高兴,懿贵妃这时已回过来问道:

"小李子(梳头差事干了不久,懿贵妃平日已亲昵地称李莲英为'小李子'了),你今天准备怎样让我高兴法?"

听得主子这么问他,他用眼环扫了一下周围的宫女、太监,不免露出得意之状,立即回答道:

"回禀主子,奴才今天吃得过饱,心眼都给堵住了,没个什么高兴法。不过,奴才可以给您打个赌,奴才敢保证,您准输。"李莲英一来仗着自己年龄小,二来与贵妃也熟了许多,反正是饭后说闲话,深一句浅一句关系不大,所以他公然提出要与懿贵妃打赌。

玩笑场合,懿贵妃对李莲英这个有些放肆的言语也不计较,她倒要看看这小猴崽子葫芦里能卖出什么药,便说:

"嗬!你有那么自信?你说说,你到底要跟我打什么样的赌?"

"奴才给您讲个笑话",李莲英说,"这个笑话不但可以让您笑,而且可以让您笑出声来。如果您笑不出声来,就算您赢了;如果您听得笑出声来,那就算奴才赢了。就打这个赌,怎么样?"

懿贵妃见他这样说,放心了。"就赌这个,我还以为赌什么呢?"懿贵妃心里想道,"就算你小猴崽子说的再逗乐,到时候我就是憋着不笑,我看你这个小猴崽子有什么招,那时准是你输。"想到这儿,懿贵妃便笑着说道:"好吧,我跟你打这个赌。不过,你说,咱们赌什么呢?"

"如果主子赢了,有什么条件,由主子定。"李莲英说。

"如果我赢了,你就给我学三声狗叫算了。不过,学的时候一定要装出狗的样子来。"懿贵妃讲明了要求。

"好的!"李莲英答应了懿贵妃的条件,接着说,"要是奴才赢了,请求主子放奴才一天大假。"

放李莲英一天假,这不是什么大不了的事,李莲英也不敢提什么过高的要求,可这是打赌,懿贵妃还是笑着说:"小猴崽子,这一天假你休想从我这儿赚到手!你快讲你的笑话吧!"懿贵妃急着要听笑话了。

"奴才给主子讲一个傻儿子的故事,您听了以后不怕您不笑。"李莲英看了看懿贵妃,清了清嗓子,说道:

"从前有个当官的,因为有事要出一次远门,临行前他把儿子叫到跟前,嘱咐道:儿子呀,为父的要出一次远门,要几天后才能回家。如果我不在家的这几天有客人来,问起为父的,你就说:'小事外出,请进拜茶。'这当官的知道自己的儿子不成器,话是嘱咐了,又怕他临时想不出来,便想了个主意,把这两句话写在纸上,交给了儿子,并当面让儿子给读了两遍'小事外出,请进拜茶。小事外出,请进拜茶。'这才放心地出门了。

"这儿子便把纸条放在袖口里,不时地拿出来看,并念上两遍。第一天没有人来,第二天没有人来,直到第三天,还是没有一个客人来。到了晚上,这儿子又把纸条从袖口里拿出来,读了两遍之后,以为这纸条没什么用了,就在灯上把这纸条给烧了。"

李莲英讲到这儿,拿眼瞟了懿贵妃一眼,见她在认真地听着,便又继续讲道:"事情就出在这里,谁知到了第四天早上,突然来了客人,一进门就问这儿子道:'你父亲哪去了?'这儿子心里一紧张,便什么也想不起来,便慌忙在袖口里找纸条,当然找不到。便说:'没了!'这客人一听十分惊异,忙问道:'怎么,你的父亲没了?

他是几时没的?'这傻儿子回答道:'昨晚烧了。'"

懿贵妃听到这儿,早已经忍不住了,刚想放声大笑,猛然想起了与李莲英打的赌,急忙用手把嘴掩住,硬是没有笑出声来。李莲英一看懿贵妃没有笑出声,真急了,赶紧趴在懿贵妃面前,屁股撅得老高,头昂着,然后头和屁股有节奏地来回地左右摇摆着,并不停地冲着懿贵妃"汪、汪、汪汪"地直叫着。李莲英这熟练又突如其来的举动,令懿贵妃实在忍不住了,便"呵、呵"地笑了起来。李莲英见状,急忙爬起来,冲着懿贵妃说道:"主子您输了!主子您输了!我可以告假一天了!"

"我怎么输了?你讲完笑话我并没有笑出声来,是你学狗叫以后我才笑的,怎么能算输了呢?你这不是要赖吗?"懿贵妃这时笑得更响了,用一种戏谑的口气对李莲英说。

"我这是逗主子乐的,其实我是一天也舍不得离开主子的,就算主子给我假,我也照样伺奉主子!"李莲英见他这一番笑话、举动、果真逗乐了懿贵妃,便心满意足地说。李莲英靠一招梳头技巧,靠他一张灵巧的嘴,更靠他一个机灵的头脑,慢慢变成懿贵妃身边离不开的人了。

三 多事之秋

机会终于悄悄地来到了李莲英身边。安德海由于过于锋芒毕露,触犯众怒,外戚大臣借他违背宦官不能出宫这一祖制的机会。在山东就地正法,等于断掉了慈禧太后的一只胳膊。同治皇帝继承其父喜欢拈花惹草的嗜好,终于染命。19岁就丧命了,清朝皇室又经历一项大变动,慈禧太后又要立新帝,又想第二次"垂帘听政",她要办的事情很多,要扫除的障碍也很多,也就需要得力的心腹为其出力,李莲英演活剧的舞台搭好了,开始演出的时机也到了。

说起来,同治帝是慈禧生的儿子,孝哲皇后就是她的儿媳妇,算是至亲骨肉。倘若是寻常百姓家,也许为柴米油盐的事婆媳会发生争执,身在帝王之家,婆媳为何不和?岂止不和,简直视如仇人,这是何故?话还得从选定皇后之时说起。

那一年为同治帝选皇后,慈禧心中早有预定人选,这位预定人选才14岁,她是刑部江西司员外凤秀的女儿。凤秀姓富察氏,隶属上三旗的正黄旗,他家不但是八旗世家,而且是满洲"八大贵族"之一。乾隆的孝贤纯皇后就出于富察家,在康、雍、乾三朝,将相辈出,显赫非凡。到了傅恒、福康父子,叠蒙恩宠更见尊荣。慈禧太后认为凤秀的女儿不但长得明慧可人,而且论家世,也具有当皇后的资格。可慈安太后却选中了崇绮的女儿阿鲁特氏。崇绮字文山,内务府旗人。此人头脑聪敏,那一年满汉同科考试,他是满人中以汉文应试而中状元的第一人。崇绮本人"生平端雅""工诗,善画雁",能诗善画,多才多艺,是一位汉文化造诣颇深的高级知识分子。而他的女儿阿鲁特氏"幼时即淑静端慧……容德甚茂。"在其父亲的教育下,文学水平也很高。当时她19岁,正是好年华,慈安太后喜欢她的"端庄谨默,动必以礼",故而想选她为皇后。两个太后相持不下,最后由同治帝自己选定,没承想同治帝竟与东太后慈安意见一致，选定阿鲁特氏，尽管当时为照顾慈禧的面子，同时也将凤女册封为妃子，赐名慧妃。但慈禧总为输了这着棋感到窝火。加之阿鲁特氏成为皇后之后，与同治一样见了慈安东太后总有说不完的话，格外亲密，而与她慈禧却是若即若离。这还不说，最可气可恨的是同治帝与皇后私下里还议论起慈禧尖钻刻薄来。有一次，还让李莲英给听到了。

那是同治帝已病入膏肓之际，慈禧太后便和自己亲信的大臣商量立嗣的事体，连日在太后宫中开秘密会议，一切都已议妥，便经常差遣李莲英去探视同治

清代铜马

的病情。名曰探视病人，实际是静候皇上大事出来，便可依计行事。谁知三五天后，皇帝的病，危险的时期已过，那痘疮也慢慢地结起痂来；热也退了，人也清醒了，只向着人索饮食。皇上一切饮食，都是慧妃一个人调理着；皇帝是不喜欢慧妃的。虽在神志清醒的时候，也不和慧妃说笑一句。觑着慧妃不在跟前的时候，同治帝便招着手，把小太监唤到跟前来，解下自己小衣上的金印来，叫他悄悄地拿去，把皇后请来。这时候正是清早，慧妃伺候皇上用完早膳，便回宫梳洗去了。孝哲皇后得趁没人的时候，悄悄地走来看皇帝。他两人也许久未相见，孝哲皇后看看皇帝枯瘦如柴，皇帝看皇后也消瘦得多了，两人一见面便拉着手哭泣起来了。哭了半天，孝哲皇后先住了哭，又劝皇帝也住了哭；两人说起两地相思的苦，皇帝又说起那慧妃如何可厌，因说起慧妃，便说起从前选皇后的旧事来。原来当时慈禧太后颇想选慧妃做皇后，慈安太后却看中了孝哲皇后；两宫太后，争执不休，便请同治帝自己决定。那同治帝在两太后跟前，又不敢说谁好谁不好。这时有一个宫女，正送上茶来，同治帝忽得了一个主意，便把茶泼在地上，叫孝哲后和慧妃两人在湿地上走去。那慧妃怕茶水弄脏了衣角，忙把袍幅儿提起来走去；独有孝哲后，却大大方方地走去。同治帝说孝哲后能不失体统，便决定立孝哲做了皇后。因皇帝提起从前选后事体，那孝哲后有意逗着皇帝，叫他开心，便说道："臣妾常在东太后那里听得陛下幼时的聪明，那时陛下年幼只八岁，天天在南书房念书；陛下常不爱念书，师傅便跪下劝谏，陛下只是不听。师傅没有法子了，只得对着陛下掉眼泪，陛下看师傅哭了，便拿《论语》上'君子不器'一句，把手按住那'器'字下面的两个'口'，去问着师傅。师傅读成'君子不哭'，念完之后师傅自己也撑不住笑起来。"孝哲后说到这里，同治帝叹了一口气，说道："这都是小时候的淘气事体，不说也罢，如今再没有那种聪明了！"说着伸出手来抚着皇后的臂膀说道："你在宫里冷清吗？西太后（指慈禧太后）待你怎么样？"孝哲后一听得提起西太后，那两挂珠泪便忍不住扑簌簌地落下

来,落在皇帝的手背上;那皇帝看了,十分不忍,便伸手把皇后,搂在怀里。皇后霍地立起身来,说:"臣妾要回去了。"皇帝不舍得她走,只是唤皇后坐下。皇后摇着头,说道:"只怕阿妈(意指慈禧太后)知道了,要责罚我呢。"皇帝说道:"阿妈还未起身,不妨事的。"

谁知屋里说话,墙外有人,李莲英这时来探视病情,听到屋子里有人唧唧咕咕说话的声音,没有进屋而站在房外偷听,并立即向慈禧做了汇报。慈禧太后听了李莲英的话,不觉大怒,说:"这妖狐敢是要迷死皇帝吗!"说着,气愤愤地赶到乾清宫去,一脚踏进寝宫。那孝哲后正伏在床沿上,低低地说着话。慈禧太后看了,一缕无名火,直冲顶门;她也顾不得什么皇后不皇后,脸面不脸面,便上去一把揪住皇后的头发,在两面粉腮儿上一连打了十几下嘴巴,口口声声骂着:"骚狐",又说:"你敢是打听得皇上的病有些转好,又来迷死他吗?"打得那皇后云鬟蓬松,娇啼婉转;慈禧太后还气愤愤的喝令宫女拿大棍来,急得同治帝只在枕上磕头求饶。那满屋子的宫女、太监,也一齐跪下地来磕着头,为皇后求情。孝哲皇后也泪流满面的跪在地上,说:"请阿妈念俺是大清门进来的,赏俺一点面子吧!"这话不说尚可,一说这一句话更触动了太后的心经,她明知道皇后在那里讥笑她自己不是从大清门进来的;又因清宫的祖制,皇后从大清门进来的,只能废黜,不能辱打。这一气把个太后气得一言不发,一转身便回宫去了。自那以后一连几天慈禧的脾气特别大,稍不顺意就拿宫娥太监出气,搞得李莲英也失了举措。

更不能叫慈禧容忍的是在立嗣一事上,孝哲皇后竟敢与自己顶撞。

那是在同治帝驾崩之后,慈禧太后为了收回执政大权,再度垂帘,朝廷大臣都在为同治帝的死惊异,悲痛之时,对立新君之事,一时无暇多虑,正在众臣悲伤、时间紧迫之际,慈禧太后抓住机会仓促地宣布让自己的妹夫——醇亲王奕譞仅三岁多的儿子载湉以咸丰帝嗣子身份为新皇帝,众人不觉大吃一惊。

慈禧为什么坚持立载湉为新君,且又以咸丰帝的子嗣继位呢?其用心是极其深远的。一是载湉为道光帝第七子醇亲王奕譞的儿子,与同治帝是同辈兄弟。奕譞的福晋又是慈禧的亲妹妹。这样,慈禧既是载湉的伯母,又是载湉的姨妈,即载湉既是慈禧的侄子,又是她的外甥。具有双重血统关系。立这个三岁多一点的侄子当皇帝肯定能听自己的话。再让他以咸丰皇帝的子嗣身份继位,则与新逝的同治帝是同辈,这样的安排,慈禧就名正言顺地当上了皇太后了。如果为新逝的同治皇帝立嗣,再接替他的皇位则必须立"溥"字辈的,那样一来,现在的孝哲皇后成了皇太后,大权只能落在儿媳妇手中,而慈禧自己就得当无权无势的太皇太后了。二是载湉现在年龄不足4岁,慈禧仍可垂帘多年。而载湉年幼,则易于管教,便于驾驭,三是载湉的生父七王爷奕譞比奕䜣容易控制,而其亲妹妹在辛酉政变中"居间传语,厥功甚伟",也是完全可以信赖的人。因此,慈禧选择了载湉。叫载湉以咸丰帝之子嗣之名义继承帝位。慈禧太后这样一安排,同治帝就无继承人,孝哲皇后也就完全架空了。本已为丈夫崩逝而悲痛欲绝的孝哲皇后听到这一消息,犹如在流血的心上又撒了一把盐,陷入悲愤之中。她想自己今后将以寡妇身份处于慈禧太

图文珍藏版

后淫威之下的艰难熬煎且不去想它,说它,可嗣皇载諿继在咸丰帝之后,这置大行皇帝于何地? 大行皇帝无后,他在九泉之下也要怪自己不据理力争啊! 想到这里,她壮着胆子毅然去面见慈禧。

"太后,千万不能让大清皇帝无后呀?"

听了这话,慈禧太后阴冷着脸,阴阳怪气地说:"这难道怪我不成? 如果你有本事,皇帝不早就有后了!"

这话像利剑一样刺中了孝哲皇后内心深处的隐痛:这一切不都是因为你吗? 不正是因为你的迫害,使得我无法与先皇长相厮守,才没有为皇帝生个儿子吗? 想到这里,她不由地悲从内心生,边哭边顿首道:

"是我没有福分,辜负了先帝的恩宠。这个罪过虽万死亦不能赎。但是,嫔妃李氏现已有身孕,或许能够生个皇储,以继承帝位。"

慈禧太后听了,不以为然地说:"你难道不知道国不可一日无君吗? 话说回来,你又怎能肯定她一定能生个男孩呢?"

孝哲皇后以为有了转机,急忙回答:"那么请太后先立贤王暂时监国,等待一段时间,如果她果然生了个女孩,到时再选立新帝,也不算迟。"

看到平时一贯柔顺的孝哲皇后此刻竟敢一再顶撞自己,慈禧太后不由得厉声呵斥起来:"这件事自有我做主,哪里有你插嘴的地方! 不要以为你是皇后就可以在我面前指手画脚,等你做了太后再说吧! 你若再敢多嘴多舌,以死罪论处!"

孝哲皇后平日为人平和,不愿招惹事端,虽然对慈禧太后的专横跋扈素有不满,但仍能以礼相待,很少当面顶撞。这时她实在忍耐不住了,作为皇后我难道连这点权力都没有? 一股怨愤之气不由得喷涌而出,大声哭着抗争道:

"我死不足惜,只请太后先为大行皇帝立嗣,这是我分内应说的话。"

闻此言,慈禧太后不禁恼羞成怒,声嘶力竭地大叫起来:"你这个狐狸精,媚死了我儿子,又来气我! 莲英! 给我掌嘴!"就在李莲英正欲掌嘴之际,慈安太后闻讯及时赶过来,连忙喝住了李莲英,总算使孝哲皇后免遭了一顿毒打。然而鸡肠狗肚的慈禧太后又如何能咽下这口气? 又如何能忍受一个小小的皇后在自己面前作威作福呢? 从此,每次提及这个孝哲皇后,慈禧就恨得咬牙切齿,善于察言观色的李莲英,早明白了慈禧的心意——若是不能栽赃罪名废掉这个皇后,最起码也得找岔子折磨她! 他在心底里正在帮着慈禧想法子、找机会。

四 逼死皇后

慈禧不愧是慈禧,她心里记恨的人,巴不得他(她)早一个时辰死,可表面又装的十分关心、疼爱。近日来天气干冷的厉害。为表示自己的宽容、大度,他派李莲英送几棵朝鲜人参给孝哲皇后,说是让她补补身子,暗地里也是探听皇后的动静。

西北风强劲地刮着,李莲英手托慈禧的赐品朝养心殿西面的休顺堂走去。此时的休顺堂死一般的沉寂。风儿拍打得房门"吱吼吱吼"响个不停,微弱的烛光,由于透过门窗隙处的风吹拂忽明忽暗。李莲英走进来时,只见室内正中央摆放着一个小火盆,火苗有气无力地上下跳动着,好像也被这凛冽的寒风所征服,让人看了,不由地泛起一股凄凉的感觉。孝哲皇后正独自一人呆坐桌前,怀抱着她那只雪白的猫。在这凄冷孤独的夜晚,猫成了她唯一的感情寄托。李莲英借着那微弱的烛光似乎看到了孝哲皇后面颊上还挂着泪痕。是的,孝哲皇后自前些天面见慈禧被训斥之后,内心一片悲愤。心想:"自从入宫以来,我上敬天后,下爱奴仆,并没有什么过失呀?为什么太后对我总是一味地刁难;为什么她就容不下我这个弱女子呢?圣上驾崩,理应按他的遗诏议立新君,我据理力争,又有什么错?苍天哪!你为什么就不能发发慈悲,帮帮我这个弱女子呢?

孝哲皇后心里想什么,李莲英不知道,可他注视着依偎在皇后怀里的那只猫,心里突然生出一个鬼主意,他向皇后请完安,转达了慈禧的"爱抚"之意后,便匆匆回去了。

一夜无话。第二天,刮了整夜的西北风居然停了。太阳从地平线上慢慢地升了起来,并有几分暖意。一大早,孝哲皇后贴身宫女小凤起了床,看着窗外红彤彤的太阳,心想难得的一个好天气,何不劝皇后到御花园散散心呢!

走进寝室,只见孝哲皇后已经起了床。再看那两眼红肿肿像桃一样,心里不由得又是一阵难过。那双眼睛,以前是那么明亮,那么美丽,可如今……

"皇后,今天天气特别的好,太阳出来了!"小凤说。

孝哲皇后听了,淡淡一笑,说道:"傻丫头,长这么大了怎么还像小孩子一样。太阳又不是就今天出来,值得你这么高兴。"

"皇后,您整天把自己关在屋里,以泪洗面,再这样下去,奴婢真担心您会……。今天天气好,您就和奴婢一块出去散散心吧!对了,咱就去御花园,刚才听人说有些花已经开了!咱们就去看看吧!求求您了,皇后。"

是啊!自从同治皇帝崩逝,她何尝有过一天的快乐?终日待在房内以泪洗面,原本丰腴的身子骨一天天地消瘦了。长此下去,她那纤弱的身子如何承受得起?嫔妃们不时给她脸色看,宫女太监们看着她失势也懒散了起来。偌大个皇宫,有几人关心她、爱怜她?只有小凤,只有这个自小与自己一起长大的丫鬟,还依旧和从前一样,时时给她以安慰、关怀。看着小凤那张略带稚气的脸,孝哲皇后怎能忍心拂了她的一番好意。

"好,好,听你的。"

小凤听了,高兴地答应了一声,便跑出屋子,张罗着太监们准备去了。不大会儿功夫,主仆二人带着几个太监,径直奔御花园而去。

再说李莲英,头天晚上见到了孝哲皇后那只爱猫,他知道慈禧太后也最爱宠物,于是,一个陷害皇后的阴谋就生成了。第二天派人暗地观察孝哲皇后的动静,他一听说皇后去了御花园,李莲英一拍大腿喊道:

"太好了,天赐良机,三顺,快些备轿,去休顺堂。"李莲英这时已是长寿宫首领太监,手下有几个属他管的小太监了,三顺就是其中的一个。这名叫"三顺"的也姓李,是李莲英的小老乡,又是太监中头脑机敏、颇受李莲英器重的一个。

本来长春宫和休顺堂都在一个内宫大院,能有多远?李莲英为什么要坐轿去?这样做的目的是想摆摆威风而已,片刻功夫就来到休顺堂前。"落轿"!随着三顺的一声吆喝,李莲英迈出了轿子,径直走进大门。休顺堂当值的太监正在打扫庭院,听到脚步声,还以为孝哲皇后回来了,心里正在纳闷:怎么皇后这么快就回来了?李莲英已走了过来。看到李莲英,吓得他慌忙扔掉扫帚,作揖叩头道。"小的不知李大人驾到,有失远迎,还望您老恕罪。""起来吧,不怪你就是了。皇后可在?"李莲英明知故问道。

那太监也不知发生了什么事,遂谨慎地答道:"皇后刚才去了御花园,不知您老有什么事吗?"

"慈禧皇太后这两天心里不舒畅,让我来抱皇后的猫过去解解闷。既然皇后不在,你就替我抱来就可以了。"

一听此话,那太监可着急了,心想:这可是皇后最心爱的东西,万一皇后怪罪下来,我可怎么交代呀!遂赔着笑脸说:"李大人,不是小的驳您老的面子,这猫是皇后最宠爱的,她人不在,小的实在不敢做主。您老是不是先在房里歇会,等皇后回来了再说。"

"嗯!"这可把李莲英惹恼了,心想:皇后回来,我不就露馅了?遂厉声道:"你是昏了头啦!居然敢让太后老人家在那干等着,你也不摸摸你长了几个脑袋。太后怪罪下来,你担待得起吗?"

小太监这下可犯难了。一边是太后,一边是皇后,他哪边也得罪不起呀!细细一想,还是太后那边要紧些,遂进屋抱了猫,交与李莲英。怀抱着那雪白的猫,李莲英忍不住心花怒放,心想:这下可有你皇后好瞧的了。

你道李莲英把孝哲皇后那只心爱的猫弄到自己手里来干什么?真的是献给慈禧太后解闷,不是!慈禧太后喜欢养宠物这是事实,可她的宠物成群,且经常有人敬献,她会稀罕皇后这只猫?那么是李莲英自己想玩耍,假传懿旨骗到手自己喂养?也不是。那是干什么?李莲英看得出来,同治皇帝已死,本来就遭慈禧记恨的孝哲皇后就失去依靠,那只猫则成了她的精神寄托物,成了她痛诉衷肠的唯一听众,一句话,成了孝哲皇后的心肝、宝贝。李莲英也猜得出来,慈禧太后想重操大权,再次垂帘,眼下既是皇后又是自己儿媳妇的孝哲皇后不好安置,废掉她吧,又不见她有什么过失,最好的办法是让她自己自生自灭。如何自生自灭?那就是多生事气她、恼她、烦她、激她,在她受伤的心头再插刀,燎起她的火气,让她发怒、生烦。出于这样的目的,李莲英抱回孝哲皇后的猫,就不是喂养了,而是想办法弄死它。

李莲英一回到自己住处,就找到前些日子慈禧太后赐给他的一件褂子,用褂子包住那白猫,又用绳子系住口。然后扔在地上。那白猫被衣服蒙住头,呼吸困难,用爪子乱踢乱抓褂子,抓不掉又在地上乱滚,在这踢、抓、滚的过程中还留了一泡猫尿在褂子上。折磨了半天。李莲英对他的徒儿李三顺说:"好了,别让它再受折磨了,拎出去勒死得了。不过,三顺,你可要给我将它扔到休顺堂附近。"

后妃宦官大传

·凶残阴毒的太监·

图文珍藏版

国学经典文库

后妃宦官大传

·宦官传·

图文珍藏版

站在旁边的三顺,开始不大明白李莲英为啥要这样折磨这只白猫,以为他师傅是受了皇后的气拿她的宠物出刹气哩,现在他明白了,尽管让他勒死这白猫有些不情愿,但不敢违抗李莲英的吩咐,只好照他说的做。

再说那孝哲皇后与小凤在御花园游玩了小半个时辰,总是兴趣索然,想起昔日与同治同游御花园的情形,今虽景色依旧,人却天地殊途,倒是徒生伤悲。于是起驾回宫而来,刚迈进大门,便见从墙外扔进一个雪白的东西,定睛一看,原来竟是自己依之为伴的那只白猫。只见那只猫头已破碎,殷红的鲜血在阳光的照耀下格外扎眼。孝哲皇后惊异之余,大声喊道:"小凤,快把值事的太监给我找来!"

那值事的太监,自李莲英抱走皇后的猫之后,也是心神不定,如今听得皇后来传,知道事情不好,心想:是福不是祸,是祸躲不过。他一来到皇后跟前,就看见躺在那里的一只死猫,不禁大吃一惊,立马跪在皇后面前诉说道:

"主子息怒,这不干奴才的事。主子刚离开一会,长春宫的李公公(指李莲英)就进来,说慈禧太后要借主子的猫去解闷。奴才要他等主子回来再说,李公公不答应,强行抱走了。猫为什么弄成这样,奴才实在不知情。"

孝哲皇后听说是慈禧太后要用自己的猫为她解闷,觉得十分蹊跷,太后那里宠物多的是,怎么会想起我这只猫? 没有的事,一定是这帮奴才气我,想起平日李莲英在慈禧太后面前摇尾乞怜,可在她皇后面前却趾高气扬的样子,气更不打一处来。

"那你赶快去把李莲英给我唤来!"她几乎是吼着对跪在地上的执事太监说。

李莲英听说孝哲皇后叫他,知道这戏要进入高潮了。他装作若无其事的样子来到孝哲皇后住处,请安后说道:"皇后唤奴才来,不知有何吩咐?"

孝哲皇后看也不看李莲英一眼,冷眼指着死猫问:

"这是怎么回事?"

李莲英看着那只死猫,心想我还怕你看不见,或者看见了不当一回事呢,猫是我故意弄死气你、激你的,就这么回事。可他嘴上不会这么说,而是说道:"奴才回禀皇后,前些日子有只猫到奴才屋里乱折腾,损坏了一些东西,早上这只猫又在奴才屋里乱窜,还在太后赏给我的那件褂子上撒了尿,奴才实在气不过,失手打死了它,可我不知这是皇后的猫啊,如果知道,天大的胆子也不敢打死它,请皇后恕罪。"

孝哲皇后宫中的执事太监见李莲英睁眼说瞎话,便嚷道:"李公公,这猫分明是你说太后要解闷,才从我这里借去的,怎么说是自己跑到你屋里去的?!"

李莲英仍是不慌不忙地说道:

"太后解闷要我从皇后这里借猫,这话从何说起? 有谁信? 太后身边宠物成群,要解闷还会少一只猫吗? 再说哩,太后平日连皇后人的面都不愿多见,还会稀罕皇后的猫吗?!"为了刺激孝哲皇后发火,什么话难听他说什么,孝哲皇后哪里有伤疤,他往哪里撒盐。

不听李莲英后面两句则可,一听孝哲皇后真的气急了:"好哇,你这个李莲英,平日太后气我不打紧，如今连你个奴才也敢如此放肆，今天不教训教训你，你也不知道我还是当今的皇后。

"来人！给我拖下去重打四十大板，让他以后记着点儿。"站在一旁的小凤见皇后要打太后面前的红人李莲英，急得直使眼色，怒不可遏的孝哲皇后根本不予理睬。

李莲英挨了四十大板，走起路来一瘸一拐地，摇摇晃晃回到长春宫，正好慈禧太后唤他进去当差。

李莲英进慈禧太后的寝宫，走路拐的更厉害。走一步龇牙咧嘴的，显得十分痛楚。慈禧太后一见李莲英这个样子，沉下脸问道：

"怎么回事？"

"太后息怒，奴才本不想告诉您，让您烦心。太后问起，奴才不得不说"，他把自己编的那一套瞎话和在孝哲皇后那里挨板子的情形又添油加醋地叙述了一次，临末了他加了一句：

"皇后说，一件破褂子才值几个钱，她那猫才要紧呢……"

那猫到底是自己跑到李莲英屋里他失手打死的，还是李莲英故意弄死的，慈禧太后无意过问，但李莲英挨了打，这是事实。"打狗还要看主人哩"，打我的人，还把我放在眼里吗！尤其是李莲英后一句话更令她气恼："嗯！我赏给下人的一件褂子不值钱，倒是你的猫值钱？这不是分明与我作对吗！不整治整治你这个小狐精，你还真翻了天哩！"一想到这里，冲李莲英喊道：

"走，陪我到休顺堂！"

李莲英见自己的目的达到，立即起身簇拥着慈禧太后朝休顺堂走来。

孝哲皇后教训了李莲英一顿，气稍微消掉了一些，正在屋里与小凤说闲话。小凤说：

"主子，今日打了太后身边的人，太后恐怕不会善罢甘休的。"

冷静下来后的孝哲皇后，一想自己打的是李莲英，这是西太后的红人，不觉也有些后悔。主仆正在议论之际，阶下太监一声唤，把她们吓了一跳：

"慈禧太后驾到！"

怎么来得这么快？听到喊声，孝哲皇后急步出屋，跪地请安。

慈禧太后也不理跪在眼前的孝哲皇后，径直走进房内，一屁股坐在椅子上，一副怒不可遏的凶相，孝哲皇后及小凤等宫女都战战兢兢地跪在地上，头也不敢抬，只等着慈禧太后发淫威：

"怎么啦，翅膀硬了，想骑到我的头上？告诉你，没门！只要我活着，早早给我断了你那做太后的念头，再敢惹是生非，看我怎么处置！"说到这里，慈禧太后环视了一下四周，又冲着孝哲皇后说道："看来你这膳食挺不错，居然养起猫，从明天起，膳食减半！"跪在地上的孝哲皇后不敢说一句话，只是低着头流泪。慈禧太后数数落落骂了一顿，看看没什么反应，便扬长而去，跟在太后屁股后面的李莲英，临出门前回过头来瞟了一眼孝哲皇后，皮笑肉不笑地撂一句：

"皇后请起吧！"

说起来皇后也是金枝玉叶，孝哲皇后又是出自书香门第状元公的家中，本人知书达礼，可同治皇帝在世时，慈禧太后就从没给她一个好脸，如今同治帝已死，自己又没给他留下半点血脉，慈禧太后再度垂帘的心思已显露无遗，她能容得下我吗！再多活一天，也是多受一天煎熬，多受一天折磨！倒不如死了落得清静。可是死也不容易啊！清廷有个定制：皇后若自缢或服毒，其生父母必定大罪！求生不得，求死不能，怎么办？她突然想起慈禧临走时扔下的一句话："从明儿起膳食减半！""我也不让你费心减一半了，干脆滴水不进——绝食！这个死法，总不违背祖制吧，我的父母总不该获罪吧！"想到这里，从即日起，孝哲皇后就整日守在同治帝的灵枢旁，滴食不进，滴水不沾。

孝哲皇后绝食的消息，传到两宫太后那里，宽厚的慈安太后单独来劝了一番，不起作用，又特地邀慈禧太后一块来劝导。碍于慈安太后的面子，慈禧跟来了，还假惺惺地劝孝哲皇后道："皇后凡事往宽处想，真有个三长两短，叫我们如何向大行皇帝交代啊！"已经几天不进食的孝哲皇后无力说话，只是用眼睛死死地盯着慈禧，直盯得慈禧太后毛骨悚然，劝几句话便匆匆离去了。

光绪元年二月二十日，距同治帝驾崩仅两个月，受尽折磨的孝哲皇后终于含恨死去，终年 22 岁。不久，宫里传出谕旨，称孝哲皇后是"绝食殉君"，为表彰其忠节，"殡殓从厚"。

朝中众王公大臣，对于孝哲皇后的死，虽感突然，但慑于慈禧太后的权势，谁也不敢多问什么。不过都为这位贤淑的孝哲皇后的死感到惋惜、怜悯，后人有诗咏孝哲皇后道：

开国科名几状头！璇闱女诫近无传。

昭阳自古谁身殉？彤史应居第一流！

在人们为孝哲皇后的突然死去而深感惋惜、悲痛之时，有两个人却暗自高兴，那就是慈禧太后和李莲英！两人联手共同除去了慈禧的一位政敌，扫除了第二次垂帘听政道路上一个障碍。

五　垂帘助威

同治帝驾崩，孝哲皇后殉君，由醇亲王之子载湉做了皇帝，改元光绪，可是这光绪帝年纪太小，进宫来只有保姆伺候着，所有国家大事，一概由两太后垂帘听断。而慈安太后常优柔寡断，不大问政事，遇事全凭慈禧太后一人专断了。

两宫第二次垂帘听政之后，慈禧太后为表明寰宇澄清，万民乐业，便振奋精神，创行了几条新政：一是派遣外使——出使英国，派了郭嵩焘；出使日本，派了许铃身；出使德国，派了刘锡鸿。一是准借洋款——陕西总督左宗棠，连年出关在西域征讨回民叛乱，大量耗费军资，为筹军饷，准予向境外借款一千万两。一是赎回铁路——从前英国人借鸦片战争入境以后，肆意掠夺，为尽快将掠夺物资运回国去，竟在上海擅自修筑铁路至吴淞口。朝廷先令沈葆桢调督两江，照令英领事立即停止拟再修铁路的活动；嗣后，又委托李鸿章与英国驻华大使威妥玛谈判，以白银二十八万五千两的代价买回英国人在上海已建成的铁路。再到后来，未成的铁路，全部停建，已成的铁路，却是一律毁掉。一是先派学生出洋留学——从闽厂前后学堂，选派出三十名，分赴英法两国学习制造驾驶，并分别派遣道员李凤苞及外国人日意格为监督。这些新举措虽然都是下面朝臣提出来的，但能得到慈禧的恩准，也算是她刻意求治了。

慈禧太后

慈禧太后大权在握之后，虽有心求治，可是在同治帝驾崩之后，立嗣立君问题上，如前文所述，不是给同治帝立嗣，而是将新立的光绪帝继嗣在咸丰帝名下，这样一来同治帝就无继承人了，朝野对此议论颇多。外面还沸沸扬扬传出谣言，说现在的光绪帝原是慈禧太后私生子，寄养在醇亲王家里的，而且说得有鼻子有眼，说那是因为慈禧太后最爱吃汤卧果，每天清早起来，便由内务府备银二十四两，买四个汤卧果吃着。这汤卧果，是前门外金华饭店承办的。这金华饭店有一个伙计姓史的，年纪很轻，最爱游玩；他又听得太监李莲英说起宫中如何好玩，他常常对李莲英说，要跟他到宫里游玩去。李莲英见他做人玲珑知趣，也便常常带他到宫中游玩。有一天，正在景和门前，随着李莲英走着，忽然迎面西太后走来，一见了那姓史的，但问："这是什么人？"吓得他两人忙趴下去磕头，奏明自己的来历：慈禧太后见那姓史的长得白净可爱，便吩咐留他在宫中，伺候太后。这时候咸丰帝已死了几年，忽然慈禧皇太后怀孕，生下孩儿来了，这话是不能传出去的，为掩人耳目慈禧太后一面悄悄地把这孩子送去醇亲王府中养着，一面又把那姓史的杀死在宫中，免得他多嘴。但太后常常把这私生子挂在心头，总想趁机会弄进宫来；恰巧同治帝死了，慈禧太后便极力主张把光绪立为嗣皇帝。如今果然如了她的心愿，把这个幼帝留在自己身边，这些谣言可信与否，无据可察，但慈禧太后为不犯众怒，在立光绪帝为咸丰帝的子嗣时，诏书中，有这样一句，"一俟嗣皇帝（指光绪帝）生有皇子，即承继大行皇帝（指同治帝）为嗣"的话。相传这一句还是东太后和恭亲王奕䜣商议出来，慈禧太后勉强同意的。这种信息一传出，朝臣中有人担心慈禧太后将来变卦，于是朝班中有一忠臣，即内阁侍读学士广安便上一奏折，要求太后把立嗣的话，颁立铁券，以免除将来失信之患。他在奏折上说道：

"大行皇帝冲龄御极，蒙西宫太后垂帘励治，十有三载，天下底定，海内臣民，方将享太平之福。讵意大行皇帝嗣未举，一旦龙驭上宾；凡食毛践土者，莫不吁天呼地。幸赖两皇太后坤维正位,择继咸宜;以我皇上承继文宗显皇帝为子,并钦奏懿旨,俟嗣皇帝生有皇子,即承继大行皇帝为嗣。仰见两宫皇太后宸衷经营,承家原为承国;圣算悠远,立子即是立孙。不唯大行皇帝得有皇子,即大行皇帝统绪,亦得相承勿替。计之万全,无过于此。请饬下王公大学士六部九卿会议,颁立铁券,用作奕世良谋。"

这位广安学士在奏折中借古喻今,以宋代赵普不遵守太祖遗诏,擅立太宗的教训为例,说"立嗣大计,虽然决定于片刻之间,但尤应重视其百代之后。"为了防止赵普那样的人擅自废立,请求两宫皇太后立下"丹书铁券",以保证嗣皇帝生了皇子后继承同治帝。慈禧太后看了这个奏章大发雷霆,非但不肯依他的话颁立铁券,还立即传旨对广安狠狠地中伤了一番。不想一波未平,一波又起,一位吏部主事名叫吴可读的,他见慈禧太后不准广安的奏折,生怕那同治帝断了后代,便想再上一个奏折,可又顾虑到人微言轻,慈禧太后不见得肯依他的意思,便立意拼了一死,用"尸谏"的法子,请慈禧立刻下诏,为同治帝立后,这便演化出一个不大不小的"尸谏风波"。

京城里是在闰三月初十得到吴可读死讯的。以吴可读的为人,决不会无故轻生,又听说有遗折一件,便越发关心,不知是有冤屈要伸,还是以死谏言?吏部尚书灵桂、万青藜,以及大学士管部的宝鋆,更为紧张,知道吴可读为人戆直,如今以死建言,言辞肯定刻薄、激烈,万一遗折中有什么大犯忌讳的话,触怒了慈禧太后,连带遭受处分。可遗折是密封的,不能擅拆,又不能扣压不递。商量了半天,觉得"既然不能擅自拆阅",对遗折内容毫不知情,纵然有犯忌之辞,慈禧也不能怪罪他们,便壮着胆子原折呈上。

慈禧太后这几日也听说有个官吏在三义庙自尽,正想打发李莲英出去打听一下,恰好宝鋆将那折子奏了上来。大臣的折子,慈禧太后看得多了,可像这样以死明志的折子她倒是头一次碰到。于是就来了兴趣,想看看究竟写些什么。她很仔细地用象牙裁纸刀拆开了封皮,取出内文铺在桌上,又吩咐李莲英添了一枝手臂般粗的巨烛,以便细看这个遗折。

打开吴可读的遗折,纵且先看那字迹,笔力遒劲,果然是不脱名士派头的淡墨所书,慈禧太后忍不住夸口称道:"没想到这吴主事居然写得这一手好字,早知道,我一定给他个大学士的官儿。"

"那是自然了,这吴柳堂在京城名气还不小呢。"李莲英不失时机地奉承道。

谁知不看那内容还好,一看可把慈禧太后给气坏了。她怎么也没有想到时隔这么久竟然还有人敢再为同治帝立嗣事发议论,而且是在这个时候,用如此的方法。想想都怪这小李子,哪个人不好荐,偏偏给我说了这么个人,于是说道:"小李子,你看看这个折子。"

李莲英急忙双手接过。本来看见慈禧太后发怒,他心里就七上八下的,待看了这折子,更是吓得六神无主。心想吴可读呀吴可读,你什么时候死不好,偏偏在这个时候;为什么又偏偏找上我李莲英,这可让我如何是好呀?

"记得这个吴可读是你让我批准他去的，是吗？"慈禧太后盯着李莲英问道。

李莲英闻听赶紧趴在地上，磕头如捣蒜般地说："太后息怒，都是奴才不好，当时他找奴才，奴才因为他在京颇有些名气，所以就……。奴才也没想到他会这样做，如果知道，借奴才个胆子奴才也不敢呀！"

"你是不是又收了人家的东西？"

"没有，真的没有！"

"没有就好，如果让我知道你收了人家的东西，我可轻饶不了你。不好好做事，就知道给我惹麻烦！"

"是，是。"李莲英急忙说道。

"你说我该怎么处理这件事呢？"

"奴才不知道。"

"我想给他来个株连九族，看以后谁还敢再给我提起这事。"慈禧太后恶狠狠地说。

株连九族，这可万万使不得，李莲英听了可急了，他倒不是关心吴可读全家老小，而是怕事情搞大了把自己给露出来。心想万一那吴可读的家属再上个什么折子，说出我收了他们的东西，那岂不糟了？于是急忙说：

"太后息怒，这事您老再考虑考虑，奴才觉着……觉着这样对您不利。"

"嗯，这话怎么说？"慈禧太后倒有些不解。

"奴才是这样想的，这吴可读，官虽小，但在京城的名气却不小，尤其是清流人中，更为器重他。奴才听说，吴可读死后，清流之辈，不但满足他依恋先帝于九泉之下的志愿，在惠陵范围以外觅地安葬，而且预备在文昌馆为其设祭招魂，那些儒夫子，还拟了不少情文并茂的挽联，还有，他们为颂扬吴可读的忠君进谏的精神，准备以吴可读在南横街的住宅，改建为祠堂，还听说预备奏请拿蓟州的三义庙，也改名为祠堂。总之是想大张旗鼓地喧闹一番。如果太后降罪于吴可读，恐怕有堵塞言路之嫌，众怒难犯啊！请太后三思。"

李莲英为开脱自己的干系，把身闻的消息一股脑儿说出来，尽管真假相杂，慈禧太后一听，还觉得有些道理，便问李莲英：

"那你有什么好法子？"

李莲英一听有转机，心总算放了下来，于是说："奴才想，太后不如把这事交给礼亲王，让他负责召集王公大臣、大学士、六部九卿的官员讨论处理。这样既可以体现出民意，又可以显示出太后您的大度。"

"好吧！你就传旨让礼亲王处理这事吧！"

这礼亲王世铎是礼烈亲王代善之后，在亲贵中，是出了名的好脾气，而且最惧怕慈禧太后，所以这回李莲英便建议由他负责。李莲英见同意了他的建议，十分高兴，便又以试探的口气说：

"恕奴才多嘴，倘若太后有个明发的谕旨，亲王他们也好议的。"

慈禧太后明白李莲英的意思，这是让她初步表个态度，以便王公大臣们议论时

有个遵循。便令军机处拟了一道上谕,两宫太后核可后交内阁明发,谕旨称:

"吏部奏:主事吴可读服毒自尽,遗有密折,代为呈递。折内所称。请明降懿旨,预定将来大统之归等语。前于同治十三年十二月初五日降旨,'俟嗣皇帝生有皇子,即承继大行皇帝为嗣'。此次吴可读所奏。前降旨时,即是此意。着王大臣、大学士、六部九卿、翰詹科道,将吴可读原折,会同妥议具奏。"

有了谕旨,李莲英便找到礼亲王,让其负责讨论吴可读"尸谏"的处理办法。

四月初一那一天,内阁大堂,红顶花翎,不计其数,近支亲贵、王公大臣、清流中人,无不出席,礼亲王世铎奉懿旨主持会议,他宣布开议后,大家对谕旨中"即是此意"大感兴趣,可对其包涵的意义见仁见智,各有解释。有的说:母子到底是母子,慈禧太后当然希望将来的皇位,归他承继的孙子,所谓"妥议具奏",就是要议出个确立不移的办法来。而有些人则认为慈禧太后诚意可疑,"即是此意"四字,含混不清,将来不知会出什么花样?对于慈禧太后的用意不明白,所以对吴可读一案的处理,也议不出个子丑寅卯来。礼亲王世铎唯恐讨论出来的意见不符合慈禧太后的心意而闹出麻烦,这时李莲英正好来催问议论结果,礼亲王世铎便像见到救星一样对李莲英说:"李公公,我等不明白太后的意思。议重了怕有悖太后仁德之心。不议吴可读之过,他遗折中'预定大统之归'的主张,却又违背清室祖制,本官请求李公公明示。"世铎虽然胆小怕事,但他明白这事太后之所以让李莲英来通知他,并由他负责处理,可见慈禧太后不仅重视此案,而且希望有个满意的结局,所以特意向李莲英请教。

"太后的意思王爷难道不明白吗?现在是什么局面,王爷照样维持不就成了。"李莲英含糊其词地暗示道。

礼亲王听了李莲英这句话,心里稍有了点底,他理解慈禧太后的用意是,对于吴可读"尸谏"一案既不可闹得沸沸扬扬,让清流中人再做出不利于当朝的事情,又不可对这种行为置之不理,不做必要的申饬。于是再开会重议。经过一番协商、折中,煞费周章,直过数日后,终议出一个大致相同的意见。礼亲王综合讨论意见,拟就一份奏稿,其间,首先引用雍正七年上谕,申明不建储的家法,指出皇室建储之事也不是做臣子所能参议的。吴可读遗折中提出"继统"之事,继统与建储,字样不同,其实是一回事,所以"大统所归"的事,也不是臣下所能提出的请求,意思是说建储、继统等,都是做臣子分内的事就是了。

奏稿的第二段说同治十三年十二月就有懿旨,讲明"俟皇帝生有皇子,即承继大行皇帝为嗣"这就包括了继统同治的意思在内,何须臣下多此一举再提出请求呢?综括这两点,便得出这样一个结论:"吴可读以大统所归,请旨颁定,似于我朝家法,未能深知,而于皇太后前此所降之旨,亦尚未能细心仰体。臣等公同酌议,应请毋庸置疑。"总之,是说吴可读不该上这个折子,上的这个折子也是早已明确的事,他只是说了一番废话。

礼亲王将这个奏稿的雏形送给李莲英过目,李莲英笑着点了点头,于是礼亲王如释重负,第二天上朝呈递上这份几经讨论才拟就的奏折。

慈禧太后看了这份经过"民主讨论"的折子自然是满心欢喜,心想我倒不如卖个人情,于是特颁懿旨宣示文武百官:

吴可读所请颁定大统之归,实与本朝家法不合。皇帝受穆宗毅皇帝付托之重,将来诞生皇子,自能慎选元良,缵成统绪,其继大统者为穆宗毅皇帝嗣子,守祖宗之成宪,示天下以无私,皇帝亦必能善体此意也。有吴可读原奏及王、大臣等会议折,并闰三月十七日及本日谕旨,均著另录一方,存毓庆宫。至吴可读以死谏言,孤忠可悯,著交部照五品官例议恤。

可怜吴可读一条性命,换来慈禧太后一句:"其继大统者为穆宗毅皇帝嗣子"的空话。而这句空话在京城内外却引来欢声雷动,完全产生了慈禧太后所期待的预期效果。自然对于献此良策的李莲英,她更是恩宠有加了。吴可读的"尸谏",他自己由于有了慈禧太后一句"以死谏言,孤忠可悯",其丧事办得还算隆重,而对于慈禧来说,由于李莲英的巧妙周旋和巧妙安排,却给她捞取了不少政治资本!

从开年以来,慈禧的精神一直不好,过分劳累和忧急,加上饮食失调,伤了脾胃,以至夜不成寐,并有盗汗,但她仍不能不强打精神,力疾从公,因为与俄国是战还是和,对崇厚是杀还是赦,朝廷上下,国内国外闹得沸沸扬扬,事情太棘手了。

还是在同治十年的时候,新疆内乱,俄国乘机由西伯利亚派兵占领伊犁。总理衙门照会俄国,质问侵入的理由?俄国政府回答得很漂亮,说是代为收复并管理伊犁,只要中国政府的号令,一旦能行于伊犁,自然退还。

到了光绪四年,天山南北路都已平安,总理衙门当然要索回伊犁。俄国政府这时却无端的提出两个条件:一是中国政府要能够保护将来国境的安全;二是必须偿还俄国历年耗于伊犁的政费。这一来,就得办交涉。首席谈判代表是吏部侍郎崇厚。

崇厚一到彼得堡,便与俄国的"外交部尚书"格尔斯谈判。在崇厚看来,只要能要回伊犁,朝廷的体面便可以保住,其他的问题吃点亏无所谓。谈判相当"顺利",不到半年功夫,俄国就答应归还伊犁,不过十八条条约,除了第一条"俄愿将伊犁交还中国"以及第十八条规定换约程序以外,其他十六条都是中国要履行的义务,包括赔偿兵费五百万卢布,割让伊犁以西及以南土地一千数百里,俄商货物往来天山南北路无须付税,以及俄商可自嘉峪关通商西安、汉中、汉口等地。要命的是崇厚还以"全权大臣便宜行事"的资格,已经在黑海附近的利伐第亚,跟俄国外交部签了约。

这个丧权辱国的条约一传到朝廷,舆论哗然,以李鸿章、左宗棠为代表的文武大臣坚决反对此项条约,主张与俄开战,以张之洞为首的清流人物,更是主张不杀崇厚这样的卖国贼不足以平民愤,而崇厚是军机处沈桂芬等举荐的。他们害怕受株连而极力为崇厚开脱,还有俄国等公使竟也出面干涉惩处崇厚的事宜。有关边防事宜的辩论、交涉、周旋、议奏、复奏奏折一叠一叠又是一遍又一遍地送到朝堂,送到慈禧手中,光是看一遍就是很沉重的负担,况且要她一锤定音。她常常陷入痛苦的沉思之中。

国学经典文库

后妃宦官大传

·凶残阴毒的太监·

图文珍藏版

要是与俄国开战,势必要杀崇厚这个宗室大臣,杀崇厚军机处是极力反对的,不杀则师出无名,不足以激励士气,这内部的事毕竟好说,其实真要打起仗来,则要人要钱要物,而今国力不振,到哪里去筹措这些东西!若时与俄国忍辱求和,那大清帝国的面子,我慈禧太后的面子又往哪里搁?大量的焦虑、顾虑、疑虑终于使她的病竟显得重了。那时临朝只见她脸色蜡黄,又干又瘦,一双眼中显露出无限的疲惫,不住用手绢捂着嘴干咳。已不是珠翠脂粉所能掩饰的。

她自己亦不讳言,等跪安已毕,首先就说:"我身子很不好!怕有一场大病。"

"近来天时不正,请圣母皇太后多加颐养。"恭王这句空泛之极,自觉毫无意味,但不这么说又怎么说?踌躇了一下,加上一句:"臣等奉职无状,上劳圣虑,真正无地自容。"

"也不能怪你们。"

慈禧太后说了这一句,咳嗽不止,脸都涨红了。殿上不准有太监、宫女伺候,恭王等人又无能为力,只能瞪着眼着急,于是只好慈安太后来照料,替她捶背,又拿茶碗送到她唇边,乱了好一阵,才能安静下来。

"唉!"慈禧太后喘着气,断断续续地说,"你们筹议边防的折子,我都看了。曾纪泽由英国到俄国,得要些日子,到了之后能不能马上开议?开了议,会不会有结果?都难说得很。夜长梦多,实在教人不放心。"

"眼前总还不要紧。"恭王答说,"俄国就是有心挑衅,它那里调兵遣将,也得有些日子。臣已叫总理衙门,多订各地的新闻纸,如果俄国有什么动静,新闻纸上一定有消息。目下还看不出什么。"

"它要调兵遣将,自然是在暗中行事。就算它没有动静。我们也不能不防。"

"是!臣等仰体圣意,自然要做备战求和的布置。"恭王又说,"连年西征,海防经费,未免不足。能够不决裂最好,不然……"

"不然怎么样?"慈禧太后毫不放松地追问,"不然,就看着俄国兵打过来?"

这是碰了个钉子,但恭王不能因此就不说话,"那自然没有这个道理。臣是说,能够求全,暂时不妨委屈。真的要开仗,"他很吃力地说,"也只有合力周旋。"

慈禧太后想了一下问道:"李鸿章怎么说?北洋海口,他有没有守得住的把握?"

"北洋海口,关乎京师安危,李鸿章当然要出死力把守。他筹防已有多年,战舰炮台,大致有个规模。臣前天接到李鸿章来信,预备在烟台、大连湾布防。奉天营口,也是北洋的范围,自然也要责成李鸿章统筹兼顾。不过,水师究嫌不足,只有着力整顿步兵,刘铭传是淮军宿将,要不要调到天津来,等李鸿章奏明了,臣等再请旨办理。"

"北洋有李鸿章,西路有左宗棠大致可以放心。"慈禧太后说,"我不放心的是东三省,听说俄国人在海参崴地方,很费了些经营,那一带要不要添兵添将,能有什么得力的人派过去,你们复奏的折子上怎么不提?"

"用人大政,臣等未敢擅拟,原打算面奏取旨办理。"

恭王这几句话，答得很得体，"未敢擅拟"的说法，倒也不是故作恭顺，取悦太后，确是有不便事先形诸笔墨的窒碍，因为布置边防的用人，关系军情，宜乎缜密。同时有些宿将，解甲归田以后，大起园林，广置姬妾，正在享福，能不能再用，肯不肯复出，都成疑问，所以也不便贸然建议复召。

这些情形由恭王回奏明白，慈禧太后的肝火便平服了，于是根据复奏的八条，一项一项细细核议。议到吃午饭的时候到了，还只议了一半，只好暂时休会用膳。本来是两宫太后在养心殿用膳，其他大臣连同军机以下另有去处，慈禧太后为表示对臣属用心议事的体恤，便吩咐撤御膳以赏恭王和军机大臣，且传谕令其就在养心殿的梅坞食用。

吃罢午饭后继续开会议论，此时慈禧太后的神情由于时间太长越发显得劳顿疲倦，无奈这是少有的大事，当然不能半途而废，强打精神议完，却还不能回寝宫休息，得要等着看军机处送上承旨所拟的上谕。

于是，军机章京全体动手，分头拟旨，一道明发、十几道廷寄。诸事已毕两宫太后才回宫去。

慈禧太后也知道自己的病不轻，然而要她放手不问国事，却怎么样也不肯松这个口。而臣下则又必须"讳疾"，一方面是怕引起她的猜疑，对她本人而讳；一方面因为慈禧太后是实际上的皇帝，为安定人心，须对天下而讳。这样就不便公然奏请免除她临朝听政的"差事"，只望她自己能够节劳。

李莲英看见主子如此模样，却是真心疼起来，他寻找一切机会劝说太后减轻政务，颐养身体。

这一天，慈禧实在无力翻阅内阁的奏折，便由李莲英坐在她身边的小凳子上，念给她听。

李莲英念道："惟边防刻即举办，需饷甚急，拟着户部先于提存四成洋税项下，酌拨巨款，以应急需；一面按年指拨各省有着之项，俾无缺误，其西征专饷，津防水陆各军，北洋海防经费，及淮军专饷，拟着户部分饬各省关，按年全数解足。东三省练饷、协饷，各省关未能解足者，亦着勒限解清。"

"要钱的时候，都是十万火急，等到要他们出力的时候，又讲困难重重。"慈禧听到这里插了句。

李莲英见慈禧不往下再说什么了，知道这是让他继续念下去。

"此次开办东北两路边防，需费浩繁，现在部库支绌，必须先时措置，以备不虞。着户部通盘筹划，先将各省丁、漕、盐关、实力整顿，并将厘金、洋药税等项，责成督抚，力除中饱，毋任有滥支侵蚀情弊，俾资应用……"

只见慈禧咳嗽不止，一口气憋得她脸由红变白，青筋都露出来。李莲英急忙停止念奏折，上前推拿按摩了几下，总算让慈禧透过气来。他又站起身来，从条案上的银盒子里取出一包由太医特地给配制，平肝清火的丸药，打开来放在托盘里，送到慈禧太后面前。

不知是药的功效，还是由于李莲英的孝心，慈禧太后觉得比刚才舒服得多了。

·凶残阴毒的太监·

图文珍藏版

李莲英见慈禧平静下来，便忧容满面地说道：

"奴才有句话，不知道该说不该说？"

"奇怪吧！"慈禧太后以嗔怪的口吻说道："几时不让你说话来着？"

"那，奴才就说了。现在国家大事，全靠主子一人操心，谁也没法子替主子分劳分忧，越是这样，主子越发要保重圣体。如今主子圣体欠安，别人不知道，奴才知道主子的病是怎么来的。依奴才之见，打明儿起，主子好好的歇着成不成？这么冷的天，天不亮上养心殿，好人也得受病，何况圣躬不安？"说到最后，竟是哽咽起来。

慈禧太后见李莲英居然泪流满面，激动得不得了，又难过，又高兴，又惊异，小李子竟是这样子忠心耿耿，实在难得，虽眼下少了那个安德海，有如此忠心的李莲英也是莫大安慰。她点点头说："你有这点孝心，不枉我看重你。我又何尝不想歇着？可你说'那边是能拿大主意的人吗？'"慈禧指的"那边"，是慈安太后。说慈安太后难于独当一面，不能拿定大主意，倒也没冤枉她。慈安太后生性淑静，对朝中政事咸丰帝在世时，她总不大关心，咸丰死后，她又多是听从慈禧太后的。尽管要拿主意，这么安安稳稳歇着，还不是照拿？李莲英知道慈禧说的"那边"是指慈安太后。尽管咸丰皇帝临死前，为了不使权力偏斜于一、二人之手，造成大权独揽的局面，曾赐给皇太后钮祜禄氏（即慈安皇太后）一方"御赏"印，赐给懿贵妃那拉氏一方"同道堂"印。皇帝的谕旨，起首处盖"御赏"印，即印起；结尾处盖"同道堂"印，即印讫，只有盖上了这两方印，才说明所发谕旨得到了皇帝的批准，否则便是无效。按说两宫皇太后权力相等，可谁想这慈安太后平日里只是待在宫中，吟经诵佛，对朝事并不感兴趣。虽与慈禧太后同担垂帘听政，但是对于国家政事只不过点头画诺而已。加之她秉性坦白，素无城府，遇事退让居多，很少争执，使得朝政大权渐落慈禧太后一人手中。慈禧太后大权在握，凡事独断专行，因此日增骄横，但由于慈安太后尚在，为礼法所拘束，事事不能随心所欲，不说，还得事事征询慈安的意见才做决断，常有受制肘之虑，尤其看到慈安那种"站着说话不腰疼"的神情就气恼，于是生下晾一晾慈安太后的念头。

第二天一早，慈安太后就等着和慈禧太后一起上朝听政。谁知慈禧太后没来，却来了个李莲英，只见他上前跪奏道："奴才问太后安。昨夜里慈禧太后偶感风寒，今日不能上朝，让奴才来说一声。"

慈安太后一听可急了，自己从没独自上过朝。虽说平日里两宫垂帘，可拿主意的是慈禧太后，自己一点经验都没有呀！于是急忙问李莲英到底要紧不要紧。

"奴才也不知晓。"

无可奈何，慈安太后只得前往长春宫，进屋一看，慈禧太后还躺在床上，急忙问：

"妹妹身体要紧不？怎的昨日里还好好的，今儿就病得这么重，太医来过没？"

"昨夜里偶感风寒，刚才已让太医看过了。今日姐姐就一人上朝去吧！"其实她哪里有病，只是想看看慈安太后的笑话而已。

慈安太后听了真有些手足无措之感，只见她迟疑着问："我怕我一人不成吧？"

国学
经典
文库

图文珍藏版

实录后宫沉浮　解密宫帷之道

后妃宦官大传

王艳军○主编

线装书局

"没什么不成的！这么多年下来了，难道说还有什么看不清楚，听不明白的？再说总不能我们俩人都不去上朝吧！"慈禧太后看了慈安那副着急的样子，暗暗窃喜地说。

天清气朗，阳光明媚。养心殿内金光耀眼。大殿正中高悬着先祖雍正帝御书的"中正仁和"匾额，使殿堂显得十分庄严、肃穆。年仅九岁的光绪帝怀着童稚的好奇心端坐在宽大的红木龙椅上，其后设八扇精致的黄色纱屏。纱屏后设御案。透过那薄薄的纱屏，可以清晰地看见左边坐着神态略带紧张之色的慈安太后，右边却空着，那是慈禧太后的位子。

本该说慈安太后整日上朝听政，早已习惯了这一切，可今天没有了慈禧太后，她的心情却格外的紧张，心仿佛都要跳出嗓子眼来了。一见恭王站在御案下首，早朝还没有开始，慈安太后便率直说道："慈禧太后身子欠安，只好我一个人来料理。六爷，我可有点儿摸不清头绪，该当怎么办的怎么办，错了什么，漏了什么，你们可要早说。"

"是！"恭王答道，"办事原来常规，臣等不敢欺罔。"接着便将一叠要议的奏折，捧上御案。

第一件案子便麻烦。这一案是邓承修接得家乡的来信，参劾广州府知府冯端本，说这位知府招权纳贿，庇恶营私，情节甚多。原来是交由已调两江的两广总督刘坤一跟广东巡抚裕宽查办，此刻要议的，便是刘坤一跟裕宽的复奏。

由于被参的情节，有实有不实，督抚查办的结果，有同有不同，加上案外生案，牵涉到一个曾经做过知县的广州府绅士，因而慈安太后茫然无主，将一叠奏折翻来翻去，找不到恭王所说的邓承修的原奏。

"不行！六爷，你来看看，是哪一件？"

于是恭王只好走近御案，将原件找了出来，上面有慈禧太后的御笔，是"查办"二字。

"对了，查办！怎么说啊？"

恭王有啼笑皆非之感，讲了半天，慈安太后似乎一个字也没有听进去，从头来问"怎么说"，只得再不厌其烦地讲一遍。

这算是件小事，小事这么耽误工夫，大事如何料理？恭王便笼统答一句："邓承修参的也不全是没影儿的事，冯端本确有点儿不对，臣请旨交部议处。"

"好吧，交部议处。"

在慈禧太后片言可决的事，到了慈安太后那里，凭空耗费了好些工夫。恭王一看这情形，觉得不必这样费事，便另换了一种办法，每一案说明简单案由，然后再提办法，或者"交部议处"，或者"下该部知道"，或者"依议"，或者"准奏"。果然，这下便快得多了，二十几件奏折，不到一个时辰，便都已打发。

总算熬到退了朝，慈安太后如释重负，回到钟粹宫不住长长地舒气。有这一番经验，她才衷心地服了慈禧太后，暗暗自语："看人挑担不吃力，真亏她！"

稍事休息，慈安太后就到长春宫探视慈禧的病情，她一五一十地向慈禧讲述了

国学经典文库

后妃宦官大传

·凶残阴毒的太监·

图文珍藏版

当日上朝的窘态，一来是想为慈禧解闷，第二层意思是若慈禧身体好转，明日还是两人一同上朝。听完慈安的讲述，慈禧与慈安姐妹俩都着实笑了一通，慈禧太后要的就是这个效果。让你慈安体味一下处事决断的艰辛，免得"看人家吃豆腐，你说牙齿快。"但眼下她不想与慈安太后闹得太僵，其实她也对自己构不成什么威胁，出出她的洋相，自己见好要收，本来她就没有什么病，第二天她又与慈安一同上朝了。

可是慈安太后单独上朝的窘相，宫中的许多宫女、太监暗地里都在当笑话谈，作为慈禧太后的红人——李莲英能不知道吗！这次自己的主子是真病了，而病的真的相当严重，他是真担心主子有什么闪失，自己就失去了靠山。如今听自己的主子身患重病，还担心慈安太后不能决断而误了军国大事，李莲英是又心疼又着急，一时想不出什么法子，想到眼下念奏折给主子听，不也是处理政事吗，便随口说道：

"要拿主意，这么安安稳稳歇着，还不是照拿？"

"这话倒也是。"慈禧一听，倒觉得有些道理。

"本来就是嘛！"李莲英接着便又劝说："现今边防正在部署，主子又派曾纪泽赴俄，对俄交涉在停顿之中，眼前并无大事，正好养安。"

慈禧太后笑了，"照你这么说，我这个病倒生得是时候了。"她又感叹道："真是，害病都得挑挑时候！"

"这才是神灵庇护。国家大事，千斤重担，都在主子一人身上。"李莲英又说："过一两个月，曾纪泽到了俄国京城，开议那时要请训，主子早就万安了，有精神对付老毛子了。"

这句话说得慈禧不断点头。

慈禧太后人虽然歇着，但奏折还是照看诸事还得请她训示，所以危艰的国事仍让她焦急万分。再加上在这期间恭亲王的夫人去世，妯娌之情，虽然并不深厚，但是将人比己，生怕自己也一病不起。就由于这些忧伤排解不掉，于是略见好转的病症，突然反复，竟不能下床了。

立即御医李德立请脉，开出来的脉案是："气血两亏，心脾未复，营分不调，腰腿时热，早晚痰带血丝，食少气短。"近支亲贵在内奏事处看了御医的方子，无不忧心忡忡，当天都派自己的福晋进宫视疾。

"养病，养病，总要静养！"慈禧太后对坐在病榻前面的慈安太后说："这个乱糟糟的局面，教我怎么静得下心来？"

慈安太后拙于言辞，心里着急，但却不知如何劝慰，站在一旁的李莲英连忙接过话茬，朝着慈安太后说道："奴才启禀东太后，西太后如今圣体如此病重，不宜久拖，总得想个办法才好。"

"依你之见呢？"慈安太后顺势问道。

"恕奴才斗胆直言，我看御医李德立不行，每次开的脉单，不是'气血两亏'，就是'细心静养'连个病症都说不上来，久拖怕是要误事的。不如朝廷下一道密旨，建议各省博访名医举荐来京。"

慈安太后起先怕这样风声太大，引起外间猜疑，影响局势，此刻已别无良策，实在顾不了许多了。慈安太后征得慈禧的同意，便发了一道五百里加紧的廷寄，密谕各省督抚：

"谕军机大臣等：现在慈禧端佑康颐昭豫庄诚皇太后圣躬欠安，已逾数月。叠经太医院，进方调理，尚未大安。外省讲求岐黄，脉理精细者，谅不乏人，着该府君督抚等，详细延访，如有真知其人医理可靠者，无论官绅士民，即派员伴送来京，由内务大臣，率同太医院堂官详加察看，奏明请旨。其江苏等省咨送乏人，即乘坐轮船来京，以期迅速。"

征医的密旨一下，自然是近在京畿的李鸿章，首先奉诏，他立马保荐前任山东济东道薛福辰；接着是西巡抚曾国荃，保荐了现任山西阳曲县知县汪守正；江苏巡抚吴元炳，保荐常州名医马文植。等湖广总督李瀚章、湖北巡抚彭祖贤的复奏一到，保荐的也是薛福辰。

于是，朝廷降旨立召地方督抚保荐的医生到京。薛福辰第一个在六月二十三到京。因为谕旨中有"由内务府大臣、率同太医院堂官详加察看"的话，所以伴送人员直接将薛福辰领到内务府，由总管内务府大臣，慈禧太后的同族的恩承接待。

御医李德立见朝廷请薛福辰来给慈禧看病，心里着实不是滋味，谕旨中虽有"率同太医院堂官详加察看"一句，但明摆着这是不信任，或者看不上朝堂御医的意思，面子上终究过不去，可架子又放不下。一见薛福辰进内务府，他俨然以考官的身份，"请教"医道。经过一番盘诘，不得不知难而退，因为他懂的，薛福辰都懂；而薛福辰懂的，他就不完全懂了。

恩承虽不懂医，眉高眼低是看得出来的。被问的人从容陈词，反是发问的人语气迟疑，仿佛该问不该问都没有把握似的，则此两人的腹笥深浅，不问可知。

"高明之至。"恩承拱拱手打断了他们的话，转脸又问李德立，"你看，是不是今天就请脉？"

"无须亟亟。"李德立说，"西圣（指慈禧太后）的病情，总要先跟薛观察说一说明白。"

于是，李德立与薛福辰又在内务府谈慈禧太后的病情。不知是李德立有意"藏私"，还是功夫不到，他只能说出症状，却说不出病名。薛福辰颇为困惑，便直截了当地要求阅读慈禧太后得疾至今的全部脉案。

"脉案在内奏事处。明儿请脉，你当面跟上头要好了。"李德立不冷不热地答道。

薛福辰进京之前也打听过太医请脉的规矩，脉案照例是要用黄纸誊清呈阅，太医院存有底稿，现在御医李德立不肯公开而以"内奏事处"推托，显然是故意出难题。薛福辰心想，御医这种不合作的态度，与他就没有什么好谈的了。他只问明了第二天进宫的时刻，仍由伴送他进京的人员陪着，回到西河沿客栈休息。

奉李鸿章之命，伴送薛医师进京的人姓胡，是个候补知县，他为人善于交际，人头很熟悉，李鸿章想借保荐医师的机会，表示自己对朝廷的忠诚，所以对此事十分重视，便特地派他照料，临行时还当面嘱咐："内廷的差使不好当。此去小钱不要省,内务府跟太医院的人要好好敷衍,宫里的太监更不能得罪。看病是薛观察的事,招呼应酬是你的事。有什么为难之处,可以跟王大人求教。"所以一回客栈,便打听晤谈的经过。

"哼!"薛福辰冷笑,"真正可气!他们当我来抢他们的饭碗,处处敌视,岂有此理!明天看请脉情形怎么说,我也拿不准。如果他们从中捣鬼,事情会更麻烦,我想请您回去禀告中堂,这差使我干不了。"薛福辰有些泄气了。

"抚公,抚公!"胡知县急忙相劝,"你老千万忍耐,我去设法疏通。这是天字第一号的病号,抚公究心此道二十年,有这样一个尽展平生所学的机会,岂可轻易错过?"

这句话倒是打动了薛福辰的心,自己从医几十年,如今能够给天字第一号人物看病,这不是对自己医道的最高肯定吗?医生重名,这名不是能张扬天下吗,他默然不语,意思是首肯了。胡知县这边安抚住了他,那边自己还得有一番奔走。他找着内务府的朋友,送过去三个红封袋,内有银票,一个大的一千两,另外两个小的都是二百两。小的送内务府在内廷照料的人和宫里的太监、苏拉,大的一个就是孝敬长春宫总管李莲英。

第二天一早,胡知县陪着薛福辰到宫门口,已有人在迎接。将薛福辰带入内务府朝房,只见李德立之外,还有两个四、五品服色的官员在彼此请教,才知道也是太医,一个是庄守和,一个是李德昌。

接着,恩承也到了,步履匆促地说:"走吧!上头叫起了。"

于是恩承领头带路,薛福辰是三品道员,无须客气,紧跟在后头,依次是李德立等人,沿着西二长街墙根阴凉之处,直往长春宫走去。

薛福辰是第一次进入深宫,也是第一次谒见太后,自不免战战兢兢,而且六月二十几的天气,虽说是早晨八点钟,热气也很厉害了,一件实地纱的袍子,汗已湿透。如此心粗气浮,如何能静心诊脉?薛福辰想想兹事体大闹得不好,病号看不好不说,说不定自己脑袋要搬家的。便顾不得冒昧,抢上两步向恩承说道:"恩大人,可否稍微歇一歇,容我定下心来再请脉?"

"这……"恩承迟疑着答道,"这可不能从命了,上头在等着。"

薛福辰无奈,只好自己尽力调匀呼吸,跟着进了长春宫。

"这位就是薛老爷吗?"有个太监迎了上来,指着薛福辰向恩承问。

等恩承证实无误,那太监便将薛福辰请进正殿侧面的一个小房间,恩承也跟着在一起。还没等他的屁股落座,只见竹帘一掀,进来一个身材高大的太监,昂首阔步,恩承一见,已是含笑相迎。薛福辰当然猜得到,这大概就是慈禧太后面前的红人李莲英。

"恩大人好!"李莲英招呼着,做出要请安的样子。

"莲英!"因为恩承是慈禧太后的同族,身价自然不同于一般王公大臣,他可以直呼李莲英的名字,以示彼此的亲昵。李莲英何等精明,对于慈禧太后的同族岂敢急慢,每次见面十分客气,这次他又要向恩承行礼,恩承急忙扶住,趁势握着他的手问："今儿个怎么样？"

"今儿精神还不错，听说李中堂荐的人到了，问了好几遍了。"接着，便又问："这位就是薛老爷吧？"

"是的。"薛福辰答应着，"我是薛福辰。"

"薛老爷，你请过来，我有两句话跟你请教。"

将薛福辰拉到一边，他悄悄关照：说话要小心，如有所见，须识忌讳。又说是李鸿章李大人荐来的人，他会格外照应，叫薛福辰不必害怕。

薛福辰人虽耿直，对于京里的情形，大致了解，知道这不只是一千两红包的力量，必是李鸿章另外走了路子，他才会说这样体己话。既然李莲英有此有力的话语，心里便有了底，无须顾虑李德立从中捣鬼，心情也宽松得多了。

经过这一阵盘桓，等于做了一番好好地休息，薛福辰的心已定了下来，随着恩承进见慈禧太后，行过了礼，跪着等候问话。

"你的医道，是跟人学的，还是自己看书，看会的？"慈禧太后的声音很低。

"臣也曾请教过好些名医。不过"，薛福辰答道，"还是自己体会得来的多。"

"医家有好些个派别，你是学的哪一派啊？"

"臣最初佩服黄元御，这个人是山东人，他因为误于庸医，坏了一只眼睛，发愤学医，自视甚高，确有真知灼见。他为人看病，主张扶阳抑阴，培补元气。"

"喔，"慈禧太后接着问道，"你看过妇科没有？"

"看过很多。"薛福辰答道，"臣在京，在湖北，在山东，任职期间，亲友家内眷有病，都请臣看。"

"这么说，你的经验多。"慈禧太后欣然说道，"你替我仔细看看脉。该怎么治就怎么治，用不着忌讳。"

"是！"

慈禧太后似乎还要问什么，让李莲英拦住了，"请主子歇歇，多说话劳神。"他屈一膝，将双手往上平举，虚虚做个捧物的姿态，嘴中说道："让薛福辰请脉吧！"

于是慈禧太后将右手一抬，李莲英双手托着，将她的手捧在茶几上，下端垫一只黄缎小枕，手腕上方又覆盖一方黄绸，准备停当，就向薛福辰努嘴示意。

薛福辰磕一个头起身，低头疾行数步，跪着替慈禧太后按脉，按了右手按左手，按罢脉他又磕头说道："臣斗胆！瞻视玉色。"

慈禧太后没有听懂，问李莲英："他说什么？"

李莲英也没有听懂，不过他会猜，"薛福辰想瞧瞧太后的气色！"他说。

"喔，可以！"慈禧太后又说，"把那边窗帘打开。"

薛福辰听这一说，便又磕一个头，等站起身来，东面的窗帘已经掀起，慈禧太后的脸色，可以看得非常清楚。

于是薛福辰抬头望去，但见慈禧太后面色萎黄，眼圈发青，她生来就是一张长隆脸，此时由于消瘦之故，颧骨显得更高，加上她那一双炯炯双目，特别威严。薛福辰不由得就将头低了下去，不敢逼视。

"你看我,到底是什么病啊?"

"望、闻、问、切"四字,薛福辰已有了三个字,虽然听闻不真,但只凭自己三只指头,一双眼睛,便已十得八九,慈禧太后是经过一次严重的血崩,而下药未能对症,虚弱到了极点。心中暗想,幸亏遇到自己,及今而治,还有挽回,否则仍旧由那些太医"头痛医头,脚痛医脚",诊察既不能深究病根,下药又没有一定宗旨,就非成不治之症不可了。

妇女血崩有各种原因。令薛福辰迷惑不解的是,从慈禧太后病状看,很像妇女小产后造成的血崩,可慈禧年轻守寡,身居深宫,又是当今太后,哪会有这种事? 他想起第一天与御医交谈时,李德立始终未提"崩漏"二字,其中必有忌讳,他又联想到进寝宫请脉前李莲英的警告,便越发不敢说真话。其实慈禧太后血崩也有李莲英的一份"功劳"。慈禧太后有个爱听京戏的嗜好。平日政事闲暇,或逢年过节,她都要听听京戏的。为满足慈禧太后的嗜好,太监们不少会一两个角色,李莲英也能喊两嗓子。不过太监由于去"势"少根,那嗓子男不男、女不女,走起路来文不文、武不武,别说与专业戏班子逊色。就是与一般业余的演员相比,也有其不足之处,难于引起慈禧太后的兴趣。李莲英走红之后,便着人在京城到处打听,把那著名的京剧角招来给慈禧演出,还搭了专门的戏台,这一下慈禧果然高兴。每次演出结束,慈禧都对演员有赏赐,主角名角慈禧往往恩加一等,要他们当面领赏。一次,一位名叫邹衡的青年演员,不仅戏文唱得令人叫绝,而且人生得朱唇白面,英俊潇洒,有如潘安再世。慈禧太后见了,不禁神魂颠倒,春潮涌动。此时的慈禧虽说已四十多岁,但由于保养有方,不但面目不老,还是丰颜盛鬓。同二十来岁的少妇一样。人都有七情六欲,慈禧也不例外。她一见邹衡便春心躁动,于是降谕旨,将这次唱戏的班子留在宫中,说是闲暇之时,她听戏时,以好随时召唤,留下戏班之后,便不时让这位邹衡单独前去给她"唱戏"。时日一久,宫中有些风言风语,慈禧才打发李莲英辞掉这个戏班。不过这个邹衡出宫第二天就神秘"失踪"了。读者可以想见,这个邹衡单独给慈禧能唱些什么戏,也可以想见如今慈禧为什么会落下"血崩"的病症。这些故事新来宫中的薛福辰是不知情的,也绝对没人说与他听。但他知道忌讳,绝对不往妇科小产血崩那方面去解释慈禧的病因。见慈禧问起,他回答道:"皇太后的病在肝脾。肝热,胆亦热,所以夜不安眠,脾不运行则胃逆,所以胃口不开。"

"你说得倒也有点儿道理。"慈禧太后问道,"该怎么治呢?"

"以降逆和中为主。"薛福辰怕慈禧太后不明白这四个字的意思,改了一种说法,"总要健脾止呕,能让皇太后开胃才好。"

"说得不错,"慈禧太后深为嘉许:"吃什么,吐什么,可真受不了,你下去开方子吧!"

于是李德立等人,接着请脉,薛福辰便被引到内务府朝房去写脉案、开方子。他凝神静思,用了半夏、干姜、川椒、龙眼、益智五味叶、以竹叶为引。写完由笔帖式用黄纸誊清,立刻装入黄匣,进呈御览。

隔了有半个时辰,只见恩承携着黄匣走了来,一见面就问:"薛老爷,你这个方子,跟你跟上头回奏的话,不相符啊!"

"喔!"薛福辰有些紧张,"请恩大人明示,如何不符?"

"你说皇太后肝热,胆也热,怎么用的热药? 川椒、干姜,多热的药!"

原来如此! 薛福辰放心了。从容答道:"姜的效用至广,可以调和诸药,古方中宣通补剂,几乎都用姜,跟半夏合用,是止呕首要之剂,川椒能通三焦,引正气,导热下行。而且有竹叶作引子,更不要紧。"

尽管他说得头头是道,恩承只是摇头,"薛老爷!"他放低了声音说,"你初次在内廷当差,只怕还不懂这里的规矩,药好药坏是另一回事,不能明着落褒贬。这个方子有人说太热,你愣说不要紧,眼下去出了别的毛病,谁担得起责任?"

薛福辰明白了,是李德立他们在捣鬼。因而平静地问道:"那么,请恩大人明示,该怎么办啊?"

"上头交代,跟三位太医合定一张方子,回头你们好好斟酌吧! 李德立他们,也快下来了。"

等李德立退下来时,李莲英很关心处方的事,也一道跟了出来。李德立一见薛福辰又是一副神态,连声称赞"高明"。这也许是真的觉得他高明,也许是因为慈禧太后对他嘉许之故,薛福辰无从明了,只能谦虚一番。

谈到方子,李德立说道:"上头交代,姜椒必不可用。不知道薛先生有向卓见?"

"自以培补元气为主。当务之急,则在健脾。"薛福辰说,"今日初诊,我亦不敢执持成见。"

李德立不置可否,转向庄守和、李德昌:"健脾之说,两公看,怎么样?"

庄守和比较诚恳点头称是,李德昌资格还浅,不敢有所议论。于是健脾的宗旨算是定下来了。

"既然如此,以'四君子汤'加半夏,如何?"

李德立这几个月为慈禧太后下药,一直以四君子汤为主。薛福辰懂得他的用意,一则是要表示他用药不误,二则是半夏见功,则四君子汤连带可以沾来。好在这是一服很王道的药,与培补元气的治法,并不相悖,只要略微改一下就行了。

于是他说"很好,很好。不过,人参还以暂时不用为宜。"于是开了白术、茯苓、炙甘草、半夏四味药。

始终站在一旁的李莲英嘴上不说,心里明白李德立这帮御医,处处在刁难薛福辰,怕薛福辰医好慈禧,砸了他们的饭碗。他碍于自己不是医生不好明说,但是心中想,几位医生如此斗法,怕是要误了太后的病。他又感到薛福辰一人势单力薄,又是初次给太后治病,明摆着占下风,于是心中暗自盘算着帮助薛医师对付李德立等一帮御医的办法。

定下处方,几位医生接着谈值班的办法。

"内廷的章程,薛老爷怕还不尽明了。"恩承说道,"圣躬不豫,除非是极轻极轻的病,不然就要在内宫值宿,随时听传请脉。如今除了三位太医以外,外省举荐到京的还只有薛老爷一位,如何轮值,请各位自己商量,暂时定个章程。"

薛福辰心想，就算两个人一班，隔日轮值，用药前后不符，如何得能收功？既已奉召，自然要殚精竭虑，方不负举主的盛意。因而毫不迟疑地答道："皇太后的病症不轻，为臣子者，岂敢偷闲？我日夜伺候就是了！"

"好！薛老爷，真有你的。"恩承跷一跷大拇指，然后又问李德立："三位如何？"

李德立真是酸味冲脑，脱口答道："薛先生这样子巴结，我们更不敢偷懒了！自然也是日夜伺候。"

"那就这么定了。吃完饭，我派人回去跟薛老爷取行李。"恩承说道。

从定处方到值班，李莲英愈来愈觉察到御医们人多势众，尽管薛福辰尽职尽责，但毕竟孤掌难鸣，万一受制于李德立他们，贻误了慈禧太后的病可不得了，他想为今之计是一定要迅速地给薛福辰增加帮手，以削弱李德立等的力量。于是他将恩承拉到一边，讲了自己的看法和想法，并建议恩承让恭亲王他们急令山西巡抚曾国荃举荐的医生汪守正来京会诊。恩承见李莲英如是说，觉得有道理，便告诉了恭王。

两天后，汪守正到了。来的这位姓汪的医生，祖籍杭州，其人不但医理精通，而且长袖善舞，特善交际，当年有首十字令，刻画那种能交际，善巴结的人是这样说的：

"一日红；二日圆融；三日路路通；四日认识古董；五日不怕大亏空；六日围棋麻将中中；七日梨园子弟勤供奉；八日衣服整齐言语从容；九日主恩宪德常称颂；十日座上客常满樽中酒不空。"

汪守正便是十字俱备，外加医理精通，是山西全省第一能员。如今由曾国荃举荐为慈禧太后看病，是飞黄腾达，千载一时的机会。他早已盘算过，病看得好，一定升官，看不好，不如自己知趣辞官，反正回任是绝不可能的了，所以奉召入京时，尽室而行，行李辎重，相当可观。

到了京城崇文门，照例验关征税。旁人听说是山西来的"汪大老爷"，不免讶异，山西连年大旱，汪守正的宦囊何以如此丰富？有人说他办赈发了大财，也有人说他本来是富家，无足为奇。无论如何，那番鲜衣怒马的气派，洋洋自得的神态，与薛福辰不可同日而语，却是众目昭彰的事实。

进了城先到宫门递折请安，接着便是与薛福辰同样待遇，在内务府受李德立的"考校"，预备第二天进宫请脉。

退出宫来，回到客栈，汪守正打点礼物，分头拜客，曾国荃替他写了十几封信，分托京中大老照应，一时也拜不完，只好先拣要紧的人去拜。此外还有三个要紧人，也是非拜不可的，一个是李德立，一个是薛福辰，再一个就是李莲英。

一打听，李、薛二人都在内廷值宿，这天是见不到了。汪守正无奈，只好打听到李德立的寓所，派人投帖致意。同时送上一只红封袋，外写"冰敬"（即敬献降温费之意），内装银票二百两。他又着人打听李莲英的住处，以便备重礼亲自造访，没想到李莲英已派人找到他，约他到"悦来"酒馆见面。汪守正身揣一千两的银票，践约来到酒馆，见面稍事寒暄就将银票双手奉上，说："不成敬意，望李公公笑纳。"李莲英此时的心情只惦记着太后的病，其实他也不在乎汪守正这点孝敬，他想这次汪守正来京能与薛福辰合作，治好慈禧太后的病，就有自己拿银子的时候，而且也不只是这千儿八百两的。当然，对汪守正双手送上来的银票也没有拒绝，只是稍微客气了一番就接过来揣进兜里。他接过银票，道了声谢，便开门见山地说："这次请汪先生来京给慈禧太后会诊，一来责任重大，二来也是先生施展平生所学的大好机会，请不要辜负皇恩。"他边说边拿起酒杯与汪守正碰了一下，用眼睛盯着汪守正说道，"你是个明白人，其所以宫中请来了薛福辰先生，今又将谕旨召你来京，是望你能与薛福辰携手合作，共担大任。"汪守正只有连声说"是"的功夫，但他心里明白，李莲英谈话间只字不提御医李德立等，其中必有缘故。李莲英不说，他也不问，只是心里琢磨，看来给太后治病，还得先摸清、把准医生间的人际关系。正在汪守正悉心琢磨李莲英话语的功夫。李莲英又简要地向他交代了宫中的一些忌讳，说完便起身离席，一拱手说："我宫中有事缠身，在此不能久坐，失陪失陪，请汪先生多多保重。"汪守正送走李莲英，自己也回到自己下榻的客栈。

等汪守正回到客栈，御医李德立家就送来四样菜，然后李德立来拜。相见又是一阵寒暄，彼此都表现得很亲热。汪守正特意致歉，说是由于李御医在内廷值宿，所以不曾亲自拜访，十分失礼。

"不敢，不敢！"李德立拱手答道："内廷值宿，亦有放回家的日子，今天正好轮着兄弟歇歇。幸会之至。"

"真是幸会！二十年来，久仰'李太医'的大名，识荆之愿，一旦得偿，真正快慰平生，无论如何要好好请教。"

于是汪守正留他在客栈便酌。一则是看在二百两银子的份上，再则有心结纳，也好拉着汪守正对抗薛福辰，所以李德立欣然不辞。灯前把酒，谈得相当投机。

这一谈自然要谈到慈禧太后的病。上一次李德立对薛福辰有意卖关子。这一次为了拉拢汪守正，故而在汪守正面前，却无保留。可是无奈他医道平平，所知亦实在有限，虽久在宫中从医，长期侍奉太后等人，但并不能比薛福辰凭一双眼睛，三只指头察觉所得来得多。

但这对于汪守正来说，却是获益已经不浅，他此刻所要明了的，是薛福辰如何下药？

"说起来亦算别创一格，那位抚屏（薛福辰字抚屏）先生用的竟是姜椒，又说出自古方，连西圣自己都认为不妥，终究另拟了方子。"

等他把薛福辰初次请脉所拟的两张方子，以及这几天仍以健脾益气的治法为主的情形一说，汪守正便已了然，薛福辰确是高明。同时也料准了薛福辰必已知道慈禧太后的病根，只是脉案上不肯说破而已。

抚屏先生最初学的是黄坤载，不过他能入能出，博究诸家，能得其平。汪守正不直接评价薛福辰用药是否恰当，只是淡淡地介绍薛医生师从何人，行医有何特色。汪守正心里明白，御医李德立之所以屈驾亲自来访，并表示如此的亲热、知心，其用意是想笼络自己以抗衡薛福辰，心中暗自思忖，幸亏事先有李莲英提醒。又想到这次来京给慈禧太后治病。要想扬名、出头，只有尽力而为，太后的病治好了，一切都好说，病治不好，一切免谈。因此，汪守正打定主意，自己必须要跟薛福辰合作，才能见功。李德立见汪守正不上自己的圈套，对他不满之意，溢于言表，可汪守正是何等精明之人，自己内心的打算，一点不流露，而为了将来少受李德立的掣肘，对眼前的这位御医，他着实下了一番敷衍的功夫。

这一夜自是尽欢而散。第二天一早进宫，在内务府朝房会齐，见着了薛福辰，他恐怕李德立猜疑，不敢过分亲热。一经请脉，越觉薛福辰入手便正，只是健脾以外，还须润肺，同时也觉得人参未尝不可用，因而开了一剂以人参、麦冬为主，与温补差相仿佛的甘润之剂。

方子呈上，所得的"恩典"与薛福辰一样，赐饭一桌，由恩承陪着吃完，然后搬行李入内廷值宿。是内务府的空屋，与薛福辰同一院子，南北相望。

行客拜坐客，汪守正只送了几部医书，但都是极精的版本。最名贵的是一部明版的《本草纲目》，刻印于万历年间，是李时珍这部名著的初刊本。原是汪守正行踪所至，不离左右的，此时毅然割爱了。

薛福辰不肯收受，无奈汪守正意思诚恳，却而不恭。收是收下来了，觉得很过意不去，想有所补报，只以身在客边，无从措办，唯有不断称谢。当然，有此一番结交，自有一见如故之感。

到得夜深，薛福辰一个人在灯下打围棋谱，汪守正却又不速而至。这次是专门来谈慈禧太后的病情的。

"薛先生！"他年纪比薛福辰大，但称谓很谦恭，"上头既然忌讳崩漏的宗禅，总得安上一个病名。"他说，"有人问起来，圣躬如何不安，到底什么病？莫非也像那班太医，支吾其词？"

"说得是！"薛福辰沉吟了一会答道："病呢，也可以算是'骨蒸'。"

汪守正点点头："这一说就对了！我也觉得可以说成骨蒸。得薛先生一言，就算鉴定了。"

"子常兄，你太谦虚了。"薛福辰微感不安。

"实在是要请薛先生指点提携。"

"指点"也许是客气话，"提携"则薛福辰心甘情愿。因此，第二天奉旨会诊，合拟方子，薛福辰便支持汪守正的看法，仍旧用了人参、麦冬这几味药。

有李莲英的细心周旋和巧妙安排，两位外请来的医生携手合作，胆子也壮了，用药也按症而来，到后来每当李莲英面奏慈禧"该请脉了"的时候，她竟干脆地说："不必五个人一起上来，就传薛福辰、汪守正好了。"这正是李莲英求之不得的事。

薛、汪两人已取得信任，同时也颇蒙优遇，慈禧太后还特赐矮凳子，让他们在御前坐着谈，这是连资深年高的大臣都未能得到的恩典。加之薛、汪医道确实在李、庄几位御医之上，经过一番诊治调理，慈禧太后的病逐渐好转了，从而李莲英在慈禧心目中的地位又加重了一份，不久就升李莲英为内廷副总管了。

随着李莲英在慈禧心中地位的加重，有许多难言之隐的事，慈禧太后竟绕过大臣,直接交给李莲英去办,以便于她掌握第一手材料,再作斟酌。慈禧太后大病初愈,就给了李莲英一项特殊的任务:查查工部尚书贺寿慈的底细。

李莲英一来不知道慈禧太后问贺寿慈什么事,二来有吴可读"尸谏"风波的教训,这一次倒是十分谨慎,他回答道:

"奴才无事不出宫,外面的事不太明白。"

"你倒去打听打听一下儿看!"慈禧太后说着,便把张佩纶的奏折随手放在一边。

李莲英经过一段时间伺候慈禧太后看奏折,已深知她的习惯,这一摆就是暂时不做处置,也就是要等他打听明白了再说。

李莲英也知道慈禧太后近来颇为重视类似张佩纶这类"清流"人物的意见。何谓清流? 就是指那些不掌实权,但对时政敢于发表意见的御史和翰林,即言官和讲官,也就是一批有风骨、有见解、有勇气的高级知识分子。在清流之中,不乏"激于义愤,志在救国"者,"遇事敢言,不畏强御"者,"力排众议,侃侃直争"者。慈禧垂帘听政期间,借清流之辈的力量,不但有时可割除贪官污吏,更重要的是还可以借此消灭政敌,巩固自己的统治地位。

李莲英琢磨,慈禧太后之所以让自己去打听虚实、察明情况,除信任自己之外,是此事不大不小,可大可小。若让吏部、监察乃至军机处去查,不是弄得满城风雨,也有可能官官相护,掩盖了事实的真相。也许太后又想以此作为"棒子"惩治某个人,那就不得而知了。反正自己得秉承懿旨,认真仔细地察明真相就是,他不敢怠慢,第二天就去找自己换帖子的兄弟刚毅和荣禄。

刚毅,字子良,镶蓝旗人,笔帖式出身,此人性格直爽,交友甚广,与李莲英过往甚密;荣禄"辛酉政变"护驾立功之后,升为禁军步军都统,在京城旧好尚多,耳目甚灵,找到他们不愁不把"宝名斋"与贺寿慈的关系弄个水落石出。

一进荣府,李莲英就高声喊道:"荣大人一向可好?"荣禄见是李莲英,立即以嗔怪的口气说道:"李总管敢情是把小弟忘了,这么长日子你也不来看我!"

"天在上头,"李莲英一面请安,一面用手向上一指,"不知道起了多少回心,想来看荣大人,总是那么不凑巧,到时候,上头有事交代,来不成。那天太后听说荣大人身体不适,还说来着:荣某人长个疮,怎么让洋人去治? 还动刀什么的,真叫人不放心!"

"真的?"荣禄没想到慈禧太后这样记挂着自己,以惊异的口吻问道。

"我敢骗荣大人你吗! 当时我就跟太后讨差使,要出来看你老,谁知道还是不成,恰巧内务府有个交涉,非得我去办不可。"

"心到了就行了,多谢你惦着。今日公公来敝处,有何赐教?"荣禄边寒暄边问来者之意。

既然是换帖子的弟兄,相互之间也不必绕弯子,李莲英便把奉太后之命,调查"宝名斋"与贺寿慈关系、内幕的事明说了,意思是请荣禄帮忙。

荣禄一听,拍着胸脯说:"这事包在小弟身上! 小弟我身为步军都统,职司地面,九城内外,都派得有侦探,这点小事,我会为李公公办好的。你就静等听信吧!"

"我这里先谢过荣大人了。"李莲英又是一个拱手。

"自己兄弟,不必客气,以后有烦李总管的时候多着哩,还应多多关照!"荣禄说。

"那是自然。"李莲英连忙答道。

事隔一天,荣禄果然将贺寿慈跟李春山的关系搞得清清楚楚,李莲英得到实信后,趁慈禧太后休息的当儿,便原原本本地据实回奏。

又办了事,又替她解了闷,慈禧太后深为满意。

"把张佩纶的折子发下去吧!看军机上怎么说?"慈禧听完李莲英的讲述后,淡淡地说了一句。

军机大臣中,见了张佩纶的奏折,别人都不说话,只有宝鋆觉得很不是味道,大声嚷道:"跟宝名斋有往来的,第一个就是李鸿藻,张佩纶怎么不说?"

恭王觉得他的话可笑,"算了吧,你!"他跟宝鋆说话,是无须措辞的,"李鸿藻跟李春山又没认亲戚,也没有公服赴宴,到宝名斋买书这并不犯法,张佩纶为什么要把他扯了进去?"

张佩纶跟李鸿藻的关系密切,朝中无人不知,另一位军机大臣沈桂芬很冷静地劝宝鋆:"佩公!张佩纶上这个折子,不会不想到李鸿藻,既然敢上,自然有恃无恐。所恃者,就是六爷说的那些话,买书画并不犯法。似乎不宜拿他也扯了进去。"

"知趣一点儿吧!"恭王提出警告:"上头正借清流在收拾人心。贺寿慈也太欠检点了,我看这个折子越压越坏,让他明白回奏了再说。"

于是军机处拟旨,查问李春山也就是李钟铭,跟贺寿慈是不是亲戚?贺寿慈自己的回奏称:"与商人李钟铭,并无真正戚谊,素日亦无往来。其有无在外招摇撞骗之处,请饬都察院查究。"

"这话我就不明白了!"慈禧太后看了贺寿慈本人的申诉折子之后,很精明地指出贺寿慈的语病:"什么叫'并无真正戚谊'?有就是有,没有就是没有。这么个说法,就靠不住了。"

"也许是干亲。"立在一旁的恭亲王含含糊糊地回答。

"干亲也是亲。"慈禧太后说,"再看一看,有没有人说话。"

通过李莲英的调查,她对此事内幕已经完全了解,却故意不说破,要等清流中的言官有了表示,再相机行事,用意是用操纵言路的手法来箝制王公大臣。恭亲王当然也知道她的用心,不过在眼前她的举措还在道理上,加上有清流为她张目,尽管他觉得慈禧此处是小题大做,但也无奈其何,唯有遵从。

因此,对于贺寿慈的复奏,是不加驳斥,只是降旨都察院会同吏部,严办李春山。于是刑部派出司员,会同巡城御史知照顺天府,转饬宛平县衙门派差役抓人,而李春山也确实平日没花冤枉钱,差役说是去抓他,却不敢得罪,到宝名斋将他好好"请"到"班房",直到都察院来了"寄押"的公文,才将他真正收监。

逮捕了李春山,就已经轰动九城,不知多少人拍掌称快,同时李春山的劣迹,也在街谈巷议中不断透露出来。原来"宝名斋"有九开间的门面，是由侵夺官地，霸占贫民义院的地基而来。御史李蕃据实陈奏，奏旨交都察院并案，确切查明。

李春山此时是注定要倒霉了，但清流们不满足，他们纷称只打苍蝇不打老虎，则民心郁积，不但不能疏导，反填不满。于是清流中的另一名士黄体芬便直接针对贺寿慈发难，事由是："大臣复奏欺罔，不据实直陈。"

黄体芬讲的"不实"，自然指的是贺寿慈"复奏"中"并无真正戚谊"这句话。清流们掌握的情况与李莲英的调查实情是，贺寿慈与李春山不但是亲戚，而且是"礼尚往来"的亲戚。李春山的前妻，贺寿慈认为义女，前妻一死，贺寿慈又将他家一个丫头当女儿嫁给李春山作填房，所以丈人、女婿，叫得非常亲热。

贺寿慈虽年逾古稀，却精力未衰，身为"半子"的李春山，特以重金罗致了一个绝色女子，送给"丈人"娱老。贺寿慈原配夫人早故，以妾扶正，变成了李春山的丈母娘。因此黄体芬在奏折中称，尖刻地称他们确非"真正戚谊"，而是"假邪戚谊"。黄体芬在奏折中写道："李春山'前后两妻，贺寿慈皆认为义女，往来一如亲串。贺寿慈之轿，常时停放其门，地当孔道，人人皆见，前次复奏之语，显然欺罔。"

清流如此一疏，慈禧太后就借题发挥了，这一次的上谕可就严厉多了：

"贺寿慈身为大臣，于奉旨询问之事，岂容稍有隐匿，自取衍尤？此次黄体芬所奏各节，着该尚书据实复奏，不准一字捏饰，如敢回护前奏，稍涉欺蒙，别经发觉，决不宽贷。以上各节，并着都察院堂官，归入前案，会同刑部，将李春山严切讯究。"

其实事情搞得这么大，闹得如此沸沸扬扬，也有李莲英一份"功劳"，那日他见慈禧太后不当着恭亲王的面说破贺寿慈与李春山的关系，只是轻描淡写的捽一句："什么并无真正戚谊，有就是有，没有就是没有。"他就知道慈禧太后对此事意犹未尽，想继续演一曲戏。而恭亲王又隐约流露出对贺寿慈的庇护之意，他知道慈禧太后近来对恭王已是心存芥蒂，巴不得寻得恭王一个过失，扼制一下他日益张扬的气焰。便心生一计，暗地里找荣禄向清流中人透露出贺寿慈与李春山关系的内幕，挑逗其继续发难，以便戏好接着往下演。

恭亲王与慈禧太后当年联手才除掉了八大顾命大臣，取得"辛酉政变"的胜利，从某种意义上说，恭亲王不但是有功之臣，而且可以说是慈禧太后的救命恩人，为何今日产生隔阂呢？俗话说"树大招风"，"辛酉政变"之后，慈禧太后封恭王为"议政王"，拿双禄，算是报答。恭亲王性格豁达，并遇事谨慎，但天长日久，在政事处理、面奏要务中，对慈禧太后偶尔有言辞欠谦之举，慈禧太后觉得他有不恭不敬之嫌。他一想到当年八大顾命大臣嚣张气焰，便担心过于倚重恭王，很有可能生出"尾大不掉"之嫌。尤其是同治年间，恭王用怂恿同治皇帝，以快刀斩乱麻的办法将她眼下的红人、得力的助手安德海在山东就地正法。安德海的死已无法挽回，但慈禧太后借机扼制恭王权势的心思不仅萌生出来，而且深深地埋在心底，她在等待着时机。如今有贺寿慈一案，正好贺寿慈原是军机处的人，现今又是一品大员，与恭王算是同僚。她有意将事情搞大，看看包括恭王在内的军机处及王公大臣有何动作。如今又收到了黄体芬的折子，说破了贺寿慈与李春山的关系，尽管她还不知道这是李莲英暗地所为,但还是很高兴,故而发了一篇措辞严厉的上谕。

这一来,引起恐慌的不止贺寿慈一个人,如果李春山据实供陈,将有不少名公巨卿,牵涉在内。因此宝名斋门口,车马塞途,那些素日与李春山有往来的京官,名为慰问他的家属,其实是来探听消息。宝名斋管事的人,见此光景,知道东家不会有大罪过,当着来访人隐隐约约表示,如果大家合力维持李春山,那么你们这些老爷平日一些什么私和命案。卖官鬻爵、包揽讼事的内幕,李春山决不会吐出半字。否则,就说不准只好和盘托出了。

其实,这也是恫吓之词。身入囹圄的李春山,心里比什么人都明白,那些见不得人的勾当,一个字都供不得。一供,便是罪无可逭,轻则充军,重则丢脑袋。不供,则那些有关联的名公巨卿,必得设法为自己开脱,小罪纵不可免,将来尽有相见的余地,也就不愁不能重兴旧业。因此,他只叮嘱探监的家人:"张佩纶老爷是李鸿藻大人的门生,平日走得极近的,只有去求李大人,关照张老爷,无论如何放松一步。"

这番话自然要说与贺寿慈,请他做主。贺寿慈则认为无须这样做。因为李鸿藻此时正回原籍葬母,不便干扰,而且他素有清正之名,找他也未必管此闲事。至于张佩纶跟这位老师走得极近,确是事实,但也正因此,便更无须请托,料定张佩纶投鼠忌器,对于"宝名斋"其他的事不会再往下追。贺寿慈的话只说了半截,但他心里透亮。张佩纶攻击李春山,只是为了出气,而自己才是他搏击的真正目标。你李春山的案子只要冷一冷,必可以从轻发落,而我贺寿慈的祸害,怕是方兴未艾。

迫于慈禧的严旨切责,贺寿慈对于自己与宝名斋的关系不敢只字不提,唯一的办法就是避重就轻。他在复奏中承认曾向宝名斋买过书画,但那是"照常交易,并无来往情弊",又说"去年至今,常在琉璃厂恭演龙楯车时,或顺道至该铺阅书。"他觉得这样措辞比较合理。以七十高龄的工部尚书,亲自督促演习同治梓宫的"龙杠",终日辛劳之余,顺道到宝名斋歇歇脚、看看书画,这不能说是罪过。复奏呈递之后,他又托人与军机处的旧僚捎话,请恭王等军机大臣多加关照。

果然,就因为他隐约自陈的这一点"劳绩",军机大臣们便抓住作为为其开罪的脱辞,奏明慈安、慈禧两个太后,说他顺道歇脚、看书到宝名斋是情有可原,请求两宫太后从轻处分。慈禧还要看看军机处大臣,尤其是恭亲王的下篇文章,故而同意暂不定罪,降旨"交部议处"。

吏部议处,是承旨而来,既然说"交部议处",意思是有松动余地。本来"恭演龙楯车"是大丧仪礼,那是应该如何敬慎将事?据此,即使"顺道阅书",也可以构成"大不敬"的罪名,但谕旨中有一句说:"恭演龙楯车系承办要务,所称顺道阅书,亦属非是。"于是议处便从"非是"两字上来斟酌,不照"大不敬"律例定罪,那罪名便轻了,议的是"降三级调用,不准抵销"。

上谕一下,贺寿慈便算丢了官。

前后两个月的功夫,就由于张佩纶和黄体芬的笔杆儿一摇,将现任工部尚书打了下来。曾经声势煊赫,成为城南一霸的李春山,送入监狱。确是人心大快,说是

"毕竟还有王法"。可是对这样的结局有一个人不大高兴,那就是慈禧太后。她知道,尽管贺寿慈的降职,长了清流的威风,也使那些玩法舞弊的官员胥吏有所收敛,但是她原意是想借此为棒,扫扫恭亲王威风的。没承想恭王等军机处的大臣,处事十分圆滑,抓不住他们的过错,棒梢也就扫不着他们,慈禧不免有些怏怏的静等着事态的发展。

可是恭亲王等一帮军机大臣,对于张佩纶、黄体芬两支笔杆一摇,就把自己过去的同僚,现今的一品大员给掰倒了,实在不甘心。从事情的起因及处理过程,他们把账都记在张佩纶、黄体芬身上,没有看清慈禧的用意,反倒认为她处理此事还近情理。错误地判断形势,也就容易做出错误的事情来。出于气愤,贺寿慈当时被降职降级之时,军机处的宝鋆便许了他,等风头一过,一定替他想办法,调个于他面子上不太难看的缺分。事不过三个月,看看这事被人淡忘,军机处便请旨批准将贺寿慈补为左副都御史,也就是说,让贺寿慈去做言官的"堂官"。

慈禧太后在内宫看到这道奏疏,一脸的不高兴,说:"官官相护,如何到了这种地步!"她抬起眼见李莲英站在面前,又说了一句:"小李子,看来你的辛苦要白费了。"

李莲英却从容地答道:"回禀太后,军机处这下篇文章,奴才是意料之中的。"

"这话怎么讲?"听李莲英这么一说,慈禧倒有些不解地问。

"奴才上次向太后禀报时已提及过,贺寿慈不仅是资深大员,而且与军机处几位大臣交情不薄,今日贺寿慈受贬,他们相助,也是人之常情。更何况……"李莲英说到这里,故意停顿下来,看看慈禧太后。

"何况怎么样?"慈禧太后急切地问。

"奴才不敢妄言。"李莲英还是不肯直说。

"这又不是朝堂议事,是咱娘俩私下谈谈,你但说无妨。"慈禧催促道。

"太后恕罪。据奴才所知,太后重视清流的秉直进言,本是于国于民有利的大好事,可有人说太后是利用言路整治朝官。"

"是吗?"

"军机处里有人就说过:'言路太嚣张了!长此以往,大政受言路的影响,摇摆不定,政府将一件事也不能办。弄不好又会兴起党同伐异的门户之风。'太后你想,贺寿慈是张佩纶、黄体芬两个清流中人'参'倒的,他们能甘心吗?"

经李莲英这么一提醒,慈禧太后一下子反应过来:"啊!原来你恭老六急于请旨为贺寿慈补缺,并非简单地是官官相护,而是暗地与清流较劲,与我较劲。"寻思到这里,不自禁地对李莲英说:

"没想到你这猴崽子还越长越精灵了,不光会对我说体贴话,还懂得些官场之道。"慈禧这半夸奖半挖苦的话,倒弄得李莲英一时不知所措,他一想到安德海安总管的悲剧,连忙答道:"奴才不敢,奴才不敢!"

慈禧太后笑了笑,并无责怪的意思地说道:"一句玩笑话,看把你吓的。你倒说说,下一步该如何走?"

李莲英见慈禧不但不责怪自己猜忌朝中官职的事。还真的与他商量起事情来，兴致也上来了。心想不借这样的机会展现自己的才智，何时才能取得太后的真正器重，便说道：

"请太后恕奴才大胆。奴才想军机大臣们既然害怕清流、记恨清流，太后何妨还是借用清流的力量……"

"你的意思是……"慈禧太后明白，李莲英是让她把军机处请旨为贺寿慈补缺分的事故意捅出去，让清流的人知道，让清流的人来议论。慈禧太后便说，"这事就交给你去办吧！"

于是，军机处奏请贺寿慈补为左副都御史的事，很快就让清流知道了，又演出了一场热闹戏。清流中另一名士宝廷立即上奏折抗争，笔锋初起，便挟风雷："夫朝廷用人，每曰'自有权衡'，权取其公，衡取其平，不公不平，何权衡之有？"接下来便攻击恭王以次的军机大臣。

本来用人之柄，操之于上，宝廷以何为凭证，说贺寿慈的复用，意出于军机呢？宝廷有办法，他从此案始发讲起，说出军机处从头到尾都在庇护贺寿慈，也就指出了贺寿慈复用出于军机的证据。他在奏折中称，本来当时贺寿慈不据实直陈与"宝名斋"的关系是"欺罔"，借"恭演龙楯车顺道阅书"是"大不敬"，都是重罪，可是交部议处时，军机处却含混其词，只说"殊属非是"，这就是有心开脱。吏部承旨所拟的处分并不错。错就错在军机"徇庇"。倘若军机无此心，"则李春山一案定谳，声明贺寿慈的处分请旨定夺时，军机处应该'乞特旨严谴'，结果却是免置议，这不是包庇是什么？"

一段振振有词，近乎诛心的议论，写到这里，宝廷又笔锋一转写道：当宣布贺寿慈降职降级时，人们就议论纷纷，他身为一品大员，在名公巨卿中又有诸多旧好，今日遭贬，不久就会复起的。听到这些议论，我当时极力否定，心中窃自想道：想必念及贺寿慈身为枢命大臣，不欲绳以重律，表面上以轻罪罚之，以安众心，实地肯定会密奏宫廷，永不叙用。没想到事隔不过三月，就有"遽邀恩简"之举。因此，他宝廷不免怀疑，难道贺寿慈的一降一用，事出偶然乎？如果朝中大臣进退，根本无所措意，如此随意，则所谓"权衡"者何在？

于是他又进一步推论："即使贺寿慈的复用，出于圣意，但宫闱深远，对于贺寿慈之人品、心术，未必尽知，而作为军机枢命之臣定无不知之理，如此"胡弗谏阻，是诚何心？"接下来，笔锋扫向贺寿慈本人，宝廷给了他八个字的考语："即非卑佞，亦颇衰庸"，这样的人"排众议而用之，实不知于国家有何好处？"何况"副都御史，职司风宪"，以一个"欺罔不敬"的人，置于这个职位上，何足以资表率？贺寿慈以前当过左都御史，未听说他有所整饬，于今重回柏台，不知他内心亦有疚歉否？言官中"矜名节，尚骨鲠"的人很多，一定不屑与贺寿慈共事，而其中无知识的，则必起误会，以为朝廷特放贺寿慈来当御史的堂官，是表示要他那样的人品名声，方合做言官的资格。而京内外大小官员，看到贺寿慈这样欺罔不敬、不知爱惜声名，犹且可以幸蒙录用，将会怀疑朝廷"直枉不辨，举措靡常"，从此益发肆无忌惮。所以贺寿慈的复用,不但是言路清浊的一大转折,亦是政风良窳的一大关键。最后,宝廷率直地提出要求:"恳将贺寿慈开缺,别简贤员补副都御史。"

这个奏折,呈送到慈禧的案前,她看后深表满意,虽说文中也有些许对朝廷不敬之辞,但锋芒直指军机大臣,而且分析入理,言辞入木三分,便让发交军机处。

这个奏折发交至军机,他们不禁相顾失色。因为奏折明着是参劾贺寿慈,暗中是对军机处的严厉指责。首领军机大臣恭王奕䜣一看再看,看到第三遍,放下折子,叹口气道:"唉!错了。"

"怎么错了?"宝鋆还不服气:"副都御史出缺,贺寿慈是现职大员奉旨降调,开名单自然'开列在前',照例的公事,怎么错了?"

"你别跟我争!"恭王此时无心思与他辩论,只是苦笑着回道:"名单是你开的,你自己跟太后复奏,我们都不管,最好能请旨拿宝廷申斥一顿,也让我出出气。"

"六爷!"宝鋆真的有些急了:"你不能说风凉话,我自请处分就是了。"说着,在室内来回踱方步,一副神情恍惚的样子。

"佩公(指宝鋆),沉住气!"遇到这样的情形,每每总是沈桂芬出主意,他很冷静地说:"平心而论,这件事我们是失于检点了。外头有句话:'不怕言官言,只怕讲官讲。'贺寿慈是讲官参过的,如今派了去当言官的堂官,那些'都老爷'心里自然不高兴。不过御史不便上奏,不然就仿佛以下犯上,谁也不肯冒这个大不韪。"

"啊,啊!"宝鋆一拍油光闪亮的前额,恍然大悟中深深失悔,"这倒是害了他了。"

"不仅对贺寿慈是'爱之适足以害之',而且正好又给了讲官一个平添声势的机会。"沈桂芬看了一眼恭亲王,接着说:"宝廷是替言官代言。这个折子看来是'侍讲学士宝廷'一个人所上,真实等于都察院的公疏,暗中着实有点来头,如今之计,若没有一番快刀斩乱麻的手段,恐怕要大起风波。"

"会有怎样的风波?"恭王同意沈桂芬的分析,便沉思起来,他想到目前还只是暗暗地责问军机,处理不好,闹成彰明较著参劾军机徇庇,即令无事,面子也就很难看了。一想到这一层,便开口说:"算了吧!"他扫了一眼宝鋆和沈桂芬,说道:"贺寿慈何苦?滕王阁下,逍遥自在的老封翁不做,在这里受后辈的气?"

这一说,恭王是要军机趁早撤回请旨为贺寿慈补缺的奏折,让贺寿慈到南昌他儿子那里去颐养天年。

三个人意见一致,立即拟疏为贺寿慈开缺。恭王和宝鋆、沈桂芬他们以为军机主动为贺寿慈开缺,本身就是一种自责的举措,至于宝廷奏折中指责军机的话,在复奏中可以略而不提,至多轻描淡写地解释几句,便可交代。哪知一经面奏,慈禧太后竟冷冷地诘问:"宝廷的话说得有理。军机上总不能不认个错吧?"

慈禧这句问话,恭王等始料不及,不禁感到愕然,不知这个错怎么认法,向谁去认?如果错了就得自请处分,既然慈禧太后这样发话,自己就该有光明磊落的表示。

于是恭王略略提高了声音答道:"臣等处置谬妄,请两宫太后处分。"

恭王口头上请求处分，但话中有点负气，这一点慈禧太后听得出来，虽说心中不悦，但还能容忍，因为恭王毕竟公开在自己面前认错，认错就是低头，愿意低头就是自己的胜利，无形之中对于恭王那种自负的盛气就有所减杀。如今的局势，她还要仰仗恭王的辅佐，所以不能对他打击太重，教训教训他，让他处事有所顾忌就行了。于是她又以一种宽厚长者的口吻说道："这处分就不必谈了！"她用眼角瞟了一眼坐在另一首的慈安太后，接着说："在我们姊妹这里什么话都好说，言路上不能不有个交代。明发的上谕，天下多少人在看着，错一点儿，就有人在背后批评。听不见，装聋作哑倒也罢了，既然有人指了出来，不辩个清清楚楚，叫人心服口服，朝廷的威信可就不容易维持了。"

这番话说得既义正词严，又不失浩荡皇恩，恭王也越发感到经过多次政治风波的慈禧太后，再也不是当年联手发动辛酉政变时政治新手，如今她变得成熟、圆滑、老道了。如果说过去就不敢小视她，那么如今则应增加一份敬畏了。所以一面对慈禧的话惟惟称是，一面回头看了一下，示意大家不能轻忽了慈禧太后的要求。

很简单，慈禧的要求就是要军机自责。朝廷的威信一半系于军机这样的枢府之地，倘若自责太过，则变成自轻，就是撇开心中不愿意不说，那也是有伤国体的事，因此这道上谕，煞费经营，几位章京承命拟旨，写了两次都不合恭王的意。最后由宝鋆、沈桂芬斟字酌句地推敲过，才算定稿。对于宝廷的指责，是很委婉地一层一层解释，先说贺寿慈"系候补人员，吏部开列在前，是以令其补授该副都御史，既系未孚众望，年力亦渐就衰，着即行开缺。"再说贺寿慈的回奏不实，已有旨处分，演龙楯顺道阅书，难加以"大不敬"的罪名。总而言之，此事从始至终，"并非军机大臣为贺寿慈开脱处分，敢于徇庇。"不过，"机务甚烦，关系其重，军机大臣承书谕旨，嗣后务当益加谨慎，毋得稍有疏忽。"

最后这一段话，不论如何委婉，不论怎样轻描淡写，总掩不住军机受了责备的痕迹。因此这道上谕一发，言官们欢喜雀跃，庆贺自己的胜利，深感言官的地位重要。而平日那些对于清流不屑一顾的朝中大老，今日眼见着一品大元贺寿慈不仅丢了官，而且等于逐出京城到江西养老，兔死狐悲之余不免个个自危。军机处中以恭王为首领的大臣们更是窝火，日夜为政务所累，为朝廷分忧，没换得上头的嘉誉不说，到头来还得明谕自责，以后又得谨慎从事，实在不是个滋味。

对于贺寿慈一案，慈禧太后真是取得了一石数鸟的效果，她特别兴奋的是借这个"棒子"，终于敲了恭王一记，好叫他们今后对自己不得不俯首帖耳、谨慎从事。这其中却少不了李莲英迅速查明情况，尤其是关键时刻，及时地提醒、暗示，"功"不可没。慈禧越来越赏识这个"小李子"，也越来越离不开他了。

这天，钟粹宫前殿，派充喇嘛的太监在唪经。咸丰元年定下的则例：每年正月十一与二月二十八，有此仪典，这两天是文宗生母孝全成皇后的忌辰与生日。

孝全成皇后生前住在钟粹宫。她崩逝的那年，咸丰皇帝才十岁，以后一直住到十七岁才迁出。慈安太后感念咸丰帝的恩遇，所以当同治帝大婚以前，挑选了钟粹宫作为定居之处，她虽没有见过她的这位婆婆，但敬礼如一，每年遇到正月十一和二月二十八,必定茹素瞻礼,默坐追念。当然内心追念的是咸丰帝。

这天——二月二十八,她忽然想到一直珍藏未露的咸丰帝的一件朱笔,便摒绝宫女,亲自从箱子里取了出来,展开在灯下。

年深月久,朱谕的字迹,已经泛成黄色,这使得慈安太后入眼更有陌生之感,仿佛第一次看到这道诏似的。

虽不是第一次,然而也仅仅是第二次。慈安太后扳着手指数了一下,不由得惊叹道:"真快,整整二十年了。"

二十年前的她,还是皇后的身份,而慈禧太后的封号是懿贵妃——那是咸丰十一年春天的事:

咸丰十年,由于英法入侵,京城危急,咸丰帝以秋狩之名率众来到热河行宫避难。不想来热河后一病不起。那一天身为皇后的钮祜禄氏来到咸丰帝的病榻前问安,咸丰帝拉着她的手说:"今天觉得精神很好。"从枯黄中泛出玫瑰般鲜艳的绯色,双颊显得异样触目的咸丰皇帝说,"我要替你安排一件大事。"

"替我?"皇后一听有些诧异和不解。她只觉得重病中的皇帝不宜操劳,为国家大事那是无可奈何,何苦又为她费精神? 所以劝阻他说:"我有什么大事要皇上操心? 难得一天清闲,好好歇着吧!"

"你别拦我。我要把这件大事办成了,才能安心养病。"皇帝特意又看了看左右,确定没有太监或宫女在窥探,方用嘶哑低沉、几乎难以听得清楚的声音说:"兰儿越来越不成样子了! 这一阵子我冷眼旁观,倒觉得肃顺的话不错。"

兰儿是现今慈禧太后当时的懿贵妃的小名,她跟肃顺不和,是皇后所深知的。在她,觉得兰儿要争她应得的一份供养,也是人之常情。而肃顺现在是"当家人",在热河行宫,名为"秋狩",其实是逃难,兵荒马乱,道路艰难,一切例行进贡、传办的物件,都不能照往常那样送到热河,所以裁抑妃嫔应得的分例,亦是不得已措施。但是,肃顺的态度不好,却是可议之事,所以这时听了皇帝的话便不作声,表示不以肃顺为然。

而皇帝却不曾觉察到她的感想,接着他自己的话说:"肃顺劝过我不止一次,劝我行钩弋夫人的故事……"

"什么叫'钩弋夫人'啊?"皇后插嘴问说。

"那是汉武帝的故事,我讲给你听。"

"我讲汉武帝的家事给你听,你就知道了。"

于是皇帝为她讲了"巫蛊之祸"的故事,汉武帝的佞臣江充,如何逼得太子造反,发生伦常剧变,以及如何牵连昌邑王刘贺,因而也失却了继承帝位的资格。

"汉武还有两个儿子,一个封燕王,一个封广陵王,大概人才都平常,汉武帝都不喜欢。倒是他那个小儿子——就是钩弋夫人生的那一个,名叫弗陵,小名叫钩弋子,壮得像小牛犊子似的,而且极聪明。老年得子,本就宠爱,又因为大尧也是在娘胎十四个月才生的,如今看这钩弋子又是天生大器的样子,所以早就存下了心,要拿皇位传给小儿子。这话不便明说,也不能老搁在心里,就叫人画了一张画,是周公辅佐成王的故事,左右的人就猜到了他的心思。当然谁都不敢说破。"

"那么,"皇后问道:"钩弋夫人猜到了皇帝的心思没有呢?"

"对了! 你这话问到节骨眼上来了。"皇帝答道:"钩弋夫人猜到了汉武帝的心思没有,谁也不知道,不过汉武帝不能不防。有一天在甘泉宫,他无缘无故大发雷霆,拿钩弋夫人下在狱里,当天晚上就处死了。"

皇后大惊:"这是为什么?"

"为什么,当时也有敢言的人面奏:既然喜欢钩弋子怎么又拿他生母杀掉? 汉武帝这才说了心里话:从古以来,幼主在位,母后年轻掌权,一定骄淫乱政,这就是所谓'女祸'。我现在是把这个祸根去掉,为了天下臣民后世,应该没有人说我不对。"皇帝说到这里,用郑重的眼色望着皇后说道:"你该懂得我的意思了吧!"

皇后悚然而惊,怔怔地眨着眼,好半天才反问一句:"皇上怎么能狠得下这个心?"

皇帝无可奈何地点点头:"如果是乾隆爷在今天,一定会那么做。这位爷爷,事事学汉武,我没有他那么英明果断。不过,肃顺的话,我越想越有理。"

"算了吧! 咱们的大清朝的家法严,将来决不会有什么'女祸'……。"说到这里,皇后突然发觉失言,因为话中是假定着皇帝将不久于人世,这不触犯了极大的忌讳?

看到皇后满脸涨得通红,皇帝自能了解她心里的话,"事到今日,何用忌讳?"也就没有责怪,而是他慢慢从贴身口袋中,取出一个信封交了过去:"你打开来看!"

皇后不肯接,怕是下了一道什么让中宫无法执行的手诏,"请皇上说给我听吧!"她双手往怀中一缩。

"你别怕,你拿着。"咸丰皇帝极严肃地说:"这是我为你着想,自然也是为咱们大清朝着想。万一有那么一天,你千万得有决断。我也知道,这副千钧重担,你怕挑不起来,不过,我没有法子,谁让你是皇后呢? 你挑不下来也得挑。"

这番郑重的嘱咐,对皇后来说是一种启发,她总觉得不管皇后还是太后,跟八旗人家的"奶奶","太太"并无分别,管的是家务,每天唯一的大事,就是坤宁宫煮肉祀神。现在才知道自己的身份关系着天下。这样转念,陡觉双肩沉重,但同时也激起了勇气,挺一挺腰,从皇帝手中将信封接了过来。

"打开来看!"皇帝是鼓励的语气,"你看了我再跟你说。"

信封没有封口,皇后抽出里面的素笺,只见朱笔写的是:

"咸丰十一年三月初五日谕皇后:朕忧劳国事,致撄痼疾,自知大限将至,不得不弃天下臣民,幸而有子,皇祚不绝;虽冲龄继位,自有忠荩顾命大臣,尽心辅助,朕可无忧。所不能释然者,懿贵妃既生皇子,异日母以子贵,自不能不尊为太后;惟朕实不能深信其人,此后如能安分守法则已,否则着尔出示此诏,命廷臣除之。凡我臣子,奉此诏如奉朕诏谕,凛遵无违。钦此!"

皇后读到一半,已是泪流满面,泪珠落在朱红印文"同道堂"三字上面,既增鲜艳,但也益增几分凄恻。

"你别哭!"皇帝用低沉有力的声音说:"但愿我写给你的这张纸,永不见天日。"

"是!"皇后收泪问道:"万一非这么不可时,真不知道该找谁?"

"这话说得不错。果然非这么不可时,你千万不能大意,要靠得住的,像肃顺,就是靠得住的。"

回想到这里,慈安太后有着无穷的感慨,同时也深深困惑,不知当时何以会那么相信慈禧太后的话?竟帮着她先拿"最靠得住"的肃顺除掉。但是,这并没有错啊,咸丰驾崩后,八大顾命臣之一的肃顺那样子跋扈,谁能受得了!纵使他不敢谋反,也一定压制着"六爷"恭亲王奕䜣不能出头。这样,"六爷"跟"七爷"醇亲王奕䜣也会不服,真要是顾命臣与众亲王彼此不和,那会闹成什么样子?哪里会有稳住大局的今天!

慈安太后想到这里,倒佩服起与她一起垂帘听政的慈禧来,说起来,这全是慈禧太后的功劳。平心而论,没有她就没有杀肃顺、用恭王这一番关系重大的处置。二十年来,虽然她也不免有揽权的时候,但到底不像先帝所顾虑的那么坏。如今她也快五十了,还能有什么是非好生?

这样想着,觉得先帝的顾虑,竟是可笑的了,反倒是留着这张遗诏,万一不小心泄漏出去,会引起极大的波澜,那倒是自己的过错了。

她在想,这些年来虽然两宫同坐朝堂理政,但大事、难事都是慈禧决断,她重病在身,仍不辞辛劳照样问事,而且所办之事,也多是为大清国利益着想,不见有专权误国之端。既然慈禧如今是往正道上走,想来先帝的顾虑也有些多余。如此看来,不如毁掉的好。

想是这样想,却总觉得有点舍不得。无论如何先帝这番苦心,自己善待慈禧的这番诚意,要让她知道。慈安太后相信"以心换心",这几年处处容忍相让,毕竟也将她感动得以礼相待。既然如此,何不索性再让她大大地感动一番。

于是,她夜访长春宫,摒去宫女与慈禧太后姊妹俩密谈,她向慈禧详细讲述了事情的始末,最后说道:"我们姊妹相处了这么多年,还留着这东西干什么?"一面说,一面将那道朱笔遗诏,就着烛火,一焚而灭。

此时,慈禧太后的脸,从来没有那样红过,心,从来没有那样乱过,即令没有任何第三者在旁边,也不能让她自免于忸怩万状的感觉,除却极低的一声"谢谢姐姐"以外,再也想不出还有什么话好说。

慈安太后了解慈禧太后知道这件事后她心里的难过,她不忍去看她的脸,焚烧了那道遗诏之后,不好再多说什么,"我走了!"她站起来转过脸去说,"东西毁掉了,你就只当从不曾有过这么一回事。"

对于慈禧来说,事隔这么多年,竟还有这么大的事自己一点不知道,如今听起来也是毛骨悚然,现今既然我知道了,岂是轻易能够排遣的?自己一生争强好胜,偏偏有这么一个短处在别人手里!"东西毁掉了",却毁不掉人家打心底轻视自己的念头。毕生相处,天天见面,一见面就会想起心病,无端矮了半截。那就像不贞

· 凶残阴毒的太监 ·

图文珍藏版

的妇人似的，虽蒙丈夫宽宏大量，不但不追究，而且好言安慰，但自己总不免觉得负疚良深，欠了个永远补报不完的情，同时还要防着得罪了她。一旦得罪，或抓住自己什么过失，她会将这件事抖搂出来。这不是从今以后我必须低声下气，时刻要留心她的喜怒好恶吗？这日子怎么过？

一连五、六天，她夜不安枕，食不甘味。薛福辰和汪守正请脉，都不免惊疑，脉象中显示慈禧太后不能收摄心神，以致气血亏耗，因而当面奏劝，务请静心调养，同时暗示，如果不纳劝谏，则一旦病势反复，将有不测之祸。

慈禧太后何尝不想纳劝谏？只是心病不但没有心药，甚至无人可以与闻她的心病，她想起倘若安德海还活着，定能与她分忧。可惜安德海被恭王他们联手除掉了，还有谁呢？对，还有李莲英，近来这个小猴崽子很有长进，几件事处理得叫人不得不服，她完全可以作自己的贴心人了！一想到这里，便唤来李莲英。

李莲英一了解到慈禧太后耿耿难释、魂牵梦萦的心病之后，思考了两天，终于为慈禧开了一味"心药"，这味药还是由他亲自去找的。

乾清宫前东西向的两座门，一座名为"日精"，一座名为"月华"。日精门在东，它的南面密迩上书房，因而专辟一室，供奉至圣先师的木主，太监管它叫"圣人堂"。

紧挨着圣人堂的是御药房，沿袭明朝的遗制，规模极大，里面有各种稀奇古怪的"药"。同治帝时期有一年夏天久旱不雨，军机大臣汪元方认为这是"潜龙勿用"的缘故，不妨弄个虎头扔入西山黑龙潭，激怒懒龙，造成一场"龙虎斗"，自然会兴云布雨，沛降甘露。可仓促之间到哪里去找虎头呢？派人到深山老林去逮，肯定不行，跑遍京城药店、皮货店也没寻着，最后有人说，看御药房有没有，着人一找，那个虎头还真是在御药房里找出来了。

李莲英所要的那味"药"，也得在御药房里找。他叫那里的首领太监，搬出尘封已久的档册，一页一页地细查，终于找到了。还是明朝天启年间，势焰熏天的太监魏忠贤备而未用的一味药。这味药，他当然不会假手于人，亲自入库检取，随手送到了长春宫的小厨房里。

这一天，慈安太后偶感风寒，慈禧为表示关心，特吩咐替自己看病的薛福辰去给慈安请脉，服了薛福辰所开的药，真是其效如神，慈安太后的轻微的感冒，到了午后，几乎就算痊愈了。睡过午觉起身，觉得精神抖擞，兴致勃勃，想到院子里去走走。

"外面有风，还是在屋里歇着吧！"宫女这样劝她。

"我看看那几条金鱼去。"慈安太后还是执意要出去。

慈安太后好静，所以也最爱那些供观赏的鱼，凝视着五色之鱼在绿水碧草之间，悠闲自在地摇尾洄游，能把大自国事，小自宫闱的一切烦恼，都抛得干干净净。

因此，各省疆臣，投其所好，常有珍异的鱼类进献，钟粹宫中的鱼缸也最多。但慈安太后虽好此道，却不求甚解，不管是什么种类，一概叫作金鱼。这天她想看的"金鱼"，是黑龙江将军所进、产于浑同江中，通体翠绿，其色如竹的竹鱼。

正在与宫女俯视鱼缸，指点谈笑之际，钟粹宫的首领太监李玉和走来说道："回主子的话，长春宫慈禧太后送吃的来，是留下收着，还是过一过目？"

"喔！"慈安太后问道："什么东西？"

"克食。"

"克食"是满洲话，译成汉字，本来写作"克什"，是恩泽之意，因此，凡是御赐臣下的食物，不论肴馔果饵，都叫作克什。却不知从何时开始，克什写作克食，专指"饽饽"而言。

慈安太后平生最喜爱闲食小吃，她不论到什么地方，总有个宫女捧着点心盒子跟在后边；盒子里面各色糖果、糕饼饽饽都有，以便她随时取用。现在是午睡起来，正需此物，所以很高兴，她说："拿来我看。"

慈禧太后派来送克食的一个太监，就是李莲英的得意门徒李三顺，一张嘴能说会道。他双手捧着食盒，屈一膝跪下，朗然说道："奴才李三顺跟东太后请安，奴才主子说是宫中新进来的膳夫，制了一百个饽饽进呈，说是让主子先尝尝味儿的。主子尝后觉得'还不坏'又说'东太后最爱这一个，可不能偏了她的。'特意叫小厨房加工加料又蒸了一笼，专派奴才送来，请东太后尝尝。奴才主子又说：'倘若吃得好，明儿再做了送来。'"

慈安太后听了这番话，高兴得眉开眼笑，"真正难为你们主子。"她说，"不用说，一定错不了，我瞧瞧！"

于是李玉和揭开盒盖，只见明黄五彩的大瓷盘中，盛着十来块鲜艳无比的玫瑰色蒸糕，松仁和枣泥的香味，扑鼻而来。慈安太后一则为了表示珍视慈禧太后的情意，再则也实在受不住那色香的诱惑，竟不顾太后应有的体统，亲手拈了一块，站在鱼缸旁边，就吃了起来。

"真不赖！"慈安太后吃完那块蒸糕，吩咐李玉和，"替我好好收着。拿四个银锞子，两个赏李三顺，两个让他带回去赏他们小厨房。"

等李玉和接过食盒，李三顺才双膝跪倒磕头："谢太后的赏！"

"你回去跟你主子说，说我很高兴。"慈安太后又问："今天，你们主子怎么样？"

"今儿个，光景好得多了，上午吃了薛福辰的药，歇了好一大觉。"

"那才好。"慈安太后点点头，"回去跟你主子说，我也好了。晚上我看她去。"

"喳！"李三顺又磕个头，起身退下。

"早点传膳吧！"慈安太后兴致盎然地对身旁的宫女说，"吃完了，咱们串门子去！"

这是宫女们最高兴的事，于是纷纷应声，预备传膳。

谁知未曾传膳，慈安太后就不舒服了，说头疼得厉害，要躺一会，接着便有手足抽搐的模样。李玉和大惊失色，一面赶紧通知敬事房传御医请脉，一面到长春宫去奏报慈禧太后。

"上头刚歇下。"李莲英压低了声音问："什么事？"

"东太后得了急病。"李玉和结结巴巴地诉说着慈安太后的病情。

"只怕一时中了邪，别大惊小怪的！"李莲英说，"既然传了御医，等请了脉再说，一会儿我给你回就是了。"

等李玉和一走，李莲英立即去找敬事房的总管太监，神色凛然地表示：慈禧太后大病未愈，如果为慈安太后的"小病"再张皇其词，就会动摇人心，关系极重，务必告诫太监，不准多问多说。否则闹出事来，谁也担待不了。

当日戌时，也就是晚上七点钟，忽然内廷飞报出来，说慈安太后驾崩了。

除恭亲王公差在外，王公大臣一齐到内廷奔丧。赶进东太后寝宫时，只见慈禧太后坐在矮椅上，宫女们正在替东太后小殓。大臣们看了这个情形，忍不住个个掉下眼泪来。只听得西太后自言自语地说道："东太后一向是个好身体，近来也不见害病，怎么忽然丢下我了呢。"慈禧太后一边数说着，一边伏在尸身旁，呜呜咽咽地痛哭起来。诸位大臣见西太后哭得伤心，便一齐跪下地来劝解着，说皇太后请勉抑悲怀，料理后事要紧。

慈禧又用嘶哑而缓慢的声音说："初起不过痰症，说不好就不好，简直就措手不及。唉，"她叹口气擦一擦眼泪，"我们姊妹二十年辛苦，说是快苦出了头，可以过几年安闲日子，哪知道她倒先走了。"

皇太后伤心，臣下亦无不垂泪"请皇太后节哀。"宝鋆答奏："如今教导皇上的千钧重担，只靠皇太后了，千万不能过于伤心，有碍圣体。"

"我也实在支持不住了，大事要你们尽心，这是'她'最后一件事，该花的一定要花，不能省！"

"是！"宝鋆将捏在手里的，恭理丧仪大臣的名单递了上去。

皇太后之丧，恭理丧仪的王公大臣照例派八员，共同拟定的名单是：惇王、恭王、御前大臣贝勒奕劻、额驸景寿、大学士宝鋆、协办大学士灵桂、礼部尚书恩承，最后一个是汉人，刑部尚书翁同龢以光绪小皇帝师傅的资格，参与大丧。

"你们八个，照例着孝百日，醇王呢？"慈禧看着名单说："我的意思，他也该穿一百天的孝。"

"这可以另颁懿旨。"

慈禧太后点点头："'明发'预备了没有？"

"还差叙病情的一段。"

"就这样说好了：初九，偶尔小病，皇帝还侍疾问安，不想第二天病势突然变重，延到戌时，神就散了！"

宝鋆答应着，将遗诏的底稿交给了景廉，就在养心殿廊上改稿，一共五六句话、片刻立就，呈上御案。

慈禧太后看得很仔细，一行一行，指着念，念到"予向以俭约朴素为宫坤先，一切典礼，务恤物力"，抬起头来说："不必这么说法。典礼到底是典礼，仪制有关，不能马虎。"

宝鋆遵奉懿旨，就站在御案旁边，亲自动手修改，改为"一切事关典礼，固不容矫从抑损，至于饰终仪物，有所稍从俭约者，务恤物力。"慈禧太后才算满意。

"恭王呢？得派人去追他回来。"

"是。"宝鋆答道:"已经派专差通知,昌平离京城九十里路,赶回来也快。"

这样的大事,恭王自然兼程赶路,带着他的两个儿子贝勒载澂和载滢很快地回到了京城。

一到京直接进宫,入隆宗门到军机处,宝鋆、景廉、王文韶都在守候。白袍白靴、一片缟素,恭王见此景象,悲从中来,顿足大哭,哽噎难言。

二十年间,四逢大丧,哪一次都没有这一次哭得伤心。宝鋆等人,一齐相劝。旗人家的规矩重。澂、滢两贝勒双双跪下,连声喊着:"阿玛,阿玛!"好不容易才将恭王劝得住了眼泪。

止住哭声恭王越想越感到慈安的暴毙太蹊跷,平日慈安一向无大病,怎么一生病,三天不到就驾崩,到底是什么病,竟如此之凶? 是不是有人做手脚……他不敢往下想,便抬起头来问几位同僚:"到底怎么回事? 简直不能教人相信。拿,拿方子来看!"

照宫廷的旧例,凡是帝后上宾,所有药房医案,都要交军机大臣验看。方子一共五张,都是初十这一天的,早晨一张方子,有"额风,痫甚重"的字样,用的是祛风镇痉的药天麻和胆南星。午间则只有脉案,并无药方,脉案上说"神识不清,牙关紧闭"。未时则有两张脉案一张说"痰涌气闭",并有遗尿情形,另一张说:"虽可灌救,究属不妥。"

傍晚一张方子,已宣告不救:"六脉将脱,药石难下。"

"怎么只有初十一天的方子,不是说初九起病的吗,前日的方子哩?"

"初九的方子没有发下来。"军机大臣宝鋆见恭王如此激动,深为不安,一边回答恭王的问话,一边将他一拉,拉到隔室,在最里面的角落坐下,沉着脸轻声警告:"六爷,你可千万沉住气! 明朝万历以后,宫闱何以多事? 还不都是大家起哄闹出来的吗?"

"什么?"恭王将双眼睁得好大,"你说,你说,怎么回事!"宝鋆跟恭王无所不谈,也无所顾忌,当时便将慈安太后暴崩的经过——大部分是传闻,细细说了给恭王听,直到小殓以后,他才得亲眼看见。

"大概八点钟,里头传话:五爷、七爷、五房里的两位,"宝鋆指的是"老五太爷"的两个儿子,袭惠王的奕详和镇国公奕谟,"御前、军机、毓庆宫、南书房、内务府,一共二十多个人'哭临'。到了钟粹宫请旨:进不进殿? 教进去,就进去了。等我们一干人进去之后,慈安太后已经小殓了。"

恭王听了宝鋆的介绍,心中虽充满种种疑团,第一个疑问就是莫非是慈禧加害的? 可转念一想,两宫太后两次垂帘共事二十年了,慈禧虽然喜好独揽大权,但慈安一向以宽厚、谦让为本,朝中的事两宫太后从未发生争执和分歧,平日从表象看两宫太后也相敬如宾,如何会突然加害东太后呢? 他不能回答自己。他又转念一想,即使是慈禧太后所为,如果要有什么疑点整一夜的功夫,慈禧还不料理得干干净净? 没有证据,不好乱生疑问,只好听任慈禧的安排了。

李莲英出点子,用药物害死了慈安太后,本来有许多疑点,但出于慈禧的淫威,没有人敢出头来追问究竟。于是,慈禧命拟的一道遗诏,便轻轻把一桩绝大的疑案掩饰过,连那慈安太后的家族,也不敢问信。

从此慈禧太后在宫中,可以独断独行,慈安太后既死了,她第二步手腕,便是要除去恭亲王奕䜣。恭亲王在王大臣中,资格最老,前次贺寿慈一案,虽对他的威风有所减杀,但他面圣时那种不卑不亢的神情总叫人不舒服,何况他还常常和慈安太后呼成一气,和自己反对;此人在朝堂中一日,自己就不能畅所欲为。于是她又常常和李莲英暗地里商量着,要革去恭亲王的职。但恭亲王入军机很久,诸位大臣都和他通同一气;加之他办事又公正,从没有失职的事体,想要去他,却无可借口。恰巧第二年中法战事爆发,慈禧太后说他议和失策,把这罪名全部搁在恭亲王身上,趁此机会,下一道上谕,对军机处来了个大换班,趁机罢免了恭亲王奕䜣。自此,慈禧开始了个人独裁的时期。

六　帝后争斗

李莲英的狡诈还充分表现在他对皇宫内部的权力争夺的态度上。他亲眼目睹了两个皇帝死在基位上,亲身经历过慈禧太后对王公大臣的两次诛杀。光绪帝继位后,其生父奕譞的地位发生了深刻变化。但在光绪帝、醇亲王奕譞、慈禧太后三者中间,李莲英十分清楚,慈禧太后是真正的当权者。李莲英也明白,步入垂暮之年的慈禧太后总有一天会死去,届时,眼下的小皇帝自然会掌握实权,醇亲王也就成了太上皇。在这些复杂的关系中,李莲英认真权衡,多方巴结奉迎,对哪一方也不敢怠慢、松懈。他既想从慈禧那里得到宠信,也为日后着想,从光绪帝父子那里得到信任。当然,李莲英在复杂的宫廷关系中,看得最准、摸得最透的当属与慈禧之间的关系。他深知,这个靠山才是最坚强的后盾。别人的关系相比之下只能居次席。

光绪十四年(1888年),光绪帝载湉入宫已十多年,在第二年——光绪十五年(1889年)便年满18岁,到了订婚的年龄。光绪十二年(1886年),光绪帝年满16岁,按古人的规矩已是成年男子了,理应成为大清帝国名副其实的皇帝。慈禧太后非常不愿意将大权归还光绪。尽管当年慈禧太后曾许下过诺言:"垂帘之举,本属一时权宜,唯念嗣皇帝此时尚在冲

光绪帝

国学经典文库

后妃宦官大传

·宦官传·

图文珍藏版

龄,且时事多艰,王、大臣等不能无所禀承,不得已姑所清,一俟嗣皇帝典学有成,即行归政。"但诺言仅仅是诺言,归政是归政,似乎两者在慈禧太后那里并无联系。为了牢牢把握朝纲大权,慈禧太后表面上表示归政于光绪帝,照顾一下面子,另一方面则更加牢牢地把住朝权不放松。

朝中大多数朝臣深知慈禧太后的本性与为人,再三"恳请",慈禧太后又"顺理成章"地决定再"训政"数年。这样,慈禧太后从"听政"又变成了"训政",其实并无任何本质上的差别。

光绪十四年(1888年),光绪帝年满18岁,到了该举行大婚的年龄。为光绪帝选一个什么样的女子为后便提到了慈禧太后的议事日程。她不仅要独揽朝纲,也要干预皇帝的婚姻大事。李莲英自然能看出其中的门道,不时为主子出一些主意。他认为,皇太后完全可以不征得皇帝的同意,就可以为皇帝选下皇后。慈禧太后决定让自己的亲侄女静芬为光绪帝皇后。

据说选皇后时,共有66名秀女打扮得花枝招展,浓妆淡抹,在御花园乾宁宫前一字排开,等待光绪帝前来选后、选妃。结果还未等皇帝到来,就已有61人被"淘汰",每人赏10两银子,打道回府了。李莲英对余下的5名女子进行了精心的安排。因事先已有透露,慈禧太后亲弟弟桂祥的女儿静芬排在首位,其他人排在后面。慈禧太后亲自陪同光绪帝进行选后,光绪帝在前,慈禧在后。光绪帝看桂祥的女儿排在首位,便绕道排尾,准备把手中的金如意递给他的意中人。慈禧太后按事先李莲英想出的主意,只要看见光绪帝想把金如意递给别人,就伸手拉一下光绪的衣袖,加以制止。光绪帝几次想把金如意递给他人,但屡遭慈禧太后阻止,一直走到静芬面前,也未能把金如意递出去,只得违心地把如意递给了桂祥的女儿——慈禧太后的侄女静芬,静芬被选为皇后。具有莫大讽刺意义的是,光绪帝用他的金如意换回的却是一桩极不称心如意的婚姻。在光绪帝满脸沮丧地选完皇后时,达到目的的慈禧太后脸上露出了开心的笑容。

慈禧太后不仅不给光绪帝选择妻子的自由,连选妃的权力也被剥夺。还是由"老佛爷"做主,侍郎长奕叙的两个女儿:瑾、珍二女被选为嫔妃。慈禧太后牢牢把握的光绪帝就是这样选定了他的后妃。慈禧太后达到了目的,对李莲英微笑不止,李莲英从中所扮演的不光彩角色可想而知。而且从此之后,在李莲英的心头埋下了仇恨的种子。他的妹妹终于未能被光绪帝选为嫔妃,他怀恨在心,尤其对瑾、珍二妃更是仇恨万分,当然更少不了对光绪帝的嫉恨。

心满意足的慈禧太后随后传旨:"皇帝寅绍丕基,春秋日富,允宜择贤作配,佐以宫闱,以协坤仪,而辅君德,兹选得副都统桂祥之女叶赫那拉氏端庄贤淑,著立为皇后。"她的亲侄女一夜之间成了大清王朝的隆裕皇后。慈禧太后又旨:"原任侍郎长奕叙之十五岁女他他拉氏著封为瑾嫔,原任侍郎之十三岁女他他拉氏著封为珍嫔。"后来在光绪二十年(1894年)时,瑾、珍二嫔双双被晋封为妃,是为瑾妃和珍妃。

光绪十五年(1889年)正月,在慈禧太后主持下,光绪帝举行了结婚大典。大婚典礼按慈禧太后的旨意,特派大总管李莲英总司传办一切,请旨光绪帝大婚,大操大办。李莲英又一次不负主子众望,大礼之后,慈禧太后非常满意,重赏了李莲英,除了银两之外,另有古玩、布匹绸缎等等。李莲英又一次为主子立了功。但同时他所面临的宫廷人际关系比之从前更加复杂,他必须关照太皇、皇帝、皇后三方面的关系,哪一方也不能贸然得罪。二月,又在太和殿举行了光绪帝亲政大礼。名义上皇权归还给了业已成年的光绪帝,实际上不甘寂寞的慈禧太后仍在干预朝政,大权并没放松。李莲英则陪着主子到他主持修建的颐和园里去"颐养天年"了。

依血缘关系而论,慈禧太后把自己的亲侄女嫁给了自己的亲外甥,可称得上"亲上加亲"了。然而,事实远非如此,皇后、嫔妃均不是皇帝的意中人。但百般无奈的光绪帝被人操纵着,不得不承认眼前的既定事实。经过一段时间后,聪慧过人,长于书法绘画,且年轻美貌的珍妃赢得了光绪帝的恩宠。珍妃这位封建制度难以驯服的才女大胆而热烈地爱着光绪皇帝。而光绪帝本来对强加给他的那位隆裕皇后并没有多大兴趣,如今见到了多才多艺的珍妃,自然会将自己的感情转移到珍妃身上。然而,光绪帝和那位年轻美貌的珍妃忘记了他们是在封建朝廷之中,这里不可能有他们所追求的爱情和自由。那位"老佛爷"并没有静下心来,在颐和园里享清福,她的淫威仍然是压倒一切的。尤其重要的是,隆裕皇后是她亲自选定的,冷落了隆裕皇后就等于冷落了"老佛爷",再加上李莲英从中挑拨离间,多次进谗言,中伤珍妃,最终使珍妃成为宫廷斗争的牺牲品。所以,正当光绪帝日益加深对珍妃的感情时,也日益加深了隆裕皇后、慈禧太后、李莲英对她的忌恨。这种忌恨与日俱增,李莲英从中一点儿好的作用也没有起到。此时的李莲英宫廷中好事与他无缘,几乎所有与慈禧太后相关的勾当都与他有关系。

光绪二十年(1894年)是中国近代史上让人不能忘怀的一年。是年,中日甲午战争爆发,大清帝国苦心经营多年的北洋海军几乎遭到灭顶之灾。中华民族的灾难进一步加深、加重。在这一年里,李莲英遇到了一点儿不大不小的麻烦事。

光绪二十年(1894年)是光绪帝"亲政",的第五个年头。这位年轻的天子名义上"亲政"实际上并无多少实权,即使这位天子有强国之志,因大权牢牢握在"老佛爷"手中,也难以变成现实。他"亲政"的5年中,大清国江河日下,内忧外患加剧,光绪帝面临的是一个满目疮痍,主权沦丧的破烂摊子的大帝国。尤其是甲午海战惨败的消息传来后,举国一片哗然,光绪帝不能不对正在热心操办"花甲"寿典的慈禧太后产生不满。

慈禧太后置国难于不顾,对自己的60大寿庆典极为重视。当"大喜"的日子即将来临之际,日本对华宣战。很快,北洋水师在黄海海战中惨遭败绩,慈禧太后不得不接受现实,下令她的寿典在宫中举行,"其颐和园受贺事宜,即行停办。"但在宫中安排庆寿活动并不意味着不讲排场,她不考虑或不太考虑是否敌人已打到了自己的家门口。也曾有人上表建议,省下钱来移作军费,可是"老佛爷"龙颜大怒,声称:"如果今天让我不高兴,我要让他一生不痛快。"她不害怕国土沦丧,而担心有人搅了她的寿典。为了使庆典顺利进行,事先必须认真演练。宫内文武百官、王公大臣、太监宫女，乃至后妃皇帝的朝贺是一定规矩和程序的，不能随意进行。在演练过程中，光绪帝抓准时机，惩罚了那位目空一切、红极一时的大权监李莲英。

李莲英与光绪帝的关系是从光绪帝刚入宫时开始的。起初，年幼无知的光绪帝经常得到李莲英的关照，李莲英也想方设法取得光绪帝的欢心。光绪帝入学后，与他的一些老师，如翁同龢、夏同善等人接触的机会增多，与李莲英接触的机会少了。李莲英害怕幼主疏远自己，尽量讨好光绪帝。那时，光绪帝称李莲英为"李安达"（满语意思为师傅），不叫他的名字。每当慈禧太后问及李莲英时，光绪帝总是回答说："李安达忠心侍主。"光绪帝对李莲英一直抱有好感。光绪帝随着年龄的增长，逐渐明白了许多事理，也看透了李莲英的人品及作为。更有甚者，有一次光绪帝奉慈禧太后之命，第一次到天坛祭祀时，被李莲英当着文武百官的面训斥一顿，使光绪帝大丢脸面。光绪帝亲政后，尽管徒具虚名，但毕竟是"真龙天子"，受一个太监的气，实在让他无法容忍。此外，更加深光绪帝对李莲英仇恨的是，李莲英经常刁难光绪帝。有时，光绪帝去向慈禧太后"汇报"情况时，李莲英时常借故推诿拖延，让光绪帝跪在门外等候。光绪帝对这个肆无忌惮的太监的嫉恨一天天加深。长大成人，有了自己一定主见的光绪帝早就想惩治一下李莲英了，但李莲英一是有慈禧太后撑腰，二是狡猾奸诈，始终不给光绪帝留下把柄。这次，光绪帝终于找到了一个合适的机会。

光绪二十年（1894年）十月初的一天，光绪帝下令当天巳时宫中文武百官及太监宫女等演练大礼。所有的人均准时到场，唯独缺少大权监李莲英。李莲英迟迟未到，光绪帝与他人鹄立三时之久。李莲英姗姗迟到，光绪帝新仇旧恨汇集心头，十分恼怒地训斥道："大胆的奴才，今日朕特发谕旨，定巳刻演礼，而你却未刻方至，令朕与文武百官鹄立三时之久。而今入殿不行请罪，反傲慢至极，不予惩罚，何以服众？"接着便传旨，杖责李莲英。李莲英机关算尽，八面圆滑，最后还是让光绪帝借由打了40大板。李莲英由此也加深了对光绪帝的仇恨。当然，他无法杖责光绪帝，但他可以利用同慈禧太后的特殊关系，竭尽挑拨离间之能事。

李莲英被光绪帝杖责是哑巴吃黄连，更令他难堪的是，在这一年里他第三次遭到弹劾。遭弹劾的起因仍是甲午海战的惨败。甲午战败充分暴露了清廷腐败无能，许多怀有爱国之心的人纷纷指责朝廷的卖国与无能。可是大多数人明知这种局面是慈禧太后一手造成，而又慑于她的淫威，不敢直言指责她本人，谁也无胆量在"老佛爷"头上动土。因此，公众抨击的主要目标选择了李鸿章，顺便也捎带上了慈禧太后的心腹太监李莲英。

这一年十月，陕西道监察御史恩溥上疏，指责宁夏镇总兵卫汝贵，临阵逃脱，全军溃败，并且克扣军饷，让手下官兵沿途抢掠。本应立即革职问罪，交刑部惩治，但现在仍毫发未损，安然待在天津，已派人到京城托人打通关节，以躲避刑罚。恩溥认为，如果情况属实，那么"前之卫汝贵、丁汝昌素有贿赂太监王有儿、李莲英、印刘之说，证以刻下迟迟不解之故，物议未有无因。"同年十一月，吏科给事中褚成博也因北洋舰队败北一事上书弹劾丁汝昌，折中同样指出："臣工皆谓该提督与内监李莲英久缔涉交,暗中博其庇护。"在弹劾李莲英的群臣中,福建监察御史安维峻的言辞最为激烈,他不仅指出了李鸿章的卖国行为,而且和他人一样,弹劾的矛头之一对准了李莲英。他指出,李莲英"狂悖丧心,贻误军国。其敢于冒天下之大不韪者,人第谓其句结枢臣,交通太监李莲英,互为倚庇,虽皇上亦无如该督何!"

这些直言敢谏的官吏在奏折中均提到了李莲英,认为是他接受贿赂,出面包庇了李鸿章。实际上,人们弹劾李莲英只是一种策略和手段,所表达的是对李莲英主子的不满。安维峻在当年的十二月初便公开向慈禧太后挑战。他在奏折中首先列举了李鸿章等人,包括西太后卖国、误国的罪恶,指出:"中外臣民无不切齿痛恨。而又谓和议出自皇太后,李莲英实左右之。臣未敢深信。何者?皇太后既归政,若仍遇事牵制,将何以上对祖宗,下对天下臣民。至李莲英是何人?斯敢干政事乎?如果属实,律以祖宗法制,岂复可容?惟是朝廷受李鸿章恫喝,不及详审,而枢臣中或系私党甘心左袒,或恐决裂,姑事调停。李鸿章事事挟制朝廷,抗违谕旨,惟冀皇上赫然震怒,明正其罪,布告天下。如是而将士有不奋兴、贼人有不破灭者,即请斩臣以妄言之罪。"安维峻这份奏折是十分严厉的,矛头直指慈禧太后和卖国贼李鸿章,同时也捎带上了李莲英。奏折中虽然有"和议出自皇太后,李莲英实左右之",但不意味着李莲英已成为晚清朝廷中的赵高,并不能说明慈禧太后也听命于李莲英。慈禧太后对李莲英有特殊的宠信,李莲英也是慈禧太后的心腹太监和红人,但权力欲和野心超乎寻常的慈禧太后决不会让一个太监任意摆布,况且李莲英狡诈万分,机关算尽,他很会见风使舵,见机行事。不可能去干预朝政。因为他了解自己的主子,更了解主子的凶残。李莲英即使干预朝政也不是公开的、赤裸裸的,他会凭借主子对他的好感与信任,在一些重大问题上吹吹阴风,进几句谗言。这些做法既隐蔽,又不会给他人留下把柄,类似"出出主意"的"干预朝政"也许他的主子也未能察觉到,别人更得不到真凭实据了。至于那位"不识趣"的安维峻纵然有弹劾慈禧太后,捎带李莲英的胆量,可是"老佛爷"一贯独断专行,哪里能容他人提出半点儿不字,所以安维峻的下场比朱一新等人更悲惨,被"革职遣戍"。所不同的是,安维峻被革职后,朝野上下那些憎恨慈禧太后的人,出于对安的敬意,纷纷前来安家为他送钱送物,门前人马不断。可见安维峻的正义之举深得民心。

第三次对李莲英的弹劾与前两次有不同之处,也有相同之处。不同之处是,进谏者的下场一个比一个悲惨,相同的是,抨击言辞激烈,又都缺少真凭实据。因此,几经弹劾,李莲英的地位没有得到丝毫动摇,这也正是李莲英的高明之处。李莲英虽然没有像其他朝代太监那样公开插手清代最高统治权,但由于在慈禧太后身边的优势,以及"老佛爷"对他的宠信,决定了他的地位和势力非同一般。宫廷中一些内务府的官吏也为李莲英造了很大的声势,经常让一些官吏去走李莲英的后门,想通过李莲英为自己在慈禧太后面前美言几句,于是形成了竞相贿赂李莲英的局面。其实,李莲英不可能在慈禧太后面前举荐每一个人,他没有这个胆量,他也害怕冒犯"老佛爷"。由于人为地"抬高"了李莲英的身份,以为只要打通了这个大太监的关节,事情就好办了,所以给李莲英送礼行贿的人络绎不绝,李莲英"来者不拒",发了横财。李莲英收受贿赂不怕别人弹劾，因为弹劾了李莲英，慈禧太后也不会信以为真。正因如此，几次有人上谏进言均被"老佛爷"无情打回，并最终惩办了进奏者。这无疑为李莲英日后所干的一切勾当撑了腰，鼓了气。

他人没有抓到真凭实据不等于李莲英在卖国问题上"一身清白"，实际上李莲英不止一次地亲自从事卖国勾当。他遭弹劾的光绪二十年（1894年），时值甲午战争紧要关头，清政府不认真组织抗敌，竟异想天开地准备拉拢沙俄抵制日本。为了探明沙俄态度，慈禧太后让李莲英去同俄国人接触。首开太监代表国家进行外交活动之先例。李莲英先是会见了沙俄驻华公使喀希尼，后又结识了华俄银行的璞科第。喀希尼是国际侦探，璞科第是国际间谍。他们二人见到李莲英之后都对慈禧太后身边的大太监表示了极大的兴趣。他们很清楚，只有通过李莲英，才能弄明白慈禧太后对中俄关系所持态度。怀着各自不可告人的目的，双方进行了一系列的秘密接触。为了掩人耳目，据说李莲英每次赴约时都脱下朝服，换上便装。两年以后的《中俄密约》的前期活动就是这样由李莲英出面与沙俄代表进行的。这些活动无论秘密或公开，均未能阻止各帝国主义国家对中国的干涉和侵略。还是李莲英的举荐，清政府派大卖国贼李鸿章代表中国同沙俄签订了《中俄密约》，沙俄侵占了乌苏里江以东40万平方公里的土地。李鸿章回国后，慈禧太后对李鸿章表示满意。李鸿章没有忘记李莲英举荐之"恩德"，把在俄国买到的一些洋玩意儿送给李莲英。所以，在清政府卖国的历史上，李莲英卖国的勾当罪责难逃。

光绪二十年（1894年）大概是李莲英太监生涯中最"坎坷"的一年，先是被光绪帝杖责，又后连连被弹劾，可谓"屡遭不幸"。然而，这一切都是过眼烟云，对李莲英并没有多大影响，他的主子慈禧太后反而对他更加信任，他的地位也似乎比从前更加巩固了。

李莲英势力一天天膨胀起来，他所干的坏事也一天天增多。如果很难历数李莲英在晚清宫廷所犯罪恶的话，那么其中最大几条罪恶之一便是伙同他的主子一起陷害珍妃，并将珍妃置于死地。

李莲英对珍妃的嫉恨可谓由来已久，从珍妃入宫那天开始，李莲英就对珍妃恨之入骨了。原因很简单，光绪帝选妃时选中了瑾、珍二嫔，没有选李莲英颇费苦心弄入宫廷的他的那位娇美的妹妹，使李莲英"国舅爷"的美梦彻底破灭。由此，李莲英恨光绪帝，也恨被光绪帝选为嫔的珍妃。所以，从那时起，李莲英心中埋下了仇恨的种子，他准备选择一个恰当的时候，狠狠地整治珍妃，以解心头之恨。

李莲英懂得，他的势力再大、地位再高也是奴才，不能轻易对皇妃下手，于是他巧妙地利用了后妃之间的矛盾，从中挑拨离间，玩弄是非。后妃之间的矛盾在光绪大婚不久后的一段时间里尚未达到尖锐激化的程度。由于光绪帝对多才多艺的珍妃产生了感情，厚爱有加，隆裕皇后一天天受到冷落，后妃之间开始出现裂痕，从矛盾不和，发展到明争暗斗。李莲英则不怀好意地站在隆裕皇后一边，屡屡在慈禧太后面前进谗言，说珍妃的坏话。

李莲英还经常在暗中监视珍妃的一举一动，珍妃生在广州，接触过不少外来的

·凶残阴毒的太监·

图文珍藏版

新东西,在有些情况下,封建礼教、伦理纲常对她并没有多少约束力。她爱光绪帝,光绪帝也喜欢这个聪明伶俐的妙龄女子,珍妃常在养心殿陪伴光绪帝。时间长了,两人感情升温,发展到光绪帝任她随意而行,不拘小节的地步。珍妃不喜欢女装,不挽发髻,不穿绣履,而爱男子服尚,有时竟脚穿朝靴,头戴三品花翎,身着长袍马褂,背后垂着一条大辫子,打扮成为一个美貌的少年形象,光绪帝对此从不计较。类似这种生活上的细节小事统统被李莲英看在眼里,添枝加叶地报告给他的主子慈禧太后。慈禧听了这些报告后十分恼怒,她认为光绪帝冷落她给选择的皇后的根本原因就在于这"不守本分"的珍妃。除了李莲英经常"打小报告",说珍妃的坏话之外,那位被光绪帝冷落的隆裕皇后也多次向"老佛爷"告珍妃的状。慈禧太后对珍妃印象更坏。李莲英看见时机已到,便向慈禧报告说,珍妃迷惑皇帝,扰乱朝纲,整日女扮男装,有失清廷之尊严。慈禧太后早就对珍妃没有好印象。一听这样的话,马上火冒三丈,她命人将珍妃传来,令太监对珍妃杖责。珍妃苦苦哀求,慈禧太后不动声色。正当珍妃皮肉之苦难以摆脱时,竟然是李莲英替她求了情,"老佛爷"才算开恩,没有杖责珍妃。这场由李莲英亲手挑起的事端,最后也由他充当一个"好人"而平息下来。不明原委的珍妃倒从心底里感激这位太监总管的"恩德"。这就是李莲英的本性与为人。

珍妃此次虽然未受皮肉之苦,但她的处境比之从前更加艰难,李莲英和隆裕皇后对她明监暗视进一步加紧。这一点,年少天真的珍妃差不多一无所知,或没有意识到严重性,否则也就不会发生后来的一系列事情。

妃嫔们在宫廷中并不是每个人都有取不尽,花不完的钱,并不是每个人都享荣华富贵。珍妃花钱大手大脚,对身边的太监也常常施予恩惠,钱自然不够花用。这时,有人通过她的哥哥志锜,介绍卖官收钱。李莲英知道这件事之后,便把珍妃与其哥哥串通卖官一事报告给了慈禧太后,说皇上怂恿珍妃卖官鬻爵,如果"老佛爷"忍让,珍妃就会得寸进尺,后果不堪设想。慈禧太后听完李莲英添油加醋的陈述后,又一次勃然大怒,令李莲英把珍妃、瑾妃以及参与私卖官缺的人统统传来杖责,光绪帝跪地为珍妃求情也未能得到恩准。眼见自己的爱妃遭受皮肉之苦,软弱无力的光绪帝只能忍声吞气,无可奈何。显然,在两种势力的较量中,珍妃总是处于被动地位,狡猾奸诈的李莲英陷害珍妃不择手段。清代宫廷捐卖官缺尽人皆知,慈禧太后和李莲英也不止一次干过这种勾当,惩罚珍妃除是李莲英的挑拨之外,也是慈禧太后本人想借机向众人(包括光绪帝)一显自己独断专行的淫威。

李莲英达到了目的,隆裕皇后也泄了心头积怨。但李莲英和隆裕皇后并未因此罢休,慈禧太后也害怕珍妃日后干预朝政,架空自己,便与隆裕皇后、李莲英密谋协商,准备采取一些措施限制珍妃。最后还是诡计多端的李莲英想出了一个"好"主意,他写了一块"妃嫔不得干预朝政"的牌子,挂在珍妃所在景仁宫。实际上,谁都知道,这块牌子就是给珍妃一个人挂的。

光绪二十四年(1898年)是为农历戊戌年。这一年中国近代史上的特殊重要之处在于,光绪帝实在不能忍受慈禧太后的束缚,发动了著名的"戊戌变法"。

提起变法,光绪帝有强国之心,也有许多难言之苦。在他的周围,支持者并不多,具有一定新思想的珍妃支持他,但珍妃自卖官缺案发后,处境更加艰难,除了景仁宫门口挂的那块"妃嫔不得干预朝政"的牌子外,李莲英又密奏慈禧太后下了一道懿旨,规定了许多"不准",这些"不准"也都是直接针对珍妃的。李莲英为了严密控制珍妃,在景仁宫四周布满了他的心腹太监,珍妃的一举一动均在李莲英及其爪牙的监视之中。

受到重重监视、行动不十分自由的珍妃仍对光绪帝变法维新表示支持,她曾把一些介绍外国情况的书报拿出来,让自己的心腹太监交给光绪帝。光绪帝看后觉得大开眼界。李莲英可以监视珍妃,控制珍妃,却无胆量控制皇帝,但他采取别的手段进行监视,每当光绪帝看望珍妃时,李莲英的亲信爪牙便按他的旨意,以"伺候皇帝"为名,不离左右,光绪帝和珍妃根本无法进行关于变法维新的思想交流。

由于李莲英的挑拨,慈禧太后以"干预朝政"为名,将珍妃打入冷宫,囚禁起来。珍妃被囚后,李莲英又给慈禧太后出主意,把那些为光绪帝、珍妃通风报信、传递消息的大小太监一网打尽。当年的八月二十四日,敬事房奉慈禧太后之懿旨,对一些太监进行了严厉的处罚,杨瑞珍、杨长文等四名太监,被以"干预国政,搅乱大内,往来串通是非,情节严重"为罪名,当日杖责处死;范长春、张源荣、王吉祥、徐元寿等5名太监,"交慎刑司责二百板",永远枷号;珍妃手下太监张田祥、卢田庆、李玉盛等5人的罪名是"串通是非,不安本分,实属胆大",被判交慎刑司杖责一百,"枷号二年,年满请旨。"

以上太监受到株连遭处罚外,李莲英仍不肯善罢甘休,又密奏慈禧太后,对珍妃两胞兄——志锜、志锐也不放过。慈禧太后听从了李莲英的建议,将珍妃两位胞兄革职流放。

珍妃开始时被囚禁在福建宫。阴险毒辣的李莲英知道福建宫条件相对好一些,使他难以达到折磨珍妃的目的。李莲英欲置珍妃于死地而后快,但又不想让珍妃马上死去,他只想折磨死珍妃。出于这种阴险狠毒的目的,他又向慈禧太后进谗言,将珍妃改囚在距贞顺门不远的北三所。北三所是囚禁犯罪宫眷的地方,已多年无人光顾,院内杂草丛生,蚊蝇猖獗,三间瓦房年久失修,四壁透风。三间房只有两扇小窗,门上上有三把大锁,留有一个送水送饭的小口。李莲英派两个太监和两个宫女对珍妃进行监管。珍妃一个柔弱女子插上翅膀也难以逃脱。身在北三所的珍妃在肉体上所受的折磨已达到了极限,但李莲英仍一刻也不放对她精神和肉体上的折磨,每次他到北三所送饭时,总是先一条一条地数落珍妃的"种种罪状",然后再把饭从门洞中塞进去,珍妃还要跪叩谢恩。

慈禧太后为了切断珍妃与外界的联系,下了十分严格的命令:除了看管太监、宫女,无皇太后的特旨,其他任何人一律不得到北三所。

此时的珍妃身陷囹圄,整日与孤灯为伴,过着非人的生活。没有人来探望她,她彻底绝望了。其实,在清宫中,真正和她有感情,真正能前来探望她的人只有两个:光绪帝和她的亲姐姐瑾妃。而此时,这两个人的处境也近乎失去了自由。珍妃被囚禁后,慈禧太后又迁怒于瑾妃,不仅李莲英监视她,而且还派了一批自己的爪牙:太监、宫女监视瑾妃的一举一动。瑾妃只能偷偷地抹眼泪。过了很长一段时间,瑾妃好不容易做通了一个心地善良的宫女的工作,给被囚的珍妃捎去了一点儿点心、糖果。珍妃见到姐姐送来的东西,禁不住泪如雨下。在珍妃被囚北三所二年多时间里,只有瑾妃给她送过一次东西,再也没有其他人有过任何举动。李莲英就是这样迫害珍妃,让她过着人鬼不如的生活。刚进北三所时,还有人给珍妃一日送来三餐,后来又改成了两餐,有时一天只给她送来一顿饭。那位迫害珍妃到如此地步太监总管李莲英后来也很少例行公事地到北三所数落珍妃的条条"罪状"了。

对珍妃的处境表现出同情和关怀,在清宫中除了瑾妃外,再有一个人就是当朝皇帝光绪了。但光绪帝在戊戌变法失败后,被幽禁在另外一个地方——中南海的瀛台,已是身不由己,对珍妃有多么深厚的爱恋之情,此时也是爱莫能助了。皇帝与太监无疑是主子和奴仆的关系,可是这时,皇帝被幽禁,作为奴仆的太监却耀武扬威了。李莲英每天都到瀛台巡视一遍,察看光绪帝一天的活动,然后再向他的主子慈禧太后做汇报。因此,在珍妃被囚北三所的两年多时间里,恩爱她的皇帝尚且无力救出自己的爱妃,别人或袖手旁观,或束手无策。

庚子年(1900年)夏天,八国联军兵临北京城下。据说,七月二十三日凌晨,紫禁城内就已能听到隆隆的炮声了。宁寿宫内的慈禧太后被外国侵略者的炮声吓得魂飞魄散,不知所措,竟然想投水自尽,一死了之。后来在别的大臣劝说之下,她才没有这么做。这位平素对自己的臣民乃至皇帝大耍淫威的皇太后,面对来犯的外国侵略者,往日的威风荡然无存,她就是害怕洋人。为了不至于落入洋人之手,她和当年咸丰帝一样,弃京逃走。只不过这次逃走的目的地不是热河而是西安。正当"老佛爷"急不可待地下令备车出逃时,李莲英来到了她的身边,对她说:"奴才把所有随驾人员全都安排好了,现在就剩下珍妃一个人了,不知究竟该怎样处理,老佛爷。"慈禧没有马上回答,李莲英又心怀鬼胎地对主子说:"我们现在多一个人就多一些麻烦。"这时的慈禧太后一心想的是如何及早快些离开北京城,以免洋人来了成为阶下囚,她没有想被囚在北三所珍妃的事,大概也来不及想这件事,因为对"老佛爷"来说,当务之急,重大之重大的事情是逃跑。但是阴险毒辣的李莲英没有忘记珍妃,他在此时此刻想到她是想在逃离北京之前将她置于死地,以绝后患。李莲英见慈禧太后不动声色,继续进谗言:"老佛爷,那个珍妃该怎么办?她虽是个女流,但心肠怪狠毒的,把她留在京城似乎也不妥当吧?"听到李莲英向慈禧太后进谗言,在一旁的光绪帝自知凶多吉少,为了救珍妃一命,他跪在慈禧太后面前,一个劲儿地求情:"亲爸爸,请你开恩吧!好在咱们一路总得备车,决不会就多她一个人。"慈禧太后对光绪帝的请求不予理睬,转身告诉李莲英把珍妃带上来。被折磨两年多的珍妃,因长期监禁,四肢无力,步履艰难。原来年轻秀美的珍妃现在已不成人样,浑身上下的衣服又脏又破,乱蓬蓬的脏头发夹杂着一张毫无血色脸,简直像一个无家可归的叫花子。李莲英强迫她在坚硬的石子地上磕头。结果磕了几个头之后,珍妃已血流满面了。但她还是抬起头来,请求慈禧太后饶命。慈禧太后一脸横肉地对她说："如今洋人欺我太甚，战火紧急，我本意要把你带走，恐路上诸多不便，留在宫中，你年纪尚轻，倘遭洋人之辱，则无颜以对祖宗，还是赐你死了，倒也落得干净。"光绪帝见此情景，再一次跪在地上，苦苦哀求慈禧太后留珍妃一命，慈禧太后恶狠狠地对光绪说："你自己的命都保不住，还留她有什么用。""老佛爷"赐珍妃一死，怎么死法？李莲英又出了一个狠毒的主意，将景旗阁后过道里的井盖打开，让珍妃跳井自尽。李莲英本想亲自动手，将他恨之入骨的珍妃推下井去，但又怕珍妃怒骂和打他的嘴巴子，便让二总管崔玉贵把珍妃推到井里。崔玉贵拽住珍妃往井口拖。珍妃不从，用力挣扎，并喊李莲英为她求情，饶过她一命，李莲英置之不理。崔玉贵用尽全力抱住珍妃，猛劲塞进井口，又踢了一脚，珍妃落入井中。崔玉贵向井下看了看，用石板把井口重重地压住。

珍妃就是这样在宫廷中悲惨地结束了年轻的生命。李莲英从中起了极坏的作用。

慈禧太后统治中国 48 年，李莲英太监生涯亦长达 51 年，其中绝大部分时间，李莲英在慈禧太后身边。这期间，即使不能认为主奴二人相互勾结，干尽坏事，也可认为慈禧太后许多罪恶勾当系李莲英进谗言所致。在近半个世纪的时间里，慈禧太后好事无有，祸国殃民之事史不绝书。慈禧太后对她的臣民可谓说一不二，独断专行，而对洋人却只有忍让和投降，直至望风而逃。她在中国近代史上几度垂帘听政，在中国历史上创下纪录；两次在外敌入侵北京时参与逃跑或弃京城而逃，这在中国历史上大概也是一项无人打破的纪录。第一次是在 1860 年，其时，英法联军进犯北京，她随咸丰帝逃往热河，第二次则是在 1900 年，八国联军入侵北京，独揽朝纲的她又一次弃京外逃。第一次是她参与逃走，逃到热河，八国联军进犯北京时，这位平日耀武扬威的西太后马上丧魂落魄，一路西逃到了西安。两次出逃时间迥异，但共同之处是，两次出逃都有李莲英在身边。李莲英第一次和慈禧太后（当时的懿妃）逃走时，刚入宫不久，年纪尚小，而第二次出逃时，李莲英早已是宫中显赫到极点的大权监了，以至于西太后一刻也离不开这位心腹太监了。

光绪是清王朝建都北京后的第九位皇帝，也是一个一生多灾多难历尽坎坷的皇帝。名义上，慈禧太后归政于光绪帝，使他成为大清帝国君临天下的皇帝，但实际上却是一个被西太后玩弄于掌股之间的傀儡，并没有多少实权。慈禧太后为了显示自己的威严，令她的外甥——光绪皇帝永远称她为"亲爸爸"，虽然她并不具备做爸爸的起码条件。光绪帝在位 34 年，如果从一个真正意义上的皇帝而言，他一天实权也未掌握过。他有一定的抱负，总比他的前两朝皇帝好一些，但慈禧太后却不允许她的外甥有一丝一毫的"越轨行为"。因此，在光绪帝进行戊戌变法的光绪二十四年（1898 年）八月，慈禧太后又一次在宫廷发动政变，令光绪帝下诏称病不能视事，仍"恳请"太后临朝听政。光绪帝战战兢兢地写完诏书时，李莲英此时没有忘记借机加害光绪帝。他悄声对慈禧太后说："这一切都是珍妃弄出来的，她对皇帝的影响极坏。"珍妃就这样被打入了冷宫。

在光绪帝下诏"恳"求之下，慈禧太后第三次临朝听政。然后，慈禧太后又将光绪囚禁起来,让李莲英进行监视。整个政变过程中,李莲英挑拨离间,故意制造帝后之间的矛盾,并想方设法激化这种矛盾,从中起到了极坏的作用。慈禧太后发动政变的一个导火索事件便是袁世凯出卖了以光绪帝为代表的维新派。李莲英与袁世凯关系甚笃(后来又有进一步发展),这倒不是因为李袁之间存在着什么"友谊",只不过是袁世凯看中了李总管的地位和权势,千方百计拍李总管的马屁。否则,一个握有重兵的封疆大吏怎么能与一个宫廷太监打得火热呢?维新派想利用袁世凯达到目的显然是看错了人。据说,李莲英事后宣称:皇上想利用袁世凯杀死荣禄,囚禁太后,袁世凯是不会恩将仇报的。其实,这句话的真正含义是,有他与袁世凯的关系,袁世凯是不会顺从维新派的。

戊戌变法失败后,光绪帝被以谋弑皇太后的罪名幽禁起来。李莲英领着一群太监把光绪帝带到慈宁宫右侧殿。他对光绪帝说,是奉皇太后之旨让光绪住在这里的。为了监视光绪的一举一动,李莲英派出了 16 名太监"服侍"皇上;为了不让光绪帝逃跑,据说是李莲英给慈禧太后出主意,把光绪帝囚禁在中南海的瀛台。光绪到瀛台后,李莲英又带领一批小太监把通向瀛台一个小曲桥拆掉,瀛台变成了一座孤岛,出入只能靠小船来往。从此后,光绪帝成了慈禧太后的一名囚徒,在瀛台这座孤岛上度过了整整十个春秋。在这 10 年里,只有庚子兵祸(1900 年),慈禧太后出逃北京,携光绪帝西幸,光绪帝才算有机会离开孤岛一年。李莲英奉主子之命,负责看管、监视光绪帝。据说光绪帝被囚之后,先是仰天长叹,后又泪流满面。恰好被李莲英撞见,他幸灾乐祸地说:"皇上,这是老佛爷让你享清福啊!别难过呀!"这种颠倒了的主奴关系既说明了光绪帝身陷囹圄的困境,也反映了李莲英阴险歹毒。

自李莲英"国舅爷"美梦破灭后,李莲英对光绪帝产生了仇恨。另有一个偶然的事件也让李莲英对光绪帝的忌恨更加深刻。光绪十八年(1892 年),一江南迁居北京的木匠为李莲英做了一套楠木家具,李莲英看后从心底里喜欢,准备多赏给木匠一些银子。木匠深知李莲英在宫中的权势,执意不肯接受,一再声称是孝敬李总管的。李莲英便想出了一个两全其美的"妙计",对木匠许下了给一个官当的诺言。木匠听后连忙说自己目不识丁,不能当官。李莲英自恃深受慈禧太后恩宠,对木匠夸下海口说:"只要我让你当,你就当得成。"言外之意,只要他李总管出面,当官与学识也就没有关系了。不久,江南出现了一个知县的官缺,李莲英奏请慈禧太后批准。李莲英自觉"老佛爷"不会驳他的面子,于是让木匠打点行装,等待皇帝降旨启程。可是,不凑巧的是,这个官缺儿光绪帝已答应给了珍妃的老师文廷式的一个亲戚了。一边是西太后的心腹太监,一边是珍妃的老师,光绪帝觉得谁也不能得罪,一时有些犯难,拿不定主意。这时,光绪帝的老师翁同龢奏见皇帝,光绪帝请老师帮忙出个主意。翁同龢对李莲英恨之入骨,这下可得到了一个出口气的好机会。他想出了一个绝妙的主意,让光绪帝降旨举行一次殿试,考一考李莲英推荐的木匠。翁同龢料到,这个木匠仅仅会拉锯推刨,肚里不可能有多少墨水,出个题考住他,让李莲英哑口无言。光绪帝觉得这是一个好主意,传下圣旨,让木匠进宫殿试。

殿试的题目由文廷式拟定。文廷式明知皇帝让他出题的目的是为了难住木匠。他出了一个小题目，目的是好好戏弄他一下，让他交一个白卷，赶下殿去，一了百了。木匠听到皇帝传他进宫的消息后，不知其中原委，以为升官发财的机会来到了，急忙来到了宫禁。传旨太监把木匠领到了毓庆宫（毓庆宫曾是光绪帝读书的地方，也叫"御书房"）。文廷式让一个小太监拿来纸墨，对他说：皇上有旨，要考考你，考好了，你去做官，考不好，还是回去当你的木匠。文廷式出的题目即景作一首诗。可是木匠胸无点墨，根本不知什么是即景作诗，跪在地上，满头大汗，手里那支笔一点儿也不听使唤，半天也没写出一个字。文廷式见状什么都清楚了，便将木匠赶出了宫廷。离开宫廷后，木匠把全部情况都告诉给了李莲英，李莲英又气又恼，但又实在不能把皇帝、珍妃、文廷式等人怎么样，他记在了心里，准备日后再找这几个人算账。后来，文廷式被革职，珍妃被打入北三所囚禁都与李莲英发恨报复有关。按一般规律，封建宫廷内的太监对主子有多么深的仇恨似乎也没有什么办法。但李莲英却可另当别论，他凭借同主子的特殊关系，更由于光绪帝的怯懦性格，以及慈禧太后的独断专行，这些因素决定了李莲英可以对皇帝进行报复。

总之，光绪帝和李莲英之间的冲突是一点儿一点儿加剧的。每一次冲突无论谁占上风，归根到底的赢家是李莲英。有了西太后做靠山，李莲英总是"立于不败之地"。当然，也有搬出主子也不灵的时候，如他的妹妹参与选妃之事等等，但最后的结果是加深了李莲英对皇帝的仇恨。李莲英对光绪帝有仇恨，光绪对李莲英也恨得要命，不仅仅是因为他恃宠尊大，还因为他在宫中无恶不作，时时给慈禧进谗言。据说，光绪帝对他的老师翁同龢发过誓："你们瞧着，总有一天，我一定要把这个骄横无礼的奴才痛痛快快地处罚一场！因为不管他有多大权势，毕竟还是我们手下的一个奴才。此刻尽管让他放肆下去，等到有一天，不再有人可以站在我和他中间做解劝人的时候，我就可以看见他的末日到了。"

在一般情况下，皇帝处死或惩治一个太监根本用不着下如此大的决心和狠心，也用不着如此信誓旦旦，可是对李莲英，光绪虽为皇帝，但也无良计上策。原因盖出于独断专行的慈禧太后，在她主政时代，皇帝形同虚设，只有她才有生杀予夺大权。在这样的时代背景之下，光绪帝空下决心，他所期待的"那一天"最终没有到来。

光绪帝被囚之前，李莲英只能与光绪帝暗中斗法，向主子进谗言来惩治光绪。光绪被囚瀛台后，身陷图圄，形同一个活着的死人时，李莲英也就用不着暗中活动了，可以公开向光绪帝复仇了。李莲英向光绪皇帝复仇是从光绪帝接受维新主张，进行戊戌变法开始的。

被囚于瀛台的光绪帝完全落入了李莲英的魔掌，他的一举一动均在李莲英的严密监视之中，一个大清帝国的当朝皇帝竟然成了太监的阶下囚。虽然李莲英对光绪没有生杀大权，西太后也由于种种原因，暂时还不想处死光绪，但光绪却失去了自由，李莲英抓住这个机会报私仇，泄私愤，想方设法从精神上折磨他，生活上虐待他。光绪被囚禁后不久，李莲英传下主子的懿旨，撤掉了光绪的皇帝膳食标准。

后妃宦官大传

图文珍藏版

表面上看,每天都有一些小太监给光绪帝送来御膳提盒,可是盒里的内容却已不是"御膳"了,所装的点心和菜肴只是为了凑数而已。不管光绪吃还是不吃,每天都有人送来。有一次光绪染病口渴,想让太监送点儿茶来。看守他的太监回话说,没有皇太后恩准不敢送茶。光绪只能喝点儿白水。为了防止光绪在瀛台乱写乱画,也害怕光绪帝把被囚禁的困境通报给洋人,西太后命令李莲英把瀛台的纸砚笔墨全部撤走。

日复一日,月复一月,光绪帝在无限的孤独、惆怅、苦闷、忧郁、哀怨等各种精神折磨、肉体摧残中度过了一年又一年。长此以往,身心备受折磨的光绪终于染病在身,骨瘦如柴,30多岁的男人本正值青壮年,而这时的光绪却步履艰难,形如老态龙钟。光绪帝卧床不起时,仅有一个老太监在瀛台服侍他,隆裕皇后、瑾妃没得到慈禧的恩准也不能前来探望。慈禧太后虽然把光绪囚在孤岛,但又不想让他立刻死掉,她每天都让李莲英到这里看一看。

光绪三十四年(1908年),慈禧太后已经74岁了,年逾古稀的慈禧深有风烛残年之虞:年老体衰,力不从心。而这时,真正对慈禧的病患发自心底不安的是李莲英。他害怕慈禧太后死在光绪之前,一旦形成这种局面,复辟后的光绪决不会放过他。正是在这种前提之下,李莲英下狠心在他的主子归西之前,先设计毒死光绪帝。

李莲英最后下决心毒死光绪帝又与光绪帝的一段日记有关。光绪被囚后,十分苦闷,曾有一段时间记日记,把每天的生活情况记录下来。李莲英后来知道了这件事,其中一部分日记还传了出去,里面有这样一段话:"我现在病得很重,但是我心里觉得老佛爷必定会在我以前死。若果如此,我必下令斩杀袁世凯与李莲英。"李莲英原原本本地把这件事告诉了"老佛爷",煽风点火地说:"若是皇上在老佛爷之前死,那么各方面的事情就容易办了。"慈禧听清了李莲英话的深层意思,遂下令李莲英去"专心致志"地"服侍"皇帝。李莲英对主子的"良苦用心"心领神会,把光绪的饮食医药等一切大小事情统统包揽过来。自李莲英"服侍"光绪之后,光绪的病情不但没有丝毫减轻,反而一天天加重了。李莲英名义服侍皇帝,实际上是一个追命鬼,早在光绪死前很长一段时间,他就奉主子之命,为皇帝准备好了寿衣。光绪病情日渐加重,他心里明知是李莲英捣鬼却也无计可施。没有身陷囹圄,身体健康时他对李莲英尚无可奈何,而如今重病缠身,卧床不起,就更加无能为力了。李莲英十分"恪尽职守",一天也不离开光绪,表面上是在照顾皇帝,实际上是在加速他的死亡。李莲英很快达到了目的,完成了使命,光绪帝在慈禧太后之前死去,也是在万分痛苦中走完了人生历程。

关于光绪帝的死因有几种不同的说法,当代历史学家认为,光绪帝确系中毒而死。而且是李莲英在征得慈禧太后同意后,在光绪食物里下了毒,毒死了光绪帝。

李莲英在光绪帝生前对他百般刁难,横加迫害,死后亦不让他得到"安宁"。光绪死后,西太后借故躲在宫中,让李莲英替她料理光绪的后事,李莲英又一次得到了泄私愤的机会。

七　勾结外臣

慈禧太后是李莲英最强大的靠山,正因为有了这座靠山,李莲英才可能肆无忌惮。但除此以外,李莲英还必须和一些权臣相勾结。在他所勾结的权臣中,荣禄、李鸿章、袁世凯是几个清末朝中显赫一时的人物,也是近代史上几个祸国殃民的民族败类,同时他们几个人又都是慈禧太后的宠臣。李莲英非常了解他的主子,对她忠心不二,凡是主子忌恨的人,李莲英竭力配合,置于死地而后快,如对珍妃、光绪帝等人。反过来,凡是慈禧宠信、喜欢的人物,李莲英则千方百计与之勾结,成为好友伙伴,最后达到朋比为奸的程度。

慈禧太后当政期间,清廷各色权臣中,荣禄是一个极特殊的人物,也是后来慈禧太后的心腹之一。实际上,慈禧太后二度垂帘听政之后,她只倚重两个人,一个是荣禄,一个是李莲英。光绪一朝,荣禄不仅是慈禧太后的爪牙和打手,也是朝廷的台柱式人物。李莲英当然清楚荣禄的权势和地位,因此与荣禄一直保持着密切关系。李莲英和荣禄出于利害和权势上的要求和考虑,逐渐密切勾结在一起。李莲英从荣禄那里得到了巨大的好处,他能官至二品,与荣禄有直接关系。他们二人在清宫官场相互利用,互为出力。

李鸿章是中国近代史上的卖国奸臣,官至直隶总督兼北洋大臣,手中有兵、有钱,清廷上下无人不晓这位李中堂的威风和权势。就是这样一个晚清朝廷重臣竟然也被李莲英治得服服帖帖,不得不拜倒在李莲英脚下,老老实实地向李莲英送礼行贿,毕恭毕敬。这也是晚清宫廷、官场一个极为特殊的现象:无论权势多大,地位多高,都得向李莲英低头,否则便遭到无端刁难。李鸿章大概从未想到向一个太监低三下四,但在事实面前,又不得不接受这一他最感到耻辱的现实。

李鸿章和李莲英"不打不成交",成了好朋友。李鸿章领教了李莲英的厉害,自然日后不敢放松,他不断把银子送给李莲英,李莲英则也算遵守诺言,不断在慈禧太后面前为他说上几句好话。当然,李莲英这么做是因为李鸿章不断掏腰包,不断给李莲英送礼,他们之间的关系是靠金钱维系的。后来,慈禧太后修颐和园李鸿章"贡献"巨大,李莲英从中也出了许多主意。当李莲英以二品顶戴赴天津检阅海军时,李鸿章让这位治得他服服帖帖的太监和醇亲王奕譞享有同样的待遇。身为一品大员的李鸿章尚且对李莲英这般"礼遇",其他人可想而知了。

晚清宫廷文武百官中,袁世凯、李鸿章、荣禄等人是屈指可数的几个权势重大的官僚。他们或是军国重臣,或为封疆大吏,或官品甚高。但无论怎样,有一点他们是有共识的,即不能得罪李莲英,虽然他是一个太监。晚清宫廷一些上层官吏都清楚李莲英对他们本人的特殊重要性,甚至在某种程度上对他们的命运生杀予夺。在这种前提下,他们既迫于慈禧太后的淫威,也惧于李莲英的权势,不得不向一个太监屈膝,和一个太监称兄道弟。李莲英在慈禧太后面前低三下四,而对他人却又是另外一副面孔。尤其是到了清朝末年,他的权势日隆,地位空前巩固,慈禧太后

国学经典文库

后妃宦官大传

·凶残阴毒的太监·

图文珍藏版

对他差不多言听计从，这就决定了一些人必须巴结李莲英，对他的恭敬程度达到无以复加的地步。李莲英和他的主子一样，喜欢别人拍马逢迎，这样，既可显示出自己"尊贵"与威风，又可借机向那些一心往上爬的大小官吏敲诈一笔钱财。当然，那些舍得向李莲英投资、舍得在李莲英身上花银子的人一般不会白白浪费银子，都能达到自己的目的。李莲英作为慈禧太后的心腹，对于那些想往上爬的人太重要了。他们明白，李莲英是一条十分重要的内线，抓住这条内线、利用这条内线才能达到升官的目的。基于这种原因，晚清宫廷中一些权势显赫的人物差不多都和李莲英交上了朋友。权势重大的高官显宦不惜一切手段巴

清代官员着装图

结一个太监，这在中国历史上是不多见的。在这些人中间就有后来大名鼎鼎、也遗臭万年的袁世凯。袁世凯从戊戌政变到慈禧太后死前，一直在李莲英身上下功夫。他通过李莲英或在李莲英的协助下飞黄腾达，但他所花费的银两数目也是巨大的。

　　袁世凯在与李莲英交好之前是一个默默无闻的小官吏，曾任驻朝鲜通商大臣。光绪二十年（1894 年）甲午战争结束后，因听说日本人要杀他，不敢再返回朝鲜，闲居北京。此间，袁不甘寂寞，千方百计结交社会上层名流，但他实在是无名之辈，根本不可能与李莲英有什么关系，李莲英不可能与像他这样的一个小小的驻朝鲜通商大臣有所来往。一次偶然的机会，袁世凯听说他的结拜兄弟阮忠枢在李莲英家里的教馆教书。袁找到了阮，请求他帮忙见见那位权势熏天的李大总管。不久，阮对李莲英提及此事，李莲英很赏脸，给了袁世凯很大的面子，袁世凯终于被结拜兄弟带进了李府，见到了这位扬名天下的李大总管。两人谈得很投机，从此后，袁世凯与李莲英建立了联系。袁世凯终于找到了一个靠山，不择手段地向李莲英大献殷勤，和他拉关系。袁世凯的功夫没有白费，没过多久，他竟然和李莲英换帖结拜为兄弟。袁世凯和一个太监换帖结拜不但不会遭到非议，反而是许多人眼热的，换句话说，并不是什么人都能和李莲英换帖拜把的。和李莲英结拜后，袁世凯也就不是从前的袁世凯了。在李莲英帮助下，袁世凯和庆亲王奕劻、荣禄等朝廷中的王公大臣建立了联系，这些人当然不会小视李莲英的拜把兄弟，袁世凯的身价一天天提高。在李莲英和荣禄保荐下，慈禧太后批准袁世凯到小站去训练新军，可以说，后来袁世凯得势乃至后来当上洪宪皇帝正是从小站练兵开始的。而李莲英对他的"栽培"是不可低估的因素之一。

袁世凯发迹后没有忘记李莲英的"恩情",对李莲英加紧了拍马逢迎。他清楚，要想得到慈禧太后的好感与信任，必须让李莲英替自己说话，因此，袁世凯在李莲英身上花钱毫不吝惜。光绪三十二年（1907年），李莲英生母殁世，袁世凯一次送去白银40万两而平时他花在李莲英身上的银两根本无法统计出准确的数字。

然而，袁世凯与李莲英的关系是数不尽、说不完的珠宝和银两堆成的，谈不上有多么深厚的基础。李莲英为那些厚礼所动，处处为袁世凯美言。而袁世凯巴结李莲英，主要是因为李莲英有慈禧太后做靠山。慈禧太后死去，李莲英彻底没了靠山，再也不可能像往日那般目中无人了。袁世凯也因对摄政王载沣（新立小皇帝溥仪之父）要杀掉他的消息有所耳闻，借故回河南老家躲了起来。李莲英因失去靠山，加之袁世凯平素名声不好，所以袁世凯离京时也未敢前去送行。这就是这对拜把兄弟关系的最终结局。袁世凯和李莲英能有所关系，主要是因为慈禧太后独断专行的权势，一旦慈禧太后的权势终结，两个人的"交往"和"友谊"也就发展到了尽头。不仅是袁世凯，其他人也是如此，一旦没有了那位"老佛爷"，李莲英作为一个太监又有谁肯为他屈膝呢？

八　恶贯满盈

李莲英太监生涯50余年，可谓坏事做绝，恶贯满盈。他不仅与慈禧太后共谋害死皇帝、皇太后、皇妃，以及通过各种手段网罗罪名加害王公大臣，而且对一般的宫女、太监这类宫中最下等的人物，稍不如意，触怒了李莲英，也要遭到他的迫害，甚至迫害致死。李莲英和慈禧太后在某些方面有诸多相似之处，可谓有什么样的主子，就有什么样的奴才。他对主子逆来顺受，对他人却专横跋扈，顺我者存，逆我者亡，其专横程度有时一点儿也不亚于他的主子。不消说没有人敢公开表示不满，就是让李莲英不高兴、不满意，他也会想尽办法让这些人厄运难逃，至于像朱一新、安维峻等人是极个别的，满朝文武像他们这样"不识趣"者实在太少了。连慈禧太后欣赏的王公大臣也会因不投李莲英之所好，被李莲英告恶状，对这些人恶语中伤，最后失去慈禧太后的欣赏或信任。逆我者亡是李莲英阴险凶残本性的真实写照。李莲英太监生涯50多年，到底残

李莲英伺候慈禧

害了多少忠良无辜,干了多少坏事,恐怕很难说清楚。这里只能举几个有代表性的例子。

李莲英本人是太监,但他对他的同类——宫中所有的太监并没有多少同情之心。至于那些对他不服气的太监,不仅谈不上同情之心,而且想尽办法使之服服帖帖,据说,李莲英当了副总管之后,一些进宫时间比较长,资历比较深的太监对他不太服气,背后说他是靠拍马屁起家的。这些话后来传到了李莲英的耳朵里,李莲英很生气,他恶狠狠地说:"早晚我要收拾你们,给你们一点儿厉害尝尝。"他把两个贴身小太监叫到自己屋里,吩咐他们在宫中替自己明察暗访,把探听到的消息告诉他。两个小太监不敢不从,没过几天就查清了原委,报告给了李莲英。李莲英找适当机会向慈禧太后奏了这些太监一本,说这些太监和小太监一起时经常散布淫秽下流的语言,应当检查一下,以防止宫中出现丑闻。起初慈禧太后并不在意,后来在李莲英有声有色地劝说下,也觉得不可不防,她让李莲英同京城毕刘两家联系,再给这些太监净一次身。李莲英找到了毕家,把事先拟好的名单交给了毕五,说名单上的人不老实,再给他们净一次身,给他们扫扫茬。李莲英虽然是在毕家净的身,但现在已今非昔比,宫中副总管的话,毕家岂敢不听。第二天一早,李莲英把那几个说他坏话的太监叫到自己房间,声称慈禧太后的旨意,要把他们送到毕家去检查检查,如果净身净得不彻底,还要第二次扫茬。这几个太监一听吓坏了,明白这是李莲英在报复他们,一个个赶紧跪地求饶。李莲英哪里肯放过他们,板着脸说,这是西太后的旨意,他做不了主,谁也不敢违抗。这几个太监没有办法,被送到毕家做了第二次净身手术,又一次经历了难以忍受的痛苦。此后,再也无人敢在背后说李莲英的坏话了,更不敢对李莲英不服气了。

宫中一般的太监难逃李莲英魔掌,一些声名显赫的高官大臣也常常遭到李莲英的暗算。西太后时期,宫廷内有一个名叫姚宝生的御医。据说姚御医医术高明,又善逢迎,深得西太后喜欢。李莲英害怕姚御医有朝一日占了自己的上风,非常忌恨,他设计挑唆恭亲王奕訢逼姚某自杀身亡。

李莲英依仗权势,无恶不作,可谓方方面面,既有结党营私,网罗亲信,也有残害忠良,还有卖官鬻爵,科场作弊。李莲英科场作弊不是他本人,而是利用那些想巴结他的人在科考中舞弊。据说大约光绪二十年(1894年)前后,有一主持通州考场的孙姓考官。此人深知李莲英在宫中势大权大,总想巴结,无奈没有任何机会。其实,即使有机会,李莲英也不可能把一个小小的通州考官放在眼里,孙某接连几次硬着头皮去见李莲英也未能如愿。好歹在第四次求见时李莲英赏了点儿面子。凑巧的是,这一年李莲英的一个侄子也在通州考场应试,李莲英出于对侄子的考虑,答应见一见主考官。李莲英把自己侄子名字写在一张纸上,递给了孙某。孙某因见到大总管高兴万分,喜形于色。可是,乐极生悲,孙某把李莲英交给他的那张写有李莲英侄子名字的纸条给弄丢了。孙某吓得魂飞魄散,如果这个事让李莲英知道了,孙某准吃不了兜着走。丢了那张纸还不算特别重要,重要的是孙某未能记住李莲英侄子的名字。孙某与他人商量了半天,最后有人想出一个"好"主意:凡是此次参加考试的李姓考生一律中秀才。孙某认为此计可行，即使李莲英知道了，也不会怪罪，他的侄子自然也会榜上有名了。结果，此次考试所有李姓考生全部中了秀才。那些平素刻苦读书者中了秀才尽在情理之中，而那些不通文墨的李姓考生也在榜上，连他们本人也觉得莫名其妙。这件事不久传到了李莲英的耳朵里，李莲英非但没有丝毫怪罪孙某之意，反而夸他会办事。

李莲英不仅依靠慈禧太后仗势欺人，而且他与主子的关系一步步发展成了一种相互依存的关系：谁也离不开谁。这种特殊的主奴关系造就了特殊的太监李莲英。也许是长期在主子身边之缘故，也许是有其主必有其仆之缘故，李莲英所奉行的为人之道也是顺我者昌，逆我者亡。那些逆李莲英者，无论权势多大，地位多高，都不会有好下场。反之，能恭顺李莲英、巴结李莲英的人，无论是王公大臣，还是太监宫女，均可得到这位大权监的关照。

所谓顺我者昌，对李莲英来说，并没有多么深刻的内容，凡是那些能巴结奉承、送礼行贿的人，那些对李莲英唯命是从的人，都属顺我者。即使"昌"者不多，但由于属于"顺我者"，也能从李莲英那里得到好处，关键时刻还能化险为夷。哪怕是"老佛爷"怪罪下来，有李莲英在，也会减少许多麻烦。

在宫廷中，象立山这样的王公大臣得到李莲英的关照何止一人两人？既然像李鸿章、荣禄、袁世凯这样的权臣都在李莲英面前低三下四，谋得好处，其他人对李莲英除了巴结、奉承之外，差不多已别无选择了。许多人通过巴结、送礼等手段同李莲英建立了关系，所得到的好处也是一言难尽的。不仅文武百官、太监宫女，连出家的道士也因与李莲英过从甚密而得到了许多好处。

北京有一座古刹，名曰白云观。相传该观始建于唐朝开元年间。元朝时，元太祖晚年曾命长春真人丘处机在此掌管天下道教。丘处机死后也葬在这里。及至晚清，白云观一直是一个游览的好去处。每逢正月十九，这里更是热闹异常，这一天被称为"燕九节"，也叫作"阉九节"。因为丘处机入道教时曾净身阉割，不过他净身是为了"斩断是非根"，出于对道教的虔诚，与太监们净身入宫寻求荣华富贵完全是两回事。不论出于何种动机，由于同是被割去了做男人的本钱，太监把这位道教首领奉为祖师爷，白云观也变成了太监的家庙。许多太监主动受戒，到白云观去当道士。因为绝大多数太监虽然被强行剥夺了作男人的权力，但并未得到所期望的荣华富贵。他们或是被人贩卖到宫闱，或因家境贫寒，被迫走上当太监的道路。年轻时，他们在宫中尚有一碗饭吃，到了晚年，处境则悲惨至极，有的无人问津，流浪街头；有的有家不能回，因为家人害怕阉宦辱没门庭。如果出家当道士，总算在晚年有一个落脚之处。白云观一面让太监受戒，一面开展募捐活动，其中在同治十年（1871年）时，白云观募得白银5000多两，3000多人受戒。

李莲英在发迹之后，仍不断出入白云观。时间一长，李莲英结识了主持高道士。

高道士因和太监交往而得宠，交上了他人眼热的好运。他不仅仅是李莲英的结拜兄弟，也是慈禧太后的红人，高道士借李莲英帮助身价倍增，他所在的白云观也开始显赫起来,甚至成为中国近代史上一个藏污纳垢之地。一些达官贵人因高道士权势日隆,也想办法巴结这个道士,妻妾子女稍有姿色者,都愿拜高道士为义父。晚清宫廷中诸如荣禄、庆亲王奕劻,乃至光绪帝也与高道士关系密切。每逢"燕九节",慈禧太后都由李莲英陪同到白云观拈香,其他王公大臣也借机到白云观,陪同慈禧太后看戏。一时间,白云观不仅名振京城,而且在全国也引起了巨大轰动。某些在北京的外国使节也看出了门道,与高道士交往者不乏其人,白云观又成了某些人从事卖国勾当的一个窝点。《中俄密约》签订之前,李莲英就曾在这里与俄国人有过接触。

高道士及其白云观的命运与升迁只说明了一个问题,即只要事先打通了李莲英的关节,剩下通融慈禧太后也就不成其为问题了。当然,用高道士和李莲英解释李莲英"顺我者昌"似乎不足以说明问题的全部,如果用一些太监为虎作伥的事例则会更进一步说明这一点。

清王朝在慈禧太后掌政之前,对太监的作为有过严厉而又苛刻的种种规定。道光四年(1824年),道光帝降旨:不许太监在戏园酒肆饮酒听戏,如有违犯,必将严惩。类似这样的规定及其他若干对太监的严厉束缚,清廷有过许多。慈禧太后当政时代,祖训一再被破坏。确切一点儿说,慈禧太后多次公开践踏祖训,主要是为了李莲英,如李莲英官至二品等。李莲英以太监身份得势,文武百官巴结他,其他太监也因为巴结李莲英得到了好处,更有一些太监依仗李莲英权势胡作非为。

光绪二十四年(1898年),李莲英的结拜兄弟王连科、吴得安等太监喝完酒出宫看戏,在戏园滋事捣乱,戏园掌柜急忙到衙门报告,中城练勇局队长赵云起率兵勇20人前去捉拿闹事太监。闹事太监与兵勇发生冲突,赵云起被刺死。最后,太监还是不敌兵勇,王连科等人逃走,其他人被抓获。按清宫规矩,太监犯罪较轻时,交内务府慎刑司处置,重大犯罪由刑部惩处。那些被抓获的闹事太监被押到刑部审理。

太监闹事杀人,案情明了,但由于被押太监是李莲英的结盟兄弟,是他的亲信和嫡系,所以李莲英亲自出马找到了兵部尚书薛允升,求他对这几个太监从轻发落。薛允升并没被李莲英的软硬兼施所吓住,他拿出光绪帝朱批,执意要严惩这些闹事太监。李莲英见自己出面不管用,又搬出慈禧太后来压薛允升。薛允升本想顶撞几句,可又一想,李莲英势大权大,不能硬顶硬撞,便以委婉的口气举出了几年前慈禧太后惩处闹事太监的例子,回绝了李莲英。李莲英终于没能在薛允升这里打开缺口。有皇帝朱批,又有三法司定案,菜市口架起了席棚,专等时间一到,将几个不法太监开刀问斩。

李莲英被回绝后,直接到找他的主子,苦苦哀求皇太后赏脸开恩。开始时,慈禧太后并没有答应。但实在经不住李莲英花言巧语,再三恳求,这位心肠狠毒的太后被她的太监说得动了心,遂命有关人员对被押太监从轻奏议。菜市口已搭好的席棚没有派上用场。

薛允升看到西太后的谕旨后据理力争,上奏慈禧太后,坚决主张严惩这几个行凶杀人的不法太监，他尖锐地指出，不能"法外施仁"。慈禧太后见到薛某的奏请后，顿时火冒三丈，但因薛的奏折有理有据，不好立刻发作。李莲英见此情景后，煽风点火，说薛某胆大包天，竟敢说西太后"法外施仁"。慈禧太后一方面很恼火，另一方面觉得不杀一个两个太监也不太好办，于是下令处死了一个太监。可是，薛某的事情并未完结，他因力主严惩闹事太监而得罪了李莲英，李莲英不止一次地在慈禧太后面前说他的坏话。不久，李莲英奉主子之命，授意都察院御史，参劾薛允升"贪赃枉法"。可是没有任何证据，无法将薛治罪。事后，李莲英了解到薛的儿子在天津有劣迹。他抓住这一把柄后，将薛连降三级。后来，又因薛另外一个儿子株连薛某，罚俸9个月。薛允升知道这一切都是李莲英所为，害怕有朝一日落到李莲英手中，很快告老还乡，离开了宫廷。这件事最能反映出李莲英顺我者昌，逆我者亡地阴险狠毒的性格。巴结、顺从李莲英，太监也可枉法天下。

李莲英权势熏天，干得坏事很多，对他人也有所提防，害怕别人整治他。为了保全自己，他在宫中处处安插亲信和死党，所以宫禁之中处处有他的耳目和亲信。李莲英利用这些爪牙耳目，掌握着宫中乃至一般王公大臣的一举一动，凡有人胆敢说他的坏话，传到他的耳朵里，他总要不择手段地打击报复。对获得其他各种消息，李莲英也不放过，认真进行筛选，把能邀功请赏的及时传递给主子，在主子那里得到赏赐。李莲英善于拉帮结伙，他利用总管的权势，把他的同乡、亲信都安排在慈禧太后身边。据说，李莲英手下的大小太监除了大城县人氏之外，其余的也都是大城县邻近的任邱、青县、静海、文安等地出来的太监。宫中太监也分派系，李莲英手下人结成的派系是最强大的，无人敢与之抗衡。

李莲英安排在慈禧太后宫中的主要太监除崔玉贵一人外，另外三个首领太监分别姓徐、吕、骆。徐吕为任邱县大尚屯人（今属河北省大城县），距李莲英家乡较近，李莲英对二人以同乡相称，并以同乡的名义，保荐二人做了首领太监。那位骆姓太监来自大城县，与李莲英是真正的同乡。这三人有一个共同的特点，即均为娶妻生子后，净身进宫当上太监的。骆某进宫前已是几个孩子的父亲，生活贫困，走投无路，于1903年净身进宫，在李莲英的保荐之下，竟然成为慈禧太后宫中的首领太监。这些人都是李莲英的嫡系。据说在看守光绪帝的太监中，也有一些李莲英的亲信，这样，李莲英可以天天、夜夜注视光绪帝的一举一动。

李莲英拉帮结派，利用同乡关系安插同党，在他的府邸内，他家的佣人也都是如此，不是和他沾亲带故，就是老乡同乡。但这些人真正能沾上他的"光"的人并不多，而且在他的府邸中，他的那些同乡、朋党好的本事没学到，反而学到了吃、喝、嫖、赌的"本事"。

李莲英的经营之道和用人之道多方面体现了他贪婪凶残的本性，所谓顺我者昌只限于极少数人，况且真正顺李莲英者也未必都能得到荣华富贵，只是平安无事罢了。如若有人与李莲英有忤逆言行，无论是谁，也都会与平安无事绝缘了。

发迹后的李莲英对他人有骄横的一面，但对主子永远也不敢失礼。他曾对别人说："主人是老虎，我受恩深重，不可一刻失慎，天恩愈大，性命愈险，我不能不谨慎从事。"据说李莲英有一句座右铭:"不会做人,要学做狗。"李莲英的确是慈禧太后的一条狗。不过,能给慈禧太后当好一条狗也不容易。为慈禧太后服务的太监多达数百人,只有李莲英一人登峰造极,这里面固然有许多复杂的因素。但有一条是重要的,即李莲英工于心计,善于投机钻营,处处保证"慎"字。他早已把自己的人格、尊严弃置一边,处处用一个"狗的标准"要求自己,这些恐怕是其他太监所不能与李莲英相比拟的。

慈禧太后是一个心狠手毒的女人,而且喜怒无常。在她高兴的时候,可把成百上千两银赏赐给太监,不高兴、不顺心的时候,太监就成了她的"出气筒"和发泄心中不快的对象了。她身边的太监遭她毒打是家常便饭,有时一天当中被她惩罚、毒打的太监就多达上百人,而且一个太监有过失,与这个太监在一起的所有太监都要受到株连,无缘无故受到惩罚。所以,她的宫中几乎天天都有打人声传出。被她打死的太监不下百人。许多太监因忍受不了这种非人的待遇,纷纷逃离宫廷。但李莲英有他的高明之处,他不仅能躲避各种惩罚,而且还能察言观色,时刻揣摩着主子的心思,想尽一切办法,用花言巧语讨主子喜欢。为此,李莲英必须时时处处格外小心,每件小事儿也不放过,不让主子看出任何闪失,不露出任何破绽。李莲英太监生涯50余年,创造了一系列史无前例的"纪录"(如官至二品、月食银米最高、离宫后又"原品休致"等),除了在一些"大是大非"问题上不敢丝毫有违于主子外,他总是时刻不忘自己是奴才、是走狗,一些别人不太注意的小事儿,他也格外用心,格外费心机。他对慈禧太后前后改过几种称谓:开始是主子,后改老佛爷,老祖宗。这些称谓上的变化反映出了他的心计多端,善于运用一切手段讨主子欢心。

李莲英值班的地方离慈禧太后的住处非常近,有时慈禧太后也偶尔到这里看一看,这也是十分正常的。但李莲英不这么认为,十分认真、谨慎地对待这件事。每当主子离去后,李莲英便把主子坐过的椅子用黄色布包起来。在清代宫廷中,黄色是皇家专用颜色,别人不能染指。李莲英用黄布把椅包起来,别人也就不敢再往上坐了。据说,他的房间里有10把椅子,慈禧太后坐过8把,李莲英就用黄布包了8把。慈禧太后见到这一情景后,心里非常高兴,她认为李莲英细心,对她忠心无二。

李莲英就是这样不择手段,时时刻刻工于心计地讨好自己的主子,连一些小事儿也不放过,而且他的高明之处在于,他说的假话天衣无缝,做的假事不露任何蛛丝马迹。慈禧太后早年丧夫,一直寡居,虽然有她专权、专横、凶残的性格,但也有其孤独和苦闷之时,每逢此时,最能让他开心,最能让她以为"善解人意"的就属李莲英了。据晚清宫廷太监刘兴桥、赵荣升、冯乐庭等人回忆说:"清代末年,女主里寡妇多,当权的西太后虽然有好多事要做,但是日子过得看起来也是怪无聊的。她闲下来的时候,写写字、画点画,看看戏,……心神也像没有着落似的。解西太后心烦的是太监李莲英,李莲英最会服侍她,成了她离不开的人。他两人的感情看起来非常密切。就我们知道的,每天三顿饭,早晚起居,他俩都互派太监或者当面互相问候:'进得好?''吃得香?'有时候,西太后还亲自来到李莲英的寝宫,招呼:'莲英啊！咱们遛弯儿去呀！'李莲英便出来陪她去玩,他俩走在前边,其余的人远远地随着后面。西太后有时还把李莲英召到她的寝宫,谈些黄老长生之术,两人常常谈到深夜。"由此可见,李莲英和慈禧太后之间的关系差不多成为一种相互依赖、无法分离的关系了。当然这种别人不可比拟的关系的确立,是李莲英"努力"的结果,而且能让那位喜怒无常的"老佛爷"对他如此信赖、对他有如此特殊的关系,也的确不是一件容易的事件。

正如我们前面说到的,大多数太监是穷家子弟,入宫当太监的首要目的是为添胞肚皮,然后节衣缩食,在家中置上牛马田地,家人能够小康也就算达到目的了。但真正能达到这一目的太监并不多。然而,慈禧太后宫中的太监与其他太监不一样,相对来说是比较富有的,据说慈禧太后宫中拥有 2—3 万银子的太监有 20 多人,首富当推李莲英。李莲英在宫中红极一时时,"财路广开,财源广进",腰缠万贯对李莲英来说早已过时,他的家族也成为富甲一方的大财主。李府的人因为有了李莲英这棵财源滚滚的"摇钱树",所以个个挥金如土,而挥霍最为惊人的一次为属李莲英为其生母所操办的葬礼活动。

光绪二十三年(1906 年)冬天,李莲英生母曹氏在北京病故。李莲英向慈禧太后请假,准备第二年二三月份回原籍发丧,慈禧太后不仅恩准了李莲英的请求,还当场赏给他 48 万两白银,用于给其生母治丧,并且亲笔写下了"恩赐茔地于玉带河南"。太监在宫中没有地位和人格,他们许多人本人死后也难寻葬身之地,太监的母亲生与死更无人问津了。可是,李莲英不是一般的太监,因此他的母亲也不能像一般小太监的母亲那样,无人过问。慈禧太后亲自赐白银和手书,以示她对此事的"重视",也显示出李莲英的地位。

李莲英安葬完母亲之后,没有马上离开自己的家乡,又住了几天,账房先生向他汇报了这次葬礼的开销:花掉白银 120 万两,吃掉小麦折合成今天的市斤约为 13.5 万斤,生猪 1500 头,白布五六千尺。李莲英听完账房先生的汇报后,称赞丧事办得"节俭"。第二天,李莲英又到村中李姓本家转了转,当他看到每家都剩下一囤馒头和半缸白酒说:大家剩下了东西,我心里才觉得痛快。其实,李莲英痛快的是讲排场,使他这个"刑余之人"有了别人望尘莫及的所谓"体面",他的权势和富有在家乡得到了充分的炫耀和显示,李家周围的邻里村民在这次丧事中得到了实惠,这恐怕也是李莲英感到痛快的根本原因。

李莲英作为一个太监把母亲的葬礼搞得如此隆重铺张,在历史上是少见的。李莲英狂枉、自大,对自己权势和富有的显示,他母亲的葬礼活动是最大一次之一。

九 李氏庄园

李莲英宫中太监生涯 50 余年,凭借权势,除了大肆搜刮、勒索、卖官鬻爵、贪污受贿之外,更由于他与慈禧太后的特殊关系,朝野各级官吏无不给他进贡送礼,因此,李莲英一生聚敛的财富无以计数。到底有多少银子、多少珠宝古玩,恐怕李莲

·凶残阴毒的太监·

图文珍藏版

英本人也讲不清楚。李莲英的财富是那些军国重臣、封疆大吏们所无法与之比肩的。据说,清王朝满朝文武,只有庆亲王一人的财富比李莲英多,其他人一概在李莲英之下。李莲英用这些财富、金钱在北京和大城老家李贾村等地购置了大量的房地产,其中在北京的房地产也不止一处。李莲英在宫廷中也显示出了超出别人的气派与富有。在紫禁城内,他拥有好几间精美的房舍,里面的陈设气派富丽。除了中国人的古董、古玩、字画之外,西洋人的贡品,如自鸣钟、磨砂大"穿衣西洋镜"等等,李莲英的房子里照样有陈设。按规矩,除了慈禧太后才有"资格"陈设之外,别人是无权享用的。而李莲英是特殊人物,别人享有不到的许多特权他能享有。但有一点李莲英想都不敢想,这就是慈禧太后宫中所有醒目的颜色都是"黄色"的,李莲英丝毫不敢僭越,只是在他的房舍里用红色进行点缀。

李莲英除了投资建宅筑房外,还想方设法扩大自己的资财:扩建了"永德堂"皮匠铺,另在北京一些地方建立了澡堂子、古玩店、金店、银号等等。此外,李莲英在一些银号、店铺里拥有自己的股票、股金,数量同样是相当惊人的。李莲英通过各种渠道、手段,在北京有几处房宅,而他在老家大城县李贾村所拥有的庄园也堪称巨大。

李贾村的李氏庄园约有房屋 200 多间。这些房屋以中路为轴线,分布在路的两旁。整个庄园的建筑是一个大四合院,全部用青砖建成。据说,建筑房屋时,对工人要求十分严格,为了使每块砖都能严密对逢,李家让工人每天只磨一块砖,多磨了便被认为不合格。所有砖的泥口用糯米浆调和白灰粘合。地基一律用青条石打基础,这样的建筑方法本身已超出了建筑坚固的概念。整个庄园房高屋大,院内遍布花卉。室内装饰豪华典雅,楠木雕花桌椅、古玩字画,数不胜数。庄园内每座院落都砌有石头台阶,护院打更人员可登上屋顶,四下瞭望,充当守护神。庄园外面设有土围子环绕庄园,每个角上筑炮楼一座,内置土炮一门。每当夜幕降临,16名打更护院人员轮流敲梆巡逻。整个庄园从各方面向人们显示着主人的权贵与富有。

庄园建成后,它的老太爷是李莲英的叔祖父李万声,主人是李莲英的四弟李升泰。李升泰死后,他的儿子接替了父亲的职位。庄园如此壮观,里面的其他各类配套设施也与庄园本身是配套的、匹配的。庄园里有膘肥体壮的马骡几十匹,轿子车七八辆,专供庄园的主人外出使用。所以,庄园的男女老少去北京、天津十分方便。庄园里除了住着李莲英的嫡亲之外,还有六七十个专为他们服务的仆人、丫鬟、厨师、裁缝、长工等等。庄园里的大小成员要有 3—4 个人伺候,为他们提供各种服务。

李家庄园里的人住的是高房大屋,吃的是山珍海味。李氏庄园有花不完、用不尽的钱,整天大摆筵席。整天生活在筵席和山珍海味之中。当然李家的人也有吃腻的时候,也要弄一点儿风味、野味来换换口味。当时距李贾村不远处有一家肉铺,主人叫王焕章,因为焖子做得好,人称"焖子王"。"焖子王"一年四季,天天都要给李氏庄园送去一挑子驴肉和香肠,风雨无阻。而"焖子王"的风味对李氏庄园的人来说,只是再简单不过的家常便饭。

李氏庄园的成员在吃的方面讲究铺张,在衣着绝对不可能是粗布土衣。李家所有人,无论男女老少,四季服装准备齐全,应有尽有。夏天绫罗,春秋绸缎,冬天貂裘狐袍。李家的人整天衣来伸手,饭来张口,过着饱食终日,无所用心的生活。他们的确不用操心,有了李莲英这棵摇钱树,他们就等于守着一个取之不尽,用之不完的"聚宝盆"。李莲英的钱来得可太容易了,他可以坐在那里,即不操心,也不费神,专等别人给他送钱来。

庄园内李家的男女老少吃饱喝足后,千方百计地干一些无聊的勾当打发、消磨时光。少奶奶和小姐们学学绣花之类的女红,但她们不可能专心致志的学女红,也用不着专心致志。实在无聊、无事时,他们请人来给她们讲故事说笑话,更多的时间里玩纸牌耍钱度日。玩纸牌耍钱时,觉得自家人在一起玩没有意思,于是就花钱雇人陪她们打牌耍钱。凡被雇来的人,每人每天开席三顿,发给 2 两银做工钱,另给 2 两银子作为耍钱的本钱。输了之后,再给一些银子作本,赢了则银子归自己。天长日久,这些钱累计起来也不是一个小数,但她们对此并不在乎,这些开销对李家来说微乎其微,只要能让太太、小姐们高兴、开心,李家不会把这点儿钱放在眼里。她们雇人打牌也是很挑剔的,并不是什么人都能陪她们耍钱。她们要挑选那些说话风趣,能逗乐打趣儿的人陪她们玩耍。

李氏庄园的女人们的主要娱乐活动是玩牌耍钱,男人们则另有乐趣可寻。男人们吃饱喝足之后,有时骑上高头大马,带着护卫随从,到处转,以显示李家的威风;有时坐着车子赶集、赶庙会,四处兜风。春冬两季,男人们最大的乐趣是放鹰犬猎兔。李氏庄园的放鹰射猎活动规模很大,但其铺张浪费程度远远超过了射猎活动本身。每年秋天以后,直到第二年 2 月,是李氏庄园放鹰射猎的最佳时间。李家的男人放鹰射猎不是为了猎取什么野味,李家也不缺少这点儿东西,主要目的十分明确,一是为了开心寻乐,二是为了摆排场讲阔气,而后者的重要性远远超过了前者。每到放鹰射猎活动开始,住在北京的李家少爷公子们纷纷从京城返回大城的李贾村,过一过这种野餐式的生活,寻找一点儿京城里找不到的快乐。射猎开始后,李家男人个个身穿貂裘狐袍,脚蹬马靴,十多匹高头大马一字排开,场面十分壮观。放鹰的把式走在前面架着鹰,牵狗的在两侧跟着走。此外,李家还专门雇了十多人在两侧蹚兔子。蹚着兔子时,鹰把式就放出两只鹰,天上两只鹰一前一后追打兔子,猎狗在地面上穷追不舍。这种鹰犬猎兔的场面十分壮观,李家人非常愿意看这种场面。每年李氏庄园仅鹰犬猎兔一项开支就达二三万两白银之多。这项活动,李家持续了几十年,所花费银两无疑是一个十分巨大的数字。但李家对这种花销和开支并不介意,只要能寻得开心,花钱和铺张并不在乎。

李氏庄园除了鹰犬猎兔这样的大规模活动之外,一年一度的赶庙会也是他们挥金如土,大显权势和威风的机会。李家的人赶庙会不是为了买什么东西,或做什么生意,而在于寻欢作乐,凑凑热闹。赶庙会前几个月,李家的人就开始忙碌准备

·凶残阴毒的太监·

图文珍藏版

起来:长工们开始整理骡马套具,对轿车进行油彩粉刷。方圆几百里,不论哪里有庙会,李家的人必驱车前往。当时,任邱县的郑州庙会全国闻名,每年3月下旬,全国各地客商在此地云集,热闹非凡。李家虽距此地百里之遥,但每年必光临这里的大型庙会。由于连年如此,李家专门长期包租了客房,作为庙会期间的李家公馆。出发前,李家派出十多个人打前站,沿途食宿地点提前安排伺候。李家人启程时,常常是一个大的车队,车队前竖起一面"大城李"的旗帜,在前面开道。一路上游山玩水,凡遇庙宇,小姐和少奶奶们还要下车拜佛进香。到达郑州后,李家临时公馆前也要竖起那面"大城李"的大旗,向人们昭示权贵和富有。李家人到达后,当地的大小官吏纷纷登门拜访,络绎不绝,害怕万一不周到得罪了那位大权监李莲英,到头来自己吃大亏;云集在郑州的各地富贾巨商也登门造访,馈赠各色礼物;参加庙会的各种戏班也不甘落后,亲自送来戏单,让李家人过目。这一切都是因为李莲英权势之缘故。所以,李家人赶庙会,游乐虽然是不可缺少的主要内容,但炫耀自己也是其中的重要部分。此外,李家人还利用庙会的机会,四处拉关系,请客送礼,网罗亲信。当然,李家有权有势又有钱,没有人敢不愿意同他们拉关系。反过来,李家在庙会上的所作所为又是铺张浪费、游乐开心、炫耀展示等多种因素的综合。

到了清末,李家靠李莲英"打"下的基业,已成为大城县到天津几百里之内的豪门大姓了。李家在这一带畅行无阻,连那些比较有名气、有地盘、有势力的地方官僚见李家人也要让三分。李家人在乡下待烦了,还到天津、北京玩一玩,开开心。每次行动,队伍都十分庞大,前面有"李"字旗高悬,耀武扬威,不可一世。每当旁人见到这种情景就知道,李莲英的家人又行动了。

李家以李莲英为靠山,财源滚滚,用挥霍无度来形容李家的人一点儿也不过分。李莲英的侄子李福坤是一个浪荡公子,因为有一个大权监的叔叔,仗势欺人,挥霍成性,人称其为"散财童子"。他依仗李莲英的势力,经常出没天津、北京等地的妓院、赌场,一些军政要员也为了巴结李莲英和这个浪荡公子交上了朋友。此外,李福坤还有许多赌友、嫖友、酒友,他与这些人常在一起鬼混。李福坤本人有两房老婆,但仍满足不了他的淫乐,他长期在天津妓院里包房居住。据说,有一次李福坤为了显示阔气,在天津一个妓院里半个月就花掉了30万两白银。据说,还有一次李福坤在饭店里一顿饭花掉了2000两白银。事后,李莲英得知此事,并没有责怪他,只是说"老佛爷"一餐才60两白银。言外之意"夸奖"他比慈禧太后吃得还好。李莲英死后,李福坤仍天不怕地不怕,因李莲英生前与袁世凯等人交情很深,李莲英死后,李福坤还有别的靠山。当然,李莲英死后,李福坤断了那股不断的财源,自然也就无法像昔日那样穷奢极欲了。

李莲英用他的不义之财不仅在家乡李贾村建庄园、置地产,而且在别的地方也置买了大片土地。李莲英在大城县内共购置了210顷土地,除了在李贾村附近买了60顷良田外,余下150顷良田分散在大城县其他乡村,以及静海县境内。李莲英每购买一块土地,都要在地里立上界碑,上刻"李贾村"三个字。在这些土地所在地,每个乡村都派有保长和庄头,由他们为李家催租讨债。这些保长、庄头多为李莲英的族人,他们靠收取地租养活自己。他们有李莲英为强大的后台,别人不敢冒犯,逐渐成了地方上的小霸主,过着不劳而获的剥削生活。李莲英购置的大片土地养活了、养肥了这样一批寄生虫。这些人所以成为寄生虫,主原因在于李家对这些土地并不看重,对土地过问无多。李莲英购买的土地数目是巨大的,但李家并不指望土地上有多少收益,李莲英在北京所得到的银子,即使拿出几千分之一,就已超过土地上的收益了。所以,不仅李莲英本人,就是李氏庄园的男女老少,都对土地及其所获地租表现得十分淡漠,几乎无人过问。只是象征性地听取一下下面庄头的汇报,就算完事了。因此,那些庄头、保长可以尽其所地从中渔利,他们就是这样发了财。

李氏庄园财大、权大、势大,庄园里的少爷小姐婚配时,自然也要选择"门当户对"的名门大姓。其实,所谓"门当户对"仅仅是对李莲英一个人,否则,豪门大姓怎能与一个太监家族联姻成亲呢?李莲英家乡大城县及其周围的静海、沧州、霸县等地的名门大姓,许多都曾是李家联姻的对象。尽管李氏庄园内的少爷小姐个个游手好闲,只知吃喝玩乐,但这些大姓惹不起李莲英,能与李莲英攀上亲,也是他们求之不得的。

李莲英在 50 岁之后,在宫中的地位已无人撼动,祖训对他早已失去任何约束力,他每隔一、二年,就向慈禧太后请一次假,回到家乡的庄园看一看,住上几天,主要是为了摆阔气,显威风。李莲英是太监,可他的生活起居又由一些小太监伺候,回到庄园也不例外,要带上几个专门为他服务的小太监。据说,李莲英每次回庄园都事先打一些二两重的小银锞子。当他走出庄园,在街上散步时,叫小太监把这些小银锞子带上,凡是街上遇到的人,不论男女老少,只要喊他一声"二老爷",就赏小银锞子一个。

李氏庄园是李莲英在家乡营造的一处庄园,也是他所获不义之财的一部分。除此之外,他在北京还有几处住宅,十分豪华阔气。但这些庄园、住宅也不是李莲英资财的全部。李莲英的"生财之道"非常多,日进斗银对李莲英来说是家常便饭。人称李莲英当上总管之后,可谓年年月月五路进财:各级地方官吏向慈禧太后进贡时,谁也少不了给李莲英送上一份,而且"规格"和"价码"不能太低,否则就会遇到不应有麻烦;下层太监、宫女对总管老爷的各种"孝敬";各种名目的庆寿、过生日、母亲出殡等活动所收各种礼金、礼品;利用在慈禧太后身边得天独厚的优势,卖官鬻爵得来的不义之财;相当一部分属阿谀奉承、讨得主子欢心,主子赏赐的各种银两珠宝等等;二品官职的高额俸禄。李莲英年年月月由这五路进财之道进财,可谓财源滚滚。清王朝是一个极为腐败的王朝,从上到下贪污腐化成风,当时流行的一个口头语称"三年清知府,十万雪花银";"贪不贪,每年三万三"。而李莲英在慈禧太后身边,高居二品官职,是一个小小的知府无法比拟的,因此李莲英所获得的不义之财也是一个小小的"清知府"所不能想象的。

除了上述进财的五个固定的门路外,敲诈勒索也是李莲英的一个十分重要的"财源"。江宁、苏州、杭州江南之织造隶属于朝廷总管内务府,是内务府设在江浙二省专门负责织办御用服装、绸缎、布定并采买官中御用物品的派出机构。他们所办之事属于"御差",经手操办差钱粮不下几十万两白银,所以织造历来被认为是一个"肥差"。尤其是那些掌握着制造命运的各部门的管事太监,他们可以公开对织造进行勒索。李莲英是太监总管,自然对织造不能放过,经常把大笔开销强加在织造身上。光绪九年(1884年)八月,李莲英将一大笔额外开销加在了江宁织造身上,江宁织造惧于大总管的权势,不得不办理。类似情况屡屡不绝,令织造苦不堪言。至于直接涉及为慈禧太后置办衣料,李莲英更是插手其中,而各织造常把各种名目的银两奉交李大总管,少则百余两,多则数以千计。皇家是一个庞大的体系,衣着一项是一笔巨大的开支,且长年累月,日复一日。不仅李莲英,其他一般的大小太监也从中渔利,捞到了许多别人想不到的好处。这一进财之路也成为李莲英的一个大财源。

如此看来,李莲英比较"稳定的收入"至少有六项,而且这六项收入是固定的,长此以往,收入是相当可观的。有人做过一个粗略的统计,从光绪二十六年(1900年)李莲英随主子逃离北京,到光绪三十四年(1908年)的短短8年间,李莲英先后在北京各个银号共存下白银1600万两,相当于宣统三年(1911年)末代王朝政府财政总收入的1/10。而李莲英在宫廷"服务"50余年,8年和50余年相比又是一个小数字,以此推测,即使保守一点儿估计,李莲英在宫廷攫取的财富也是相当巨大的。

李莲英"敛财有方",也很会将这些钱派上应有的用场。他用这些钱广置田产、房产,除了在大城县老家李贾村建立了一座大庄园之外,在北京城还有三处颇具规模的宅第。其中一处在颐和园附近,这里的宅第是他的下院。他的第二处宅第是从西安返回北京时慈禧太后赏赐给他的。当时,李莲英故意装出一副无家可归的穷酸可怜相,慈禧太后"大发慈悲",在1901年时把黄化门9号的100多间房子赏赐给她身边最宠信的大太监。于是,李莲英轻而易举地在北京城里又获得了第二处宅第,李莲英的第三处宅第位于北京崇文门附近的东兴隆街,是李莲英的外宅。这处宅第是北京风格的四合院建筑,宅院前后三重,每座院落均为北房5间,东西各3间。李莲英的外宅和赐宅是他的家族居住的地方,而那个下院则是李莲英专门从事秘密交易、搞一些见不得人勾当的场所,他人不能进入,就是他的侄子、兄弟也不得入内。这些房产本身就是一笔巨大的财富,但这也只是李莲英万贯资财的一小部分。可以说,只要李莲英待过的地方,就有他的钱财放在那里。李莲英在宫禁待的时间最长,所以,宫禁也是他存放钱财较多的地方。据说,李莲英在储秀宫的银两多达300万两。历史书上记载说,李莲英"赃私之积,以千万计"。所以,李氏庄园内的男女老少个个挥霍无度,纵情享乐,原因盖出于有李莲英这棵巨大的摇钱树。慈禧太后死后,摄政王载沣曾想将李莲英治罪下狱,再将其所获财产没收充公，由于隆裕太后的阻止，未能如愿。李莲英保住了性命。李莲英晚年，他的那些继子和侄子也为争夺李莲英的财富，钩心斗角，打得不亦乐乎。

李家人个个挥金如土，是一伙无所事事的寄生虫，整日吃喝玩乐，精神上极度空虚无聊，于是四处寻欢作乐，吃喝嫖赌是家常便饭，李莲英对此视而不见。据说，李莲英有一个侄子花钱如流水，有人告诉李莲英，李莲英不予制止劝说，反而说这个侄子会给银子找出路。李莲英不闻不问，更加滋长了李家人挥霍无度的心理和习惯。到了清末民初时，李家的男男女女坐吃山空，几乎个个成为抽白面、扎吗啡的瘾君子。当地老百姓给他们的腐朽生活编了一个民谣，其中有两句是："扎吗啡、抽白面，男男女女都会干。"李莲英活着的时候，尚有滚滚财源，李莲英死后，财源中断，这些肩不能挑担，手不能提篮的寄生虫实在难寻生活上的出路。最初几年还能摆一摆权贵的派头，但到了1922年直奉战争爆发，北京的李家人逃往天津。到了后来，李家人干脆以卖家当为生，先是卖一些金银珠宝、布匹绸缎，后是土地和家具。到了抗战爆发前，李莲英为他的家人"置"下的丰厚产业几乎被他的后代们全部卖光，曾显赫一时的大权监家族彻底破败。

"一人得道，鸡犬升天"，是中国封建社会政治上、用人制度上一条铁的规律，任何一个统治者也不曾违背过，更是从来没有放弃过。用这句话来形容李莲英的那个阉宦门庭也是非常合适的。不仅在经济上李家人依仗李莲英过着奢侈淫逸的生活，李莲英还想在政治上形成一个强大的势力，打入清王朝的最高统治圈内，使他的太监门第变成高层官僚的门庭。李莲英早就有过这种想法，并为之做出过努力。李莲英知道自己的太监身份是无法改变，官及二品也改变不了太监的命运，但他希望利用自己的权势和与主子的特殊关系，尽量让自己家族的嫡亲，如侄子等，进入官场，捞得高官厚禄，他的阉宦门庭就此也能发生一定的变化。他先是想把自己的妹妹嫁给光绪帝为妃，但他的国舅梦最终化成了泡影。后来，他又想将自己一个侄女嫁给张之洞的儿子，仍遭张之洞家拒绝。嫁妹、嫁侄女的行动失败后，李莲英并不死心，他还有别的路可走。晚清卖官鬻爵成风，有钱能买到官职尽人皆知。如果掏钱买官，李莲英能掏得起，可是他既想让自己的亲戚当官，又不用支出分文，他只要和主子打一个招呼，主子恩准就可以了。他的亲戚在李莲英"提携"之下，纷纷爬上了高官要职，这一点是别人望尘莫及的。李莲英兄弟6人，包括他的4个嗣子在内，共有15个侄儿，22个侄孙，其中有14人在朝廷任不同品级的官职。可是他的这些后代，差不多个个是纨袴子弟，不学无术。虽然有高官厚禄，但多数不务正业，好逸恶劳。他们自恃是大总管的少爷，不把别人放在眼，整日花天酒地，纸醉金迷，多数人喝吃嫖赌抽五毒俱全。所以，李莲英颇费一番心机，把这些侄子们送上了高官显位，但实际上并没有达到目的，丝毫没有改变他的阉宦门庭。

李莲英在李家他这辈人中排行第二，他的大哥名曰李国泰。李国泰没有在宫中让李莲英安排个职位，成为李家在北京"永德堂"皮匠铺、"鑫园"澡堂以及设在廊坊古玩店的主持人。他的长子李福文随父亲一起经商，次子李福康过继给了李

·凶残阴毒的太监·

图文珍藏版

莲英,嗣为三子。借李莲英的光,李福康曾历任江宁布政史、安徽巡抚等职务。

李宝泰为李莲英的三弟,官品升至六品,诰封一品职衔。与李国泰不同的是,李宝泰的6个子女多得到过李莲英的好处,在朝廷任各级官职。他的长子李福海任清王朝工部郎中,花翎顶戴三品,分省补用道。次子李福恒,任户部郎中,花翎顶戴三品。三子李福荫被李莲英嗣为四子,花翎同知衔,候选县丞军,咨府总务要厅一等录事。四子李福田、五子李福厚没有官职。李宝泰的5个儿子中,靠李莲英帮忙,竟有2人官至二品,这在清代各大太监家族中恐怕也是创纪录的。

李升泰为李莲英四弟,与其他兄弟四人不同,他一直没有进京做官,只是在家中主持李氏庄园,是庄园的主人。尽管如此,李升泰在朝中仍有官衔:候选同知,白拿朝廷的俸禄,在李贾村看护庄园,从未任过职。李升泰的长子李福澜任效西崇庆镇标实守备署都司,赏花翎顶戴。但李升泰的几个儿子中最应当提到的是李升泰的长子李成武。李成武被李莲英过继为长子,颇得李莲英的关照与厚爱。李成武在李莲英关照下,在清廷可谓平步青云,所任职位至关重要:二品花翎守备,副将衔,尽先参将。李成武是清廷禁卫军总头目,也被称为御林军护卫。李成武和他的伯父李莲英差不多,很少离开慈禧太后,无论慈禧太后在宫中,还是出宫去颐和园"颐养天年",或者是仓促逃出京城,到西安避难,李成武时刻不离左右,为其保驾,成为慈禧太后又一个不可多得的忠实走狗。李莲英将李成武安插到如此重要的位置上可谓"用心良苦"。有李成武这样一个嗣子任禁军头目,李莲英可以随便将一些军政要员拒之门外。李莲英在颐和园收"门票",让文武百官乃至皇帝留下"买路钱",与他这个权势甚大的嗣子有着直接关系。李成武以李莲英为靠山,李莲英则也依靠李成武,两个互为依托,利用各自手中握有的特殊权力,更加肆无忌惮,为所欲为。慈禧太后和李莲英从西安返回京城时,搜刮到的大量不义之财就是由李成武亲自押运的。可见,李成武亦深得慈禧太后的信任。

在李升泰的儿子中,除了李成武之外,另一个"著名人物"当属其三子李福坤。李莲英的后辈人当中,"名气"最大恐怕就是李成武和李福坤了。李成武以其御林军总头目之权势压倒许多人,李福坤则以其骄奢淫逸,生活腐败透顶而出名。李福坤是一个"名扬四方"的花花公子,虽然也在朝廷弄到了官职,但他一生也没有入仕任职,一直白白地拿着朝廷的俸禄。但这些俸禄对这个花花公子来说简直是微不足道的。他无所事事,以吃喝嫖赌抽为业,肥头大耳,大腹便便,人送外号"三大肚子"。又因他花钱如流水,人们又给了他另一个外号——"散财童子"。李福坤花钱太多,连他的哥哥也认为他这样做太过分了,要求李莲英对他有所管教。李莲英根本不介意,并且还赞许说:"有钱敢花才算有胆量。"有了李莲英这句话,李福坤更加胆大妄为,从不计较花钱多少。李福坤生活放荡不羁,依仗李莲英的权势结交了一批要员为朋友。其中包括袁世凯一家人,曹锟与他也有交往。一些官吏通过巴结他来达到巴结李莲英的目的。静海县县长潘锡芝是李福坤的一个好朋友,李福坤每次往返于天津和大城县之间,必到静海县衙门吃吃喝喝。潘锡芝把李福坤奉为上宾,亲自给他斟茶倒水,点烟枪,精心服侍。直到李莲英死后,他仍与这些人有比较密切的交往。李莲英在世时,李福坤可尽情挥霍,可是李莲英殁世,财源枯竭,李福坤挥霍习性不改。李家庄园的全部财产就是让这位"散财童子"和他的儿子一道全部挥霍一空,最后竟死无葬身之地。

李福镕、李福明分别是李升泰的四子和五子,分别享有朝廷的官品与俸禄,但"名气"远不及李成武和李福坤。

李世泰是李莲英的五弟,官至五品花翎顶戴,在京城做官。李世泰有三个儿子。长子李福仁曾被慈禧太后召见,赏进颐和园听戏。李鼎臣是李世泰的次子,默默无闻,其他事情不详。李福德是李世泰的三儿子,也是李莲英的侄辈中比较正经的一个,官品至五品顶戴花翎,兵部职方司郎中,武库司正郎。袁世凯当总统时,李福德任过都统官职。这个比较正经的李福德,一生娶了五房媳妇。李福德酷爱京剧,达到了痴迷的程度。李福德整天曲不离口,走到哪儿,唱到哪儿。宣统三年(1909年),李福德经过一番筹划,和薛固文、孙沛延一起创办了一个戏曲科班,因是三人合办,故名"三乐社"。这个剧社演出时,京剧和梆子同台。该戏班班主是李福德,京剧演员叶春善任副班主,秦腔演员庞启发、京剧演员张芷荃、孙怕云、笛师方秉忠等人为教师。这个戏班只办了一科,招收学生百余人,七年满师。在这些学生中,尚小云、荀慧生、刘凤奎等人后来成为中国京剧界的著名演员。其中尚小云、荀慧生还分别为中国京剧界"尚派"和"荀派"创始人,"四大名旦"中的两个。

除了以上这些人外,李莲英还有一个六弟,名曰李安泰,由于早亡,对他的事情所知不多。

李莲英的家人、嫡亲以他为大树,得到了数不尽、说不完的好处。他的亲友也沾了他这个大太监的"光"。他的族侄李冀台在他的关照下,被选用为直隶州州判;他的表兄、表侄也都借助他的势力,得到不同级别的官职。

总之,不论是李莲英的嫡亲,还是表亲、远亲,只要得到李莲英的帮助,无论有无德才;无论有无本事,均能达到不同的目的,在官场混个一官半职不在话下。李莲英一人得道,李家鸡犬升天,是一个并不夸张的事实。

十 死亡之谜

光绪三十四年(1908年),在光绪帝死后不到24小时,统治中国将近半个世纪的慈禧太后也一命归西了。据说死前不久,李莲英给她带来一个坏消息,对她是一个致命的打击。李莲英对她说:"老佛爷,各国外交使馆在纷纷议论了。他们说光绪皇帝死因不明。"慈禧听到这个消息后,两眼直勾勾地看着李莲英,一句话也说不出来,很快就咽气了。慈禧死后,光绪皇帝的隆裕皇后被尊为皇太后。李莲英失去了主子倍感伤心,他没有想到主子这么快离他而去。李莲英几十年在慈禧太后身边几乎寸步不离,对慈禧的病情了如指掌,但也没有想到这么快就一命归西了。李莲英一生得宠于慈禧太后，坏事做绝，罪恶昭彰。尽管他狡猾奸诈，但他的丑行与罪恶尽人皆知。李莲英自知难保大总管职位，再也不能像往日那样目空一切了。同时，凭借他多年在宫中的经验，他也有几分不祥之预感。不过，李莲英毕竟是李莲英，他想到了这一天，也想到了这一步。为防不测，他提早做了准备，与隆裕太后拉上了关系。慈禧太后还活着的时候，他就把大批财宝送给隆裕皇后，为自己准备了后路。李莲英的"先见之明"果然救了他的命。末代皇帝溥仪也是年幼登基，其生父载沣为摄政王。载沣垂涎于李莲英暴敛的无数财宝，也嫉恨他往日的权势，更害怕他借隆裕太后之名，挟持小皇命，继续在宫廷中称霸。于是，载沣想乘光绪、慈禧太后死去之机，在乱中杀掉李莲英，夺走他的财富，彻底除去后患。由于李莲英事先打通了隆裕皇后(此时已晋升为皇太后)的关节，垂帘听政的隆裕出面干预，才使李莲英免遭劫难。

在慈禧太后归天后，李莲英彻底失去了昔日的威风。这个由一个普通的奴才——太监一步步登上太监大总管宝座的大太监，此时不得不主动脱掉那身令人眼热的二品官服。他由奴才变成总管老爷，集奴才老爷于一身。因为有了慈禧太后撑腰，他可以连皇帝、皇后都不放在眼里，而在今天却完全变成了另外一个人，成了一个丧家之犬，仿

大太监李莲英

佛从天堂跌落到地狱中。但李莲英无论是奴才，还是太监，他总是爱低头盘算。慈禧太后死后的一天，正在他低头盘算之际，猛然听到有人喊他。他抬头一看是他的对头小德张。此时已经得志的小德张不冷不热地讽刺说："这不是李大总管吗！隆裕太后有旨，让你今天离开紫禁城。"过去，小德张在李莲英面前毕恭毕敬，可今天却大不相同了，江山易主，小德张取代了李莲英成了大总管，而李莲英现却成了丧家犬，不得不对小德张点头称是。小德张又对他说："你的住处，除了行李，别的东西不准带走。"小德张还声称这是隆裕太后的旨意。时到今日，李莲英也弄不清到底隆裕太后有没有这样的懿旨，他连同小德张争辩一下的资格也没有了。幸亏狡诈的李莲英当初没有同隆裕的关系搞僵，隆裕太后也算开恩，准许他"原品休致"，否则，别人能够放过李莲英，小德张绝对不会放过他，一定会将他一脚踢出宫门。

由于李莲英平时对小德张过于苛刻，长久以来，小德张对李莲英一直怀恨在心，小德张仍不想放过李莲英，想对"原品休致"的李莲英"穷追猛打"，更想利用搞

垮李莲英的机会，夺取他多年来聚敛的巨额财富。小德张派出心腹，四处走访，查清了李莲英在北京各银号、金店的存款。准备敲一下他的“竹杠”。小德张面奏了对他言听计从的隆裕太后。隆裕太后下了一道手谕，让内务府查办李莲英。李莲英得知这一消息后，顿时心惊胆战。他深知自己作恶多端，敛财无数，急忙派人到袁世凯的亲信江朝宗那里求救。江朝宗是当时清王朝实力派人物。在李莲英得势时，江与李莲英来往密切，有一定的交情。李莲英虽然失势，但为了保全财富和身家性命，把许多金银珠宝源源不断地运到江朝宗家中。李莲英这一着果然奏效，江专门把小德张叫到家中，让他转告隆裕太后，不要对李莲英太过分。隆裕太后因与袁世凯关系密切，给了江朝宗一个面子，才没有对李莲英赶尽杀绝。

但是，小德张始终不能忘记当年李莲英对他的种种刁难。他此计不成，又生一计。在隆裕登基太后后，小德张准备为他的新女主建造一座“水晶宫”。可是，当时的清王朝经济凋敝，国破民穷，实在筹集不出造“水晶宫”的巨款。小德张便向各位王公大臣伸手，也想到了他的死对头李莲英。他以建造“水晶宫”为由，向李莲英索要、排派金银款项。落魄后的李莲英也不知是真是假，也不敢询问是真是假，小德张要多少，他就给多少。现在轮到李莲英对小德张忍气吞声了。

李莲英“原品休致”，选择南花园为养老地颇费一番苦心。几十年来，即使他没有聚敛那么多的财富，靠他二品官职的俸禄，他也可以享受荣华富贵，享受别人享受不到的各种生活待遇，而且他在北京有多处住宅，养老理应不成为问题。他虽然没有亲生儿子，但却有 4 个与他有着血缘关系的继子（4 个继子均为他兄弟的儿子），这些继子又都是朝廷品位不低的官吏。然而，他别有用地选择了南花园为养老地，目的只有一个，他想让文武百官看看他对清王朝的一片忠心，离开了皇宫，也不离开皇家地盘，况且南花园名花名木甚多，幽雅僻静，是一个养老的好去处。他到南花园之后，仍有几个小太监伺候他，比起一般离宫后的低层太监强了千百倍。那些低层的、干一般粗活儿杂役的太监简直一丝一毫也不能和李莲英比较。清代宫廷太监比明代少了许多，但这种少仅仅是针对明代而言的，实际人数并不少。和历史上历朝历代太监一样，能在宫中得到主子宠爱，真正享有荣华富贵的太监实在太少了。绝大多数太监在宫廷中的生活也是清贫的。到了晚年，当他们不能为主子服务时，主子就将他们一脚踢出宫门。出了宫的太监命运悲惨至极。因为他们是被阉割了的男人，失去了男根，非男非女，社会上的人瞧不起他们，连家人也不收留他们，甚至死后也不让他们进入家族的墓地。他们无儿无女，无依无靠，无家可归，大多数人只能到北京的白马关帝庙、金山宝藏寺、岫云观，玄真观等 20 多处寺庙选一栖身之地，在那里了却风烛残年。慈禧太后死后，服侍她的太监有一大批被逐出宫禁，多数命运凄凉，唯有李莲英例外，他可在南花园享清福。

但离宫后的李莲英毕竟不是当年了。无论如何也不可能像主子在世时那样为所欲为了，彻底失去了昔日的骄横与霸道，随之而来的是苦闷与疲惫。他终日无精打采，眼窝深陷，谁也看不出这就是当年那位威风八面的大总管。离开宫禁第二年——宣统二年(1910年)春天,62岁的李莲英步履蹒跚,语言迟钝,已呈现出距死神不远的种种先兆。李莲英的嗣子和侄子们开始考虑他的后事了。

李莲英后事之首要问题是选择墓地。清代太监死后,墓地由皇帝赐给。从康熙帝开始,清宫赐给死去太监的墓地逐年增多,其中最大的一块太监墓地是恩济庄墓地。自明代嘉靖年间以来,这里就一直是埋葬死去的太监的地方。清王朝定都北京后,仍把这里当成太监墓地,埋葬着宫廷内、南府戏班、景山等处死去的太监,据估计数量在2700多人以上。据说,李莲英看中了这块"风水宝地",他生前到过恩济庄,为自己选过墓地。李莲英生性阴险狡诈,他虽然选中了墓地,但却没有大张旗鼓地活动。他告诉嗣子侄儿,在他死后选择墓地及安葬时不要过分声张,要见机行事。李莲英这么做原因不外乎只有一个,即他的主子归西后,他李莲英也就不是从前的李莲英了。

宣统三年(1911年),李莲英出宫刚刚两年,在失去往日威风的寂寞中,病入膏肓,已属不治之症。久卧病榻的李莲英瘦得皮包骨,气数将尽,日暮西山。死到临头,他把嗣子、侄儿们召集到一起,交代后事。他首先向他的晚辈们痛哭流涕地讲述了自己9岁被阉入宫当差,而后得到慈禧太后恩宠,一步步爬上大总管职位的经历,并且为李家"置"下了丰厚的家产家业,告诉后辈们要谨慎持家,防止财源枯竭。遗憾的是,这些"教诲"对他的后辈已无任何必要,因为他的后代在他有意或无意的放纵之下绝对不会,也不可能谨慎持家了。他还交代后辈,在他死后不要盲目行事,他的丧事一切都要奏明朝廷,请隆裕太后恩准定夺。最后,李莲英让李成武把他手中的银两分给几个嗣子侄儿。据说,他的4个继子各得白银40万两,另有一大口袋珠宝,其他各位侄儿分得白银20万两,他的两个继女分得17万两。此外,李莲英在宫中尚存有300多万两白银和两箱珠宝。李莲英早已知道这些财宝不可能属于他了,因此非常"明智"地告诉后人,不要想这件事了。当然,这些财富也只是他所聚敛财富的一部分,而且还不包括数额巨大、价值万贯的几处房产。

除了房地产等财富外,李莲英留给后辈的财富与他的财富总额也是有差距的。原因在哪里呢?原来,李莲英卸去总管职务,离开清宫之后,许多人垂涎他的财富,不仅有小德张之类的官宦,还有他的一些亲戚和那几位继子。这些人出入李莲英的几处住宅,无一不是为了他的财富。此外,更有一些不明身份的理发匠、剃头匠、修锅补鞋匠等人,经常不经允许,强行闯入李莲英的住宅,东张西望。这些人实际上是小德张等人派出的亲信爪牙,到这里探听虚实。还因为小德张假借新主子隆裕太后的淫威,想要抄没他的财产,他被迫将财产转移别处,财产被很快分散。除了他的4个继子之外,他的孙子、孙媳妇、侄子、侄女、侄媳等各方亲戚,整天吵闹于李家及李莲英的养老处,其目的只有一个,就是为了瓜分他的财产。

财产分割完毕后,一波未平又生风波。李莲英在为继子分银过程中,只分了埋在赐宅和外院两处宅第地下的一些银子,存入银号的银子丝毫未动。谁知4个继子见财眼红,挖出的银子、珠宝很快被4个如狼似虎的继子抢空。李莲英见此法不灵,想改用银票支付的办法分配财富,但4个继子根本不听,四处挖掘,只要见到银子就一哄而上,甚至发生口角和厮打,李莲英见状伤心万分。然而,这一切都是他留下的祸患,想制止或扭转已经不可能了。

在他的继子、侄孙、亲友为他的财富争执不休之际,李莲英的生命也已接近尾声,病情日益加重,即使不是医生,不懂医道的人也能看出:李莲英不久于人世了。李成武见状奏请隆裕太后,获得恩准后,轮流进入南花园守护李莲英。李成武等人费尽心思,想尽办法,百般治理,也未能挽救这个曾经权倾朝野的大太监的性命。李莲英于宣统三年(1911年)二月初四死去。

李莲英死后,他的兄弟子嗣们按照他生前的交代,没有马上发丧。李成武等人给朝廷写了一道奏章,请求隆裕太后降旨,给李莲英发丧。二月初六,隆裕太后降旨,按祖宗家法,李莲英属六品以上太监,赐茔地一块,在恩济庄大公地内安葬,并赐以祭坛和治银1000两。李家接旨后,马上准备发丧的各项安排及日期。李家又奏请隆裕太后,请求按国家元勋级别来给李莲英发丧。并声称,国库吃紧,费用由李家自己承担。隆裕太后批准了李家的请求,一个靠玩弄权术起家的太监,死后竟能享有国家元勋的"待遇"。李家人为了扩大影响,在京城内外散发丧报,李莲英一些生前好友,以及那些得到过李莲英好处的人纷纷前来吊唁,或送来祭银祭品,朝内一些文臣武将也前来吊唁。李家对李莲英的丧事尽其铺张之能事,在一个月的吊唁活动中,去掉白银数万两。但此时的李家也差不多和李莲英一样尽了气数,否则几十万、几百万也不止。

出殡当天,李莲英的兄弟、子嗣竞相出钱,大操大办。他的侄男侄女、4个继子个个披麻戴孝。出殡的队伍长达几华里,装李莲英尸体的那口楠木棺材共有192名杠夫,分三班抬。纸马、纸人、纸钱、花圈等自然少不了,和尚、道士、喇嘛也被李家雇来,为李莲英超度亡灵。

李莲英入土后,殡葬活动并没有结束,接下来的活动是封顶修墓。墓穴内四面青石、宽敞坚固。墓的顶部用沙土、白灰、黄土合鸡蛋清、糯米汤灌浆,然后夯实。据说,修墓时使用鸡蛋太多,当年八里庄10里方圆之内,各村庄鸡蛋均被李家买光。鸡蛋清用于筑坟,鸡蛋黄随地抛弃,时值春日,蛋黄腐臭,臭气熏天,苍蝇横飞,弄得周围的百姓见到鸡蛋都不想吃了。除了修墓之外,还有其他一些工程,如立牌坊、修碑亭、立墓碑、建祠堂等等,前后花费了一年多时间,耗费白银2万多两。李成武还利用职权调动了几百名禁卫军,日夜守卫。全部工程完工后,李家又雇用了一个孙姓贫苦农民为李莲英守墓。在修墓过程中,宣统三年(1910年)10月,辛亥革命爆发,修墓工人纷纷离去,工程中断。第二年春天,李家又重新派来了民工,直到工程彻底结束,民工们才离去。当时李莲英的墓地上可谓车水马龙,瓦匠、木匠、石匠、运料的车马往来穿梭,每天都有上百人在这里劳作。

恩济庄的太监茔地里,自明朝以来埋葬的首领太监以上"级别"的太监300余人,但谁的坟墓也不如李莲英墓地那么气派,仿佛在向世人证实,这位太监大总管到了阴曹地府之后,也是死去的太监们的总管。李莲英的墓地在恩济庄的太监茔地中形成了一个独立的院落,前有石桥和牌坊,牌坊的横眉上写着"钦赐李大总管之墓"。全部阳宅共四五十间,供李家人来扫墓时休息之用。恩济庄内有座关帝庙,关帝庙东侧建有李莲英的一座祠堂,祠堂挂有李莲英的一幅画像。在家人来扫墓时,便把这张画像展开,平时则卷起来。李莲英的坟墓连同地面建筑占地至少在10亩以上。墓前的石牌坊、供桌均仿清陵样式制作的,只不过尺寸小了一些。

李家人为李莲英立了一块高3.5米,宽1米多的汉白玉石碑。在整个清代的几百年间,太监死后立这样的墓碑也是空前绝后的。一般的总管、首领太监死后,所立石碑多数是青砂石的,仅有李莲英一个的墓碑是用汉白玉制成的,汉白玉墓碑上刻有"永垂不朽"四个大字。李莲英生前权势熏天,但名声不佳,死后很难找到一个名人为他撰写碑文,最后只能由他的晚辈替他吹捧了。宣统三年(1911年),他的表侄,癸巳恩科举人,国史馆誊录,花翎议叙分省补用同知王元炘撰写了碑文。短短几百字碑文中,王元炘对李莲英作了充分的吹捧和美化,里面充溢着粉饰之美言。无论李莲英后人如何竭尽美化粉饰之能事,李莲英作为晚清宫廷的大太监,在几十年的太监生活中干尽了坏事,这些事实是任何吹嘘美化之词所无法掩饰的。

李莲英死后不久,他的兄嫂殁世,回故地安葬。李家人又在祖坟地里为李莲英造了一处假墓。这座墓里没有李莲英一骨一肉,只是一个空壳。据传说,墓里葬有一个银匠用白银打制的

一个一尺左右的银人,充作李莲英的尸体。此外,据说李莲英在下葬恩济庄之前曾在北京德胜门外建造了一座迷惑人的所谓"疑墓"。这样一来,李莲英一个人有了三处墓地,而真正的墓地是在恩济庄内。

关于李莲英的死及其墓地在民间一直有许多传说。有人传说,李莲英深知自己罪恶太多,怕死后有人掘坟,在北京修了十多处坟,掩人耳目,真正的坟却在清东陵的李莲英慈禧太后墓的旁边。清东陵是清代后妃的陵墓,虽然李莲英服侍慈禧太后几十年,且备得宠信,但他毕竟是一个太监,况且慈禧太后死后,李莲英的地位一落千丈,因此埋在清东陵的可能性不太大。

从李莲英被埋葬在恩济庄,到1966年史无前例的"文化大革命",李莲英的坟墓一直由那位孙姓农民看守,完好如初。新中国成立前,李莲英的后辈在结婚时,还要到这里来祭祖。"文化大革命"开始后,距李莲英墓不远处的六一学校的造反派为了"破四旧",把矛头对准了李莲英的坟墓。佟洵先生在一篇文章中对红卫兵砸李莲英坟的经过进行了详细的记载,其大致情况如下:

"造反派"们抓来一批"黑帮"去砸李莲英的坟。因为李莲英的坟墓修造得非常坚固,"黑帮"用钢钎、铁锤敲砸了一个星期才把那个像李莲英生前所戴的太监帽似的墓顶砸开。

"黑帮"们砸开墓顶之后,继续往下挖,却找不到墓穴的入口。后经一老者指点,在距离墓顶南面数米处的一个地方向下挖,才算找到了墓穴的入口。"黑帮"中

的赵××被第一个推下去。"造反派"怕他私藏墓中文物，将赵××的衣服扒下，让他只穿一条裤衩进入墓内。赵××看过有关古墓传说的一些书，害怕墓中设有暗器，但也不得不硬着头皮往里走。打开李莲英的墓穴，赵××走了进去，他觉得墓穴非常讲究，做工精细，虽不比帝王陵寝，但比清东陵的香妃墓强多了。墓穴内放置着装有李莲英尸体的紫红色金丝楠木棺材，上面有贴金图案，涂的漆尚未剥落。楠木棺材的右侧放着一个石桌，桌上放有一个青白色瓷坛，坛里的东西早已腐烂，臭气熏天。赵××先把这个坛子传了出去，然后打开了棺椁，从棺的四角摸出四颗乒乓球大小的镇棺珠，还摸出了光绪帝赐给李莲英的金烟碟、花宝石镶钻石戒指、白玉云纹璧、一串念珠等多种陪葬品，此外，还有两件稀世珍宝，一件是汉代的青玉土浸剑，另一件是宋代满黄浸玉镯。棺椁中还放着一颗直径为1.6厘米钻石帽正，据专家称，这个钻石比英国女王戴的那颗钻石还要大。同时，还挖出一块能放出火球一样火焰的宝石，放在手里能迸发出火红色的光。

赵××取完这些宝物之后，划了一根火柴，凑近棺椁，他颤颤巍巍地打开棺盖，借火柴光亮一看，里面的被子盖的平平展展，散发着霉味。赵××掀掉被子，伸手抓出一把黏糊糊的东西，拿到光亮处一看，原来是一些腐烂的丝织品。赵××又从尸体的脚扒到脖子，脚部有一双靴子，什么也没有，只有一颗骷髅般的头颅，颧骨很高，还拖着一条三尺来长的辫子。把他头颅送到墓外，"造反派"对这颗头颅不感兴趣，不屑一顾地扔到一边。

以上便是佟洵先生关于李莲英坟墓被砸情况的大致记述。李莲英墓被砸后，只见头颅，不见尸体其他部位，甚至连一块骨头也没有。于是，李莲英病死北京之说发生了动摇，由此产生了关于李莲英之死的一系列谜团：李莲英缘何而死？被杀，还是暴死？如果被他人杀死，杀人者又是出于什么动机呢？历史学家对这些问题进行了孜孜不倦的探索和研究，得出了不同的结论。

据颜仪民回忆说，李莲英是被人暗杀的，他的根据是前面讲到的江朝宗的独生儿子江宝仓对他亲口所言。江宝仓说，有一天江朝宗下请帖请李莲英吃饭。李莲英虽然闭门不出，但由于江朝宗曾经出面替他说情，他免遭被抄家之祸患，所以对江朝宗万分感激，准时到达会贤堂赴宴。席散后，李莲英在途经后海时，遇到了土匪被杀死。李家人见李莲英深夜未归，急忙派人到会贤堂寻找，途中遇见了车夫与跟班的匆匆赶车往回跑，报告李莲英被人杀死的消息。李家人听到这一消息后，惊骇万分，急忙派人到后海的出事地点进行寻找，到天刚亮时，只找到了李莲英的头，身躯则不知去向，可能被抛到乱草丛生的海子里去了。找到人头的李家人回到家中进行了商量，决定先不将此事公诸于众，千万不要走漏消息，如果被别人在报纸上登出来，麻烦就大了。并且请求那位请客的江朝宗不要下令追缉凶手，也不要声张出去。正是这在这样的情况下，李家人谎报朝廷，李莲英病死，而实际上是被人杀死，身首异处，因此也就有了身首异处的最终结局了。

至于什么人、为什么、出于什么目的将李莲英杀死，我们无法得知。

　　李莲英死后几十年,被人们剖棺暴尸,引出了种种他杀的议论,除上述说法之外,还有另外两种说法。

　　一种说法认为,李莲英死在外地,根本没有死在京城。据传说,李莲英有一个侄女,嫁到了山东。李莲英离开宫廷后,李莲英去山东探望侄女,顺便到泰山游览,后来走到山东与河北交界处,被人杀死。两个随从见此情景吓破了胆,并没有把他的尸体运走,只是把头颅割下带回了北京城。等到再派人去出事地点寻找尸体时,已无影无踪。李家人在为李莲英下葬时,只把头颅装进了棺木。至于何人所杀,因何对李莲英有如此深刻的仇恨,仍无法得知。

　　关于李莲英被杀还有第三种传说。传说李莲英离开紫禁城,到南花园养老,顿失昔日威风与权势,回首当年高高在上的日子,心中平添了许多苦闷。于是,这位当年的大总管偷偷溜出北京城,到清东陵去拜谒他的主子——慈禧太后的亡灵,在返回途中被人杀死。

　　以上三种有关李莲英被人杀死的传说都有自己的理由和根据,但到底哪一种是真实可靠的,至今还难以下结论。支持或持有李莲英被他人所杀观点的人认为,李莲英身首异处,至少可以说明,李莲英不是病死在北京,是在别的地方被人杀死的。

　　但是,一些研究者认为,关于李莲英的死因应以清代宫廷留下的档案材料为准,不仅对前面提到的李莲英被他人杀死的看法提出疑问,而且认为李莲英病死在北京是不容怀疑的。然而,如果李莲英真的病死在北京,为什么又让身首分家呢?

　　他杀与病死的两种观点截然对立,截然相反,至今还很难找到令人信服的答案。也许在不久的将来会有那么一天,人们能解开李莲英身首异处之谜;也许永远也找不到答案,成为千古之谜。

第四部分　淫乱宫闱的恶宦

敛财弄权乱汉宫——张让

人物档案

张让：东汉宦官，颍川（今河南禹州）人，灵帝朝"十常侍"之一。桓帝、灵帝时，历为小黄门、中常侍等职，封列侯。在职时以搜刮暴敛、骄纵贪婪见称，灵帝极为宠信，常谓"张常侍是我父"。中平六年（189年），何进谋诛宦官，事泄，他和其余几个常侍设计伏杀何进。袁绍、袁术等人闻何进被杀，入宫杀尽宦官，张让走投无路，投水自尽。

生卒时间：? ~公元前189年9月24日

安葬之处：黄花滩张让墓（辽宁朝阳县大平房乡黄花滩村）。

性格特点：善于察言观色，搜刮暴敛，骄纵贪婪。

历史功过：张让率领十常侍，颠倒黑白除异己，捏造罪名杀朝臣，终于引起以何进为首的外戚集团不满。张让又先下手为强，诱杀何进，导致京师卫军变乱，杀尽宫中几千太监，张让也走上绝路，投身黄河。

名家评点：汉灵帝评价说："张常侍是我公。"《后汉书·张让传》评价说："任失无小，过用则违。况乃巷职，远参天机。舞文巧态，作惠作威。凶家害国，夫岂异归！"

一　生父阉子

东汉顺帝永和六年（公元141年）盛夏。

夕阳西沉，薄薄的黑幕开始驱赶着已经朦胧的昼色，越来越浓，越来越阴森、恐怖，给人一股魔人的鬼气。不，是一种窒息的死气。

颍川（今河南省禹县）境内的一个败落地主家就笼罩在这种气氛之中。

"嚓嚓嚓——,嚓嚓嚓——"

生姜张在昏暗的灯光下磨着刀。这声音使这个夏日的夜晚更加昏暗,充满恐怖。张让听着父亲的磨刀声,一阵的发冷、抽搐。父亲昨日下午从外公家把他接回来。一到家,一次又一次地扒开他的裤子,看他的那个物件。他就有些不解。

接着,父亲就把母亲柳氏叫到卧室里,关着门低声地商量着,他看父母很神秘。他就断定肯定有什么事,这件事肯定与自己有关。于是,他就把耳贴着门缝偷偷窃听。然而,里面唧咕咕地,声音很小,他一点也听不清。后来母亲突然哭了起来,说了一声:"你骗自己的儿子,也下得了手?"偏偏这一句他听清楚了。他知道他父亲为什么一次一次地看他男人的物件。晚上,父亲把西房窗户堵了起来,隔风保温,作为"蚕室"紧接着,父亲就开始磨刀。

"嚓嚓嚓——,嚓嚓嚓——"

这磨刀声,让他慌乱不已,他摸了摸胯下那个比平常孩子要伟长得多,一直被全家人和自己引为自豪的男具,想着:"再过半个时辰,它就没有了,再也没有了。"他脑子想起了飘儿。前几天,他正和飘儿玩过家家时,想小解,他当即站起身来,用手抓着小鸡鸡就呲出一条线来。飘儿用手捂着脸说:"羞死了,羞死了。"他小解完了,甩了甩玩意,收起阵容,转过头,看见飘儿也从脸上移开手,她脸却红红的,羞涩难当。他心里一动,第一次在小姑娘面前感到不好意思起来。

"嚓嚓嚓——,嚓嚓嚓——"

张让感到磨刀声一声比一声急,他渗出一身的冷汗,不由地失声叫了一声:

"飘儿!"

"哥,给你。"弟弟张朔拿来一个杏子给他。张让又一惊。他看了一眼杏子,脑子迸出一个念头,就对张朔说:

"去,你到飘儿家去,说我喊她来吃杏子。"

不一会,飘儿高高兴兴地跟着张朔过来了,进了门,看见生姜张在磨刀,就问:

"张伯,打晚磨刀呀,要杀鸡呀!"

"嗯——"生姜张脸上毫无表情,声音生硬。飘儿感到气氛不对,就收住笑容,轻手轻脚地走了过去。里间,矮几子上放着不少黄杏子。张让看飘儿进来,走过去捡了一个递给她。"快把它吃了,我给你看一样东西。"张让很伤感地对她说,"你不看,再过半个时辰就没有了,你再也看不到了,永远永远看不到它了。"

"好呀!"飘儿家和张让家是邻居,她和张让同一天出世,自幼在一起玩,两小无猜。飘儿说着就吃了起来。

"你看了这东西你要记住,答应我,你一定要记住它。"

"什么东西,你拿来看呀!"飘儿催道。

"你要永远记着它,不要把它忘了,你答不答应我?""答应你就是,什么好东西,快拿出来。"

张让猛地把下衣脱去,双手捧着两胯间的东西,对着飘儿:"好好看看,多大多好啊!"

"不,不,不看,你要坏,我要走了。"飘儿脸一下子红了,扭身要走。

张让一把抓住她:"要看,要好好看。"他把她的手按在胯下,恶狠狠地说:"摸摸它,摸摸它! 它快没有了,从此再也没有了!"

飘儿使劲地挣,想挣脱自己的手。可是张让抓得太紧,挣不开,她急得哭了起来。张让把飘儿的小手按在自己身上揉了好一会,放开她说:"嚎什么,滚,快滚。妈的,你一辈子也别想看别想摸了。滚,滚得远远的。"张让骂着吼着,自己也哭了起来。

在另一间屋里,柳氏也在哭泣。丈夫生姜张这一次远行进行回来,不知着了什么魔,要为张让去势,送他到皇宫中去做公公。丈夫跟她商量,她一百个反对。她又怎么舍得把一个好好的孩子给残了呢? 张让是长子,生来她对他就很疼爱。况且,生他时,她差一点丢掉了性命,所以她对他更加宠爱。七年前,她只有十七岁,也是在盛夏。

卧房里,她赤裸着身子,隆着被鼓胀得快要破的、白亮白亮的大肚子,叉开着双腿靠在床上,一声高一声低地哀号着。她的肚子里,经过十个月生长发育,已经成为"婴孩"的胚胎正在不老实地一挺一挺动着,搅扰得她痛不欲生。她忍不住地呼喊着一种既是对人类生命富有寓意的、热烈欢呼的"偈语",也是乐极生悲的、如临深渊的生命幽默的哀号,来排解自己的痛楚。

两天、三天……六天过去了,她的肚子疼痛一次比一次强烈,痉挛一次比一次紧,可是,"婴孩"就是不肯露头。她难产了,这六天来的苦难有谁能知! 第六天晚上,夜还没有真正来临,丈夫生姜张和婆婆费氏已经在她的哀号中打着浓浓的鼾声。她不怪他们,他们太疲倦、困乏了。

死静中,突然一个暴雷炸开,巨响异常,天抖地摇。

这时,狂风呼啸,暴雨骤起。

风雨磷暴并没有使丈夫和婆婆醒来。她感到"婴孩"陡然对着她肚子狠狠地踢了一下。"唉哟!"她的叫声,却淹没在雷声中。

屋外,电闪雷鸣一声比一声紧。

卧室里,每一次雷响,她都随着雷声发生一阵痉挛,在万分痛苦中扭动着,挣扎着。

突然,一个落地雷劈在屋顶上,把屋顶炸了一个大洞,暴雨倾盆而来,丈夫和婆婆猛然惊醒。

丈夫看着被雷击塌的屋顶,懵在那里,不知如何是好。他反应过来是怎么回事后,欲去遮盖屋顶。但他赤手空拳,束手无策,只好愣愣地站在那里。

婆婆连滚带爬,爬到神龛前,把头磕得咚咚响,嘴里叨叨着:

"神啊,保佑保佑我张家吧,求求神快快显灵吧!"她听到婆婆的哀求声中带有一丝无奈的哭腔,心里更加害怕。

"啊！"

就在这时，她又一声狂叫，憋着所有的力气向下使去。扑哧！她感到一个肉嘟嘟的东西向体外喷激而出。

六神无主的丈夫，回头望了一下她，发现她的肚子瘪了，两腿之间热红的鲜血模糊一片。三尺多远的地方，横着一个肉团团。婴孩向她的体外冲得太猛，与她唯一相连的脐带已被挣断了。丈夫手足无措，脸转向婆婆，大声喊道：

"看……看……，出来了！"

接下来，她就昏了过去。

她总算活了过来，从那以后，只要看见九死一生才生出的张让，她就有一种对生命的珍爱交织着对孩子的疼爱的强烈情感。

现在丈夫要把张让阉了，她怎么能舍得！不，不！绝不能让丈夫把他残了，她决心无论如何要阻止丈夫。

"嚓嚓嚓——，嚓嚓嚓——"

丈夫的磨刀声，就像一个利爪一样，一阵阵地揪她的心。自从她嫁到张家，在丈夫面前，她从来都是低眉下眼的，不敢出一声大气。但是，公公和婆婆的话，丈夫不敢不听。她要借助公公和婆婆的力量，一定要把张让的男根保住。于是，她来到了婆婆跟前。

"妈，他爸要把你大孙子给残了，这如何是好？妈，你老人家就管管他爸吧，让他不要把你大孙子糟蹋了。妈，儿媳求你了。"柳氏跪在婆婆费氏面前说。

"张让是你的儿子，也是我的孙子。他爸要怎么的，要管我会管的，要你来求怎么的。就你疼儿子，我就不疼孙子啦。"费氏把脸拉得老长说。她对儿媳妇柳氏从来就不给好脸色看。就连柳氏生下张让昏迷过去时，费氏还数落她。

那一天，生姜张看到张让从柳氏肚子里生出来，激动万分。

"那……那！"生姜张指着床上粉嘟嘟肉乎乎的婴孩，奔了过去，先低头把他那三角眼凑近婴孩两只小腿之间，看见有一个比平常初生男婴要大得多的那个物件，不由地一阵欣喜，叫道："男的，是男的！哈哈哈……谢天谢地……"

张让的爷爷摆腿张头不顾犯忌讳，冲进了卧室。

费氏从神龛前连忙起身来到床前，便熟练地用手抠出婴孩口中的粘物，抓着一双小脚提溜起来。"啪啪啪"，在他的小屁股上打了两巴掌。她拍打后，男婴却没有出声。

"是死胎？"

费氏一边低语，一边又重重地打了两下。

男婴仍是不出声息。

"死的？"生姜张问。

"别人生孩子两个时辰就够了，她却折腾了这么久。都六七天了，能不死吗？都是那个妖精，硬是把一个男婴给折腾死了，她巴不得我们张家绝后。"费氏又对儿子唠叨地数落着媳妇。

"哎哟，怎么死啦。"生姜张不由地悲伤起来，十月怀胎，生姜张早盼着能生个儿子，早养儿子早得福呀！

"孩子死了也没有办法，快看看大人怎么啦，不能让儿媳妇也出什么事。"摆腿张头对费氏说。

"老不死的，你怎么进到你儿媳妇生孩子的卧房里来了。你来干什么，来看你儿媳妇光着身子呀？你不怕雷打，不怕晦气！"费氏怒目对摆腿张头说。

"我……我……不……不……"摆腿张头支支吾吾地，偏头看了一眼柳氏雪白的身子，快快地退出了卧房。

"哼！"费氏瞟了一眼躺在那里不省人事的柳氏，鼻子嗤一下，阴阳怪气地说："她能出什么事？除了坏事，还有什么？刚生出来的，被她弄死了，老的被她弄得神魂颠倒，不知廉耻，不怕晦气。有她这个狐狸在，我们张家还能安宁？"

不过，柳氏也习惯于忍受婆婆的恶言和虐待，谁叫自己是做儿媳妇呢？百年小沟淌成河，十年媳妇熬成婆。眼下只好默默地忍耐。

"他爸在磨刀了，你可千万不要让他把你孙子害了。"柳氏哭着说。"他爹会害他，就你爱他？"费氏皱纹纵横交错的老脸都可以刮下霜来。她说着，心里在想："他刚出生时，就差一点被弄死了，他活下来，也是白捡了一条命，把他去势送进皇宫，也没有亏待他。"费氏想起了张让落地时的情景。

当时，他们都把张让当作死婴，悲伤地置在一旁。

"咯咯咯。"

生姜张听到一种怪怪的，似哭不像哭，似笑不像笑的声音，低头一看，男婴如小猫眼一样的眼睛睁着一只，闭着一只，手脚在动。

"娘，活的，是活的。"生姜张对费氏说。

"活的？"费氏猛起身，走到男婴的跟前，像提着一只小猫一样地把男婴提了起来，审视着男婴，如从没有见过的怪物似的。

"怪，怪！没这样的怪事。"费氏抖了一下男婴，有点害怕似的，把手伸得老远。

"什么怪事？"摆腿张头又走进了卧房。

"咯咯咯……"男婴又发出怪怪的声音。

"儿，说不定他是个丧门星，把他弄死算了。"费氏磕完头起来，一阵阵害怕，对生姜张说。她也不等生姜张回答，就胆战心惊地把男婴从地上拎起来扔进尿桶里。

"他不是什么丧门星，说不定他还是个神子哩。"生姜张说，"我看他的那东西比一般的孩子大，就不是一个庸货，定是个了不起的货色。"

"快，快把他捞起来。"一直没有吭声的摆腿张头，经儿子生姜张一提醒，才引起注意，他仔细一看，婴孩的男根果然不同寻常，就催促着费氏说，"快快，把他弄好，快快快！"

幸好尿桶里没有多少尿水，不然，男婴没有淹死，呛也把他呛死。费氏起身又把男婴捞了起来。接着，她就做着接生婆该做的一整套工作。费氏在清洗男婴身上泥水和臊尿时，男婴扭来扭去不老实，手舞足蹈地动个不停。费氏气得在他的屁股上拍一巴掌，男婴不但没有哭，而且还"咯咯咯"讨好地笑了起来。

"哎，说不定真是像儿子说的，是个了不起货色哩。"费氏一边为男婴打着包，一边想。

"嚓嚓嚓——，嚓嚓嚓——"

在儿子的磨刀声中，费氏打了一个激灵。她想："如果长大了，张让真是个了不起的货色，把他去势了，不正如儿媳妇所说的害了他吗？嗯——，要管儿子，不能让他就这么把小张让给割了！"但是，这个心思她是不对儿媳妇说的。此时，柳氏六神无主，她心在流血，她实在想不通。这么好的孩子，丈夫就这么狠心？张让自小是个很惹人疼爱的孩子，他一下地就带了些乖巧，要么安详地躺在"摇窝"里熟睡，要么眼睛骨碌碌转，好像永远看不够这个神秘的世界，整天不吭不声，不哭不闹，一点不烦人，很得大人喜欢。稍长大一些，白白生生，细细嫩嫩的皮肤如羊脂一样。又黑又大又有神的眼睛总是眯缝着，始终带着笑。红红的小嘴巴，整天微微张着，似说不说的样子。他长得像个玉娃娃一样，惹人怜爱，谁见了都想啃他一口。更逗人喜爱的是他不像别的孩子那样淘气，整天文文静静的，见谁都冲着谁笑，像个温顺的小羊羔。而且聪明过人，大人逗他，他不是腼腆如兔，就是发出抑扬顿挫的奶腔儿，会把人逗得笑出眼泪来。张让长大了些，更懂事了。柳氏想起了她那次生病。

那一年，张让才五岁。她发高烧躺在床上，白天黑夜不能睡。三岁的二儿子张朔闹个不停，丈夫不来哄他一下，婆婆也不来管一下。懂事的张让就把弟弟拖了出去，不让他闹。她一躺就是四五天，天天张让都是如此，飘儿喊他去玩，他都不去，他对飘儿说妈妈病了，弟弟吵，他要带弟弟。总算烧退了一些，她能睡得着了。在迷迷糊糊中，她感到有人轻轻地推她。她睁开眼睛一看，是张让。他脚踏在草箍（草编的墩，做凳子用——注）上，站在床边。

"妈妈，你打我吧？"他低着头，带着哭腔地说。

"不，好好的，妈妈不打你。"她伸手摸摸他一副挂满自责的秀脸，疼爱地说。

"妈妈要打的，妈妈生病了，没有力气，起不来，我怕妈妈打不着我，我就搬来一个草箍，站站高，妈妈能打着我了。这是树枝条，我在外面找的。"张让把树枝条递给她，"妈妈起不来，不好找树枝条。我就为妈妈准备好了，妈妈用它打我吧！"

"你好好的，为什么要叫妈妈打你？妈妈可从来没打过你啊！"张让的举动，她有些不解，她问道。

"我闯祸了。妈妈还是打吧！我不怕疼。"张让眼泪哗哗地。

"你闯什么祸？跟妈妈讲。"她欠了欠身子问。

"妈妈生病躺在床上睡着了，我在妈妈身边看着妈妈，妈妈在咂嘴，我看妈妈唇干得起泡，知道妈妈口渴了要喝水，我就爬到灶台上去够陶缸倒水给妈妈喝，不小心把陶缸弄掉地摔碎了。"

"妈妈不打你,陶缶摔碎了就摔碎了,我儿没闯祸。我儿有这份细心和孝心,妈妈高兴,妈妈不打你,妈妈谢谢你!"她很感动,一下子把张让搂在怀里直流眼泪。

这么好的孩子,怎么能把他变成男不男,女不女的行刑之人呢!那不是把他往火坑里推吗?她要去找公公摆腿张头。他是一家之主,只要他不让丈夫对张让行刑,生姜张是不敢任性的。

"爹,你知道了吧,他爸要……要把张让废了。张让是个好孩子,你老就心疼心疼张让吧!只要你老说句话,他爸不敢违抗你老的。爹,儿媳妇给您磕头了。"柳氏说着,如鸡啄米一样地磕着头。

"啊……啊……生姜把……啊……啊……废了……啊……"摆腿张头病得不轻,说不出来话了,但他神志很清醒。生姜张要为儿子净身,他不敢对摆腿张头说,一直瞒着摆腿张头。听儿媳妇这么说,他还是不明白生姜张要把张让废了。

"爹,他爸在磨刀,要给张让去势,送他到宫中当公公了。儿媳妇求您老阻止他爸对张让下狠心。儿媳妇求求爹了。"

"啊……啊……去势……啊……骟鸡鸡……啊……不,不会……啊……"摆腿张头不相信儿媳说的。他想:生姜怎么会把张让骗了呢?要骗还要等到今天。张让四岁那年,尘根生疮,生姜四处找郎中为他治。那阵子,生姜为了给张让治疮,人都熬瘦了。摆腿张头想起了当时情景。

夏天,东汉时期颍川一带的小孩子,不论男女,都精赤着身子。中午,摆腿张头和生姜张下地去了,柳氏回娘家去了,只有费氏在家织布。这时,张让的弟弟小张朔哭闹个不停。费氏怎么哄也哄不好。不知她怎么想出的点子,把张让的小鸡鸡拴了根线,让小张朔牵着玩,果然小张朔就不哭了,手一摇一摇玩得很开心。费氏、生姜张、柳氏一直以张让的小鸡鸡比村上同龄男孩子大许多而引为自豪,时常在众人面前展示张让两大腿间的那个物件,引来众口称奇夸赞。因此,张让便很乐意地由弟弟牵着,张朔刚学会走路,一拐一歪地屋前屋后地转,引来了不少村上的孩子。大伙儿一会这个牵牵,一会那个牵牵,越牵拉细线越勒得紧。渐渐地,细线勒得张让小鸡鸡痛了起来,就回去让奶奶费氏把细线解开,细线陷在皮里,加上费氏人老眼花,怎么解也解不开,费氏就用刀来割,才将细线弄开了。

没过几天,张让小鸡鸡被细线勒过那一圈就开始起泡泡了,渐渐就长成了流黄水的疮,疼痛难忍。生姜张请郎中来看。郎中说是黄水疮,好治。就给了一些膏药,让贴在患处,并说要不了多久就会好的。可是,膏药贴完了,黄水疮却没好。后来,生姜张请了好几个郎中,都说不难治,但不但都没治好,而且越来越重。前不久,又请来一位郎中,郎中看过说,这孩子东西太大,生生疮不碍事。让用蒲草熬水洗,半月就好……

这段时间里,张让瘦了。虽然这疮很疼,但张让从不哼哼唧唧的。疼得太狠,他就把牙咬着,有时把牙咬得咯咯响。疼得轻一些的时候,他就蹙着眉头,一副萎靡不振的样子,让爷爷、奶奶和爸爸、妈妈心疼。

又是二十多天过去了,黄水疮稍稍好一些了,黄水稍稍收了一些,疼也稍稍轻了一些,一家人心情也稍稍好一些。

转眼到了岁伏祭祀之日没想到,伏日之祭的第二天,张让的黄水疮更重了,高烧不止。到了半夜的时候,高烧让张让产生了惊觉,他感到自己的鸡鸡猛长起来,陡然间长得比耕地的老水牛还要大,并从自己身上飞了起来,在自己的头顶上飘飘悠悠地转个不停。他想把鸡鸡够下来,安回自己的身上,可是就是够不着,他就跳起来够,奇怪的是,他跳,鸡鸡也往上升。他害怕起来了,惊吓得大声喊叫。

生姜张和柳氏被惊醒了,点亮油灯,生姜张一下子把张让搂在怀里,忙喊:"小让,怎么啦,怎么啦。"

"头顶上,头顶上。"张让指着自己的头顶,眼神惊恐,身上瑟瑟发抖。

摆腿张头和费氏也被吵醒了,来到了房里,围在张让睡的床边。

"头顶上什么?头顶上有什么?"柳氏连忙问。

"不要怕,不要怕。头顶上什么也没有,小让,你不要怕。"

"有,有,好大,大得我怕死了。"说着,张让又抽搐不止。

"是飘儿,是飘儿把我鸡儿抢去了,她有两个桃子,一个就是我的鸡鸡。爷爷,抢回来,快快去抢回来。"张让幻觉出飘儿拿着两个桃子冲着他做鬼脸,就对摆腿张头说。

生姜张看着张让这副样子,一种不祥之兆涌上了心头。但是他没有吭声,默默地搂着张让发呆。

室外异常地黑,一对猫儿在叫春一起吼着,如同小孩哭丧一样哀号,声调很悲伤、很凄凉,让人听了汗毛立竖。夏季猫是不叫春的。这时出现这种怪现象,不知是何兆。摆腿张头从门后捡起一块石头,开门走出室外,对着叫春的猫猛地砸去。一对猫儿嗖地窜逃而去。

"爹,真的,儿媳妇不顾犯冲犯忌,来对你老撒这样的谎干什么。他爸这次去外地做了瘗之祭回来,不知撞了什么鬼了,一回来就要为张让净身。爹,听呀,他爸正在磨刀哩。"柳氏的话打断了摆腿张头的回忆,他仔细地听着外面的动静。

"嚓嚓嚓——,嚓嚓嚓——"

隐隐约约有磨刀声传入他的耳朵。

"啊……啊……生姜……啊……你……干啥……啊……"摆腿张头挣扎着,竭力地呼喊着。

天空中,乌云翻滚,闪电扯着蛇信子一样长鞭,轰轰地低鸣着。

生姜张把刀在磨刀石上摩擦几下,拿起来用拇指试了试刀口,然后又把刀按在磨石上来回磨着。如此磨磨试试,试试磨磨,反复不已。此时,他虽然决心已下,要为张让去势,但他的心还是很沉重。张让一出世,他就确信张让将来定是个非凡之人。因为,张让出生非同寻常,天打雷,屋顶被劈,六天六夜才脱离母腹以及落地不哭,如此种种,加上他自小聪明伶俐,就是佐证。生姜张经常地想:纵观天下,凡不同寻常的人物,哪一个不是以奇怪方式来到世上,哪一个不是一出世就骇然惊世? 华胥氏生伏羲,是在闲嬉游入山中,见一巨人足迹,她以脚步而履之,自觉意有所动,忽然红光照身,遂因而有娠,怀孕十六月才生出伏羲,怪不怪? 炎帝之母有蛴氏安登,生炎帝于烈山之石室,身长八尺七寸,身似龙形,怪不怪? 瞽叟之妻握登氏,见大虹,意有所感,生舜于姚墟,怪不怪? 西陵氏嫘祖,感大星如虹,下临华渚而生少昊,怪不怪? 这些都是名垂青史的古代之帝,哪个不了得? 因此,生姜张对张让呵护有加,精心侍养。有一次,生姜张抱着张让在室外溜达,他一边走一边想:"我祖辈在颍川田地家产也是了不得的,到了上两辈才败了下来。张氏要光耀门庭,孩子,就看你的啦。"他又用拇指试了试刀口,他脑子浮现出往事。张让五岁那一年的春天,一家人在门口晒庄稼种子,张让看到水牛在耕地,问他:

"爸爸,牛怎么长得那么大啊?"

"嗯……它长那么大嘛,是……是……"他从来没有想过这个问题,一下子被张让难倒了,不知怎么回答才好,他想了半天,也没有想出来,这时耕地的老牛在田埂上啃了一口草,才给了他一个启发,他对张让说:"它是吃草长的!"

"爸爸,那么人也吃草好哪,人长有牛那么大多……"说着,张让突然捂住口不说了。把生姜张往一边拉,让他低下头,悄悄地附在他耳边对他说:"人长有牛那么大多神气。"

"人怎么能长有那么大呢?"他问。

"跟牛一样,吃草啊! 爸爸,你知道这个秘密可别对人说啊! 从明天开始,爸爸我俩就吃草,将来我俩长有老牛那么大,谁都怕我们俩。"张让神神秘秘地对他说。

"哈哈……"他又一次不知怎么回答才好,只好猛地抱起张让,使劲地亲他,把他亲得咯咯咯地笑个不停。

"爸爸,你要守信用啊! 不要告诉别人啊!"笑完了,张让又强调一句。

想到这里,生姜张心隐隐地起了一阵绞痛,在这么好的孩子身上行刑,让他终身做不得真正的男人,他也不忍心。

他又试了试刀口。"可是,要想荣华富贵,也只能狠狠心,让他净身进宫了。这是前命定由。不然,他只有一生贫穷兮兮,平平淡淡的了。那样,我不是害了他吗? 冬天的时候,就有仙翁来传达这个天机,我差一点冒犯了仙翁……"

早饭,生姜张吃的是黍粥。吃过早饭以后,雪停了,太阳害羞似的露出并不鲜亮的小脸,映得屋里屋外格外亮堂。生姜张原准备今早去给张让抓草药的。自去年夏天张让尘根生黄水疮,已经五六个月了,总是好一阵子,坏一阵子,始终没有痊愈。到了冬天,黄水疮更疼了,常常疼得他直冒虚汗。前不久,生姜张打听到离家二十多里路远的小镇上的姓童的郎中能配一种专治黄水疮的家传秘方,就去童郎中家抓了回来。童氏秘方是一种草药,煎服。张让服了几剂,果然疮流黄水收干了一些,可是疮头更肿更痛了。昨天,这种草药服完了,今天得再去抓,没想到一夜大雪,路被封住,去不成。生姜张靠在门旁。忽然想起趁现在冬闲之时,修理一下农具，一开春就得耕地播种了。于是，他找来铁器和一根木头，砍了起来。干着干着，他抬起头看见外面皑皑茫茫中，一个黑影在移动。再定睛一看，像是个人，也像个畜。生姜张有点纳闷，这大雪封门，还有人出行？恐怕是个畜。这样一想，他就不在意，继续忙着手里的活。砍了几下，他又自觉不自觉地向门外睃了一眼。那个黑影子近了一些，能看得清是一个人。生姜张在心里数落了一下自己：是人是畜，与己何干？他转过身去，背对门，专心干自己的事。过了好一会，只听门外有人在诵唱：

"五五百走，一池野塘秋。

满水枯荷，绕三圈，两棵断根残柳。

右右再右，不是一周。

红栏绿牖间，前命定由。"

生姜张抬起头来，看见门前站着一个衣衫褴褛的老头。原来是一个要饭的，就让柳氏盛了一碗早上剩的黍粥给要饭的老头，并吩咐多盛一些，大雪封门，要饭不容易。柳氏盛了大半碗黍粥递给那要饭的老头。要饭老头并不接，摇了摇头说："你就献此饭于我？"

生姜张一看这个要饭老头在这撒赖，正要发作，赶他走。这时柳氏制止了他，说大清早的，发火不吉利，柳氏盛一点昨天剩的自己家早上舍不得吃的麦饭来。可是，要饭老头还是不要，说："我千里来送天机与你，你该献粲饭与我。"说着，要饭老头又不停口地高声诵唱着那几句让人听不懂的顺口谣。

生姜张一听要饭老头向他要粲饭，心中就起火，他一把把柳氏拽回来，"不理他！"说着，他把手里的铁器重重地摔在地上，"你再在这里撒野，我就对你不客气。"

要饭老头并不怕生姜张的吓唬，仍然赖在门前喋喋不休诵唱那几句顺口谣。生姜张上去就是一把，把要饭老头推倒地雪地上。柳氏生来性格柔弱，凡事忍让，不和人论高论低。她把生姜张拉回家里，然后对要饭老头说："你快走吧！我们没有粲饭，有能不给你吗？"

要饭老头从雪地上爬了起来，动了动沾着雪花的胡须，说了一通谁也听不懂的话。但他仍没有走的意思，把头昂着看着天，一副傲然不羁的样子。

生姜张怒气还未消，气呼呼地坐在草篜上，头僵扭着不看要饭老头。

张让一直看着那个要饭老头，饶有兴趣地听着他诵唱着顺口谣，听着听着，张让也跟着"五五百走"地诵唱着，张让一唱诵这顺口谣，黄水疮一下子就不痛了，于是他一遍又一遍地诵唱着。

听到张让跟着要饭老头诵唱着顺口谣，生姜张很惊讶。

"满水枯荷，绕三圈，两棵断根残柳……"张让用稚嫩的童声还继续说着。

对于其他人跟着那个讨厌的老头学舌，生姜张定要发火的，但张让除外，他这个宝贝儿子干任何事，哪怕是冒犯他，甚至在当时认为是最大逆不道的冒犯祖宗，生姜张也感到情有可原。于是生姜张和颜悦色地连忙制止说："那是要饭人说的，你不要学。"说完他扭过头来，却发现那个要饭老头突然消失了，心里又一惊。

"爸爸，那个要饭老头怎么脸红红的，头顶上还冒光啊？"张让说。

"噢——"生姜张更吃惊了，他在心里叽咕："难道这个怪人真是个神仙？"

才过半月，张让的黄水疮就快好了。又求神又请巫，千服药万敷膏，全不抵一首让人听不懂的顺口谣。不管怎么说，聪明伶俐懂事乖巧的张让闯过疮灾，对张氏一家是件好事。

天没亮，生姜张就背着一袋子粗穄（黍的一种）上小镇去换些稻米。原打算用这些粗穄去给张让抓偏方草药，现在张让的黄水疮眼看就要好了，草药不用抓了。生姜张想起教会张让诵唱顺口谣的那个要饭老头，他觉得那个老先生（他现在不再认为那个老头是要饭的了，他在内心已对那老头很敬重）定是个不一般的人，很后悔那一天早晨对待那个老先生的态度。因此，他去换稻米回来做点粢饭。虽然现在不是年，也不是节，（就是过年过节他也从舍不得奢侈让家人吃一顿粢饭。他已快三十岁了，粢饭是什么味也不知道。）但他感到那天那个老先生朝他要粢饭，但他没有，他觉得应该做一次粢饭。

一直到中午，生姜张才换了三四把稻米回来，他急猴猴地催着柳氏快快做粢饭。柳氏忙不迭地把稻米放到锅里。张朔异常兴奋，围着灶台转来转去，眼直勾勾地看锅里，口水来不及咽，直往外流，他恨不得把稻米捞起来一口吞到肚里。生姜张看出张朔的心思，就不耐烦了，"狗崽子，你倒是想得挺美！"说着一把把张朔提溜起来，重重地扔到门外。张朔头撞在地上，碰了个口子，鲜血直流。痛得直咧嘴，想哭但不敢哭。柳氏看张朔遭此重摔，心疼得不得了，泪直在眼里打转，眼巴巴地看着生姜张，见他失去表情的脸没有对她挂怒，就急忙扑过去把张朔抱在怀里，趁往灶膛里添柴时低头擦了一下眼泪。张让一脸鄙夷，他很瞧不起弟弟，看到张朔馋相变成如此惨相，一撇嘴，就跑出去玩，一路上，张让还诵唱着：

"五五百走，一池野塘秋。

满水枯荷，绕三圈，两棵断根残柳。

右右再右，不是一周。

红栏绿牖间，前命定由。"

其实，张让看到老爹背稻米回来让老娘做粢饭也很兴奋，但他不露声色，佯装着不在意，自己玩自己的，只是趁大人不注意的时候瞟上灶台一眼。张让心眼多，知道再看再缠没有用，何况稻米尚没做熟，即便是熟了，老娘让吃，老爹不让吃也还是白搭，眼下反正也是一个吃不上，索性不如躲得远远的。

接下来都不吭声了，柳氏在灶下默默地烧火，生姜张就守在灶边看着，张朔靠在柳氏身上，腮边挂着血可怜兮兮地发呆。粢饭做好了，少得可怜，只有大半碗。生姜张想现在那个老先生再来就好了。想着，他走到门口朝外面左右看了看，门外静静地，空无一人。

这大半碗粢饭放了三天,生姜张不让家人动它一动,就连张让要吃也不行。第四天,生姜张才叹了一口长气地对柳氏说:"把粢饭热一热,让张让吃了吧!"

看着张让吃粢饭,生姜张心中有一种美滋滋的情绪,同时也有一种若有所失的感觉。总之,他心情很复杂。他想起了那个老先生,想起了老先生诵唱的顺口谣。"五五百走,一池野塘秋。满水枯荷,绕三圈,两棵断根残柳。右右再右,不是一周。红栏绿牖间,前命定由。"生姜张在心里默默地念叨着,不由地犯嘀咕了:"老先生的这首顺口谣是什么意思呢? 他说送天机与我,难道这顺口谣就是天机吗? 好像不是,好像就是。天机是不可泄漏的,因而高深不好懂,从这一点说,它像是。那么这天机说的是我家哪个人呢? 是我? 是妻柳氏? 是老爹或老娘,抑或是张让、张朔? 天机告诉我姓张的是祸是福? 是灾是运?"想着想着,生姜张担心起来了。转而他又在心中祈祷:"上苍保佑保佑我姓张的一家得福不得祸,得运不得灾吧! 要是真的得福,就让它降到张让身上。如果一定要我张家遭灾遭祸,就让它降到张朔身上,要不降到柳氏身上吧!"

生姜张想到这,听到父亲摆腿张头在卧室里"啊……啊……"地喊他。他把刀放在磨石上,走了过去。

生姜张来到父亲跟前,摆腿张头嘴张得大大的,喘着粗气。他说不出话来,只能发出"啊……啊……"声。

张让的黄水疮痊愈没有几天,摆腿张头就生病了,胸疼,吃一点东西就像有什么异物堵在胸部,很难受,咳嗽得很厉害,只好卧床休息。可是他病一天重于一天。前两天,吃过晚饭,柳氏在收拾,这时摆腿张头一阵急咳,气堵住了没接上,昏了过去。一家人紧张了起来,又是掐人中,又是捶背,轻呼急唤,弄了好半天,摆腿张头才缓了过来。从那时,他就说不出话来了。

摆腿张头"啊"了半天,生姜张才弄明白是不让他为张让净身。

"爸,您老不知,张让不能留着那东西。他那东西克您,您看他那东西那么伟长,就不是个好铠头。您老病得这么厉害,就是他那东西作怪。"生姜张还告诉父亲,摆腿张头昏过去那天晚上,他从颍水请了位叫瀛虚的卜筮方士。

"瀛虚大师,有何方可治?"生姜张问。

"凡大疴则无方可治也,不过,正本可消侵夷,则精爽阳肃阴调矣。"方士说。

生姜张越听越糊涂,站在那里,不知如何是好。

"测气之,此乃为家中盛阳之人命克所致。汝长子有伟长之阳具,阳气过盈,遇阳则克,先克其祖,又克其父,再克其弟,后克其子。遇阴则冲,先冲其妻,又冲其妾,再冲其续,其淫皆冲,以造阳尽阴绝、灭门无继之势……"说完方士起身就走。

"大师,大师,如何相避。大师,大师……"他跟着瀛虚方士后面连声喊问,方士闭口不答,急匆匆地离去了。

"啊……啊……我……不,不怕……死,死……啊……死了,算……了。我不让……啊……啊……你糟蹋……啊……张,张让……啊……"摆腿张头全身都抽搐,才从喉咙深处"啊"出很微弱的、断断续续的声音。

"将来还要克我,克死我们全家。"

"混账,哪来胡言!不管怎么的,不许你残他。"这时,费氏走了进来,她虎着脸,对生姜张说。

"妈,你来啦。你老骂得对,开始,儿子也不信那个方士的话。我也不怕张让克命。可是张让真的不能留着尘根。前命注定他今生只有净身进宫,才能飞黄腾达,我们不能让他错过机会。"生姜张说。然后他告诉摆腿张头和费氏,那天,瀛虚方士消失在黑夜之后,他满脸愁苦地坐了好大一会,想着瀛虚方士的话,怎么也想不出个所以然来,就来气。他猛地站了起来,在心里愤愤地说:"张让的物件伟长就克命吗?一派胡诌乱扯,不会,绝不会。狗屁,什么神仙方士,装模作样,装神弄鬼来糊弄人的,不听他的,又能如何!"

害胸病的摆腿张头眼看就不行了,生姜张忧心忡忡,满面愁容。张让走到生姜张面前,轻声轻气地说:"爸,把我送到外公家去,等爷爷病好了再回来。"

"怎么没想到哩,把他送走,这不就克不了嘛。"他把张让揽在怀里,万般怜爱地看着他,"真是个懂事的孩子。"

张让走了后,摆腿张头的病不但没有减轻,反而继续恶化,已经到了奄奄一息的程度。

此时是丑时(夜一点多钟)。

一个白发银髯之翁飘然而至,跟着张让在说些什么,张让一边听着,一边不时用眼睛警觉地朝生姜张这边张望着,神神秘秘、鬼鬼祟祟地,生姜张不由地生疑起来,就朝他们走了过去。白发老翁和张让看到生姜走了过来,手挽着手拔腿就往前跑。这下生姜张就更生疑,跟着张让追奔而去。眼看就要追到,白发老翁和张让俩飘飞起来,陡然间飞得无踪无影。生姜张在颍河边四处寻找,突然发现向他要粢饭的那个老先生,在悠悠晃晃地走着,口中似诵似唱地说着:

"五五百走,一池野塘秋。

满水枯荷,绕三圈,两棵断根残柳。

右右再右,不是一周。

红栏绿牖间,前命定由。"

生姜张毕恭毕敬地迎了上去,说:"老先生,上次小的有眼无珠,不识泰山,冒犯了先生,万请老先生谅解。"

"哈哈哈……"老先生并不搭理生姜张,只是一边继续晃晃悠悠地走着,一边仰面大笑起来。一眨眼,老先生不见了。正当生姜张觉得奇怪之时,却发现自己跟在刚才带着张让飘飞而去的白发老翁身后。

生姜张小心翼翼地超到老翁的前面,很卑微地行了个礼,说:"老先生,犬子生来就有一个伟长的男具,阳气过盛,与家人相克,请老先生指点迷津,如何消避。"

"此乃你家的报应。五日之后,逆颍水上行百里,便是高低起伏的高岳险峦,你在三峰之间行瘗之祭则可避灾。"

听此言，生姜张扑通一下跪在老翁面前，感激涕零地磕头不止。磕完头，生姜张起身，却不见老翁了，这时他发现自己跪在白骨散地的荒野，四周漆黑一片，只有一团团绿莹莹的鬼火在跳动，生姜陡然毛骨悚然……

生姜张猛然惊醒，才知是南柯一梦。原来他扑在摆腿张头身边睡着了。

天一亮，生姜张叫来本族张顺土帮他看摆腿张头，就带着猪头等诸多祭品，沿颍河乘船而上。逆水行船很慢，直到第二天天蒙蒙亮时，船才行了百里。这时，生姜张发现，这里一片平原。生姜张问船家附近哪里有大山崇岳，船家说这方圆百里全是平川，无一座大山。无奈，生姜张只好上岸，想找一个稍高的地方把祭品埋了。他不知不觉地来到一个大水塘边。他在塘边转了一圈又一圈，一直没有找到埋祭品的好地方。好不容易才选准一个坎边挖了一个坑，把所有祭品埋了。生姜张做完这一切，就往回返。他到河边去找船家，可河边无一只船。原来官府有令，这里三天内不准行船，他一打听，当地有人悄悄地告诉他，说是有京官还乡省亲。他只好找了一个店家住下。

第二天上午太阳有一人高的时候，生姜张才起床，不一会，他只听鼓乐喧天，甚是热闹，但有村棚遮挡，看不见那里发生什么事。突然又有军卒在清路，众人纷纷逃避。生姜张被迫又向后退了退。生姜张想：不知是什么显赫大官路过此地。他就向身边的一个当地人打听，当地人告诉他这是当今皇上宠臣省亲。生姜张用奉承的口气说：

"这里出了朝廷大官，是你们的荣耀。"

那当地人不屑一顾，带着一种鄙夷的口气告诉他："哼，此大官是个公公。当初他是个罪人，打入大狱后被阉当了公公，却受到皇上宠爱，飞黄腾达，如今不可一世，连州刺史郡太守都对他卑躬屈膝，马前鞍后地拍他的马屁。"

"那他当初犯的什么罪？"生姜张打破砂锅地问。

"奸母。此人自小失父，母含辛茹苦把他养大，因家穷娶不到媳妇，就把其母强奸了，其母一气之下上吊而死，此人被县官打入大狱。"当地人还告诉生姜张说："这次他回来是为他母亲行厚葬之礼的，也不怕世人笑话！"

"如今他如此威风显赫，了不得，了不得！"生姜张带有几分羡慕口气，那当地人很反感，白了生姜张一眼走了。

朝廷车队过去好大一会，才放百姓通行。生姜张来到他昨天掩埋供品的塘坎，跪下来磕了三个响头，起身欲走，发现他把祭品埋在两棵倒了的已烂了根的大柳树边。他再看了看，这个大水塘是在一个寺庙的斜后面，寺庙有一后门，门框门堂全是通黄通黄的颜色，门的左边是一洞翠绿窗户，右边是一排大红雕栏围着一个神龛。这时，生姜张猛然一惊，他想起那个向他要粢饭的老先生诵唱的顺口谣："红栏绿牖间，前命定由。"

"这红雕栏绿窗户之间，是个黄门。"后门也称小门，"宫廷中小黄门是宦官公公的官职,"生姜张恍然大悟"对,五五百走,我不正好行船百里来到此地吗?一池野塘秋,满水枯荷。虽说现在不是秋天,可是我来到这个池塘,却是一塘的枯荷,一派秋天的萧瑟。这不正是那首顺口谣所言中的吗!难道张让前命注定就要……"生姜张不敢往下想了。

恍恍惚惚回到店家,生姜张一下子就倒在床上,他的心思很复杂很沉重。这时,他又想起了今天那个公公省亲的盛大场面,"咳,说不定这是让张让光耀我姓张的门庭哩!噢,上苍真是有眼,我张氏出头之日就在于此了。"想到这,生姜张一阵阵兴奋。他要回去,要按天命行事,为张让净身。

生姜张来到码头,船仍然不开。生姜张等不得了,一刻也等不得了,他步行顺颍河而下,到下一个码头去乘船回来了。

"爸,妈,那个罪人都能得到如此之显赫地位,你孙子张让是那么聪慧,定比他要强得多。爸,妈,俩老说是吧!"

"……"摆腿张头浑浊的眼里放出一种光,像是包含赞许的意思。

"真是这样?那我们张家可就了不得了,有享不完的福了,哈哈哈……"费氏说。

"当啷啷……"就在这时,风声雨声中隐隐约约传来了刀落地的声响。飘儿挣脱了张让的纠缠,从里间冲了出来,她慌不择路,一下子撞在放着磨刀石的凳子上,把刀撞落在地。

生姜张走了出来,他捡起刀,凑近眼前看了看。他正用手在刀口上试着,张让大汗淋漓地来到他跟前。对生姜张说:"爸爸,你要把我割了吧!"

"好孩子,爸爸是为了你的将来,我们这种人家的孩子要过上贵族的日子,就只有当公公这条路了。孩子,你不要害怕。"生姜张看着张让心里也十分难受,他柔声地说。

"我不怕,只是……只是……"张让一张秀脸粉红粉红的,神态萎萎靡靡地,他吞吞吐吐想说什么。

"孩子你尽管说,爸爸我答应你。"

"爸爸把刀磨快快的,割的时候轻轻的……"

"我一定把刀磨快快的,割它不疼,你不要怕。"

这一天晚上,生姜张亲自操刀,把张让胯下削成"平地"。自始至终,张让没有吭一声,他紧咬着牙,竟然把一颗门牙咬崩了一截。

风不知什么时间静了,雨也不知何时停了。被雨水洗过的树和茅屋在一片微紫色的光芒笼罩之中,湿润而呈新。一滴滴水珠挂在叶尖,被晨阳映得晶亮晶亮的,偶尔滚落下来,发出叮当的脆声,像是一个个神秘的咒语,传达着上天的神意……

又一个早晨来到了大地,又一个黎明诞生了。

这一天,张让才七岁另一个月十二天。

二　争风吃醋

京师洛阳。

夜黑风静,残月下的皇宫,苍凉肃穆,远处传来猫头鹰凄凉叫声,在皇宫中久久回荡。之后,是长时间的寂静。

张让迷迷糊糊地觉得,在颍川家中"蚕室"内,他只听父亲生姜张手握着利刀,在他胯下操出"嗖"的一声响。他低头看了看自己胯下,除了一个小洞在抽搐,什么也没有了。于是一驾朱班轮、倚鹿轿、伏熊轼、皂缯盖、朱两轓,左騑的四马大车飞快地向京师洛阳奔来。不一会就到达了皇宫。

朝觐大殿灯火辉煌。张让手里捧着像泥鳅被逮出水一样扭来扭去的阳具,得意扬扬地走进朝觐大殿,文武百官向他抱拳颔首祝贺。大殿正面的龙椅两边,四个宫女手持旄幡,气派非凡。梁太后和桓帝在龙椅上并排坐着,见张让走来,面带微笑朝他点头示意。张让容光焕发地踱着方步,一边用带着微笑目光扫着大殿里整齐列队的文武百官,一边缓缓地、极有派头地向梁太后和桓帝走去。张让走到大殿前方站住,桓帝先走下龙椅来到张让跟前。张让把巨大的阳具举过头顶说:"皇上,臣献给皇上。皇上万岁,万岁,万万岁!"桓帝如捧着一个调皮的小猫一样,面带喜色捧着阳具回到龙椅坐下。梁太后走下龙椅,一个老公公捧着骏犼冠服,递给梁太后。梁太后小心翼翼接过"加黄金珰,附蝉为文,貂尾为饰",烁烁生光,华丽无比、只有中常侍才能穿得上骏犼冠服为张让穿戴整齐。于是,金声玉振,百官呼庆。张让抑制不住内心的狂喜,猛然跳了起来,大喊着"我升官了!我升大官了!"

突然,朝觐大殿变成一片尸骨遍地荒野,漆黑一团,鬼火萤

梁太后

萤,四周不见一人。张让不由毛骨悚然。他发现他手上捧着的阳具不见了。"我的官玺呢,我爸爸给我的官玺丢了,这可完了,我完了,全完蛋了!"他着急万分,他想四处找找,但他感到自己的双臂被人夹住了,一动也动不了,他使劲地扭动身子,但也还是动弹不得。他猛然惊醒了,方知刚才做了个梦。他睁开眼睛一看,不由猛吸一口凉气,心想"大祸临头了。"他渗出了一身冷汗,两条腿直打抖擞。

原来，正在他做美梦的时候，几个内官兵卒闯了进来，把他逮了起来。

这飞来之祸降落到张让头上太突然了，一下子把他吓懵了，他浑浑噩噩地被内宫兵卒羁架着，连拖带拽着往前走。他虽然不知道自己犯了什么罪，但他深知此遭定是凶多吉少。他自进宫之日起，就知道这深宫禁地，是个虎穴魔巢，一不小心，就会招来杀身之祸。记得他入宫是在顺帝永和六年（公元141年）岁尾。那时，天已经四个多月没有下雨了，风一起黄尘飞扬。这天一大早，寒冷的西北风就呼啸地肆虐着大地，京城洛阳笼罩在昏黄的风沙中，寒冷无比。小黄门（东汉时期宦官所任重要官职之一，官秩六百石，地位次于中常侍，高于中黄门——注）曹节领着张让和另外二十九个已经去了势净过身的男孩子鱼贯进了皇宫，来接受顺帝和皇后、贵妃们的挑选。张让和这些孩子是皇帝的大舅子梁冀从民间搜罗来作为献给皇上的礼物。

他们三十个孩子按照曹节的指令一排站好等着。张让只有七岁，年纪和个头都比其他孩子小，站在靠排尾。天太冷，冻得张让浑身打战，上下牙齿颤磕得咯咯响。在干冷战抖的等待中，他打量着这画梁雕栋、高大雄伟、豪华无比的皇宫，有一种梦幻的感觉。"这也是人间？人世还有如此之美的地方？我不是做梦吧，我就会在这个地方……"张让正在想着，突然后腿膝盖弯部位感到一个猛击重力，他猛地向前扑摔而去，由于他毫无防备，脸嘣地一下子撞在地上，一股血热盈盈地从鼻子流了出来，一看是血，但他不敢动弹，老老实实地趴着。原来，顺帝临视，阉童们都连忙跪下，只有张让思想在开小差，如梦如幻地站着，曹节直奔张让身后，对着他后腿猛踹一脚。趴了一小会，张让还未明白怎么回事，曹节又让他们起身，走出皇帝临视的大殿。

八、九个被皇帝选上的阉童由另一个老公公领着走了，剩下张让和二十多个没被皇上选上的童监继续由曹节带着在高大雄伟、鳞次栉比的宫殿中七拐八弯地走着。张让跟着曹节也不知过了多少大门小门，走了多长石板平铺的路，来到一个重轩镂槛，青王巢丹墀，函兰田壁，清幽淡雅，玲珑不失巍峨，雄伟不失精巧的"椒宫"。进门之前，曹节让大家停下，走到张让面前，像女人一样，从怀中掏出一方帕子，擦着张让嘴上的血，张让把眼睛睁得大大的瞪着曹节，一种仇恨种子就在此时悄悄埋在心中。他在心里想："有朝一日。我要报了你这一'箭'之仇，王八蛋老公公。"曹节把张让嘴上的血擦干净，才让他和别的阉童们进宫。

他们如在皇帝临视的大殿里一样，排成一排刚刚站好，随着一阵如翠鹏娇啁、珠落玉盘的美妙笑声渐近，只闻衣裙窸窣，幽香扑鼻，一个珠光宝气、婀娜万姿、千娇百媚的丽人，在众宫娥的簇拥下来到他们跟前。有了前车之鉴，张让慌乱地伏身下趴在地上。没想到引来一阵嘻嘻嘻的窃笑。这时曹节也如宫女一样掩嘴而笑，走到趴着一动不敢动的张让跟前，把他拉了起来。张让抬头一看，众阉童都半低着头站着。众宫娥簇拥的那个华贵女人就是梁妠皇后，她走到张让面前，端详一下他，又轻轻地抚摸一下他的脸颊，对曹节示意留下。

当天晚上，张让躺在床上辗转反侧，怎么也睡不着。他脑海里又出现今天皇上临视选童监时他被踹猛然栽地的情景，心里又隐约打悚。

张让怎么也没想到，尽管自己在宫中谨小慎微地处事，还是这么快就飞来横祸了。

张让被关在监狱里，整个监狱静得出奇。除了几个守狱卫卒，一个人也见不到。第一天就这样过去，没有人来过问他一声。张让又在心里犯嘀咕："是谁把我逮到这里来的呢？梁太后？"张让知道，太后梁妠一直很喜欢他。她选他进宫时，她是先皇顺帝的皇后。有一天，梁皇后在宫中无事，便带着他等一群童监和宫女到御花园游玩。突然，曹节来报皇后，说光禄大夫张纲突然上奏列举了梁冀和梁不疑十五条罪状，弹劾梁皇后哥哥、大将军梁冀和河南尹梁不疑。梁皇后不由地惊恐失色，万一两个哥哥真的犯事被弹劾，势必要株连到她，她的皇后地位就岌岌可危了，她连忙向曹节问道：

"张纲为何要奏劾大将军，是不是大将军有所不轨？"

"梁大将军本没有什么事，张纲此人是个春头，不愿意奉诏出使外地，才捏造非事来整大将军，皇后不必当真。"曹节说。

"噢——如果是这样倒好。"皇后还是不放心，又说"仔细打听着，一有什么事快来告诉我，不得怠慢，你去吧！"

"是！"曹节当即退了出去。

"小让子，回宫。"

"是。"

皇后刚从御花园回到宫中，与她同时入宫的姑姑梁贵人来看她。

"姑姑可知张纲奏劾国舅梁冀之事。"梁贵人一进门，皇后就向她问道。

"回禀皇后，这件事朝廷内外议论纷纷。我听说国舅梁冀做了大将军后，各地官府为了巴结他，一呼儿都向他送礼行贿，开始还算秘密进行，再下来就公开化了。更有甚者，大将军还让他手下的人公然勒索。老百姓逼得活不下去，只好'流离载道，半为盗贼'，纷纷起来反抗官府，专杀贪官污吏。朝廷大官一听各地都有农民起义，惶惶不安。"梁贵人是个直肠子，有话直说。她如竹筒倒豆子一样，把她所听到的大将军梁冀依仗权势，胡作非为之情如实地全倒给了皇后。

"这如何是好！"皇后听了梁贵人的叙说，惊诧不已，不禁地脱口问道。

"回皇后，宁锯外野之栋梁，不拔己土之蒿草。依我意思，皇后奏请皇上处置张纲，以保国舅。这样还可以儆告他人，看下次谁还敢与我梁氏作对。"梁贵人说，"论皇后之德和在皇上心目中的地位，皇上不会不依皇后的。我看这事，只有你才能说服皇上了。"

"不，我梁家乃辅佐社稷之大功之臣，母仪天下之门庭，哥哥怎么能这样做呢！他这是犯罪，他辜负了先父的教导，有辱我梁家的功德啊！姑姑，你我都是皇上的侍妾，隆浴皇恩，理当明辨是非，辅佐皇上治理国家才是。对本族亲谊不能姑息迁就。"皇后梁妠一向以贤德明义著称,她十三岁入宫时,有一个叫茅通的相工,看见她一副仁慈善惠、美免过人的貌相,便向顺帝再拜称贺说:"这所谓日角偃月,相法应当极其尊贵,微臣相过的人很多很多,从未见过像她这般贵相哩!此乃皇上之大福,国家之大幸,臣民之大幸!"顺帝听了很高兴,即令太史卜兆,卜相大吉。顺帝当即封她为贵人,特加宠遇,常常命她侍寝。梁妠从容辞谢道:

"妾闻阳道以博施为德,阴道以不专为义;螽斯衍庆,百福乃兴。伏愿陛下普施雨露,俾得均泽,使小妾得免罪谤,已是深感皇恩了!"

顺帝听了此言深深感到她贤德,就于永建七年(公元132年)在寿安殿中册立她为皇后。从此一直对她恩宠有加。

梁皇后对梁冀所作所为很生气,她对姑姑梁贵人说:"张纲乃忠国之臣,非但不能加害于他,还理当受朝廷褒崇奖赏。梁冀虽是我兄,身为国舅却胡作非为,任其下去,有损我东汉社稷的兴旺,我想禀告皇上严加惩处他。"

张让听了,就在心里想:这样不便宜了那些地方官府啦!应该严惩那些地方官府才对。他感到应该提醒皇后。想到这,他不由一喜,这不正是我张让表现自己、讨好皇后的好机会?于是,他就让一个叫莓子的宫女将皇后身旁一个精美的香盒子拿给他。他接过香盒子,拔腿就往外走。一个老公公发现了,唤了回来,责问张让为何如此大胆,竟敢随便拿走皇后的东西。他手握香盒,低头不语。

"你可知错?"老公公又责问。

"知错,是莓子有错,她该受罚!"他轻声道。

"大胆!莓子何错?安能受罚!"

"莓子将香盒拿给我,此乃错!"张让抬起头来说,"刚才皇后说,要禀报皇上严加惩处梁冀大将军,其实大将军并没有错,错在那些地方官府。是他们把那些东西拿给大将军的,惩处的应该是他们,而不是大将军……"

梁皇后听了张让之言后,明白了他拿她的香盒的用意是提醒她处置梁冀之事。虽然话说得天真幼稚,但所言极是,心里不由地涌起阵阵热潮。记得她那天选童监时,其他童监都站着,他却扑通地趴在地上,他的可笑举动引起了她的注意,她才走到他的跟前,看他细皮嫩肉,白里透红,虽然长得像个女孩子,可是容貌娇美不俗,神态稚嫩优雅,她就把他这个好玩的孩子留下作贴身内侍。她一直以为他老实、胆小、心地单纯。所以她很喜欢他,没有想到他还有这副聪明的心思,她心里就更喜欢他了。于是,梁皇后欣喜地点了点头,带着微笑说:

"大胆,小孩子你……你懂什么。"

"奴才罪该万死!奴才一派胡言,奴才甘愿受罚!"他磕头不止。"还不下去!"

"是!"他躬腰低头退了下去,脸上也带着微笑。

张让刚出去,老公公就跪到梁皇后跟前说:

"禀皇后,张让的话不无道理。皇后英明,母仪天下,令人敬佩。刚才皇后所言极是,奴才以为,张纲乃忠国之臣,处置他天下之不服,众臣之不答应,当受朝廷褒崇奖赏，以服天下，以顺众臣。可大将军乃朝廷之栋梁，国家之柱石，处置他国将受损，疆之不稳，也应受到保护。但不能受那些地方蝼蚁恣意蠹之。必肃其周边之蚁穴，清其四侧之蝼巢。以净大将军身处的环境，使其循纲纪，正德行。"老公公听了张让的提醒，恍然大悟。他看皇后愠斥张让，以为她没明白张让的意思，就向前来说明。其实，老公公的话完全是多余的，梁皇后根本就没有听。

张让的这个提醒使梁皇后茅塞顿开。晚上，顺帝临幸长乐宫。梁皇后极献柔情蜜意，顺帝十分高兴。事后，顺帝浑身舒畅，便与梁皇后喁喁低语，闲聊起来。皇后无意中把话题扯到张纲奏疏弹劾梁冀之事。

"虽说张纲所奏之言有些过激，但也是言之有据。微妾为皇上有张纲这么好的良臣而感到高兴，朝廷命官都像张纲这样心系东汉江山，效忠朝廷，有言直谏，乃社稷之大幸，因而张纲不能不赏。以微妾看来，他奏劾大将军，则以梁冀之名，说地方官吏不法之实。皇上明鉴，张纲连国舅大将军都敢奏。看谁还敢胆大妄为？可知张纲忠于朝廷用心之良啊！所以，微妾奏请皇上要严加惩处那些地方贪官污吏，并针对他们对小臣梁冀不好意，防止梁冀上他们当，微妾恳请皇上对小臣梁冀严加管束。"皇后说。皇后这番话，顺帝听了极为顺耳，一阵兴起，又一次赐施云雨。梁妠被册立皇后至今已经十二年了，一直未育，梁皇后以下的贵人、嫔妃多半无嗣。只有后宫虞美人生下一子，取名刘炳，今年才两岁，刚被顺帝立为太子。皇后做梦都想生下一子，没想到今晚顺帝竟然如此对她施以大恩大幸，她极为兴奋，一边承恩享乐，一边不由得想起了张让，她在心里说："今晚有此幸运，多亏了这个小家伙。"

顺帝听了皇后那番通理之言，加上他也知道另外有不少人是向着张纲那样的大臣，就把张纲的奏章放在了一边，既没有惩办梁冀，也没有把张纲治罪。梁冀因此恨透了张纲，辄思借端中伤。张纲治理广陵有方，为朝廷立了大功，顺帝欲意加封与他，梁冀从中阻挠，因此作罢，顺帝本想等些时候再封赏张纲，直到三十六岁的张纲病逝后，顺帝才下诏拜张纲的儿子续为郎中，赐钱百万。

过了一些天，皇后看梁冀虽遭张纲奏疏弹劾，但仍安然无患，权力更甚，又不由得想起了张让那个聪明的提醒。

从那以后，太后梁妠就对张让很亲近。

"不会的，把我投进大狱，定不是太后的旨意。"张让的思绪从回忆中回到现实。他在心里想，"那么又是谁呢？梁大将军？公卿大臣？是宫内宦官？可是我谁也没有得罪啊！那么，自己身犯何罪呢？"他感到他临死前要把这个问题搞清楚，他不能当个糊涂的冤死鬼。

"如果不是太后要治罪于我，那她怎么会不来救我呢？"张让触了触脖子上戴着的沉重的枷锁，在心里想。他知道，太后对他十分宠信，他有难，她定不会不解救的。他不由得想起了质帝永初元年（公元 146 年），质帝驾崩后不久的那一天晚上。夜很深很深了，太后坐卧不安，宫女美缪跪在跟前为她捶腿。美缪太困了，就打起了瞌睡，头往前一倾，一下子碰到了太后腿上。梁太后一看，踢了美缪一脚。美缪猛然惊醒,连忙磕头饶命。梁太后此时也没有心思来处置她了,挥挥手,让美缪退下。宫女莓子欲上来为太后捶腿,张让支开莓子,跪了下来,轻轻地揉着太后的脚。

"禀太后,天都快亮了,太后不能因社稷大事为难棘手就不睡觉啊!社稷要紧,身体也要紧。请太后休息吧!"张让轻轻地劝说道。

"哎,小让子,你说咋办?"梁太后问。

"太后已明断。太后当高枕大睡了。"张让一脸鬼精地转了转眼睛。"嗯,你怎知我已决断!"梁太后素知张让聪明心细,常常猜透她的心思,莫非他又有什么好主意,梁太后想。

"禀太后,奴才以为,一国之君,不光要有治国之才,也应该有倾国之貌,是一个万民为之自豪,疆国为之骄傲的俊美之君。蠡吾侯刘志既有治国之才,又有治国之貌,太后早已想好了,就不要再为此多虑了,还是早休息吧!"张让有意地将"倾国之貌"说成"治国之貌"。他知道,梁太后对立帝心里早就有了打算,她看中未来作妹婿的蠡吾侯刘志。就是因为刘志长相标致。梁太后整天看着长相漂亮的刘志,越看越中意,越看越喜欢,对他宠爱依顺。此乃其一;其二,也是最重要的,是刘志年仅十五岁,他继位后,梁太后可继续主政。张让故意这样说明一半留一半,既对着太后的心思路子回答了她的提问,又有增强太后拥立刘志的决心的用意。因为,他也希望刘志当皇帝。理由除了当初冲帝驾崩后,张让希望刘缵当皇帝那个理由外,还有一层就是他和刘志可以说是"一见如故"。张让记得,在顺帝殡丧期间的一个风高月黑的晚上,他正准备侍奉太后休息,忽然有报,说蠡吾侯刘志回都为顺帝送殡,特先来拜见梁太后,以示慰问。太后立即禀示来见。于是,一个白白净净,眼珠子黑白分明,长得非常清秀,年仅十三岁的刘志潇潇洒洒地走了进来。张让生来腼腆怕羞,今天,见到标致潇洒的刘志,不知怎么回事,害羞得竟不能控制自己。刘志瞟了张让一下,看到张让长得白白净净的,站在那里忸忸怩怩的,十分可爱,竟驻足不走了,眼直愣愣看着张让,欲与张让搭语。就在这时,梁太后在殿里召呼刘志,刘志才回过神来,匆匆地就进了宫殿。

"噢哟——小让子,你真是我肚子里的蛔虫,当心我杀了你。"梁太后听张让这么说,就知道他对此事会有好主意,心情不由地开朗一些,但她没有直接问他。

"回太后,奴才万死,奴才不该多嘴。"张让一边笑嘻嘻地,一边跪下磕头不止。

"起来吧,我不会杀死你的。"太后说,

"回太后,太后真的杀了奴才,肚子里就少一个蛔虫,太后会像今晚这样睡不成觉的。"张让起身了,赖着脸大胆地说。

"哎,有你这个蛔虫,我也不敢睡啊!"梁太后叹了一口气说。

"回太后,太后尽管睡,自冲帝以来,一直是太后主政。正因为太后的英明,才使得国泰昌盛,疆固民安,社稷大兴。太后的威仪,早已名震四海,公卿大臣谁不顺服,哪个不听太后的。太后不必多虑。"张让说。"他们人多势大呀,未必肯服。"在帝位继承问题上,公卿大臣与梁氏兄妹的斗争比前一次更为激烈,到了拔剑张弓的程度。梁太后感到张让放心可靠，也就对他直说，"永初元年（公元146年）冲帝崩世，立质帝时，他们就反对，不过，我没有理睬他们。这次可比不得那时了……"冲帝刘炳是顺帝的子嗣。顺帝建康二年（公元145年）驾崩，群臣奉迎太子刘炳即位，是谓汉冲帝，改元永嘉。尊梁皇后为皇太后。冲帝此时只有两岁，当然不能亲政，按照汉室前例，由皇太后梁妠临朝主政。进太尉赵峻为太傅，大司农李固为太尉，参录尚书。没想到继位一年的冲帝忽染重疾，一命呜呼。于是，宫中大乱。特别是在帝位继承问题上，公卿大臣与梁氏兄妹有着严重分歧。顺帝只有刘炳这唯一的一个后嗣，现在也随他而去，顺帝也就绝后了，不得不别求旁支，入承大统。有两个人血统与冲帝最近，最合立帝，一个是清河王刘蒜，一个是渤海王刘缵，他俩都是汉章帝（76年—88年在位，共13年——注）曾孙。刘蒜年已长，刘缵只有八岁。公卿大臣大多向着刘蒜。

梁太后和梁冀感到，冲帝以来，在大将军的辅佐下，太后主政，殚精竭虑地振兴社稷，在先朝治国之策的基础上，谕定了新的治国方略，刚刚付诸实施，尚未起到作用。如依李固之言立刘蒜，他登基之后，定要亲自主政，这些治国方略恐怕难以落实，那将是把他们梁氏兄妹的心血付之东流，这样对社稷兴旺何利？于是，梁冀来到长乐宫，和梁太后秘密商议，决定立八岁的刘缵为帝，让太后继续主政。决意一定，梁氏兄妹当即迎渤海王刘缵入南宫，授封建平侯，即日嗣位，谓称汉质帝。众公卿大臣无可奈何，只好瞪眼闭口默认。

"太后主政，一直是梁大将军辅佐，大将军为振兴东汉江山，竭尽股肱，在公卿大臣面前，极有威信。拥立蠡吾侯，梁大将军定当拥护。太后，还是先睡觉吧！"张让故意这么说，是为了提醒梁太后，梁冀掌握军权，还怕几个公卿大臣不成？

"哎！这一次一贯果断的大将军，反倒有些优柔寡断了。"太后说。其实，梁冀也很想拥立未来作妹婿的刘志为帝，好做那"双料国舅"，永久擅权。但是，面对众公卿大臣强烈反对，他又不敢如过去一样跋扈强为，犹豫不定。原来八岁的汉质帝聪明伶俐，只是他不存心眼。一天，恰遇朝中会议，公卿满廷，他瞧着梁冀挟权专恣，恃势横行，连皇上也不放在眼里，就在议朝大殿中，当着文武百官的面，独目顾视梁冀说："这正是跋扈将军哩！"梁冀听了此言，大为愤恨，暗想："这小小皇帝，竟是这般厉害，倘若长大成人，那是如何了得！不如趁早除掉他，另立他人。"他就暗嘱内侍把毒药放在饼子里，呈将进去。质帝吃了饼子，片时感到肚子闷胀不堪，极不舒服，便召来太尉李固，问他说："朕吃了饼子，肚子气闷，喝水还能活吗？"梁冀在一边连忙接口说："恐怕恐怕饮水后要呕吐，不不不如不饮为好。"话没说完，继位不到一年的质帝捧住胸腹，直声大叫，霎时间晕倒在地，手足青黑，呜呼哀哉。李固目睹此番惨景，伏尸举哀，大哭一场。不一会，梁太后也闻讯来到议朝大殿，泪下潸潸。李固哭后，面奏太后，请求彻底查究侍臣。太后含泪答应了。这时李固想与梁冀商议追究侍臣、办理国丧等事，左右看了看，却不见梁冀身影。

昨日，以太尉李固、司徒胡广、司空赵戒、大鸿胪杜乔为代表的公卿大臣他们担

心梁氏兄妹再立幼童为帝,继续把持朝政,联名上书大将军梁冀:

"天下不幸,乃遭大忧(指冲帝、质帝相继驾崩——注),皇太后圣德临朝,摄统万机,明将军体履忠孝,忧存社稷,而频年之间,国祚三绝。当今立帝,膺天下重器,庆知太后垂心,将军劳虑,必详择其人,务求圣明;然愚情眷眷,窃独有怀。远寻先世废立旧仪,近见国家践阼前事,未尝不询访公卿,广求群议,令上应天心,下合重望。至忧至重,可不熟虑?悠悠万事,唯此为大;国之兴衰,在此一举,唯将军图之!"

梁冀得书,心里无由地有些颤抖,他不得不召集文武百官来议立帝之事。李固等建议梁冀拥立清河王刘蒜。梁冀想立刘志。由于他心中有鬼,做贼心虚,底气不足,不敢坚持己见,只好默不作声,而没有议成。朝议一散,梁冀就来到长乐宫,与太后商量。太后才知这一次比以往更为复杂。正是因为如此,梁太后才寝卧不安。

"太后放心,大将军为国家社稷练兵,操劳过度,因而身体不适,精神不济,导致此次不够果敢决断,奴才有一药方,可治大将军的微恙。"张让说。

"真的?如果你的药不灵,我可要你的脑袋。"太后说。

"果真如此,奴才甘愿献上小命。"张让想,梁冀长相丑陋,两肩像鹞鹰似的向上突耸着,眼睛如豺狼一样上下竖着,直射出的目光显得十分凶残。别看他说话口吃,吐字不清。可他生性放荡,嗜酒如命,弹棋六博、蹴鞠意钱无所不会,玩鹰走狗,骋马斗鸡无所不为。当上大将军后,总揽朝政,独断专行;贪叨聚敛,淫乱不堪;心狠手辣,恶毒无比。他做事一向有恃无恐,为所欲为,不计后果,果敢决断。可是,这一次他怎么忧心忡忡,谨小慎微起来呢?这几天,宫中在议论,说质帝是梁冀毒死的。是不是他真有此为,从而做贼心虚呢?如果真是这样,那么梁冀也是枉自惊惶,在自己吓唬自己。既然已有所为,就不必退缩,否则后患不堪。何况,公卿大臣们也没有抓住他的把柄。就是抓住了把柄,梁冀手握军权,他们又能怎么样?不管如何,一向跋扈飞扬的梁冀,只要给他一剂激将法的药,他定会走出杯弓蛇影的怪圈,恢复本来面目。所以张让心里很有数。

第二天一早,张让便往曹腾那里走去。张让知道,曹腾、曹节等一群宦官,一直与梁冀交往甚密,他们是一根线上的蚂蚱,扯出梁冀这一头,他们也就被带出去了。因此,他们会不留余力地帮助梁冀。况且,他们结党为派,很有势力。

到曹腾处,见曹节、孟贲等五六个在内宫掌权的宦官也来了,张让就如此这般地对他们说了梁冀正在为立帝之事犯难和自己的想法。过去,曹腾他们一直没有把小小的张让看在眼里,这一次张让的造访,他们陡然一惊,从此对张让刮目相看了。于是他们按照张让提供的情况,一起商议、谋划起来。

晚上,梁冀正在为难时,中常侍。中常侍在东汉时期已成为最重要的一种宦官职务,官秩为比二千石,兼领卿署之职,地位极高,权势极重。曹腾、曹节等一群宦官来见,张让也跟着来了。曹腾对梁冀说:

"将军累代为椒房姻戚,秉摄万机,宾伍如云,免不得稍有过失。清河王夙号严明,若果然得立,恐怕将军必然遭祸!不如拥立蠡吾侯刘志,可以永保富贵!"

"我也有此意,但众众众公卿未肯赞成,奈奈奈何?"梁冀皱着眉头说。

"将军军权在握,令出必行,何人敢违?"曹腾又说。

"可是,他们也是有权有势,人人人多结伙,怎怎怎敢与其违背?"

"回禀大将军,他们人多,能有大将军的将领、兵勇、利器多?大将军何不调几个心腹部营回洛阳,驻留待命。即使他们有千钧之力量,安能与大将军较量?"张让在一边插嘴道。

梁冀听了,心里猛一振,愤然起座,说:"我我我我决意了!"

当夜,梁冀就开始调兵遣将,使京师洛阳在重兵包围之中。第二天早晨,梁冀重新召集公卿大臣,商议拥立刘志之事。他与前一次判若两人,坐在殿前,怒目轩眉,语甚激切,众公卿俱为他所震慑,应声遵从。只有李固、杜乔等几个大臣起来反对,梁冀竟厉声喝道:

"退…退…退退朝!"

就这样,刘志于质帝永初二年(公元147年)做了皇帝,是为汉桓帝。改元为建和元年,梁太后继续临朝。桓帝即位以后第一道诏令,便是大封梁大将军一家。他增加梁冀的封邑一万三千户;又增加梁冀所领大将军府的官属,倍于三公;封梁不疑为颍阳侯,梁冀和梁不疑的弟弟梁蒙为西平侯,梁冀的儿子梁胤为襄邑侯,以上各人皆封为万户侯。

朝议这一天,张让也很紧张,他把两个耳朵都竖立起来,屏气静听立帝之事。当他得到刘志继位的消息后,十分高兴,他为自己高兴,更为太后高兴。刘志当皇帝,太后可以继续主政,就等于梁太后在当皇帝。当然,太后掌权,他张让也就有了依靠。太后年仅四十,而且在宫中面不受日,肤不经风,精餐颐养,侍护有加,加上她生性豁达,不曾忧事,生来就更显年轻,犹如二十来岁一般,也是娇花艳放之相,也有少女思春之欲。顺帝归仙一年多来,梁太后虽然权力陡增,但内心很寂寞。张让深为太后感到悲伤体怜。于是,他面带不尽的羞涩,用自己灵巧的双手,在太后每一寸洁白如脂的嫩肤上,极尽曲意奉应之能事,抚慰着太后孤寂的心灵。半夜过去了,太后慵雍倦懒,浑身无力。她把小嘴贴在张让耳边轻轻地对他说,她会让他一生富贵无量。说完便示意张让为她披巾穿楼,移至寝殿休息。

听到太后的许诺,张让激动得涕泪横流,顾不上换下满身湿衣服,在无月的黑夜里,发疯地奔跑。

"难道太后对我遭此困厄不知道。"张让想,"一定得想办法尽早报知太后,晚了恐怕就来不及了。"于是他想撕开贴身内衣上的补丁,那里缝着一叠钱铢。可是他的手箍在枷锁里,够不着。他眼睛转了转,艰难地起身移到牢房的门口。这时,正好一个监狱守卒走了过来。张让向他喊道:

"大哥把在下这块补丁撕开好吧!多谢了,多谢了。"

监狱守卒有些不解,但他伸过手来,"呲"地一下子就把张让内衣上的补丁扯下，一看，里面是一大沓钱铢。眼陡然放出直光来。

"这些全给你。只要大哥肯帮忙，在下出去以后一定报答你。在下给大哥磕头了。"张让捕捉到了监狱守卒的神态，扑通地跪在地上，头如捣蒜，枷锁磕碰得咚咚响。

"帮……帮不了你！"监狱守卒以为张让求他放了张让，不敢接收张让的钱财。

"大哥能帮得了，只要你帮我传个信就行了。大哥，你把这些钱拿着，在下出去以后一定重重谢你！大哥，在下求求你了。""传给谁？"监狱守卒一听送信，就从地上捡起那一大沓钱铢。

"传给长乐宫宫门卫士，叫肖清，让他转告长乐宫宫女莓子，让莓子告诉梁太后，有个叫张让的宦官被关在这里。大哥，拜托了，在下再谢谢你！"张让又向监狱守卒磕了几个头。

"好吧！这么弯弯绕，记不住，你再说一遍。"

张让又说了一遍，监狱守卒就去了。

监狱守卒走了以后，张让就贴在牢房门上，盼呀盼呀，盼着梁太后派人来解救他。可是，第一天过去了，太后没有派人来，监狱、掖庭也没有人来管他。就让他独独关在牢房里。"难道那个监狱守卒没有把信送到？"张让那份强烈的祈盼又化作泡影。

第二天，仍然是无人管无人问。他低头闷想，不由地一惊，心想："难道与桓帝之间的'私情'被太后知道了？那可是必死无疑了！"他情绪更加低落了。自从他侍奉太后转去侍奉桓帝，做桓帝的内侍后，他就竭力地向桓帝献殷勤，取得桓帝的私宠。而桓帝却对他得寸进尺，与他玩起了"断袖"之嬉来了。

登基大礼后，桓帝对太后说他有一个请求，太后问是何事，桓帝说他想增添一个内侍太监。太后听了笑着说，此乃小事，何况只增加一个，就是增加一百一千个也是不足挂齿。明天就让人去领几百来让他挑选。桓帝说别的一个不要，他只想要张让。

张让当然想直接侍奉桓帝。

太后对张让很宠爱，皇上向她要，她还真的舍不得。她偏头看了看张让，张让水灵灵的大眼睛投来的是把她内心世界一览无遗地目光，她感到自己被他剥得精光一样，不由地一阵慌神，沉吟起来。慌乱中，她违心地点了点头，答应桓帝。

从那以后，张让由长乐宫移至桓帝宫，倍受桓帝恩宠。

虽然张让不再侍奉太后了，但他每天都到长乐宫走动。

"小让子，近来皇上可好，在宫中做些什么？"太后问。

"禀太后，皇上近来下朝后就在宫中，与奴才等嬉玩取乐，并无它事。"张让回答。

"听说，皇上近来常与宫女胡闹。"太后说。

"回太后，皇上年岁已大，对女色有了思慕之心，此乃人之常情。奴才感到，该给皇上选配皇后了。"太后的问话,使张让吃了一惊,没想到,太后耳目这么灵,昨晚天刚黑,太后来看视桓帝,张让便安排宫中舞伎来为太后献舞取乐。丽伎们舞跳得很好,太后兴致很浓,看得很专心。桓帝也很有兴致,桓帝招手把张让唤到身边,对张让轻轻耳语说:"舞完,不要放舞伎们回去,朕还没玩够。"张让点头退去。刚下来,桓帝又招手来唤张让。张让又走到桓帝身边,桓帝对他说:"不要让太后知道了。"张让点头称是。太后看得很开心,很晚才回去。她一走,桓帝就对张让说,紧闭宫门,把舞伎叫上来。于是一群天仙似的丽伎用碎小的舞步,飘飘而至。桓帝禁不住地起驾走了下来,和舞伎一起舞了起来。他看见一个个舞伎圆挺挺的乳房在羽裳下忽隐忽现,陡然起身,圆目怒瞪地指着丽伎们,吼道:"快快,快把羽裳全部给我褪去,给朕跳原身舞。"皇帝有谕,谁敢不从。桓帝兴不可遏,从龙椅上滚了下来,不停地扑捕着丽伎,寻欢作乐起来……

这件事,张让是脱不了干系的。如果太后怪罪下来他可要吃不了兜着走。他心里很害怕。他这样说,既可以把责任推给桓帝,以保自己。又趁此机会按照太后的想法进言,以讨好她。他知道,梁太后早就急匆匆欲将妹妹许配桓帝为皇后。

"我正想这个事哩。小让子,看选什么样的人合适。"太后又问。其实,张让过于敏感了,太后刚才那样说,就是要说为桓帝选配皇后之事,来让张让出主意。

"回太后,奴才不知朝政大事,不敢胡言乱语,死罪,死罪。"张让听太后并未追究桓帝狎淫舞伎之事,心放下了一大截。"不过,奴才以为,皇后乃一国之母,当是既有母仪天下、贞辅君政之德,又有端丽贤淑之貌;既有以身率下,佐理宫闱之礼,又有明协坤仪之才。当朝皇后应当从当朝最好的家族中选。"张让把太后意思说出了一大半。

"所言极是。你说的当朝最好的家族是哪姓啊?"太后微笑着,温温和和地说。

"定是太后之姓了。"张让说。"恕奴才多言,选皇后如能亲上加亲岂不更好!"

"亲上加亲?你明着说来。"

"太后之妹梁女莹最合适册立。"张让既把太后想说的话说出来了,又把太后一番吹捧奉承,马屁拍得当当响,太后听得很舒服。

第二天,太后临朝,召文武大臣朝议选后之事。大臣们意见不一,争得面红耳赤。杜乔、李固等人,早听宫内议论传闻,担心太后和梁冀欲将其妹梁女莹选配给桓帝为后,使梁氏势力进一步增强,故竭力反对马上立后。梁冀一班党同却竭力赞成。太后最后定夺,谕旨纳梁冀等人的意见。杜乔见敌不过梁冀兄妹,为防止梁女莹被册立,当即谏奏道:

"陛下履乾则坤,动合阴阳,乃社稷神灵所予。惟立后事大,宜当慎重。臣以为,当朝皇上立后,当轻姿色,当重淑哲;当轻门第,当重德贤。"

"爱卿衷吐肺腑,所言极是。"太后不想让公卿大臣们就选什么样的人来册立皇后进行讨论,就转过话题问:"众爱卿,选立皇后之事依什么定制操之?"

"启禀太后,依微臣看来,应由皇族内亲、三公九卿、各地刺史以上之贵族报名荐献淑女,从中选优册立。"胡广早知太后欲立她妹妹梁女莹为后,为讨好太后,谏奏道。

"禀太后,此乃不可。立后之事,早有典制,当遵旧依典,不可乱章。"李固上奏道。

"那你说依什么章典。"太后说。

"回太后,光武中兴,宫教颇正。依据汉法,遣中大夫与掖庭丞及相工,于京师洛阳,各地州都城乡中阅视良家童女,年十三以上,二十以下,姿色端丽,合法相者,载还后宫,择视可否,乃用登御。吾朝当效之。"李固想在选淑女程序上,就堵住梁女莹入宫的路,于是他答道。

"频年之间,屡遭祚绝,宫廷开销颇巨。立后之事,当蹈行俭约,斫雕为朴才对。就不必兴师动众遣臣履赴寻阅载还了。就依太尉胡广所奏,由名门望族荐献为宜。众爱卿没有什么事就退朝了。"太后倒不是真的为了节省开支,而是以此为名,铺平妹妹梁女莹进入掖庭的道路。

三 桓帝私宠

东汉时期,掖庭内宫嫔妃达三千,内职有婕妤女经娥、容华、充衣、昭仪、美人、良人、七子、八子、长使、少使、五官、顺常、无涓(与无涓品秩同为一等的还有共和、娱灵、保林、良使、夜者五官——注)十四级,一般皇后从其中品秩较高的内职选立。桓帝刚继位,内职尚少,趁这一次立后之机选淑女补充掖庭。册立皇后之事朝议谕定后,贵族、诸侯纷纷报名,共荐献少女五百有余。经过筛选,六十名淑女被送进了掖庭。并确定从其中九名堪称端丽贤明的美淑中选一名最佳者册立皇后,梁女莹、朱嫣两人在九名美淑之列。于是,外戚、宦官、朝臣争相奏立,不时也有褒贬毁誉之词、抬己诬他之语,借以达到各自争权夺势的目的。

宦官单超和具瑗等人对梁冀兄妹擅权早有不满,坚决反对册立梁女莹,并通过立后来培养梁氏的反对势力,来制约梁氏。他们策划曾在顺帝时任太尉后因事免官朱宠孙女朱嫣报了名荐献掖庭。朱嫣貌美异常,神态可人,具瑗想把她在册选之前,先偷偷带进宫,与桓帝会面,欲使桓帝受她的美貌吸引诱惑,以达到选为皇后的目的。

汉桓帝

具瑗他们知道，张让倍受桓帝私宠，桓帝对他可以说是言听计从。张让还是太后的耳目，不把张让打点好，封住他的嘴，此事定不能成。如果泄露给太后，那将受到牵连，必坐死罪。

小黄门具瑗来找张让，并递上一份厚礼，目的就是疏通张让，安排朱嫣与桓帝会面。

张让当即答应，并收下了具瑗送来的钱财珠宝，当晚，张让就背着太后和朝廷，把朱嫣接到宫中，并让桓帝与她共寝一夜。桓帝果然受到朱嫣美貌的吸引，对她无比宠爱，挽留不放。张让却不敢让朱嫣久留，天未亮就把她送出宫。这时，具瑗又送给张让一份更重的礼，请张让说通桓帝选朱嫣为后。张让又收下礼品，满口答应。

张让坐在这昏黄的夕阳下，手捧着一条女人内身的束纱，心被揪扭似的一阵阵难受。

昨晚，张让把朱嫣偷偷带进桓帝寝宫，就一直躲在旁边偷看。他看到桓帝如此淫嫣，再瞧瞧自己，他脑袋似乎猛然爆裂，他的心如有千万只野兽利爪在抓一样的难挨，他感到自己如一个失去了生命、失去了灵魂、空空洞洞的骷髅。他悄悄地潜进桓帝的寝殿，抓起一条朱嫣内身的束纱，逃之夭夭。

现在桓帝快要下朝了，张让陡然心惊胆战起来，他想化作一缕烟雾，随着太阳一同飘逝。于是他四处躲藏。

张让藏到御花园密林的一个角落，把那束纱按在自己裆下的那块伤疤上，搓揉不止，他越搓揉，心里越难受。渐渐地，他不能控制自己了，扒开下衣，撕扯自己的大腿，揪拧自己的胯下，一阵发泄之后，他伏地痛嚎一场。好长时间之后他才平静下来。他想马上见到桓帝，于是拔腿就向宫中走去。就在此时，小太监小毛子来找张让，说桓帝一直在找他，让他快回去。原来，桓帝想今晚再和朱嫣重温昨夜之梦，就派人四处找张让。见到桓帝，张让一番忸怩作态，可是桓帝不理会他，桓帝此时心里只想着朱嫣。无奈，张让就故意地问：

"皇上，宫中正紧锣密鼓地为皇上册立皇后。那九个美女，皇上看中哪位？"

"当然是朱嫣。"桓帝见了朱嫣，就一心想立她为后。

"依我看来，朱嫣皇上定不能选的。不知皇上想过没有，她祖父朱宠可是在顺帝时犯过事，选她为皇后恐怕公卿大臣不同意。再说，皇上可知是怎么登基的，是梁太后和梁大将军将皇上扶上皇位的，公卿大臣们是反对皇上做皇帝的。尽管张让收下了具瑗的礼，却不为朱嫣说好话，还在背后对具瑗倒打一耙，坏他们的事。"

张让故意捏造说公卿大臣反对选立朱嫣为后，就是吓唬桓帝，让他不要册立她。

"那朕选谁？"

"这皇上还不明白，选太后和大将军的妹妹梁女莹呀！太后不是早就想把她嫁给皇上吗？皇上不是对她也有意吗？"

“那是我做蠡吾侯的时候，现在朕是皇帝。况且，梁女莹没有朱嫣貌美贤德。”

“他们让皇上做皇帝，也可以不让皇上做！皇上可不要犯傻。”

“这么说，朕只能选梁女莹了。不过，朕还是舍不得朱嫣。”

“奴才想也是的。朱嫣貌美也还不是皇上享用？皇上留她在宫中为妃，封她为婕好不就得啦？”张让讨好桓帝地说。已收下具瑷的礼，让桓帝封朱嫣为内宫职位最高的婕好，他可以好向具瑷他们交代。

“那么，现在她人呢？”

“她是暗地里潜送入宫的，哪能久留，她早已送出宫了。否则被太后知道了，会杀了她的。那皇上再也见不着她了。”

其实，九名淑女八个是陪衬，要册立只是梁女莹。宫廷选定后，三公九卿一应党同梁太后和梁冀，不敢异议。只有李固、杜乔上疏谏奏，说梁女莹与太后同辈，与桓帝辈分不合，有辱先皇顺帝。梁冀阅疏，当即摔掷疏牍于地，很不高兴。次日上朝，杜乔又直言相奏。

“何为辈分不合？”太后说。

“此乃皆是梁氏乱伦所为，何以挂齿！”突然，尚书龚唐愤然走出，大声谏白道。

“大胆，当殿犯上，拿下去问斩。”太后发怒道。

于是，御林、虎贲一拥而上，将龚唐绑了下去。

桓帝登基一个月后，也就是建和元年（公元147年）八月，太后和梁冀的妹妹梁女莹被迎娶入章德宫，册封为皇后，就这样，姐妹俩分成两辈，一个是太后，一个是皇后。梁女莹刚入宫，尽管她是皇后，但桓帝去的更多的是朱嫣那里。张让经常提醒桓帝，要多临幸章德宫。桓帝有时也听张让之劝，时不时临幸梁女莹。梁皇后还算满意。一晃半年过去了，桓帝懒于问理朝政，整日淫乐无度，宫中众多嫔妃侍候着他，他却不知腻足，还几乎把中宫所有宫女染了个遍。渐渐地，桓帝对丽人美娇兴趣淡然了。于是，他就整天和张让泡在御书房中，足不出户，有时整夜都在御书房里度过。就连朱嫣也不临幸了，更不要说梁皇后了。久而久之，引起梁皇后的不满，她就到太后那里去告状。

这一天，张让来给太后请安。

“听说皇上近来去章德宫很稀疏，可有此事。”张让一来到长乐宫，太后就问。

“奴才回禀太后，是……是的。”张让一听，不由得吓了一身冷汗。

“小让子，你告诉我，他这是为何？你要说实话，否则小心我砍你的头。”

“是，太后。奴才不敢说半句假话。”张让转而一想，此时惊慌不得，要冷静，听太后口气，他与桓帝私狎之事，太后并不所知。于是他说：“有一句话不知奴才当讲不当讲？”

“讲！”

“是，回太后，据奴才所知，皇上不去章德宫，是受婕好朱嫣的妖媚迷惑。”张让撒谎嘴一点也不打顿。

"噢,原来如此!"太后说,"那么,贬了她,逐出宫去。"

"禀太后,此乃不妥。把朱嫣逐出宫去,一断不了皇上对她的思念。太后万岁,太后万万岁……皇上迟早会把她弄回来的,那将对皇后威胁很大。二皇上定会不高兴,还会把气撒在皇后身上,甚至还造成皇上的逆反心理。这样一来,皇上未必就宠幸章德宫。还有一件事不知太后可知,这个朱嫣可是有来头的,她就是龚唐等一帮叛逆有意安排送进宫来妖惑拉拢皇上与太后作对的,只是目前皇上还没有被他们拉拢过去。奴才以为,不如趁早把这个妖孽除了,以防后患。"

"竟是这样。你怎么知道?"太后尽管很信任张让,但她还是要问清楚。

"回太后,建和元年选淑女册立皇后,他们那帮人就想用她挤掉梁皇后,并把她抢先潜送进宫,与桓帝私会,当时让我碰着了,我以为是内宫侍娥,也就没有当回事,前不久我见了朱嫣,感到好面熟,才想起那件事。奴才就感到纳闷,那时朱嫣尚未被选入宫掖,怎么得以与桓帝淫乐呢?于是,奴才就留了个心眼,才发现她与龚唐有勾结,图谋不轨。太后可把朱嫣拿来,奴才与她当面对质。"

于是,太后就派人把朱嫣擒了过来。可怜的朱嫣在太后面前,只有张让说,她点头的份,却丝毫不容她说。为了不让她乱说,张让给太后出了个主意,当晚割去朱嫣的舌头。太后采纳了。割去舌头后,又将她送回婕妤宫,逼她饮毒而亡。内宫宣称她得病而殁。

自从桓帝爱进御书房至今,有两个多月没有临幸章德宫了,皇后隐隐约约听到一点有关桓帝与张让的风言风语。

就在朱嫣被毒死的当天,皇后来找桓帝。她在寝宫没有找到桓帝,就四处打听起来。可是中宫众宫女、太监都不告诉她桓帝在哪,且见她走来,都纷纷躲避,躲避不了,面对她发问也是支支吾吾的,似乎有什么隐情。皇后在心里犯疑,更想要找到桓帝。

这时,她拦住一个童监,连蒙带诈,童监才如实相告说皇上在御书房。

皇后来到御书房,看门是闭着,以为无人。走近窗下,只听里边有窃窃颤笑,嗲嗲娇语。

"嗯……嗯嗯——皇——上,奴才整天陪着你在御书房,侍奉皇上够累的了,皇上要快快奖赏奴才呀——皇上,皇——上……"皇后听是张让声音。

"明……明日就禀请太后下诏,升你为小黄门。"这是桓帝的声音。

"是吗?皇上你自己下诏不就得啦?"

"听……听,听你的。"

皇后从窗子探头向里一看,张让依偎在桓帝的怀里,不由地醋性大发,气得眼泪潸潸而下,她转身跑走了……

张让听到房外有动静,连忙回过头来,看见门闭着,并无一人。他又走到御书房门外,四下瞅了瞅,没有看见什么。"难道是风吹的?"张让心里想着,回到御书房。

中午，太后刚刚用完膳，就有急折来奏。太后接过奏折一看，大吃一惊。她想起半个月前的那天中午，大将军梁冀来见。梁冀身未落座，就急言快语地说：

"李李李固，固收买人心，必为后患，不不不如趁早处死他！"

李固与杜乔等的反对梁冀议立桓帝不成，反对太后和梁冀册立妹妹为皇后又遭失败。四月，京师洛阳地震，闲居都中。梁冀大将军对在拥立桓帝和册立皇后问题上，李固、杜乔等反对，一直怀恨在心，想趁此机会整倒李固和杜乔。他诬陷李固和杜乔是二刘同党，逮捕他俩治罪。因太后素知杜乔忠诚汉室，不让梁冀治罪于他。但李固被梁冀打下监狱。李固的门生王调、赵承等十几个人得知李固横遭诬害，气愤不已，就自己上了刑具，一起到宫门请愿，要求释放李固。今日早朝，太后得奏知晓此事，即令赦放李固，至此也不过几个时辰，没想到梁冀就对她这样说。于是，太后就问梁冀：

"他刚出狱，怎么这么快就收买了人心？"

梁冀往太后跟前移了移，说："李固一出监狱，京京京城里家家户户的人都上街庆贺，大街小巷都挤满了人，百姓齐声欢呼万万万，万岁。此此此不是收买人心是什么？如如如此下去，还不反啦！"

"这怎么是收买人心呢？这是李固得人心，又怎么能治罪与他呢？"

梁冀听妹妹如此之言，便不作声了。坐了一会，就起身走了。

奏折刚看完，皇后就闯进来了。她一见到太后，眼泪流得更是止不住了，她哭得说不出话来。太后不知何事，连忙起身扶着皇后，连声安慰，并要她冷静，有什么事好好说。

"皇……呃，皇上荒淫，张让妖癖，蒙惑皇上，姐姐要……呃……呃，要为我做主啊！"皇后哭了一阵，稍稍平静一些，便说。

"从何说起？"太后问。

皇后把她在御书房见到的情景如此这般地说了出来。

太后听了，脸色陡然变青了，沉默不语。

过了一会，梁太后对皇后说："你先回去吧，此事不可外传，等与哥哥细细商量后再处置。"

皇后还想说什么，太后挥挥手："去吧，去吧！一国之母，当遇事不惊，如此涕泪淋淋，成何体统！去吧，回宫梳洗梳洗吧！"

皇后慢吞吞地，想走不想走地起身，回章德宫去了。

第二天，张让就被投了大狱，关进了死囚犯的牢房。

"天啦，我可不想死啊！"张让脑子"轰"一下大了，他万分紧张和痛苦，他禁不住地对天呼号。他想起了自己被阉的情景。从父亲下刀那一刹那间开始，剧烈的疼痛如火球一样，由两大腿间"吱吱吱"向他的头颅、他的心脏、他的四肢、他全身的每一个汗毛细梢滚去，一阵阵地爆炸，他身上每个部位，包括他的灵魂，都被炸成了碎片。他高烧不止，烧得他一阵阵昏迷。昏迷中，他如一个无家可归的野鬼，在十八层地狱下飘荡;然而,只要他稍微清醒一点,疼痛就占据他的每一根神经,流动在他每寸血管中,似乎有无数条野狗在撕咬他。

张让受刀以后,虽然整整三天粒粟点水不进口,但他感到自己被膨胀得异常变形,似乎像一个巨型的怪物,一个无比丑陋的怪物。胀得紧紧的,似乎要爆,如鼓一样,手一碰到这个怪物就迸发出嘭嘭的怪响,让人惊恐不已。

多少天以后,他的伤口还在流淌着无比难嗅的血水污液。渐渐地,创面开始化脓了,他到了奄奄一息的地步。他的父亲顾不得担心将阉子这个丑事传出去,四处找郎中为他医治。郎中在他伤处敷撒胡椒盐来灭菌消炎,每一次换敷,他都如经历一次受刀一样的折磨,让他痛不欲生。本来,受刀后一个月,伤口就基本能愈合的,但他折腾了三四个月。

比这更为痛苦的是他感到自己的一切,包括他的灵魂都被那一刀剐走了,他只剩下了一个空壳,一个干瘪卷曲、丑陋不堪的皮囊,一堆腐臭万般的残尸……至今只要轻触一下伤口,他意识中就喷涌出这一种感觉,强烈地夹杂在肉体的一阵阵隐隐作痛之中……

张让无意识地把手伸向两大腿之间,触到了那个疤,那种感觉又涌上来吞噬着他,他不由地痛苦呻吟了一声,长长地叹了一口气。"自己活受那样一场大罪,不就是为了在宫中飞黄腾达,给自己和全家带来荣华富贵嘛?巴结皇帝,向皇帝邀宠,让桓帝私狎,给桓帝取乐,不就是为了青云直上,怎么因此而葬送性命哩,苍天啊,苍天,救救我吧,快救救我吧!"

张让一阵呼天唤地、悲哀欲绝、心焦如焚之后,倒在了地上,心灰意焚,昏昏然躺着。也不知躺了多久,他又恢复了思绪,心里突然有一闪亮:"不对,如果是与皇上嬉狎这件事被太后知道了,她把我打进监牢,那么,那天我去拜视她,她怎么对我那样亲昵呢?"

皇后从御书房跑开后,张让与桓帝嬉闹了一会,桓帝兴头过了,困倦起来,放开他睡着了。张让悄悄起身把衣装整理整理,用清水洗了洗脸,便向长乐宫走去。目的有二,一是桓帝说明天就让太后下诏升他为小黄门,虽然他对桓帝说让桓帝直接给他下诏,但他心里很清楚,桓帝是"漂亮面孔笨肚肠",他做不了主,虽然他即位时也不小了,已十五岁,但还不如年仅八岁崩逝的质帝,对朝事、宫事一应不问不管,整天只知道声色嬉乐。宫中、宫外大小事情都由太后和梁冀做主。"还得去讨好讨好太后,她这棵大树才靠得住。"张让不时在心里想。二是张让心里不踏实,他总觉得刚才门外响声不像是风吹的。万一他与桓帝之间的断袖之癖被太后知道了,那必死无疑。他知道侍奉君王就是如同为狮虎擦牙挠腮,轻了,重了,碰了,磕了,都会身遭横祸,何况若他们发怒。他得去探探虚实。

张让来到长乐宫,太后坐于茬簟席上,倚着一个凭案,歪着头闭着目,像是睡着了。一个奏牍在案沿耷拉着。

张让看了看奏牍,这是奏告梁冀擅权杀人的奏疏。原来李固被太后诏赦释放出狱,百姓欢呼,梁冀害怕,到太后跟前告他收买人心,太后却置之不理。梁冀不甘就此罢休,假传太后诏令,把李固逮捕入狱。迫害致死。梁冀逼死李固后,马上就来收拾杜乔。只因太后庇护着,多次动手不成。既然他已擅自伪造太后诏令弄死了李固,何不一做二不休呢? 干脆把杜乔也铲除了算了。梁冀派人去胁迫杜乔,说太后下诏赐他立刻就死,请他早做决断,否则会殃及全家。杜乔未接到太后明诏,当然不从。第二天一早,梁冀派一个骑卒到杜乔府上探视杜乔死了没有,骑卒并没有听到哭声,回报梁冀,梁冀当即把杜乔逮捕入狱,当天夜里杜乔就不明不白地暴死了。

奏疏列述了梁冀矫诏诬陷李固和杜乔二人串通叛逆,伪称朝廷下令治于死罪。并把尸体"置诸城北,榜示四衢",下令不许有人哭丧吊哀,否则一同治罪的种种暴行。奏疏说得淋漓透彻,慷慨激昂,然后,凿言厉语地要求弹劾梁冀。

皇后走后,太后心情很不好。刚刚有奏疏来告哥哥伪造假诏乱杀忠国之臣(已策免的公卿),接着妹妹皇后又来告状,说皇上有大失体统的行为。国事、家事都搅在一起,让她万分棘手为难。加上顺帝归仙后,她一直感到很孤独,贴人心的也就是她看上并扶上皇位的桓帝,还有就是同胞哥哥梁冀。可是他俩一个荒淫,一个残暴,不但不能给她安慰,还不时地让她操心。那个小太监张让倒是善解人意,一来是卑微奴才,二来被桓帝要去,竟然也……她很痛心,感到自己成了孤家寡人了,一时心力不支,扑在案上昏昏然。

张让蹑手蹑脚地走近太后,并不惊动她,轻轻地跪在席上。太后感到有人走近,睁眼一看是张让,那种孤寂的心情就像决了堤的洪水,排山倒海地向心中涌来。她一时控制不住,泪珠汩汩地往下淌。

张让侍奉了太后多年,对太后脾性深为了解。他从未见过太后流过眼泪,就是顺帝驾崩时,她那悲戚戚的样子很可怜,但也没有哭。一定是什么事让她太伤心。张让瞟了一眼奏疏,猜是与它有关。就回过头来,跪着用膝行走,移到太后身边,轻轻为她捶背,安慰她多多保重。太后更伤心,把头靠在张让身上,失声哭了起来。

"太后,为社稷国民着想,不要太伤心了。"张让说着也流起泪来。

渐渐地,太后平静了一些,她明白自己失态,马上正身端坐,想起皇后告状之事,把脸一沉,呵斥道:

"大胆,你……你……你……快下去!"

张让吓了一跳。他多年跟着太后,从未见过她如此愤怒地说过话,而且吞吐了半天,像是不知说什么好似的,就知一定有什么原因,很知趣地退走了。

晚上,张让在自己的寝所里忐忑不安。他在心里想:"难道那件事……,太后知道啦? 好像不是,太后伤心之时,伏我肩而泣,对我亲热有加,如果她知道了那件事,定不会这样。难道我还有其他什么事令太后不高兴? 近来在宫中,除了与桓帝私狎那个事外,我丝毫没有粗心失职的小毛病,可以说是无懈可击! 难道因为宫中之事、社稷之事,太后心情不好,才发脾气? 可能也不是。如果说是宫中之事、社稷之事引起太后烦恼,那她正好需要贴心的人安慰,帮她出主意,怎么会对我使颜色,如此严厉地斥我离开呢?"

张让在狱牢中一连过了三天,仍然无人来问。张让脑子在飞快地运转,"假如是死,什么时候处置我呢?如果没犯死罪,是活,我还能不能再在宫中为宦呢?我已经净了身,弄得男不男,女不女,人不人,鬼不鬼的,如果就此被逐出皇宫,这一生什么都完了,那也等于死了一般。"

第四天夜里,狱卒送来太后口信,使张让明白他与桓帝之间的丑事败露。张让吓得失魂落魄,心中暗自悲叹。

又是几个时辰过去了,就在张让完全绝望的时候,突然狱门被打开,几个狱卒一拥而上,把他押了出来。张让想:"看来是死时已到了。"不由地浑身瘫软,神志恍惚,紧闭着双眼,任狱卒驾着往前走着。

不知走了多长时间。张让感到狱卒把他往前一推,他跌倒在地,就没有动静了。"到刑场了,刽子手马上就砍掉我的头了。"张让悲哀到了极点。"最后看一眼这个世界吧!"张让睁开眼睛一看,是长乐宫。他见到太后,一时控制不住,放声痛哭起来,哀求太后救他一命。

太后心里也在隐隐作痛,但她看到张让如此模样,感到她的目的达到了,便暗暗地笑了。

"我了解你的苦衷……可是,照大将军的意思,要赐你死罪。念你侍奉我多年,对我忠心;皇后也为你求情,我好不容易说服了大将军,才免你死罪。"太后冷冷地说。

"奴才磕谢太后赐施再生之恩,太后大恩大德奴才粉身碎骨也要报答。"张让一听赦他不死,陡然兴奋起来,眼泪又止不住哗哗地往下流,一边磕头如舂米,一边用伶牙俐齿对太后说。在心里他对皇后也产生了感激之情。

"记住,以后在宫中要好好做事,不要再胡来了!再有不轨,你那个小脑袋谁也保不了。"太后说。

张让点头称是。

"既然是皇后为你求的情,你就到章德宫侍奉她吧!"太后面带着微笑说。

"是。"

张让死里逃生,对太后感激不尽。从此,太后对他耳提面命,张让当然更是言听计从,忠效不移。

张让到了章德宫的第二天,皇后和宫女席地而坐,玩五子棋。结束后,皇后要起身,可是摇摇晃晃站不起来。张让马上扑过来询示。皇后告诉他,坐时间长了,腿麻了。张让就跪下身子来为皇后揉腿。这时,宫廷传令太监高声报喊:皇上驾到。

皇后欲要起身去迎,一阵微风刮来,桓帝已进室内。

张让一见到桓帝,心马上咚咚咚地狂跳起来,脸上飞起了彩霞,无名地慌乱起来。怎么也控制不住。他不知道自己为什么会这样。出了监狱，他再三地叮嘱自己，今后再也不能与桓帝"私好"了，再也不能有丝毫的过失，他一定要在宫中受到重视，得到重用。要实现自己的梦想，非此般不可。但是，今天他的心就是不听自己的话，一见桓帝就颤抖起来。张让用出所有理智，总算强迫自己在一片慌神中，躬腰退了下去。

张让又在章德宫出现了，桓帝吃惊不小，他怎么也没有想到张让还活着。那天他突然失踪了，桓帝命人四处寻找。可是，派去找的人一拨又一拨，回来禀报都说找不着。这时正好皇后来了，桓帝一见到皇后，劈脸就问她看见张让没有。皇后听了，虽然心里一阵阵涌酸，但她不敢耍气，只好强忍着心中的不快，对桓帝说张让被大将军梁冀逮起来了。桓帝一听，先是吃了一惊，然后大怒，他质问皇后大将军为何要逮捕张让，为什么一直不禀报。皇后只好把张让已召认得他与桓帝"断袖"之为的供押说了出来，桓帝陡然焉了，沉着头不吭声，心想张让这次肯定是活不成了。于是，在心中怀恨梁冀起来。

张让失踪几天，桓帝是在一种孤寂失落中度过的。第一天过去了，没有张让陪着嬉闹，桓帝感到很孤独，心情很不好，垂头丧气，痿痿恹恹，打不起精神来。

张让的出现，桓帝十分高兴。高兴之时，桓帝却见张让脸上飞彩，羞涩难当，煞是可爱，心里冲动起来。可是，张让却有意躲避他走了。桓帝感到不解，也有些惆怅，愣在那里。

"是我向大将军求的情。"皇后感觉到了桓帝的吃惊，她说，"才没有治他死罪，放他出来的。"皇后这话是按照太后的意思说的。其实，她不但没有向梁冀为张让求过情，而且她对梁冀说把张让杀了。

"……"桓帝听了，一股柔柔的暖流在心中流淌，他深情地看了皇后一眼。

"禀皇上，请坐，站……站着傻愣愣……"皇后被桓帝看得不好意思，腼腆忸怩起来。

从此，桓帝每天都临幸章德宫。一是他对皇后产生了好感，二是为了来见张让。为了报答皇后求情之恩。张让在章德宫起早贪黑，身勤眼快，小心翼翼侍奉着皇后。当然，他不会忘记对皇后察言观色，殚精竭虑地讨好皇后，张让心里很明白，在这虎穴求荣，要保住身家性命，就得以虎为娘。没过多久，他就颇得皇后的好感。

初春。

皇后踏着昏暗的月色，在回章德宫路上高高兴兴地走着。近来，皇上经常光顾章德宫，她颇受到皇上的恩宠，她感到这个世界是最美丽的世界。

突然，她看到张让匆匆地往前走，皇后停住了脚步，站在那里，她想看看张让要去哪里。皇后虽然对张让的侍奉很满意，但皇后一直对他留了个心眼，她担心桓帝和张让故态复萌。因此，她对张让盯得很紧。

张让在前面拐了弯，径直朝桓帝御书房走去。皇后马上警觉起来，连忙躲到暗处，"难道他和皇上……又死灰复燃？"皇后想，就悄悄地跟在张让的后面。皇后感到，桓帝临幸章德宫，虽然与张让不曾单独相处，但两人经常眉目传情。

一看张让快到桓帝的御书房，皇后连忙加快步子，本想超过去拦住张让，可是，已经来不及了。张让一闪，进了桓帝的御书房。皇后想冲进去扰散他们的"好事"，她走近御书房，听到里面有好几个人在小声地嘀咕，似乎在商量什么，马上改变了主意。皇后是个颇有心计的女人，她感到这里面肯定有什么不寻常的事情，不然张让不会那样鬼鬼祟祟的，桓帝的御书房也不会如此神神秘秘的。

好大一会，张让又不声不响地从桓帝的御书房闪了出来。急匆匆地往回走。皇后又在他的身后跟踪着。当发现张让向长乐宫走去的时候，就赶紧跑上前拦住了他。

张让被皇后吓了一跳。在毫无思想准备的情况下，面对皇后的严厉盘诘，加上他对皇后为他在梁冀面前求请以及出狱后皇后一向对他不错感恩心态的驱使，慌乱中，张让说出了实情。原来，宦官单超、左悺的随从和军士依仗宦官"口含天宪"势力，在京师洛阳胡作非为惯了，这一天，这些随从和军士不期撞上了梁冀的弟弟河南尹梁不疑姬妾之弟，双方大打出手。梁不疑当即收捕了几名宦官的随从和军士。单超、左悺心想梁不疑胆再大，也不敢把他们的随从和军士扣留太久，会早早地放了他们的。没想到梁不疑不但没有马上放人，而且把他们投入监狱。

桓帝对梁冀飞扬跋扈、不可一世，甚至不把桓帝放在眼里的所作所为，虽然早就有些看不惯，心有不满，但他并不十分计较。这次梁冀强行拆散了桓帝与张让的私好，桓帝非常不高兴。单超他们感到时机已到，趁机鼓动桓帝除掉梁氏兄妹。桓帝念太后辅佐、教导之恩，不愿加害于她，只想解除梁冀的职，就召来单超、左悺、具瑗、袁赦他们来密谋筹划，不想被太后的耳目告密。

太后得到报告，便急忙召见张让，派他去御书房作探子。

皇后听后，感到这件事太严重，使她处于进退两难地步。于是，她对张让声言以皇室为重，晓以大义，并陈述自己对张让诸多恩宠，以及许愿将来如何如何让太后和桓帝加封于他。张让颇受感动，就答应了皇后的请求，与皇后订了同盟。

正当皇后与张让转身回御书房，两人不禁愕然一惊，此时，单超、左悺、具瑗、袁赦、徐璜五人一字排开，站立在他俩的前面。

宦官们把皇后和张让带到御书房，为了拉拢张让，离间他和太后之间的关系，单超对张让说："你入宫后，拼命为梁冀和太后卖命，得到了什么？至今还不是个小小永巷令。除此以外，不就是赏赐你坐了四天大牢？你再这样为他们卖命下去，他们也许会让你坐四个月、四年、四十年大牢哩！难道你入宫来做太监就是为这般！"

接着，单超告诉张让，张让那四天大牢，太后是如何设计让他坐的。单超说的倒是真事。那天张让被太后喝出长乐宫后，太后心情一直很复杂。皇后的告状，使她心中浓云密布，压得她有些透不过气来。

在心理上，太后对张让与桓帝之间的断袖之癖接受不了。这两个人，在她心目中都不一般。桓帝她一直很喜欢，他当皇帝，公卿大臣们坚决反对，她决意拥立他，倒不仅仅是为了她能亲政掌权,其中还有一个因素就是她很喜欢他;张让虽是一个太监,一个奴仆,可也长得有模有样,很懂事,而且机灵异常,有智有谋。她对他有一种无名的情感,好像是一种母爱,好像不止这一点……只要他在身边,总感到一种温情,一种慰藉,一种充实萦绕在她心中。那天皇后一说出桓帝和张让之所为,那种复杂情爱陡然坍塌了,似乎有一种灾难,是感情上的灾难向她袭来,所以她感到,皇后所告之事很严重,比梁冀擅权乱杀朝中前臣要严重得多。于是,太后立即召见大将军梁冀。

太后把皇后告状之事告诉了他。

"唧……唧……唧……"梁冀猛地起身,发起怒来。他一着急,就口吃得说不出话来。

太后示意梁冀坐下,让他慢慢地说。

梁冀气呼呼地席地而坐,结结巴巴地说:

"处处处死,死张让……了了了结此事。"

按照太后一时的气愤,她也想把张让赐死。要是其他太监有此所为,她毫不犹豫立即下诏。但对张让,她总是不忍心,舍不得。她沉思良久,一言不发,急得梁冀又立了起来,在殿内走来走去。

这时,太后想起一件事,就是那天她在桓帝宫中看完宫伎献舞走后,桓帝留着丽伎通宵淫乐,当时却没有人来向她禀奏,过了好久她才知道。有了这件事,还有无其他她不知的事呢?桓帝只有十六七岁,还是个孩子,他能懂得多少,他现在还不能独立处理朝政,假如朝政大事,桓帝瞒着她乱来,也没有人向她禀报,那可要出大娄子的。她觉得在皇帝和皇后身边得有她的耳目,使桓帝的一举一动都能让她了如指掌。充当这个耳目的人张让最合适,他聪明伶俐,心有城府,皇帝的一举一动都逃不过他的眼睛。思来想去,太后才开口说。

"不,还是留着他。"

"那那那他再和皇上唉唉唉胡来怎么办?"梁冀说。

"把他遣往章德宫侍奉皇后。让皇后监视他,使他和桓帝没有单独接近的机会。"太后说。

梁冀十分赞同太后这个两全其美的方法。

太后感到,光这样还不行,必须得想办法让张让死心塌地为她效忠。她告诉梁冀,警告一下张让,让他知道今后再也不能胆大妄为。

就这样,张让下了大狱,被关了四天。

张让如梦初醒,"原来他们在施'欲擒故纵'之计,把我关入监狱,然后放出来再充当他们耳目,为他们卖命。"张让在心里说道,于是,他对梁冀无比痛恨起来。

做通了张让的工作后,单超等宦官就开始做皇后的工作。他们还告诉皇后,他们是在为皇上匡复君威,讨回君权。只要从太后和梁冀手中夺回权力,皇上亲理朝政,皇后的地位会更高。为了割除恶瘤应忍痛剁舍"手足",请皇后"弃暗投明",为

国学经典文库

后妃宦官大传

·淫乱宫闱的恶宦·

图文珍藏版

夫君着想。

正当宦官用其如簧的巧舌，试图说服皇后之时，传令宦官来报桓帝，说太后带着宫廷禁卫来了。宦官们一听，连忙逃窜。此次桓帝与宦官联盟夺权就这样流产了。

太后想张让怎么到现在还不回来禀复呢？就猜肯定其中有因。这可是你死我活之争，一不小心，要不就身陷囹圄，永世不得翻身；要不身首分家。太后为了以防万一，就亲自带着宫廷禁卫前来看个究竟。太后进了御书房，一看只有桓帝和皇后在里面，心中的一块大石头猛然落地了。她看桓帝低着头不敢抬起，神态很不自然，就问：

"皇上，为何如此着愧不已，是否……"

"启禀太后，皇上正与妾嬉闹，太后突然来到，他以为太后看……看……看到了，就不好意……意……意思起来了。"没等太后问完，皇后抢着说。皇后听到传令太监报太后来到，不由吸了一口冷气，知道弄得不好，桓帝会遭杀身之祸。虽然宦官们并没有说服她，但此时她不得不保护桓帝。在万分着急中，她不由地灵机一动，把自己的衣妆扯乱。

太后看了一眼皇后，果然皇后衣妆不整，脸上飞霞。太后再把御书房四下看了看，没有发现疑点，加上皇后是她妹妹，一贯与她贴心。就相信了皇后的话。

太后坐了一会就回去了。

桓帝差一点被吓死了。太后走了好久，桓帝瘫在那里没有起身。这时皇后以无限的温情，来为桓帝消惊压惧。桓帝拖着软软的身体，随她来到章德宫。

虽然，太后没有发现什么疑点，但她心里很清楚。这几个目前威胁不太大的异己宦官，她迟早要收拾掉的。只是现在不是时候，因为梁冀刚刚擅杀李固和杜乔，梁氏与公卿大臣的矛盾更加尖锐。她只能把力量集中到与公卿大臣的斗争上来。

从此，太后对桓帝和宦官的监视和控制更紧了。宦官多次密谋皆未得逞。

这一次密商被冲散之后，桓帝感到纳闷。他对皇后说："哎——，这件事太后怎么知道呢？"

"启禀皇上，是单超派人给太后送信的。"尽管单超等宦官曾经极力鼓动三寸不烂之舌企图来说服皇后，但对于皇后来说，她不会轻易地背叛家族亲情，来投靠宦官的。虽然她对她姐姐隐瞒了桓帝与宦官的密议之事，那是她为了自己着想，保护桓帝而已。对于单超等宦官，等时机成熟，她会和她姐姐梁太后、哥哥梁冀和桓帝站在一起，除掉他们。于是，皇后伸手抚摸着桓帝的手，诬陷单超说。

"你怎么知道的？"桓帝问。

"我……"皇后支吾起来了。

"是我看见的。"张让说。他一听皇后用"挑拨离间"计来让桓帝治单超等宦官于不测，不由心颤起来。他首先想到的是自己，他怕皇后也把他当作单超船上的人，受到牵连。为了保身，必须让皇后感到他是站在她一条线上的。

"噢——那他们为什么？他们与朕一起商量策划对付太后和大将军，却又到太后那里告密，这是为何？"糊涂的桓帝感到不解，便沉吟地说。

"他们把皇上当诱饵，去向太后邀功，想得到太后的封赏，又可以陷害你呀！这样做不是可以一箭双雕！"皇后说。

"陷害朕？为什么？"桓帝更加不解了。

"皇上继位以来，他们得到过皇上的封赏吗？"

"没，没有。"

"那他们不恨皇上吗？"

"噢……那朕明天上朝时，下诏封赏他们不就得了。"

"我的傻皇上，他们使坏，耍手段坑害皇上，在皇上头上撒野，如此阴险狡猾之徒，皇上不但不惩罚他们，还要封赏他们。下次，他们还不骑在皇上头上拉屎啊！"

"既然单超等如此之狡猾，不如如实告诉太后把他们杀了算了。朕马上禀告太后，把他们统统抓起来！"皇后说得活灵活现，使桓帝深信不疑。

"对呀！皇上，对他们一帮心术不正的宦官，就是不能手下留情。"

皇后站了起来，说着，手使劲地一挥。

"启禀皇上、皇后，此乃万万不妥。"张让听皇后那样说，不由地吓出一身冷汗。

"为何不妥？"皇后问。

"回皇后，假如单超等人反咬一口，皇上就是满身是嘴，也说不清楚，那样也许皇上与宦官同归于尽，岂不太冤枉！"

桓帝一听，感到张让言之有理。

只是皇后沉吟不语。

"来人……"突然，皇后向掌宫太监喊道。

"奴才该死，奴才不该胡言乱语，请皇后饶命！奴才罪该万死，万请皇后饶了奴才这一次，奴才下次再也不敢了！"张让吓得面色如灰，一下子扑倒在地，磕头不止，求饶不止。

……　……

四　舔皇后脚丫

张让的磕头求饶，引起皇后哈哈大笑。"快起来吧，我是要赏赐与你的，你反尔……你误会了。"一阵笑过，皇后又说："万一单超他们反咬一口真是说不清楚。这一点，我没有想到。小让子，还是你想得周全。"

"奴才拜见皇上、皇后。"掌宫太监匆匆地走来跪下说。

"去拿美玉二十块，钱铢两万，赏永巷令张让。"皇后对掌宫太监说。"奴才谢谢皇后！"张让跪下磕头，他为意外得赏兴奋不已。

"起来吧！以后，要好好地侍奉我，侍奉皇上。"

"是！奴才就是粉身碎骨，也要侍奉好皇后，侍奉好皇上！"张让起身说。

"启禀皇上，这一次放过单超、左悺、具瑗、袁赦他们一码。不过皇上要小心，躲开他们远一点，千万别听他们的谗言，受他们蒙蔽迷惑呀！"

"朕心里有数。"

从此以后，桓帝对宫中所有的人都不信任，除了宠幸皇后，专信宠张让，昏昏然地过着与嫔妃、宫娥淫嬉不止，醉生梦死的日子。

张让领了皇后的赏赐后，马上就偷偷地跑到单超那里，把皇后煽动桓帝治罪于他们告诉单超。

"哎——我们还不是为了他梁家和刘家卖命，既然他们不领情，我等又何苦哩！"单超叹了一口气说。但他心里想"皇上被他梁家的人围得水泄不通……皇上又正宠信着皇后。我等也只能韬光养晦了。眼前这个张让，可是梁氏和皇上的红人，他来通风报信，是真是假，有何目的？不能轻易地相信与他！"

"留得青山在，还怕没柴烧！以小奴看来，师傅当暂且稳定皇后，等待时机。小奴认为，太后现在身体有病，皇上年岁已长，公卿大臣们要求太后归政皇上的呼声很高。只要太后不掌权，皇后也很快就失去宠信，那时皇上还不是听大人们的。"张让讨好地说。

"咳！一朝君子一朝臣，何况你我都是他们门前的狗，谁掌权还不一样。从今以后，我等应以侍奉好主子为本，不要去问朝政之事，以防引火烧身呐。"单超不愧为老狐狸，嘴上这样说，可是心里却惊叹道："这小子真有心计，所言极是。就目前而言，也只能这样了。"

果不出张让所料，没过多久，太后就归政桓帝。

桓帝建和三年(公元149年)6月至9月，洛阳三次地震，山崩地坼，人畜埋死；8月京都淫雨成灾，洪水泛滥。

虽然梁太后下诏令有关公卿大臣大力赈恤灾民，掩埋饿殍，但仍然民不聊生。加上梁冀一连杀害了两个忠国大臣，朝廷人气亏损，梁太后万分自责，心力交瘁，体力不支，染疾不豫。

在这种情况下，太后颁布了归政桓帝的诏书：

曩者遭家不造，先帝早逝。永维太宗之重，深思嗣续之福，询谋台辅，稽之兆占；既建明哲，克定统业，天人协和，万国咸宁。元服已加(指桓帝已行冠礼——注)。将即委付，而四方盗窃，颇有未靖，故假延临政，以须安谧。幸赖股肱御侮之助，残丑消荡，民和年稔，普天率土，遐迩洽同；远览复子明辟之义，近慕先姑(指阎太后——注)归授之法。及令今晨，皇帝称制，群公卿士，虔供尔位，勤力一意，勉同断金，展也大成，则所望矣。

同时大赦天下，改元和平。

桓帝亲政，张让心里很高兴，毕竟桓帝对他的宠信非同一般。但情况果然不出他所料，太后不再理朝，只在长乐宫养病。桓帝只是名义理政，朝廷大权实际反倒落在梁冀一人的手里。这个窝囊皇帝，竟然在这时以梁冀援立之功，下诏增封梁冀一万户，使梁大将军封邑达三万户，封梁冀妻孙寿为襄城君，兼食阳翟租，使她岁入五千万，并加赐赤绂，和长公主同等待遇。

桓帝归政庆贺，宫廷里欢宴几天，煞是热闹。可是没过一个月，梁太后不幸病逝，享年四十五岁。朝廷一边发表，一边令人筹办梓棺，制作"黄肠木"。一万八千根"黄肠木"全部制作齐全，码放整齐，等出殡时一起运往墓地。可是，哭丧停殡、祭典尚未结束，"黄肠木"突然着火，被烧成灰烬。梁冀当即大怒，桓帝即令廷尉左监张受查办。几天下来，张受也没有查出个名堂，梁冀很生气，对张受说，限他两天不查个水落石出，就把张受当纵火犯试问。张受急得如热锅上的蚂蚁一样，一时不知如何是好，就来找张让帮他出主意。张受与张让原本不相识，太后在世时的有一次祭祀，张让与张受相识，张让给张受的感觉是聪明、机灵，张受对张让颇为喜欢，张让则以本姓与张受套近乎，于是两人就热络起来，一直私交比较好。

"何苦那么认真呢？找一个当替死鬼不就算了。"张让说。

"怎么能这样！那不是残害无辜的人吗？"

"不这样，你不是残害自己吗？你自己也是无辜的呀？"

"那……那……让谁来当替死鬼？"张受听张让这么一说，感到也有道理，心想：也只能这样了。

"你有没有仇人？"

"没有。"

"有没有对你不利的人？比如与你争名、争利、争官、争情……"

"想不起有谁。"

"嗯……"张让沉吟着。

这时张让看见一件被烧有一个洞的单袍放在席上，随手就拿起来看了看，看见单袍下面一个刻有林有银名字的铜制刚卯（也称双印，用金属、玉或木头制的约三寸长一寸宽的长方形，刻有铭文。东汉时期，人们颇信迷信，一般臣民都爱佩刚卯，据说可以避疾疠——注）。张受说这是河南尹梁不疑来哭丧时，梁不疑的一个仆从放在他这里，这个仆从叫林有银，是张受的同乡，与张受关系较好。张让翻了两下，然后说：

"干脆就让他当替死鬼算了。在当今国舅、梁大将军的弟弟梁不疑府上找一个当这个替死鬼，看他梁大将军怎么处置。他既然让你为难，你也让他为难。"

"林有银待我不错，这怎么能行。"

"你还顾得了那么多。他对你不错，他主子待你如何？他主子的哥哥可是要你的命啊！"

"这样无缘无故地整他，我心不安。"

"怎么能说无缘无故呢？整他是整他主子。他随从他主子，他主子的哥哥害你，这就是缘，就是故！你怎么这都想不过来。"

张受被张让说服了。

"不如借林有银陷害他主子算了。"张让说。

张受点了点头。

于是，张让就和张受密谋陷害河南尹梁不疑。经过一番周密策划，当晚，张受就和张让一起拿着林有银的单袍，来到"黄肠木"被焚的现场，他俩正在单袍与松枝上点火之时，赵忠不期而至。

赵忠一直在跟踪张让，他有把柄抓在张让手中。那一天，皇后和宫女们都还在睡觉，章德宫很静悄。张让坐在石槛上，看着殿外西南角枋上飞檐和曲榭拱顶之间结着的蜘蛛网，

一个蜻蜓在风中昏头昏脑地乱飞着，一头栽到了网上，被网粘住了。蜻蜓扑动几下翅膀，不但没有从网上挣脱，反而被蛛丝网得更紧。

"有翅膀又怎么样，看你还能耀武扬威地在天上飞来飞去?"张让心头涌起丝丝快意，他在心里恶狠狠地说。

一滴很大的雨滴砸在张让的脑门上，虽然溅得他有点疼，但他感到又湿又凉的舒畅。张让又把目光投到了蜘蛛网上。那个灰黑灰黑的大蜘蛛顺着摇晃不止的网丝，向蜻蜓爬去。

"快快！妈的，快点爬，把长着翅膀的东西撕了，吃了。"张让心里激动起来，他把牙齿咬得咯咯响，为蜘蛛使劲。

偏在这时候，有很轻很轻的人的话语声儿从曲榭那边传过来。张让心里惊讶，曲榭那边是一片修竹林，很少有人到里面去。张让起身悠着步子走过去，这时候听得清爽，是一男一女在里面嬉笑，张让忍不住向里面张望，看见是一个宫女偎在一个太监怀里。宫女身子侧背着，看不到脸，那个太监张让认识，是黄门令丞（跟随黄门令出入的宦官——注）赵忠。

就在这时，小黄门具瑗匆匆从曲榭走来。于是张让故意大声地说："具瑗大人有何急事而来！"

"太后有旨，明日是皇上行冠礼周年，内宫置礼庆贺，请皇后做好准备。"具瑗说。

"是，小的马上禀报皇后。"张让说。

具瑗转身回去了。张让瞟了一眼曲榭那边的修竹林，不见赵忠和宫女身影了。张让顺着廊庑走回皇后寝宫，在拐弯处，看见赵忠和宫女躲藏在那里，浑身瑟瑟发抖。

"我给你传信号，你怎么藏这里，如果不是我拦住具瑗那个王八蛋，他进宫正好路过这里，这不是撞个正着吗?"张让说。

"一时心急，找不到地方，就……就……"赵忠语无伦次地说。

"怎么不往竹林深处钻?"张让说着，看了一眼一直低着头的宫女，原来她就是莓子，心又一动。嘴上肌肉扯起了让人难以捕捉到的冷笑。

"竹林也有人在……"赵忠说。

雨没有下下来。风渐渐小了,云也渐渐变薄了,天也亮了一些。

张让回到皇后的寝宫,皇后已醒,在寝榻上斜躺着身子抓小腿上的痒。张让连忙扑了上去,见皇后的小腿被蚊虫叮了一个红点。

"奴才该死,奴才该死,奴才侍奉不周,让皇后遭受蚊咬之苦!"张让"噗嗵"一下跪倒在地,边磕头边说着。

皇后并没有介意被蚊虫叮咬之事,也没有想到责怪张让。张让的自责使皇后心里感到热乎乎的。磕完头后,张让起身跪在皇后寝榻边,低下头,把嘴凑上去,伸出舌头轻轻地舐着皇后腿上的红点。舐得皇后小腿痒酥酥地,忍不住笑了起来。但心里却流淌着欣喜的暖流。

"禀皇后,现在好些了吗?"张让恭顺地问道。

"咯咯咯,好——好多了。"皇后说着,在心里想,他真善解人意,真是一个难得的内侍。

"皇后喜欢,奴才天天为皇后消痒。"张让像看透皇后的心思一样,柔声地说。

"我哪能天天都被蚊子咬呀!咯咯……"皇后笑着说。

"奴才该死,奴才不该咒皇后。奴才的意思是奴才每天就该这样侍奉皇后。"说着,张让舐得更殷勤。他边舐边解去皇后脚上的缠布,顺着小腿一直舐到皇后的脚趾。皇后前不久不小心把脚崴了,整天用缠布紧裹着,连睡觉也不松开,故脚有股强烈的臭味,张让舐着,这股难嗅的气味让他一阵阵犯恶心,胃中酸水直往喉咙鼓。他强忍住了,舐得很周到,把脚丫都舐了。

正在这时,赵忠奉命送锦帷来了,看到张让正在为皇后舐脚,脸上浮起怪怪的笑容。宫女接过锦帷,赵忠退了出去,临走时,他朝张让莫名其妙点了点头。

"噢,脚疼好多了。好了,也难为你了。"过了好大一会,皇后笑吟吟地对张让说,"侍奉我起床吧!"

几个宫女过来为皇后梳妆盥洗。张让连忙跑到外面,找一个僻静的地方,呕吐起来,几乎把黄疸都吐了出来。吐完了,张让把嘴擦擦干净。他不放心,又走到假山后的清洌玄泉上照了照,看看自己是否完全正常,正准备返回到皇后寝宫。有人在他肩上轻轻地拍了一下。张让惊了一跳,猛一转过头来,一看是赵忠,心马上就放下了。

"吃脚丫屎香吧?"赵忠说。

"和吃莓子的舌头差不多!娘的,我……"虽然张让抓有赵忠的把柄,此时也敢揶揄赵忠。但张让不想得罪赵忠,还是把话忍住了。

"我俩一起保密!"赵忠说。

"你那个……可是要杀头的,哎——"张让怪腔怪调地。

张让和赵忠分手回皇后寝宫,走到西南角,看见大蜘蛛网上的那个被网住的蜻蜓已经被大大小小的蜘蛛分食了,只剩下两片薄薄的翅膀还在网上随风飘曳。心中那股恶心一下子消失了,悠悠升起了一股惬意。这时,一个老公公来清扫宫殿卫生,他用扫帚弄掉了蜘蛛网,蜘蛛在扫帚上缩成一团,一动不动,老公公要把蜘蛛踩死,被张让拦住了。张让用一个树叶子把蜘蛛捡在上面,拿到竹林里放了。

自从张让发现赵忠与莓子私狎,赵忠常到张让处来套近乎,时不时送点小恩小惠给张让。张让也知道他的用意,心照不宣。今天,赵忠又来看张让,走近门前,听到张让与张受的谈话,就潜在外面悄悄地听着。然后又跟踪至此。

张受一紧张,把林有银的刚卯掉了下来,赵忠捡起刚卯看了一眼,张让连忙夺了过来,连同已点着火的单袍一起扔进已被烧成灰的"黄肠木"中间。

"这也是要杀头的。"赵忠看着张让嘿嘿地阴笑着。

"饶命,饶命,官人饶命,在下一定后报。"张受吓得慌了手脚,跪在地上给赵忠磕头。

"我们彼此彼此。"张让非常镇静,微笑着对赵忠说。张让扶起张受,对他说:"不要紧,赵兄也是自己人。"

当晚,赵忠就向梁冀报告,说"黄肠木"是河南尹梁不疑的仆从林有银放的火。梁冀反问赵忠怎么得知,为何当时不报。赵忠说他亲眼所见,当时不敢。梁冀不信,反将赵忠关押了起来。第二天,张受上朝禀报桓帝,焚烧"黄肠木"罪犯查获,梁冀不等桓帝询问,就要张受将罪犯押来。张受说不敢去押。梁冀问是何人如此猖狂。张受回话小的不敢说。梁冀让张受照实说来无妨,张受说是河南尹梁不疑仆从林有银。梁冀问有何证据。张受说现场有未被焚尽的林有银的单袍和烧黑了的刚卯。并让属下将这两件物证呈了上

汉桓帝拓跋将军梁冀

来。梁冀当即命张受领兵去梁不疑府中抓人。梁不疑依仗梁冀权势,不让抓人,张受又返回面报梁冀。在大将军府张受与梁不疑相遇,梁不疑是来向哥哥申诉的。梁冀严厉训斥了梁不疑,要他立刻把林有银交出来。张受这才到梁不疑府中将林有银羁押起来。林有银大呼冤枉,说张受诬陷他。张受按照张让的计谋,对林有银说:"我来逮捕你,你说我诬陷你,谁相信。"然后,张受又告诉林有银,事到如今林有银怎么呼喊都是死路一条。要想活命,只有一口咬定是受梁不疑指使而为,尚可保住活命。因梁冀不可能不给亲弟弟留情面,张受最后说,出于他与林有银是同乡,

才冒风险为他出这个主意的。林有银是个正直的汉子，痛斥张受说，让他也和张受一伙一样，如疯狗一样乱咬人，办不到。并说要向梁冀反告张受，张受见林有银不吃他那一套，又怕林有银泄露事情真相，就将林有银的舌头割去。

林有银被捕后，有诸多宦官就此事向梁冀进言，说林有银的背后指使者是梁不疑，并编造了梁不疑派人焚烧自己妹妹、太后梁妠的墓葬"黄肠木"是对她一直袒护梁冀，把权都交给梁冀而不满，矛头是指向梁冀的，欲要夺梁冀的权。虽然狡猾的梁冀将信将疑，并不轻易坐罪梁不疑。但梁冀和桓帝对梁不疑有了不信任，梁不疑对梁冀也有不满，从此，在这对兄弟间埋下了矛盾。

张受将林有银送进大牢，而他却死在林有银的前面。当晚，张受七窍冒血，嘴和手足发黑，暴死在自己住所。对于他的死因，宫中无人可知，也查无线索，只好草草地把他拉出去埋了。

太后出殡，辒辌载柩，具黄屋左纛，副乘左右；羽林孤儿、铠甲军士列阵袂送，队伍浩荡，白幡遮日，哀乐喧天；巫士招魂，呜呜喃喃。丧车所过，街路有祭。送殡车队中，有一驾囚车载着奄奄一息的林有银，他将与"黄肠木"一起被活埋，以祭太后。

张让这次小试牛刀，虽未弄倒梁不疑，但也敢在主人面前打狗了，他心里很高兴。张让把兴奋心情严严地隐藏着，低着头侍奉着皇后为太后送殡。

送殡队伍缓缓而行，在招魂的巫士中一个老者，声音格外高，他不念招魂咒语，故意高吟着：

野塘恶秋

满水枯荷

水干尽头

无根老柳

张让听了，不由地想起他尘根生疮时，那个要饭老头教他的那首顺口谣，心里禁不住地一阵阵发酸，他想起了父母。他进宫以后，一直没见过父母，于是，泪眼潸潸。皇后见了，以为张让为太后下葬而悲伤，心里颇为感动。

火烧"黄肠木"案查"清楚"了，梁冀放了赵忠。之后，太后丧期一过，桓帝按梁冀的示意，以赵忠举报有功，升他为黄门令（官秩六百石，主省中诸宦者——注）。幕后者张让却未得到升迁，心里好不嫉妒。

宫内接连发生大事，内侍宦官们一直得不到休沐（《汉书·杨恽传》记述："其疾病休谒洗沐，皆以法令从事。"这种休假日，一般每隔五日休一天，称"休沐"。在东汉时期，正常情况下，宦官如同其他中朝官吏一样，能够依照制度定期离开宫省归家休沐——注），张让也忙累得要死。总算忙过去了，他想趁此机会回乡休沐，探视双亲。他也想散散心，太后去世了，一时他思想陷入混乱。太后在世时掌大权，虽然他对那次把他打下监狱耿耿于怀。但他讨好太后，得到了太后信任和庇护。

太后去了,梁冀掌权,尽管他对梁冀很愤恨,他却想巴结梁冀,以梁冀为保护伞。可是,张让身在内宫禁地,不便经常去梁大将军府上走动,他尚未与大将军梁冀建立相当密切的关系,对此,他有些急躁。就在这时,桓帝准允皇后回梁府省亲。张让立即取消了休沐的计划。"这是个巴结梁冀好机会。"他在心里想。

这一天张让随皇后来到大将军府。只见府内四周窗壁皆是雕金镂银,彩绘成图,画出云气仙灵;屋檐柱子上都镶金嵌玉,精心雕刻的花纹美丽无比;崇台高阁四通八达,蜿蜒曲折,似乎上触云霄,登之可眺望远方;下探水底,用词不当可嬉鱼掬泉;曲径通幽,清溪环绕,水榭交叠。金银珠宝、珍贵稀玩陈列无数。整个宫殿可与秦朝阿房宫相媲美。梁冀在大将军府设宴招待皇后,在其豪华程度比大将军府有过之而无不及的襄城君第宅设了一个寝宫,预备着让皇后休息的。原来梁冀听了与其妻孙寿私通的太仓令秦宫之劝,对街修筑宫殿,左边修一座大将军府,右边修一座襄城君第,竣工不久,特请妹妹皇后省亲来游玩。

午宴之后,在襄城君第宅稍事休息之后,梁冀领着皇后到新辟的苑囿游玩。这苑囿是梁冀一家的游乐场所,苑囿中,人工筑的山像崤山一样,逶迤蜿蜒,十里九坡,林木茂盛,溪水淙淙,珍禽异兽自由自在地追逐嬉跳,出没其间。置身其中犹如仙境一般。平常,梁冀和孙寿带着娼妓私好,乘坐着辇车,前歌僮,后乐伎,弹丝吹管,游玩其间。有时甚至通宵达旦地恣意欢娱。张让看到如此奢华的宫殿和苑囿,心里很不平衡,陡然升起了一种憎恨。

从大将军府回来,梁冀那奢华的宫殿和自己颍川老家那茅草棚交替地在张让脑子里浮现。张让感到,要改变自己的低微处境,很快发迹起来,必须要靠一棵大树,那么靠谁呢?今天,到大将军府,他用了整个心思,抓住一切机会想取得梁冀的好感。可是,他没能如愿,因此,他对梁冀更恨了。

此时,张让心里很矛盾,不可适从。太后仙逝后,宫廷里各种矛盾交织,斗争非常激烈。桓帝虽然大肆增加封赏梁冀,但除了正受宠的梁皇后枕头风吹得桓帝晕头转向外,还有一个因素就是桓帝为了笼络大将军。从桓帝内心来讲,对梁冀有诸多不满,只是不能奈何于梁冀而已。梁皇后目前尚得桓帝宠幸,但近来好像桓帝对她稍有些冷淡,她能不能一直这样受桓帝宠爱不衰,很难说。再说,假如没有她哥哥梁冀手握大权,她又会怎么样呢?虽然这些矛盾扑朔迷离,张让不尽详知,但他在心里始终保持着一种警觉。他有一种直觉,这种直觉告诉他:别看宫廷里表面平静,平静下面掩藏着争斗和绞杀。在太后去世后的这次角逐中,究竟最后谁操胜券呢?张让把握不准。所以他感到左也不行,右也不行,心里很烦躁。

张让心情特别不好,他想找个人一起倾吐倾吐,发泄发泄,但他无处可去,想来想去,只有赵忠与自己连在一起了。于是,他就去找到赵忠。

赵忠应约来到张让处,看见张让在席子上摆上了酒樽,樽内已盛上了酒。

"来让我们一起庆贺!"张让举起樽说。

"你我是个残人,什么时候不是人下人?有什么值得庆贺的!"赵忠的自卑感不由地爬上心头,有点萎靡地说。

"哎——那我们就为人上人庆贺!"张让说。

"人上人占去了所有的人间好事,为他们庆贺? 妈的,你发疯了!"

"那就庆贺他们也遭灾遇忤吧!"于是张让就告诉赵忠,梁冀权高自傲,目无君主。今天上午,桓帝御殿,接受文武百官朝贺拜年,梁冀竟然带着宝剑大摇大摆地步上殿堂,尚书张陵见此情景,迅速从殿前闪出,大喝一声,即令羽林虎贲诸将上前夺去梁冀的宝剑。梁冀毫无提防,心惊胆战,跪伏阶前,磕头谢罪。张陵当场谏奏桓帝,弹劾梁冀,他说:

"启禀皇上,梁冀目无君上,应当交给廷尉论罪!"

"皇上,梁冀此举上犯君威,罔乱朝纲,该当论罪!"几个正直的大臣一起上奏。

"这……这……梁冀违背君臣之礼,本当有罪。只……只是他一贯对朕体履忠孝,对国家竭尽股肱,功勋卓著。此乃……乃是初犯,当……当……当从轻论处。就罚他一年的俸禄,借赎惩尤吧!"桓帝心软,不敢对梁大将军以严遣厉责,替他解围地说。

梁冀只好拜了拜,退了出去。

"这个不可一世之人,从来都是受封,此乃受罚,这是一个预兆,是一个好的预兆,怎么能不庆贺呢!"张让最后说。

"竟有此事,当贺当贺!"赵忠说着端起酒樽一饮而尽。赵忠对梁冀恨之入骨。梁冀喜欢兔子,就在河南城西开辟一个园林,作为兔苑。此兔苑极大,有"绵亘千里"之广,并命各州郡向兔苑交纳兔子,烙上记号,放养苑内,谁要是误伤兔苑里的兔子,罪至死刑。有个西域人不知道这个禁令,偶然打死了一只兔子,为这个案子,受牵连的被梁冀杀死十多个人。有一天,梁冀的二弟私遣门役到城西出猎,梁冀侦得消息,怕这些出猎的人进他兔苑,伤害他的生兔,就派家卒前往追捕,结果杀死三十多人。

"你知道在殿上呵斥梁冀的张陵是何许人也?"张让问。

"何许人?"

"此人是梁冀弟弟梁不疑向朝廷举荐的,张陵一直把梁不疑当作擢举恩公,俩人关系甚密,今张陵如此斥劾梁冀,啊——"张让突然将话停住了,做了个含混的手势。

"噢——"赵忠心有灵犀,明白张让所做手势的意思,一声长"噢",表达了自己的赞同。

"有了上次的林有银火烧'黄肠木',又有了这一次张陵殿上夺剑弹劾梁冀,只要有人把这两件事联系起来,到梁冀那里上上水,他兄弟俩还不斗起来? 到时会有好戏看。"张让和赵忠年龄差不多,赵忠只比张让大两岁。原来他俩接触并不多,并且互相抓有把柄,存有芥蒂。自从梁冀家卒抢赵忠家乡平安县送给赵忠的升迁贺礼那天起,两人歃血为盟,结拜兄弟。那天晚上。张让来到赵忠住处,赵忠正在独自一人喝酒，他已有七分醉了，斜着醉眼招呼张让说："来来，陪老兄喝……喝几樽。"

张让在赵忠对面席地而坐，与赵忠一起对饮起来。

"妈的，凭什么他都要占着，钱财、女人，凭什么他姓梁的一人享受。妈的抢到老子的头上来了。此仇不报，誓不为人！"赵忠重重地把酒樽顿在几子上，口中骂的是梁冀。

张让心中早就对梁冀不满，特别是上次与桓帝猥狎，被梁冀投进大狱，他一直怀恨在心。他随皇后到大将军府省亲，梁冀对他的怠慢，加上他看到梁冀府第是那样的奢侈浮华而产生的嫉妒，他对梁氏的仇恨更甚。只是没有发泄的机会。

两个年轻的太监惺惺惜惺惺，同病相怜。这一晚，一唱一和，一边骂一边叫一边喝，直到酩酊大醉，倒地呼呼睡去。

第二天一早，赵忠和张让差不多同时在宫中守更人的吆喝声中惊醒，看看对方，两人心里都一惊，酒后吐真言，昨晚骂了一夜梁冀，如果传到梁冀的耳中，那可都是没有活命了。转而一想，怕什么呢？对方也不是和自己一样吗？于是两人的心不由地靠近了。赵忠首先开口说："兄弟，咱俩是一样的人，在宫中被人踩在脚下，受人压榨。被人看不起，我俩要自己多照顾自己，……从此以后，有难同当，有福同享，共同对外。"

"谁要做对不起兄弟的事，天打雷劈，粉尸万段！"张让说着，猛咬一口手指头，顿时指尖鲜血淋淋，他拿起两只酒樽，倒上酒，将鲜血滴入樽内。赵忠见状，也咬破手指，滴血入樽。两人端起血酒，猛地一碰，一饮而尽。

从此，俩人结为莫逆。

"你还想到这一招。"赵忠说。

"你和太仓县令秦宫是不是有几分私交？"张让问赵忠。

"是。"赵忠答。

这个秦宫曾是梁冀家的奴仆，他面目俊俏，口齿伶俐，深得梁冀喜欢，梁冀就为他弄了个太仓县令当当。但他并未去赴任，仍在梁冀家出入来往。梁冀妻子孙寿是个妖艳风骚的女人，她看秦宫长得目如朗星，面如敷粉，潇洒倜傥，对他有亲近之意，只要有什么事情，就有意无意地支使秦宫帮她去办。秦宫本是个善解人意之徒，他对孙寿小心奉迎，体心贴意，曲尽殷勤，孙寿越加喜欢他，进而双双拥入罗纬，宽衣解带，恣意淫乐。秦宫在梁大将军府中，内作情郎，外作宠吏，不正是可以利用的人！

"把'火烧黄肠木'和'夺剑奏劾'这两件事放在一起发挥发挥，说给秦宫听，他会一五一十地告诉梁冀的……"张让说。

"对，这件事我来办。老弟，干！"赵忠端起酒樽举到张让跟前。

这一天，梁冀上朝去了，孙寿从娘家回来，无所事事，感到寂寞，就唤秦宫来寻欢作乐。秦宫来到她跟前，有话对她说，可是她不容秦宫说，就拥在床上，亲热起来。这对野鸳鸯交颈欢娱正酣，侍女茗儿突然闯了进来。孙寿正要泼发悍威，茗儿说娘子快起，大将军回来了。秦宫听言，一跃而起，急速将衣服穿好。刚要出门，梁冀推门入房。孙寿来不及穿衣，且云发松蓬，面颊微红，一时无主意，只好赖在床上。秦宫慌乱不已，"扑通"一下子跪倒在地，本想求大将军饶命，他瞟了一眼孙寿，见她紧闭着眼睛，一动不动，忽有一计涌上心头。

"小子有急事要向将军禀报，大将军不在。欲报夫人，夫人正在熟睡，没想到大将军回来的正是时候。"秦宫语如连珠地说。

"是何事，如如如此之急。"梁冀问。

"元旦那天，张陵当殿在皇上面前污辱大将军，并直呈谏言要皇上置大将军于死地，他是一个上任不久的小小尚书，何有如此大的胆子？"

"依你你你看来。"梁冀一想也是，于是就问道。

"依小子看来，定有后台为他撑腰。他是受人指使而为。"

"谁谁是他后台！"梁冀问。

"是，是，此事非同寻常，倘若说错了，万望大将军饶恕，小子才敢讲。"

"你有有有话对我直说，这是你的忠实之之之处。对的，我要要要奖赏你；错错错了，也不加怪于你，你可可可赶紧说吧！"梁冀温和地说道。"今日我从外面回来，路过河南尹府，看到尚书张陵鬼鬼祟祟窜到河南尹府中……"秦宫说。

"我下朝时，也见他从不疑家出来。"梁冀说。

梁冀已明白秦宫说的这个张陵的后台就是梁不疑，但他还是要问："这有何内情，你你你详细说来。"

"上次太后归仙的墓葬'黄肠木'被人放火烧了，这人是他那边的奴仆林有银；这次上朝在大殿上跟大将军过不去的，也是他那边举荐的……都是他，大将军，这不让人感到有点蹊跷吗？"

"我我我倒没有把这两件事联联联系起来想。"秦宫说的他那边，梁冀听得清楚是指梁不疑。"他为为为什么要和我过不去，我可是他的亲亲亲哥哥啊！"

"这个小子也不太清楚。不过，当今世上，除了皇帝，还有谁最威风显赫，那就是大将军。假如老爷要做不成大将军，那还有谁能做？只有二老爷了。小子听说，老爷受老太爷的荫庇，做上了大将军，辅佐皇上，掌握大权。二老爷同是老太爷儿子，却不如大将军一半威风，一直心有不甘。只是太后在世，二老爷不敢轻举妄动。现在太后归仙了，二老爷只要把老爷打下去，他自己不就顺理成章取而代之成为一人之下万人之上了吗？所以，二老爷一心想害大将军。"秦宫说起来头头是道，滔滔不绝，俨然一个口若悬河的政客。梁冀哪里知道，妻子孙寿从娘家回来找不到秦宫，原来他被黄门令赵忠叫去了。这番话，就是张让和赵忠早就编好了的，只是在秦宫嘴中过一遍罢了。

"是啊，我怎怎怎么没想到这一点。"梁冀经秦宫这番轻轻地点拨，茅塞顿开。梁冀听了以后，不由地倒抽一口凉气，在心里想："梁不疑，你我是同胞兄弟，你竟然

后妃宦官大传

图文珍藏版

害我,我还蒙在鼓里,哼,既然如此,你不仁,就别怪我不义了。"

正在这时,家卒来报,皇后派张让来给大将军送贡国进贡的长毛白兔。梁冀就对秦宫说:"你下去吧!"

"快快快迎进迎嘉阁。"梁冀一听说是皇后送兔子来,马上就来了精神。

张让进来了,说皇后念大将军喜欢白兔,就命大鸿胪(官秩中二千石,掌诸侯及四方归义蛮夷——注)让邻近夷狄朝贡美毛白兔供大将军赏玩。此次进贡长毛白兔二百余只,皇后本想全部赐给大将军,只是半路被河南尹梁不疑家卒强行截去了百只,剩下的全在这里了。梁冀听了,不由地怒气冲冠,送走张让,带着亲兵,直往河南尹府。一进门,就见几个佣人在侍弄一群白兔。梁冀挥剑就将几个佣人斩了,掳了白兔,一声不吭地返回了。梁不疑见状,顿生大疑,紧追其后相问,梁冀气呼呼急走不答。

梁冀带着世上稀有珠宝,特就皇后赏赐他长毛白兔来向皇后道谢。皇后一脸狐疑,莫名其妙。梁冀就详细说明皇后让张让送去赐兔的经过。皇后听了,就召张让来问。

"白兔是我奉皇后吩咐送赏大将军的。"张让答。

"大胆,此乃谎话,我从未吩咐过你呀!"皇后温和地斥责张让说。原来这白兔也是张让用的计。他打着皇后的名义,命大鸿胪向邻国索要白色夷兔,原本是想讨大将军和皇后的欢心。等白兔进贡来了以后,正值他和赵忠结伙挑拨离间梁氏两兄弟,让他俩互相残杀。他就把白兔一分为二,先送一部分给了梁不疑,剩下的再送给梁冀。引起梁冀冲进河南尹府中乱杀无辜。梁冀从河南尹府抢回白兔回府后,越想越气,也没有心思玩赏邻夷进贡的可爱的小白兔,就召来中常侍曹腾,嘱令他去对桓帝说,调梁不疑为光禄勋(掌宿卫宫殿门户,典谒署郎更执戟,官秩中二千石。与河南尹相比,无实权——注)。梁冀的另一个弟弟梁蒙,与梁不疑处得要比对梁冀更投机、亲密一些,平时来往更多一些。梁冀连他也一起收拾了,指使他人上奏桓帝,降了梁蒙的职。梁不疑知道此次调任是梁冀所为,也不到职,就让位归第,与弟弟梁蒙·起闭门自守,

张让听到梁冀运用种种方法整治梁不疑的消息,心里别提有多高兴。高兴之时,他想到了赵忠,通过此次合谋,他感到与赵忠感情更深了,关系更密了。但高兴之余又有些不满足,那就是梁不疑太焉了,被梁冀一整就像个缩头乌龟一样,趴在那里一动不动,任凭梁冀摆弄。张让倒希望梁不疑像条疯狗,跳起来,跟梁冀撕咬打斗,斗个两败俱伤最好。

"奴才有罪,奴才该死。但奴才冤枉。"张让跪下说。

"何来冤枉?"皇后说。

"赐兔之事,皇后早有心思,只是皇后身为国母,为国为民操心不止,一时太忙,没能顾得上。奴才想,奴才身为皇后近侍,当细心体察皇后心思,办皇后所思的事,按皇后所想的办。奴才就擅自做主办了。此该当有罪,该当受罚,罪该万死。但奴

才还是感到冤枉。奴才感到，奴才才办这一次，罪犯的太轻，奴才应该如此多办，以致重罪在身，让皇后赐死，奴才死也心安。"

"大将军喜欢兔子，我早就有心要为他弄些稀罕的兔子，一时忙忘了。难为你细心记着。只是事情办了以后，要禀报我一声。"其实皇后从未有过要赏赐梁冀白兔的想法，听张让这样说，又有梁冀在坐，也就顺水推舟，做个顺水人情了。

张让此举，很得皇后欢心。梁冀谢过皇后走了以后。皇后拿起梁冀送的珠宝，越看越爱，越看心里越高兴。她抬起头来对张让说：

"没想到你还有这份细心。下次可不能背着我这样做。"

"奴才不喜欢犯小罪，要犯就犯重罪、死罪。只是有一天皇后赐奴才去死之前，让奴才回老家看一趟，奴才感激不尽。"张让说。

"一派胡言，好好的，为何说死。"皇后转而一想，又问："是不是想老家了。你进宫后回去过没有？"

"宫中有禁，奴才从未回去过。"

"你想回去吗？"

"奴才想回去，但奴才深知侍奉皇后事大，跟着皇后也就不想回老家了。"

"人心都是肉长的，谁都有父母。我准你休沐十五天，回去看看父母吧！"

"谢谢皇后，奴才万谢皇后。"

张让休沐探亲回到颍川老家，进了村子，张让看见一个亭亭玉立的姑娘从跟前过，姑娘看见张让愣了一下，停住了脚步，欲打招呼又没有开口，脸微微一红，低下头又走了。张让惊呆了，他知道这姑娘就是飘儿，她身上还有一点少年时候的影子。

"她是飘儿。哥，你还记得吧！"张朔来接张让，见张让站在那里看着飘儿愣神，就介绍道。

"没想到她出落得如此之美。走，回家吧！"张让说。

一到家中，张让悲喜交加。喜的是入宫十二年了，与家人第一次见面，心情激动得难以抑制，加上这次回乡，他衣锦还乡，十分体面，颍川郡太守也备车迎接他；悲的是爷爷奶奶相继去世了，父亲生姜张和母亲柳氏也变老不少了。一家人欢欢喜喜地在一起用餐，天伦之乐，温馨暖意。尽管生姜张拿出家中最好的主食副食，但与张让在宫中相比，也还是粗茶淡饭。不过，张让多少年没有吃过了，初回乍吃，感到味道挺好。晚上，张让初归的兴头淡了一些，看着家里点着如萤火虫似的油灯，昏昏暗暗，很不习惯。他再看看自己家的茅草屋，心里就咯噔一下，眉头不由地皱了起来。他又想起了梁冀的那两座府第，感到自己家简直是十八层地狱。他在朝廷卖命十几年了，家还是这个样子。

"我决不能再让你们过这种日子了。"说着，张让就起身，来到生姜张房间。跪在生姜张的脚下，痛哭了起来。

"孩子，回来了，该当高兴，怎么如此悲伤啊！"生姜张劝道。

"您老狠心把儿子残了,十分指望儿子给您老带来好日子。可是儿子无用,您老至今还住的是这等房屋。儿子对不起俩老,也对不起去世的爷爷、奶奶。"张让一把鼻涕一把眼泪地说。

"孩子,你已经给张家带来了荣耀。方圆百里,谁都晓得我家在朝廷中有人。你看,这次你回来,太守大人专门接见了你,这是何等光彩啊!何况,你还带回这么多钱财,我们怎么花得完啊!"张让共带回来十二箱金银财宝。这么多钱,生姜张和柳氏今世哪里见过。

"哼,狗屁太守大人,有朝一日让他趴在我的脚下吃屎吧……"张让感到,他的家境这样贫穷,是地方官吏没有把他放在眼里的缘故。他心里想着,嘴却说:"我再也不让您老过这种日子了,很快就让您老过好日子!我要俩老到京师洛阳去享人间清福!"

第二天,张让就返回宫廷。本来皇后准他休沐十五天,但张让在这种条件简陋的家里实在待不下去。

回到宫省禁中,张让就来到章德宫。在宫正门门口,遇见一个宫外女子私闯宫门,被卫卒给逮住了。张让上去一问,才知是梁不疑府上的奴婢小媚。小媚的父亲是梁不疑府上的管家,他对梁冀过分欺侮梁不疑实在看不过去,就让女儿到宫中去告诉皇后梁女莹,让皇后制止梁冀,叫梁冀放过亲弟弟梁不疑。

"让她进去。"张让对守宫卫卒说。张让想:"如果把皇后也绞进来就最好了,那梁冀恐怕不倒也差不多了。"

守宫的卫卒就放小媚进去了。

张让来到皇后面前。

"你怎么这么快就回来啦。"皇后问。

"回皇后,奴才在家放心不下侍奉皇后之事,就回来了。跟皇后跟惯了,离不开皇后了。"张让说。

"难得你有这份孝心,回家了还惦记着我。"皇后听了,心里很高兴。"家中可好?"皇后问。

"……"张让低着头,有意不回答。

"怎么,家中有事?"皇后见张让不吭声,猜他家中一定有事。"你就不要急着回来嘛。"

"家事再大,也没有侍奉皇后之事大。"张让小声地说。

"家中有什么不好?"张让这么说,皇后心想,还是张让有心有意,往后要多多赏赐与他。于是皇后再一次问道。

"太穷。"张让声音更小,像蚊子叫一样。

"来人,赏张让钱十万,锦缎二十匹。"皇后吩嘱道。

"启禀皇后,万万使不得,奴才回去的时候皇后刚刚赏过,皇后再赏奴才,奴才就不敢领受了。"张让扑通地跪在地上,头如鸡啄米一样地磕头。

"起来吧，以后好好服侍我就是了。"

"谢谢皇后，奴才谢谢皇后。"

正在这时，小媚怯怯生生地进来，跪下磕头后，向皇后诉说了梁冀种种整治梁不疑的做法。皇后听了，半天也不吭气。然后赏小媚几件衣服，就让小媚回去了。不久，梁不疑和梁蒙相继郁郁寡欢地病死了。

虽然皇后赏赐颇丰，张让并不满足于皇后的这些赏赐。他去找赵忠，向赵忠倾吐了让他父亲和弟弟做官的想法。

"这年头，要想发财，就得掌权；要想掌权，就得做官。东汉王朝，那么多官，凭什么都是别人做，我家人就不能做？"张让最后说。

"依我看来，能让你家乡郡守举荐最好。"赵忠说。

"颍川郡守与我无深交，未必他肯。"

"此乃好办，各地刺史、郡守，莫不想巴结掌权内官（指宦官——注），以此来交通皇上。目前，你我都是年龄太小，官位太低，没有人结交与你我。但曹腾、曹节、单超、左悺这些人，地方官吏就怕没有机会向他们献殷勤哩。这事你放心，中常侍单超与我私交很好，我将鼎力向单超引荐你，由他们出面，定能办成。"

"此事拜托为兄了，事成一定重谢。"

"此乃见外之言，你我是谁和谁呀！"

今天，正值单超休沐在府。

近来单超心情很好。因随从、军士被河南尹收捕而结冤梁不疑以来，一直想找机会出这一口气，就是未能如愿。可是近来梁不疑终于被整下去了，心情能不痛快？单超有一个嗜好，平常爱让美妾喂食。他还喜欢吃松子。晚上，单超在府上搂着年仅十六岁的妖冶宠妾小珍，逗着她撒娇献媚，抚弄她艳美身体，品着她侍喂的松子，哼着小曲，一副得意忘形之态。这时，赵忠带着张让来拜见他。他也不起身，把小珍往怀里拥了拥，对赵忠和张让二人招招手，示意二人坐下。

赵忠、张让一阵寒暄，也就席地而坐，闲话起来。自然要说到近来宫内之事，说到皇帝、皇后，最后又说到梁不疑。此时，赵忠绕着弯儿对单超吹捧张让和张朔，说梁不疑倒台，张让有大功。赵忠不光是个善于谈吐之人，还有及时把握话题方向的能事，他吹捧了张让之后，就吹捧张让之弟张朔。然后不知不觉地又和单超聊起察举之事。单超一边让小珍喂着松子，一边很有兴致与赵忠聊天，显得很快乐。赵忠感到时机已成熟，就向张让使了个眼色。张让会意，借故小解退了出来。原来，张让已把张朔叫到京师，现在就在单超门外等候着。张让带着这次提前结束休沐回宫，皇后赏他的钱财和锦缎，引着张朔，来见单超。单超正抿口接小珍纤手递来的松子仁，斜着眼睛见张让引着一个青年进来，心中就知道是什么事，但他仍不动声色。于是赵忠就直言相托，请单超遣书颍川太守为张朔荐举。

"都是自家人，有事该当帮忙，这么客气为何？"单超没有推辞，就收下张让礼物，"朋友一场，以后在皇后面前多美言老朽啊！"单超知道张让深受皇后宠爱，在宫中也有小能耐,挺愿意通过此事,与他交好。

就这样,张朔做了官,当上了野王县(地名,今河南省泌阳县)县令。之后,张让以皇后名义,通过非法手段打着举荐孝廉的旗号,让父亲生姜张也做了官。

元嘉二年(公元152年)以来,屡遭天祸,民不聊生。冬刮大风,大树连根拔起,掀翻民房无数;夏遇大旱,不少地方庄稼无收,野有饿莩。永兴元年(公元153年)京师发生两次地震,又遇黄河发大水,冀州一带河堤决口,淹死无数,几十万户人家流离失所。当地官府不但不管,还更加贪污勒索,难民越来越多。

尽管国家衰敝,但君心不忧,唯有儒生清议,有一平安人叫崔寔作政论数千言,隐讽时政,劝诫朝廷起用廉官勤吏,主张严惩贪污渎职之官,以正纲纪。然而,一篇书儒之论,怎能遮格桓帝之心。桓帝不但对政论充耳不闻,反尔视贪官污吏为凤毛麟角。

上梁不正下梁歪。东汉中央政府如此,地方官吏也跟着仿效。张让弟弟张朔所在的野王县,也灾害不断。虽然张朔担任野王县令没几个年头,但他借以天灾地害盘剥百姓,收贿纳赃,聚财敛富却很老道,为感谢哥哥张让为他弄到官职厚恩,他向张让送献了大量的钱财。

有了钱,天灾地难对于张让来说,已避之远远的,不再降临于他了。就在这时,张让在京师大兴土木,修建私家宅第,准备娶妻成家。

这一天,张让从工地上回来,前脚进门,赵忠后脚就踏入。赵忠有急事要请张让帮忙。

原来尽管梁冀将张陵殿上夺剑之仇的"后台"梁不疑收拾了,现又受到特封,可履剑上殿。但他对张陵一直记恨在心。黄河犯灾,梁冀本想贬张陵去冀州。不过,他又很害怕张陵,不敢惹。思前想后,就派另一个跟他过不去的人去做了冀州刺史。这个人就是南阳的硬汉朱穆。没想到赵忠却因此而遭殃。因他家乡平安县属冀州籍隶。

冀州的那些贪官污吏早就对朱穆闻风丧胆。朱穆一渡过河,他们就吓坏了,害怕朱穆查办他们,四十多人丢弃官印逃之夭夭。朱穆一到,果然铁面无私地查办贪官污吏。这些不法之官有的惶急自杀,有的被囚锢监狱而死。老百姓对此拍手称快,都说:"苍天有眼睛,派来朱刺史。"

就在这个时候,赵忠的父亲死了。赵忠回到平安家乡大办丧事。出殡的场面之阔气,是平安地区所没有见过的。他大胆地违反东汉制度,像皇帝归葬那样,在他父亲的棺材里放着玉匣。赵忠办完丧事回宫,有人向朱穆告发。朱穆就派郡吏前往调查检验,郡吏知道朱穆严明公正,不敢马虎怠慢,就刨开墓坟,剖棺出尸勘视,尸上果然有玉匣佩着。朱穆当即下令将赵忠家人逮捕入狱。赵忠才得到此消息,气得咬牙切齿,就来找张让商量,如何对付朱穆。

经过一番密议,张让说:"向桓帝告他一状,让姓朱的吃不了兜着走。"

这一天,桓帝退朝来到章德宫,赵忠早就在宫内等着,见到桓帝,赵忠眼泪哗哗的，张让假装在一旁规劝。桓帝就问：

"赵爱卿为何在此落泪。"

"禀皇上，奴才不能侍奉皇上了，奴才犯有不孝之罪，请皇上下诏逐出宫去，处死罪以儆世人。"赵忠说。

"你请罪下狱求死，定有什么难事，爱卿如实说来吧！"桓帝说。

"启禀皇上，自春秋以来，圣人教导世人要君君臣臣，父父子子。而今奴才有幸进宫侍奉皇上，尽君臣之礼，却不能尽父子之孝，而奴才足矣。然而，奴才亲父前不久不幸万古，却因奴才在宫中为内臣而遭人掘墓暴尸，奴才如此之不孝，搅扰先父在九泉之下不得身安。圣人曾曰：父叫子亡子不敢不亡。昨晚先父发怒，托梦给奴才，要奴才以死悔之。"赵忠涕泪满面，跪在地上，"万请皇上赐奴才死罪，成全奴才以死尽孝吧！"

这时，梁冀履剑，虎虎而入。他是来看视皇后的。

"谁那么大胆，敢掘爱卿父亲之墓。"桓帝问赵忠。

"奴才禀奏皇上，冀州刺史朱穆。他擅发奴才父棺，私系奴才家眷。"

"他为何要如此？"

"禀皇上，只因奴才在宫中侍奉皇上……请皇上为微臣做主。"赵忠涕泪淋漓。

"噢！"

"奏皇上，朱穆专挑像赵黄门令这样的皇上近侍人家，掘其父棺，系其家人，扰乱君臣、父子之礼，其意在冒犯皇上，发泄对皇上的不满。"张让说。

梁冀本来就讨厌朱穆。听张让这么说，他也开始在一旁添枝加叶地说朱穆的坏话。

桓帝顿时大怒，立刻派使者前往冀州把朱穆拘捕回都，交付廷尉，输作左校（左校署名属将作大匠管理。此乃汉朝刑罚的一种，凡官吏有罪，令入左校工作——注）。

在张让和梁冀的帮衬下，赵忠总算出了一口恶气。

朱穆遭处罚的消息一传开，整个京师洛阳议论纷纷。特别是太学生愤怒不已，数千太学生出来打抱不平，决定罢课，一齐到宫门前表示抗议。

这时，梁冀来见桓帝。梁冀履剑上朝，也不行君臣之礼，走上前就直通通对桓帝说：

"皇上，尚书张陵是是是朱穆的同党，他他他平常仗着他们结伙势大，为所欲为，扰乱朝纲，干干干脆也把张陵收捕刑以左校算了。"世界往往是这样，诸多因素互相制约，互相牵制，有一物长一物，也有一物降一物。胆大包天、恣意枉为的梁冀在这个世界上可以说谁都不怕，就连皇上也是如此。可是他却怯惧一个人，那就是"朝殿夺剑"的张陵。自那以后，梁冀一直想除掉张陵，但梁冀一想到张陵就胆战心跳。因此，他不敢惹张陵。这次他诬言把朱穆绳之以刑，从中受到了启发，就来找桓帝，想如法炮制，弄死张陵。

"爱卿所言,万万不妥。"桓帝素知张陵刚正不阿,在朝廷内外、官民之中很有威信,颇得拥护,这样的人怎能以左校刑之。加上朱穆之事,这么多太学生罢课,已让他感到棘手头痛。再听梁冀之言把张陵施以刑处,岂不再火上浇油?

"为为为什么?"梁冀反问,口气很冲。

"刑罚朱穆已有几千太学生罢课上书,要求释放朱穆,不然他们愿意全体关在监狱里,替朱穆服刑,为的是不让忠臣蒙冤受屈。这是他们的上书,爱卿你看吧!"

梁冀接书简,看了看说:

"一一一帮学生能能能翻天? 他们愿愿愿意'颛首系趾',我马上就派派派人去收捕他们,不就几千千千人嘛,有有有什么大不了的。"

"爱卿所言极差,他们仅几千人,全国太学生多少人? 失去民心,又会有多少人起来? 水可载舟,也可覆舟。民心如水,社稷如舟,这个道理难道爱卿不懂?"桓帝确实长大了,也有自己的主见,主政以来第一次没有听梁冀的。

"皇上胆胆胆子太小。"梁冀很不高兴。

"梁爱卿,太学生罢课之事,可有好主意?"桓帝问。

"不知道!"既然你不听我的,还问我干啥,梁冀在心里想,愤愤地说着,起身走了。

"……"桓帝的脸拉得很长。

"启禀皇上,梁贼一贯充虎作狼,今又如此跋扈犯上,请皇上快快将他诛之。"一名侍尉名叫汪嚣,实在看不过去,冲到桓帝跟前跪下上谏道。

桓帝听了,不由地渗出一身冷汗。

张让那漂亮的脸上看不到明显变化,只是腮部肌肉微微地抽搐一下,不经意发现不了。

赵忠心痒痒的,脸上表情似乎在极力地掩饰什么,显得不自然。

张让和赵忠不由地互相神秘地对视了一下。

…… ……

五 张让参政

汪嚣上奏诛除梁冀不久,一场诛灭梁冀与梁冀反诛灭的行动在宫廷和大将军府中开始了。

宫廷和大将军府给人感觉是极度紧张,空气仿佛凝固了……

皇宫。

——宦官具瑗、张让等行动诡秘……

——单超、徐璜、唐衡、左悺在宫中穿梭不停……

时间已是下半夜。

坤宁宫桓帝寝殿沉重的宫门呜地响了一下,向黑暗的夜泄出一道光亮,张让闪了出来。又是鸣的一声响,那光亮又消失在黑夜中,张让在黑夜中悄悄地走着。他很兴奋,这既是升迁邀赏、取得信任的好机会。又是报仇雪恨的极好时机,岂能错过!"哼,谁给我奶喝,我就叫她娘;谁对我不仁,我定对他不义。"张让边走边在心里说。

原来,亥时(深夜十一点多)刚过,住在掖庭中的中常侍袁赦刚刚睡下,忽听屋顶上有轻微的嚓嗒嗒响声。他立即引起警觉。袁赦悄悄起身,给家勇打了信号。然后大呼:"有刺客!有刺客。"于是,百多名家勇陡然一起围捕过来,刺客身手不凡,武功高强。可是狂狼不如众犬,好手只怕人多。刺客寡不敌众,束手就擒。此刺客乃是梁冀家将朱洪,受梁冀之派前来刺杀住在袁赦邻居和熹皇后(汉和帝皇后邓绥,永元七年——公元95选入宫,次年封为贵人,永元十四年夏,和帝废除阴皇后,冬至邓绥被立为皇后,和帝驾崩,殇帝即位,尊为皇太后并临朝,殇帝驾崩,邓太后定策立安帝,继续临朝参政。永宁二年——公元121年去世。——注)家中的宣。他从袁赦家屋顶过到和熹皇后家去,被袁赦发觉。袁赦原与梁冀有过节,对梁冀有恨,他马上将此事告知了宣。宣是正受桓帝恩宠的贵人邓猛的母亲。她急忙跑到宫中,一五一十、痛哭流涕向桓帝告状。

坤宁宫(局部)

桓帝即位以后,唯一宠信外戚,助长了梁冀跋扈擅权,已经到了肆无忌惮的程度,每次朝会,只有梁冀可以发言,桓帝不得违背。久而久之,桓帝对自己处于无权的傀儡地位,感到不满;对梁冀滥杀无辜,强夺暴敛,积畏生忿,由忿生恨。

听完宣的哭诉,桓帝觉得,梁冀竟然欺负到自己美人的头上,任其下去,自己的皇帝还怎么做?桓帝怒不可遏,就产生了诛杀梁冀的念头。可是宫中,梁冀的耳目比殿顶上的瓦片还多，哪敢召议。桓帝起身假装去上厕所，小黄门唐衡机灵，随身跟着桓帝而去。桓帝一看四周无人，就小声地问唐衡：

"宫中左右，何人跟梁冀不和？"

"中常侍单超、小黄门左悺与梁氏有嫌，不过口未敢言，容忍至今。还有中常侍徐璜、黄门令具瑗……"唐衡说。

"我知道了！"桓帝很紧张，不待唐衡说完，就摇手打断了他。

桓帝由厕还宫，坐在那里闷闷不乐。其实，桓帝对唐衡的话半信半疑，因他对单超、左悺不信。"禀皇上，宣还在宫中哭哩。奴才送她回去？"张让小心地问。

"嗯？"桓帝一惊，抬起头来看着张让。然后说"送……送她回去吧！"

"是，皇上。"张让眼睛骨碌碌地转了几转，目光有着强烈的洞视力。"不过，皇上，她说她怕，她怕回去后再遭梁冀派来的刺客，就没有命了。"

"这！你说咋办？"桓帝问。

"禀皇上，皇上就不要犹豫了。"说了半句张让不说了。"哼，问我咋办，假腔作势，还在瞒着我哩。"张让在心里说。

"你说单超、左悺等对朕忠心吗？"桓帝终于吐露心曲了。

"回皇上，奴才所知，单超、左悺他们对梁冀恨，对皇上忠。"张让故意把对梁冀恨放在前面说，刺激桓帝的神经。

"那……你知道的，他们曾经可是想陷害于朕。"

"那是他们受梁皇后的指使才做的。"张让不敢说那是梁女莹编造的假话蒙蔽桓帝的，那样，他也参与了蒙蔽，岂不自己受牵连？于是，张让就把那次密谋败露的经过，他进行加工改造后告诉了桓帝。他在叙述过程中，不但没有说出自己讨好皇后的所作所为，而且把自己说成是处处为着桓帝，抵制皇后蒙蔽桓帝。

"原来，她妖惑朕如此之久。使梁冀逆贼横行这么多年，朕定要除掉他。"桓帝说，"赶紧把单超中常侍和左悺小黄门给朕找来。要秘密，千万不要让人知道了。"

"是！"唐衡应声而去。

"你终于把真相露出来了。"张让用眼角的目光瞟着桓帝。"哼，对我，你还能瞒得住、避得了？我就是要叫你自己说出来。"张让对刚才桓帝假装上厕所没有带着他有些不高兴。

单超、左悺入殿，跪下拜见了桓帝。

"快快起来，朕找二位爱卿来有要事相商。爱卿，走近些，朕说与二位。"桓帝面色紧张地对单超、左悺说，"梁冀专柄多年，胁迫内外，公卿以下，无人敢抗，朕意欲将他除去，常侍等意下如何？"

单超、左悺听了，惊然失色。单超马上恢复常态，扯了扯左悺的衣摆。两人一起跪下齐声说道：

"祸国奸贼，当诛已久，臣等才能庸劣，还乞圣裁。"单超和左悺自上次与桓帝密谋不成，对桓帝优柔寡断颇有感觉，后从传说得知，桓帝对他们二位存有戒心和不信任，他俩更是心有存虑。所以此时，他俩既赞成又回避。

"常侍等以为可诛，与朕意相合，但须秘密定谋方无他患！"桓帝面带真诚地说。

这时，单超偏头看了看张让，张让心中一动，"单超这帮人在宫中势力很大，除梁冀外，也就算他们一伙了。趁此机会，也和他们再拉近一些，将来不会吃亏。"于是，张让朝单超微笑地点了点头。单超自那次受张让之求，遣书相托颍川太守为张让弟弟张朔荐举孝廉以后，两人常有来往。张让竭尽巴结之能事，取得了单超的好感。为了取得单超的信任，张让把亲叔伯的女儿张娇献给单超做小妾，这样张让就成了单超的舅兄了，深得单超的亲信。但在私下，张让也去巴结梁冀，并在梁冀那里捞到了不少的好处。只是这一点单超毫无所知。"果欲除奸，也真不是什么难事。但是，就怕陛下到时候又要犹豫下不了手了。"左悺看到张让给单超使眼色，心中就有数，他先说。

"奸臣胁国，理应伏辜，还有何疑？"桓帝严声厉语地说。

"启禀皇上，单常侍等担心可以理解。梁冀亦非平常，是狂狼猛虎，万一将来陛下稍有怜悯手软，那可是非但没有灭虎，反而被虎食之，又奈何！"张让在一旁说道，他想：雪中送炭，更让人倍觉温暖，记忆深刻。此时帮单超他们一把，他们会牢记不忘的，绝对会起到好效果。帮了宦官，再帮一下皇上，两边都得好处，岂不更妙？张让转过身来，又对单超、左悺说：

"常侍和小黄门不必担心，皇上历来是金口玉言，做事决然。皇上虽然仁慈宽爱，但除奸锄恶，皇上更是说干就干，从不惧怕退缩。"张让既讨好了皇上，又说服两位宦官。

桓帝听张让这么一说，果然心里潮热，情绪激动。为了表示他决不反悔，匆忙走下龙椅。

"常侍，你伸出臂来。"桓帝说。

单超疑疑惑惑地将衣袖捋起，露出臂来。

桓帝手握着单超的小臂，低头猛地咬了一口，单超小臂渗出盈红鲜血。桓帝偏头朝张让：

"拿酒来！"

张让当即取酒过来，桓帝滴单超臂血入酒中，猛饮一口。

单超、左悺取酒滴血，一饮而尽，然后，扑通一下跪在地上。"皇上放心，诛灭奸佞，奴才当鼎力相助，粉身碎骨在所不辞。"

单超提议，桓帝又召徐璜、具瑗入内，一起密谋定议。

随即下了诛除梁冀的密诏：

"逆贼梁冀手握大权，独霸专横；上欺圣君，下压群臣；毒弑忠良，残暴无比；浊乱王纲，涂炭百姓。不除不足以正朝纲，不足以解民恨。钦令速速诛除梁贼，为国除奸，为民除害……"

"既然陛下已经决计，大家幸勿再言，梁氏耳目甚多，而且还手握军权，一或败露,祸且不测! 我等快快离去,分头行动。"单超说。

于是,众宦官散去。桓帝欲召诸尚书入谕密商。张让当即跪倒在桓帝跟前:

"就让奴才去传尚书令(官秩千石,掌凡选署及奏下尚书曹文书众事——注)尹勋吧! 梁贼大逆不道,国之大害,民之大蠹。今皇上为国除奸,为民除害,奴才当舍身效力。梁贼耳目颇多,为防止泄漏,就派奴才去吧! 奴才自知夜黑路险,贼有暗查,多有不测。但奴才为了皇上,为了国家,就是粉身碎骨也在所不辞。"张让想在这次诛除梁冀中多多挣些表现,就向桓帝请求道。桓帝当即谕准。张让走后,桓帝就被具瑗拥入御殿。

然而,果不出单超所料,此时有人到梁冀跟前报信。

大将军府。

——一个黑衣人东张西望,踏着夜色,躲躲闪闪地进入府门……

——不一会,一个身材秀美而长有胡须的男人,身穿宦官衣饰,披着夜霜,悄悄溜出大将军府,潜入皇宫……

这个潜入皇宫的密使就是梁冀夫妇"内作情郎,外作宠吏"的秦宫。他走后,梁冀坐立不安,在大将军府中来回走个不停。刚才,隐藏在宫中的家探来报,说今晚皇宫迹象异常,桓帝并没有与一帮宦官、宫女嬉乐,而是悄悄地进入御殿,而且御殿重帷严垂,密不透风。

"可可可知是何事?"大将军一听,从座席上弹身而起,忙问。

"小的确实不知。小的怕耽误大事,就早早来报,尚未探明。"黑衣人回答。

"赏钱一万,你你你下去吧!"大将军说。

"是,有谢大将军!"那黑衣退下了。

大将军不由地把心提了起来,黑衣来报,果然应验了自己的担心。

妻子孙寿见梁冀神色不定,也从襄城君宅第跟了过来。

"难道朱洪失失失手?"梁冀问孙寿,也像是沉思自语。

"不会吧! 朱洪武艺高强,这点小事,对他来说再容易不过了。"

"难道他……"梁冀又沉吟着。

"那更不会。朱洪素来对我们忠贞不贰,这决不会背叛我们。"

"那么宫中到到到底发生了什什什么事,桓帝这个鬼孙子到底在干什么名堂?"此事梁冀不敢含糊,就派秦宫潜入皇宫去探虚实。

"谁不能派,你把秦宫派去了! 万一有什么不测,我可跟你没完。"孙寿对梁冀说。

"他妈的什么时候了,你还这么心疼呵护着私好。命命命不想要了。"梁冀发火道。

"什么私好不私好,你他妈的不是和他也有一腿啊,你当我不知?"孙寿与梁冀吵了起来。

"去去去,我没没没有心思跟你吵架!"梁冀十分不耐烦地挥了挥手,然后又继续在室内不停地踱步。

孙寿也六神无主，紧张不已，跟着梁冀屁股后面走个不停。

"跟什么跟！都都都是你的主意，让她更名改姓。现现现在可好……"梁冀心烦意乱，脾气很大。

梁冀妹妹梁女莹入章德宫为皇后，一直很受桓帝宠爱。太后梁妠去世后，桓帝对梁女莹的眷宠逐渐宠衰减。她认为要使自己继续受宠，只有生下皇子。为此她想方设法来使自己受孕。无奈她施了万般手段，也始终没能如愿。因而她更是心疑好妒，每当得知宫中嫔妃贵人受孕怀胎，她就设法陷害，使她们鲜得保全。桓帝不免有些憎恨，只因惧惮她哥哥梁冀，也就未对她发作。不过，桓帝更加稀少临幸章德宫。这样一来，梁女莹更是郁郁寡欢，终使她抑郁成疾，一病不起，于延熹二年（公元159年）七月命归黄泉。

梁女莹一命鸣呼，对梁冀是一个沉重的打击。梁女莹一走，后宫不再是姓梁的，他要想保住自己权倾于国、威柄于宫的地位，恐怕很难了。

前几年，孙寿的舅父梁纪续弦娶了一个死了丈夫的名叫宣的女人。宣的前夫在掖庭，是和熹皇后的从子邓香，中年病殁。他与宣生有一女取名叫邓猛。宣做了梁纪的后妻，就把邓猛也带到了梁纪家。孙寿看邓猛天姿国色，美艳动人，足可以压倒群芳，就暗地里教邓猛随继父姓梁，认作自己干女儿，然后送进掖庭来讨好桓帝。桓帝见邓猛秀丽美奂，很是喜欢，便立她为贵人。邓猛入掖庭后，一直以梁猛为名，桓帝以为是梁冀的女儿，梁女莹失宠，直至病死以后，桓帝就是看在邓猛的面子，一直对梁冀放纵加宠。最近，内宫有传闻，梁女莹死后，皇后一直空额，桓帝倾向于册立邓猛。孙寿和梁冀为了长期保住自己稳固的根基，就想逼邓猛彻底改名换姓，承认是梁冀的亲女。邓猛早年丧父，没有什么亲眷，只有一个姐夫，便是议郎邴尊，孙寿和梁冀生怕邴尊不答应，更怕他泄露实情，就暗地里来谋害邴尊。

"邴尊这个人生生生性不苟，深深深得桓帝欢心，万不能昭明彰著地去除除掉他。要想尽快灭掉他这个活口，得得得干得隐蔽点。"梁冀对孙寿说。

"干脆暗中派个刺客，人不知神不觉地将他结果了算了。"孙寿说。

"这倒倒倒是个好办法。那要干得一干二净、毫无痕迹才行。"

"这就要选一个得力的人去干。"

"可可可有谁肯去冒这个险呢？"梁冀说着，忽有一计飞上心来，于是他说，"夫人准备绢缎五百匹，黄金一百斤。重重重赏之下，必——有勇夫！"

晚上。风静、夜黑、奇寒。梁冀把家将中的心腹都召集到府内密室，把谋害邴尊的计划说一遍。那些平时对梁冀言听计从、拍马溜须的家将一个个都默不作声，把头耷拉得低低的，躲着梁冀直逼的目光。梁冀很生气，正要发作，猛听一声狂笑，从屏风左边转出一个人来，满脸虬髯，浓眉大眼，紫衣紧束，大踏步地走到梁冀的跟前，躬身地说：

"小子愿去！"

国学经典文库

后妃宫官大传

·淫乱宫闱的恶宦·

图文珍藏版

"太——好啦!"梁冀一听,心中大喜,忙说,"爱将,事成之后,再有重赏! 当从速行动,以以以防泄密!"

"将军放心,在下马上就去。只要小子一去,便是手到轻拿,探囊取物! 请大将军在府中听小子的消息吧!"此人就是侍尉朱洪,他当即取下利剑,往背上一插,纵身而出,飞身上了屋顶,消失在黑夜中。

"嗳,那个软蛋皇帝身边有一个年轻小太监,叫张让,却是得了你梁家的不少好处,不知他是否知道内情。"孙寿放下了斗鸡的架势,温和地对梁冀说。

"对,派派派人去问问他。"梁冀说。

皇宫。

——张让披着黑夜,神出鬼没地出了宫门……

——御殿内虽然灯火通明,但寒气袭人,殿大空荡,从黑夜的远处渐近传来沉闷而又恐怖的咚咚脚步声,在殿内回荡……

夜深人静,更漏声重。

这脚步每一声都撞击着桓帝的心。宽大敞旷的御殿只有桓帝和具瑗两个。整个黑夜阴森如墓,寂静如一块铁板,被寒冷冻得在脚步声中嘎嘎作响。

张让出了坤宁宫御寝殿后,桓帝就和具瑗来到御殿,左等右等,尚书们一个也没有来。桓帝心急,也有些害怕。特别是这不知哪来的奇怪的脚步声让人胆战心惊。桓帝屏住呼吸,大气不敢出地听着渐近的脚步……

走近了,那脚步以同样的声响又渐渐远去了,但尚书们一个也没来。这时桓帝问具瑗:

"不会有变吧?"

"禀皇上,再等一会吧!"具瑗说。

桓帝有生以来,一直养尊处优,哪经过这番担惊受怕的日子。尽管现在御殿寒风习习,凛冽刺骨。可是桓帝却浑身燥热,热汗淋漓。

"张让可靠吧?"桓帝又问。

"禀皇上。永巷令,奴才与他交往不多,皇上最了解他。"具瑗回答。"朕所知,张让对朕应是忠诚不阿的。只是他曾受梁太后和梁皇后之宠信,与梁氏有旧情。难道他会投靠于他?"桓帝说着,在心里想:"如若今日诛杀梁贼计划被梁贼得知,恐怕会引起梁贼兵变。他要率兵进攻皇宫,宫中这有限的禁卫兵士,如何抵抗得了? 这不是反被贼诛矣?"想到这,桓帝萎靡地瘫坐在龙椅上,头昏沉沉的。

大将军府。

——一位"宦官"行迹鬼祟闪入府门……

——梁冀心腹中黄门张恽被召入府中……

冀梁看见张恽威风凛凛地走入大堂,朝廷内外大小官吏来拜见他,他有史以来第一次起身相迎。

"天亮之前,你你你带五百兵勇去宫省宿卫。预备不虞,如宫中有兵卫调动,当即围杀,一个不留。没没没有我的令符,就是皇皇——上下旨,也不听他的,固守不殆。"梁冀说。

"是,在下即去。将军放心,将军恩重如山,胜过再生父母,早想报答。在在下眼里,将军就是皇上,在下只听将军的,万死不辞。"张恽跪下接令,拍着胸脯说。

梁冀的这个决定,是"宦官"探得宫中消息报告他后做出的。刚才,闪入府门的"宦官"对大将军说:

"不好啦,不好啦,大将军,朱洪被逮住了。他被中常侍袁赦抓去了。"

梁冀听了,猛地一惊,忙说:

"噢——快快——快快说来详情。"

"宦官"告诉梁冀,朱洪杀了邴尊,准备回府后,被袁赦生擒了。

"看来我的计划定是败露了,得筹谋对付那些阉人和那个没骨子的皇上。"梁冀在心里想。

那"宦官"靠近梁冀说,桓帝还连夜召集众尚书入朝议事,不知有何阴谋。

"快快,把张恽给给给我喊喊喊来。"梁冀对那"宦官"说。

"是!"宦官应声欲走。

"啊,秦县令回来了,可把我担心死了。"孙寿走了出来,一看是装扮成宦官,被梁冀派去刺探内幕的秦宫,惊呼不已,"还让他去啊,不能另派一个嘛,让秦爱官歇息歇息呀!"

"不不,我不累。我做了装扮,行动隐蔽。就让我去吧?"这秦宫倒是忠心耿耿。

皇宫。

——尚书令尹勋率众尚书仆射、左右丞、尚书小跑入宫……

——张让一脸青肿,一身血迹,紧跟着其后……

桓帝正在着急时,众尚书神色紧张、匆匆地跌入御殿门内。

"微臣率众尚书磕见皇上。"

"爱卿快起!"桓帝猛然长长舒了一口气,心中一块大石头落地了。心想:"张让对朕还是忠心的。只是让朕急死了。"

原来,张让奉桓帝急召尚书令尹勋的口谕,就踏着夜寒,前往尹勋府。"哼,谁叫你当初与我作对,把我关进大狱。假如你不跟我作对,今日我向你报个信,那又如何? 今日我就是不报与你! 我张让报仇时日到。咳咳,手握东汉,翻手为云,覆手为雨的梁冀即刻完蛋! 痛快啊! 痛快!"张让咬牙切齿地边走边想,"要不是袁赦逮住了朱洪,桓帝恐怕一时还下不了除灭梁冀的决心,真是天助之也!"为了给自己壮胆,他知道赵忠对梁冀也恨之入骨,就先到赵忠掖庭里的宿宅,把赵忠叫醒来陪他前往。来到尚书令尹勋府,府门紧闭。张让正欲拍门……

"二位鬼鬼祟祟,定不是好人!"一个领班突然猛地喝了一声,四个卫卒直扑了上来,将他二人逮住。

"不……,不……,不……,勇士,我们是来见尹勋大人的。"赵忠说。

"你二人是何许人也,竟然深更半夜来见我家令主大人?"领班问道。

"我等乃掖庭之官,奉皇上旨谕,急召尚书令回宫有要事……"张让说。

"请出示皇上手谕!"领班一听皇上派来的人,口气小多了。

"我等奉皇上的口谕,请尽快引我去见你家令主。"

"给我绑起来,关进密室。"领班一听没有皇上的手谕,认定他二位诓诈,于是,对卫卒们下令道。

"勇士,请别胡来,延误了宫中大事,皇上怪罪下来,你可要吃不了兜着走。"张让怀揣有桓帝的口谕,此时他不怕。

"妈的,一个被阉了的,不会打鸣的公鸡,有什么了不起!竟用天子皇上来压我等,打,给我狠狠地教训这个口出狂言的家伙。"领班素来对宦官厌恶,听张让那么一说,气打没处来地对卫卒下令道。于是,一阵乱拳,打得张让鼻青眼肿,痛不可忍。

张让和赵忠再也不敢多言,只好任卫卒押到密室。

"勇士,这钱给你。"赵忠在走往密室的路上,忽然进出一个念头,何不给尹勋写个手信哩。就掏出钱来给一卫卒。

"能否把这绢子交给贵令主。事后,在下一定重谢。"卫卒接过钱去,赵忠又说。

"可。"一个卫卒看了看赵忠说。

"能否松一下绑,让我在绢上写几个字。"赵忠说。

卫卒把赵忠松了绑。

尹勋得书,见是黄门令赵忠的亲笔,急忙起身,赶往密室,亲自为两位宦官松绑,磕头谢罪。

"张令官、赵令官,我将在下这个混账的逆卒收绑交与您二位,他冒犯皇上信使,罪该万死,请二位令官立即惩处,赐死罪不息。"尹勋把那个领班五花大绑带来,推倒在张让跟前,然后躬身下跪地说,"在下训教无方,让逆卒冒犯了大人,请大人处置在下,在下毫无怨言。"

"令主千万不可此为,大难当头,当先诛外戚为重。切勿以小误大,扰乱军心。"张让此时脸痛,身痛难忍。可是,他更不能忍受的却是领班"被阉了的不会打鸣的公鸡"这句话,刺得他心痛如焚。不过,他口上还是很随和地说。

"张令官真乃是大人大肚,万般佩服,万般佩服,在下磕谢了,"尹勋当即磕头不止,然后转向领班,"还不快快磕谢张大人赐命之恩!"

"万谢张大人赐奴才再生之恩,奴才粉身碎骨也要报答大人的大恩大德。"领班头如捣蒜。

接着张让就把桓帝召众尚书进宫的口谕对尹勋说了。尹勋当即派人通知尚书仆射、六位尚书、左右尚书丞,起身前往御殿。

"梁冀屡屡欺君,威权并重,眈眈虎视神器;残待百姓,侵压群臣,勃勃窥觊社稷。如今不除,时日稍移,势必迫及孤家,危及东汉。可是梁贼在宫中根深叶密,耳目众多,如果朝廷贸然行动,反生别变。朕星夜召众爱卿,就是商定一个万全之策,以防万无一失。"桓帝说。

接着,具瑗把今晚袁赦擒住朱洪之事说了一遍。

"启禀皇上,万岁德被四海,仁驰天下,所以将梁贼骄纵得毒如蝎蛇,狠如虎狼。现皇上圣明,决诛梁贼,大快人心,定受天下赞拥。只是要从快为之。袁赦擒了朱洪,朱洪不归,梁贼定会生疑,疑而生变,若如狗急跳墙,后果不堪设想。"尚书仆射伏身奏道。

"禀奏皇上,梁贼家将兵勇甚多,仓促而去反倒有险。不如计取。"尹勋呈奏说。

"是,是,是"众尚书附和着。

"卿家之言,正合朕意。众爱卿想一个万全之计吧!"桓帝说。

"……"

众人面面相觑,一时想不出好计来。

"启禀皇上,奴才有一个主意,不知当讲不当讲。"一旁的张让本无权议事,但此时他想在诛除梁冀的行动中急于求功,也就不怕上渎天颜,跪身奏言。

"快快说来。"桓帝催促道。

"朱洪不归,梁贼定是疑心重重,必做准备。现今必须打消他的疑心,松懈他的意志。依奴才愚见,藏宣、邝尊议郎于密宫,制造血场,伪作二人已被朱洪杀之,并故意泄于宫人,以便传到贼耳,以惑梁贼,此作一步;割去朱洪舌头,挞他半死,让他有嘴不能言语,有眼不能示意,有手不能挥示。然后由袁赦押送御殿,召梁贼与文武百官,当殿问审。袁赦代答,诓称是劫财泄愤而为,再惑梁贼,此作第二步;问审之后,交朱洪给梁贼惩处,以示对贼'信任'。但事先暗中派人下毒,不时三刻朱洪自毙,不露破绽。又召梁贼到御殿,伪称受邓猛贵人之请求,特赐她'父'梁贼金银财宝、美女宝刀,然后造伪奏说,说鲜卑犯塞,与梁贼议之,并以此由,控管北军五营,三惑梁贼,也让梁贼无时间查视朱洪尸遗,草草埋之。同时,宫中将以迅雷不及掩耳之势,集重兵直扑贼府,兜剿梁贼于措手不及,定能成功。"张让娓娓道来。

"果然好计!"众人称道。

"张爱卿,何来满身是血? 脸又为何又青又肿?"桓帝这时才发现,便问张让。

张让看了看尹勋,与赵忠交了个眼色,便说:"回皇上,只因天太黑,路难行。加上奴才怕皇上着急,跑得太急,一路连摔带爬,才急速把皇上的口谕送到。"张让对自己这样说很满意,他在心里想:"皇上老子,你看我张让怎么样,为了你,我自己连身家性命都不顾了,你听了还不感动? 还不赏我!"张让又看了看尹勋,"怎么样,我张让够意思够朋友吧,为了你,我连皇上也敢蒙,你小子还不感谢我?"

"张爱卿受苦了,为朕立了大功,等梁贼诛去,朕定要奖赏爱卿。"桓帝说。

张让听了高兴万分,此时他身上伤处虽然在隐隐作痛,但他心里热乎乎的。他感到真该感谢那个领班,给创造了一个邀功邀赏的好由头。

众尚书散去,具瑗也领命调集军队去了。

"派没派人到梁贼府去召梁贼来议朝?"桓帝问张让。

"回禀皇上,宫中已派人去了。皇上赶紧打个盹吧,马上又要上朝了,皇上一夜没合眼,倦容满面,不要给梁贼看出破绽来。"张让关切地说。

……

大将军府。

"见过大将军。"梁淑、梁忠、梁戟拜后而坐。

"东汉江山,自顺帝以来,一直直直是我梁氏一族鼎力辅佐,才有今——今天。可以说,没没没有我梁氏,也——也就没有社稷。我梁氏的兴旺,东汉之兴旺;我梁氏之不测,社稷之毁矣。今日朝朝朝廷奸贼当道,欲对我梁氏下毒手,岂岂岂能容忍?今日急召众将,速备各领兵士,保我梁氏,保我东汉,设设防不殆!"梁冀说。

"是!"梁淑等回答,

"谁敢在我梁氏头上动土,恐怕是活得不耐烦了。请大将军放心,东汉江山是我梁氏让他姓刘的坐的,想叫他坐,他才能坐;不想叫他坐,他姓刘的有胆敢坐?他不老老实实的,就把他的胆子抠了!"梁忠说。

"禀报大将军,皇上谕请大将军去御殿议朝。"令官来报。

"我即去上朝,请请众将备兵待命,如我我我在宫中遇不测,你等就踏平皇皇——宫。"梁冀说。

"立即传令回营做好戒备,我等就坐镇府中恭候大将军,以保躬安。"梁淑说。

这时,正好张恽调集好兵勇,准备入省宿卫。梁冀检阅后,一同前往,以保驾之势,护送梁冀上朝。临近省阁,与梁冀分道,梁冀嘱咐说:

"重点是午朝门,只要把皇皇皇上看在手中,不怕有什么事。"

"小的明白。"张恽领兵而去。

张恽临近午朝门,正与张让回宫碰个正着,张让是去通报邓猛贵人,让她得知伪作向皇上请求封赏梁冀之事,以防吐言不符,让人生疑,通报完返回中宫路过此地。

张让从嘉德宫尹勋那里出来,并没有回中宫,他又回到午朝门,在那里等候着尹勋家卒领班。不一会,领班和一群兵卒都秘揣利器,化装成宫内杂役,向门内走来,正要混过张恽的把守,突然张让怒指道:

"何人派来的兵勇,私入宫门?"

领班一见是张让,不敢冒犯他,小声报来:

"回张大人,我等乃尚书令尹勋秘密派来守宫。"

"一派胡言,为何要派你等守宫?擅闯宫门的叛军,该当何罪。"张让故意大声喝道。

张恽部勇一听,当即围剿过来。领班等人即刻就被张恽部勇擒住。此时,领班等人已明白张让故意加害于他们,领班双目逼视张让,怒斥张让道:"张贼在我等令主面前不是说什么大难当头,当以要事为重,不以小误大,你为何又如此不顾国家,只顾报私仇,残害我等,贻误大事哩?原来你是口蜜腹剑,心毒如蝎,残暴之贼。我等死不瞑目,只恨当初未宰了你这个阉贼!"说完,领班拔出利器,与张恽部勇肉搏起来,几招下来,全都在张恽部勇的快刀利剑下,身首分家。幸好领班机灵忠国,没有泄露其中机密。

正当张让笑眯眯地从午朝门回到中宫,忽然有一人闪入他的宿宅。

"张大人可认识小的?"那人说。

"你……"张让觉得面熟,但想不起来。

"小的姓梅,叫梅亮。"

"噢——,想起来了,是大将军府上的。"

"对,对,对。"于是,梅亮就向张让探听宫中机密。

张让如此这般地对他说了。梅亮听了,伏身一拜,抽身回去了。

梁冀下朝,领了桓帝封赏的众多金银财宝、奴婢、稀玩,增食邑一万户的谕诏,押着朱洪回到大将军府,猛舒一口气。

"原来是虚惊一场。"梁冀边走边想。

还在回府的路上,朱洪就一命归西了。梁冀则心一震,急急回到府上。

这时,家探梅亮回来报告:"小的见过永巷令张让了,张令主说皇上召众尚书急议,要封赏大将军。还有就是朱洪劫财、劫色被擒,惊动宫廷。"梅亮探的消息与秦宫探得的差不多。

"知道了。"梁冀的心又松了一些。

皇宫。

又是一个漆黑的夜。

寒夜充满杀气,天高而又空,没有月色,也无星星。

"报告具大人,厩驺即刻就到。"西面令使来报。

"急报具大人,张彪领羽林剑戟已经出发。"北面令使来报。

"报具大人,五百虎贲立马抵宫。"南面令使来报。

具瑷头戴饰有双卷尾的长冠,红色组缨垂于胸前,系颏下。身着玄色铠甲战袍,腿裹护甲,足蹬方口翘头鞋(汉代将军军服——注),威风凛凛。

"传令过去,行动迅速,一定要隐蔽。贻误战机,泄露军情,严法论处。"具瑷命令道。

"是!"令使转身而去。

"怎么不见东面来报?"他最担心的就是东面,缇骑到宫中,中间正好隔着梁冀的府第。加上缇骑行动隐蔽性差,弄得不好,被梁冀发觉。

"禀大人,东面要绕道而行,恐怕稍晚一些。"一个随从军官答道。

"报告大人,东面缇骑正急速赶来,不时就到。"东面令使大汗淋淋地闯入,跪身报告。

"好!"具瑷大声道。

"不好啦！大人,午朝门梁贼派来的宿卫截杀了尹尚书令增援御林军的家勇数十人。"一个身着黑铠甲的令官来报。

"噢——"具瑗大吃了一惊,"梁贼控制了午朝门,那皇上……"他想,不由地一身大汗。

大将军府。

——梁冀叔父屯骑校尉梁让正在召集宿卫兵,整装待发……

——一位令官手持大将军令符策马出门,急速向北军五营奔去……

"不知去调北军五营的刘泌人到什么地方了。只要把五营调来,他们还不是我手掌上的一粒玩珠?"梁冀想。

天色太黑,梁冀感到很阴森,心中有一种无名的惧怕,坐在府上胆战心惊的。他总感到这过分的黑暗,不是一个好兆头。

他抬头瞭了一下窗外,一片夜色惊出他一身冷汗。他怕梁淑、梁忠、梁戟三个的兵力不够,立即派刘泌去调五营和叔父梁让的兵力。

梁冀不敢见外面的黑夜,但他又自觉不自觉地把目光往窗外瞭,每一瞭他都一阵害怕,于是,他把眼睛紧闭着。渐渐地,他迷迷糊糊地打起了瞌睡。

迷迷糊糊中,梁让带着重兵赶到。"报告大将军,屯骑校尉奉命前来拜见大将军。"梁让向梁冀行军礼。

"免了军礼。按家规,该小侄向叔叔行礼才对。"梁冀话还未落声,忽然,梁让不知哪里去了,他身后的众将变成了太尉李固、杜乔、宛县县令吴树、辽东太守侯猛、郎中袁著、太原人敕洁、胡武、安帝嫡母耿贵人从子耿承、涿郡人崔琦、扶风富豪孙奋兄弟和其老母等一大群人,他们提着大刀一起闯了进来,向梁冀索命。

梁冀欲向李固、杜乔求救,李固和杜乔吐着红舌头,样子十分吓人。梁冀退缩了一下,只得向吴树求饶:"县令大人,小将毒死你实属无奈,小将宾戚多在宛县,县令大人上任向小将辞行时,小将曾嘱托于你。可是大人不听,你说小将能不除了你吗……大人饶命,大人饶了小将吧!"

"不错,罪贼你是嘱托于本县令。小人奸蠹,比屋可诛,梁贼你身为椒房懿戚,位居上将,应该首崇贤善,借补朝阙,宛邑凤号大都,名士甚众,我与贼你座谈多时,不闻你荐提一名士,乃徒以私人相托,树怎奈从之。梁贼你谋命偿命,岂能可饶!"吴树怒斥梁冀。

"大人令属吏收捕小将宾戚,按法处置,小将只好将大人毒死了。今请大人饶命。"

"他们依仗贼你的权势,烧杀抢掠,多害百姓,贼你可知! 你怎么不顾国家,不顾百姓?"

"我知,但小将得庇护于他们。顾国家,更要顾小将宾戚,不然顾国家何用? 百姓乃一介草,顾他们何用。你惩处小将宾戚,小将怎么能不毒死你。所以请大人饶命!"

"贼乃国之大蠹,民之大蠹,当杀不论。"吴树举刀欲向梁冀砍去。

梁冀无奈,又向侯猛求饶:"太守大人,请饶了小将吧! 小将杀大人也是大人咎由自取呀,大人为何不来拜谒小将?"

"本官尽心为国,该拜谒百姓,何要去拜谒贼你!"侯猛斥责道。

"小将乃朝廷将军,国之尊舅,大人不来拜谒难道不该杀之? 大人明理,大人饶命吧!"梁冀叩首说。

"贼你早该万死,还有脸面向我等求饶! 贼你笞死本郎中还不算,因胡武、敕洁与我素来交好,贼你就屠杀了胡武的全家,枉杀无辜六十余口。贼你欲加害敕洁,他自知逃脱不了贼你的魔掌,愤然饮毒自毙。贼你何止是除死我等? ⋯⋯贼你作恶的事如天上星星,数也数不完,欠下的血债你一命能偿还得了? 今日我等来向你讨还,贼你竟然赖着狗脸狡辩!"袁著目喷怒火,举戟猛刺。

梁冀跌倒在地,连滚带爬,爬到了孙奋跟前,抱着孙奋的腿说:"他他他们都是做官的,平常杀人习惯了。你是个富豪人家,今今你饶了小将一命吧! 虽然我让官府将你活活打死,那也是不得已啊! 你有那么多家产,还做个'铁公鸡——一毛不拔'干嘛,我送你一匹马,你得有来有往,也送我些钱财,可你舍不得。我不得不向你索要五千万,可是你一咬牙才给我三千万,短我两千万,我能不发火吗? 能不把你的兄弟和母亲抓起来吗?"

"贼你什么马能值三千万? 我辛辛苦苦、省吃俭用置下的家产,容易吗! 白白送你三千万,你还嫌少,竟然将我老母抓去,说她是你府里逃出来的丫鬟,诬陷她偷盗你家十斛珍珠,一千斤紫金。我兄弟俩不承认,就被活活地打死,一亿七千多万家产被你没收。今我定要向你讨回血债!"孙奋愤不堪言,举手欲砍。

"不不不,我没欠你的什么血债。你一个平民百姓,要那么多钱财家产干什么。只要吃饱肚子就行了,家产多了就要生祸的。只有我大将军才该有亿缗家产。我一个大将军求你一个愚钝草民,你还不受宠若惊? 快快饶了我吧!"

"满嘴胡谬,像你这种暴狼岂能不蠹国,我等快快为国除害,为民除奸!"李固双目喷火对众人说。

"别别别,我正在调集军队,你等先饶我一命,等屯骑校尉梁让和北军五营兵勇到来,让我将你等一个一个绞杀吧!"梁冀跪饶不止。

"贼你已来不及了,我等现在就除了你。"他们一拥而上,刀剑乱刺,梁冀躲避不及,刀刀入体,剑剑冒血。

"啊!"梁冀一声大叫,猛然惊醒,方知做了一个噩梦。

听到梁冀那一声十分吓人吼叫,梁淑、梁忠、梁戟不知发生了什么事,一起跑了过来。

"大将军为何而吼?"他们询问道。

"调集五五五营和屯骑校尉的兵力有什么消消消息没有。"梁冀也不回答三人的询问,目光直视着梁忠说。

"回大将军,路程那么远,不会有这么快的。有我等在,万望大将军不要担心焦急。"梁忠答。

"那么,宫中有什么动静没没有。"梁冀又问。

"没……没有……"

皇宫。

——具瑗当即指使宫吏以张恽擅入宫省,图谋不轨的罪名逮捕了他……

——具瑗和张彪率四面军骑一千余人直扑大将军府和襄城君宅第……

"再搜索一遍,不要放过一个逃兵。"把张恽所领宿卫全部围捕了以后,具瑗又下令道。

"此情中常侍单超知道吗?"具瑗问。

"小的不知。"

"看来,得先去解救皇上。"具瑗激语令道:"传令下去,四方人马以最大速度前往午朝门集结。"说着,具瑗当机立断,一面派使报告单超等人,一面率部前往午朝门。

这时,单超和张让也赶到。单超听到具瑗派人送来的报告,也是吃了一惊。当即率身边的禁卫前来午朝门。张让惧怕自己借刀杀人的事情败露,就随单超一起来了。一看具瑗把张恽全都收捕了,心里不由地直打鼓,仔细一想,张恽也不知底细,心也就放下了一些。

"现在是非常时期,干脆把贼军全部杀了,不然还要派人看管,兵力不够。"张让建议,"尽早除掉他们,以防万一。"此话一语双关,确是他的真话。

"言之有理,就依张大人的。"具瑗采纳了张让的意见,当即将张恽等将卒全砍了头。

然后,具瑗和张彪率四面军骑一千余人以迅雷不及掩耳之势,直抵大将军府,将大将军府和襄城君宅第团团围住,水泄不通。

大将军府。

——一片腥风血雨……

梁忠话还没有落声,猛听府外人吼马嘶,梁冀一下惊起。这时一个家丁连滚带爬,惊慌失措地飞扑进来,大叫:

"不好啦,大祸来啦。门外全是御林军。"

"梁戟。你领兵给我杀出一条血路来,一定得把信送出去。梁忠、梁淑,你俩指挥家兵给我顶住,只要援兵一到,就就就是我们的胜利。"梁冀不愧为一个将军,坐惊不乱。

于是,梁冀的家兵在梁戟的强迫下,与御林军展开一场激战。不一会,豪华的大将军府尸首满地,血流成河。

没过一个时辰,大将军府和襄城君宅第全被御林军占领,梁冀家将、家兵全部收捕。这时,光禄勋袁盱手持圣旨入内,收缴梁冀的大将军印绶。并向梁冀宣布了降贬为都乡侯的圣诏。梁冀自知自己作恶多端，就是这次降贬后活下来，不久也是定死无疑，于是，他拿起毒鸩，仰饮下腹，不时毙命。孙寿一看丈夫归西，自感亦无路逃生，也效丈夫所为，一命呜呼。

桓帝对诛灭梁冀甚喜，诏令官吏按验梁冀家产，变卖充交国库，合得三十亿缗。国库有了这笔资款，桓帝即诏当年减收天下税租半数。所有梁冀私园，悉令开放，给予贫民耕植。

于是，桓帝下诏奖赏在诛灭外戚行动中的有功人员。封单超为新丰侯，食邑二万户；徐璜为武原侯，具瑗为东武阳侯，食邑各为一万五千户；左悺为上蔡侯，唐衡为汝阳侯，食邑各为一万三千户，这就是所谓的宦官"五侯"。封尚书令尹勋以下的有功之臣七人为亭侯。

张让和赵忠也因有功，被升为小黄门。但张让并不满足，他觉得在这次行动中，自己出力不小，功不可谓不高，应该封侯。他得知自己没有被封侯的消息后，非常气愤，当晚就带着礼品去找单超。

"哎，当今金口玉言的皇帝说话也不算数了。他说过诛除梁贼后要奖赏我的。可是，颁诏封侯却没有我。"张让又在心里说。"诛锄梁冀是朝廷难得遇一次的大行动，在这一次行动中得不到大好处，以后再想捞大好处恐怕就难了。我一定不放弃这一次机会。况且，我在这次行动中表现确实颇佳，就这样被打发了，也太对不起我费的那份心机了。再说，我如果就这样容易被打发，那么将来任何事都把我不当数，我岂能就此罢休？"

"舅爷乃从永巷令直升小黄门，在利上倒是蛮实惠的。只是在名上没有得到什么。依在下看，舅爷现在还年轻，名上倒无所谓。要把官升上去，有了官什么都会有的。"单超不好直说张让官职还太低，就说他还年轻。

"在下宁可不要这么个小黄门。"这是张让的违心话，他把小黄门的官衔拿到手了，才敢这么说。"在下倒是不在乎名和利。为国家做了事，为皇上立了功当受到承认。梁冀乃大奸，当今民困国敝，他乃罪魁祸首。除去他是利国利民的大事，在下理当效力不辞，在下确也舍生忘死。现今在人们看来，在下乃是贪生怕死之徒，皇上除大奸，在下似乎躲得不知哪里去了，岂不让在下无颜见众人？岂不冤枉！常侍说我能心安吗？"

"舅爷所言也是。舅爷不为名不为利，视名利如粪土，一心只想着国家、社稷，令人钦仰，令人钦仰啊！此乃忠国之臣，朝廷理当褒崇，皇上理当奖赏。在下回宫面奏皇上，让皇上奖赏舅爷。"单超亦觉得张让有些委屈，就去面奏桓帝，称小黄门赵忠、刘普、张让等，并力诛奸，应加封赏。桓帝准奏，又封赵忠、刘普、张让等八个宦官为乡侯，张让才得心平。

这一年是桓帝延熹二年（公元159年）。

六 阉人娶妻

宦官发动政变,诛灭外戚,主观上是为了争夺权势,客观上却为国除了大害。诛锄梁冀的诏书颁发天下后,全国一片欢腾。特别是京师洛阳,很多市民涌向街头,奔走相告,游行庆祝。人群中,有高声呼喊着:

"大奸贼佞幸除了,国家有救了! 东汉帝国有救了!"

京师的太学生们,更是群情激动,他们撰书颂扬单超等五侯为国除奸,乃为张良、陈平之计谋,伊尹、霍光之功勋。张让专就全国对梁冀覆灭的庆祝情况拟了一本详细奏章,呈给了桓帝,桓帝阅后非常高兴。桓帝本想把满朝文武群臣全都召回宫中举行一个盛大的庆祝活动。只是原盘踞着朝廷州郡大官的梁冀党羽亲族一除,此时朝廷官空,各地官吏也有很多缺额,一时尚来不及擢补。加上又爆发了羌人第三次大规模的叛乱,所剩朝官有的又不得不派去镇压叛乱,此时,没有多少公卿大臣在朝中,桓帝就召众宦官一起到御花园欢筵。朝筵中,宦官就诛除梁冀之事,竭力给桓帝歌功颂德,大肆吹捧,使桓帝昏昏然。桓帝对宦官越加宠幸。

与此同时,宦官们也摩拳擦掌,大干一番。他们趁京师和州郡官吏奇缺的时机,大肆将宗族亲戚派到地方担任高官显吏。桓帝刚从梁冀手中夺回军政大权,一时还不知怎么用。他偏听宦官的,对宦官唯命是从。为了更进一步地奖赏单超,封他为车骑将军,让他掌

汉代青铜器

握军权。桓帝受众宦官迷惑,先后下诏任命单超弟弟单安出任河东太守,单匡出任济阴太守,外孙董援出任朔方太守;左悺的弟弟左敏出任陈留太守;具瑗哥哥具恭出任沛国国相;徐璜的弟弟徐盛出任河内太守,侄子(徐璜哥哥的儿子)徐宣出任下邳县令。此外,纷纷"起第宅,筑楼观,穷工极巧,备极繁华。又多娶良人美女,充作姬妾,衣必绮罗,饰必金玉,几与宫中妃嫔相似。"(蔡东蕃著《后汉演义》)

昨日,具瑗娶亲。他娶了邺县的一个富商女儿,名叫丽璇。妙龄二十,身材窈窕,星眼回波,美貌诱人。东汉时期洛阳民间婚娶,有闹洞房习俗。宫中宦官娶亲,也都效尤。这一次诛灭了梁冀,具瑗的地位陡然大升。张让为了消除曾经在朱嫣

立后问题上,具瑗对他存有微隙,想趁此机会来修复关系。具瑗婚娶她当然帮忙操办,勤快异常。昨晚闹洞房时,他本想竭力取闹,以此来讨好具瑗。可是他闹不出什么新鲜的花样,还是那些乡野官吏,他们也不忌讳具瑗是个阉人,噱头很多,什么"掏心换肺"(香榧子、翡翠珠分别放进新娘、新郎内衣里,由新郎、新娘分别从对方领口处掏出,交给对方),什么"交生多福"(把花生放到新娘的内裤里,把枣子放到新郎的内裤内,一对新人互相从对方的内裤内摸出,交换放到对方衣内),花样百出。张让看着丽璇忸怩地把手伸进具瑗下身,他想到了自己,脑海里浮起了他父亲为他净身的那天晚上,他让飘儿摸,让她记住他的阳具的情景。不由地打了寒战,所以他看不下去,欲起身出新房。正在这时,丽璇突然一声尖叫,冲出了新房。具瑗吼了一声"快给我追回来!"就恹恹地瘫在那里。原来丽璇对嫁给阉人一直很不愿意,被迫无奈,才在好言相劝下,勉强来到具瑗家。"交生多福"时,当她手触摸到了具瑗胯下的伤疤,受到了刺激,一下受不了,就甩手跑出了洞房。于是,一场喜气洋洋的婚礼,不欢而散了。

张让明白事由后,受到的刺激也不比丽璇小。他不辞而别,快快不乐地回到宫中,倒床就睡。

张让迷迷糊糊地从梦中睁开眼睛,很久才清醒过来。他仰躺在床上,眼睛朝上看着。

张让突然想起今天是自己休沐日,就回到了建在京都城南的谻门曲榭、函兰金壁的宅第——枌瑯园。枌瑯园经过多次的扩建,非常豪华,但除了众多奴婢,只有老母柳氏一人,父亲生姜张原在颍川当个乡秩小官,推翻外戚后,宦官们大抢官时,张让为他在广阳抢了个县令。张朔也远在野王。本来想这次把张朔弄个郡守当当。可是,张让抢不过"五侯",空缺的郡守以上的地方官吏差不多都让"五侯"他们抢光了,也就没有弄成。所以,家里也是空旷寂寞的。张让坐着和柳氏叙了一会家常,话题大都是颍川老家乡下的田地五谷、鸡零狗碎的小事。说着说着也就没有话了。在那里闷坐着。他想起了飘儿。小时候他和她玩过家家、爬树摘桃子,打杏子,掏鸟窝,逮蜻蜓……历历在目。

那一天,他和飘儿、穆狗儿一块玩捏泥人,飘儿的手最巧,捏的泥人最好看,她捏一个"妈妈",张让捏了一个"爸爸",穆狗儿也捏了个"爸爸",张让让飘儿捏的"妈妈"跟他捏的"爸爸"一家。

"不,跟穆狗儿的一家。"飘儿不干。

"为什么?我捏的'爸爸'比穆狗儿的好看。"张让说。

"穆狗儿捏的'爸爸'个子大呀!好看有什么用,人大才厉害嘛,我们小孩不是都要听大人的话呀!"飘儿说。

张让不吭声了。他眼睛转了转,有了一个好主意,他把他捏的泥人加了小鸡鸡。

"飘儿,他的'爸爸'没有鸡鸡,不要跟他的一家。"张让说。

"羞死啦,羞死啦。你捏的'爸爸'光屁股,没有穿衣服。大人不穿衣服是最羞人,不跟你一家,不跟你一家。"飘儿摆摆小手说。

"嘿嘿嘿……"张让想到这,不禁地笑了起来。那是他六岁的时候。他进宫这些年来,经常想起飘儿,想起这件事,每想起他都忍不住笑,同时,也有一种揪心的萌动。

张让越想心里越难受。他想到外面去散散心。他换上了微服,出了粉瑓园。

他在洛阳街头走着,脑子驱赶不走飘儿的身影。他又想起第一次从宫中回到颍川老家去看父母,在村头碰见了飘儿的情景。没想到她出落得那样的美。他在宫中经常想起她,每一次都是她童年的形象,他怎么也想象不出她长大了是什么模样。他虚构了很多很多很美很美少女的形象,但都没有他见到的她本人那样美,神态那样迷人。那次相见,他更是朝思暮想了……

走着走着,他来到了郊外,他走进了一个村子。这时正好是中午时分,村子里家家户户炊烟袅袅。一派田园的温馨景象。他静静地在村子信步悠哉,没人搭理他。他走近一户农家门口,想进去。这时他看一个一岁多一点的小孩在屋子中间的木盆里爬来爬去,厨房里一个妇女正在忙碌着。这时,传来了一阵把切碎了的菜叶乍倒进油锅里的"呲啦"声。张让心又一惊。这声音他进宫以后就再也没有听到过,那是他七岁以前经常听到的,是一种深入骨髓里的体验,也是一种深入骨髓里的向往。"我要成个家,我一定要成个家!"

回到粉瑓园,弟弟张朔来了。他带来了不少稀玩异珍,还有十个奴婢,两个漂亮姑娘。他专程来为张让官升小黄门,被封为乡侯贺喜的。

"哥哥,这两个是我送给哥哥做我小嫂子的。她俩可都是我们那里的大户人家的闺秀,本来他们父母不同意让我直接带来,要明媒正娶。我想路途太远,先带来再说。"

"大家女子,你怎么能……"东汉时期,上至帝王将相,下至地主商贾,大凡富家,男子除正妻外,还广纳妾媵,有小妻、小妇、傍妻、下妻等数人乃至数十人、数百人。这些妾媵大都买来的,要不就是掳掠,或趁战乱,或在平时凭借势力。但大多都是平苦人家女子。大家巨户一般无人敢轻举妄动。所以张让有些吃惊。

"这有什么奇怪的。哥哥你们朝廷内官诛除外戚,返权天子,功比伊尹,计盖张良,与你们这些功臣为妾,乃无上光荣。她们和她们父母怎么会不同意?再说,我们要他们的女儿,他们还敢不给?哥哥,你可知道这次刚上任的下邳县令、中常侍徐璜的侄子徐宣?"

"知道。"张让说。徐宣自恃在宫中皇帝都让他叔叔三分的权势,为所欲为。他生性暴虐,他当上县令以后,只要自己想要的,就一定要弄到手,不管天理王法。

"有徐宣所为,谁还敢吝啬女儿不给?"张朔说,"哥哥,这几天就举办一个仪典,就让两位小嫂子入房吧!"

"不要太伸张了吧!"张让听到弟弟说要举行仪典,脑子马上就浮现出具瑗娶亲闹洞房的场面,心像是被针刺了一下。

"哎,怎么也得热闹一下子,她俩比不得买来的女子。举办个仪典也算是向他们父母做一个交代。"

"那就办几桌酒席吧,其他的事全都从免了。"张让说。

"哥哥,什么时间把大嫂娶回来! 这件事弟弟可不能为哥哥办呀,这次来京师,尽听大官迎娶之事,恐怕宫中小黄门以上的大官,只有哥哥还未正娶吧! 哥哥,你不要要求太高,你想娶长公主为嫂子吗!"张朔说。

"哎——何尝不想啊! 在宫中,外戚倒了后,为皇上掌权的也就是我们内宫的宦官,在宫外,百姓对我们诛锄奸贼倍加称颂,这些我也有份。名利上我也不少了;我这么苦心经营,已经有了这在内宫中也不算小的小黄门官衔,官也不缺了;有了这在京师数得着的,也算十二分精巧的枌瑓园,财富也不缺了。今所缺的也就是女主人了。只是……"张让欲说又止。

"哥哥,想娶什么样的,弟弟能出上力的,一定全力以赴。哥哥,你说!"张朔直拍胸口说。

"你近来回过颍川老家没有,那里还有亲叔、娘舅、表堂兄弟……"张让把话题转开了。

"刚去过六叔家,我还送他两头壮耕牛哩。"张朔答。

"你见过飘儿没有?"张让问。

"……"张朔一听张让问起飘儿,惊讶不已,嘴张得很大,说不出话来。

秋高气爽,初八这一天,张让与飘儿举行"亲迎"典仪。婚礼过后,按照张让的意思,闹洞房就免了。客人陆续散去。今日婚礼场面之大,在京师也是可数的,三公九卿一半以上都亲自贺喜,连张让也没有想到。各地郡守就更不要说了。张让送走一批批的达官贵客,最后一批送完后,就喜气洋洋地走进新房。新房里堆积如山的贺礼,几乎把飘儿掩埋在其中。面对飘儿,他有些忐忑不安。为了今天,他用了近一年的时间。那一天,他从宫中回到枌瑓园,第一次看见她,她简直惨不忍睹,哪有一点姑娘的模样。

"哎——人生本来就是多灾难啊!"他感叹了一句,就躲了起来,再也没有露面,直到一年多以后。

张让看了看张朔送来的贺礼,是一对翠玉猚猡,十分珍贵,格外令人瞩目。这翠玉猚猡是张朔派人送来的,他自己没有来。张让知道,张朔不敢来。张让在心里想。"不管怎么说,你是我亲弟弟嘛,你不是把飘儿给我送来了吗? 以前的事不能怪你。谁都是这样,自己要想得到的东西,都会采取各种办法,利用各种手段。何况你把已经得到的东西,还拱手献了出来。"那天,张让向张朔说起飘儿,没等张朔回答,小太监小憨子来找张让回宫。他连忙起身更衣进宫去了。张让前脚出门,张朔后脚也跟出了枌瑓园,慌慌张张地踏上回野王县的路途。

原来飘儿正被张朔软禁在野王县令府。随着年龄的增长,飘儿出落得很美,张朔自懂事起，就对飘儿垂涎三尺，曾缠着父亲生姜张托人向飘儿父亲"纳采"，被飘儿父亲当即拒绝。张朔为了达到目的，就直接对飘儿献殷勤，可是飘儿自小就很讨厌张朔，当然对他不屑一顾，躲之不及。张朔也只好干瞪眼。张朔当上县令，有权有势，他以为飘儿会攀附于他，主动来向他提亲。没想到本县外县地主商贾、乡秩里魁托红媒欲许小姐给他为妻都踏破门槛，就是不见飘儿家的人有动静。张朔按捺不住，再托人向飘儿提亲，没想到又被拒绝。张朔就想用钱财来打动飘儿和她父母的心。张朔派县里的吏卒给飘儿家送去数万匣金银财宝，并在野王为飘儿家买了一座庄园。然而，飘儿家虽然很穷，可是飘儿父亲身上却有着读书人那种清高和孤傲，对张朔送来的钱财眼角也不瞟一下，如数退回。飘儿父母越加看不起张朔，飘儿父亲说："一个小小的县令，哪来的这么多钱财，定是盘剥百姓，枉赃国家而得。这么个赃官，连乞丐都不如，竟想娶我女儿为妻，真乃癞蛤蟆面对天鹅之妄想。"张朔见飘儿及她父母对钱财不动心，就另施手段，一边动用村上邻居上门连哄带诈，一边派吏卒来恫吓威胁飘儿父母，软硬皆施。飘儿父母不但不吃他那一套，反尔紧锣密鼓地物色个本分的人家，想尽快把飘儿嫁出去。张朔得知消息，就来威胁已经与飘儿"请期"的青年王玢，强迫王玢向飘儿提出毁约。王玢却很有骨气，拒不退缩。张朔设计陷害王玢，把他抓进大狱。王玢越狱出来，带着飘儿逃跑了。张朔顿时怒不可遏，把飘儿父亲抓了起来，严刑拷打，百般折磨，要他交出人来。善良的王玢哪能见死不救？他把飘儿藏起来，就去解救飘儿父亲。没想到，飘儿父亲已被拷打致死，王玢也身陷囹圄。一连三天，张朔把王玢吊在城墙上，让人逮来几百只蚂蟥，放在王玢的身上，吸他的血。飘儿实在不忍心让王玢受此折磨，就跑了出来，求张朔放了王玢。张朔当即把飘儿抓了起来，命吏卒扒光飘儿的衣服，在露天广众之下，当着奄奄一息王玢的面，把飘儿强奸了。并让吏卒递箭给他，一边压在飘儿身上奸淫，一边向王玢射箭，把王玢射死在城墙上。并问随从，他和徐宣谁最会玩。随从附和说张大人足智多谋，徐宣哪有大人玩得巧妙？

"那个傻蛋，玩一次就把她弄死了，没劲。我才不像他哩，我要让飘儿陪我玩个够！"张朔说。

随后，张朔就把飘儿关在家里。并警告飘儿，如果她逃跑和自杀，就把飘儿母亲和弟弟姐妹全都杀光。飘儿知道张朔残暴，为了保护家人，她只好忍辱偷生，像个木头人一样，一任张朔摆布。

张朔星夜赶回野王，马上命令家卒准备车辆，命奴婢为飘儿梳妆打扮，当即起程，把她送往京师粉瑹园。

"你还怕亲哥哥报复你不成？说真的，父亲狠心把我残了，进宫来光耀门庭，不就是给整个家族带来荣华富贵，让诸如叔伯父母、兄弟姐妹、内亲外戚一起来显赫显赫、神气神气，让世人羡慕吗？家族宗亲不能够出人头地，我一人在宫中再威风，又有什么意思呢？那又怎么能算我光了宗，耀了祖呢？那样，我残了不是太亏了吗！"张让在心里说着，就走到飘儿跟前。

飘儿本能地躲了躲,她有些害怕他。她在心里一直对阉人很陌生。那天她一进门,心地善良的柳氏一看飘儿骨瘦如柴,双目无神,四肢僵硬,心疼万分。她一把将飘儿搂在怀里,泪眼淋淋地说:"孩子,水灵灵的姑娘,两年没见,怎么成了这个样子。是谁欺负你啊?"

飘儿面无表情,如一个哑巴。

一连几天都是如此。

柳氏是看着飘儿长大的,自小就喜欢她。在枌琭园,柳氏把飘儿当作自己的女儿一样,真诚地待她,精心照顾着她。飘儿终于被柳氏的真诚所感化,在半个月后,飘儿来京师第一次流下了眼泪。渐渐地,飘儿身体有所恢复,只是一直不说话。柳氏是一个地道的乡村妇女,她在张让豪华的枌琭园里住不习惯,一直留念着乡村的生活。她向飘儿不停地诉说颍川老家的生活经历。久而久之,飘儿被感动了,她一颗本来已死了的心又活了过来。但她感到纳闷,张朔把她送到这个地方来干什么?她从柳氏口中知道,这是张让的家。对于张让,她有十几年没有和他接触。那次他回颍川看父母,只碰了一面,互相也未通语言。她只知道他是个阉人,在宫中做公公,很有权势。

半年过去,一天中午,住在京都的飘儿表舅带着她母亲来了。飘儿和母亲没有见面已经快一年了。这一年,可以说是家破人亡。母女俩相见,猛然抱头痛哭。母亲边哭边说,三个姐姐早已出嫁了。父亲被张朔折磨死后,弟弟也病死了,只剩母亲一人住着要倒的草棚。母亲做梦也没有想到还能见到飘儿。哭了一阵子,表舅说从此就好了,就和飘儿住在京都享福了。飘儿听了,又是一肚子狐疑。果然,表舅就把母亲留在枌琭园,他一个回去。母亲执意带着飘儿也要走,可是柳氏百般挽留,表舅一再相劝,母亲也就只好住下了。

"飘儿,我知道,你看不起我,我是个残人。嫁给我,委屈你了。"张让见飘儿往后躲,心就像猫抓的一样地痛。

"大人如今做了如此显赫的大官,权势通天,受人钦敬;淌金溢银,惹人羡慕,小妾高攀了……"飘儿说。

"咳咳……"张让苦笑几声,然后摇摇头说,"荣华富贵,权势贯世……咳咳咳,这绸缎,这华宅,这财宝,这珍馐,乃至这权力,这势威,又有何用? 它能换回爹娘赐予我的完整之躯吗? 它能换回我做男人的健体雄魄吗? 人生在世,也就那么几十年,可是天伦之乐我有吗? 男女之乐我有吗? 我乃父母之合,享其乐而有我;我乃夫妻之合,享其乐而续我,此乃天理之授,祖宗之授矣! 如今,我能吗? 我恨啊,我恨啊,我好恨啊!"说着说着,张让痛哭起来。

张让一哭,飘儿反而慌了手脚。"大人,你想得太多了。司马迁哪有大人这样显赫,他不得世才那样悲愤。大人万可不必。"张让如此对她推心置腹,令飘儿有几分感动。她在枌琭园住了快一年的时候,突然,一直没有露面的张让似乎从天上掉下来一样,出现在她眼前。他的陡然出现,令飘儿母女俩一阵慌张。然而,张让却很温文尔雅,举止得体,对她母女礼貌有加。虽然他是个阉人,可是也不失为一个英俊的小伙子。从那天起,他就常回枌瑯园,开始很少与飘儿说话,却经常陪飘儿母亲聊天。而且,他很会说笑,渐渐地,他很得飘儿母亲喜欢。不知不觉地,他就自然而然地与飘儿搭上腔了。他总是回忆童年往事,回忆他和飘儿在一起玩耍的快乐时光。回忆中,总是带有一种甜蜜,带有一种伤感。即使飘儿感到亲切,也使她对他有几分同情。后来,飘儿表舅就来撮合她和张让的婚事。飘儿和母亲不同意,张让也不同意,只有柳氏模棱两可。张让还发火,把飘儿表舅赶出了门,说不许他乱点鸳鸯谱。本来飘儿一看张让态度那么坚决,说决不害飘儿,他一定要让飘儿嫁给一个好人家,让她终生幸福。飘儿没吭气,心想,张让真是个大好人,设身处地地为她着想。不久,飘儿母亲突然一夜睡死了,飘儿悲痛万分。张让把飘儿母亲的丧事操办得很体面,飘儿很感激。在她母亲去世的那段伤心的日子,张让对她百般照顾,让她感到一种兄长般的温暖。现在,他又毫不忌讳,对飘儿说着心里话,飘儿感到当初对他存有戒心不应该。

"飘儿,我现在什么都没有了,没有人格,没有尊严,没有友情,连说个知心话的人都没有了。我还不如死好啊!"张让越哭越伤心。

"大人……今天,朝廷里那么多大官都来贺喜,大人是高朋满座……"飘儿一时也不知怎么安慰张让才好,那种同情心又在胸中升起。

"哼,朝廷……大官人,别看他们来贺喜的时候笑容可掬,你可不知道这里充满着欺诈,他们无时不在想着争名夺利,争权夺势!他们今天送金银财宝、绫罗绸缎来讨好你,也许明天就把你的性命送给了别人,以此来巴结权势……他们表面对我们哼哼哈哈,可是内心里看不起我们这些残了身的人……飘儿,你不知道在这种地方做人做鬼是何等的难啊……飘儿,我苦啊,我累啊,我心里好苦啊!你可千万不要看不起我啊!你是我最亲近、最敬慕的人。这些话,我憋着难受,只有对你倾吐……你可千万别离开我啊……"张让一把鼻涕一把眼泪地说。

"大人,婚礼都举行过了,我就是你的人啦,大人放心。"飘儿说。母亲死后,表舅又来为她和张让说亲。那天,张让也在场,表舅刚说完,张让就跪在飘儿跟前,说他从内心里喜欢她,只是怕委屈她。看着张让一副真诚、可怜兮兮的样子,她实在不忍心拒绝他,也就答应了。"新婚之夜,应当高兴,大人不要如此伤心……"

"飘儿,我虽然身体残了,但我的心没有残,我有一颗真诚的心,它深深地爱着你。我把它毫不保留地献给你,让你感到幸福,感到温暖。"

张让说着,就把飘儿搂进怀里。飘儿面带羞涩,娇媚无比,如一只柔顺的小绵羊,一任张让的手在身上游动。

张让看着飘儿的娇态,心里有一种满足感。他想:"为了你,我也是没有少费心思。比在朝廷中和那帮豺狼、狐狸较量还要费心思,还要有耐心。"他第一眼见她,就知道她心如死灰,人如枯蒿。那时她对一切充满仇恨,充满报复,充满怀疑……他如果急匆匆地走到她跟前,她心中那太旺太烈的怒火不光会燃烧到他的身上,也会将她自己燃烧成灰烬。这样，即使他像弟弟张朔那样，得到她，那得到的也只是一具仅存生命的木乃伊而以。他感到，只有不停流逝的岁月，才能渐渐熄灭她的仇恨，抚平她心灵上的伤痕，使她复活。因此，他躲着一年没有露面。张让感到时机成熟了，就让她表舅来为他提亲，没有想到，她母亲竟然得"好"不知情，遇"恩"不报恩，反对她与他成亲。还要把她带走。他知道她母亲看不起自己是个阉人，他对这一点最恨。他不得不暗地里毒死她母亲。哼，还有她的表舅，我叫你吃下的，到时候全都得给我吐出来，不过，现在不着急。

张让想着，抚摸着飘儿身体的手不由地又重又狠起来。突然，飘儿一声尖叫，惊破了秋夜寂静的夜空。

从秋天走到冬天是不知不觉的，冬天的日子是难过的日子。人们总希望快一些走完冬天，然而，要走出冬天，则很漫长很漫长。

柳氏听到飘儿那一声尖叫，心又一惊。她猛地起身，坐了一会，叹了一口气又睡下。可是她怎么也睡不着。她心疼的是飘儿。张让要娶飘儿，她自始至终没有表态。她担心飘儿嫁给他没有好日子过，遭受折磨。张朔送来的那两个花一样的闺女，现在哪一个不是面黄肌瘦，遍体鳞伤。

君主多妻制的封建王朝，君主不光是在政治上享有至高无上的权力，在自然欲望之一的性方面，也享有至高无上权力，君主一人独占数以千计的美妇娇女，过着妻妾成群、荒淫无度的生活。但他们却绝不允许宫廷妇女享有半点性自由和性权力。他们视内宫妇女为"禁脔"，绝不允许他人在性的问题上染指丝毫。为保证其性权力不容侵犯，隔绝内宫女性性外涉，维护君主世系血统的纯正，满足君主对女性独占的欲望，在禁锢内宫妇女性需求的同时，便剥夺了侍奉内宫女性、充当她们与外界联系桥梁宦官的性权力，导致了阉宦的出现。

然而，剥夺了宦官的性生理，却不能完全剥夺他们的性心理。他们通过怪癖的方式得到满足的心理驱使下，对性对象施行非人的摧残。

张让在娶飘儿之前，在宫中曾与那个因香盒之事有了交往的宫女莓子结为"对食"据余华青著的《中国宦官制度史》所述，深宫禁闱，宦官无伴，宫女无侣，遂结为临时性侣，以慰深宫寂寞，此种关系，古称"对食"或"菜户"，并时常对她施行虐待。有一次张让在阳光下呆坐，莓子见了便绕到他身后，用手轻轻捂着他眼睛。心烦苦闷的张让陡然怒火中烧，猛然扒开莓子的手，一看是她，一种对女性的憎恨油然而生，他把莓子推倒在地，又是打又是踢，然后扑上去用手撕用嘴咬，不一会就把莓子折磨得体无完肤，死去活来。后莓子忍受不了他的虐待，才离开他，投向了赵忠的怀抱。张让发现后，就产生一种要致莓子于死地的想法。太后去世不久，他就把莓子诱骗到宫外，用铁棒对着莓子的下身，将她活活地捅死。

七　阉人观淫

一晃四个月过去了。

这一天，张让回到省禁中。柳氏把飘儿搂在怀里，抚摸着飘儿粉臂，看见她如脂的嫩肤上，伤痕如鱼鳞似的，不由得泪水扑簌簌地往下掉。

"我的好闺女，让你受大罪了。我以为他对你不会像对待那些买来的、送来的下妾一样。她们那些人，他从来没用正眼瞧过她们，他哪会心疼她们……"柳氏说。

柳氏住在粉琛园，她对张让的"脾性"深为了解，张让每次从宫中休沐回来，府中奴婢、姬妾一如惊弓之鸟，但她们又不得不随时侍奉在张让跟前。

张让在家里是至高无上的，他身不动一下，手也懒得抬一下，穿衣脱鞋，洗脸擦身全让人侍候不说，就连吃饭、喝水全都要姬妾喂。他还有个怪癖，拒不用口直接接受姬妾用手送来的食物和饮液，凡是喂到他口中的，必须是姬妾用嘴嚼来的。

他每夜都选几个要么姬妾，要么有几分姿色女婢，上床去让他玩弄。他自己是个无用之人，却把女妾个个脱得精光，搂着抱着，搓着揉着，又是抓又是咬，又是抠又是掐，通夜不停。每夜必把几个女人弄得

汉代玉兽

一身伤痕，任她们喊，任她们哭，任她们求饶，他都不放手。她们越喊叫求饶，他却越兴奋，折磨越起劲，越残忍。他五天一休沐，等五天过去，姬妾、女婢旧伤疤尚未好，他又在她们身上添上新伤疤。家中姬妾、女奴，哪一个身上有一块好皮肤？有时性起，还把女婢剥个精光，让男仆当面施奸，他在一旁观淫，看到兴处，拿起皮鞭、木棍，把女婢和男仆一并抽个皮开肉绽。每当晚上张让呼唤家中男仆，定让他们心惊肉跳，惊恐不已，纷纷躲避不及。

柳氏曾经试图制止过张让，可是张让却对她恶言相加，把她逐出卧室，不让她入内。

"我想他是那么喜欢你，会心疼你，他不会像对待下妾那样对待你的。可是怎么他也对你下这如此毒手啊！他这个畜生连你也不放过啊！真是作哪辈子的孽啊……"柳氏拿出张让从宫中带回的药，来为飘儿搽。

其实，对待飘儿，张让是存有不想施行虐待的想法。可是，他一兴奋起来就什么都忘了，他控制不住自己。每一次折磨完飘儿后，他都万分自责，跪在飘儿面前，抚摸飘儿的伤疤，心疼得流眼泪，并捶胸顿足，痛哭不已，鞠躬磕头，求她谅解，发誓

下次决不再犯。还进宫求御医配一些药来为飘儿搽敷。然而下一个休沐日，从宫中回到粉瑛园。他又旧病复发，照样把飘儿折腾得死去活来。

搽完了上身，柳氏解开了飘儿下身衣服，看视飘儿的下体，只见两腿之间血肉模糊。

"这个衣冠禽兽，小时候是那么懂事的孩子，怎么进了皇宫就变得如此残绝暴舛、毫无人味呢？这是为什么啊……他如此害人，这如何是好啊……"柳氏气得喘不过气来，咬牙切齿地呼号道。

"飘儿，你不能再在这个恶魔的利爪下过下去了，这样迟早把性命葬送在他的手中。孩子，你把东西收拾收拾，快逃吧！"柳氏说。

"不，您老的好意，孩儿领了。可是，这粉瑛园兵卒把守得严严实实的，怎么逃得出去呢？"原来，张让早就吩咐守门家勇，禁止姬妾、女婢外出。凡是逃跑的，被抓回来，那更是倍受折磨，直到弄死为止。所以谁都不敢逃跑。飘儿嫁给张让之后，她亲眼看见过张让是怎么把逃跑的女婢折磨死的，她一想起就一阵阵发怵。

"孩子，你快收拾，我送你出去。那些守门家勇不敢对老娘怎样！快，你就不要犹豫了。"柳氏催促道。

于是，在这个冬日的下午，飘儿在柳氏的护送下，悄悄地出了粉瑛园。

腊月二十八，天出奇的冷。飘儿逃出粉瑛园已经是第五天了。她想着，今天是张让休沐之日，他回到家中，发现她逃跑了，定要派兵卒来追的。所以五天来，她一直不敢停步，她感到走得越远越好。

这几天她风餐露宿，也受尽了艰苦。临走时，柳氏给她准备的干粮早就吃完了，只好一路乞讨。可是她很难讨到食物。贫穷人家，自己都吃不饱，哪有多余的东西施舍于她。她的穿着也让平民百姓躲避三分。虽然张让对飘儿和一班姬妾百般摧残，但他让妻妾"衣必绮罗，饰必金玉。"因而，她所带的衣服，全是绫罗绸缎。乡人见她如此衣着来乞讨，多有狐疑，又有谁肯把食物给她呢？她想用这些衣物来换些吃的，可是农家乡妇有谁穿得起哩？又有谁要这种华而不实的东西呢？天下雪了，飘儿饿得实在走不动了，就坐在雪地里歇一会。这时，一阵急促的马蹄声传了过来。她抬头一看，离她只有一里路远处，雪尘飞扬，五六匹褐色骏马向她飞驰而来。她猛然一惊，"完了，张让派人来了。"她在心里惊叫着，在雪中连滚带爬，拼命往前爬。然而她哪有奔马之快。眼看那帮人就要奔近她了，她又急又饿，昏了过去。

果然，张让从宫中休沐回来，一踏入粉瑛园的谝门，就呼飘儿，可是他左呼右唤就是没有人回答。他问家仆奴婢，无人敢回话。他就去问柳氏，柳氏也面带惧色，战战兢兢地说不知飘儿哪去了。无奈，张让把家里所有男女奴仆唤到大院里跪着，手握利剑，一个个扭上来问，不答就当即刺死。奴仆们连忙说几天前老夫人把她送走了，就再也没有回来。张让气急败坏，走到柳氏跟前，甩手就是一耳光，打的柳氏鼻血直流。

"老不死的,我让你到京都来享清福,你反与我作对。"张让恶狠狠地说。当天,柳氏就走出粉琭园。她无处可去,生姜张在广阳已纳美妾,早把她抛在脑后,张朔残暴无比,她不愿投靠他,就回颍川老家去了。

"飘儿飘儿,你为什么要逃跑,我哪一点对你不好,我让家中所有的奴婢、姬妾把你当皇后一样,侍奉你;我给你穿绫戴金,食馐行车,如公主一般生活。你有什么不满意,要逃跑呢!你不就是看不起我是个残人,缺少男人的那物件吗!……娘的,我曾经不也有雄风男具,不是让你记住吗,不就是为了进宫被残了吗!……"飘儿的出逃,使张让非常痛苦。他痛苦的不是失去了飘儿,而是由此而产生的一种自卑和屈辱,他在家中大骂不止,痛哭不止……然后,他把家中所有女人,无论婢妾,无论老少,统统地赶在大厅里,令她们全都除去衣服,他用大鞭子猛抽不止。

"我得重新拥有那东西,我一定要有那东西。"张让恶狠狠地说,"我一定要'复生阳道',再长一个那东西让你们看一看!"

张让发泄完了之后,叫来几个家勇,让他们速速去把飘儿追逮回来。

飘儿醒来,却是在马背上。她惊恐万分,心想:"又被张让抓住了。这次回去定比前一次苦难更深了,还不如死了好。"于是,她想翻下马背,栽死在地上。无奈她身体太虚弱,动弹不得。

"小姐,从你的装饰看,定是个大家女子,怎么昏倒在这荒野雪地里呢?"马队中一个身穿常服,气质轩然的中年人很和气地问。

"……"飘儿见他如此问,就知他们不是张让派来的,陡然眼泪哗哗起来。

"小姐,你家住何方,我等送你回去。有什么难处,我等帮你。"那个中年人问。

"我没有家。"飘儿摇摇头,噙着眼泪说。

"噢……"中年人有些吃惊。原来,这位中年人就是东海相黄浮。已故前汝南太守李嵩之女惨遭中常侍徐璜的侄子徐宣杀害,现任太守畏惧徐璜的权势,把案子故意拖延,迟迟不予处理。下邳县属东海管,黄浮接到李嵩家人申控,当天就批准立案,下令干吏传徐宣到东海,当面问审。徐宣感到有叔叔在宫中,势力熏天,不怕一个小小的东海相,就用狡词抵赖。黄浮再将徐宣家人无论老少,全都传到堂上,各自问审,徐宣家人只得招供。徐宣虽无法抵赖,但他拒不服罪。黄浮当堂喝令部吏剥去徐宣的衣服,并将徐宣反绑起来,拉出去斩首。徐璜在宫中得到这个消息,大为怨恨。便到桓帝跟前,捏造谎言说黄浮收受李嵩家人的贿赂,妄害无辜,杀死他的侄儿。桓帝信以为真,当即将黄浮革职论罪,输为左校。兵卒正押黄浮前去"服罪",路上救起了飘儿。

一路上,飘儿见黄浮一群人不像是坏人,就向黄浮说了她在张朔、张让两兄弟魔掌下的苦难。黄浮原本对宦官恃宠跋扈深恶痛绝,听了飘儿的叙说,气愤不已。于是,黄浮修书一封,就叫一随从持书将飘儿送到他的一个至交好友奉幽家匿藏起来。从此,飘儿隐名埋姓,在奉幽家安稳地生活。

有一天,正当奉幽准备将飘儿聘娶作次子的媳妇时,张朔派县衙吏卒突然闯入奉邈家,飘儿当场就昏了过去……

这一天,奉邈借了些钱,让妻子买来鱼肉,把家里仅有的麦子煮了一大锅麦饭,请来族中长辈来为次子和飘儿"纳采"。菜饭刚端上来,一队兵勇闯入奉邈家,说有逃犯潜入他家,让他速速交出。奉邈不理,并对兵勇私闯民宅严加斥责。可是兵勇哪里与他讲理,当即就搜,把奉邈家翻得一派狼藉,并将鱼肉抢走,把麦饭打翻在地。

奉邈家住野王的邻县。就在兵勇闯入奉邈家之前,奉邈的姨侄媳妇侯氏神色慌张跑了进来,跪在奉邈面前,说后面还有兵勇在追,求奉邈救救她。说着,外面就传来吆喝声。侯氏惊恐地钻入奉邈家的灶台后面。原来,侯氏是野王县人,身怀有孕。前几日,她与婆婆因为妊娠想吃豆粥之事拌了几句嘴,结果被一个在县衙当差的邻居向县府告发。张朔得知此事,当即令衙卒前来拘押侯氏问审。侯氏自知一旦被张朔逮去,定是没有活命回来,就挺着肚子逃了出来。

兵勇终于把侯氏搜出押回野王去了。奉邈火气攻心,一病不起。

飘儿一听是张朔派来的兵勇,吓得七魂全飞,当即瘫痪在地。侯氏被逮走,飘儿也被吓出了病,多日才好。古云"大难不死,必有后福。"后来,飘儿和奉邈的次子结为夫妻。尽管国政腐败混乱,官府欺凌百姓,平民饥寒交迫,不得聊生。奉邈乃一介本分清高的书儒,拒不攀附官府吏僚,早已败落下来,家境很贫寒。但飘儿两口子相亲相爱,幸福地过完了一生。

八 谋求阳具

侯氏被押回野王,张朔当天就升堂,一番假装门面地问审,张朔下令推出去问斩。

"大人,侯氏只与婆母争嘴,乃家常小过,不可处以极刑,请大人明鉴。"野王县其他官吏连忙上来阻止。

"侯氏与其婆母顶嘴,有辱民风,如不斩之,蔓延下去,野王之民不都全成了刁民乎?本大人就是要整肃民风,严惩刁民。有何不可以处以极刑?"张朔说。

"侯氏身怀有孕。刑以孕妇,不合天理,天会怪罪我野王。必遭天灾,大人万万不可刑及孕妇啊!"姓龚的掾吏上堂来说。

"一派胡言,正民风,乃顺天意。本大人乃野王父母,一直都是顺天意,为天扬善;顺民意,为民除害,何能遭天灾?本大人治理野王,决不放过不法之人。凡有罪之徒,必斩之。"张朔振振有词。其实,张朔要杀侯氏,是想得到侯氏肚子里的胎儿。那天,飘儿逃走后,张让派家勇去追飘儿,家勇追了半天,哪里能够追得到飘儿,只好回去报于张让。张让气得又是一阵发泄,那种"复生阳道"的欲望更强烈了。

张让气还未消,张朔来了。他听说飘儿逃走了,就来看看张让。他心怀惧悚地进了份㻛园,见张让在家虎着脸,转身就想溜。可是他来不及了,张让见到张朔来了，招呼他进来。张让当即吩咐厨子置菜备酒，他心情不好，要张朔陪着饮几樽。席间，张让一会儿放声哭嚎，一会儿又哈哈大笑，使张朔无所适从。

"她跑了，一个乡野女子有什么了不起。我定要'复生阳道'，我一旦有了那东西，我还看不起她哩。她飘儿再来哀求着要嫁给我，我也要把她一脚踢开……"张让哭过笑过之后，对张朔说。

"哥哥，据说野王有个方士秘藏'阳道再生'之术，不妨把他请来试试。"张朔一听张让想"复生阳道"，便献殷勤地说。

"果真？速速请来，速速请来。哈哈哈……我张让的阳具又有了，复生阳具之道有了！"张让兴奋万分。

当日张朔就赶回野王找到方士，带着方士连夜来到枌瑯园。

"官人阳具失之已久，复之难矣。"方士看过张让说。

"可有可能？"张让急切地问。

"欲谋复之，不是无法。"方士神神秘秘的。

"先生快快说来，在下一定重谢先生！"张让当即跪下磕头。然后取出金锭五十块，放于方士面前。

"君欲谋阳具再生，必先意之有具。君可请巧匠工一玉具，置于患处，多视之，多抚之，以生其意。"方士说。

"这个不难，在下当即为之。"张让说。

"此仅第一步。光有其意尚不能生之。阴乃阳滋之生也，阳乃阴润之生也。无阴则无阳，无阳则无阴。阴阳互动得以有天下。君欲复生阳具，必用阴气来助之，否则不能成矣。"方士说。

"如何操之。"张让两耳竖得高高的，眼睛瞪得大大的。

"君乃夏日之阳（张让夏季出生），必用冬之阴来润之。选寒冬出生而其内曾纳阳之户七人，吮其阴液，滋君生阳之土。每日一户，得七七四十九户方可有效。"方士摇头晃脑地。

"此乃易矣！"张让高兴万分。

"此乃第二步矣。备有生阳之土尚不可生之。万物生长皆植之于土，得之于种矣。土必有种才能生苗。君有其土，必要播之以种，方可得生矣。"

"先生，何来种子。"张让问。

"此太难矣，君恐怕不能为之。"

"这个世上只要有的，我张让没有不能为的。"

"种乃胎之母腹，蕴之脑内也。食男胎、'小儿脑千余，其阳道可复生如故。'（引自《万历野获编》）"方士说完，拿着金锭就走。

"此乃真非易事。"张让说。

"哥哥，这没有什么难的，胎儿和小儿脑包在我身上了。"

"昨日，匪人劫杀胡家幼儿，被胡家人逮住，交与大人问罪，大人为何反尔将匪人放了。"旁边有插言说。此人说的也是真事,那匪人其实暗与张朔有通,他劫杀幼儿,是为了取小儿脑献于张朔,张朔怎么会惩处他呢?私下还奖赏他。

"混账,哪有此事。造谣陷害,该当何罪!给我拿下,等本大人斩了侯氏,再处置罪民。"张朔大怒。

"大人是一县之令,应当显善劝义,禁奸罚恶,理讼平贼,恤民时务,冬秋集课。面对乡人有罪与无罪,当罚当劝,当杀当狱,心中定要有分岭。怎么不问青红皂白,乱杀无辜?"龚掾吏说。

"你是县令还是我是县令!退堂!"张让当即起身,亲自监斩,并让刽子手就在刑场上把侯氏剖腹,取出胎儿交与他。众观斩者见如此惨不忍睹的场面,皆低头打战。

张朔收好胎儿,匆匆回府去了。

转眼到了九月初七,张朔想起今天是张让七七四十九日置"生阳之土"的最后一天,就快马加鞭,向京师奔去。赶到枌瑮园,太阳已经将脸的一半下沉到地下了。

"来见哥哥。"张朔向张让行礼。

"来得正好。可带来'种子'?"张朔的到来,张让很高兴。他早就眼巴巴地盼着。

"哪能不带哩。哥哥急等着'种子'下'土'哩,小弟岂敢延误!哥哥的'沃土'可置好了?"张朔起身说。

"只剩下今日最后一户了。这一户女子已准备好了,是刚买回来的小兔(指处女——注),只是尚未'纳阳',今日弟来了,就帮为兄这一码,为兄就不叫家中男仆了。"张让说。

"此乃雕虫小技,定为哥哥办得出色。"张朔听了兴奋不已。

"有贤弟鼎力相助,要不了多久,我就告别残人之列。哈哈哈……"

用过晚餐,张朔在张让的帮助下,对一个为给母亲治病而被迫卖到枌瑮园的,才十四岁,名叫袁溷的少女实施强行奸淫,把袁溷摧残得死去活来。

光阴如水,流淌着历史的眼泪,也流淌歹人的罪恶。

这一天,张让从宫中回来,看到袁溷在幽泉边呕吐,陡然恶火攻心,便走上前去将她一把揪了过来。

"胆大包天,竟然敢污秽园中幽泉。"张让说着重重地甩了她两耳光。

"大人息怒,此小女身上有孕了,大人就饶了她吧!"一个奴婢老妪说。原来,袁溷那次让张朔糟踏,就怀上了。

"告知厨子,为袁溷做荤菜来补身子。"张让听了,不由地一阵欣喜。便掏出绢来,擦了擦袁溷嘴上的血。

"是。大人真是仁慈心肠。"老妪说着就走了。

晚上正好张朔来了,张让就把袁溷有孕的消息告诉了他。

"哥哥,这不是一个现成的'种子'。把她肚子里的胎儿扒出来。"张朔说。近来他弄胎儿越来越难了。野王有孕之妇被杀的杀、逃的逃,全都光了。

当夜,张让就和张朔把袁涵活活地开了膛,扒出肚子里的胎儿。

第二天下午,张让正吃着昨晚从袁涵肚子里剜出来的新鲜胎儿时,早上才回野王的张朔又返回闯了进来。

"贤弟,又送'种子'来……"张让迎了上去说。

"不……不……不好啦……"张朔神色紧张,结结巴巴地说。

"如此惊慌,有何之事?"张让问。

"我……我……刑及孕妇,被人告发了……李……李膺……"

张让一听,猛然大惊,脸陡然失色……

九 "党锢之祸"

延熹八年(公元165年)二月。

太阳从云层里,憋着一股劲才钻了出来,照着一连数天阴霾沉沉的大地,使人真正感受到这秋天的高爽。

然而,张让的心头却依然乌云密布。昨天,他一听到张朔说李膺要抓他,心里直发怵,整夜他都害怕得睡不着,直到现在他还心神不定。

"咚咚咚。"正当张让忐忑不安时,有人敲响了粉璨园的门。张让不由地心惊肉跳起来。心想,那个不怕丢官不怕坐监狱不怕杀头、迭经挫折、生性刚正、扶正祛邪的司隶校尉(官秩比二千石,持节掌察举百官以下及京师近郡犯法者。司隶校尉除三公外无所不纠;廷议处九卿上,朝处九卿下。——注)李膺来了。他一时紧张得晕头转向,不知如何是好。

家仆开了门,果然是李膺,他威风凛凛地走进谲门,后面跟着随从军官、兵卒。

"校尉大人驾到,有失远迎,有失远迎。"张让定了定神,不得不迎了上去。心想,何必这么害怕他,我身后不是还有桓帝吗?

李膺不答不理,雄赳赳地直往里走。他对宦官乱政历来深恶痛绝,对宦官更加憎恨。

"快快,侍奉李大人用水。"张让呼唤仆人后转向李膺,讨好地说,"李大人光临,使在下寒舍蓬荜生辉。大人乃杰俊之首,天下仰慕。在下有幸,喜与大人同乡,在下早有攀慕之意,欲请大人来在下小舍赐教,只怕小舍乃草莽之居,有辱大人高节,一直不敢。今大人亲临陋所,在下万分有幸,受宠若惊啊!"张让知道,李膺也是颍川人,是安帝时太尉李修的孙子。他操守清廉,由孝廉进阶,做过青州刺史,渔阳、蜀郡等郡太守。鲜卑兴兵犯塞,他任乌桓校尉,"临阵出击,亲冒矢石,裹创迭战,得破虏万余,斩首至二千级,鲜卑始不敢窥边。"功不可谓不高,只是他不肯谀随权势,才被免官。张让想,越是正直的人越重义。李膺定是为张朔而来,不如先与他攀同乡之谊,然后再通融通融。

"你可知道你弟弟张朔刑及孕妇，惨无人道，犯了死罪。"李膺对张让阿谀奉承不理睬，开门见山地问。

"在下不知，在下一点不知。在下只知他严于图治，为民除恶，犯没犯罪一点不知。请大人看在同乡的面子上明察清楚，为愚弟做主！"张让嘴上这么说，可是心里想："这个李司隶校尉果然厉害，他胸怀坦荡，为国忠诚，虽被免官，可是一旦招用，他又不计前嫌，为国效力。永寿二年（公元156年），鲜卑都酋檀石槐招兵买马，在云中烧杀抢掠，割据为王，边疆紧急，军情如雪片一般

东汉士兵

飞达京师，桓帝无奈，只好又起用李膺。封他为度辽将军。而李膺二话没说，领兵出征。檀石槐闻风丧胆，逃出塞外去。今天张朔栽在这么个人手中，看来是凶多吉少。现在，我只好竭力与这个姓李的委蛇了。"

"他逃到你家里来了，你把他交出来吧！"李膺听张让的话，很不舒服，心想："梁冀被诛后，你们这些宦官蒙蔽皇上，窃取大权，把持朝政，并把三亲六戚、七姑八爷都安插到州郡和朝廷当官做老爷，残害忠良，欺压百姓，贪赃枉法，榨取民财，如同强盗窃贼一样。你们一群阉竖的胡作非为，又使本来让梁冀等外戚弄得已经国力衰败、千疮百孔的我东汉帝国雪上加霜，导致我泱泱强国外受夷蛮侵扰，内有人民起来反抗，满目凋敝，奄奄一息。如此下去，我东汉帝国岂不亡矣！今我李膺就是要惩处你们这些国之大害弄出来的、依恃你们在内宫柄权握势，别人都搬不动的这些害群之马。"

"他没……没……没来。"张让说，"大人，在下的愚弟年轻，一不懂事，二缺经验。当个小县令，可能会盲目蛮干，莽莽撞撞。就请同乡大人多多教诲，愚弟和在下感激不尽，感激不尽啊！"张让说。

"不法者理当依朝廷定律惩之，十恶者定当诛毙。只有这样，才能除恶扬善。本大人决不枉逮一个好人，也决不放过一个罪人！"李膺说，"你快快把张朔交出来。否则，本司隶校尉可要履行职权啦！"

"愚弟确实没来。再说。如果愚弟真有什么不法，就请大人看在同乡的分上，网开一面，下次一定改过，为国效力，来报答大人的恩典。"张让心里想：哼，你决不

放过一个罪人,说得轻巧。当今世上,有几个好人。那么多犯罪你管得了吗?

"张顺土,你把这五十匣黄金珍品送到李大人府上去。"张让大声地喊着管家,然后指着堂上早就准备好的箱匣。

"且慢。小黄门,你贿赂本官,该当何罪!"李膺转向随从军官和兵卒们说,"给我搜查,逮捕张朔!"

"慢着,司隶校尉大人,你身为朝廷命官,带兵私闯皇上内臣的家宅,该当何罪!"张让特意把皇上两个字加重。这时他见讨好贿赂都不行,也就只好搬出最后的尚方宝剑。"如果你今天搜不着,我和你一起去见皇上。"宦官残害忠良,胆大妄为,而桓帝对他们却格外宠信。所以,尽管张让惧怕一身正气的李膺,但他感到自己身后有皇帝。"皇帝是听我们宦官的,不是听你们这些公卿大臣的。"一想到这一点,张让气就壮了。

面对张让阻拦,随从军官面面相觑,兵卒们不敢搜。

"快快搜来,还愣着干什么!"李膺喝道。

"快快,快搜。"随从军官向兵卒传令而去。

于是,候立在门外的兵卒们立即冲进了园的各个角落,进行搜查。

"司隶校尉,你搞清楚,我张让可不是羊元群,你想怎么捏就怎么捏!"羊元群是宛陵的大姓。他原在北海郡做官。延嘉七年(公元165年)羊元群因贪赃横行被罢官回到宛陵。今年元月,李膺任度辽将军出塞打败檀石槐,平息羌人叛乱犯塞归来,桓帝任命他为河南尹。李膺上任后,得知羊元群贪污残暴、赃罪狼藉没有得到惩处,非常气愤。李膺感到,对待罪大恶极之人,不惩处不足以平民愤,不足以威慑不法佞小,不足以扬正气。于是,李膺就向朝廷陈表了羊元群的种种罪状,谏请朝廷欲加惩治。那个羊元群也不是一条愣狗,他得知李膺想治罪于他,就行贿内宫宦官。当然包括张让。张让等宦官们在桓帝面前说李膺故意挟嫌中伤羊元群。桓帝一贯听信宦官的,竟然不问是非曲直,将李膺罢官系狱,输作左校。张让故意提起这件事,就是让李膺明白,你不"好自为之",跟我张让作对,你的下场比那一次会更惨。想以此威胁李膺。

兵卒搜了一阵子,把枌棜园角角落落都搜遍,却不见张朔的踪影。兵卒们一个个来报李膺,说查无罪犯。张让得意地冷笑着,他要看李膺如何下台。

"没有人。难道情报不准确? 不会,我得到的报告绝不会有假。难道昨晚张朔溜了? 也不会。昨晚我一直布哨盯着这个枌棜园,张朔插翅也飞不了。怎么会没有罪犯呢?"李膺在心里嘀咕。但李膺是个顶天立地的汉子,并不慌张。他确认张朔就躲在张让家,就在这个枌棜园。他命令兵卒再搜。说着,就起身亲自来查看。他发现大堂的一堵壁墙有些异样。就用手在上面弹了弹,是一堵木墙,发出"咚咚"的声音。李膺又斜乜了一下张让,只见张让的目光向一旁躲闪。

张让一看李膺用手敲大堂的墙壁,虽然脸上故作镇静,实际上心里已经恐慌不已。但他不露声色,静候事态的发展,心里揣摩着对策。

李膺回过头来，对随从下令道：

"拿斧来，剖壁视之！"

"李膺，你也太猖狂了！此壁乃大堂托梁之壁，你拆它何意，毁我家宅？砸死家人？你用心何其之毒，就不怕皇上治你死罪？"张让一听李膺砍墙壁，急忙窜了过来，伸开两手护住墙壁，脸色红紫地大叫道。

"宅坍埋命，本大人全悉偿还，甘当以罪，本大人自去狱中，你紧张什么？"李膺说。

"你一介被发配出塞的穷途愣官，做个司隶校尉还不到十天，赔得起本官的华宅吗？你不自量力，不要因此而后悔不及！"张让这时候也不忘了吓唬他一下。

"绝不后悔！"李膺底气十足地说。

兵卒们三斧子两斧子就把墙壁砍开了，原来这堵墙壁是中间有夹道的空心复壁，只见张朔面如死灰地缩在里面，全身颤抖。

"逮起来！"李膺喝道。

眼睁睁地看着李膺押着张朔离开粉琭园的背影，张让气不打一处来，他疯狂地踢着被李膺剖下的复壁木板，以此来发泄心中的愤怒。木屑扎进脚里，鲜血直流，但他仍猛踢不止。管家张顺土来劝他消消气，他如没听到一般，置之不理。看着张让每踢一脚，血水都随着飞溅，张顺土实在不忍心，就来拉住张让。张让哪里肯住，就对着挡在前面的张顺土的腿上猛踢起来，张顺土没有站稳，摔倒在地。张让就拿张顺土发火，对着他身上一踢就是五、六十脚，把张顺土踢得半死不活，直到张让实在无力再发泄了，才瘫坐在地上，把头埋在两大腿间，痛哭流涕。

"我一定要叫你这个王八蛋把张朔怎么带走的再给我怎么送回来，一定让你不得好死！"张让猛然跳了起来，对着李膺远去的方向声嘶力竭地吼着。

整个一天，张让一直闷在书房里不出来，谁也不知道在里面干什么，谁也不敢去惹他。直到深夜，男仆和婢妾们才听到里面有一点动静，于是，他们如惊弓之鸟，赶紧跑到大堂中毕恭毕敬、心惊胆战地站着，个个紧张得身上直发抖，生怕哪一点不小心，惹祸上身。然而，全部粉琭园男男女女在大堂上站了大半夜，张让也没有出来，好几个身体病弱的女妾站晕倒了。

第二天天没亮，张让不吃也不喝就进了宫。他想好了救出张朔的主意，于是他邀上赵忠，俩人一起去了北寺监狱。

"在下恭候二位大人。"监狱长出来迎接。

"你可知道张朔关在何处？"张让问。

"噢……"监狱长把嘴张得大大的，说不出来话。

"请直说来，不必顾虑。"

"他……他……他被……被李校尉杀……杀了。"监狱长说。李膺把张朔关进洛阳北寺监狱后，转身一想："张让是受桓帝宠信的宦官，时间长了会夜长梦多。"于是，李膺连夜把张朔审问完毕，来不及上报皇上就把张朔处决了。

张让一听傻眼了。本想救出张朔,没想到李膺比他还要快。他来不及了。张让怒上加怒,发誓决不善罢甘休。他从北寺回来,气呼呼地直奔御殿,跌倒在桓帝面前,磕头不止。一边磕头一边嚎哭了起来,呃气不接,断断续续地喊冤:

"启禀皇上,李膺上任没到十天,就无故逮捕张朔,不审不问不奏,迫不及待地杀了他,纯粹是草菅人命,妄杀无辜,发泄对宫中内臣的不满,动摇宦官的心,来达到扰乱宫廷的目的。"

"噢——李膺竟然如此大胆,私逮无辜,不禀报朕就枉自乱杀?"桓帝听了,感到李膺做法违反例律,确有扰乱人心之嫌,该当责罚。于是,君威大发,脸色很不好看地说,"来人啦,传旨下去,把司隶校尉李膺传来觐殿见朕!"

听到桓帝说了这句话,张让的气顺多了,他在心里恶狠狠地说,这一次定要叫你李膺见阎王去!

李膺处决了张朔的事就在宫中传开了。拥有一千多弟子、倍受太学生推崇的郭林宗,曾为太学生、后做了新息县县长的贾彪,太尉掾范滂等十多个儒生和天下名士来李膺府上就来拜见。近段时间,李膺家太学生和天下名士络绎不绝。他杀了张朔,面对桓帝诘问,不屈不挠,好似中流砥柱,震惊京都,官僚和士人们对他"得邀容接,辄相欣庆,号为登龙门。"(蔡东蕃:《东汉演义》)

"郭儒士何时回到京师?周游传学,辛苦辛苦。"李膺与众人寒暄后,问郭林宗。李膺和郭林宗都是黄琼的门生,在太学中很出名。李膺做了官后,有一次郭林宗到京城去拜访李膺,李膺欲留郭林宗在京城进阶官场,被郭林宗拒绝了,他不愿意做官,要周游列国,传授学问,劝人上太学。李膺也就不强留了。郭林宗要离开京城的消息一传出去,京城的儒生都出来送行,一会儿,送郭林宗到黄河边的马车就有好几千辆。众儒生门看着李膺送郭林宗过河。后来,他俩乘的小船也被儒生视为圣物,常来拜谒。

"回儒师,小士昨日回来。阉竖害国,社稷示废,我等实乃懦弱,无所作为,只能周游京邑,诱掖后进,以备救国之后人,不遗余力,辛苦乃不足挂齿。"郭宗林说。

"有郭儒士等,拯救国家于水深火热之中,振兴社稷为期不远矣。"李膺说。

"儒师过誉了。国家得救还得靠一代楷模李儒师。这次儒师只日即斩暴佞张朔,阉党如惊鼠一样避窜,不敢出宫门,大快人心啊!南昌高士徐稚曾经劝我,'大树将颠,非一绳所能维,何必栖栖皇皇。不遑宁处呢?'此话非也。今大树要倾,是蚁害所蠹,有儒师等忠臣,除去蚁害,大树可保矣。"面对宦官把持朝政大权,造成朝政混乱,纲纪废弛,风气颓废;社会的动荡不安,国家政权危机四伏的社会形势,李膺这样的公卿大臣和太学生忧心忡忡,感到国家的命运前途非常渺茫,他们经常像今天这样聚在一起议论朝政,对宦官乱政进行尖锐的抨击,以致发展成为全国性的"清议"。

前冀州刺史朱穆,因逮捕不法宦官赵忠家人,遭陷害坐了监狱,刘陶为首的太学生上书解救,朱穆被释放后,复起为尚书。他目睹宦官骄横,残暴害国,愤然上书：

案本朝故事，中常侍参选士人，建武以后，乃悉用宦者，自延平以来，寝益贵盛，假貂珰之饰，处常伯之任，天朝政事，一更其手，权倾海内，贵宠无极，子弟亲戚，并荷荣任，故放滥骄溢，莫能禁御，凶狡无行之徒，媚以求官，恃势怙宠之辈，渔食百姓，穷破天下，空竭小民，愚臣以为可悉罢省，遵复往初，率由旧章；更选海内清净之士，明达国体者，以补其处，则陛下可为尧舜之君，众僚皆为稷契之臣，北庶黎民，蒙被圣化矣！

可是朱穆把谏疏交上去后，多日也没有见到桓帝批答，不得不入朝面见桓帝，伏阙面奏：

"臣闻汉家旧典，尝置侍中、中常侍各一人，省览尚书事，又有黄门侍郎一人，传遍书奏。这三人统用士族。自和熹太后临朝，不接公卿，始用阉人为常侍、小黄门，通命两宫，嗣是以后，权倾人主，穷困天下，今宜一律罢遣，博选耆硕，与参政事，方可追复前规，再臻盛治，愿陛下勿疑！"（蔡东藩《东汉演义》）

桓帝听了，默不作声，而且脸上出现了怒容。桓帝不答，朱穆伏地不肯起身。相持好长时间，左右侍从传桓帝旨意，责令朱穆退去。朱穆无奈，才缓缓起身叹声退去。之后，宦官对朱穆恨得咬牙切齿，屡次对他进行诋毁。朱穆终于如黄琼一样，悲愤万分，恶火攻身，背上生疮，不多时就病死了。

前白马县（今河南省滑县）县令李云上书桓帝说："梁冀虽恃权专擅，流毒天下，当今以罪行诛，亲宗近谊皆已除掉了。只是这么多宦官，本来没有什么大功劳，皇上却封了他们万户以上。这样干，在西北边塞抗击夷蛮入侵的将士怎么能安心征战呢？古云'皇帝是治理天下的。'现在乱封爵位，宠用小人，贿赂公行，不理朝政，政化日损，一个诏书就封用，不经御省，难道不要治天下了吗？"桓帝看了上书后，非常气愤，立刻下令逮捕李云，交给中常侍管霸与御使廷尉共同审讯，严刑拷打。弘农掾杜众，得知李云因呈书忠谏而获罪入狱，便向朝廷为李云求情，却被置之不理，一气之下，上书说愿意与李云一同去死。在宦官的谗言下，桓帝更加愤怒，真的把杜众打下监狱。大鸿胪陈蕃、太常杨秉、洛阳市令沐茂、郎中上官资等大臣官僚也上书请求朝廷赦释李云，却被桓帝下诏切责他们，并免了陈蕃、杨秉、上官资的职，降沐茂官秩二等。

这就是贾彪说黄琼、朱穆、李云三人死不瞑目的由来。

"贾大人所言，在下非常赞成。但清除蚁害，如恩师黄老太尉琼公、朱刺史穆公、李县令云公诸君对奸佞小人只诣谏奏劾，犹如弹叶落滴，此不能成的。即使蚁害被弹落，它还会爬上树来再蠹。要如李公斩了张朔这样，薙草茂禾，斩草除根，方能保树。"范滂说。外戚刚除那一阵子，太尉黄琼为首的一些忧国忧民的公卿大臣，雄心勃勃，感到国害已除，朝政可以以正易乱，恢复正常。于是，他们整顿朝纲，清理官吏，志在治国图兴。朝廷"三公"之首黄琼太尉上任伊始，就劾免了十几个贪赃枉法的州郡大官，引起轰动。他还召用一批一向清廉秉公的治国忠良。汝南人范滂就是这时受黄琼举荐出任光禄勋主事的。范滂上任后,先后奏劾刺史等二千石以上的赃官豪党二十余人。朝廷尚书嫌他纠劾大官太多,怕引起不良后果,范滂说:"农夫去草,嘉禾乃茂;忠臣除奸,王道乃清。若我举劾不当,冤枉了好人,我甘愿顶罪被戮。"尚书见他理直气壮,言之有理,只好将所举劾的诸人,一一黜免。一时间,官僚队伍勤政治国,廉洁为民之风大长,贪赃枉法现象受到了有效的抑制。但是,对于这些胆大妄为的宦官,用弹劾方法是不行的。首先,皇上就不谕准。

众人正在说着,皇上派来使者,召李膺进宫。

桓帝立御殿平台前,见李膺入殿走来,不等李膺跪拜起身,就严厉地责问他:

"你本顶罪坐系左校,朕念你剿灭檀石槐有功,赦你出狱,为朕纠察京郡违法官吏。而你不好好履命,上任不几天,便不禀奏就擅杀朝廷命官,卿此举何意!"

"昔晋文公执卫成公归于京师,《春秋》是焉。《礼》云:公族有罪,虽曰宥之,有司执宪不从。昔仲尼为鲁司寇,七日而诛少正卯。今臣到官已积一旬,私惧以稽留不愆,不意获速疾之罪。诚自知衅责,死不旋踵,特乞留五日,克殄元恶,退就鼎镬,始生之愿也。"(引自《后汉书·党锢列传》意思是:从前,春秋五霸之一、晋国国君的晋文公战胜楚国后,逮捕了依附楚国的卫国国君卫成公,当即解送给周天子。这件事孔圣人作《春秋》时给予了肯定。《礼记》又说,诸侯贵族犯罪了,虽说可以宽恕,但执法的官吏也不这么干。昔日圣人仲尼在鲁国任执掌刑狱、纠察的司寇,上任七天就把因乱政而犯罪的鲁国大夫少正卯处以死刑。如今臣到任已十多天了,才惩罚了一个罪犯,深恐皇上责备臣办事不力,不曾想却是怪罪臣杀坏人太快了。臣已经知罪。很快就要受到处罚了,但我恳求陛下再给臣五天时间,让臣把那些首恶元凶蓅灭,然后死而无怨——注)李膺从容地说。

桓帝听了,觉得很有道理,他素知李膺耿直,又见李膺理直气壮,就知张朔确实有罪,就不再责问李膺,便回头对张让说:

"这是你弟弟犯了罪啊,司隶校尉有什么错呢?"

张让听桓帝这样一说,肺部就如爆炸一般充满着愤恨的强气压,堵在心口中,挤压着心脏一阵阵地颤动。他面色通红,腮边的肌肉禁不住地抽搐着。他想从这个地方走开。可是,双腿软软的,一步也挪不动。桓帝说完就走下御殿平台,在众宦官们簇拥下向寝殿走去,李膺也出宫回府去了。御殿大门关了,整个御殿一派寂静空旷,空无一人。只有张让如被晒蔫了的茄子,靠在平台雕栏上。主管御殿的侍郎来到张让跟前,轻声地说:"大人,皇上回寝宫了,大人……"

"娘的,狗屁皇上,老子残了身进宫来侍奉他,他竟然连老子死活都不管不问,眼睁睁地看着老子让人宰割。这他妈的是什么皇上,昏君,臭肉,王八蛋!和那个姓李的一样,是个不得好死的王八蛋!"张让暴跳如雷。

"大人……"御殿侍郎十分紧张,四下看了看,连忙制止张让:"大人千万不可在外人面前如此说,这可是要杀头的呀!"

张让猛然醒了过来,为自己刚才的发泄惊出一身冷汗。他也四下看了看,见四

周没有一个人影才稍稍把心往下放了放,问:

"你刚才听到我说什么啦?"

"我什么也没有听见。"

"好,老弟,你如有什么事,在下赴汤蹈火、粉身碎骨也要为老弟去办!"

"谢谢大人。"

"……"

"……"

"来,到那边来,请受在下一拜。"张让沉默一会,心里想出一个主意,便对御殿侍郎说。

"大人不要客气,今日只有我和大人二人,小的一定守口如瓶,一定做到。不然,不得好死。"御殿侍郎说。

"守口如瓶,那你刚才听到什么罗?你不接受在下一拜,在下怎么敢相信你?"张让说。

"好,小的接受,小的随大人去那边。"

张让把御殿侍郎领到不远处一个堆着石头的拐角,扑通一声跪在地上,连磕了三个响头。御殿侍郎赶紧上前扶张让起来,这时,一个坚硬重物撞在侍郎的头上,侍郎眼猛地一黑栽倒在地。

原来张让有意选这个堆石头的地方磕头。他起身时,顺手从地上抓起一个大石头,朝御殿侍郎头上砸去,把他砸昏在地。然后,张让又把他拖到近旁的一条河边,推了下去,便悄然溜回宫中,边走边在心里想:

"这次好险啦。我被那个不得好死的李膺气糊涂了,把只能在心里说的话,也滑出来,放到口上说了,若是被御殿侍郎告到皇上那里去,我就完了,好险啦!李膺,我决不放过你的。杀弟之仇一定得报!"

过了半个月,桓帝临朝,接受文武百官跪拜后,就微笑着说:

"皇后阙之,宫闱无佐理之主,天下无坤仪之母,不可久也。今朕召众爱卿来殿,朝议立后之事。依朕看来,采女田贵人端丽贤淑,朕意欲立之,众爱卿意下如何?"桓帝一说,公卿大臣才知,皇上今日要朝议册立皇后之事。梁冀被诛后,桓帝便立邓猛为皇后。邓皇后深受桓帝恩宠,邓氏家族均叨粘宠惠。邓猛之母宣受封为长安君,追赠邓猛父亲邓香为车骑将军,追封为安阳侯。封邓香的儿子邓演为南顿侯。邓演受封没过几天就死了,他的儿子邓康袭其爵位,封沘阳侯。然而,皇后邓猛本来亲眷就不多,没有多大势力,加上他们都不会阿附权贵,尤其是没有巴结势力很大的宦官,很快就失去桓帝的宠信。不久,中常侍单超献给桓帝一位姓郭的美人。桓帝一看郭美人娇艳过人,就封他为贵人,并对她多加宠溺,几乎夜夜临幸于她。可是这个郭贵人不光容貌妖艳,而且很会夺宠卖娇,搬弄是非,时不时就对皇后进行诋毁。桓帝偏听偏信。正月,桓帝把皇后邓猛废了,撵往暴室,活活幽死。因邓皇后专宠而得官的河南尹邓万世、安阳侯邓会等邓氏家族诸人同受牵连,罢官的罢官,黜爵的黜爵,坐牢的坐牢,相继瘐死。自古美人多薄命。这个郭贵人把邓皇后整下去了,她自己却同样步了邓皇后的后尘。桓帝和她卿卿我我一阵子,就对她失去兴趣,加上单超已死了,她也失去依靠,桓帝就把她丢在脑后。没过多久,桓帝驾崩,窦皇后成了太后,掌握大权,马上就把她处死。而此时此刻,桓帝虽然尚未崩逝,窦氏也尚未被立为皇后,与桓帝相猥相倚、如胶似漆已经不是郭贵人,而是生得姿色艳冶,妖娆绝伦的采女田圣。

"启禀皇上,母后之重,兴废所因,宜思关雎之所求,远五禁之所忌。田贵人虽娇丽以貌,但家世微贱,不足以为天下之母。"司隶校尉应奉伏阙诤奏,表示反对。

"禀皇上,应司隶校尉所言极是。臣以为,欲立皇后,当选窦贵人,她系皇门之女,年钧以貌,德同以年,胜田圣千倍。"太尉陈蕃奏言说,窦贵人是窦融玄孙、章帝皇后从祖弟的孙女、窦武女儿。

桓帝听了陈蕃的奏言,感到窦贵人姿色不如田圣,沉默不语。这时,宦官也力谏桓帝不要册立田圣。田圣自恃生得美貌,对宦官很傲慢,所以,宦官也对她很不满。

桓帝见众人都反对册立田圣,不敢强违,勉强同意册立了窦贵人。择日正位中宫,大赦天下,以示典庆。

"众卿为何不退去。"桓帝退朝回到田圣的寝宫,田圣得知窦贵人被立为皇后,柳眉一翘,不高兴。桓帝见她耍脾气,也就不去惹她了,他看到众宦官都侧立在身边,便问道。

"回禀皇上,奴才无处可去,整天躲在宫中闷着,就全来侍奉皇上。"赵忠跪下说。

"为何不出宫回府休沐?"桓帝问。

"回禀皇上,奴才等惧怕!"宦官们说。

"怕什么?"桓帝有些不解。

"惧怕李校尉!"李膺斩了张朔这件事确实打击了宦官及其狐亲狗朋的嚣张气焰,从此宫中大小宦官老实了许多,他们心虚、惧怕,连休假日也不敢走出宫门。

"为何?"桓帝感到奇怪,询问其中缘故。

"李膺胆大妄为,众党效法,对他'得邀容接,辄相欣庆',推崇他是'登龙门。'众官党都如李膺一般凶恶无比,乱杀无辜,故奴才等都惧怕他们。"张让一边叩头,一边流泪地说。

"噢——"桓帝有些吃惊。

"……"

桓帝的吃惊,张让看在眼里,顿时仇恨的烈焰旺燃了起来。此时,他复仇的欲望十分强烈。晚上,张让邀上赵忠,两人一起来到被免官又刚刚复起的中常侍侯览家。

"张大人,令弟惨遭戮害,在下也大为悲愤。大人可要节哀啊!"侯览装出一副悲伤的神态,迎着张让说。

"愚弟惨遭祸害,又无处申冤,心里憋气啊!可又有什么办法呢?谁让我们是内宫之臣,命中注定我们只能任那些宫外的狂徒在头上拉屎撒尿,在人家的刀下苟且偷生啊!"张让眼泪汪汪地说。

"妈的,我们内宫之臣又怎么样,辅佐皇上掌管朝政,治理国家,出的主意比他们少?筹谋方略比他们拙?狗屁,我们哪一点比他们差!不就是我们……他们也不要太狂了。"赵忠愤愤地,但他没有把"不就是我们被残了"这句话说出来。

"他们怎么不狂?在下愚弟就这么白白地被那个姓李的给残杀了。一想到这事,在下的心就寒颤,但又不得不咽下这口气。在下不就是一个小黄门嘛,能算什么。就连我们诛灭外戚,为国除害的大功臣侯常侍不是也让他们整得很残?尊兄侯参被无辜逼死,侯大人被免官。还有中常侍左悺、具瑗被他们整得命归黄泉了。我们这些为国家、为朝廷立过大功的内宫之臣,哪一个他们不是要整就整,要杀就杀,谁敢怎么样,不只有眨着眼不敢瞪吗?"张让煽动地说。一些"党人"官僚也开始把矛头直接指向宦官集团的头面人物。侯览的哥哥侯参出任益州刺史,采取对辖区内财产富足的人诬陷罪名,抓来杀掉,没收其财产的方法,抢夺别人的财产达亿万数。太尉杨秉闻知后,当即派官吏按验调查,逮捕了侯参,押送到京都来审查。侯参半路上畏罪自杀。京兆尹检查他行装,居然还三百多车,全是金银锦绣珍玩,多得数不清。杨秉起书弹劾权倾一时的侯览,指斥他"猥受过宠""肆其凶忿",要求"宜急屏斥,投畀有虎",以逐"君侧之恶",桓帝不得已,"竟免(侯)览官"(《后汉书·杨秉传》)。延熹八年(公元165年),司隶校尉韩縯,查出被称为声势隆隆"左回天"左悺的哥哥太仆左称的罪恶,多次罗列上奏,左氏兄弟自知不能逃罪,便畏罪自杀了。随后,韩縯获悉具瑗哥哥具恭在任沛相时,收赃无数,便上书请求皇上对具恭按赃治罪,桓帝不得不下诏把具恭打下监狱,具瑗也被没收了东乡侯的印绶,免官归家,不久就死了。单超、唐衡和徐璜已经死了,这两个也坐罪毙命。至此,"五侯"全部灭亡了。

这时,中常侍管霸、曹腾、曹节、小黄门王甫也不约而同来了。

"今天怎么这么巧,众大人聚得如此整齐。"侯览一边寒暄一边说。

"听说李膺受皇上的面诘,一回去,就有十几个'党人'聚集到他家里去,不知在搞什么诡计。"管霸一落座就说。

"他们的诡计不就是想点子整我们这些内宫良臣。他们已经挨着整了侯常侍,整了管常侍,整了苏常侍,整了在下,整了赵黄门……在坐的哪一个没被他们整过?他们把我们当作眼中钉、肉中刺,一心就想把我们整死,好让他们把持朝廷,盘剥国家,尽情渔收私利。"张让说。

"要不是皇上明断,我们这些人还不早就像左悺、具瑗那样,见了阎王了。"赵忠说。

"恐怕时间长了,他们势力更大了,皇上再英明,也保不了我们了。"张让说。

"他们那样抱成一团,来者不善,我等要当心啊!"王甫说。

"不如我们先下手为强。"张让说。

"可是,没抓住他们的把柄,只要抓上一个把柄,就到皇上跟前告他们结党为派,诽谤朝廷,贬污皇上,定能把他们打倒。"侯览说。

"这还不好办?随便编一个不就成啦!"管霸说。

"编一个倒是可以。但要想好,这一次要不弄就算了,要弄就一下子把这些王八蛋全都弄倒。这需要我们大家齐心协力,还要我们想得周到一些,不能太仓促。"侯览说。太学生们的"清议"和"党人"所开展反对宦官的斗争,引起了宦官集团极大的不满和恐慌。他们知道这些被冠以美称的公卿大臣、地方官僚和士人中大多都儒生文人出身,由于受儒家观念影响,对宦官天生有一种人身鄙视,对朝廷大权掌在"刑余阉竖"手里,感到耻辱;对鼠目寸光的宦官乱政误国,陷害忠良非常憎恨。所以,这些士人、官僚得到民众的拥护,对宦官们是极大威胁。对此,宦官集团寝食不安。他们相互勾结,一方面不停地陆续排斥、陷害党人官僚,一方面伺机进行大规模地凶恶反扑。延熹九年(公元166年),"党人"集团的核心人物李膺逮捕处决了一名犯法的宦官党羽,成为导火线,宦官集团终于向党人集团举起了屠刀。

这又是一个晚上,天异常的黑。

第二天,张让刚出宫门。他是回粉瑯园休沐。

"张大人,观大人贵相,面阴悬滞薄,足地急而溅,此相乃大人近来时运不济也。"一相士在宫外观相,见张让走过,凑上去说。

"噢!是张相士。"张让招呼了一声,然后说,"相士再细视之,在下可有转机。"此相士名叫张成,是河内(今河南省武陟西)人,他善说风角,观相颇灵验,在京都很有名气,常在皇宫周围转悠,宦官们常请他相验吉凶时运,张成与宦官很熟,也很有交情。

"相法乃上天,下地,左主,右佰。大人之相额开而颔闭,鼻侧一火一水。开闭为反,水火不容,此乃定遇忏人纷争。大人少休沐多住省,处处当心为好。"张成说。

"是啊,近来遭他人暗算,家壁遭破,小弟丧命。哎——不说它了……今先回家瞧一眼,马上就得回宫。明日,皇上宣诏,立窦贵人为皇后,普天同庆,大赦天下,在下又要开始忙了,到时又是好多天不得回家哩。"本来皇上大赦天下,事先是保密的,可是张让却有意无意地告诉了张成。

"大人此相以小的相来,只要避过此关,必有大运补之,大人定要腾达。大人到时不要忘了小的哟。"张成讨好地说。

"嘿嘿"张让笑了笑走了。

这一天,张让在宫中,张成就哭着来找张让,说桓帝下了大赦天下的诏书,可是司隶校尉李膺仍然不但不将其子免罪,反而将他的儿子杀了。

原来,张成从张让口中得知皇上要大赦天下消息后,就对众人说,他推占得卜,预料今日朝廷要行大赦,为了在人们面前显示他的相术高明,制造轰动,引人视听,就让他儿子把一个无辜者活活杀死。司隶校尉李膺得知后,当即把张成儿子抓了起来。正当众人怒责张成纵子杀人,残害他人,坑害儿子时,皇帝大赦天下的诏书下来了,张成便洋洋得意地说:"我怎么会害我儿子呢?你们看我是不是未卜先知?既然皇帝下诏了,不怕他司隶校尉不把我儿子放出来。"没想到李膺感到张成的儿子在皇上大赦天下之前故意杀人,罪大恶极,理当抵命,不属于朝廷颁布大赦天下诏书所赦免之列,不能饶恕他。因而,李膺将张成的儿子仍拘之不放。

听到张成的哭诉后,张让想,你的儿子这一次定是活不成了,但他口上却说:"相士放心吧,司隶校尉再厉害,也不敢不听皇上的,皇上已经下了诏书,他定是不敢违的。相士先回去吧,等在下禀告皇上,皇上会责成李膺放人的。"

"谢谢大人,谢谢大人!"张成跪下向张让磕头。

"说不定这是个好机会。把李膺抗旨不赦之事告诉皇上,皇上定对李膺不把他放眼里感到不满。再奏请皇上专门谕旨李膺,责成他马上赦释张成的儿子。按李膺的脾性,他有可能不但不放人,反而快快地把张成儿子杀了。他这样一而再,再而三地抗旨,不正可以做文章吗?"张成走后,张让坐在那里想,不由地一阵兴奋,他猛地站了起来,就去找赵忠,并把张成纵子杀人之事告诉了赵忠。并让赵忠呈报皇上,说李膺抗诏不从。

正如张让预料那样,李膺接到桓帝的赦释张成儿子谕旨,"愈怀愤疾",他想,这样的恶劣犯罪,桓帝竟然下谕赦释,那天下的人还不都去为非作歹!他把桓帝的赦谕丢在一边,马上下令把张成的儿子拉出去斩了。

"大人,犬子已经尸首分家。小相可是白白送了一条人命啊!"张成来张让处,见面就哭。

张让没吭声,只是笑了笑,"果然不出我所料。"他在心里飞快地想着怎样在这件事上把李膺整倒。可是张成哭哭啼啼的,让他集中不起精力来。于是,张让不耐烦地说:

"如今令子已被那个姓李的杀了,你光哭有什么用。"

"小相听大人说皇上大赦天下,才让犬子去杀人的,谁知如今这个李恶神连皇上的谕旨都不听。早知朝廷如此之混乱,小相绝不敢看相预事了。犬子就这样不明不白地冤死了,小相伤心呀!"张成说。

"别哭了,在下带相士到中常侍侯览那里去,找他试试。"张让说。

张成把他的儿子被杀这一事向侯览叙述了一遍。侯览听了便安慰了张成几句,便不再说什么了。

"侯大人,这可是个把柄啊!"张让凑近侯览小声地说。虽然声音不高,可是语气很重。

"把柄?"

"对,皇上最怕人聚众造反的。李膺抗旨不从,哪来的那么大胆子,不就是他结党聚众,人多势众,他们自感了不起?他是党部之首,还把皇上放在眼里?"张让说。

"张相士,你儿子死了,已不能复生了。现在只有报仇了。不知相士想不想报仇?"侯览受到张让启发,转向张成说。

"不报此仇,誓不甘心!"张成愤愤然地说。

"你如何报仇?"侯览问。

"这……请大人为小相做主。"

"相士可向朝廷告他收罗太学生,结党聚众,与皇上和朝廷作对。"张让说。

"对,小相回去马上就写奏书!"

张成从侯览处回去,连夜让弟子牢修上书朝廷:"……(李)膺等养太学游士,结交诸郡生徒,更相驱驰,共为党部,诽讪朝廷,疑乱风俗。"

桓帝看了牢修的上书,脸上陡然失色。侯览、张让、赵忠等宦官见桓帝面带愠怒,就知牢修上书触动了桓帝的神经,他们三人感到机不可失。张让首先奏言:

"禀皇上,陛下可不知,现在那些党人在百姓中散布什么李膺是天下的楷模。他怎么是天下楷模呢?天下楷模是皇上,分明迷惑众人,结党为非,凌驾于皇上之上,诋毁皇上。陛下,奴才以为,任其发展,李膺等就如梁冀一班外戚一样,后患大矣。"

"禀皇上,奴才也见司隶校尉李膺、太尉掾范滂、太仆杜密、御史中孙丞陈翔,还有陈实等人和太学生张凤、太学生的头子郭林宗等经常混迹一堆,窃窃私语,议论纷纷,造谣攻击皇上,以蒙蔽世人视听,危害大矣。李膺等人还指使太学生写文章攻击朝政,皇上可不能听之任之啊!"侯览说着,把太学生刘陶"清议"时写的一篇评论时政的文章送给了桓帝。

……

宦官们说得绘声绘色,桓帝听着听着,不由地勃然大怒,遂下诏逮捕党人。

桓帝与侯览、张让、赵忠、王甫等宦官一起商量,列出逮捕司隶校尉李膺、太仆杜密、御史中丞陈翔以及陈寔、范滂等党人的名单。宦官们扳着指头数,一直到了中午,共列出党人二百多名。

"爱卿,算了吧!把他们都捕了起来,剩下几个也兴不了大浪潮。朕也累了,就这样吧!"桓帝打了个哈欠说。

"禀皇上,这些党人,可是洪水猛兽,他们可比梁贼更令人可怕。不把他们收罗干净,后患无穷啊!"张让说。

于是,宦官们又在名单上添了几个人,见桓帝实在不耐烦了,也就作罢。张让看了看名单,心中不由地涌出一股激动,心里想:"姓李的,你今天该认识我张让了吧!弟弟,姓李的到了阴间,你也不要放过他,让他八辈子也不能投胎!"

名单确定后,案经三府,然后向全国发布"党人"的罪行,要求天下共同声讨。当逮捕党人的公文交到太尉陈蕃手中,陈蕃一看,大为吃惊。吃惊之后,他心情很沉重。便皱眉捻须地说:

"他们要逮捕的这些人,都是忧国忧民的忠诚,驰誉四海的名士,不要说他们自己,即使他们子孙有过,也应该十世加以宽恕,何况他们本身并没有犯什么过失,怎么能这样无端地随便逮捕呢!"说着,他不肯在公文上署名,便把逮捕党人的名单退还给了桓帝。

桓帝见到陈蕃不同意逮捕党人,违背了他的旨意,更是动怒,便亲自发了诏令,把李膺、杜密、范滂等拘捕入狱。并陆续把名单上的二百多名所谓的"党人"抓获,关进了北寺监狱。一时间,全国为之震惊。有些被指为"党人"名士,闻得风声,躲的躲,逃的逃,朝廷、官府鸡飞狗跳,一片慌乱。对于逃匿的"党人",朝廷通令各郡国,出榜用重金悬赏捉拿"党人",非把他们缉获不可。

逮捕了李膺等众多"党人",张让心情好多了。张让想到,近来桓帝常为一件事犯愁,那就是桓帝已经三十五岁,入朝当皇帝也有二十个年头了。可是,前两位皇后都没有给他生出一个皇子来,梁女莹皇后只生了一个公主,名叫华,被封为阳安长公主。邓猛皇后连一个公主也没有生下来,刚立的窦皇后的肚子也是瘪的,后宫众多嫔妃也只生了两个公主,一个叫坚,被封为颍阴长公主。另一个叫修,被封为阳翟长公主。众嫔妃和几任皇后一样,都没有生下带把子的男孩子来。这一天,张让听说始祖庙中的一个掌士,精通阴阳相交孕嗣秘术。为了讨好桓帝,张让就向桓帝推荐始祖庙掌士。桓帝一听,顿时十分高兴,命张让将那个掌士找来了。掌士进宫向桓帝传授了诸多得子交媾方法。桓帝整天就在宫中与田圣按照掌士所传,淫乐不止,连上朝也不去了。这一天,桓帝正在不亦乐乎的时候,内宫传令太监说太尉陈蕃要见皇上。桓帝很不高兴,严旨不见。原来,陈蕃对桓帝下诏缉拿了那么多的忠国名士不忍坐视,就想向桓帝当面谏劝,让桓帝放了他们。可是桓帝多日不朝,陈蕃心急如焚,便找到后宫来了。

陈蕃的搅扰,很使桓帝败兴。桓帝忽然感到腰疼了起来,便"哎哟"一声,就用手捂着。张让向来眼尖,连忙跪下给桓帝抚揉。正在这时,传令太监递来了一份急疏。陈蕃多次要面见桓帝都被拒之门外,无奈,他就拟了一折奏疏呈上:

臣闻贤明之君,委心辅佐,亡国之主,讳闻直辞;故汤武虽圣,兴由伊吕,桀纣迷惑,亡在失人。由此言之,君为元首,臣为股肱,同体相须,共成美恶者也。伏见前司隶校尉李膺,太仆杜密,太尉掾范滂等,正身无玷,死心社稷,以忠忤旨,横加考案,或禁锢闭隔,或死徙非所,杜塞天下之口,聋盲一世之人,与秦焚书坑儒,何以为?异昔武王克殷,表闾封墓;今陛下临政,先诛忠贤,遇善何薄?待恶何优?夫谗人似实,巧言如簧,使听之者惑,视之者昏;然吉凶之效,存乎识善,成败之机,在于察言。人君者,摄于地之政,秉四海之维,举动不可以违圣法,进退不可以离道规。谬言出口,则乱及四方,何况凭无罪于狱,杀无辜于市乎?昔禹巡狩苍梧,见市杀人,下车而哭之曰:"万方有罪,在予一人!"故其兴也勃焉。又青徐灾旱,五谷损伤,民物流迁,茹菽不足,而宫女积于房掖,国用尽于罗纨,外戚私门,贪财受赂,所谓禄去公室,政在大夫,昔春秋之末,周德衰微,数十年间,无复灾眚者;天之于汉,眷眷无已,故殷勤示变,以悟陛下,除妖去孽,实在修德。臣位列台司,忧责深重,不敢尸禄惜生,坐观成败,如蒙采录,使身首分裂,异门而出,所不恨也!

"哼,如此说来,让朕放了党人不成?"桓帝阅了陈蕃的奏疏,脸上挂怒,自言自语地说。

张让一听桓帝轻语要放了党人,心里不由地一紧,他说:

"禀皇上,可不能将他们这些人放了。皇上想想看,如今皇上决意除掉乱党,为国为民清渣去滓,此乃事关社稷兴之大事。可那帮乱党是何等的猖狂。党贼范滂,竟然拒祭皋陶。"书表递给了桓帝,桓帝却并不批答,皇甫规觉得害臊不已。

"这个陈蕃把胳膊拐向乱党一边,这是为什么? 难道他也受乱党迷惑?"桓帝问。

"回禀皇上,皇上所言极是。奴才以为,乱党胡作非为,胆大妄为,就是因为陈蕃在暗中怂恿、支持。不然,他们也不会如此猖狂。皇上还记得,原东海相、乱党黄浮收受别人贿赂,把中常侍徐璜的侄子徐宣杀死,皇上赐罪黄浮,将他输为左校,陈蕃是那么起劲,为黄浮说情。污辱皇上什么'内政不理……左右日亲,忠言以疏,内患渐积,外难方深。'还目无君上,口大气粗地训斥皇上,什么'陛下超从列侯,继承天位,小家蓄产,百万之资。子孙尚耻愧失其先业,况乃产兼天下,受之先帝,而欲懈怠以自轻乎? 即不爱已,不当念先帝得之勤苦耶?'此语与乱党诽谤朝廷、诽谤皇上如出一辙;上一次,乱党李膺诬陷宛陵大户羊元群,陛下将他罢官系狱,陈蕃也跑到陛下跟前为李膺所谓申诉冤屈,陛下不允,他还痛哭流涕;延熹六年(公元163年),陛下调陈蕃任光禄勋,可是他并不感谢皇恩,陛下校猎广成苑时,陈蕃却上书不让陛下畋游,诬蔑东汉社稷'三空':'田野空、朝廷空、仓库空。'他是何等居心不良啊!"张让如数家珍一样,列举着陈蕃的罪状。

"听爱卿这一说,朕才想起来了。这个陈蕃,朕一直重用他,他却如此跟朕过不去。"桓帝说。

"回禀皇上,他的心早归党部了,早不把皇上放在眼里,当然与皇上处处作对。皇上,对陈蕃这个'党中魁硕'可不能姑息迁就。"陈蕃多次上书要求桓帝责罚宦官,斥黜佞邪。"黄门中常侍等,恨(陈)蕃加甚,只因蕃为名臣,一时未敢加害。"(蔡东蕃:《东汉演义》——注)加上陈蕃曾在要求释放曾要籍没侯览掠夺百姓的资财,被侯览报复而被捕入狱的山阳太守翟超的奏疏中严厉指出"(侯)览之骄纵,没财已幸"。侯览对陈蕃恨之切肤,于是,侯览在一旁说。

"'党中魁硕'?"桓帝心里一惊。

"就是,他就是这帮乱党的首领,皇上可要小心啊!"张让说。

"传旨下去,太尉陈蕃辟召非人,即刻将他罢官。朕念他是朝廷重臣,恕他此次,不严律以狱,如再与非党为伍,重惩不赦。"桓帝愤然发谕。

至此,正直的公卿、官僚死的死、辞的辞、逮的逮、免的免,剩下的虽然对宦官集团强烈不满,但却不敢起来与宦官进行针锋相对的斗争,把自己身置局外,唯唯诺诺,缄口避灾,明哲保身,一任宦官为非作歹。

"嗯嗯,皇上,还有完没完啊,在寝宫中还理朝政,皇上要累垮的。"田圣娇滴滴地撒娇,对桓帝说。

"启禀皇上,始祖庙掌士请求磕拜皇上。"张让走到桓帝跟前小声地说。

"快快,让他进来。"桓帝转头对张让说,"把窦皇后也叫到坤宁宫来。"窦贵人被册立皇后之后,其父亲被诏任城门校尉,受封槐里侯。不过,桓帝感到皇后的姿色不如田圣,对窦皇后临幸稀少,桓帝仍然把一门心思放在田圣身上。因田圣对张让和始祖庙掌士傲慢,得罪了他二人,他二人对田圣很不满,就想用窦皇后来排挤田圣。始祖庙掌士就对桓帝说:"引子之术,无正宫国母之承髓,则子气偏漂,难以植胎。"所以,桓帝把窦皇后召来同寝,却并不放弃宠幸田圣。

"奴才已派人去叫了,只是国丈窦校尉来见皇后,稍后她马上就到。"张让说。

转眼就到了延熹十年(公元 167 年)三月。

嫩草不知不觉地把大地染得一片青绿,皇宫内御花园里的桃花也开了。桓帝昨晚与田圣和皇后同寝,轮番绸缪,意在让两位后宫受孕得子。他劳累过度,身体很倦乏,精神也很萎靡,趴在榻上,正在让宫娥为他抚揉时,国丈窦武和尚书霍谞求见。桓帝用手挥退宫娥侍女,召窦武、霍谞晋见。窦武进殿施君臣之礼后,向桓帝递交了一道奏疏。

"启禀皇上,臣想说的都在奏疏里了。臣自愿罢官,与党人同伍。"窦武说着,就把城门校尉及槐里侯的印绶也交给了桓帝。在官僚、士人集团与宦官集团较量的同时,还有一派势力也在暗暗萌动,那就是以城门校尉、皇后的父亲窦武为代表的新的外戚集团,他们也受到宦官的排挤,心有不满。想联合"党人"来剔除宦官集团,欲夺取朝政大权。"党人"被关了一年多,前新息县县长贾彪见朝廷对"党人"关押迟迟不放,义愤填膺,在家叹语道:"看来我得为'党人'西行一趟。"第二日就离家来到京师,拜见了窦武和尚书霍谞,请他们为"党人"申理,让桓帝释放"党人",从而达到与"党人"共同来反对宦官的目的。窦武和霍谞采纳了贾彪的意见,窦武当即拟疏,和霍谞一起进宫晋见桓帝。

"启禀皇上,窦大人疏表极是。'党人'都是治国良臣,心为朝廷。自他们入狱后,宫中朝政萎靡,边疆军心动荡。如不赦释他们,社稷不稳。恳请皇上快快将他们解除羁绊。"霍谞说完,也呈上为"党人"请释的书表。

桓帝看了窦武和霍谞的陈表,稍有感悟,就派中常侍王甫前往北寺去主审"党人"中的重要人物。王甫在审讯"党人"时,"党人"按照李膺制定的策略,以攻为守,向宦官反击,他们供出许多宦官子弟,说他们也"同为党部",王甫向桓帝进行了禀报,引起了宦官的惶惧,因此,宦官集团对释放"党人"态度也变得暧昧起来了。

侯览感到,"党人"受到这次打击,势力大大减弱了,基本无力再与宦官集团抗衡了,对宦官集团的威胁不太大,为了保护宦官的子弟,他向桓帝进言说:

"现在天时不正,应当大赦天下。"

"党人也可赦?"桓帝问。

"回禀皇上，皇上明鉴。"侯览说。

"那就解去他们的桎梏吧！"桓帝说。

桓帝这才将狱中两百多名"党人"一概释放了。但把他们的名字存档"三府"，禁锢终身，不得做官，并下诏改元为永康。

……　……

十　天子丧命

窦武的谏释"党人"奏疏被桓帝采纳后，使窦武信心大增。为扩大自己的势力，窦武又积极向桓帝举荐官吏。

上午上朝前，窦武匆匆进宫拜见桓帝，本想荐引平陵人、太学生薛恭到朝廷做官。可是桓帝一见到窦武，脸色便不好看。窦武行完君臣之礼，桓帝也不像往常那样，总是丢开君臣之别，向窦武行拜泰山之礼，坐在龙椅上一动不动，便问：

"卿可知杨乔自杀？"

窦武一听，吃惊不小，他没有马上回答。杨乔是会稽人，以博学多才，忠贤孝道被传为美谈。一个月前，窦武带杨乔进宫，直接向桓帝举荐。桓帝见杨乔伟岸倜傥，仪表堂堂，当场对杨乔进行口试，杨乔奏对流畅，详细明了，滴水不漏。桓帝甚喜，马上下诏，命杨乔入朝为郎中。杨乔和窦武刚离身，长公主华风风火火闯进来给桓帝请安，她没想到宫中有人，躲避不及，与杨乔、窦武擦肩而过。

"父皇，窦爷爷带着的那个人是谁？父皇，您告诉我嘛。"华公主问。

"是个夷蛮，被边军逮来的掳囚。"桓帝故意逗华公主，微笑着说。

"父皇让窦爷爷把掳囚带进宫，莫非此掳囚长了五个鼻子、四个耳朵，三只眼睛，父皇想见见稀罕……"华公主做了个让人弄不懂的手势。华公主很机灵，知道桓帝在逗她，"父皇，再把他叫回来嘛，让孩儿也看看稀奇嘛。"华公主撒着娇，嗲声嗲气地说。

"嘿嘿……"桓帝也让华公主的话逗笑了，便说，"有什么好看，你想看稀奇，父皇就把他送与你就是了。"

"嗯嗯……"华公主脸上陡然飞红，羞涩得低下头。

桓帝看华公主这副娇羞的神态，忽然发现她已经出落成一个大姑娘了，于是就在心里产生了一个想法：何不把杨乔招为驸马。当日，桓帝就让张让去对杨乔说明他的意思。杨乔一听，极不愿意。原来杨乔的外公与平原相史弼是莫逆之交。去年初，朝廷下令逮捕"党人"时，杨乔正在平原。

张让说烂了三寸巧舌，也没有做通杨乔的工作。张让没想到杨乔竟然不愿意做驸马，但他怕桓帝责怪他办事不力，不愿意就这样回禀桓帝。于是，他就恫吓杨乔一番后说："你同意也得同意，不同意也得同意。"然后愤怒地回宫了。

张让一走，杨乔当起缮书，呈至桓帝，固辞不做驸马。桓帝得书，不但不予准许，反尔召杨乔进宫，面谕亲旨，定要将爱女嫁给杨乔，杨乔不顾触怒龙颜，抗旨不从，桓帝就把他软禁在宫中，并令太史择日为他与华公主成婚。

　　杨乔气愤之极，在无可奈何的情况下，他只好绝食，誓死相拒。华公主听说杨乔有四日未进粒粟，心疼不已，悄悄来到被软禁在濯龙宫沐春殿的杨乔身边，一边以泪洗面，一边亲手为杨乔侍送水饮餐食，极献深情。可是杨乔奄奄一息，毫不理会。华公主无奈，就跪着恳求杨乔吃些食物，并发誓她会让父皇马上放了杨乔。倔强的杨乔无力地说，除非皇上已经下了放他出宫、准许他辞官的诏书，他绝不进食。华公主听杨乔这样说，猛地起身要去见桓帝，恳求桓帝答应杨乔的要求，痴情的公主，跪得时间太长了，腿发麻站不起来，但她救杨乔心急，顾不了那么多，踉跄往前走，没走几步就摔倒了，摔得满脸是血。杨乔看着华公主摔成那样，心也隐隐作痛，他感到自己对不起华公主，他更恨宦官了。

　　华公主见了桓帝，说明来意，桓帝沉吟半天，还是答应了华公主的请求。可是，华公主一走，张让即向桓帝谗言说：

　　"启禀皇上，杨乔如此抗旨，皇上就这样轻易地将他放了，众人都效法与他，那将来还有谁听皇上的呢？依奴才愚见，要不按朝廷圣律，处杨乔死罪；要不逼迫杨乔就范。奴才以为，华公主喜爱他，皇上也看重他，何不迫使他就范？奴才觉得，杨乔硬抗四日，以此来要挟皇上，意在达到出宫的目的，只要皇上沉得住气，执意不肯放他出宫，杨乔定会挺不住了，准会服软的。"

　　桓帝听了，微笑着点了点头，也就改变了放杨乔出宫的主意。

　　然而，一连六天过去了，杨乔硬是不进食，终于一命告终。华公主得知杨乔的噩讯，哭得死去活来，一病数日。病好后，桓帝就把她许给了一个叫伏完的孝廉。

　　桓帝得到杨乔绝食而亡的禀报，又惋惜又气愤，悔不该听了张让的话，葬送了一个相貌伟帅、才学博深的年轻朝官。他正欲责怪张让，张让却已经跪在他的面前奏言道：

　　"启禀皇上，杨乔如此倔强，定有缘由。一个年纪轻轻的新官，哪来如此之毅力？"

　　"噢——"桓帝一听，觉得张让说的有道理，就问："卿说来有何缘由？"

　　"奴才尚未弄清楚。不过，奴才记得，皇上即位当初，就曾下诏，举荐孝廉乃'其令秩满百石，十岁以上，有殊才异行，乃得参选。赃吏子孙，不得察举。杜绝邪伪请托之原，令廉白守道者得信其操。各明守所司，将观殿后。'（引自《后汉书·纪》——注）可是，杨乔由孝廉入朝进阶，不足一月就舍命抗旨，奴才觉得杨乔死足不可惜，罪有应得！"他本来说窦武是杨乔的幕后指使，但此话他不敢轻易出口。不过，此番话也能让桓帝听明白其中的意思。由于窦武缮疏为李膺等"党人"说话，张让对窦武怀恨在心。加上包括张让在内的宦官集团对窦武通过救出"党人"，举荐孝廉等途径，扩大外戚集团的势力感到不安。宦官们知道，以窦武为首的外戚势力一旦羽翼丰满，他们就不是其对手。不过，张让心里很清楚，对待外戚可不能像对待"党人"那样,想收拾借助桓帝的力量就收拾了。因为"党人"与桓帝之间总是隔了一堵墙,一道沟,故桓帝是难以听信他们的。外戚则不然,外戚与桓帝之间通过皇后可以越过墙,跳过沟。虽然张让对窦武恨在心里,因此对窦皇后也有隙嫌,但他又不得不小心谨慎。所以,他把话说得很含糊。

张让话刚落声,窦武就进殿拜见。

窦武从万分惊愕中回过神来,忙跪下回桓帝话说:

"启禀皇上,臣确实不知。臣只知他拒不从婚,以绝食相抗,没想到他如此倔烈,竟然舍命而亡。臣举荐不力,自知有罪,自当该罚。"

"既然卿知错,以后可要谨慎。"桓帝说。

"是。"窦武正要退身出来,窦皇后欢欢喜喜入殿来见,看见父亲也在殿内,就更加高兴。她急匆匆地对桓帝说:

"启禀皇上,今日天象有异往常,太阳近旁有一颗亮星,宫内都在传是吉象,请皇上和父亲快快出殿来看呀!"

"此乃是真?"桓帝说着,就走出了大殿一看,果然如窦皇后所说。

"快快,快召太史观天,此象主何兆?"桓帝催促地下旨。

太史即刻就来到桓帝跟前,一番观视卜兆,卜相大吉,马上禀告桓帝说,此天象是示以我朝天子当得子嗣。太史看了看窦皇后和窦武,又说此嗣息非皇后莫属,年内皇后定能孕胎,还说皇上得嗣便增寿,寿高过天,数年后皇上携子游畋宇宙,得天机以兴社稷。

桓帝听了大喜,当即重重赏赐太史,留窦武在宫中欢宴。

几樽热酒下肚,桓帝更是兴奋不已,皇后借机百般撒娇作媚,弄得皇上一时兴不可遏,不待欢宴结束,便执着窦皇后的小手,入寝宫御幸作欢……

张让刚刚侍奉好桓帝和窦皇后入榻,关上寝殿门,田圣得知今日天象主孕得嗣的消息,也跑了过来。张让觉得田圣此时搅扰桓帝,怕桓帝不高兴,便拦住田圣不让进。田圣傲气十足,便出言不逊,骂道:"一个被阉了的,不会打鸣的假公鸡还想挡道,来管皇上男女之事,不自量力。"此话正戳到张让的疼处,顿时气得心肺翻滚,如翻江倒海,差一点昏了过去。张让痛苦不已,只好往旁边让了让,田圣闯进了桓帝的寝殿……

> 城上乌,
> 尾毕逋,
> 公为吏,
> 子为徒。
> 一徒死,
> 百车乘。
> 车班班,
> 入河间,

河间姹女工数钱。

以钱为室金为堂，

石上慊慊春黄粱。

　　一阵稚嫩甜脆的男童声音吵醒了桓帝。桓帝掀开了缎衾，看到缎衾里田圣和窦皇后一丝不挂的白莹莹身子，一边一个地把他夹在中间。他起身，想越过窦皇后的身体，下床到窗前去看看唱着这听不懂童谣的男孩。可是，他感到腰部支撑不住身体，酸溜溜地使不上劲。他试了两下，不但没有越过去，反而折腾得自己耳朵里嗡嗡地虚鸣，窗外飘进来的那清脆甜润的童声也被耳里虚鸣声压住听不见了。正在这时，窦皇后却吧嗒着小嘴，翻了个身，把一只如玉一样的粉臂搭在他的身上。他本想动怒，一看窦皇后那熟睡的娇态，又想起仲夏的时候天出异象，太史卜兆说年内窦皇后定能孕胎，便消了气，便伸手在她的肚子上摸了摸。莫非那童声是从她肚子里传出来的？他费了好大劲，才把耳朵贴在她的肚子上听，耳里除了本来就有的如蚊子叫一样的低鸣，一点听不到孩童唱童谣的稚嫩声。这时田圣感到身边有动静，睁开惺忪发惝的眼睛，看见桓帝把脸贴在熟睡的窦皇后小肚上，一股酸溜溜的潮水由胸中向全身扩散。她伸手想在窦皇后身上拧掐一下，又怕把窦皇后弄醒了，与她争宠。田圣只好把手缩回来，在缎衾上狠狠地拧掐不止，心里骂了一句："都是这个令人讨厌的刑阉张让领来那个混账的始祖庙掌士，向皇上进的谗言。不是他，这个姓窦的贱人哪有与老娘平分御宠的份！总有一天，我要收拾这个被阉了的假公鸡和这个不知廉耻的窦淫妇。"想着她就发哕撒娇起来：

　　"皇上，你听听这里嘛……"

　　这几个多月来，桓帝一直让窦皇后和田圣俩人同时侍寝。一对冤家碰在一起，谁都想先受孕，谁都怕对方占了"便宜"，怕桓帝宠了对方，丢了自己。

　　田圣见桓帝对她撒娇使媚毫无反应，便移过身来，用手搬桓帝的头。她往这边轻轻一搬动，桓帝的头往这边滚了过来；往那边一拨拉，桓帝的头往那边夺拉，犹如一只蔫黄瓜，似乎轻轻一碰就滚掉下来似的。原来，桓帝想把贴在窦皇后肚子上的耳朵移开，可是，他感到头很重，怎么抬也抬不动。他硬憋出一股劲，还没有使出来，便眼睛一阵发黑，昏厥在窦皇后的身上。

　　田圣吃惊不小，她顾不得许多，左呼右喊起来。

　　张让一听田圣带着哭腔的呼叫，连忙窜过来，一看桓帝脸色煞白，鼻翼不动，就知事情不妙。他三步并作一步，派人去把御医找进宫来。张让又见窦皇后和田圣惊呆了，连穿衣都顾不上了，精赤着身子，跪在桓帝身边不知如何是好。张让走了上去，把手伸到桓帝的鼻下，试了试，只觉有轻微的呼吸。

　　过了一会，桓帝苏醒了，但他很虚弱。桓帝偏头看了看窦皇后和田圣，轻声地说：

　　"皇后和爱妃这是为何？"

　　"启禀皇上，皇上刚才……刚才……可把微妾吓死了。"田圣一贯机灵，她破涕为笑，及时地向桓帝飞来一个媚眼。

这时，窦皇后和田圣才觉得冷，不由地浑身颤抖，上下牙齿磕碰得咯咯咯地响。看着窦皇后和田圣如两条鱼一样地滑下龙榻穿衣披袍，桓帝对张让说：

"朕近来头疼体酸，手足冰凉。睡时，耳间似有风雨金鼓杂沓之声，亦有蚊鸣蝉咽嘤嘤之音，时较远之，时觉近之。起时，坐则腰腿肩背酸沉，恍恍惚惚，意不专矣。行则，步履不实，辄觉欹侧荡摇……"桓帝说到这里不说了。

"回禀皇上，皇上万岁，万万岁。只是近来为国操劳太多，累成这个样子，稍事歇息，调养调养就好了。"张让讨好地说。

"不，不。朕自知此乃女阴侵之矣。无奈，无奈啊！"

"此乃微恙，不日即能恢复。"张让说。

"爱卿……嘿嘿嘿，朕做蠡吾侯的时候，初尝女色，那滋味真是舒体惬意，其趣无穷。朕那时就真恨不得想把天下的女子都尝个遍，可是这只是个梦想，实现不了。后来，朕进宫做了皇帝，天下所有女子真的都成了朕一个人的了，朕想要哪个女子就能唾手可得。朕这下子可是如鱼得水了。可是没过多久，朕就腻烦了，不太感兴趣了。再后来，太后归政于朕，朕就亲政了。朕虽然与皇后、嫔妃等后宫贵人欢寝不止，但却丝毫不觉得有什么乐趣。朕就盼着生一个皇子来。虽然朕先后立过了三个皇后，众多贵妃，后宫嫔女几千。但她们只给朕生下三个女流，却没有一个人为朕生下一个承统天下的太子来。朕无奈，只得多临幸与她们，可是天不助朕，至今都是白费功夫。"桓帝像早年与张让做"断袖"之嬉那样，伸手摸了摸张让的脸，也如那时亲昵地称呼张让为小让子，又继续说："小让子，你说朕不是无奈吗？"

"回禀皇上，皇上不要担心，掌士已给皇上传授机宜，说不定皇后和田贵人已经有了皇子哩。"张让在心里想，你做了皇帝，天下女子都成了你的了，可是我们却因为你占有她们，弄得男不男、女不女的。你他妈的对我说弄女人这个滋味，那个滋味，这不是故意矫情，故意折磨我吗！

"嘿嘿，朕山珍海味吃腻了，绫绸缎缎穿腻了，郊猎歌舞玩腻了，美娇佳丽欢腻了，就是这皇上也坐腻了，可是……嘿嘿……朕就与你……嘿嘿……嘿嘿嘿……"桓帝又想起事隔十多年的他与张让那段私情，不由地心痒痒起来，手在张让脸上抚摸不止，"倒是让朕觉得新鲜……嘿嘿……"摸得张让也心热热的，张让心中那股痛楚的滋味陡然云消雾散，情不自禁地忸怩起来。

正在这时，御医进了桓帝的寝殿，见此情景，吓了一跳。

御医跪在桓帝前，为桓帝诊脉。桓帝的脉动柔弱，左尺脉沉迟，右关脉上浮迟。此脉象说明桓帝肾已虚得不能再虚了，且脾胃失调。御医也惊恐在心。只是不露声色而已。

尽管御医竭力掩饰，还是被张让看出了他的心思。御医给桓帝开了处方，无外乎是些补肾壮阳的药，就退去了。

这时窗外又传来男孩子唱着"城上乌"童谣的稚嫩甜脆声。桓帝问张让：

"爱卿，可听到孩童唱童谣声。"

"回禀皇上，奴才听见了。"张让回答。

"朕听着好像那童音从皇后肚子里发出似的。莫非皇后真的为朕腹孕皇子了，莫非此皇子在皇后腹中，就帮朕治理国家？"桓帝见皇后穿好衣服，走了过来。便说。

张让听了，觉得桓帝在说胡话。他看着桓帝毫无血色的面孔，想到刚才御医为桓帝诊脉的表情，张让有一种预感，桓帝的日子不会太长了。"如果桓帝真的就追先帝而去，我等又何去何从？"张让在心里想。

御医配的药已煎好了，桓帝服完后，又躺着休息了一会，觉得好多了。那唱童谣的稚嫩声又随风飘了进来。桓帝侧耳聆听着，问张让：

"爱卿，这男孩唱的童谣是什么意思？"

田圣裹衣裹身，昂着高傲的脖子走了过来。她指使张让说：

"去请个术士，来帮皇上解解这童谣的谶隐，不要整天用'党人'来吓唬皇上，皇上都让你们这些内宫庸侍给吓唬得体力日衰，连授嗣的体力都没有了，你们还不甘心？"

"是。"张让答应了，就退了出来。"妈的，教训老子起来了，是你贪淫无度，把皇上折腾得体力不支，衰弱不堪，竟然反咬我们。姓田的淫妇，你等着，有你好看的一天。"张让在心里骂道，便向窦武的府上走去。他才不听那个姓田的，去找什么术士，他得在桓帝鸣呼之前，得有所准备。尽管他对窦武有恨，但此时他不得不向窦武投一枚试深浅的石头。

当晚，张让就把始祖庙掌士叫来了，与掌士一番密商后，张让进宫告诉桓帝，说掌士来拜见皇上。

"观天象，子嗣胎气已成，只要皇上授之得当，不日后宫娘娘就会得孕贵胎。"始祖庙掌士跪拜桓帝后说。

"今日朕可否幸授之？"桓帝问。

"禀皇上，今日乃吉日，正可授，错过今日就难矣。"掌士说。

"朕今日午后已御幸皇后和田贵人，可否？"桓帝又问。

"回禀皇上，不可。以小士测来，天降嗣气乃晚亥时。小士还测得，此嗣气将降于丑时生，寅月入宫的母腹，如皇上择亥时赐予她精髓，定能化气为胎，植于腹中，十月得子，早了与晚了都不可。"

"皇后是丑时生，寅月入宫的吗？"桓帝问。

"回禀皇上，皇后不是。"张让说。

"爱卿，快快给朕查一查，宫中嫔妃谁是丑时生，寅月入宫的，朕将于亥时赐幸于她。"桓帝对掌士的胡诌之言，深信不疑，便对张让说。

"是。"张让退出宫去。

"启禀皇上,城门校尉窦武觐见。"传令太监来报。

"启奏皇上,臣闻皇上今晨龙体万祥,特来问安。臣以为,皇上近来当以辞避后宫,禁欲养精,恢复龙体。人乃以血为命,精髓乃血之本。精髓靠脾肾颐养。若脾肾亏精髓则损,精髓损则血枯,血枯则疾病侵。皇上之所以不太万祥,沉耽御幸之致,亏空脾肾也。臣请皇上,以社稷为重,安保龙体,万岁万岁,万万岁!"窦武行完君臣之礼后,就直截了当地说来。

"朕知道了,难得国丈为朕着想。朕今晨只是稍感困乏,不要紧,不要紧。请国丈放心就是了。"桓帝说。

"启禀皇上,万不可大意,万不可大意啊!"窦武看了看在下首席地而坐的始祖庙掌士,对桓帝再三叮嘱地说。

正说着,张让回来了。

"启禀皇上,奴才刚才查了,皇宫五千三百八十一名嫔妃、贵人,只有承光宫有一名叫桐娣的采女,是丑时生寅月入宫的。"张让说。

"传旨,朕今晚御幸于她。"桓帝说。

"启禀皇上,皇上定不能幸妃耽欢了。请皇上收回成命,歇息几日为好,龙体要紧啊!"窦武又起身磕头禀道。

"国丈多虑了,今日可是天降嗣于皇上,机不可失啊!"张让说。

"国丈放心好了,朕今夜幸过,定会休养数日。不过,今晚乃天赐良辰,不可错过。"桓帝说。

窦武听桓帝这样说,也不好再劝了,只是叹了一口气,便走出宫去。

亥时未到,宫内太监将桐娣和窦皇后汤浴洁体,早早就准备好,送上龙榻,与桓帝共寝。掌士向桓帝如此这般地传授方要,便出了寝殿在外间守候。可是,没过多时,内殿侍女出来对张让说,桓帝又让张让传掌士进入内殿。掌士早有准备,来到桓帝跟前,便拿出一团黑乎乎的药团来,让桓帝服下。田圣又闯了进来,指着掌士说:

"皇上御幸内殿,哪来的贼男脏人,随便入内,有伤风化。还不快快出去。"

掌士看着桓帝,想让桓帝指责田圣放肆,并指望桓帝要他留在寝殿内侍奉桓帝。但桓帝却一声不吭,愣在那里并不理会掌士的眼神。桓帝服完药后,不一会药性就开始起作用。这时,又听到那个唱"城上乌,尾毕逋"童谣的童声又忽高忽低地飘人窗内。桓帝一听,原本如电闪雷鸣,山崩海啸,混浊一片的脑子,陡然打了个激灵,顿时脸起紫红,色如猪肝,双眼激瞪,喉内吭响,勃发出刚阳之态来。这时桓帝急切着要倾泻,哪里还管掌士的眼神。

掌士见桓帝并不理会他,他不敢不听田圣的,悻悻地退出内殿。田圣指着张让:"你也出去!"张让把不快藏心里,如小绵羊一样,顺从地躬身退下。

不一会,内殿一片惊呼。张让在外间听了,便知事情不好,但他赌气不入内殿。突然,侍女扑出来,惊恐不已地说:"皇……上,皇上,快……快不……不……行了。"

张让没料到会是这样，吓得魂飞魄散，连滚带爬进入内殿。一看桓帝红舌吐在口外，伸得老长，双眼上翻，一副狰狞面目，压在田圣身上一动不动。

桓帝已经归天了，他只得寿三十六岁。即位亦不过二十一载。他在位期间，改元七次，先后册立皇后三位，封贵人数百，立后纳封贵人之多，在东汉时绝无仅有。

桓帝飞天了，张让吃惊归吃惊，但他很快就冷静下来了。这样的事，他经历不是一回了。张让心里很清楚，在这非同寻常的当口，赢与输，关键是看谁当皇帝。当今，宦官能把公卿大臣、仕人中"党人"压在山下，也是拥有了桓帝。宦官自己做皇帝是不可能了，老天让宦官绝了做皇帝的根，断了称君的路，要想得天下，只有走拥有皇帝的路。现在，这个贪色无比的窝囊废，就这样伸腿而去，下个入主东汉的人是谁，能否被内宫宦臣拥有？这太难预料了。

张让正想着，桐娣穿好衣服走到他的跟前。对他说皇上赤身裸体，尸首很重，她一个人怎么也弄不动皇上的尸体，皇上重尸把田贵人压得快不行了。请张让快去帮帮忙，张让瞟乜了一下桓帝遗体，在心里骂道："你这个翻云为雨，手握天下的人也有连一堆臭屎都不如的时候！真是老天有眼啊，哈哈……"他嘴角抽动了一下，瞪了桐娣一眼，就丢下暴尸在田圣身上的桓帝，转身出了寝宫，钻入漆黑夜色中，裹着寒风前往御史府邸，拜访刘儵。

刘儵一直与窦氏关系密切，在朝廷中也是很有影响。张让感到，如果这次在立君问题上，他肯为外戚帮忙，凭他在公卿大臣中的影响，外戚打败公卿可能性就大。况且，前去拜访刘儵是一着攻可进，退可守的好棋：外戚赢了，他先向刘儵提供消息，这不是多了一个邀功请赏的机会吗？如果输了，公卿大臣也不会对刘儵怎么的，张让最起码可以通过他来了解另一个圈子里的动态，采取相应行动保护自己。不管怎么说，贴近刘儵绝没有坏处。

"这么晚了，黄门光临寒舍，定有要紧的事吧！"刘儵迎进张让说。

"回御史大人，宫中发生了大事，皇上刚刚驾崩了。在下最先报知就是御史大人。"张让说。

"噢！"刘儵吃惊不小。

"大人，宫中不可一日无主啊！当今最急的就是拥立嗣君之事。所以在下早早来报知大人，让大人心中有准备。"张让一改常态，不转弯抹角，直奔主题。这样显得对刘儵比较亲近，让刘儵觉得自己信任他，来换得刘儵的信任。张让接着说："永初元年（公元146年），冲帝崩，朝廷拥立八岁渤海王刘缵为君；建和元年（公元147年）桓帝继质帝的皇位，在此之前，他是蠡吾侯，时年才十五岁。两位幼君入宫了，自然都是太后主政。"

"那么，这一次？"刘儵明白了张让的意思。

"这一次窦皇后定有自己的想法。可是，公卿大臣未必就同意。在下听说，公卿大臣都说你与城门校尉窦武大人来往甚密，万一……大人定会受到牵连。"张让说。

"依黄门高见?"刘儵问。

"不知大人听过一首童谣没有。'车班班,入河间……'谁做皇帝历来都是上天指派好的,说不定这是天尊旨降的谶语哩。"

"……"刘儵听了若有所思。

与其同时,窦皇后惊慌失措,脑子一片空白。她看了一眼脸色煞白,目光呆愣的田圣,马上恢复了意识。她穿戴整齐,派人速去把父亲窦武召进宫。

窦皇后正在焦急之时,窦武旋风一样卷进坤宁宫。窦武的到来,窦皇后一下子感到有了依靠,心当即就落了下来,镇静了许多。窦武和皇后密议第一件事就是拥立新君。

窦氏父女二人商议来商议去,就是没有想出合适的人来。

"何不找刘儵去商议商议!"突然,窦武想到刘儵一向在处理朝中大事时,心中有数。"皇后稍候,我与刘儵讨个主意,再来议定。"说着,窦武就出宫去了。

张让刚走,窦武急匆匆地来找刘儵,让他在立嗣君问题上出出主意。

"……"刘儵沉吟了良久不答。

"御史可有顾虑?"窦武有些着急,问道。

停了一会,刘儵终于开口了:"非也。此事太重大,当深思熟虑才能奏言。"刚才,张让一说出"车班班,入河间"这句童谣,刘儵就想到了一个皇家血统的人。刘儵不由地惊讶张让足智多谋。于是他便说,"在下以为,当立解渎亭侯、前河间王刘开曾孙、刘淑之孙、刘苌之子刘宏为好。他与烈帝刘志和先帝刘保(顺帝)血统最近,拥他为嗣君,朝廷众官亦无理由反对。再者,他作嗣君,可保朝政一如既往。"刘宏袭封侯爵得为解渎亭侯,年方十二岁。刘儵建议拥立他,是为了奉承窦武和窦皇后,好让窦武和窦皇后援引故例,借口嗣君年幼,临朝主政,掌握大权。

"正是,正是。解渎亭侯乃天生真君主! 在下何没有想到。"窦武听了,拍案惊起,当即回宫。

窦武把刘儵的主意告知窦皇后,窦皇后听了,马上会意,十分高兴,当即议定。

接着,窦皇后就对窦武说,桓帝驾崩,系田圣宣淫所致,对田圣严惩不贷:废去田圣贵人的封号,处于死刑。窦武当即赞成。窦皇后一想到处死田圣,一解田圣在皇上跟前依仗美艳的面孔来迷惑皇上,与她争宠,排挤她的心头大恨。悲伤的脸上不由地浮起了笑容。

这两件非常重要的大事一旦有了眉目,窦皇后心就定了。此时,天已大亮,她轻松地舒了一口气,便决定紧急召众尚书入宫,商议发丧。

众尚书将具体事情一一拟定,然后召文武百官上朝,宣布桓帝驾崩的消息。经过一天的忙碌,一切都安排停当,便向全国颁布了国丧的诏书。

不久,窦武就召文武百官入殿,朝议拥立嗣君。很快议定,迎立解渎亭侯刘宏入宫继统皇位。

转眼就过完年。永康二年(公元 168 年)正月己亥日,洛阳夏门外的万寿亭挤满了文武百官,有御林军严密警卫的广场上停着一辆豪华、漂亮的青盖大车。这是接驾的天子乘舆。

为了防止事态有变,窦武当即指派刘儵手持符节,与中常侍曹节一起,率领中黄门、虎贲、御林军士一千多人,星夜急驰,直奔河间国,迎刘宏入都。不日,窦武接到使者来报,说刘儵一班人马护驾入都,快到夏门亭。窦武率群臣前往迎接。

不一会,一连串的白盖小车在御林军的护卫之中绵延驰来。

所有的白盖小车都在万寿亭停了下来。从第一辆白盖小车中,走出一个十三岁的孩子,走进了那辆青盖大车。于是。那辆青盖大车在众多白盖小车的簇拥之下,在文武百官和御林军的拥护之下车声轰轰,辕迹斑斑,尘埃遮天遮日地向皇宫驰去。

这一次迎立刘宏,远没有张让想得那么复杂。公卿大臣虽有不同主张,但大都闭口不提,一味顺从皇后和窦武。此时朝廷,正直果敢的公卿大臣,因宦官制造的党锢被罢官归乡说不上话。留在朝中的和后来升迁的,都是一些对宦官、对君主卑躬屈膝的胆小鬼,应屁虫,哪敢违命窦皇后? 当然,树欲静而风不止。开始,宦官们紧紧抱成一团,以对付公卿大臣。桓帝崩逝那天晚上,张让拜访了刘儵后,立即邀上赵忠,一起就去了侯览府邸,通报了桓帝归仙的消息,一起密商了对付公卿大臣的对策。于是,一群宦官连夜行动,按照拥护外戚反对公卿大臣的方针,为迎立解渎亭侯刘宏继位做周密的部署。窦皇后掌权,宦官集团内部的权力也发生了转移,原来依靠阿附外戚起家,因“梁冀被诛”事件受牵连被排挤的中常侍曹节等人,在不得志的时候,对窦皇后跟得比较紧,这次迎立刘宏时,他们感到复起的时机已到,又竭力相助,倍受窦皇后的亲宠,一下子成为宦官集团的头面人物。因窦皇后和窦武不得势时,同宦官集团争夺权力、想利用“党人”扩大势力而与其存有夹隙的侯览、管霸等人理所当然屈居其次了。张让夹在他们中间,不上不下,不得宠也不受挤。当然,在这个大好关头,他虽然没有失去,但也没有得到,很不甘心。他正在想方设法,积极地向窦太后靠近,来实现自己的愿望。

庚子日(第二日),刘宏即皇帝位,号为灵帝。同时,改元建宁,窦皇后从桓帝驾崩之日起就自尊为皇太后,临朝称制,主理朝政。

新的朝廷机构成立后,承办的第一件大事就是奉葬桓帝于宣陵。相人选好黄道吉日,趋桓帝灵柩入陵,一切按惯例举行入陵盛礼。桓帝以来,由于外夷屡次犯边,诸蛮叛乱不熄,天灾地害接连不断,加上外戚、宦官蠹乱朝纲,国库早空,国力羸弱不堪。桓帝入葬当然不能像奉葬先前诸帝那样奢侈操办。不过,张让向窦太后献计,财缺人不缺,以人补财,为了把奉葬桓帝的场面搞得气派、热闹一些,多弄一些殉葬的人来充门面。窦太后同意后,张让就搜罗了殉葬者三千多人。张让为了讨还曾经收买飘儿表舅为他和飘儿撮合婚姻的钱财,把飘儿的表舅一家上至八十五岁的老翁,下至出生才二十二天的婴儿,祖孙四代、男女老少三十九口人全都抓来殉葬,并把他家所有财产占为己有。田圣也是众多殉葬者之一,而且是最重要的一员。本来,窦太后早就想把田圣除死,张让为了讨好窦太后,也为了泄私愤,就对窦太后说,田圣妖惑桓帝,用的是身、魂、气,如今不能简单地砍了她的头就了事,应答她的肉身,炼她的妖魂,毁她的命气。起名叫刑体、炼魂、绝气。并解释说,刑体是从肉体上对田圣的罪孽进行清算,炼魂是收住田圣的妖魂,让她不得下阴间去再妖惑桓帝。绝气是粉毁田圣其妖尸,灭她附气之身,让她在阳间做人不成、在阴间为鬼也不能。此三步源于人活着是"肉、魂、气"之合的结果,必惩这"三合"方能收住田圣的妖魂。张让还设计了诸多刑体、炼魂、绝气之"妙"法,将在桓帝入葬宣陵丧典上展示。昨日,狱官来报,田圣已经身孕两个多月了。按天道行事,东汉圣律是刑不及孕妇。窦太后初掌朝政,担心触犯天规,危及社稷,影响她的统治,想暂缓处死田圣,等太医打下她的孕胎,再行极刑。张让在一旁奏道:

"启禀太后,妖女田圣虽有孕胎,但那非桓帝之授,乃是她自知性命不长,而急将妖气变为妖胎,假以孕胎为由,想逃避极刑。太后对她万万不可仁慈。"

"真是如此?"窦太后半信半疑地。

"正是。"张让坚定地回答。

十一　惨道酷刑

桓帝入葬那一天,在宣陵,最"精彩"的就是由张让亲手操之的对田圣进行所谓"刑体、炼魂、绝气"三种惨绝人寰折磨。

这一天,西北风如发疯的鞭子,"呼呼"地抽打着人们的身体,使送葬的人们感到掉在冰窖里一样的寒冷,这种寒冷一直侵入人的心肺,使人不由地浑身起鸡皮疙瘩,战抖不止。

田圣被绑在一根柱子上。张让走到她跟前,让杂役把田圣早已褴褛不堪的衣服扒得光光的。用一根绳索拴住她长发,高高地吊起她来,再把她的十个手指钉在木柱上。然后,张让用一根木棒,先把田圣嘴撬开,扯出她的舌头,用竹签在上面戳了一个洞。可是竹签不是很尖利,戳不通,就使劲地钻。他钻了好久,把田圣刺得如杀猪一样的吼叫,鲜血淋淋,染红了张让的双手,也没能将她的舌头钻透。一个杂役见此情景,连忙跑了上来,递给张让一把小秩刀。张让感到,小刀太利,用它戳刺没有用竹签疼痛,那样太便宜了她。他把杂役的小刀打落在地,并严厉呵斥杂役枉闯刑台,欲治罪于他。张让费了好大的劲,总算把田圣的舌头钻透了,穿一根细绳子系紧。他边系绳子边恶狠狠地对绝望了的田圣说:"本人要让你知道骂老子的代价。"他对田圣骂他是一个不会打鸣的阉公鸡刻骨铭心。接着,他在田圣脸上、乳头、腰部、私处等部位二十处,用薄竹片划开,从里面挑出一撮肉,把她两只手和脚腕上的粗筋挑出来,用绳子系着。让二十四个舞女一人牵一根跳舞。田圣的血顺着绳子往下流,滴满一地。张让不时督促舞女们边舞边用绳子扯动田圣的肌肉和暴筋,三个杂役不时地向田圣露肉的伤口浇淋滚油。舞女们每扯动一次绳子,杂役每浇一勺滚油,田圣都痛不欲生,不停地抽搐。扯系着舌头的那个舞女,竟然被田圣惨状吓得晕昏过去,摔倒在舞台上。田圣几经昏过去,又被用水淋活过来,继续接受"刑体"。

张让瞟了一眼抽搐不堪的田圣,动了动快意的嘴角,走到窦太后跟前,对窦太后说:

"启禀太后,贱妖肚子里还有一个妖胎,那也是一个小妖魂,也要炼一炼。"张让感到他如此折磨田圣,窦太后一定很高兴,故意来请示一下。

这时,窦太后也被这种残忍的场面弄得心惊肉跳,一阵阵恶心,不敢抬头,用手捂着胸口,听张让这样说,也就不置可否地挥了挥手。

窦太后

看着窦太后这副神态,张让以为她激动不已,就更来劲了,他脸带阴笑走过去,把田圣的肚子剖开,向里泼滚油。此时,田圣刚断气,但腹内的胎儿还在扭动,一阵沸油泼进,腹内一片焦煳,散发着难嗅的气味。

回到宫中,窦太后仍然恶心不止,身体很疲乏。晚膳窦太后不太想吃,张让十分关心地劝她以社稷为重,保重贵体。他端着碗,跪在她的跟前,极奉殷勤地来喂她进食,边喂边陪着她聊天。

"启禀太后,奴才在宫中多年,早闻太后德著四海。这次皇上即位,太后主政,天下一片称颂。我东汉有太后这样的英明之主,定是与日中天,兴旺发达。"

"你可不知,我窦氏早为国母之门,可是一直被人踩在脚下,如今刚刚翻身,我当致力兴国,以图社稷大兴。"窦太后说。

"兴国当有良臣辅佐。如今朝中,大将军窦武既有忠国之德,又有治国之能,是朝中的股肱。依奴才的愚见,为树立窦大将军之威信,当重重封赏他为是。臣早年在宫中侍奉梁妠太后,她主政时,封赏本族诸人为侯,今太后可效之。"张让献媚地说。

"……"窦太后正在张嘴接张让喂送的一口美膳,没有吭声,她微微地点了点头。

奉葬桓帝于宣陵后,朝廷即追灵帝祖父刘淑为孝元皇,祖母复氏为孝元皇后;尊灵帝生父刘苌为孝仁皇,墓号为慎陵。灵帝的生母健在,封她为慎园贵人。同时,加封大将军窦武为闻喜侯,窦太后哥哥窦机为渭阳侯,窦武从子窦绍为鄂侯,窦靖为西乡侯。

　　窦武觉得："这一次拥立刘宏，中常侍曹节可谓是竭尽全力，太傅陈蕃一直为国鞠躬尽瘁。现在自己主理朝纲，需他二人鼎力相助。他二人，一个能压住众宦官，一个是能率领众公卿大臣。对他二人千万不能怠慢，也不可薄之，应当封赏。"封侯庆典刚完，窦武前来谒见窦太后，把自己申请封赏陈蕃、曹节的想法奏知太后。窦太后当即准奏，不日就下诏，封曹节为长安侯，陈蕃为高阳侯。曹节接到封赏，欣喜若狂。与他相反，陈蕃却不接受封侯。他多次上书，坚决拒绝封赏，窦太后不批，执意要封他。陈蕃倔强，仍累书不止，先后呈书十多封。太后见他执意不要，也就接纳他的辞呈，撤销封他高阳侯的诏书。

　　陈蕃虽然拒不接受封赏，但忠心为国，与大将军窦武同心辅政的劲头却不但没有下降，反而更大了。窦武虽因女儿主政而得势，但他与梁冀不同，并不是一个只顾自身富贵，不顾国家兴衰的外戚。他与陈蕃两人的忧国之心，治国良策颇合，他们认为，欲要励精图治，首先，必须解锢党禁，启用党人。于是，朝廷征用前司隶校尉李膺，太仆杜密，宗正刘猛，庐江太守朱寓等"党人"，并列朝廷。又请任前越隽太守荀显为从事中郎，前太邱长陈实为掾史。还有众多"党人"也被一一任用，共参政事。其次，志在除奸。朝廷中宦官擅权，罔乱朝纲，残害忠良，不除掉他们再兴朝政是一句空话。

　　然而，窦武、陈蕃此举，引起了宦官集团的极大恐慌。在立帝问题上有分歧而分裂成由曹节为首的一派和以侯览为首的另一派，曹节得到封赏，侯览诸人不服，刚刚如斗架的公鸡一样伸出脖子，拉开架式来争夺宦官集团的"统领权"。这时，他们看到被禁锢的"党人"又回到政治舞台上来了，便马上收回架势，拥抱在一起，共同对付窦武、陈蕃为首的朝廷众官。

　　宦官知道，自古以来，宦官与外戚相斗，有赢也有输。为了赢得这一次斗争的胜利，必须与窦武争夺窦太后。使窦太后对他们有一种亲近感、信任感的同时，还要有一种依赖感，从而让她感到他们胜似她的生身父母。为此，他们千方百计地对窦太后甜言蜜语、奉承迎合、毕恭毕敬、揣情摩意。张让还向曹节出了个主意，结交内宫所有同窦太后亲密的人，和他们结成恢恢之网，把窦太后网在其中，让她觉得自由自在，不愿意越"纲"为他人所利用。张让还向曹节推荐了重点笼络的人物，其中一个就是灵帝有一个乳母，叫赵娆。灵帝入宫为君，也把她带进了宫，被封号为赵夫人。赵娆生来性情狡黠，察言观色、善揣人意，她整天泡在长乐宫，围着窦太后转，悉心侍奉，论长道短，媚献殷勤，深得窦太后欢心。

　　这样，窦武、陈蕃等大臣选用贤才，整理朝纲，清奸除浊就遇到了很大的阻力。很多治国良策，内旨干预，不许施行；很多极为重要的奏章，太后听信赵娆谗言，不予奏批；很多人事任免，窦武推荐被退回，而宦官和内宫女人引荐，窦太后不与窦武、陈蕃商量，就下诏委任。这样一来，大有削弱窦武、陈蕃权力的趋势，窦武、陈蕃多次入宫，向窦太后劝谏，但都得不到她的重视。面对这种情况，窦武懊怅异常，陈蕃一向疾恶如仇，对此不忍坐视，就去找窦武私下商量。

"曹节、王甫等人,在桓帝在世时就操国弄权,浊乱海内,老百姓无不痛恨在心。如今他们又如此隔绝太后,谗言惑主,盗用君权,坏我大事。若不趁早设计把他们除了,以后定是大害,国必难图。"陈蕃说。

　　"太傅所言正是在下的本意。"窦连连点头地说。

　　"太好了,大将军曾奏谏封赏过曹节,在下原以为大将军亲信与他,心有顾虑,没想到大将军是如此申明大意,为国忠效。"陈蕃心中大喜,推席而起。

　　五月的一天,窦武和陈蕃召来尚书尹勋、侍中刘瑜、屯骑校尉冯述,密商除奸大计。这时正赶上日食,太后下诏,令公卿大臣各言得失,罢免不力朝官。

　　"昔日御史大夫萧望之只有宦官石显一人跟他作对,竟被逼迫无奈,愤然自杀。如今朝中宦官,其蠹国之为是石显数十倍之害。近朝李膺、杜密,皆由权阉煽乱,祸及系狱,还有诸多正士罹殃。老朽年将八十了,还有什么可求?但为了朝廷除害,辅佐将军立功,所以暂留不去。现在正遇日食,可借机斥罢宦官,上塞天变。另外,赵夫人及女尚书,与宦官狼狈为奸,摇撼太后,亦宜屏绝。请大将军从速措置,毋贻后忧!"陈蕃说。

　　"太傅大人所说,乃是妙计,以日食告变,谏奏太后,驱逐宦官,定能成矣。"侍中刘瑜说。

　　"此计可行,天象之显,太后定不会不依的。"冯述说。

　　"在下不这么认为,在下感到此计成者难也。太后早已受宦官蒙蔽迷惑,如果她肯依言惩处宦官,除去的也只是疏远她的宦官,那些与她很亲密的宦官,正是朝中大奸,恐怕驱之不动。"尹勋长期在宫中为尚书,颇悉内情。"不如另择他计,以防打草惊蛇。"他停了一下说。

　　大家都觉得尹勋言之有理,便沉默不语,思虑起来。沉默好大一会,也没有想出更好的计来。于是,议定暂依刘瑜所说,由窦武进宫谏奏太后逐出阉党。

　　众人散去,窦武径直趋往长乐宫谒见窦太后。入座后,就对太后谏言说:

　　"众公卿纷纷入言,今这日食,所显朝中有奸佞浊乱之象。当以天示为据,除去奸佞,以安社稷。"

　　"奸佞是何人,当即逐出宫去。"窦太后说。

　　"向来黄门常侍,只令给事省中,看门守户,主管近署财物。如今他们干预政事,谬加重任,子弟布列,专为贪暴。天下汹汹,皆为此故。因而天兆遮日主凶,宜将他们一概诛黜,扫清宫廷,以儆天示。"窦武说。

　　"……"窦太后稍许沉默,然后说,"汉朝以来,世有宦官,但当稽查有罪,酌量加惩,怎可同时尽废呢?"

　　窦武听了此言,一时难以找到有说服力的话奏答窦太后,让她除去所有的宦官,便说:

　　"中常侍管霸、苏康等人,挟权专恣,应立即加诛。"

　　太后总算依言,同意窦武奏言。当晚,窦武就领兵收捕了管霸、苏康,急审后,马上除死。

曹节、张让等人得知管霸、苏康被诛,惊慌不已。马上秘密地聚集在曹节府中,商议对策。决定一面竭尽全力把握住窦太后,让她作他们的保护伞,一面准备武力,必要时,挟制灵帝和窦太后,与窦武、陈蕃为首的朝廷势力分庭抗争。

果不出宦官所料,窦武、陈蕃除去管霸、苏康后,紧接着就来收拾宦官中的头面人物曹节、侯览、张让、赵忠等人。一天午后,窦武以前来看望窦太后为名,向窦太后力谏诛杀曹节、侯览、张让等人。可是,这些宦官都是窦太后的宠侍,她怎能忍心加诛于他们呢?一直犹豫不决,迁延不批。

转眼就到了八月,天又渐渐复凉了。晚上,窦太后让御膳房准备了一些小吃,领着一群宦官、宫女,在御花园中秉烛闲聊、饮酒听蝉。赵娆围着窦太后讲笑话,为太后逗乐。突然,侍中刘瑜求见。此时,太后心情很好,当即召见。

"爱卿披星求见,有何急事?"刘瑜还没有来得及行礼,太后便微笑着说。

"启禀太后,太白侵入房星,光冲太微,象主宫门当闭,将相不利,好人为变,宜亟加防备!"刘瑜跪拜行礼,起身便说。刘瑜善知天文,常观星象示儆,今晚,他观星象异常,显出危及将相之兆,不敢怠慢,匆匆入宫上奏。

赵娆历来眼快脑灵,未等刘瑜说完,就斜眼上瞟,便发现太白星出现在西方,禁不住失口而出:

"太……太……"本来她想说"太好了"。她在心里想:"这一次天星显象,定示陈蕃那个老不死的是兔子尾巴长不了了。"赵娆这帮油头粉面的妖孽和张让这群口蜜腹剑的腐竖,对窦武、陈蕃多次呈书、进宫面奏窦太后诛除他们恨之入骨,群起而泄愤,一直想把窦武、陈蕃踢出朝廷,赵娆认为这次天象,是个大好机会。她见窦太后抬起头来,就用手指着太白星的位置,"太……太白,哎,那里,太白!"

窦太后果然就看见,便问刘瑜:

"如何防之。"

"回禀太后,命令众臣小心处事。同时,太后欲对下臣小错,宽宥搁置;对奸佞小人,定要远之,不可偏信,有奏他人犯罪,当以细查确凿方可举案,以防受蒙蔽,冤枉忠臣。"刘瑜说。

"张黄门,传旨下去,令朝中众臣近日小心为政,非紧急之事,当缓操之,待天象复正,悉心弥补。"窦太后对张让说。

"是。"张让传令而去。

刘瑜出了御花园,就呈书窦武、陈蕃,提醒他俩说:"星辰错缪,不利大臣,请速决大计,尽快诛灭阉党,毋自贻祸。"

第二天,窦武、陈蕃上朝,按照议定的方案,步步实施。

"曹节、王甫众奸总算到了有权无力、唾手可取的时候了,朝廷清污扫奸指日可待了。"一切安排停当,窦武在朝中踌躇满志,心花怒放地想着。

正在这时,陈蕃派人来提醒窦武千万要当心阉竖狗急跳墙,做好防备。

"嘿嘿……"窦武拿出一些钱缯赏了陈蕃的使者,让他回府呈陈蕃放心,便笑了笑。"如今狂狗已被困人牢笼,还需防备他变?不必呶,不必呶!"于是,他放心出宫,回到府上。

张让一听说郑飒被窦武、陈蕃逮捕,心怀疑惧,这一日正好他与长乐宫五官史朱瑀值省,朱瑀素与曹节亲善,张让刚入宫时曹节踹了他一脚,二十多年来他一直记在心里,怀恨不忘,他与曹节交往较少,恨鼠及巢,与朱瑀也没有什么来往。这一次窦武、陈蕃上台,形势严峻,他不得不暂弃前嫌,与曹节联合起来,共同对敌。这一天,刘瑜手持尹勋和山冰奏诛曹节等众宦官的呈疏入宫,正值窦太后小憩,刘瑜不忍打扰,便将疏书交给传递奏章的内官转呈。不料这个内官拿着奏本,先去告知朱瑀。朱瑀当下私展奏本来阅,看了数行,勃然大怒起,急速阅完,不由地心惊肉跳,怎么也按捺不住,一时慌神失态,自言自语:"中宫捉辫我辈,乃尽欲加诛,我等岂能坐视!"说完,便跳了进来,六神无主地上窜下跺。突然,心头进出一计,手举奏章,大声喧呼起来:

"陈蕃、窦武奏白太后,将废帝为大逆,此事如何了得?"张让一听朱瑀此话,定知大事不好,向朱瑀索取奏章来阅。阅后差一点咽气不接,六神出窍。张让不愧为老狐狸,尽管如此,但他很快就控制住情绪,定了定神,便对朱瑀说:

"召集内宫众官,一起商量,共同对敌。"

于是,他俩遍召长乐宫从吏共普、张亮等十七人,黄夜聚集一室,歃血共盟,谋诛窦武、陈蕃。张让还亲自来到曹节府第,报知陈蕃上疏之情。

"太后知情否?有何动静?"曹节得知此情,面孔失色,无力地瘫在榻上。

"常侍,此时太后恐怕靠不住,不如一不做二不休,把皇上老儿挟持在手,然后以皇上的名义召尚书入宫颁诏,诛杀窦、陈二贼!"

"对!也只好如此了。"曹节听后,猛然起身,仓忙入宫,把熟睡的灵帝唤醒。

"外面喧呶,将不利圣躬,请皇上速出御德前殿,宣诏平乱!"曹节对灵帝说。

张让也如此这般,这般如此地跟着附和。

十三岁的灵帝,一脸孩子气,他哪里知道其中的隐情?但他一贯任性,当了皇帝后,更是想怎么样就怎么样。他睡得正香时被唤醒,仍然睡意不尽哪管你什么"平乱"不"平乱",往被子里缩了缩,照睡他的觉。

曹节千哄万哄,灵帝就是不理。他对曹节等人搅扰了他的瞌睡很不高兴,赖在榻上不起。曹节无计可施,急得似乎要上墙。张让突然想出一计,让灵帝乳母赵娆来哄他。

曹节让宫女去请赵娆。不一会,宫女回来说找遍宫中,却不见赵娆的踪影。

正在曹节唉声叹气之时,张让突然想起什么,便说:

"常侍别急,在下知道赵夫人的去处。"

张让连走带跑,来到暗室,用钥匙打开室门,见暗室内点着灯火,赵娆赤身裸体地与乡野汉子欢战正酣。

赵娆看到张让紧张地闯了进来,知道定有急事,但她正在极致之时,哪里肯就此作罢?一边扭动,一边气喘吁吁地说:

"等……等……片……片刻,如……何?"

张让说事情太急,一刻也不能等。赵娆询问何事,张让急言相告,她才不得不停止运动,推开乡野之人,匆匆穿衣,急忙跟随张让来到御德前殿,软言劝说灵帝。灵帝果然对她言听计从,起驾出了御德前殿。曹节、张让和众阉党都拔剑相随,踊跃趋出。众宦官挟持了灵帝之后,曹节假借帝诏,传令紧闭省禁诸门,隔绝宫内宫外交通。便传召众尚书入省,胁迫他们缮拟诏书。众尚书面面相觑,不肯捉笔。张让见此情景,走到曹节身边,故意碰了碰他的佩刀,对曹节使了使眼色,然后张让猛地将自己的长刀直插案上。曹节等人也取出亮晃晃的白刃。众尚书本是贪生怕死之徒,虽然对阉人憎恨无比,但在阉人的威逼之下,不敢不依言缮写。曹节令众尚书写道:灵帝谕诏,任小黄门王甫为黄门令,与张让一起持节到北寺监狱收捕尹勋、山冰二人。

北寺监狱笼罩在阴阴森森的夜幕中,监狱的高墙沮丧地立着。山冰刚刚入睡。忽然,狱卒来报,有朝廷令使到来。山冰急忙披衣下床,出来迎接。他走出中门,兜头一看,王甫和张让领兵而来。一见宦官气势汹汹的样子。山冰知道事情不好,冰不等王甫宣诏,转身就往里走。王甫快速追上山冰,大声吆喝道:

"大胆山冰,你竟敢不奉圣诏,该当何罪!"

说着,王甫"嗖"地拔出佩剑,向山冰的后背猛力一刺。只见寒光一闪,山冰血喷如涌,栽倒在地。

正在这时,尹勋从梦中惊醒,刚出寝室门,王甫已经赶到。他还没有明白是怎么回事,王甫已凶狠地把滴着山冰热血的利剑,刺入尹勋的胸膛。一向以德引人的朝廷忠诚,被誉为"八顾"之一的两朝尚书令,就这样不得寿终,魂绝北寺。

王甫残杀了尹勋、山冰二人后,打开了关着郑飒的牢房,携郑飒返回南宫。

这时,天朦朦亮,窦太后睡得正香,王甫放肆地闯进她的寝宫,把她从寝榻上扯起,一面用恶言恫吓,胁迫她交出玉玺;一面让随从搜觅。窦太后尚未来得及起床,玉玺已被随从取出。

王甫拿到玉玺,兴奋万分。此时,张让借此机会邀功请赏,主动要求前去逮捕窦武、陈蕃,王甫感到张让和自己同是小黄门。此次行动定不能让张让功劳和得赏超过自己,就以郑飒讨还坐狱之债为由,令郑飒等人持节,带领御史谒者,前去逮捕窦武、陈蕃。

此时,窦武正心花怒放地逗着三岁的孙子窦辅玩闹。

正在这时,宫中一个童监来报,说曹节、王甫等人领兵哗变,已经杀了尹勋和山冰、挟持了皇上和窦太后。窦武一听,惊愕不已。当即派使报知陈蕃,并急速集合骑兵,前往步兵营,与侄子、步兵校尉窦绍会合。窦绍刚把兵勇集合整齐,郑飒领人赶到。窦武即令弓手,发射利箭,射死郑飒随卒数人。

郑飒见窦武兵力数倍于他，敌斗不过，就蹑回宫中，报知曹节、王甫。

"张大人，你看如何对付窦贼？"曹节问张让。

"调张奂的五营前往剿灭。"张让想了想说。

"张奂乃是公卿、'党人'一派，肯为我等出兵？"曹节怀疑。

"以皇上名义下诏。再说，张奂刚刚从西北回都，对京师局势不甚了解。他对我等门缝相看，但对皇上忠心耿耿，皇上的任何旨意，他都会奉行不疑！"张让说。

"张大人审时度势，言之有理！"曹节大喜。于是，他当即矫诏，命令少府周靖为车骑将军和刚从北方征战得胜返都的护匈奴中郎将张奂，率领五营兵士，前去讨伐窦武叔侄。派王甫带领虎贲御林诸将士，出宫支援张奂。王甫的人马行到尚书署门前，遇到陈蕃率领尚书等官八十余人，手持大刀急驱而来。原来，陈蕃接到窦武的急报，马上持刀出门，召集所属官吏儒生，急奔承明门来援助窦武。王甫指挥虎贲御林摆开阵势，截住陈蕃。

陈蕃和众尚书一见王甫，怒火冲冠，挥臂怒指，高声诘斥道：

"大将军忠心卫国，黄门胆敢叛逆，反诬窦氏，残害忠良，毁我社稷。还不快快悬崖勒马，跪降于我！"

"先帝新弃天下，山陵未成，窦武有何功勋，使他父子兄弟并得封赏，称侯为尊。"王甫与陈蕃对话，诬陷窦武说，"那窦家老贼并依恃太后，时常高乐张宴，妄取掖庭宫人，私下纵欢。盗取国库，贪赃徇私，旬日间就积资巨万，竟能说他效力忠国吗？陈公身为太傅，宰辅社稷，怎么与窦贼交相阿党，岂非尽忠？此外就不必说了！"

说完，他就指挥军士，将陈蕃团团围住。

陈蕃当即拔剑叱指王甫，声色俱厉。王甫恼羞成怒，迫令军士一拥而上，拘拿陈蕃。众尚书和随从官吏、儒生，誓死保护陈蕃，与军士搏斗起来。陈蕃年纪已老，没有什么气力，所领属官儒生，都是文质彬彬之人，哪有武功斗技。而且人数寡少，根本不是虎贲御林军士的对手，没斗几下子就败下阵来，一个未能逃脱，全部被捕。一群狐群狗党见捕捉到陈蕃，哪管他年迈体弱，一拥而上，拳脚相加，骂道：

"老不死的，竟敢奏言窦太后减损我等人员，剥夺我们禀饩？今日让你这个老东西知道我们的厉害！"

八十老翁哪里经得住宦官如此殴打，没等宦官们揍过瘾，陈蕃就被暴打致死。其他众人被捕，押送北寺监狱关了起来。

张奂回都才两天，接到宦官伪造的"皇上急诏"，立即放弃休沐，迅速奉命集结兵力，与周靖会合。

天已朦朦亮了，浓雾弥漫。

张奂带领征战多年，没有得到休整的人马，迅速赶到朱雀掖门，与窦武、窦绍率领的前来解救灵帝和窦太后的步兵对峙。这时，王甫围捕了陈蕃以后，率兵赶到，与张奂会合，共同对付窦武。

经过一天的激战，窦武所领部兵只剩下长期跟随他的一百多骑骑兵。这时，五营兵士也疲惫不堪，暂时停止攻击。窦武与窦绍商量，趁五营休息之隙，策马突围。窦绍同意。于是叔侄二人，下令军骑做好准备，然后众骑猛然上鞍，对五营力薄之处，拍马急冲而来。五营措手不及，纷纷散开，让出道来。

……

十二　权倾朝野

窦武和侄子窦绍带领残部军骑突围而逃。张奂和王甫马上集合兵马，急速追击。窦武万分焦急，快马加鞭地飞蹄奔到都亭。没想到骏马奔得太快，突然失了前蹄，"扑嗵"一声，马猛然跪倒在地，窦武从马背上摔了下来，五营军士赶了上来，把窦武和窦绍团团围住。

"张将军，你受阉竖蒙蔽，起兵帮凶，到头来你定会反受其祸，你会后悔的。"窦武的一只腿已经摔断了，另一只跪在地上，他指着王甫喊道："腐阉，你们肆行不了几天了，我窦武已经无力为国除害，有朝一日定有明士把你们这些鬼魅扫入粪坑的。"说着，窦武拔剑自刎倒地。窦绍无路可逃，一看叔叔自殁绝命，也拔出利剑，对着自己的腹部，猛地刺下去。

张奂命人将窦武和窦绍的枭首取下，交给王甫。王甫即令属下把窦氏叔侄的首级高悬在都亭示众。然后返兵京师。

曹节接到王甫的报告，一脸兴奋。他当即命令御林军士收捕窦氏宗族、亲戚、宾佐，不论老少，全都杀戮。

数日之后，京城仍是腥风血雨。宦官加紧进行大屠杀，趁机将朝中忠臣、侍中刘瑜、屯骑校尉刘述等人，残酷杀害，连他们的整个家族也受到牵连，遭到诛夷。

掾吏胡腾素对窦武敬仰，风闻宦官抄斩窦族，前去窦武家来探视。当他赶到窦府，王甫已将这位前朝国丈府血洗一尽。胡腾看着一派惨不忍睹的场面，悲愤不已，跪在地上磕头恸哭。一阵悲伤呜咽之后，他听到有微微动静，抬头一看，一个两三岁的孩童从一个被打翻了的粟柜里爬了出来。原来，王甫领着兵勇血洗窦府时，机灵的小窦辅趁混乱之机，悄悄地钻入粟柜里，未被王甫发现。

胡腾连忙将窦辅抱在怀里，策马而走。

"姑姑，你好坏，你好坏。你把老虎放出来咬死爷爷、咬死我们全家。"窦辅指着窦太后说。

陡然，一个花斑斑的猛虎扑到窦太后身上，一口咬着她喉咙，她惊恐万分，喘不过气来，猛然惊醒。整个长乐宫被御林军围得水泄不通，她被软禁在长乐宫里，一步也不许她离开。四五天了，只有一群宫女在身边陪着。她得知王甫带兵把她父亲及整个家族都杀了，心情很不好。她后悔不已，悔不该当初没有听父亲和陈蕃的话，悉将宦官全部诛黜，以至于给她自己和整个家族酿造了灾祸。白天，她饭不思茶不想，只是坐在榻上恹恹地发愣。晚上，她不想睡，只要一入眠，就噩梦不断。刚才，她坐在那里打了个盹，就梦见了侄子小窦辅和老虎，让她魂飞魄散，出了一身冷汗。

这时，曹节、张让和一群宦官都带着佩剑，站在她的面前。

"启禀太后，前几日太白侵入房星，星辰错谬，乃大将军图谋不轨之征兆，中郎将张奂尊天命，奉皇上圣诏，已经将贼逆窦武诛除了。但是，太史卜相来报，长乐宫乃不祥之地，我等为太后的安危着想，请太后在这几日天象不正之时，暂且前往南宫居安。太后意下如何。"曹节还未说完，张让就让宫女们收拾窦太后的衣物、用具等。

窦太后没有吭声，静坐在那里，目光呆板地望着窗外。

张让不断地催着宫女们快点收拾。宫中众多贵重物品和饰物本来都是窦太后的，张让这也不准拿，那也不让带。无奈，宫女们只好匆匆地把一些衣服装收进高篾里算是了事。

"启禀太后，都收拾好了，就请太后上车吧！"曹节脸带着阴笑说。窦太后一震，然后长长地叹了一口气，坐在那里不动。

"请太后还是躬迁南宫吧！不然，尊安难保啊！"张让有意把佩剑碰得哗哗响。"就请太后快快起驾吧！"

窦太后在宦官逼迫下，只好起身，迁徙到南宫。宦官们又四处设防，隔绝灵帝与她的接触，禁止她与外面有任何联系。

就在张让领着一群宦官把窦太后以"护驾"为名押到南宫软禁起来，高高兴兴地坐着马车返回中宫的路上。突然，前面有两匹骏马并列地迎面飞奔而来，马上大汉蒙着面，穿着一身黑色的长袍，向宦官直冲而来。宦官们不由地害怕、紧张起来。

突然，"啪"一声，左边那个魁梧大汉，把一记马鞭重重地抽在张让的脸上。张让的脸上当即迸裂出一道很长的口子。

"啊！"张让双手一下捂在脸上，大叫了一声。

原来，这两个黑衣蒙面人就是胡腾和张敞。那天，胡腾在大将军府抱起窦氏遗孤窦辅，当即送到他的莫逆之交、令史张敞家藏匿起来。然后，他又策马前往都亭，趁夜黑之时，将悬挂着的窦武和窦绍头颅和暴横在野外的遗骸，一起收埋入葬。

第二日，曹节即接到窦武死党偷收"贼尸"的报告，当即以灵帝的名义下诏，悬赏捉拿"贼党"。于是，整个京师一派白色恐怖。胡腾对张敞说：

"吾兄，京城控制在阉党的手掌心，他们贪如野狼，咥如猛虎，网如毒蛛，明君遗孤在此难安。为弟愿携窦辅出京匿身，吾兄意下如何。"

"扶养明君之后，乃我辈义不容辞之责，切不可稍有疏忽大意。愚弟愿携全部家私，与兄长一起远走他乡，共养窦辅成人。"张敞说。

"太好了，请受小弟一拜。"胡腾很受感动，跪下身就拜。

第二日，张敞家宅布置如灵堂一样，天尚未大亮，张敞一家老小就披麻戴孝，嚎嗬不止,并四处派人告丧,说张敞昨夜急病而殁。忙碌一天,等夜幕降临时,张敞家人匆匆将空棺盖上,等天明发丧下葬。一切准备好了后,张敞和胡腾携窦辅,带着张敞家的大部分家私钱财,蒙面远行,正好与宦官马车相遇。胡腾一看车上坐着张让,不由地怒气冲冠,迅速举起马鞭,对着张让的脸狠狠地抽去。但是此时,宦官的马车后面就是御林军,他们人多兵强,加上胡腾和张敞保护窦辅重任在肩,不敢再进一步收拾宦官了,急速地超过马车,向远处驰去。从此,他二人遁入零陵,隐名埋姓,教窦辅写字学文,练功习武,扶养窦辅成人,替他娶了媳妇。在二十多年里,虽然朝廷多次颁布大赦天下,但胡腾和张敞都未敢遽言窦辅本姓,直到献帝建安年间,荆州牧刘表召辟窦辅为从事,方知窦辅是窦武后代,才正式恢复窦姓,敬奉窦武之灵祠。这也是天鉴孤忠,不使一代明君绝后,加上胡腾、张敞等义士极力保全,总算保住了一根幼苗,没有被杀绝。

张让坐在马车上,看着鞭抽他的那人骑着奔马远去的身影,感到疼痛难忍,气愤万分,但他们是贪生怕死之徒,不敢让跟随在其后的御林军前去追捕。回宫后,张让欲派虎贲前去追击。曹节不同意。曹节以皇上的名义,矫诏让张奂出兵去追那两个黑衣人。这样七折腾八耽误,张奂派刘赛带领一队五营勇士出发去追,胡腾和张敞早已不见人影了。

几天后,刘赛等人疲惫不堪返回京师,一路上,所有村民见他们就躲,就像害怕瘟神一样。与前几天他们从北方平复匈奴犯边归师时,群众热烈欢迎的场面形成鲜明的对比。刘赛与众勇士大为不解,只好满怀狐疑,小心谨慎地走着。来到离都亭不远的一个村庄,众勇士已经饥渴不堪,就进村向老百姓要些食物和饮水。可是,村人纷纷地把门紧闭着,怎么叫也不开。不一会,一个长者领几百壮年汉子,手握棍棒、农具,朝他们围过来。长者愤怒地说:"你们助纣为虐,残害忠良,罪负于国,还有脸来见乡民?快快离开本村,免得秽污了本村的乡风情俗!"

"我等是奉皇上的圣旨,诛灭叛逆,长老何出此言?"刘赛不解地说。

"哼——"长者很轻蔑地嗤了一下,"你等休得啰唆。再不离开,别怪我等不客气!"长者说着,众村人都举起手里的家伙。

刘赛只好领着众人匆匆离开。到了都亭,有三个勇士饥渴得晕倒了,众勇士不得不向老百姓讨些东西来补充身体的急需。没想到都亭人对他们五营将士更加憎恨、凶狠。无奈,他们不敢停留,急速回京。

回到营地,憋着一肚子气的刘赛马上就去见张奂,气呼呼地把路上的遭遇说了。张奂在朝廷中,也受到众公卿大臣们的白眼,心情十分沮丧。刘赛看着主帅萎靡不振的样子,也就不好再说什么,悻悻地退了出来。在百思不得其解的情况下,张奂去见与他关系一向甚密的李膺,李膺却把他拒之门外。没过几天,朝廷又下诏将李膺、杜密等人以阿附窦武、陈蕃之罪,免了官。张奂感到不对劲。他在心里猛然一惊,嘀咕着:"我出兵剿灭窦武、陈蕃,莫非是受宦官蒙蔽,枉戮了好人?如若如此,我终生难悔,无法谅宥!"张奂什么也没有说,挥手让刘赛退去。然后,他马上去拜访司徒胡广。

"这年头，说不清楚。谁厉害听谁的准没有错。如今宫中内官掌权，他叫你出兵，你不出，那你就遭殃。大司农大人，前一阵子，朝廷派你出任护匈奴中郎将，领兵出征西北，驰骋疆场，凯旋而归，是国家大功之臣，不能因为在这些小事上得罪了掌权的，啊……使自己前功尽弃，什么也没有得到，对自己不是太亏了？大司农大人，你说是不是。今日大人顺从了那些手握大权，口含天宪之人，得以在朝廷安稳为官，还要得到奖赏，以后的日子将更加荣华富贵，当开心为是，何必如此沮丧、萎靡呢？"胡广生性软弱圆滑，颇能练达世故。始伯是胡广的字。胡广对张奂的这番话倒是出自肺腑。

听了胡广这样说，张奂明白了许多，他想起了窦武被他包围后对他说的那句话，不由得浑身冒汗。他在心里想，皇上怎么会下诏残杀拥立他为皇帝的前朝国丈？怎么会将临朝掌政的窦太后逼徙南宫？他感到自己干了一件不可饶恕的傻事，对国家，对良心都无法交代。他痛苦不已。他把自己关在家里，任何人不见，他无颜见任何人。

正在张奂十分苦闷的时候，随从来报："朝廷令使到，请大人接诏。"

张奂当即跪下奉诏。令使宣诏后，张奂才得知朝廷封侯于他。他感到自己是以罪得功，心里很不好受。

原来，宦官诛杀忠良以后，更是洋洋得意。曹节唆使十三岁的小皇帝——灵帝下诏晋升他为长乐卫尉，主管长乐宫御林兵权，又封他为育阳侯；晋升小黄门王甫为中常侍，兼领黄门令；封朱瑀、张亮等人为列侯。

张奂对自己的过失尤为悔恨，他陡然有一种自己出卖自己的感觉，不由地痛心疾首起来。他深恨自己当初没有认真思考一下就轻信宦官出兵，现在让自己后悔莫及。于是，他立即上书朝廷，坚决拒绝接受封赏，并把朝廷颁发的侯绶也随书上交朝廷。

这一切做完了，他感到心里稍好受一些。

又过了几天，他正准备前往五营。他有好几天没有去军营了，自从他率领五营帮助宦官残害了朝廷忠臣窦武后，他一直闷在家里。

张奂跪拜都亭磕祭窦武后，心中就想着如何做一些事来弥补往日对待窦武、陈蕃之怨，祭慰英灵。转眼就到了第二年四月。一天，灵帝召全朝文武大臣正在议朝。突然，御殿的顶上掉下一条又大又粗的青蛇，文武大臣们都惊然失色。这青蛇昂起头，"呲呲"吐着长信子，游到灵帝御座上盘绕着。灵帝吓得哇哇大哭，扑倒在张让的怀中。接着，天气突变，狂风大起，宫外多棵有两抱粗的大树被大风连根拔起。大雨冰雹铺天盖地袭来，霹雳阵阵，天摇地抖，吓得公卿大臣抱头鼠窜。只有大司农张奂稳稳立于御殿中央一动不动。他想："要是天公以此来惩罚我助纣为虐，我倒觉得是咎由自取，也是对灵魂的一种超脱。"他很镇静，有一种接受洗礼的快意。就这样，天昏地暗地过了很长一段时间，那条大青蛇缓缓地游走了，风雨雷电也停了。张奂对自己没有受到一点损伤感到失望,很疲倦地离开了御殿。

第二天朝廷下诏令群臣直言青蛇犯殿和天起此异常天象主兆何事。张奂奋然缮书上奏:

臣闻风为号令,动物通气;木生于火,相须乃明;蛇能屈伸,配龙腾蛰;顺至为休征,逆来为殃咎,阴气专用,则凝精为雹。故大将军窦武、太尉陈蕃,或志宁社稷,或方直不回,前以谗胜,并伏诛戮,海内默然,人怀震愤。昔周公葬不如礼,天乃动威;今武蕃忠良,未邀明宥,妖眚之来,皆为此也,宜急为改葬,徙还家属;其从坐禁锢,一切蠲除。又皇太后虽居南宫,而恩礼不接,朝廷莫言,远近失望,宜思大义顾复之报,以全孝道而慰人心,则国家幸甚!

灵帝看完张奂的奏书,想到窦太后的援立之恩,且已有几个月没有见过她了,就把奏书递给了张让,对曹节说,他欲到南宫去看视窦太后。张让和曹节听灵帝这样说,两人的目光碰了一下,张让连忙看了看奏书,然后递给曹节,便跪下对灵帝说:

"回禀皇上,此次青蛇侵入御殿预兆不吉,天意儆示。倘若轻举妄动,触怒苍天,那可不得了。皇上乃镇宫圣龙,在这天象不正之时千万不能离宫,否则宫中龙气不旺,阴气过盛,社稷毁矣。奴才以为,皇上若要看视窦太后,等到宫中太平昌顺,皇上再去南宫不迟。"

张让心里很明白,虽然宦官把窦武和陈蕃处决了,但宦官尚未真正把朝廷大权牢牢地掌在手中,就如当初桓帝驾崩,窦武和陈蕃入主朝廷一样。那时,对于公卿大臣们来说,具备了从宦官手中夺回治理国家大权的天时、地利。只是他们上台时间不长,朝廷大权他们还没有抓牢;他们尚未来得及把延熹九年(公元166年)宦官制造的党锢事件所逮捕的二百多名"党人"全部解锢,重新启用,让"党人"来代替朝廷中那些模棱两可,明哲保身,在反对宦官斗争中起不到大的作用,两面派式的公卿大臣,仅使用了李膺、李密、刘猛、朱寓等少数人,不能控制住国家机器的各个重要环节。目前,公卿大臣和外戚的头面人物窦武、陈蕃虽然被宦官们屠杀了,但朝廷内外有诸多不服,那些拥护窦武、陈蕃的公卿大臣和太学生,甚至老百姓,还没有除绝,一有机会就会起来推翻宦官。前一段,司空王畅、司隶校尉李膺等人首先站出来与宦官作对。只是宦官行动更快,在他们未能采取全面行动之前,就把窦武、陈蕃复用的"党人"一应罢了官。从而拔除了一个危险因素。但是,现在,张奂这么快站到了宦官的对立面上,假如他与窦太后联合,那局面就难控制了。

年少的灵帝,平日本来就胸无主宰,宦官怎么讲就怎么是。何况那天被暴雷、青蛇吓得魂不附体,这时被张让一吓唬,还有不改变主意之理?

"不不,朕不去南宫了。"灵帝连声说。

张奂见奏书呈上后,久久不见灵帝谕批,就去找太尉刘矩,请他上奏灵帝,为窦武、陈蕃改葬,谒窦太后回长乐宫,主政朝廷。这一年多,朝廷"三公"更换不迭。原司徒胡广由于圆滑,宦官感到他没有什么威胁,就进他为太傅。由宗正刘宏取代王畅为司空,然后又进为司徒。刘宏和其他朝廷大官都还算有几分正派,虽然为了保身,不愿意贾祸丢命,不敢公开与宦官对着干。但他们又不完全阿附宦官。宦官自然不满意,很短时间内,又将他们免官。继而迁任许栩为司徒,刘嚣为司空,没过长时间,许栩和刘嚣同前任一样。宦官又谗言灵帝将他俩人免去,再任许训为司徒,桥玄为司空,太尉一直空缺,这时任命刘矩为太尉。可以预料,现任的"三公"也不会长的。

刘矩很赞赏张奂的意见,可是,他不愿意得罪宦官,婉言谢绝了张奂的请求。张奂见朝廷太傅和"三公"皆不与宦官为忤,唯唯诺诺,一任宦官乱政,就与尚书刘猛等人,一起共同奏请灵帝,推荐李膺等人入朝替换刘矩等,出任"三公"。

张奂的举动,引起了宦官的紧张与恐慌。尽管张奂在为宦官剿灭窦武、陈蕃这个敌对势力,为宦官更进一步地掌握朝政大权立大功,但曹节、王甫、张让这些人只是一时利用张奂,一旦感到他没有再利用的价值,转身就不认人了。张让得知张奂与刘猛共同奏劾宦官及其代理人的消息,马上同曹节、王甫等人进行了一番密商,然后来到灵帝跟前,唆使灵帝责罚张奂和刘猛。灵帝也就依着宦官,下诏将他二人收交廷尉审讯,打入监狱。关了几天,没有找到什么罪名,才放了出来,但下令罚没张奂和刘猛俸禄三个月,以示警告。

宦官翻脸不认人,尽管张奂为了他们残杀窦武、陈蕃立了大功。但一旦逆忤他们而为,马上受到陷害。郎中谢弼对宦官的横行霸道、罔乱政纲十分不满,对宦官残杀窦武等忠良愤懑不已。他闻知张奂悔悟,力主李膺等明士重返朝廷理政,却遭到宦官的迫害,非常愤怒,连夜上书,谏请灵帝起用李膺、王畅等人。书说:"上天告谴,皇上要思索有没有什么不对的地方;政道亏损不正,首先要惩罚奸臣。青蛇为阴气所生,它来犯殿,说明朝廷近臣宦官谋乱,宜急速地将他们扫出内宫,以消天戒。臣又闻惟虺惟蛇,女子之样。伏惟皇太后定策宫闱,援立圣明。窦武等诸族人被残害,原本违背天下,如今又怎么能咎延窦太后,把她幽隔在南宫呢? 这样做太伤天理,陛下将有何面目以见天下呢? 现在边境日益告急,夷兵蜂起,国疆不稳,有一本叫《援神契》的纬书说:'天子行孝,四夷和平。'如果皇上再不尊行孝道,按照明君制定的国策治理国家,东汉社稷何以为继呢? 臣以为,陈蕃辅佐陛下,勤身为国,被奸佞诛杀,骇动天下。现在他人已去,就是把残害他的人,杀了一百,也不能赎罪。当务之急,应将他的家属全部解锢,安抚奖赏,以示褒贤灭奸的决心。再说,现在朝廷太傅和'三公',只有刘宠还有那么一点点守善,余者都是素餐致寇之人,又怎么能担负起治理国家的大任呢? 应当全部罢黜。亟征前司空王畅、司隶校尉李膺等贤才入朝主理政事。只有这样庶灾才可消,国祚惟永不衰。臣冒着生命危险,渎陈此谏,惟陛下裁察。"

这奏章呈入朝廷,引起阉党大哗。曹节和张让马上面奏灵帝,说谢弼党同罪人,谣言惑众,引人视听,制造混乱,不宜在朝廷为官,贬谪为广陵府丞。灵帝当即按照曹节和张让的意思下了诏书,贬罚谢弼。谢弼自知是宦官陷害他,一气之下,

后妃宦官大传

·淫乱宫闱的恶宦·

图文珍藏版

辞官回家。宦官打算先将谢弼赶出朝廷,然后再收拾他。谢弼辞官回东郡为民,他们岂肯放过他? 曹节马上写信给任东郡太守的曹节从子曹绍,让他立即逮捕谢弼。曹绍当然依命,并诬构谢弼党同窦武"余孽",结众造反,把他拘捕起来。几次严刑逼供,让他供认罪状。无辜的谢弼哪里会认,被刑杖致死。

除死谢弼,对于宦官们来说,应该是件高兴的事。但这一夜张让怎么也睡不着。他在想,公卿大臣中,像张奂、谢弼这样起来反对宦官的势力,如宫外野草,锄了又发,生生不已,原因就在李膺为首的这些"党人"未被诛杀。虽然把他们罢官回乡,对他们进行"党锢",可是他们的名声反而更大,太学生更加标榜"三君""八俊""八顾""八及""八厨"等天下名流,"党人"更加受到社会的敬仰。而且一有机会他们就被朝廷重新擢用。目前,虽然这些"党人"没有掌权,但对他们的威胁却每时每刻都存在,"党人"是个隐藏在浓云中的暴雷,不把它彻底弄掉,迟早要把宦官给劈了。想着想着,张让半夜披衣而起,冲进黑夜里。他要去找侯览。

他走在漆黑的夜幕下,天太黑,总觉得身后有声音跟着他。他走这个声音走,他停这个声音也停。他走几步,停下回头看了看,身后什么也看不见。他猛然胆怯:"莫不是'党人'在跟踪我?"他越想越怕,不由地毛骨悚然。连忙转身往回跑,鞋跑掉了,也顾不上捡起来。回到家,他插上门栓,但还不放心,又命佣人加了一根木头将门抵住,坐在席上歇了一会,惊魂未定。他感到"党人"一天不灭绝,他一天不得安稳。于是他把家卒全都集合起来,保驾他向侯览家走去。

张让把侯览从熟睡中唤醒,侯览也吃惊不小。张奂和谢弼的上书,引起了宦官的紧张和恐慌,侯览也不例外。他不知道出了什么大事,来不及穿戴整齐,就出来迎接。张让看着侯览狼狈的样子,想笑也笑不起来,就和他说起要彻底拔掉"党人"这颗钉子的想法,侯览这才心定了一些,一看自己光着个上身,不好意思起来,就让张让稍候片刻,他穿好衣服后,再与张让详细相商。

建宁二年(公元169)一天的中午,张让吃完饭后,来到曹节在宫省的住处,告诉曹节,"八及"之一、山阳郡督邮(郡太守的助手,督察郡内属县的官——注)张俭的同乡、也是张俭的属官朱亚,因品行不端,被张俭轰走了,现在投靠了侯览。侯览正唆使朱亚虚罗张俭的罪状,欲对张俭进行陷害。曹节一听,就知张让的用意。曹节知道,侯览与张俭有仇。

"朱亚、侯览与张俭的私人恩怨,难道与你我有关系?"曹节问。

"常侍,此事可是件大好事哩。我们何不利用侯览唆使朱亚告张俭的机会,让灵帝下诏把'党人'全部诛杀了?"张让对曹节建议道。

"……"听了张让的建议,曹节沉吟不答。曹节与侯览有些隙嫌,曹节对侯览一直存着戒心。

"'党人'可是我们的大敌,他们一日不除,我等一日不得安宁。侯览虽然与你有微隙……但他对'党人'也是恨之入骨的。目前,大敌当头,我们得拧成一股绳,先把贼党弄掉再说。"张让向曹节身边靠了靠,"常侍,这也是你收买侯览,把他那一股势力并归到我们这一处来的好机会,这可是一箭双雕呀?""我在想如何利用朱亚。"曹节觉得张让说的有道理,故意地说。

晚上,曹节和张让一起来到侯览的住所。侯览吃了一惊,他没想到,曹节会来找他。于是连忙迎曹节进家,礼貌有加。一阵寒暄,曹节就进入主题。经过一番密谋后,达成一致意见。

曹节和张让走后,侯览马上召来朱亚,让他重新书写状书。朱亚有些不解,侯览说,这样更能将张俭弄倒。朱亚在侯览的嘱咐下,向灵帝奏上了一本状书,诬告张俭和同乡二十四人"别相署号,共为党部,图危社稷。"(《后汉书·党锢列传》)

接到奏书,灵帝召曹节进宫,灵帝问曹节如何处置这本奏书,曹节乘机借题发挥,列数朝廷中正直"党人"的众多罪状,并拈出朝廷大臣奏章中的只言片语,加以歪曲,然后奏请灵帝说刚上任的司空虞放、被免官李膺、杜密、朱寓、荀昱、刘儒、翟超、范滂诸人,钩党结派,图谋朝廷,该当死罪,请灵帝下诏将他们一并逮捕诛死。

"什么叫钩党?"年仅十四岁的灵帝一脸不解地问。

"回禀皇上,钩党就是私相勾结的'党人'。"曹节回答。

"'党人'是干什么的,为什么要杀掉他们?"

"'党人'图谋不轨。"

"图谋不轨?不轨是怎样呢?"

"就是欲图社稷,不让皇上当皇帝,他们来当。"曹节回答。

灵帝听了"党人"不让他当皇帝,就紧张起来,不再问了,坐在那里一声不响。这时,张让以为灵帝在犹豫,便刺激他说:

"回禀皇上,'党人'比猛虎狠,比毒蛇毒,对他们可不能心慈手软啊!"

灵帝听到张让说"党人"如毒蛇,脑海里不由地浮起了那天青蛇犯殿的情景,陡然惧怕得浑身瑟瑟发抖,当即下诏逮捕李膺、杜密、范滂等党人。

张让回到枌琭园,一阵阵兴奋抑制不住荡漾他的心头。他把刚刚买来的小姜小蜻蜓搂在怀里,让她用嘴含噙温酒喂他饮啜,他呷着小蜻蜓的嘴,慢慢地品着酒香,破天荒地面带笑容,不停地哼起了小曲儿。自从飘儿逃走后,他在枌琭园从来没有展开过笑脸,今晚他一回到家,笑吟吟地与一群围着他、侍候他的妻姜婢女嬉戏逗乐。弄得她们不知如何是好,一个个心怀狐疑,担心在这之后他会如何折磨她们,使她们忐忑不安,惶恐不已,但她们只能把疑惑埋在心里,表面上强装笑脸与他玩笑。不过,她们的担心确实是多余的。中午,北寺监狱长来向他报告了李膺死在监狱里的消息。几年来,他一直想宰掉李膺,报杀弟之仇,但始终没能如愿,今天如愿了,他能不兴奋吗?

其实,李膺真的可以像张让担心的那样逃遁躲藏了起来。那天李膺心里十分的烦躁,坐立不安。自窦武、陈蕃被宦官残杀,他被罢官归乡后,一直心情不佳。他感到自己在朝中没能很好地为两位朝中主事公卿出力,从而使他二人遭到宦官的残害,惭愧不已。同时,他也为国家担忧。现在灵帝被宦官所迷惑,朝政混乱不堪,加上北方边疆战事正紧,国力衰敝难继,这样下去,定将亡国。那天,他刚被罢官归家时,范滂来看他。俩人讨论起朝政混乱之事,范滂提出联系正直武官,率五营冲进皇宫把宦官全部捉拿处死,然后逼灵帝起用"党人"。他坚决不同意,他感到没有灵帝的旨谕,擅自起兵进入皇宫,杀了宦官虽然为国除害,但这种行为和宦官擅权一样,上违天道,下背世道,大逆不道,非正人君子所为,他宁死也不那样"犯上作乱"。然而,不这样做,他又想不出一个既合天道,又合世道的好办法来将宦官赶出宫省。他正坐在客厅里烦恼欲焚时,同乡魏峨山风风火火来见。

"朝廷下诏捕杀党人。祸变即至,请明君速速逃走避一避吧!"魏峨山得知宦官谗言灵帝加害"党人",就急匆匆地前来向李膺报信。

"有事不怕难,无罪不逃刑,方不失为正人君子。我年已六十了,生死有命,去将何处?"李膺听魏峨山的报信,脸不变色,心不跳,巍然地起身,感慨地说。

话刚落声,宦官王甫带着御林军就来到李膺家,把他逮捕入狱。

第二天,张让特意拄着拐杖,到北寺监狱来看李膺。

"怎么样,坐监狱舒服吧!你什么时间不想坐了,想死了就来告诉我一声,我会满足你的要求的,还会让张朔在阴曹地府迎接你的光临。"

张让将拐杖顶着李膺的脑门,把李膺的头狠狠地按在墙上,咬着牙,从牙缝里挤出声音说,"老不死的,你也有栽在我手中的一天!"

张让通过小蜻蜓的小口啜干了一陶缶酒,但他一点也没有醉意。这时他脑海里想着那天去北寺监狱的情景,不由嘿嘿地大笑起来,笑得流眼泪。

"你们说,人活在这个世上,什么东西能让人最开心。"笑完了,张让对众女人说。

她们全给难住了,不敢轻易地回答,以防惹出祸端,会被他折磨个半死。于是,一群被张让收拾得如惊弓之鸟的女人,面面相觑,浑身颤栗。"你说。"张让捏了捏小蜻蜓的脸蛋,温柔地说。

"回,回,回大……人,喝,喝……酒。"

"不是。"张让摇了摇头。停了一会,他见没有人说话,又指着张朔送来的野王县两个大户女子之一的身材窈窕的女人:"你说。"

"回……大,大……人,是,是,是权势。"她说。

"不是,你说。"他又指一个。

"回,回大人,是钱财。"

"不,不是,你说吧!"张让指着立在姒娩身边的一个婢女。

"是……是……是……是……"

"你们都不知道吧?我告诉你们,是人,人能让人最开心、最激动、最舒服、最美妙,只有人,嘿嘿嘿……"那幅在北寺用拐杖抵着李膺脑门的画面在张让脑海里定格,他从小蜻蜓嘴上呷一口酒,很慈祥地用眼睛扫了扫身边八九个女人,和蔼地说。

那天,张让看着血从李膺的脑门上流了下来,他一阵阵感到冲动、开心不已。

现在,权势、金钱、美女都不能引起张让的兴奋和冲动了,只有整人、折磨人,才能使他感到快乐无穷。他从关着李膺的囚牢中出来,对监狱长说,只能让李膺在这个世上活七天时间。这七天的活着,要比他死还要难受。张让还设计了十几种残酷折磨李膺的方法,让北寺监狱每天对李膺施刑。监狱长拍着胸脯说:

"一定按张大人训示办。"

今天是第七天,监狱长按时来报告说,按照张让设计的酷刑,正好按期把李膺送上了西天。当时,张让心里非常激动,但他脸上没露声色。他问监狱长可知对李膺的家里人是如何处置的。监狱长说,就在李膺囚死在牢中的时候。他的妻子被流放到边疆,门生和他属下的以及他所推荐官吏,全都遭到禁锢。唯独漏掉了一个名叫景顾的门生,他是侍御史景毅的儿子,景毅叹息地对众人说他敬仰李膺的贤明,才送儿子做李膺的门生,现在李膺的门生都被禁锢,怎么能让儿子侥幸漏名,苟安富贵呢? 景毅亲自送儿子入狱。

"景顾关在你那里吗?"张让问。

"回大人,在。"监狱长说。

"范滂也在吗?"

"回禀大人,在。"

就在魏峨山向李膺报信的同一天,汝南督邮吴导奉诏前去征羌县(今河南省郾城区)逮捕范滂。吴导手持诏书跑到驿舍,关门倒床就哭。范滂得知,便说:

"吴督邮定是不忍心逮捕我,为我生悲。"说着,就到县里去投案。

县令郭揖一见范滂主动投狱,不由惊然,马上解下印绶,对范滂说:

"天下这么大,哪里不可以安身,君何必要甘心受阉党迫害,来坐监狱呢?"

"但愿我死了,朝廷能宽待其他党人。再说,在下也不能连累君呀! 何况在下母亲已年老了,在下如若逃避,岂不连累她老人家吗?"范滂说。

郭揖听范滂这么说,马上派人把范滂的母亲和儿子请来,与范滂告别。

"弟弟仲博,素来比我对老人家孝敬,他自能奉养母亲。儿愿随父亲龙舒侯相共入黄泉,请母亲割舍恩情,不要悲伤,就当儿得病身亡罢了!"范滂向母亲拜辞道。

"如今你能跟李膺、杜密一样出名,死亦何恨? 你既能天下扬名,成为名士,又想长寿,天下的事恐怕未必都能两全!"范滂母亲擦了擦眼泪,咬了咬牙齿,然后说。

范滂向母亲拜了拜,然后起身对儿子说:

"我要让你作恶,怎么能对得起世人呢? 我想让你为善,可是为父我平生从没有作恶,却落到了这等地步……"说到这,他再也说不下去了,禁不住地哭了起来,挥手让母亲和儿子回去。转身就随吴导去了京师。

"和李膺一样!"

"你做得很好,皇上会奖赏你的。"张让说。

"谢谢大人。"监狱长叩首。

一个多月之后,张让回粉琭园休沐。北寺监狱长又来向张让报告说,按照张让

·淫乱宫闱的恶宦·

图文珍藏版

的"训示",那一百多个重要"党人",除了朝廷提去砍了头的,剩下的全都如处置李膺那样,让他们到阴曹地府去"交相党钩"去。昨夜范滂死在监狱里,才三十三岁。张让听了,又是一阵欣喜若狂。晚上,又如上次一样,与妻妾一起饮酒嬉狎,闹得很晚才休息。第二天一大早,他急匆匆进宫了。虽然觉睡得不多,但他精神很好。他向赵忠的住处走去。

"赵兄睡得香啊!"赵忠还没有起床,张让就径直闯了进去,笑嘻嘻地说。自从那年与赵忠一起利用张受啮臂国舅梁不疑结为莫逆后,私下里他俩一直是称兄道弟。

"张老弟来到陋居。这帮奴才没通报一下子。失礼失礼!"赵忠猛地跃起,忙不迭地穿衣。

"不怪他们,是我不让他们通报的。现在贼党都被杀得差不多了,天下太平,赵兄当然高枕无忧,美梦连夜呀!"张让调侃地说。

"这一次为皇上除了这么多叛党,我们真是呕心沥血啊!"灵帝下了逮捕"党人"的诏书后,宦官任意株连,大肆捕杀。只要平时与他们稍有嫌隙,就把他列入"党人"的名单中,不是坐监狱,就是砍头。就连与宦官们毫无仇怨,但是在群众中名气较大,也被指控为"党人",逮捕入狱。不光朝廷如此,宦官还责令各州郡以"党人"的名义,将天下豪杰、书儒学者、"清议"时政的官吏,不是逮捕残杀,就是流放徙边。有的地方官吏为了迎合宦官,又加以扩大化,肆行株连九族,连这些"党人"的亲族、学生、属官也不能幸免,全都被免官禁锢、坐罪人狱,从而导致在这一次"党锢事件"中,除被杀害的朝廷公卿大臣和地方重要官吏一百多人外,还有多达六七百人被流放、禁锢或残杀。

"可是我们还不是为他刘家瞎忙活?"张让对赵忠说,他说的"他刘家"赵忠当然能听得明白是指灵帝。

"对,我们是国家大功臣,皇上该奖赏我们才对。我们该向皇上谏奏。"赵忠说。

"皇上太小,他能做主?"张让说。

"我们做主。"

"是他们吧!"

"他们?"赵忠不解。"谁?"

"这件事,得去跟曹节、王甫说。"张让见赵忠没有明白过来,就直说了。张让想:皇上的胸口长着曹王二公公的心,你我只是他们手中的棋子,他们想把我们放在棋格的哪个位置就放在哪个位置。如果,你我想得我们应该得到的封赏,冒冒失失地直接禀呈皇上,两位公公尽管比你我得到的封赏更重,可是他们却会对你我不满意。

"噢——"赵忠这下子才反应过来,不由地长噢一声,对张让表示赞同和佩服。

立秋。灵帝"豸刘"(立秋之日,迎秋于西郊,祭白帝蓐收。车旗服饰皆白。歌《西皓》,八佾舞《育命》之舞。使谒者以一特牲先祭先虞于坛,有事,天子入囿射牲,以祭宗庙,名曰豺刘——《后汉书·祭祀志》)回宫,曹节、王甫、张让、赵忠等诸宦官都拥在灵帝身边。

"启禀皇上,'豺刘'场面浩荡,陛下射牲,威风无比,此乃社稷兴旺、国泰民安、天子圣德之景也。"曹节对灵帝说。

"这是祖宗保佑的呀!"灵帝说。

"皇上所言极是,皇上万岁,如今皇上把'叛党'除了,再加上祖宗保佑,皇上的江山更加兴旺发达了。"张让说。

"是啊,不除掉那些'党钩'之人,社稷不知被他们弄得乱成什么样子。如今尚有少数地方盗贼蜂起,边疆外夷犯扰,这都是当初'党钩'之徒祸国殃民的后果。"曹节说。

"启禀皇上,曹常侍等皇上内臣,心系社稷,鞠躬尽瘁,为国除害,功高于山,当受朝廷重重奖赏才是。"赵忠说。

"重奖功勋,严惩乱贼,方能褒良祛恶,朝政才会顺昌。"张让说。

"对,朕这就召尚书,朝议奖赏为国除害的功臣们。"

于是,灵帝下诏,增封中常侍曹节食邑四千六百户,进曹节弟曹破石为越骑校尉;封王甫为冠军侯,由小黄门进中常侍;任中常侍侯览为长乐宫太仆;封张让为列侯,由小黄门进中常侍;赵忠也由小黄门进中常侍。

张让终于使20多年前的梦成为现实。

这一天阳光明媚,朝觐大殿显得格外亮堂。张让特意穿戴一新,早早地来大殿后厢等待着。以胡广为首的文武百官列队站在大殿内。曹节、王甫、侯览领完赏后,张让下意识地整理一下衣着,然后,他得意扬扬地向朝觐大殿正面走去,他笑容可掬地踱着方步,走到灵帝跟前跪下,接过灵帝授予的中常侍印绶和列侯的侯绶,一阵磕头谢恩后,起身退出,边走边不停地抱拳向祝贺他的文武百官还礼。

走出了朝觐大殿后,张让急匆匆地回到粉琭园,他不停地把玩着象征着名誉和地位的中常侍和列侯印绶,心里狂喜不已。他把家中所有的妻妾婢女全都集中在大厅里,手举着印绶对她们说:

"你们看,拥有这个才是离天最近,离地最高的男人,才是真正的男人,它能给男人真正的威风!哈哈……"一阵发泄过后,他很累,但心满意足,浑身舒畅,大叉八叉地仰在席子上躺了一会,然后吩咐道:

"给朕……"朕字刚出口,他吓出一身冷汗,他知道擅用此称谓是要杀头的,下意识地警觉起来,便猛然跃起,四下看了看,然后软软地坐下说,"快去,给老子备酒,老子今晚要畅饮。"

建宁三年(公元170年)十月朔日。

张让昨晚酒喝醉了,呕吐不止,来到宫中浑身无力,但他不得不侍奉灵帝上朝。

黄门令董萌见今日跟随灵帝上朝的宦官特别的少,曹节、王甫等人都没有来,张让来了却无精打采的,便向灵帝禀奏:

后妃宦官大传

· 淫乱宫闱的恶宦 ·

图文珍藏版

"启禀皇上,窦太后乃皇上之摄政恩母,今窦太后幽居南宫,思念皇上尤甚,皇上当赴往谒拜,才不失敬母之礼。"

"朕明白了,你退下吧!"灵帝转头向文武百官们说,"众爱卿还有什么事要奏吗?如没有,就退朝,与朕一起拜视窦太后如何?"窦太后徙居南宫已经两年多了,在宦官的阻止隔绝下,灵帝一直未去看视过她。灵帝听董萌这么一提醒,想到自己人承帝统,全仗窦太后的扶持,他感到此大恩不能忘。

"是。"文武百官高呼道。

张让一听,猛然一惊。他本想呈奏阻止,可是灵帝已经起身出殿,众文武百官相拥而去。张让也只好小跑着赶到灵帝面前,边走边说:

"皇上请慢,皇上请慢。乘舆尚未备好……"

"快快,给朕把车叫来。"灵帝说。

太仆(官秩二千石,掌车马。天子每出,奏驾上卤簿用,大驾则执驭——注)急忙备车而来,灵帝上车,率群臣前往南宫,拜视窦太后,奉馈上寿。

张让侍奉灵帝从南宫回来,曹节、王甫等众宦官已经在宫门迎候圣驾。下车后,王甫拥灵帝入殿,曹节就悄悄将张让拉到另一处,询问详情。

黄门令董萌素来倾向对朝纲进行拨乱反正,他见灵帝有所省悟,就趁机向灵帝进言,谏请灵帝厚待窦太后,并婉转地提出请窦太后重返长乐宫。

"皇上是否已经答应了。"曹节急猴猴地问。

"尚未。只是让董萌日后安排。"张让说。

"那就好了。我们无论如何不能让窦氏重返长乐宫。否则,我们就会像窦武一样的下场。"曹节说。

"但是,灵帝这一次突然私自造访南宫,敢保没有下次?"张让说。

"干脆,把那个姓窦的贱妇宰了算了。有她在,那些图谋不轨的人就有寄托,会不断地兴风作浪。"曹节说。

"此乃万万不可。常侍试想,杀了姓窦的,这个小皇上答应不答应都无关紧要,但仕人答应吗?太学生答应吗?武将们答应吗?如果那些仕人和太学生正好以此事向皇上谏劾我们,武将再起兵讨伐我们,我们不是如黄鼠狼自进陷阱,偷鸡不成反成笼中之物吗?"张让说。

"不这样又怎么办?留着她,她无时不在壮那些仕人的胆子,诱惑仕人们的思想,散发着一种力量。对皇上也有一种影响,威胁着我们呀!"

"我们只要堵住她的嘴,捆住她的手,镣住她的足,卡住她的气,她活着也是一具僵尸,渐渐地,她自己就主动去见阎王。打蛇打七寸。当务之急,我们得把董萌的头给掐了。然后,只要谁敢向她靠近,就扭掉谁的脑袋,她还能如何?"

"对,快快派人把这个姓董的宰了。"曹节说。

"不,不。"张让眨了眨眼。

"张常侍还有妙计?"

"我们明着杀了董萌,也会给那些反对我们的人正好留个把柄。说不定他们会以此大做文章,引来麻烦。不如让皇上下诏处死董萌,给人们造成皇上出尔反尔印象,让他们谁都不敢再向皇上进谗言了。"

"皇上肯吗?"

"只要曹常侍您肯,皇上就肯!"

"张常侍明示。"

"永乐宫可是皇上的亲生之母,皇上对她敬护有加,言听计从。"张让动了动嘴边的肌肉,没注意拉扯着脸上的那个被马鞭抽的伤疤疼痛起来。"哎哟——"他用手摸了摸疤痕。建议曹节设计诬陷董萌谤讪永乐宫孝仁皇后。

"真乃妙计。"曹节听了兴奋不已。

灵帝听信了曹节、张让对董萌的诬陷,下诏逮捕董萌,并将董萌处死。张让又出了主意:把所有的郡守以上的大官,召到京师,让他们观看处死董萌的刑场。

"这样做有两个目的:第一个是杀一儆百。第二个是可以通过此方法,看看有多少地方官吏是听我们的,有多少是不听我们。"张让说。

"太妙了,让尚书缮书,召所有郡守国相速来京师。"曹节说。

诏书一发,105个郡守国相全都准时到京。

这一天,大雪纷飞,天异常的寒冷。

刑场上绑着单衣薄裤,褴褛不堪的董萌,不远处有一排箭手。

寒风如刀子一样,刮得人们脸上冰刺般难受。张让脸上的伤疤在寒风的抽打下,钻心地痛,他用裘皮焐着脸,只露出一对如狼一样放着寒光的眼睛。他站在刑场上,监斩董萌。

刑场下面冒雪站着九个州刺史、一百零五个郡守国相。他们个个被冻得寒战不止。

但张让却故意地在风雪中拖延着时间。

又好大一会过去了,张让命箭手先向董萌的眼睛射箭。本来,处死董萌砍头就行了,张让有意识用箭射,就是为了营造紧张和恐怖气氛,来吓唬那些郡守国相。箭手箭法很准,两箭即中董萌的眼睛。于是,董萌全身一阵阵地痉挛,不停地挣扎着,鲜血顺着脸直往下流。稍过一小会,箭手按照张让的意思,依射董萌的四肢、下腹,最后才是心脏……

北风呼呼地吹,有几个郡守被风吹得直流眼泪。忍不住举袖来察,张让发觉了,便说:

"皇上有旨,凡怜悯董贼者以党同董贼论处。"

那些患沙眼的郡守只好低头躲闪。

"众大人是否在为董贼的死悲恸而泣啊?"张让在众郡守面前走来走去地说。

"常侍大人饶命,下官确是眼疾,绝无悲悯董贼之意。请大人饶命,下官定当后报!"被西北风吹得泪眼婆娑的大官们,一个个下跪求饶。

"你们有无眼疾不是诸位本人说了算,也不是本官说了算,得以皇上谕旨为算。"张让得意扬扬地,说到这里突然停住了,他看着跪在自己面前的这些官吏,心里很开心,"本官禀报皇上,众大人无不痛恨董贼,全无悲悯董贼之意。不过,众大人都是皇上的爱臣,在你们的地盘上,凡有董萌的同党,像董萌那样侮辱皇上亲母孝仁皇后的,请众大人速速捉拿归狱,严惩不贷!"

"是,遵旨,绝不敢怠慢。"众人说。

"不过,你除外,本官看你一脸悲戚之容,定对朝廷诛杀董贼不满!"突然,张让指着颍川太守,眼睛逼视着他说。

"大人,请饶命,在下是大人家乡的小官,请大人饶命啊!"颍川太守连忙向张让跪下,头如捣蒜一样地在地上磕个不停,浑身直发抖地说。

"哼——"张让鼻子哼了一下,心里想:"老子就是要收拾你这个老子家乡的狗官。"张让幼年入宫,第一次回乡,见父母仍然住茅草屋,与皇宫相比,与地方大地主家相比,显得很寒酸、很贫穷,他认为是因家乡这些官吏没有把他放在眼里,才使得他的父母寒酸和贫穷,他因此对家乡官吏怀恨在心。他就想有朝一日得好好整治这些家乡官吏。

"把他绑了起来。"张让对虎贲们吼道。虎贲们一拥而上,把颍川太守绑了起来。

"箭士备箭,射!"张让又对箭手喊道。

就这样,无辜的颍川太守被张让擅自处死。

张让从刑场上回来,一路上,面部肌肉就不停地跳动。只要他一兴奋,腮边的肌肉总是不自主地抽搐。今天本来是他休沐之日,但他不想回家休息,他有一个多月没有回粉琛园了。他很喜欢在皇宫。确切地说,他是很喜欢在宫中与公卿大臣、仕人们争斗。每次斗赢了,他浑身荡漾着无以相比的快感,多天不减。

路上,他遇到了曹节的弟弟、越骑校尉曹破石。

"呵,张大人,是您啊!"曹破石首先招呼张让。

"是曹校尉。"张让说。

"张大人,有……有……请张大人跟北军中侯为小的说一说吧!"

"有什么难事,你就说吧! 我们都是自己人,不要见外。"

"是这样的……"曹破石本来想到皇宫中去找哥哥曹节,让曹节向北军中侯施加压力,让北军中侯不要处罚他。路上,曹破石遇到了张让,他就向张让"求救"。原来宦官集团将天下名流残殄殆尽后,朝廷大权基本上全部落到了宦官的手中。他们权势熏天。就连他们的子弟也依仗权势为所欲为。曹破石一贯贪淫无度,他看到自己属下的一个营吏妻子长得很美,便起了淫心,胁令营吏将妻子献给他淫乐。营吏自知违背曹破石定无活命,哪敢违抗? 只好做妻子工作,嘱咐她前去侍候曹破石。谁知营吏的妻子执意不从,结果服毒自尽了。北军中侯(官秩六百石,掌监五营——注)得知五营中有军官逼奸出了人命,但不知道这个军官是谁,将那个营吏叫去询问,营吏不敢说是曹破石,气得北军中侯扬言要严加惩处逼奸者。曹破石这才慌张起来,急着要去找曹节。

"这不好办,你跟北军中侯说是那妇人有意于你,你却无暇顾及,她思念过度,心急如焚,饮鸩自殁就是了。北军中侯知道是你,还敢细查?""对!谢谢张大人!"张让一语破的,曹破石马上高兴起来,拍马回营去。

张让看着曹破石的背影,他想起了曹节,腮边的跳动的肌肉马上收住了,绷得很紧……

张让从北寺监回到皇宫,左冯翊相已在他的宿宅等着他。从刑场一回来,左冯翊相来拜访张让,是为了贿赂张让八万缗钱财。左冯翊相是沙眼,今天在刑场,他被风吹得眼泪直下,他害怕张让陷害他,因此,他特意来打点打点。

"张常侍,今日大人监斩董贼,对我们这些州刺史、郡太守是一次很好的教育。而且州郡诸小吏对大人的魄力极为佩服。我等都感到,我朝皇上有大人这么好的内臣辅佐,真是君有大福,国有大福,民有大福啊!我等小吏也跟着沾光,沐浴大福啊!"左冯翊相一边把钱呈上去,一边说,"今日小吏略备薄礼,特来感谢张常侍对小吏的恩典,请大人笑纳。"

"相公太客气了,在下是皇上的小臣,当全心全意效忠皇上为是。今日之事,也是受皇上钦差,执法罢了。也是在下应该做的。"张让接过钱,盯着左冯翊相的眼睛说,"今日刑场严肃,煞是让人震惊,有些州吏、郡守做贼心虚,当场被吓哭了,却不敢承认,说什么是患眼疾,风吹得流眼泪。谎话,绝对是谎话。他们能骗得了我吗?今日虽然雪大天寒,却风止树静。何来的风吹得他们老泪纵横呢?据我了解,左冯翊相你真患有眼疾,而且还很重,是吧,啊——"

"是的,是的,小吏是……是……有眼疾……"左冯翊相不知张让何意,吓得浑身直打战,连忙起身,跪下答道,"很……很……重,很重……"

"起来吧!"张让说,"平常,你的眼睛是最怕风吹,只要天一起风,你就泪流不止吧!怎么今天你就没有流泪?天本来就没有起风嘛!"

"是的,平日小的眼睛很怕风,很怕风。今日小的没有流泪,一点也没有流。今日无风,今日确实无风。"

"他们心里有鬼,你没有,是吧!"

"是的,是的,小的心中没有鬼,确实没有鬼。"

第二日,张让正准备出门,就听到有人敲门。张让打开门,见外面站着左冯翊相。

"在下特意来给常侍祝安,顺便给常侍送来一根金杖子,让它保大人福如东海,权如御皇。"左冯翊相下跪,举起手里的金杖子说。左冯翊相昨晚回去,左想右想不放心,他在无可奈何之下,决定把带来准备进贡给皇上的金手杖送给张让。

张让一见金杖做得很精致,爱不释手,心花怒放起来。

从此,左冯翊相与张让交往越来越密切。他经常来拜见张让,向张让送钱献

国学经典文库

后妃宦官大传

·淫乱宫闱的恶宦·

图文珍藏版

礼。

不光是左冯翊相,自从张让监斩董萌之后,来张让家拜访的郡守国相络绎不绝。这些贪生怕死之徒,知道张让、曹节把持朝政,敢不巴结?特别是那些在刑场被西北风吹出眼泪的官吏,更是不敢怠慢了,如哈巴狗一样,跟在张让屁股后面,尾巴摇摆不停。

熹平元年(公元172年)六月的一天早晨。

张让休沐在家,尚书张恭来看他,张恭是他在宫中的"铁把子"。

"张常侍可知曹节弟弟曹破石逼奸营吏妻子致死之事?"张恭问。

"听说了,不知详情?"张让知道这件事,但他装着饶有兴致地听张恭做介绍。

正聊着,赵忠派人来报,说窦太后归西了。

窦太后唯独的一个臂助黄门令董萌被张让杀了后,张让与曹节一起更变本加厉地迫害窦太后,陷她于更加孤立无援境地,她过度抑郁,怏怏成疾,促丧开年,愤恨而死。

张恭一听此事,便起身告辞。送走张恭,张让马上进宫。与曹节、王甫等人密商后,指使他人用衣车载着窦太后的遗骸,出置城南市舍。然后,他们还向灵帝进谏,把窦太后贬废以贵人礼殡入殓,不能与桓帝一起合葬宣陵。灵帝下旨,召公卿大臣朝议窦太后入葬之事。宦官们为了达到目的,中常侍赵忠监察朝议。

朝议时,太仆李咸和廷尉陈球的奋力上谏,而且公卿大臣一致反对宦官贬废窦太后。灵帝终于下诏奉窦太后葬于宣陵,追谥为桓思皇后。曹节、张让也只好收口沉默了。

但张让等人并不甘心,更加疯狂地迫害忠良,专擅弄权,朝廷大小之事,一应由宦官们说了算,稍有忤逆,便进行陷害。

窦太后入葬不久,在朱阙下,发现有人偷偷张贴"曹节王甫,幽杀太后,公卿皆尸位苟禄,莫敢忠言,天下当大乱"的标语。宦官们惊慌不已,马上唆使灵帝诏令司隶校尉刘猛严加查缉。刘猛不愿为宦官卖命,故意拖着不办,曹节和王甫到灵帝面前告状说刘猛玩忽职守,有意抗旨,并让灵帝下诏惩处刘猛,把他降为谏议大夫。灵帝就依言照办。之后又把刘猛拘捕投进了监狱。

虽然他们对"党人"及其株连者进行了残酷的迫害和杀戮,但仍心犹不甘,加上偷贴标语之事使宦官们患了"党人"恐惧症。四年以后,宦官又一次进行大规模逮捕杀戮"党人",张让、曹节、王甫等人经过周密策划,召回正在镇压羌族叛乱刚班师回来的护羌校尉、宦官的同党段颎,迫使朝廷任命段接任司隶校尉,并指使段颎派官吏"四处逐捕,及太学游生,系者千余人。"(《后汉书·曹节传》)同时,宦官的爪牙逐日对所逮捕的太学生和仕人进行严刑逼讯,折磨摧残。尽管如此,宦官集团仍不放心,熹平六年(公元176年),永昌太守曹弯上书为"党人"讼冤,竟被宦官掠杀弃市。两次"党锢之祸"前后延续了十多年,使得上千人被无辜迫害,从此,朝廷大权全都掌在了曹节、王甫、张让等宦官的手中。

十三　不惧皇后

光和五年(公元 182 年)。

晚上,毕岚鬼鬼祟祟地钻进了张让的家。

"这四百万,在下赶紧给大人送来,万一再出什么岔子,我就更不好交代了。"毕岚把一包钱放在案子上对张让说。

两次"党锢"之后,宦官集团完全控制了朝廷。他们在政治上得势后,便在经济上疯狂地聚敛,收贿纳赃,中饱私囊,肆无忌惮。张让凭着在宫中的权势,不光敲诈勒索,收受贿赂,而且与赵忠、毕岚等人勾结起来,以朝廷修建为名,大肆侵吞国家财产和盘剥老百姓的血汗。在阿亭道大观台的修建过程中,张让指使监工毕岚通过做黑账,克扣工饷等各种手段,贪污巨额钱款。这次竣工,尚有一千三百万黑款。毕岚送来的就是这笔钱。

"怎么只有四百万,不是说好我和赵常侍各得五百万,剩下的归您呀!"张让说。

"昨夜,何皇后不知怎么得知内情,从中掰去二百万缗。从她的话中,在下感到她抓有我们的把柄,在下又不敢不给。"

张让一听,怒火不打一处来,不由地破口大骂:

"他妈的,她是通过老子才得以做上皇后的,现在过河拆桥,反倒欺负到老子头上了。"

何皇后出生微贱,她父亲何真是南阳的一名屠夫,但资财盈富,常以钱财攀附权贵,博些微名。之后,又与在京师频繁活动的孟佗交往甚密。光和元年(公元178 年),宫中招选采女,何真囊金入都,通过孟佗贿赂张让,指使中官将她充选。但她人掖庭数月,皆独居宫禁,无缘幸遇灵帝。性情刚烈要强的她哪能耐得住如此寂寞,便密遣信使送书给父亲,请何真疏通关节,使她得以被皇帝召幸。何真又用重金私贿张让,在张让的安排下,她很快就如愿了。没想到灵帝一见到她肌肤莹艳,骨肉均匀,身材窈窕,亭亭玉立,面清目秀,妖媚妖娆,美如天仙,十魂就丢了九魂,迫不及待要衾裯使抱,扑上去便高抬御臂,亲手为她除衣。假如是一般的从无经历、尚处深闺的黄花女子,遭到此种情景,早已羞涩得如无魂的小猫,温顺得不知如何才好。即使是久经沙场的云将雨帅,在万人之上的皇帝面前,还不激动得瘫若软泥?可是她镇静异常,含情脉脉地向灵帝送了个媚眼,如一只调皮的小猴一样,溜出灵帝的怀抱,娇滴滴地说她第一次沐浴隆恩,应先为皇上唱首歌。原来,她不光容貌如花似玉,倾国倾城,而且能歌善舞,眉目传神,尤精忸怩作态,撒娇使媚。

从此,灵帝夜夜临幸于她,数度春风之后,她便含苞结种,孕足十月,生一皇子,取名为刘辩,灵帝对她更是喜欢,当即册封她为贵人,宠幸有加。宋皇后遭中常侍王甫等宦官约同大中大夫程阿诬陷,被灵帝下诏废去,收还玺绶,徙居暴室活活幽死,其父亲兄弟并皆被诛已经两年,也就是光和三年(公元 180 年),灵帝下诏,册立

国学经典文库

后妃宦官大传

·淫乱宫闱的恶宦·

图文珍藏版

何贵人为皇后,并封她的哥哥何进为侍中,追封她父亲何真为车骑将军,兼舞阳侯;封她的母亲为舞阳君。从此,她一家人得宠不衰。

"请大人息怒。她截去的,想办法再加倍要回来不就是了。"毕岚一面致歉自己办事不力,一面劝慰张让,最后说。

"毕令官,老子就是咽不下这口气,这个大观台可是本大人奏请皇上恩准修的,她从中吃食,也不嫌肚子疼!"张让说。

毕岚这话不假,何皇后扯张让一根纱,张让会向她要回一匹布。何皇后在宫中要想扎稳身子,还得求张让。她被册封为皇后以后,倍加显赫,何皇后把三公九卿都不放在眼里,她不敢不把张让放在眼里。张让也时常要挟她。他对何皇后入主永安宫后,倍极荣华富贵心里也很不平衡,经常故意使点子来压她。

前一些日子,张让值省,在暗地里做了手脚,夜夜把王美人弄来侍奉灵帝,以此来阻止灵帝召幸何皇后。

东汉时毕岚发明的马钧予

那天,灵帝心情很好,悄悄对张让说,是夜临幸何皇后。

张让来到了永安宫,对何皇后说:

"奴才禀告皇后,今日皇上又要召幸王美人,皇后可得知消息?"

"孤女不知。"何皇后愣了一下,脸色很不好看。

"近来皇上总是召幸王美人啊,皇后可要……"张让脸上的刀疤扭动了一下。

"张大人,孤女进宫时,父亲可是把孤女托付给大人啦,大人可帮帮孤女呀!"

"皇后对奴才恩重如山,令尊在世也对奴才多有嘱咐,奴才才不怕触怒龙颜,前来与皇后报信。"张让说,"依奴才愚见,不如花点钱把掖庭诸内侍打点打点,想法子让皇上到永安宫来。"

"好,张大人,这里的五万缗钱,大人拿去。孤女就拜托大人。"何皇后拿出一包钱递给张让。

"哪能要皇后出钱,奴才尚有些闲钱。奴才为皇后办事,竭尽全力、倾己所有也是心甘情愿的。"

张让假惺惺推辞了一番,就带着何皇后的五万缗钱,走出了永安宫。

何皇后久旱逢甘露,对灵帝百般迎奉,使灵帝辛劳不止。第二天上午,灵帝很晚才上朝。他到朝殿时候,脸色土灰土灰的,阴得都要滴水,他对大殿内满朝文武官员瞟也不瞟一下,懒洋洋地坐到了龙椅上,严声厉色地说:

"众卿家这么火烧火燎催朕,朕现在来了,你们就快快奏来。完了,朕还有事哩。”

“启禀皇上，外族部落扰攘幽并诸州，边疆告急；江夏散兵赵慈，纠众戕杀南阳太守秦颉，造反作乱……外忧内患，十分危急，皇上当速派兵剿灭，不然……”太尉刘宽上奏道。

“此等之事，朕即位十余载，哪年断过？你等三公九卿，掌管朝廷政事，本当妥善处置。却一味禀了上来，难道非让朕事事都要过问，事事都得亲自办理不可？朕既不是三头六臂，也不是铁铸之人，怎么能不睡不歇地整日操劳？”灵帝沉迷酒色、郊猎，几日没有上朝，太尉刘宽、司徒杨赐等人因朝廷重多大事积压在手，焦急万分，今日又是早朝时分已过，灵帝仍未临殿，就差使来催促。可是灵帝却在寝殿拥着何皇后在榻上嬉戏作乐，尚未起床，对刘宽等人的催促一直不予理睬。“朕昨日睡得晚，今日到现在尚未御膳，你等若无大事，今日早朝就到此了，朕腹也饥，体也累，该回去用膳歇息了。”灵帝说着就欲起身。

“微臣再烦扰圣驾片刻，有一急事禀报。”杨赐见灵帝要走，慌不迭地上前奏报，“新简钜鹿太守河内司马直服药自杀。”

“为何？”灵帝漫不经心地问。

“不愿捐助修宫钱，愤而自殁。这是他的遗疏。”杨赐将司马直临终前的奏疏呈上。灵帝为了聚敛，听信张让等宦官谗言，不论朝廷官员，还是各州、郡官吏，升迁调任，皆责令其先去西园缴纳修宫钱，司马直由河内简除到钜鹿任太守，本应缴纳三千万。西园知道司马直素有清名，特对他减价，只让他缴纳三百万，但司马直对此事愤慨不已，坚决不交，怅然道：“为民父母，而反割剥百姓，以应上求，我不忍！”便称身体有疾，拖延不行。朝廷却不放过他，再三催迫，责令他快快交钱到任。无奈，司马直单独乘车而往。路上，他思来想去，愤然缮好遗书，上奏皇上，极谏时弊。同时，也给家人写了遗书，作为诀别。然后，服毒自尽。

灵帝展开奏疏，浏览了一下说：

“此等小事也来搅扰朕？”灵帝斜着眼睛瞟了一下众大臣，停了一下又说，“众爱卿，你们听着，以后诸如此种小事，就不必禀报。今日上朝就到这里，早早散了吧！你们也好回去歇息歇息。”

说着又起身。他突然又想起了什么，愣了一下，又坐了下来，说：

“传旨下去，从今往后，助修宫钱乃暂罢了吧！”话没有落声，灵帝就走出朝殿。从此以后，朝廷改变方法，不再像过去，先任命，之后西园再强收修宫钱，改为大小官吏须先纳资西园，才能被朝廷任命，由过去强逼变为“自愿”。

“皇上，奴才有个建议，不知当奏不当奏。”每当灵帝不高兴时，张让都倍加谨小慎微，唯唯诺诺，并挖空心思来讨好灵帝，让他开心。在从朝殿回永安宫的路上，跟在灵帝身后的张让突然想起那次灵帝在阿亭道休息时，问起有无高处以便观景之事，便小心翼翼地说。

“但奏无妨。”灵帝说。

"回禀皇上,毕圭、灵昆苑,乃天下第一流的苑园,只是美中不足,苑子周围地势无一高处。依奴才愚见,不如在阿亭道筑造一大观台,皇上狩猎累了,既有处休息,又可观看苑内美景,察视群臣在苑里奔马校猎的热闹场面。"张让献媚地说。

"此正合朕意!"灵帝一听,眼睛陡然发亮,精神头猛然就起来,回到宫中,灵帝还在想着筑造高台之事。此时,灵帝心情比在上朝时好多了。他一见那些朝廷大臣心就烦。他觉得还是跟在自己身边的这些宫内宦官比较亲近,有他们在身边,他心里才舒畅,才踏实,他有什么事也喜欢与这些公公们商量。所以他问身边的常侍:

"爱卿,西园生意不好,筑造高台何处出资啊?"

"此乃朝廷之事,当由朝廷出资。"张让说。

"朝廷屡屡加征,百姓已不堪重负,不少地方已经是官逼民反,就是各州郡的官吏也都怨声载道。如今再征钱纳税,弄过分了,恐怕天下要乱的。"中常侍吕强说。

"回皇上。皇上不知,所谓草民造反,是地方官吏的遁词,故意以什么官逼民反这句话来推托他们不愿将财富进贡朝廷。事实上,我东汉大国托圣明皇上的福祉,国泰民安,虽然极少数地方小有匪寇,乃是地方小吏从百姓口中强行夺食所致。与朝廷无关。如今只要禁住地方小吏强行搜刮百姓,就可万事大吉了。如果是皇上下旨,让天下百姓向朝廷进贡上奉,百姓则不但十分乐意,而且还会感到是一种荣耀。皇上不必顾虑。"张让向宋典挤了挤眼,对灵帝说。

"就依爱卿的意思办。"

这就是张让所说阿亭道高台是他奏请灵帝谕准修建的来龙去脉。

"算了,大人不记小人过,大人消消气,早点休息,明日还要侍奉皇上去宣平门参加大观台竣工庆典哩。"毕岚说。

这是一个风和日丽的日子,宣平门外花团锦簇,幡飘旗扬,一个新起的四百余尺高的大观台,矗立阿亭道。朝廷在这里举行盛大的竣工庆典。

灵帝坐在大观台中央,何皇后陪在一旁。几百名皇亲国戚,嫔女妃子、常侍黄门并排站在两边。年纪大的、不善驾骑的公卿大臣陪着灵帝在观台上,多数公卿大臣和京师附近的州吏郡守,身穿甲胄,一副狩猎装饰,骑马驾驴,秉弓持剑,列成方阵。阵中帜旗猎猎,蔚为壮观。今日灵帝不亲自校猎,他要在大观台上观看卿臣们追猎的热闹场面。

在一面大纛导引下,猎骑方阵从宣平门外驰入毕圭苑,绕场一周后,只听一阵激鼓震天,千只奔鹿被放出,于是万马齐奔,东驰西驱,蹄声嗒嗒,尘土遮日。灵帝感到赏心悦目,十分高兴,禁不住站了起来。

"爱卿,此等追猎,规模如何?"灵帝一边翘首张望,一边问张让。

"……"张让正在愣神,没有听到。

"爱卿。"灵帝又轻唤了一声。

毕岚见张让在开小差,就轻轻地碰了他一下。张让回过神来,偏头看着毕岚。

毕岚用眼神示意张让灵帝叫他。

"皇上……"张让吃了一惊,连忙殷勤地把头探向灵帝。

"爱卿在想什么?"灵帝说,"此规模如何?"

"回禀皇上,规模之大,无与伦比。这正是扬圣上之天威,显圣上之天恩。"张让说。今日张让无心观看狩猎这热闹场面,他在大观台上一看见何皇后,心中就有些不高兴。

正在这时,一匹军骑向阿道亭疾驰而来,从马上跳下来一个廷尉,奔上大观台,"扑通"跪在灵帝面前,奏道:

"启禀皇上,王美人突然崩逝。"

"啊!"灵帝大吃一惊,命令道:"快快回宫。"

"此事这么突然,其中定有缘由。"回宫的路上,张让对毕岚说。

"说不定,还能让大人发财哩。"毕岚说。

"可不能乱说,开这种出头玩笑要杀头的。"张让十分紧张地四周环顾。

灵帝直奔东宫,来到王美人身边。王美人已经断气,尸首还未寒透。灵帝悲痛不已,禁不住眼泪潸潸。王美人是前五官中郎王苞孙女,赵国佳人,她姿丽色美,博学多才,能书会画,尤其是与人应对,更是妙语连珠。她入宫才两年,灵帝对她尤为宠爱,时常令她入侍巾栉,鸾颠凤倒。没过多久,她便身怀龙种。灵帝得知她身怀有孕,非常高兴,晋她为美人。但他又怕歹人加害,旨令宫中所有人对王美人的怀孕保密。月初,王美人顺产,生下一皇子,灵帝自然喜欢,当即替皇子取名叫刘协。没想到,这才过去十几天,王美人就丢下皇子走了。

悲痛中,灵帝发现王美人四肢青黑,鼻中流血,血色如紫浆,便知是有人下毒,下令郎中蔡珪严加追查。

宫中被紧张的气氛笼罩着,灵帝下旨,黄门、宫女、甚至常侍、嫔妃,全部宫里人都不准离开皇宫,违者必斩。整个皇宫进不去,出不来,被御林军士把守得铁紧。

然而张让神通广大,这几天屡次出宫,忙碌不停。

这一日,张让一回到了皇宫时。郎中蔡珪就找上门来。

"张大人,在下报告一个情况,昨夜有人向皇上奏谏大人私自出宫。"

"呵,竟然有人告我的黑状。"张让有些惊诧。

"有人把此事与王美人的死放在一起做文章。大人可要小心啊!"蔡珪小声地说。蔡珪是张让的心腹,尽管他负责查验王美人被毒死之案,但他得知信息后,不怕冒泄漏朝廷机密杀头的危险,迫不及待地跑来向张让报告。

对蔡珪投到张让的足下,要从一个灵帝郊猎的故事说起。

灵帝好游,尤喜郊猎。一天,张让侍奉灵帝到上林苑游猎。灵帝在苑中游了不多一会,就兴致索然。

"启禀皇上,何事烦扰,使陛下没有兴致?"张让问。

"没劲,没劲。此苑朕来过无数次了,今日又来,哪来兴致?"

"回陛下，奴才侍奉皇上到永乐苑吧？"张让建议道。

"不！每次出猎都是这几个园苑，里面有几道溪、几条渠朕眼闭着都知道怎么过，有几个兔、几头鹿朕都能叫出号来，让朕如何狩猎？回宫！"路上张让在心里想："发财的机会又来了。"

"是啊，一国之君连游猎都没有去处，这，这太有失我大汉的体统了。陛下何不再修几个苑园？一来陛下以后有个新去处，二来修苑园同置田产家居一样，也是置家业呀！"张让唆使地说。

"朕入宫以来，累年添置家业，如今西园（管理灵帝个人财务的机构）没有钱啊！"灵帝在京师购买了大片田地，又在老家河间国（治乐成，今河北献县东南）也买了万顷良田并修了两座豪宅。西园确实没有钱。虽然他还储蓄了几千万缗，他不敢放在身边，让张让等几个贴心的宦官替他私藏着。但是灵帝舍不得把这些钱拿出来修建苑园了，所以他感叹道。

"皇上还是不想修。只要想修，钱自然就会来的。皇上不但不要自己破费，说不定还会有一点进账。"张让对灵帝家世、嗜好太了解了。灵帝即位前虽是皇室宗亲，但刘氏分支众多，其中只有少数能够富裕贵盛，其余的都是家微底薄。灵帝那时便是一个并不富裕的皇族成员。做了皇帝后，他有聚敛财富的强烈嗜好。为了满足他的这个嗜好，张让时常巧立名目为他敛财。同时，张让也乘机中饱私囊。

"钱如何会自己来？"

"朝廷大司农那里有钱留着干什么用？陛下是一国之君，陛下不用谁来用？皇上何不让大司农向西园贡赋呢？"张让还建议把地方和朝廷的其他财富，诸如珍宝、好马、绸缎都以贡赋的形式，化为灵帝私有。

"这真是个妙法。爱卿怎么想得到的呢？"

"回禀皇上，奴才侍奉皇上，不为皇上想事，是奴才的失职。只要真正地把心思用在为皇上想事上，有什么想不出来的呢？"

"难为你一心为朕着想。你乃如朕之母也。"灵帝十分高兴地说。

灵帝把大量国家财产占为私有后，他生活更加奢侈糜烂，耽情淫乐无度。虽然历代皇上在洛阳城内、郊外侵占大片肥沃土地，大动土木，皇家已有三四十座大殿，但灵帝仍不满足。他下旨修建毕圭、灵昆苑。

张让就向灵帝推荐毕岚来做修建毕圭、灵昆苑的监工。

于是，毕岚监领上千名各类管事和万名工匠，在城南驱赶农民，毁弃良田，圈占大片土地修造游猎场。

毕岚得到这个肥差后，在张让的指使下，利用监工之便，大肆侵吞建造园苑的钱款，然后与张让私分。

皇帝带头奢侈浮华，皇亲国戚、宦官子弟以及官僚豪门纷纷效尤。他们变本加厉搜刮民财，兴建豪华住宅上千万座，都是楼阁相接，雕梁画栋。

光和三年（公元180年）。清晨，灵帝起了个大早。经过三年多修建，毕圭、灵昆苑终于竣工了,今日是灵帝第一次去苑里游猎,他特别兴奋。他一切都准备完毕,就等张让回宫。灵帝首次去新苑游猎,要驾好马,乘新车。两个月前,张让特意派人到匈奴去弄骏马,匈奴骏马早已经运到,昨晚,灵帝派张让出宫准备新车马,可是到现在尚未回宫,灵帝有些着急,站在窗口向外不停地望着。

天气晴朗,但给人的感觉是混沌不清的样子,视线投不到远方。明明是早晨,倒有点像是黄昏的景色。

灵帝踱出寝殿,在花园小径上走着,不停地向宫门处张望。

"张让做事从来都是有板有眼、丁是丁,卯是卯,今日怎么……莫非有什么变故?"灵帝在心里想。他又踱回殿内。

"启禀皇上,夜间不知什么人偷偷在殿里放了一本匿名奏疏。"宫中值省的中常侍高望递上疏书说。

灵帝打开一看,疏书内容是谏奏张让与毕岚合伙贪污毕圭、灵昆苑修建款,此夜在张让家分赃,请皇上快派御林前往,定能人赃俱获。这个疏是昨夜放进寝殿的,可是一直没有被人发现、奏呈,此时灵帝得到它,为时已晚。

匿名奏疏所说之事确是真的。昨日张让把今日灵帝去毕圭、灵昆苑狩猎的车马准备好后,就回枌瑹园看看儿子张珉,突然兴起,便同妻妾猥狎一番。他舍不得放弃那令人销魂的享受,就在枌瑹园住下过夜。早上起床,他正准备返回宫中,毕岚风风火火来了,把张让拦在家里。毕岚特意送来五千万缗钱。

这五千万缗赃款是毕岚贿赂张让的,作为他完成毕圭、灵昆苑监工使命的最后交差。

"奴才万死,奴才来晚了,罪该万死,请皇上处罚奴才。"张让见到钱腿还能走得动?因而耽误了时辰。

"爱卿,昨夜备好马后干什么去啦?"灵帝问。

"回禀皇上,奴才整夜都在忙碌车马,并未做它事。"张让听灵帝这样问,脊背一阵冷汗,心里紧张不已。

"何以证明?"灵帝又问。

"这……这……"张让支吾起来。

"启奏皇上,奴才可以证明,奴才看见张常侍整夜都在马场督导装饰新御车。"这时,一个御驾驭手跪下说。这个人就是蔡珪,没想到蔡珪这一句谎话使自己终生荣华富贵。

"爱卿辛苦了,爱卿把骏马备好就是有功,快快起来,侍奉朕去毕圭、灵昆苑吧!"灵帝听信了蔡珪的话,就笑着对张让说。

"是,皇上万岁,万万岁。"张让磕了三个响头,起身引导灵帝上车。

于是,灵帝在一群公卿大臣、宦官侍从和御林军的簇拥下,浩浩荡荡地向城外驰去。

到了宣平门外,只见两座大花园分置东西,蔚为气派。东边是东毕圭苑,方圆一千五百多步,西边是西毕圭苑方圆三千三百多步。东西两毕圭苑,奇山异水布列其中,飞禽走兽嬉奔于内,水有游鱼,岸有繁花,人入其内,如入仙境一般。

灵帝一时新鲜,数日在毕圭、灵昆苑内狩猎,寻欢作乐,也不上朝,一天中午,灵帝正在苑内特备的御膳殿用膳,中常侍孙璋急匆匆地闯进来,跪下即奏:

"启禀皇上,马,马,那匈奴骏马完了。"

"什么?"

"回皇上,匈奴骏马大都倒了。"

"快快医救!"灵帝也慌了,下令道。

经过多方医救,马大都没能救活,十之有八都折了,少数剩下的也是胃口不佳,骨瘦如柴,有气无力。

皇上没有骏马怎么能行呢?孙璋建议再派使臣去匈奴选马。

"启禀皇上,以奴才愚见,不要再去匈奴选马,一是因为匈奴骏马不适应京师的水土,很难饲养。二是因为花钱太多,当今朝廷本来就捉襟见肘,很不宽绰。据奴才所知,有不少宝马散落各郡国,如果朝廷出告天下,有宝马进贡皇上,当受重赏。何愁没有骏马?"张让说。

"张爱卿的主意好,传旨下去,各州郡速速选马,有宝马进贡者,朕加封官秩六百石。"

这时,张让没有忘了蔡珪,奏荐朝廷,让蔡珪做上了骡骥厩丞,从此,蔡珪直步青云,没过多久就升做郎中。

"蔡郎中,您务必查清是谁在我背后捅刀子,本常侍要他尝尝告黑状的滋味。"张让咬牙切齿地说。

"请大人放心,王美人被害之案不查,也得把此事查清。在下马上就去。"蔡珪说。

"呵,王美人的案子查得如何?"

"回大人,可能与何皇后有干系。"

张让和蔡珪说着,黄门侍郎(官秩六百石,掌侍从左右,给事中,关通中外,及诸王朝见于殿上,引王就坐——注)来报,说灵帝请张让殿内问事。

张让觐见,灵帝问他:

"卿为何违旨,频繁出宫,是为何事?"

"启禀皇上,奴才老父来京师探访,奴才不能不孝,只好屡次回家安顿,奴才该死,请皇上恕罪。"张让说。

王美人遭害那天,张让从阿亭道回到宫中,就听小宦官说管家张顺土派人来报,说张让父亲来了,让张让快回家。

"儿子见过父亲。儿子不知是父亲来到,儿子赔罪!"傍晚,张让溜回到枌瑯园,忙迎了上去向生姜张行礼。

"家无常礼,让子快起。"生姜张喜笑颜开地,"你看我带谁来了?"生姜张身后站着一个四十七八岁的汉子。

"儿子服笨,儿子实在不知。"张让第一眼就看出跟在父亲身后的汉子是远房侄子张向,他小时候的模样还残存在他的音容笑貌上。张向的曾高祖父与张让的曾祖父是堂兄弟。受父母的影响,张向对待张让这个和自己年龄差不多的堂叔也很好,叔侄俩经常在一起玩。但是,张让一直对张向父母和张向没有好感。他很嫉妒他们家,他对他们家住着豪华庄园和过着奢侈生活,而自己家住的是茅草屋,过的是一般的日子很不是滋味。有一次,张向父亲给张向一文零钱,张让想把它占为己有,于是俩人就嬉戏打闹起来。张向没注意,一脚踢到了张让的手指上,十指连心,张让十分疼痛,当即翻脸,抬脚还击张向,张向灵活地躲开了。但张让并不甘心,他一直想讨回这踢伤手指的"债",只是他长得没有张向壮实,打不过张向。后来,张让就进宫了,没有机会算清这笔账了。尽管四十多年过去了,但张让一见张向,立即就想起他的那一脚,所以,张让故意装着不认识他。

"他是你远房四哥的大儿子,和你小时候在一起玩的你五侄子张向。"张向父亲按照张氏家族同辈排行为老四。张向父母一共生了八个儿子,张向排行第五。

"见过叔叔。"张向跪下给张让行礼。

"快快请起。"张让一肚子生恶,但脸上却浮着笑容,显得很和气、热情,"侄大高于叔啊,哪能受您的礼呢?快快请起。欢迎欢迎。"

晚上,张让让厨子做了二十陶钵山珍海味,诸多都是皇上专用的御菜,生姜张和张向不但没有吃过,而且没有听说过,没有见到过。张让拿出了两银坛子琼浆玉液款待父亲和张向。他这样做有两个目的,一是为了在父亲面前显示他这个儿子很有出息、在宫廷中很荣耀;二是受小时候嫉妒张向家富裕心理的驱使,在张向面前炫耀他的显赫、富有,故意气一气张向。

"父亲,这是东海长生灵芝,这种灵芝生长在东海神鱼背上,只有得道仙人才可百年采一株,极其珍贵,老人家多多用些。"张让对父亲说。

"好的。咂咂,如此好东西,只有朝廷里的公卿才能享受吧!"生姜张听张让说的,仿佛是神话,不是现实,他禁不住地咂叹不止。

"哪能!皇上也只能很长时间尝一次味,公卿们算什么?他们有的恐怕都没有见过哩。"张让得意扬扬地说。

"唉,人说富贵在命,成事在天。这话一点不假,张向你可知道,你叔一出世就不同凡响,如同贵人惊世一般。如今果然印证了。"生姜张品着东海长生灵芝,颇有感叹。

"这是泰山野人心片,大侄子尝尝如何。"张让不愿意听生姜张发表感触。张让在宫中权势显赫以后,广派族中叔侄、子弟、姻亲、宾客于州郡县为官。这种一人得道,鸡犬升天的做法,使张让在族人中威望很高。生姜张也因此受到族人的尊重,他在广阳当县令,虽然官不算大,但族中大小事宜都经常请他到场。

"谢谢叔叔。食了叔叔的好东西,小侄在想,为国尽忠当受俸禄。叔叔与小侄

·淫乱宫闱的恶宦·

图文珍藏版

年岁差不多,可是小侄经年荒废,叔叔却报国功高。小侄当多多向叔叔学习,多为国家尽力做事,叔叔您说是吧!"张向说。

"小让子啊,这次来,一是看看。二是为你五侄张向的事。你四哥、四嫂都已去世了。你知道,四哥家的大侄子比我的年纪还大。他老了,他听说这次察举孝廉,左冯翊相举荐了你五侄张向,就托我来找你,请你在朝廷通通路子,让张向得以被朝廷征用。"生姜张说。张让在宫中成为掌权宦官之一后,几乎把整个家族不论是直系亲属,还是旁支成员大都弄出来做了大官、小官。唯独张向这一支没有一人走进衙门。这是因为张让一直对张向这一支记恨在心,不但不帮忙,而且故意压制他们。在张氏门族中,张向这一旁支由于家境富裕,请教师授学,让子弟读书要比其他支好得多,加上上辈仁慈宽爱的影响,张向兄弟们为人颇讲德行。尤其是张向,遵从孝道,公德高尚,在颍川颇受人称颂、尊敬,在民众中颇有威信。曾多次受地方官吏举荐,但都被张让得知,从中做了手脚,使张向一直未被朝廷征用。这次察举,左冯翊相得知张向人品好,德望高,而且是张让的宗族,当然他不知张让对张向心怀有恨,为了巴结张让,拍张让的马屁,竭力举荐张向。年老的张向大哥见族中他支皆有人做官,本支一个没有,感到有愧于国家,有愧于家族,他想在生前,实现愿望,否则,他觉得死后无颜见先宗。他感到这次张向被举荐是一次机会,万万不可像以往那样,再一次落空。在迫不得已的情况下,送了生姜张五千缗钱,让他带着张向进京找张让帮忙。当时,张向竭力反对,感到这样做有辱气节,也为难张让,还败坏风气。所以他不愿意来京。他这样的态度,让年老的长兄大发雷霆。在张向的眼里,长兄如父,长兄的决定他不敢不从,他只好跟着生姜张来到了枌榆园。

"父亲您老人家来京师玩玩,儿子高兴。"张让十分诚恳地对父亲说。然后转向张向,"你哥哥也是的,你被察举孝廉需要我在朝廷里做什么事,还需要惊动你们九爷专门来我这里当回事说?那把我这个当叔叔的看成什么样的人了!五侄试想,你们九爷悉心栽培叔叔我成人、长出息,不就是为了光耀门族吗?本家族出了人物,是我们全族的光荣,难道这个道理我这个做叔叔的不懂?这件事只要给我来个信儿,我能不尽全力吗?"张让给张向夹了一筷子菜肴,接着说,"五侄才学高深,德行高尚,得到国相的举荐乃五侄的造化。你为全族都争了光,我这个做叔叔的非常高兴,向你贺喜。你放心,只要左冯翊相报到朝廷,剩下的事就包在我身上了,保你得到个好职位。"张让口中这么说,心里在想:"这个左冯翊相,尽他妈的成事不足败事有余。谁不好举荐,偏偏举荐了张向。"

"非常感谢叔叔栽培、关心。有一句话五侄要向叔叔请求,叔叔千万不要为难朝廷选用时公正。如若小侄的才学品德确不如他人,请不要将小侄录用,小侄绝对不会见怪的。"张向说。

"五侄不要见外,此事叔叔一点也不为难。在宫中混了这么多年,这点小事都办不成,那做叔叔的也太无用了。"你他妈的还是那副富人不可一世的口气,也太小看老子了。不要说让你中个孝廉进阶,就是让你当州刺史老子也能办得到,但就看老子肯不肯了。张让在心里恨恨地嘀咕着,面上笑吟吟地对张向说。

第二天,张向回颍川了。生姜张没有走,他还要在枌瑜园过几天,生姜张虽然是七旬老翁,他每一次来都玩得乐不思蜀。张让多次擅自调用宫中御用舞伎来为生姜张取乐,从京城里找来名娼供生姜张淫乐。这一次因王美人遭害,张让也就省这档子事了。

晚上,张让又从宫省中回来了,对父亲说:

"张向确实是被左冯翊相举荐报到朝廷,本来朝廷不准备录用他,儿子费了好大劲才把张向挤进去了。但是被察举为孝廉,朝廷都得收钱。别人由孝廉进阶得五十万缗钱。有儿子在,不让张向出那么多,但老人家回去对四哥家老侄子讲,张向一点不出,哪能行?得出十万缗钱。剩下的由儿子想办法让朝廷减免。不过,老人家要向他们说清楚,免得儿子把事情做了,他们还不知人情。"其实,事实并非如此,这些都是张让胡诌的。张让这一次看在父亲的面子上,不再压制张向。但他又感到不能太便宜了张向,除了让张向还清"债务",还得向他收点费用。张让想:"要知道,如今我的一切行为都是很值钱的。你算我什么人?能让你把我的这个财源白白地'浪费'啦?"

"是的,他们也该知足了,朝廷收这点款子你还给他减免了五分之四,如果没有你在宫中帮忙,交给朝廷的不算,他举荐得找人通路子,录用也找人通路子,哪一关送礼花出去的数目也会比这更大哩。我回去跟他们说,这一点无论如何得出。"生姜张说。

张让沉默了一会,他灵机一动,就想好了一个加倍收拾张向,以报小时被踢的仇恨的计谋。

"这是实话?"灵帝问。

"回禀皇上,奴才说的句句都是实话。尚书张恭可以证明。"张让磕头说,"皇上可以传张恭来问。"

张让去找张恭,真正的意图就是让张恭来为他实施这个计谋的。于是,他对张恭说:

"我这个侄子想由孝廉进阶,但他生性狂妄,将来到了官场要吃亏的。为了煞煞他的傲气,我让他拿出十万缗钱,还要断他一根指头,让他感到做官不易,珍惜自己,该低头时心服口服地低头,该服软时老老实实地服软。不过这事要做得秘密,不要让他知道是我安排的。不然,达不到目的。"

接着,张让又对张恭如此这般地详细作了交代。

过了六七天,张向哥哥倾家荡产地凑足了十万缗钱,逼张向带着来京师找张让。

张让对张向吹嘘了一阵他为了张向被举孝廉费了多少多少劲,找了多少多少人,办成此事是多么多么地难,然后他说:

"这钱是朝廷收的,五侄直接交给朝廷吧!主管收款的是尚书张恭,也是本家,你马上就去交了,以防夜长梦多。"

张向来到张恭处,张恭傲慢十足,带理不答的。张向拿出钱来,张恭命杂役点清,共十万缗,张恭便把脸拉得老长说:

"怎么就这一点啊! 你还想由孝廉进阶? 那把朝廷命官看得太不值钱了。"张恭脸上阴得要渗出水来。

"本人不是买官,本人是被举为孝廉来为朝廷做事,报效国家的。"张向严正地说。

"你报效国家,怎么不为国家多做一些贡献,多交一点钱啊? 想做官竟然还如此吝啬,如此蛮横!"张恭不阴不阳地说。

"把钱退给我,我不做官了!"张向对张恭的态度感到反感。

"大胆! 官由得你想做就做,不想做就不做? 此乃皇上之谕旨,你敢抗旨不成! 退钱办不到!"

"你……你……那又如何?"

"再交四十万缗,少一分也不行。"

"没有,我一分也不交!"张向气愤之极。

"不交可以,把手指给我留下来,我就免收了!"

"无理之徒!"说着,张向转身就走。

"来人,给我把这个狂徒拿下! 严刑侍候!"

于是,一个汉子按着张向的右手,另一个汉子提着刀走上来,对着张向的中指,猛地砍了一刀。随着张向"啊"的一声大叫,一截手指蹦落下来,在地上跳了几跳,躺在地上微微地抽搐着。

张恭冷笑着说:

"哈哈,花一个手指,做上了官,他妈的也太划算了!"

张恭见张向疼得昏了过去,抬起头来说:

"把他关进监狱。"

十四   皇后送礼

太阳斜斜地照了下来,落在北寺监狱的高墙上,滑跌下来,静静地躺在院落的那一边。张向在囚牢里,目光透过栏杆,散落在那遥远阳光上。他关在这里已经第九天了。大哥让他从官为朝廷做事,报效国家。却怎么也没有想到落到这种地步。他不知道现在朝廷究竟是怎么啦,如毒蛇野兽恣意出没的沼泽,无论你怎样做,你都逃脱不了厄运。

正在这个时候,牢门打开了,张让带着几个随从走了进来。

"呵哟——五佫怎么被关在这个地方,我以为五佫从宫中直接回家了。这是怎么回事,谁把五佫关在这种地方,使五佫受大苦了,太……太委屈了。我一点不知道,也不告诉我一声。呃呃,该死的那个张恭,我一定要找他算账,竟然对我五侄无礼,也太不把我放在眼里了。我一定不放过他!"张让一边亲自为张向松绑,一边无比惭愧地说。

"……"张向没有吭声。

"走,快到叔叔家去。今日我一听到五侄被关了起来,马上就来救五侄,叔叔来晚了,让五侄受苦了……他们这样做是为什么?"张让十分自责,一路上不是责备自己,就是责怪张恭。张向肉体和心理都受到很大的打击,一路上也没有说什么。

"朝廷诏书已经下,任命五侄为孟津县令,先到西园去纳资,择日前去赴任吧!五侄还赶上了好时候,皇上下旨不捐助修宫钱,比过去要省多了。"张让说。

"宣张恭进殿,朕有话要问。"灵帝说。

"传尚书张恭进殿。"小黄门蹇硕大声说。

不一会,张恭来到大殿,跪见灵帝。灵帝一问,张恭所说果然与张让刚才说的一致。只是张让和张恭都把他俩合伙敲诈张向并砍掉张向的一个手指的事实隐瞒了。

正在这时,郎中蔡珪匆匆向灵帝禀报:

"启禀皇上,王美人被害之案,卑职查清了。"

"呵,快快奏来。"

"只是卑职不敢。"

"有何不敢,有朕做主,但奏无妨。"

"启奏皇上,王美人乃何皇后所害。"

原来何皇后生性刚烈多忌,入主后宫后,她觉得是天下女流唯她独尊,她十分担心他人夺得皇上对她的宠幸,取她而代之。因此她对宫中嫔妃贵人都百加提防。没想到,自王美人入宫以后,灵帝屡屡召幸,何皇后感到她是个威胁。去年底,何皇后有所风闻王美人身怀龙胎,更为紧张,当即召来张让,吩咐他细查问。何皇后得知消息后,指派心腹陷害王美人。心腹奉命使了许多手段,欲要弄掉王美人肚子里的胎儿。可是,王美人腹中胎儿无论受到何种刺激,却始终安然无恙,好不容易过满十月,不坼不孽,脱离母胎,来到世间。这时,何皇后更是妒火中烧,心神不安,决意要除掉王美人。便趁王美人坐月子,服药调治弱体之机,让心腹内侍,怀揣鸩毒,潜入王美人宫内,觑隙置入药中。王美人再机警,也是防不胜防,到头来还是服毒身亡。

灵帝顿时怒不可遏,召尚书殿议,意欲废去何皇后。

"皇后不好啦,事情败露了!"心腹小黄门刘熠跑来对何皇后说。

"啊!"何皇后这几天眼皮跳得厉害,总感到是个不祥之兆,没想到应验了,尽管她早就想好对策,但此时还是差一点吓破了胆。愣了好大一会才回过神来。

"快快,刘黄门带五千万缗钱去找曹节。何苗,您快去找哥哥何进。赛燕,备黄金五十斤,现款二百万,随我去找张让。"

何皇后来到张让的宿宅。

"张常侍,听说有人诬陷说是孤女派人毒死王美人。孤女可是冤枉啊!这定是居心不良的人觊觎皇后之位,加害于孤女,以取而代之。请张大人一定帮帮孤女啊!"何皇后一见到张让就带着哭腔说。

"奴才没听说嘛,皇后哪来的消息?"张让装着不知情。

"皇后太多心了吧,谁有这么大的胆子,敢在皇后头上动土。"

"张大人,这次孤女可就要靠大人啦,大人不救孤女,孤女只有死路一条了。"说着何皇后就向张让跪了下来。

"大人,这点金子大人做几件用具吧!孤女的事就托付给大人啦!"

张让没有想到,灵帝听完蔡珏奏知王美人遇害经过后,会如此恼怒,他感到事情严重了。既然得到何皇后的好处,他得竭力从中斡旋。

何皇后在这之前,也已贿赂曹节、赵忠等内宫常侍,嘱咐他们代为缓颊,他们也上前为何皇后开脱干系。

一班宦官的如簧之舌,终于使灵帝没有下旨废后。但灵帝并没有完全相信宦官们所说的王美人之死与何皇后没有关系,也没有明说解除对何皇后的处罚。何皇后的心还是在悬着。

晚上,张让正进餐,何皇后又来了,带来铂金二十斤。

"皇上已有转变。等一下我去找董太后,皇上天威再高,也得听母亲的话。董太后与我在西园开张邸舍时,交情很深,她对我深信不疑。不过她最喜欢一样东西:金钱,只要皇后把钱备足,我定保你安然无事。请皇后快快去多多备些钱来。"张让这时不再像过去那样,在何皇后面前一口一声奴才了。

张让说的一点不假,也就是这个"钱"字,才把董太后与张让拴在一起,而且拴得牢不可破。

那年毕圭、灵昆苑修了一半,朝廷就拿不出钱来。

"大司农,快给掖庭令毕岚拨一笔现款,造园要紧。国泰昌盛,此园显矣,岂能怠慢?"灵帝对现有园苑早就游玩得腻味了,盼望着新园早日竣工,他当即旨谕大司农道。

"启禀皇上,郡国上交租赋、算赋、口赋、更赋等大都早已全部拨出了,前方征军也断饷两个月了,军中多次派使来催,目前尚无着落,朝廷入不敷出,实在无余存之款啊!"

"唉,先皇桓帝这个人啊,太不会持家了。入统江山这么多年了,国库还这么穷。没有钱。"灵帝常说桓帝不尚持家,"朕即位后,国库一直空荡荡的。唉,国如此,家也如此,朕想添置些家业,可原来底子太薄,一时又心有余而力不足。现在造园要紧,众爱卿有什么生财妙法,快快奏来。"据《后汉书·宦者·张让赵忠传》记载:"帝本侯家,宿贫,每叹桓帝不能作家居,故聚为私藏。"

"……"大殿一片寂静,无人禀奏。

灵帝连叹三口气。就在这时,张让缓缓地走上前跪下奏道:

"启禀皇上,皇上置办家业,造福于万民,此乃英明之为。皇上不要对此过度殚精竭虑了。其实,钱财就在皇上手中,只是一时想不起来用罢了。"张让说。

"何以见得?快快说来。"灵帝一听,便来了精神。

"禀皇上。陛下请想,天下的财钱多得很,陛下何不敛之以用来造园,把钱散闲在草民手中为何?"张让说。

"以何法敛之。"

"回陛下,世人都想光宗耀祖,做官显名。做官者,为朝廷效忠也。如今朝廷缺钱,让缺官的有钱人把钱敬献朝廷,廷朝以官位奖之。此乃既可满足世人之需,教化世人向上之风,又可弥补朝廷之急需,于国于民皆利,何乐而不为?"

"妙!朕准奏。"

经过一番匆忙的筹备,西园便开张邸舍,卖官鬻爵。

张让一天都在西园里,及时掌握情况。傍晚收市,张让将今日收款数目记牢,径直来到中宫。

"启禀皇上,西园开张大喜,共得八千八百万缗,相当全国半年的贡赋,特禀报。"

"太好啦!常侍快快请起。此事常侍有功,朕要重重地赏你。"灵帝心花怒放。便弯腰扶起跪在面前的张让。

几天后,正当张让向灵帝禀报当日西园买卖情况,传令宦官来报:"禀皇上,董太后觐见。"

灵帝刚要出殿迎接,董太后一阵风已进来了。

"皇上,听说西园有桩好买卖是吗?"董太后问。建宁二年(公元169年),也就是灵帝即位第二年,灵帝把母亲董氏接到京师,进为太后,入住永乐宫。董太后入宫后,尤喜聚积金钱,"嗜钱如命"。朝中宦官大臣为讨她的欢心,常常以金钱贿赂她,她是来者不拒。她听说西园开张邸舍,收入颇丰,就急急地前来分肥。

"回母后,如今国家亏空,只好在西园开张邸舍了。"灵帝回答。

"皇上,我还听说西园的生意很兴隆的呀!"

"开张数日,收入尚好。"

"既然生意兴隆,何不扩大扩大。"

"扩大?现在,关内侯、虎贲、羽林等都已入市了,再扩大,就要把三公九卿也得摆出去了。"

"有何不可?留其何用,不摆出去不但一文不值。反而让一些钻营之徒凭空起了觊觎之心,对它虎视眈眈,有的人甚至为此钩心斗角,扰乱政纲。不如把它也让西园售了出去省心。"

"母后言之有理。"灵帝说,"那么,公卿之职能卖什么价。"

"二千石的官都卖二千万缗,公最少得要一亿,卿要八千万。"董太后说。

后妃宦官大传

·淫乱宫闱的恶宦·

图文珍藏版

"皇上，此乃是好买卖。只是会遭人闲话，不如做得隐蔽一些。"张让道。他想，这些能卖大价钱的官职，在黑市里进行，他更好做手脚，赚得大好处。

灵帝点了点头。便暗令张让吩咐西园，左右私下交易。

董太后不顾妇孺不宜抛头露面之祖训，每天来西园亲自督阵。

在张让和董太后共同操办下，西园对公卿进行黑市买卖。

可是，好几天过去了，除了沛国谯郡的、已故中常侍曹腾的养子曹嵩花了一亿缗买了个太尉，再没有一笔生意。

"常侍，这么大官难道没有人想做？ 他们怎么不来买呢？ 我想，不是众人不知宫有公卿出售吧？ 常侍再去联络联络。"董太后十分着急，便与张让商量。

"回太后，这么多天来，奴才没有少联络，只是这公卿乃是朝廷官员，地方富豪、中小官吏有钱，但他们不敢问津；朝廷中的一些不大不小的官想做又能做，但他们长期在宫中，又没有赚大钱的门路，家底不厚，买不起。所以生意不好。"张让说。

"那怎么办？"

"依奴才的意思，禀请皇上，干脆降价算了。公售价千万，卿售价五百万，这样才有人买。"

"那也太便宜了，比那些品级低的官价钱还要低，能行吗？"董太后有点舍不得。

"只能这样，不然很难卖出去。不过在卖的时候，不必拘泥此定价，随行就市，能多赚点，决不放过。"

"好吧，就依常侍。常侍快快进宫向皇上禀报吧！"

"是"张让当即就回宫去。

大概过了两个时辰，张让就回来了。

"回太后，皇上谕准了。"张让说。

又是一天开始了。一大早，董太后就来到西园，她四处看了看，见园中各项准备都做好了，便放心到霰霞阁坐下，让宫女温了一壶酒，悠然自得地独自斟了起来。西园邸舍新的一天又开张了，不一会便人头攒动，有交钱的，有领印绶票的，有托朝廷熟人的，也有讨价还价的。董太后看着这个热闹的场面，心花怒放。这时，令官来报，说灵帝驾到。张让和董太后连忙出来迎驾。

灵帝走进霰霞阁，见里面堆满了金钱，不由大喜起来，便问杨奇：

"朕比桓帝如何？"

"陛下与桓帝，亦犹虞舜比德唐尧！"杨奇说。

"卿真不愧是杨震子孙啊！"杨奇是杨前朝太尉杨震的后代，他的回答令灵帝十分高兴，于是灵帝称赞道。

说完，灵帝转向董太后和张让：

"此次西园开张邸舍，收获如此之大，母后和张爱卿功不可没，朕要重重奖赏两位。"

"谢谢皇上，皇上万岁，万万岁！"张让跪下说。

"朕觉得,钱不能全都放在西园里。张爱卿辛苦一下,将金钱分开存收藏好。朕想保管一部分,先让朕带一些回宫吧!"灵帝指着那一大堆钱说。

"是。"张让答应道。

董太后和张让就命人将这几日收到的二十亿现金捆好后,交给了宫中太监。

"张爱卿,你把朕的钱送回宫中。"灵帝说。

"是,奴才领旨。"张让又跪下道。

"奴才领旨,嘻嘻,老毛病又犯了。"董太后在一旁掩嘴窃笑,边笑边低声学舌地说。

一直到了下午,张让才从宫中回来。

"常侍怎么在宫中耽误这么久?"董太后问。

张让携着几袋钱款,随灵帝回到宫后,灵帝神神秘秘让张让把钱搬到宫中一个密室,然后亲自和张让一起,将钱分成两千万缗一份,分别交给曹节、张让、赵忠、宋典、张恭、毕岚等众贴心的中常侍,带回他们私宅窖藏着。并反复交代谁保管不好或向外人透露,以杀头论处。张让不愿意如实对太后说,就随便应付一下说道:

"回太后,今日正好侍奉皇上的人手不够,奴才一时没有脱开身。奴才罪该万死,让太后多等了。"

正说着,灵帝的傅母程夫人在一群宫女的前呼后拥下来到了霭霞阁。

一阵寒暄后,程夫人见时机成熟,便说:

"贱妾有一事要请求太后。不知太后愿不愿赐恩予贱妾。"

"什么事,尽管说来。"

"我大姨夫有个世交,是冀州名门世族、几代为朝廷大官,他本人是当今朝廷廷尉的崔烈,如今司徒袁隗因事免官,朝廷欲进崔烈为司徒,只是他实在拿不出一千万来,就求到贱妾了。无奈,贱妾只好厚着脸皮请求太后能否减免一些。"

"姐妹俩不要说这一点小事,就是天大的事,只要我能办得到的,能不办吗? 只是官价是皇上定的,皇上旨意我怎敢违背。"

"贱妾怕太后为难,皇上那里贱妾先已禀报过了,皇上也谕准了。现特来请求太后赐恩。"

"皇上谕批减免多少?"

"皇上有旨,减免一半。"

"那好,就减免一半吧!"

"谢谢太后,贱妾一定让崔烈上任后重重谢太后。"说着,程夫人就把钱拿了出来,当场交清了,领了印绶票,高兴而回。

太阳急急地往地平线下坠去,天色变得灰灰的。一天繁华热闹的西园也冷清下来了。董太后在整理现款时,发现上午本该让灵帝带回宫的一大沓钱拉下了,她很吃惊。她数了数,一千多万缗。

"常侍,皇上把钱拉在这里了,这怎么办。"董太后说。

"有多少?"

"正好一叠,一千万缗。"

"太后意思呢?"

"送给皇上吧!"

"不,那样反而被皇上责怪。"

"那怎么办?"

"依奴才的意思,太后就收着用吧!这样不但不会被皇上感到我们办事太马虎,而且太后还可以获得一点添补,何乐而不为呢?"张让知道,董太后生性贪婪无度。她到宫中,不但学会了享受,而且尤精于聚敛。所以,张让感到,他劝董太后把她儿子的钱私下占为己有她定不会拒绝的。

"那那……万一皇上知道了……"董太后假模假样地说。

"太后不必担心,皇上不会知道的,皇上现在钱多得很,他也搞不清究竟有多少,拉下他也不知道。"

"那么……"太后欲言又止。停了一会,她又说,"常侍,这么多,咱俩分一分吧!"

"谢谢太后的宏恩。不过,这一次就别分了。只要太后把钱收了,奴才也就不会受皇上的责罚了,奴才就跟着沾光了。奴才感谢还来不及哩,怎敢与太后分钱呢?"

"那好吧,以后我不会亏待你的。"董太后很明白张让话里的意思,"这一次就别分了",那么必然就有下一次了,看来张让心中一定会有在西园赚一笔的好点子。董太后觉得,只要她敢把这笔钱收了,张让就敢对她把心里的话说出来,好计献上来。

"奴才谢谢太后。"张让见董太后满脸兴奋地把钱收起来,心中不由地鄙夷起来,骂了一句"这个钱迷心窍,嗜钱超过性命的老狗,永无腻足的时候,钱再多也不嫌烫手,只要有钱往私囊里装,就喜笑颜开,真他妈的不要脸。"其实,这一叠钱是张让有意识丢下的,其目的一是为了讨好董太后,二是为了下一步与她合伙贪污做个开场白。他早就对西园开张邸舍,财富滚滚涌来垂涎三尺,心里痒痒,只是有董太后这个老狗把持着,不好下手。于是,为此,他就想好了这个点子,向董太后抛下了这个饵子,果然不出他所料,董太后一口就把饵子咬住了,而且咬得铁紧,让她松她也不会松口。

第二天,西园仍旧是那般热闹。董太后照例在霰霞阁坐镇。快到中午了,她眼睛突然一亮,发现在这拥挤的人群当中,张让悄悄领着一个五大三粗的汉子在艰难地穿行,向霰霞阁挤来。到门口,张让让那个汉子站在门外等一下。便进门向董太后施礼,说:"启禀太后,又来了一个大买主。"

"快快告诉我,他要买公还是卿?"尽管董太后视线从老远处就捕捉到张让领着的汉子,并一直跟着他们向霰霞阁移动,但听到张让的禀报,她的眼睛又猛然透出了更加晶莹的光,笑着问。

"回太后,他想买个最大的。"张让说。

"那是再好不过,让他进来交钱吧!"董太后更来精神了。

"我跟他说,现在公的位置已经没有了。"

"为何?"董太后收起了笑容。

张让走到董太后身边,对她如此这般地耳语。说着说着,董太后的脸由冷转温,由温转微笑,由微笑转笑容满面。听完了,她亲昵地乜了张让一眼,说:

"真有你的,这个饵子放得好! 快快让他进来,他今日不出三千万缗就别想出门。"

"向太后问安。祝太后千岁。"汉子跪下施礼。

"免礼。"

"谢太后,这是草民的一点心意,请太后笑纳。"汉子起身后,便双手捧着一个红包献了上来。

"别客气。听张常侍说,你有为朝廷孝力之心。"董太后笑容可掬地说。

"回太后,草民之家自曾高祖以来几代富盈,可是一直与官无缘。草民自懂事以来做梦都想当官,只是一直没能如愿。如今皇上英明,在西园开张邸舍,总算成全了草民。刚才草民花了四百万买了个四百石官阶,心中不甚之喜。草民正要离开西园回家大庆特庆一番时,便有好心人悄悄对草民说,西园还有公卿之职可售。在草民请求下,他导引草民找到了张常侍。张常侍说公卿已售完了,要真想得之,便要太后向皇上通融。因此,草民特来拜见太后,请太后恩赐草民,就让小民如愿吧!"

"你有报效朝廷之心,本该褒奖。只是这公卿之阶,乃朝廷栋梁,为无价之宝,是不能在西园邸舍这个地方以钱使然可以获得的,倒不是售完了。如你确有此心也有此能耐,太后我倒是可以向皇上举荐。不过,太后我知道你有此心,又如何能知道你胸怀大才显能呢?"

"草民有使私家富盈淌银之奇才,就有使国家富盈流金之本领。太后如能向皇上举荐,草民一定重重谢恩。"

"何以证明你家里富裕到了盈金淌银的程度呢?"

"皇上现在正在修毕圭、灵昆苑,草民愿出一千万缗。"

"区区一千万缗,哈哈哈……"董太后故意轻蔑地笑着。

"那两千万。"

"才两千万,就说明你的家里富得淌银啦? 我看连冒油都算不上。"董太后摇着头,仍然不屑一顾。

"那那那,那我就出三千万。"汉子咬着牙,也不再一口一个"草民"了,把"我"字音咬得很重。

"大东汉的皇上,岂能看得上你这么三千万缗的小钱。前不久,边疆战事吃紧,前方军饷不够,朝廷一时凑不出现钱来,皇上让西园一下子就捐款五千万缗。这个数目在皇上来说,只是牛身上的一根毛。皇上修毕圭、灵昆苑,你仅出三千万缗,毛毛雨,不如不要,省得担了个名。再说,这么小的数目,我也不好向皇上开口为你举荐呀!"

"三千……一百万。"

"……"董太后故作镇静地,默默作声。

"三……三千二百万。"

"三……三……三……三千五百万。"汉子满头大汗。

"……"董太后已心动了,但张让向她使了个眼色,她话到嘴边吞了回去。

"他妈的,老子豁出去了,四千万缗! 太后,怎么样!"汉子眼睛都急红了,直瞪着董太后说,他心里想:"你他妈的也太宰了,这个数已经让老子倾家荡产五次了。"

"这也太少了,我看你心诚,少就少一点吧! 好吧,你就交钱吧!"其实,董太后心里很激动,这个数目太让她心跳了。

董太后和张让一起点数着汉子交来的四千万钱,心里高兴得不得了。点好了,张让将一千万作为一墩,把另外三千万作为一墩放好。指三千万那一墩对董太后说:

"这是太后用心血赚来的,应该归太后所得。那个'公'的官职按价也只值那一墩的价,把它卖出去了,就是功劳。太后您就把这三千万装起来吧,给了西园也白给了。"

"嘻嘻嘻,常侍言之有理。您我辛辛苦苦的,也不能白为西园干。"太后喜笑颜开地说着,把三千万平均分成两墩,把一墩往张让跟前轻轻地推了推说,"没有常侍上下张罗,也赚不来它。这个就归常侍了。"

"不,太后的功劳比我大,奴才为太后效劳理所当然,奴才拿一个整数吧!"张让从董太后推来的那一墩钱上抽出五百万放回董太后面前那一墩上面说。

"好吧! 这样就委屈常侍了。"董太后顺水推舟地说。

"谢谢太后的恩典。"

从此以后,张让就和董太后合伙,大肆贪污西园出卖朝廷官爵的钱财。没有不透风的墙。西园其他一些人渐渐发现了董太后和张让的所为,便私下效尤,从而使西园开张邸舍的钱三分之二进了这帮经办人的腰包。

这一日,朝议大殿不像以往那般冷清,一大早就有公卿大臣、高官大吏纷纷拥入。原来朝廷在这里举行盛大的封拜仪式。

"西园开张邸舍"以来,卖出的官爵达数百,今日就是对他们进行正式加封。此时,他们既激动,又有些焦急,神采飞扬地翘首张望,等待着灵帝亲临。

"皇上驾到!"

闹哄哄的大殿一下静了下来,众人全都伏身下跪。

好大一会过去了,灵帝才在众多黄门常侍、皇亲国戚的簇拥下,来到大殿。于

是,大殿里响起了如雷鸣般的呼号:

"皇上万岁,万万岁!"

"众爱卿免礼。"灵帝在龙椅上坐下说。

一阵吹号鸣金,仪式开始。

灵帝环视了这个百官集会的大场面,心情有些激动。他看了看右边将被加封的新官,想到了西园的官市,他把视线落在不再佩戴廷尉绶带的崔烈身上,想起西园只以五百万缣就把司徒之职卖给了他。灵帝禁不住感叹起来,对站在他左右身旁的张让、赵忠和董太后等人说:

"悔不少斩诏命,若昂价求沽,定可以赚他一千万。"

"皇上不知,崔公是冀州名士,岂肯买官? 他的司徒之职是通过我而得来的,难道皇上尚嫌不足吗?"程夫人听了灵帝的话,不高兴起来,他是灵帝的傅母,便以质问的口气说。

灵帝听了,不由笑了起来。

封拜大典结束后,灵帝直接去了西园,这次他没有去园圃署,他要看看西园邸舍的官市生意情况。

这里已不是昔日那种熙熙攘攘的景象了,除了那面标着官价的大黄幡旗在有气无力地飘荡外,冷冷清清的,见不到几个人。

"哎,如今官爵都卖不动,还有什么能卖得出去。毕圭、灵昆苑尚未修好,朕何来财源啊!"灵帝叹息着。

西园官市生意不好,灵帝着急,还有人比灵帝更着急,那就是董太后和张让。没有人买官,他们就没有赚头。张让有两处私宅苑圃正在施工,没有大的进项,他拿什么去建比当今皇宫还要富丽豪华的私苑呢?

"皇上不要着急。如今不是官爵卖不动,是想做官的,全都买到了官,想授爵的,也把爵买到手,还有谁买官购爵呢? 但是既然当官了,有了爵,就不可能不升迁,也不可能不调动。他们要想往上爬,要想调动到好地方,做个肥差,应该向西园加缴钱款。皇上,这可是一笔不少的收入啊,修建毕圭、灵昆苑何愁再无财源?"张让献计说。

"此计甚好,张常侍乃朕之父也。"灵帝很感激地说。

从此,"刺史、二千石及茂材孝廉迁除,皆责助军修宫钱,大郡至二、三千万,余各有差。当之,皆先至西园谐价,然后得去。有钱不毕者,或至自杀。其守清者,乞不之官,皆迫遣之。"(《后汉书·宦官列传·张让传》)

这样,董太后和张让又有了新的财源。

董太后得了重金,加上张让说情,便使出浑身解数,为何皇后开脱干系,结果用一个宫中女官作替罪羊,才使得何皇后保住了后宫之主的地位。从那以后,何皇后与张让等内宫宦官抱成一团,从而得以使她在皇后位置上越来越稳固,越来越不可动摇。只是灵帝虽然听信了宦官和董太后的谗言,不再追究何皇后了,但他对王美人思念尤甚,灵帝身为天子,虽然不能庇护一个妇人,但从此以后对于亲子刘协的安全,却十分提防。

"爱卿,朕的爱妃他们都敢杀,岂会放过皇子刘协,寄居在何处才能安全?"灵帝问张让。

"请董太后抚养,刘协有董太后保护,歹人才无法下手,得以免遭暗算,安然无恙。"张让说。

张让这个主意,刘协再安全不过了。

王美人死后,灵帝很久没有临幸永安宫。何皇后终日心神不定,为了笼络灵帝,何皇后把姨侄女舞赛燕献给了灵帝。

中平二年(公元185年)二月。灵帝封赛燕为美人,当夜,在何皇后的安排下,灵帝再次幸得双宫。

深夜,正当灵帝与舞赛燕翻云覆雨之时,南边的天火红火红,映得黑夜如白昼一般。

"皇上,你看,天起红霞了。"何皇后摇了摇灵帝说。

"真是,此壮观天相,是何吉兆?"灵帝昂着头说。

"天出奇相,莫不是上天又要降龙子与奴婢。皇上,快与奴婢尽兴吧!"舞美人在下面说。

"好,好,好。"灵帝不再理会那黑夜起红霞的美景,继续忙碌起来。原来他们不知,那南方通红之光,不是什么霞光,而是南官云台忽然失火。一直烧了半个多月,才火尽烟消,灵帝痛心疾首。

第二日朝议,中常侍韩悝起奏:

"启禀皇上,昨夜河南尹急疏呈告,洛阳一女子生出一个婴儿,两头四臂,似人非人。"

"竟有此事?"灵帝惊诧地问。"此乃何兆?"

"此乃民间怪事,皇上当作趣闻听听罢了。"赵忠说。

"不,微臣觉得,此乃天示之兆。微臣认为,这是内竖乱政之证,愿陛下扫灭丑类,以答天怒!"郎中审忠抢上前去奏道。

"怎么凭此就认为是内臣之过啊!"灵帝问。

"奴才愚见,郎中审忠之奏,皇上当为重视,古人说人不可畏,天乃可畏;人可不从,天不可违。今日洛阳怪婴出世,前日南官云台无故失火,此番种种说明定有邪气天灾,故以发生此怪事而警示,当速按天意有所之为,以消天灾。"郎中刘焉说。

"二位大人言之偏颇,洛阳出怪,云台失火,当然是天降灾异,此乃非某人不端而能引起,只因遇邪遭秽,避之不当所致。我朝当以避为上,何以栽害他人?"张让一步上前,跪下禀奏。

"爱卿言之有理,"灵帝对内宫这些侍臣有一种天生亲近感,他感到张让之言比审忠、刘焉二人的话悦耳,便正了正身子,和颜悦色地问:

"爱卿,如何避灾?"

"回皇上,有方士说,铜人是镇地之宝,黄钟能避邪祸,蛤蟆能够除污秽。奴才愚见,朝廷铸此三个宝物于京城,定能保我东汉平安。"张让说。

审忠刚要奏言,被灵帝制止住了,灵帝说:

"你就不要再说了,铸造之事,朕觉得两位常侍言之有理,予准奏。朕决定铸铜人四具,分置苍龙玄武门外;制黄钟四架,分悬云台殿中;再用铜灌成天禄蛤蟆四只,置平门左右,你们觉得如何?"

"皇上英明,皇上万岁,万万岁。"众官回答。

"皇上不可,如今国势愈衰,边疆情势正吃紧,朝廷拖欠边军军饷已有半年多了,铸造铜物已是国家无力之为了,为何又要兴工造殿,难道要把祖宗传下来的基业葬送了不成。"郎中刘焉谏奏道。

"爱卿何出此言。被大火毁去诸殿,乃上几朝先帝建成的,难道在朕手上把它丢了?叫朕何以见祖宗。重造诸殿,就是为了把祖宗传下来的基业传下去,何以是葬送它呢?"灵帝说。

"可奈国库告罄,以何来造?"

"这个——"灵帝哑然。

"奴才倒有'二法'为规复诸殿筹措财物。"张让说。

"哪二法,快快奏来。"灵帝催促着。

"回禀皇上,奴才觉得,我东汉地域广大,田亩广巨,亩税稍增一毫,对百姓私家来说是不及毛梢之微,不关痛痒,对我朝廷来说,则是滴水汇海,可办大事,此乃一法。据奴才所知,并州材木遍野而无用,河东有文石而弃之荒野,何不令郡部运送来京城,给皇上造殿铸宝呢? 此乃二法……"张让说。

"此乃好主意,朕准奏。"灵帝满脸笑容地说,"众爱卿,铸造铜宝和复修诸殿,选何吉日开工为好。"灵帝问。

"回皇上,标楔! 据徐天麟撰写的《东汉会要》71 页记载:三月上巳,官民皆洁于东流水上,洗濯被除去宿垢痰为大洁。"赵忠掐着指头算了算,然后回答说。

"众爱卿,你们看由哪位来做监工啊?"灵帝问。

赵忠看了看张让,张让也把视线向赵忠投了过来,微微地晃了晃头,就把视线移开了。赵忠似明白非明白,说:"启禀皇上,铸造铜宝和复修诸殿之事非同小可,此事监工,就要找一个像毕岚那样精通修建一样通晓铸造的人来为皇上监管,当慎重择选为是。"赵忠话没有说完,张让马上拦住了他的话头,接过来说:

"铸造和修建有什么不同?"赵忠在心里想。张让话没有明说,但意思很明显,他是反对毕岚做监工的,赵忠懵住了。赵忠知道,前几次皇家修苑建殿,毕岚做监工,张让从毕岚手中得到的好处是最多的,没想到张让会反对毕岚来做监工。

过了几天,张让在从朝殿回宿宅的路上,被宋典拦住了。一阵寒暄后,宋典就把话头引到了皇上御准的铸造铜宝和重修诸殿之事上。

"张大人的奏言,真是为我大汉社稷着想啊,在下对张大人心系国家的责任感和崇高精神钦佩不已。"宋典说。

"宋常侍过奖了。"

"张大人,在下倒觉得这是一个大好机会!"宋典笑了笑说。

"机会?什么机会?"张让懵住了。

"皇上御准铸造宝物,筹集钱款。以铜铸宝,就可广征天下之铜。而我朝的钱也是铜造。有了铜,不就等于啊……我保管大人更加富贵,子子孙孙,福禄熏天。大人,这不是一个机会吗?"

"铸造铜宝,保佑国家兴旺发达,岂能中饱私囊?"张让说。

"大人岂不知,铸造几个铜物,就能使国家兴旺发达,那是为了上哄着皇上高兴和下剥草民钱财罢了,大人我没有说错吧!"宋典说,"在下还有一个主意,我们以铸宝之名,将天下的铜收集起来,然后奏请皇上下旨改革铜钱。到那时,皇上也没有大人富,啊……哈哈……"

"宋常侍在此等在下,有何急事?"张让问。

"张大人是我们宫中内臣的主心骨,大人荣,我等荣;大人辱,我等也辱。我自入宫起,就视大人为再生之父。有言则吐,有事则商。"稍停了一下,宋典试探着说,"张大人,皇上御旨,重造南官云台诸殿,铸造铜宝不日开工,你看这监工……"

在皇上面前,赵忠提议毕岚,却被张让把话头拦回去了,宋典对此看在眼里。正是因此,宋典特意来找张让,想请张让帮忙让他能得到这个美差。

"宋常侍,你看何人合适?"张让反问道。

"只是这监工不能让那些公卿大臣们去做。得让我等宫省内臣来做,不然,肥水不是流到了别人的田里去吗?"

"呵——还有这等奥妙。"

"如果这次铸造让在下来监管,保管大人福禄不尽,富上加富!"宋典向张让身边靠了靠近,"请张常侍在皇上面前多多美言,在下定会加倍感激!"

"宋常侍放心,在下一定竭尽全力保荐大人。"张让拍着胸膛说,"我们这些皇上的内臣,自己人不为自己人说话,还有谁为我等说话?何况常侍大人与在下的关系是最最铁的哩。"

"万谢张大人,在下告辞了。"

张让前脚跨入宿宅,赵忠后脚跟到。

"张大人为何不同意让毕岚做铸造修殿的监工呢?难道毕岚那小子最近对大人有冒犯之举?"赵忠直截了当地问张让。

"非也!"张让说。

"难道有谁抓到了他的什么辫子"

"是的。"

"谁?"

"主子后面的！"

"那个姓何的婆娘？"

"是的"。说着，张让不由地想起一件事。

灵帝召众公大臣朝议重修诸殿和铸造铜宝的第三天，一大早，就去了西园。

灵帝在园圃肆中主肆，生意清淡，闲暇无聊时，灵帝东看看西望望，发现园内有一高台，便欲去登台观景。刚上几步，张让便超过去，拦住了灵帝，跪下说：

"皇上乃万民之君，不宜登高。"

"为何？"灵帝问。

"登高恐百姓乖离。"赵忠说。

其实，张让、赵忠等人用贪污朝廷的钱建造了诸多宅第私苑，而且造得极其豪华，侈拟皇宫，西园围墙外不远处就有他们的新造的私宅，张让担心灵帝发现，才阻止灵帝登高远望。

"爱卿言之有理，朕乃舟，百姓乃水。舟必行水上，岂能与之乖离？"灵帝说着，遂不敢登台，转身往下走，"爱卿，还有什么好乐处？今日肆中生意清淡，朕今日没有尽兴，想去他处取乐。"

"回禀皇上，并州送来十匹纯白神驴，堪称稀世之宝，皇上可去一驾？"

皇帝生性喜欢驾用驴马，这些年来，"于是公卿、贵族转相放（仿）效，至乘辎軿以为骑从，互相侵夺，（驴）贾与马齐。"（《后汉书·五行纪》）驴价也卖到二百万。

"好，此乃有趣！"灵帝一听，兴奋万分，当即丢下商肆，去看神驴，果然不同凡响。他哪能按捺得住，"……于宫中西园驾四白驴，躬自操辔，驱驰周旋，以为大乐。"

灵帝一直玩乐到下午，虽精疲力竭，但痛快无比。回到宫中，余兴未尽，便起云欢雨乐之念。灵帝悄悄对张让说，快召何皇后进殿侍寝。

夜幕轻轻地合拢了，天色朦胧，永安宫灯火通明。张让走进永安宫，何皇后正与一群宫中舞伎在翩翩起舞，兴致正浓。本来她领着侍奉她的宫女们跳舞取乐，但宫女们舞技与她相比相差甚远，不能与她相协调，她就让掖庭总管将宫中舞伎叫来，为她伴舞。

张让此时站在那里犹豫不决，进退两难。他欲去打断她跳舞，又怕败了她的兴致，惹她不高兴。他若不去打断她，却不知道她跳到何时才歇。如果让灵帝等久了，圣上发怒，他可吃罪不起。张让心里正矛盾的时候，何皇后看见了他，便向他投来了娇艳一瞥，然后转舞如飞。张让看着，她的舞姿确实很优美，那些专门经过培训，以舞为业的艺伎却比她略逊一筹。

丝竹之声刚停，何皇后尚未站稳脚，张让就走了上去，将灵帝召幸她的旨意告诉了她。她不由地喜上眉梢，心里急猴猴地欲去侍候灵帝。但她很快就控制住神情，装出一副无所谓的样子，对张让抿口一笑，说：

"今晚孤女跳舞太累了，孤女实无运气陪伴皇上。请常侍在皇上面前为孤女开脱开脱吧！"

"奴才跪下给皇后磕头，如皇后不去皇上寝宫，奴才实难交差。今日早上奴才已遇不顺，正怕皇上怪罪，现在皇上钦派奴才办这等大事，奴才又不能办成，那奴才只有死路一条了。请皇后饶了奴才吧，委屈贵体前去应付，奴才这就去为皇后寻找解乏祛急的灵丹妙药。"张让跪下磕头说。然后转过身来，对跟随在自己身后的小太监说："快去穆太医那里把我让他准备的激灵神丹给皇后取来。"这激灵神丹极其珍贵，是专为灵帝准备的。

"呵——张常侍早上遇到什么不顺之事啦，怎么受到皇上的责怪？"皇后问。

"皇上欲修复南宫云台失火烧毁的诸殿，奴才为圣上设法加征天下亩税。可是诏书刚颁发郡国，乐安太守陆康上疏皇上，说什么春秋时代，鲁宣税亩，即生蟓灾；哀公增赋，孔子以为非理，怎可聚夺民物，妄兴土木，违弃圣训，自蹈危亡？皇上阅后，尚未批答，奴才心里正七上八下的。"

"常侍不是与毕岚、赵忠等已经商量好对策了吗？怎么还放心不下呢？"

"这个婆娘消息真灵啊！"张让一听何皇后这样说，就知道昨天的事对她隐瞒已经无用了，就只好说："毕岚、赵忠二人也怕连累，风风火火来找我，可是他俩坐了一会，吱吱唔唔地又没说出个所以然来。"

"毕岚前几年当监工……"说到这，何皇后把视线移到张让的眼睛上，直逼着张让的视线不说话了。停了一会，她问了句："我还听说，他和你很铁。这个说法是真是假？"

"回禀皇后，毕岚和我关系是很好。"

正说着，小太监匆匆地进来说："回常侍，激灵神丹取来了。"

"禀皇后，奴才把激灵神丹弄来了，就请屈劳皇后尊贵前往寝殿，奴才感恩不尽。奴才害怕皇上等急了，请皇后救救奴才吧！"张让又磕头不止。

"好吧，看在常侍对皇上一片耿耿忠心，孤女也不为难常侍了。这样吧，就让赛燕去侍寝，皇上对赛燕的美貌惊叹不已，今晚她去比孤女去侍寝圣体，皇上更开心。孤女刚刚跳完舞，一身湿汗，这样去侍奉皇上，皇上会不高兴的，到时恐怕还要连累了常侍。"何皇后说。

"奴才磕谢皇后了。"张让听何皇后如此说，也就不再央求她了。他眼睛在何皇后身上睃了一下，转身对跟随的小太监说：

"快快快，快为赛佳人准备，马上入殿。"

"……"何皇后在赛燕的耳边小声地说几句什么，赛燕点了点头，笑嘻嘻地除衣沐浴，不一会就如一朵出水芙蓉一样的娇嫩，上了御车。

"哎哟，常侍，婢女走得太急，贱体忘了熏香，这样怎能去见皇上呢？"马车刚走出永安宫门，赛燕带着哭腔对张让说。

"算了吧，没有熏香就没有熏香吧，皇上已经等久了，再晚了，万一龙颜大怒，你我就要掉脑袋的。"张让说。

"不行,常侍,婢女沐浴皇恩时间不长,婢女不想从此就让皇上生恶了,今晚就是砍掉我婢女的头,婢女也要回去熏香,不然婢女就是到了寝殿,也不下这辆车。"赛燕说。

"好吧好吧,快快掉头,让赛美人回去熏香,快快,快快快!"张让很不耐烦。

等赛燕熏过香后,张让急匆匆地带着赛燕来到灵帝的寝殿,值殿官指张让猛吼道:

"将欺君之徒给我拿下。"

于是,手执兵器的虎贲一拥而上,将张让围住。张让未等虎贲近身,就被吓瘫在地。

"肯定是让我请皇后请不来,灵帝龙颜大怒了,这一下完了!"张让想着,两腿一软,身体顺着紧闭着的殿门瘫在了地上,头往下一耷拉,"嘭"的一声,撞在了寝殿的门上。

正当张让瘫在地上心灰意冷的时候,听到殿内有女人嬉嬉发嗲,轻声荡笑,张让不由地将耳朵竖了起来,贴着殿门,只听殿内那女人娇声颤气地说:"嗯——皇上,皇上可好……皇上不要停……让孤妾好好侍奉皇上,嗯——皇上……皇上一定要好好奖赏张常侍,孤妾能来侍奉皇上……都是张常侍的功劳。张让听着像是何皇后的声音。"

"嗯——皇上,今日为了皇上高兴,张常侍还把赛燕给皇上接来了,皇上,嘻嘻,皇上就让赛燕与孤妾一起来侍奉皇上吧!"殿内飘来何皇后夹杂在喘息声中的嗲声嗲语,接下来,好像是何皇后在叫殿内贴身侍女。不一会,从殿里走出一个宫女,对值殿官轻声地说了几句什么。值殿官正了正身子,用清亮的声音喊道:"张常侍,快把赛美人送进来,皇上正等着哩!"

张让一时被这里发生的一切搞懵了,不知如何是好,值殿官却笑嘻嘻地对张让重复了一下:

"张常侍,皇后让你带赛美人进殿内去,快呀!"

张让胆战心惊地领着赛燕进入殿内,何皇后与灵帝正在颠鸾倒凤。何皇后抬起头来,向张让瞟了个媚眼,然后用眼色示意张让侍奉赛燕入阵。原来,赛燕听何皇后的安排,故意拖延时间。而何皇后却让小太监和宫女们用车从密道抢先来到寝殿。并吩咐值殿官,张让一到,就把张让拿下,听候发落。

"何太后为什么要这样呢? 最近有什么事让她不高兴?"张让脑袋里不停地转着,"肯定会有什么事,不然他不会这样对待我的。这一次她起先推辞,然后又走近道,赶在我们的前面,故意在皇上面前为我说好话,让我亲耳听见,肯定有什么用意……"

"何以见得?"赵忠又问,打断了张让的回忆。

"在下也不知道,在下只是有这种感觉。"张让站了起来说,"赵大人,请别着急,先容在下一些时间,让在下把事情弄明白,再对大人详说。监工之事,也到那时再定夺吧！"

赵忠走后，张让在床上反转辗侧，怎么也睡不着，直到东方快要发白时，才迷迷糊糊地把眼睛合上。躺了一会，他想："要到何皇后那里去探探情况。"张让猛一下子从床上翘了起来，急速地穿衣，然后将毕岚托赵忠送来的那五十万缗钱带上，出了宿宅。

"大白天的，永安宫一定人很多，提着钱恐怕不好。"张让想着，半路上又踅了回来。

这一整天，张让都是昏头昏脑，看什么都出现幻觉，一会是何皇后的影子，一会儿是飘儿的影子。好不容易挨到了天黑，他提着钱来到了永安宫。

"张常侍来得正好，我正要让虞骞到你府去哩。标禊快到了，孤女略备薄礼，祝常侍拒灾揽运，更加发达！"

"奴才磕谢皇后的恩赐！"张让连忙跪下，头如捣蒜。

"免礼，免礼，常侍不要客气。"

"奴才也备一小礼，祝皇后千岁，九千岁！"张让起身道。

"难为常侍时常还想着孤女，什么好礼物，拿来孤女看一看。"何皇后笑嘻嘻地说。

"呈上去，让皇后过目。"张让吩咐身后的随从小太监说。

何皇后打开了包裹一看，是一大沓一大沓的钱。"嘿嘿嘿……"何皇后开心地大笑起来，说："我送给常侍的，和常侍送给我的是一样的东西，怎么，我俩想到一块去了哩。"

张让连忙把何皇后送给他的礼物打开，一看也是钱，也笑了起来。

"奴才多谢皇后！"张让又跪下磕了一阵响头。

"皇上要铸造铜宝和复修诸殿，何日开工？这一次让何人监工？"何皇后问。

"标禊过后即开工。尚不知何人监工。"张让听出来好像何皇后有什么人要来当监工，故他不随便乱说。

"我倒是发现一个再合适不过的人。"

"他是谁，奴才一定向皇上举荐，并有把握把监工这个差事交给他。""毕岚。"何皇后说，"毕岚与您是铁哥儿们，孤女是看在您的面子上，推荐他。您没有出面，孤女跟皇上说，谁还能说闲话？只是他做了监工，不要把孤女忘了就行。"

"是，是，奴才一定转告毕岚，请他加倍报答皇后，请皇后放心。"张让在心里想："你这个狐狸精，昨日他妈的刁难我，原来是为了钱，你他妈的不知得了毕岚那个王八蛋多少钱财。不然你会推荐他做监工？"

张让想的一点也没有想错。昨日赵忠从张让处出来，直接去了毕岚的住处，把张让怕何皇后抓到什么辫子而反对毕岚做铸造铜宝和复修诸殿监工的事告诉了毕岚，毕岚得知消息后，当即带着一千万缗钱，就去贿赂何皇后，何皇后得了钱财，岂能不为毕岚出力之理？

"你们二人在私议何事，如此秘密！"灵帝不声不响地闯进了永安宫。

"微妾该死，微妾失迎了。"何皇后边行礼边说，"怎么没有听到传报，皇上就来了，那些传令官干什么去了！"

"不怪他们，朕故意微服潜入，谁也不知。"灵帝笑着，转过头对张让说，"张爱卿怎么在这，今夜是张卿不值省啊！"

"奴才来给皇后请晚安的。"张让说。

"爱卿正好不走了。朕今日独来，没有带人，你就侍奉朕吧！"

"多谢皇上。"张让没有来得及吭声，何皇后就脸上禁不住绽开了媚笑，抢着说："皇上，先饮酒如何？"

"好，与昨夜一样，嘿嘿，让赛美人也来侍奉朕，好吗？"灵帝脸上堆着笑，走到何皇后身边，一副讨好的样子，小声对何皇后说，"昨日朕没有尽兴，今夜特来尽兴的。"

"是。"

十五　驾空皇上

"换一个。"灵帝斜躺在榻上，看着张让举着一张美女画像，摇摇头说。

张让放下那张美女画，又拿起一张。掖庭召选了二十名采女，这些采女是从达官显贵，名门望族荐献来的众多美女中千挑万选挑选出来的。掖庭把她们的画像全都送来了，让灵帝挑选晚上侍寝者。

"再换一个。"

张让依言，重新举起一张。

"拿她的原身像。"每个采女都有两张画像，一张画的是衣饰讲究、华丽的丰姿，另一张则画的是裸体。

灵帝看着画绢上立着一个根丝不挂、面带微笑，眼睛眯缝得秋波四射的少女，猛地坐了起来，审视了一会，又将身子歪躺了下来。说：

"送回去吧！"

张让让小太监将画像送回掖庭，并嘱咐小太监通知掖庭，那个眯缝眼、颇有姿色、名叫鼙鼙的采女被选中。

"皇上，河南尹有事要奏。"赵忠说。

河南尹已经在外面等半天了。

"让他进来。"

"启奏皇上，洛阳城平城门、上西门等发现白色'甲子'二字。"河南尹奏道。

河南尹已是今天第三个来上奏此事的人。

"又奏此事。爱卿，此是何兆？"灵帝不解，问道。

"'甲子'乃大凶之谶，恐怕京师要有殁灾。"张让说。

灵帝紧张起来,下旨道:

"快宣术士解谶。"

术士来了,也说是殁灾之兆。并说洛阳有剑腥之气,有血刃之事发生。于是,洛阳城里人心慌慌,皇宫里也人心惶惶。

果不其然,没过几天,殁灾就发生了。司隶校尉阳球将皇宫中第二号大宦官、中常侍王甫及两个儿子杀了。

"党锢"之后,曹节和王甫的权势高到了不能再高的程度了,他们趾高气扬,不可一世,把皇族也不放在眼里,想怎么样就怎么样。勃海王刘悝,是桓帝的亲弟弟,桓帝由蠡吾侯入嗣皇位,刘悝袭封为蠡吾侯。后来因质帝生父、勃海王刘鸿身后无子,刘悝就过继给刘鸿,刘鸿去世,刘悝继承父位,得为勃海王。桓帝延熹八年,因歹人陷害刘悝有邪谋,被降为瘿陶王,食秩只有一个县。

汉灵帝

刘悝为了恢复原来的官秩王位,入京找到王甫,请他在皇上面前通融通融,王甫答应办事,并索要谢金五千万缗,刘悝应允事成后按数酬谢。王甫尚未为此事转圜,桓帝驾崩,临终前,桓帝顾念手足亲情,遗诏赐刘悝恢复勃海王和原本食秩。虽然,王甫没有为此事出过一丝一毫的力,但却向刘悝索要那五千万缗谢金,刘悝当然不给。灵帝即位后,王甫竟然指使他人诬陷刘悝企图篡谋皇位,并遣派大鸿胪、宗正、廷尉三官赴勃海国,逼死刘悝,并将刘悝的妃妾十一人、子女十七人、侍女二十四人全部杀死。王甫并不善罢甘休,一味株连,竟然祸及宋皇后。灵帝的第一任皇后是建宁四年(公元170年)选立的执金吾宋酆之女宋氏。刘悝的一个妃子是宋皇后的姑母,王甫杀了刘悝的宋妃后,害怕宋皇后报复,便与大中大夫程阿勾结,捏造宋皇后诅咒皇上,谗言灵帝废后。灵帝听信谗言,将宋皇后打入暴室活活囚死,宋皇后一家全被诛杀。

王甫如此嚣张,是因为他是曹节的一支臂膀,是宦官集团中的第二号人物。

要除其人,先断其臂。张让盘算了好久,决定:报复曹节的第一步,先拆掉王甫。在方法上,自己出谋划策,但不出面,在大臣中间物色打手,让他们去动手。

经过反复挑选,张让选中一个人,那就是阳球。阳球是朝廷的将作大匠,以酷吏著称,心狠手辣,性格暴戾,容易唆使。光和二年(公元179年)的一天,张让请阳球到聚鲤园饮酒。席间,张让大肆吹捧阳球,捧得阳球晕头转向,头脑发热,大话如雷,称张让是他再生父母,甘为张让砍头抹脖。酒过三巡,阳球更是不能控制自己。这时,张让感到时机成熟,便对阳球说,如今宫中王甫一族,一人得道鸡犬升天。大儿子王萌是司隶校尉,二儿子王吉是沛国的国相。王甫这两个儿子仗着父亲的权势,不可一世,竟然不把阳球放在眼里,咒阳球残酷暴戾,不得好报。阳球一听,火

冒三丈,暴跳如雷。张让又阳奉阴违地说:

"阳大人乃是朝廷忠臣,专为国家除暴安良,实乃国家栋梁,为小人所嫉妒在所难免,大人不必生气。来来来,在下再敬阳大匠一樽,压压火,消消气。"说着,张让端起酒一口饮尽。

张让等阳球饮完酒坐下后,脸上的刀疤扭动了一下,说:

"大人何气乎? 常言道,是贼才说君子贼。要说残暴,真正残暴的是他王甫父子。王甫大逆不道,诛弑皇后。其子王吉更胜其父一筹,一贯贪暴不法,残酷暴戾,令人发指。他尤喜残杀无辜。每次杀了人,皆磔尸于车上,榜示于众,不许埋葬。夏天腐烂,臭气熏天,绑系不住,就用绳穿骨,传示一郡。所到之处,远近俱为疾首。王吉靠其父亲的庇护,在沛国充相五年,杀人万计。此是何等残暴? 竟然咒骂他人残暴,此世道颠倒矣。"

"哼,常侍有眼定能看到,小的发誓,如做得司隶校尉,定让他们不得好死!"

"大人如此宏才,做司隶校尉何难,指日可待。在下定在皇上面前举荐,保大人不日就能如意。"张让说。

这次试探,张让心里有数了,他要办的第一件事,就是举荐阳球升任司隶校尉。张让对曹节和王甫说,前议郎蔡邕做贼,多次上疏谏劾王甫的得力干将大中大夫程阿等宦官同党,阳球奋力追杀蔡邕,功不可没,当禀奏灵帝奖赏阳球,晋升他为司隶校尉。曹节、王甫觉得张让建议有道理,便邀张让一起到灵帝面前襃荐阳球。灵帝果然准奏,下诏晋升阳球为司隶校尉。张让连夜把这个消息告诉了阳球。不日,阳球走马上升,屁股尚未坐稳,就来召兵点卒,要去收拾王吉,弹劾王甫。

张让连忙制止,对阳球说,如此鲁莽,不但打不到狼,还会反被狼害。他让阳球不要着急,要等待时机。

光和四年(公元181年),阳球正在家里呼呼大睡时,张让突然来到。张让对阳球说:

"司隶校尉可闻太尉杨赐之子、京兆尹杨彪上书弹劾王甫和段颎之事?"

"在下闻知。"阳球回答。

"天赐良机! 现在正是搞掉王甫的时候。请大人快快行动。"张让说。王甫的一个门生名叫王彪,在杨彪所辖境内,收受贿赂,贪污官财达七千余万,被杨彪查验,杨彪以此事奏劾王甫及同党段颎。恰巧王甫休沐不在宫中,段颎因日食休官还府待命。这就是张让所说的天赐良机。

于是,张让递给阳球一个书疏,里面记的尽是王甫和段颎的罪状。阳球当即入阙,面奏灵帝,陈述王甫、段颎种种罪行。灵帝一听,不由动怒,即命阳球追究此事。阳球得到谕旨,马上点派全班吏役,出朝直奔王甫宅第,先逮捕了王甫,再囚住王甫的两个儿子,统统关进洛阳监狱。阳球指使手下,对王甫进行严刑逼供。王甫自知一旦招认,必死无疑,不肯就范,狡赖不招。阳球命令左右,取出诸多刑具,一一让王甫尝尝滋味。王甫被折磨得几次晕厥。王萌看到父亲受到如此酷刑,实不忍心,

乞求阳球顾念王甫在宫中多年恩惠于阳球,宽待一下。阳球想起张让告诉他王萌兄弟咒骂他不得好报之事,便怒火冲天,拍案训斥道:

"你等罪大恶极,死有余辜。老子就是念及老贼在宫中多年,辱骂我不得好报之恩惠,这才如此宽待,小贼尚不知足吗?"

"阳贼,先前你不过是我老父的一个奴仆,不是老父仁慈,施舍给你残羹剩饭,让你做了小官,现在恩将仇报,乘人之危,反欺主人。如此狂妄不法,定会祸及自己,不得好报,贼你也总有这么一天。"王萌骂道。

阳球一听"不得好报"这四个字,便怒上加怒,狂暴起来,命令手下用泥土填堵王萌的嘴,乱棍暴打。就这样,把王萌活活打死,王甫和王吉也被杖挞致死。阳球令人将王甫父子尸首悬挂在夏城门上,并书写"贼臣王甫"四个大字,张贴在城门上。然后,抄了王甫的家,没收全部财产,把王甫家人全部流放南方边疆。

在收捕王甫之时,阳球的一个部下劝阳球要谨慎从事,说王甫是曹节的得力党羽,担心曹节报复。阳球说曹节那个老贼也是罪大恶极,也当诛除。杀了王甫后,阳球果真欲去弹劾曹节。阳球来与张让商量,张让虽然感到曹节势力太大,阳球与曹节较量,只能是鸡蛋碰石头,必死无疑。但张让还是旁敲侧击地怂恿阳球敢作敢为。

阳球起身告辞。

张让看着阳球的背影,冷笑了一声,说:"你死到临头了。那姓曹的老畜生岂能让你在他头上动土?"

阳球刚离身,张让就赶忙将此事告诉了曹节,以此来换取曹节的信任。

"回禀皇上,微臣已将贼臣王甫伏法,特来禀报。"阳球报告说。

"朕知道啦。"

"启奏皇上,雍门、广阳门、津门、开阳门等诸处,皆书有白色'甲子'二字。"王甫被杀了的第二天,洛阳长来报。

"难道又要死人?"灵帝心又提了起来。

"启奏皇上,微臣觉得,此是寇贼张角所为。钜鹿(今河北鸡泽东北)人张角煽惑欺骗百姓,张贼曾遭大赦,圣上宽恕他,他也不思悔改,而且不断发展势力。其势蔓延滋长,声势浩大。"太尉杨赐说。

"爱卿,下令各州郡逮捕张贼及其从寇。"

"启奏皇上,对于贼徒岂可放过,送归原籍与放虎归山何异?难道朝廷害怕贼民不成?如果放了贼党,以后百姓岂不动辄就造反,还能归顺?"张让说。

"张爱卿言之有理。"灵帝说,"传令下去,京师各门,严加防范,一有情况,尽快奏来。全朝各卿臣,禁止相互倾轧争斗,如有异议,当躲过几日,再与论断,以防血溅。"

"是。"

"退朝。"

"吾皇万岁,万万岁!"

当夜,果然宫中又一次发生了殁灾,这一次死的是先皇冲帝的母亲虞贵人。

一队人马,浩浩荡荡地在悲哀的气氛中。

这是一个朝廷的送殡队伍。朝廷为虞贵人发丧出葬。中常侍曹节、张让等走在队伍中。

队伍来到了夏城门,曹节一抬头,猛吸一口气,打了一个寒惊,不由地愣呆呆地立住了脚。热泪顺着老脸滚滚而下。张让走在他的身后,差一点撞在他的身上。原来张让也看到暴横在夏城门上中常侍王甫的尸首,心里也在发感叹。

张让见曹节悲伤欲绝的神态,明知他是为王甫暴死而起,却故意说:

"常侍年老体迈,请为虞贵人节哀,请节哀啊!"

"我辈自相残食,怎奈何让野犬来舐舐残血余汁哩?"曹节说。王甫被诛,张让、赵忠等成了曹节最信任的人了。

"常侍何出此言!"张让还装作不懂。

"啊,你看,你看啊,呜呜……"曹节指着悬在城门上的王甫腐尸,禁不住地呜咽起来。

"是啊,王贼罪恶,反使我等连累;阳球虽系他们臣卿一派,却一直与他们不合,曾经义举追诛蔡邕,为我等内宫之臣除害,今却怎么拿刀剜自己身上的肉哩?"张让装着痛心疾首的样子。其实,他心里很痛快。

送殡回宫的第二天,张让刚到大殿,就听太尉杨赐向灵帝禀报:

"启奏皇上,小苑门、耗门、中东门、上东门、夏门等处,新出现'甲子'大白字。"

"死了数人,怎么还现此字? 难道真是张贼入京?"灵帝说。

"启奏皇上,张贼阴谋日甚,据各方面传说,张角等人,已偷偷地到京城活动,打听朝廷情况,他们说话像鸟声一样,很吸引人,但存心不良如同兽类,私下里进行串联,州郡官吏互相忌讳,不欲上奏。"谏议大夫刘陶说。

"张贼敢在京城活动,那朕的社稷不就完啦? 此奏朕不信,朕宁信张爱卿原先所奏,乃殁灾之兆。"张让那天胡扯一句,说出现"甲子"要发殁灾,没想到,灵帝深信不疑。灵帝说,"众爱卿,此事何避?"

"召方士祭祀四方,许能消灾。"赵忠奏道。

"张爱卿,你看如何。"

"此乃天算,无法可避。"张让说。

天算不如人算。

果不出张让所料,曹节岂能让阳球在他头上拉屎撒尿。虞贵人丧期一过,曹节就面奏灵帝:

"启奏皇上,阳球是个有名的酷吏,纵令毒虐,有辱王法,不宜再做司隶校尉。"

"爱卿,阳球出任司隶校尉,不是卿等奏荐的,如今又要弹劾他,这是为何?"灵帝说。

"奴才等人该死，阳球善于伪装，奴才等并未发现其疵癖。阳球上任后，胡作非为，才知其歹。这次阳球逮捕王甫、段颍，虽有圣命，但他大胆妄为，不按圣旨行事，擅自做主，肆意扩大，乱杀无度。当以处罚。"曹节说。

"启奏皇上，曹常侍所言极是，阳球所为，确不适合再做司隶校尉，依奴才愚见，降他为卫尉。"张让说。他一听曹节在灵帝面前奏谏阳球，心里想阳球此次定跑不了了。于是他抢在曹节前奏明如何惩处阳球，既表明支持曹节，又能以此堵住曹节的口，不然，一旦让曹节奏出，阳球定会彻底完蛋。

"启禀皇上，阳球年轻气盛，办事鲁莽，虽铸大错，但情有可原，降为卫尉，以观后效。"中常侍程璜说。程璜虽是曹节的同党，他却为阳球说话，这是因为他是阳球的岳父。他的女儿是阳球的小妻。

"准奏，降阳球为卫尉。此事由曹爱卿传诏。"灵帝说。

"……"灵帝已经下旨了，曹节不好再言，动了动腮上的老皮，唯唯诺诺地接旨退下。

张让派心腹将曹节奏劾阳球的情况密泄给阳球。阳球一听，又是气得两只眼珠欲要喷射出去一样鼓瞪着，当即起身入殿进见灵帝，叩首奏道：

"启奏皇上，微臣原无奇才，猥蒙陛下恩典，委为鹰犬，得以诛除王甫、段颍诸奸，但尚有狐狸小丑肆行宫中，请皇上再给臣一个月，必食豺狼鸱鸮鸟，各使伏辜。"说着，磕头不止，一直磕得头破血流。

"卫尉胆敢抗诏不从！"曹节在旁呵斥。

阳球也不理会，仍头如捣蒜。殿上再三呵斥，阳球见灵帝不准，不得已受职拜谢，怏怏退了出来。

从此，阳球对曹节恨之入骨，发誓要除掉曹节。至此，张让感到自己下了一着最漂亮的棋，心里十分得意。

然而，曹节在宫中的耳目多如牛毛，怎能不闻到风声？便去找程璜。曹节先对程璜说了一番兔死狐悲的"肺腑之言"，笼络程璜。又从袖中掏出十几锭黄金，收买程璜，再用严词来恫吓程璜。如此三招用过，程璜哪能招架？不由地又惊又惧，又感动又惭愧，也顾不了那么多女婿不女婿了，就把女婿等人的密谋之事，一一告诉了曹节。曹节当即邀请程璜，一同去见灵帝，奏谏道：

"司徒刘郃，无德无才，声名狼藉。近来竟起歹心，与步兵校尉刘纳、永乐少府陈球、卫尉阳球图谋不轨，意欲残害忠良，若不从速捕治，指日必起大祸！臣等死不足惜，唯恐有碍圣躬，所以急切禀奏，请皇上明断。"

接着，他们又无中生有编造了很多虚词，诬陷阳球等人。说得灵帝龙颜大怒，即命曹节带领御林卫士，将他四人逮捕入狱。

"这下，'甲子'该不再有了吧！"阳球、陈球、刘纳、刘郃四人入狱被楚杖打死后，灵帝说。

灵帝的话没有落音，河南尹又来报：

"启奏皇上，豰门及皇宫神虎门、玄武门、崇贤门、云龙门、金商门等处，又出现'甲子'，特来禀奏皇上。"

"死了这么多人，宫廷中发生了这么多次争斗，怎么还出现'甲子'之谶字？这一次又不知道死的是谁了。"

"皇上，不死个大人物，上天不答应啊！上天是在为皇上除污祛垢，皇上不要担心。这个人死了，'甲子'绝不会再现了。"张让说。

张让几乎料事如神。这一次死的，是除了皇帝，他是朝廷权力最大人物——曹节。

阳球死后，张让又指使他人数次劾诛曹节，虽皆未成功，但大大削弱了曹节的势力。

光和六年（公元183年），曹节已是古稀之年，老态龙钟，行走不便，眼见就要见阎王了。这时候虽然曹节权势日衰，但对张让信任却到了前所未有的程度。一日，张让以拜谒为名，前去曹节之宅，了却他藏在心底长达四十多年的报仇心愿。张让对曹节一番奉承献媚之后，便起身告辞，曹节起身相送。张让假装去搀扶着他，出门时，张让故意不小心地滑倒，顺势踹了曹节一脚，踹得曹节栽倒在地，从此曹节一病不起。一月后，就一命呜呼。

然而，曹节死了，不但没有像张让说的那样，"甲子"二字会在京城消失，却反而出现得更多。

灵帝对此一直是个心病，他总觉得会有个事关社稷的大事要发生。

一日，灵帝召众公卿议事。

"众爱卿，洛阳城中，到处是'甲子'，如风吹来一般。朕一直放心不下，朕决定出告宣诏，谁能收住此风，晋他为洛阳长，封万户侯。"灵帝说。

"回禀皇上，此风当收。不过圣上不必过虑。奴才不才，奴才觉得此是天示小民之谶，并无碍朝廷之祚。依奴才愚见，当以喜冲灾，朝廷以办宣乐仪典，助喜气飚扬。"赵忠说。

"朕准奏。但愿此后'甲子'收矣，退朝。"

回到宫中，张让说：

"皇上，奴才也乘机办一喜事，来冲冲喜。"

"爱卿要办何喜事啊！"

"为犬子婚事'请期'"

"呵，朕这个大媒人当派上用场啦。"

中平元年（公元184年）二月初二，聚鲤园尊沁香堂装饰一新，鼓乐喧天，热闹非凡。这一天是中常侍曹节的祭日，张让故意选择这一天来为儿子张珉与何皇后妹妹何苹的婚事行"请期"之礼。

在与"党人"作战获得全胜之后，张让便把战场转移到了宦官集团内部。在与曹节较量中，屡屡得手，张让从中尝到了很大的乐趣，心情很好。他把曹节一脚踹成重病，灵帝亲往探视，曹节却在灵帝面前再三褒奖张让、赵忠，并向灵帝建议。汉代宦官机构主要隶属于朝廷诸卿中两个系统，即大长秋系统和少府系统。曹节死后，灵帝果然下诏，赵忠领大长秋，张让成为少府的头号宦官。是时，"（张）让、（赵）忠及夏恽、郭胜、孙璋、毕岚、栗嵩、段珪、高望、张恭、韩悝、宋典十二人皆为中常侍，封侯贵宠"（《后汉书·张让传》）。张让因而欣喜若狂，大肆庆贺。那日，命管家把整个聚鲤园腾出，大摆宴席铺张显阔，广请宾客。席期，赵忠对张让说：

"在下为张珉做媒，张常侍可愿意？"赵忠受何皇后之托，来说合这门亲事的。

"犬子再过一年就二十整了，也该为他张罗婚事了。请问赵常侍，女丽何氏人也。"张让说。

"回张大人，绝对门当户对。此女就是当今圣上的小姨子，何皇后之妹何莘。"赵忠说。

"嘿嘿嘿……"张让听了，只是笑而不答。

"张大人为何发笑？"

"我儿子与皇上是连襟，我是什么？"

"你是皇上的……啊，哈哈……叔伯呗？"

"哈哈哈……"张让笑得更开心，"此事不成，此事不成。"

"为何不成？"

"只因你我关系太好了，所以不成。"

"在下不瞒大人说，在下是受何皇后之托。如今皇后都攀附于大人，大人何等显赫，何等威风，怎奈大人却不同意。再说，在下也不好向何皇后交代啊！"赵忠有些着急了。

"此事要成，得皇上做媒。"

"啊！"赵忠一听，大嘴一张，无法合上。

第二日，灵帝果然召张让进见，做媒说合张珉和何莘的亲事。"纳采"行过，"问名""纳言""纳征"跟着速战速决，今日的"请期"却筹备了一个多月。

张珉早早穿戴一新，在张让身后跟前跟后。

张让是宦官，本无生育能力。何来张珉这个儿子？原来张让自飘儿出逃后，一直在食小儿和人脑，谋求"阳道复生"。十几年来，他食幼儿、人脑无数，也不见裤裆里有丝毫的动静，仍旧只是一个大疤。生姜张生了连张让在内五个儿子。张让常想："我是长子，我这一支不能绝后啊！"进宫几十年来，张让常常为自己裤裆里空荡荡的、大胯下一抹平平的反转辗侧，更为"后继无人"而长夜失眠。他经过与父亲生姜张反复商量，决定从孩子多的四弟足下过继一个孩子来作为后代。熹平元年（公元172年）正式过继，一晃也十多年了。

太阳刚刚才一人多高，就有车马来到。第一个前来贺喜的是左冯翊相，"纳征"时，他已送来六车礼物，今日他带来了四车贺礼，另加八万缗钱。虽然他的贺礼不轻，但是他心里一直在打鼓。他怕张让还记着他举荐张向之事。那次察举孝廉，按朝廷的规定,左冯翊相只有六个名额,他却收到了一百多封达官贵戚的请托书,但他都不买他们的账。在名额如此紧张的情况下,他主动将一个名额白送给了张让,推荐张让的侄子张向。他原以为张让知道了一定会很高兴,他专程来到枌瑜园,兴高采烈地向张让报告他举荐张向之事,没想到张让一见到他,脸马上就变得铁青,很不高兴,对他带理不答。坐了一小会,张让便对他下逐客令了。他回到左冯翊,整日坐立不安,他感到自己一下子失去了脊梁骨,再也不敢挺直腰杆在官场走动了。他又返回京师,想弄清楚是什么原因引起张让对他的不满。他知道尚书张恭与张让关系不一般,就来找张恭探听。幸好他多年一直没有忘记巴结张恭。张恭才待他不差,向他透露了张让记恨他远房侄子张向的真情,左冯翊相很吃惊,觉得自己干了件傻事,他从京城回左冯翊,一路上骂自己:"怎么这么笨。举荐之前应该先向张让请示请示。这么好的名额浪费了,太可惜不说。还被他怪罪,惹祸上身。"后来,他得知张让的养子与何皇后妹妹结亲,更是吓出一身冷汗,他打听准了"纳征"的日子,连夜准备礼物进京,他想乘此机会来弥补上次的过失。然而,张让受了礼,仍是不冷不热。尽管如此,左冯翊相怎能放过张让为张珉"请期"的机会?因此,他赶紧准备礼物,早早地就赶来了。

左冯翊相毕恭毕敬地把礼单递给了张让。张让虽然不冷不热,但看得很仔细。左冯翊相的心跳才稍稍平了一些。

这时,中常侍赵忠前来贺喜。

赵忠尚未落座,就发现缩在一旁的左冯翊相。赵忠知道左冯翊相与张让关系较好,就很热情地与左冯翊相客套起来,邀请他到貂席上就坐。没想到张让却把脸冷冷地吊着。左冯翊相一边怯怯生生地用眼睃着张让,一边忸忸怩怩地不敢上来。张让见赵忠与左冯翊相在拉扯,便以教训孩子的口气,对左冯翊相说:

"赵常侍既然抬举你,你不要不识抬举,还不快快向赵常侍跪下一拜!"

听张让如此说来,赵忠大为不解,颇为吃惊。

左冯翊相真的跪了下去,向赵忠磕了三个响头。

赵忠本不敢受,但他猜测这里一定有故事,也就心慌慌地危襟正坐着受礼。

磕完头,左冯翊相又坐了一会,被正在卸他带来的那几车礼物的聚鲤园管家张送喊去了。

"仁弟怎么能让他给我磕头哩?不管怎么说他大小也是个堂堂国相一级的大官呀!"赵忠指着左冯翊相的后背,小声地对张让说。

"对此为兄有什么不解的呢?在宫中,我们这些侍臣在皇上面前,做的是一条狗。只有在这些下官面前做的才是人。做狗,就要做一条主子喜欢的狗;做人,就得做一个让人欲亲不易、欲远不能,既羡慕又畏惧的人。要不然怎么能把这世间的道理扯平?"

"精辟!"赵忠迭口称赞。

"本来愚弟打算让朝廷把他这个糊涂蛋的国相之职扒掉,贬为庶民,让他归田回乡抱老婆去。看在他对仁兄这一拜的面子上,就让他头上继续顶着这一顶相冠吧!"左冯翊相这次来得十分及时,他带来的四车贵重的礼品,以贺喜名义贿赂张让,才使得张让放了他一码,不然,他真的拍马屁拍到马蹄子上去了,得被"马"狠狠地踢一脚,把国相的绶印给踢飞了。

"这么说,他是位一拜国相。"赵忠调侃地说。

张让和赵忠说着,管家张送来报,说凉州刺史孟佗来了。张让连忙起身欲去迎接。赵忠说:

"仁弟稍慢,愚兄与仁弟一同去迎一迎这个州官。"

如果说左冯翊相是一拜国相有一点名不副实。那么说这个孟佗是一拜刺史倒恰如其分。孟佗原是右扶风(今陕西省兴平市东南一带)的一个大地主,家财巨富。正因为如此,他常来京师活动,以财力作后盾来结交京中大官显贵。他每一次来洛阳路过聚鲤园门口,都见这里车马川流不止,很多地方官吏、朝廷大臣、富人贵族、豪绅巨贾等有头有脸的人前来拜谒不息。便打听此处是何人的宅第,一个京官告诉他,此乃当今皇上贵宠中常侍张让之府。于是,他就通过拐弯抹角关系,跟张送结识上。从那以后,他经常给张送送礼,极献巴结之能事,拉拢张送。同时,对聚鲤园中的其他仆人也以小恩小惠笼络之。一日,孟佗又来到京城走动,看着聚鲤园门口那个热闹的场面,心里猛然闪出一个念头,他灵机一动,便把车停在聚鲤园偏门,拿出五万缗礼金来贿赂张送。

张送往怀里揣着钱,一边连声称谢,一边心想:"孟佗这样对待咱们,一定有求于咱们。"便问:

"孟兄有什么要求别客气,尽管开口,小的尽力去办!"

"在下别无所求,只希望你们给我下拜一次罢了。"

那一日,是张让父亲生姜张在聚鲤园做寿,张送忙得不亦乐乎,他说:

"这有何难?今日太忙,实在没有时间,改日再来受我等一拜!"说着,急急忙忙地转身忙去了。

没过几天,孟佗真的又来了。这一次他来得太晚,已是半中晌时分。此时,那些地方小吏、乡绅、土豪等求见张让者,早已在聚鲤园门外排起了长队。张让有搞权钱交易、广纳厚礼的爱好,被社会上那些热衷于趋炎附势的人们得知后,纷纷前来投其所好,以此来捞得更大的好处。

果然不出张让所料,孟佗带来的贺礼,无论是数量、还是珍贵程度,都令人瞠目结舌。赵忠见了,赞叹不止。

进入聚鲤园,张让和赵忠把孟佗奉为上宾,宽待周到。

时间已经不早了。聚鲤园门口高官贵戚车马云集,张让忙不停地迎客。直到中午,来客才稍稀一些。张让虽然觉得很累了,这时离开宴还有一会,张让本可以稍稍歇息一下。但他顾不上。他心里惦记着礼物,就来到专放礼品的房间,看到礼物堆积如山,身上那种疲劳感觉顿时飞逝了,心里涌起一股痒痒的喜悦。"除此以外,礼金还可以修座宫殿哩!"张让正想着,管家张送来报,灵帝派人送贺礼来了,张让不敢怠慢,就把阅看礼单的念头暂时放下,小跑着去迎接皇上的御使去了。

张让将御使迎进萼沁香堂,宴席开始了。席中,张让领着张珉向前来贺喜的朝廷和地方大官行礼致谢。从灵帝御使,一应下来,轮到了孟佗。张珉尚未走到孟佗近前,孟佗就起坐扑到张珉面前跪下说:

"万万使不得,令尊大人赐小的做刺史,小的粉身碎骨也感激不尽,哥哥本该接受小的一拜!"说着磕头不止。

"嘿嘿嘿,一拜'赐'史,此拜赐何物?"席间有人在窃笑。

……

这个窃笑的不是别人,就是宫中的首富、当过毕圭、灵昆苑等诸多宫中修建筑造的监工、中常侍毕岚。

孟佗的举动,弄得张珉不知如何是好,愣愣地站在那里。张让又示意他给毕岚行礼。张珉尚未将身体转过来,毕岚便向张珉开玩笑地说:

"我的好儿啊,刚才孟刺史对你下拜,你赏他买糖钱没有?"毕岚有意揶揄孟佗,说着转向张让,"我也向您和令郎拜上一拜,张大人赐我何物?"毕岚与张让共同侵吞巨额朝廷修建款而成为亲密无间的"知己"。正因为如此,财大气粗的毕岚在张让面前也很放肆,无所顾忌。不管有人无人在场,开起玩笑来,素的荤的,雅的俗的,轻的重的,都全然无饰。

"毕常侍如愿意向犬子一拜,本大人赐您做太尉。拜呀,快快跪下来。"张让也与毕岚逗了起来。

"太尉有什么好做的,还不如我这个监工开心哩。"毕岚说的也是实话,太尉官虽然比监工大得多,但却没有他当监工实惠。"还是不能乱了辈分,乱了辈分要折寿的。本人和你父亲平辈,哪能我拜你呢?那样的话,糟蹋本人不要紧,糟蹋了我们漂亮的张公子、皇上姨妹夫,那是有罪啊!我已经准备好了为你的贺喜钱,快快向我磕头来,我赏予你。今日大喜,公子向本人磕一个头十万,磕多少,本人给多少,绝不耍赖。这里有一百万,不够可派人回去拿。公子,今日就看你的罗。现在你就磕吧!"毕岚掏出一大沓钱来,在手中抖着对张珉说。

有钱,岂不磕头?张珉看了毕岚手里的钱一眼,朝毕岚跪下磕了三个头。

"哈哈哈,当今圣上的姨妹夫给本人磕头,哈哈哈……来拿钱!"毕岚开心不已。抽出三十万朝着张珉甩得叭叭响。张珉起身,高兴得一蹦一跳地走过去把钱接了过来,翻着看了看,递给了张让。张珉见毕岚真的给大钱,还想拜,但他又犹豫着,眼睛看着张让。

"再拜,向毕大人多多磕头,把他那点噱头全都摘了过来。"张让怂恿张珉道。

张珉又跪下去,一连磕了六个头。"停,你再磕,毕大人要卖裤子了。"张让说。张珉听话地停了。

"哈哈哈……"毕岚十分开心,哈哈大笑,把手中的七十万缗全都甩给张珉,

·淫乱宫闱的恶宦·

图文珍藏版

"真他妈的开心,皇上的姨妹夫,漂亮的公子,给我磕了这么多的头,真他妈的前世修的行,老子开心死了。再磕,本大人不吹牛,付你这点磕头的礼钱还有的。"他又掏出一百万缗来,在手中抖弄着。

宴会的气氛一下子被毕岚调得很热烈,掀起了高潮。接下来磕头、赏钱、敬酒……此起彼伏,笑声、喝彩声不断。

正在这时,一个衣不遮体、面色枯黄的少女,拄着棍子,饿得瑟瑟发抖,站在门口卖唱乞讨:

"蕤蕤棉禾之子,被穿帷败;
参参伐木之子,茅梁充赋;
饥饥河内之子,人夫食妇;
漉漉河南之子,人妇食夫;
……"

聚鲤园一个老婢走过去倒一点残羹给卖唱女。这时,正好张让出来解手,看到了少女,本想前来呵斥,只因酒水喝得太多,尿水憋得太急,已在裤裆里渗滴了。他不敢耽搁,先去排解再说。然而,在排尿时,听到了少女的歌唱,不由得火冒三丈,在马厩里随手抓起一根马鞭,对着卖唱女的嘴上就抽去。张让常在焚璨园用马鞭抽妻妾婢女取乐,练就一手鞭技。少女摔倒在地,张让跳了过去猛踢不止:

"他娘的,什么妇食夫、夫食妇的,竟用这些不吉利之词败老子的兴致……"一边踢打,一边骂着。

"大人别打了。再打,她就没有命了。"老婢可怜卖唱女,跪下乞求张让说。

张让根本就不理会她,越打越起劲。等他住手,姑娘已经没有气了。

这时,一席客人都围了过来,赵忠看到此情景,便对众人说:

"谁要将此事禀奏皇上,就是她的下场!"

"禀奏皇上,又如何?此等小事算什么?本常侍有何可惧?犬子是皇上的连襟,本常侍是皇上什么?有何可惧?"

"管家,放獒犬来将她食了,省得在这里有碍门面。"张让说完,转过身来,招呼众人,"快快快,此乃席中小插曲,助助酒兴而已,我等再继续入席,来来,都入席饮酒。"

席中,赵忠对张让说:

"遇到此女死于门外,恐是不吉,当事祭祀消灾。"

"不不不,此乃大吉也。此草民本当该死,'甲子'之谶定下的。何不以此为吉?"张让说。

风凄凄,夜沉沉。

聚鲤园。

三个黑影子,像鬼魅一样,悄悄地向前门靠,将中午獒犬吃剩下的那卖唱乞讨的少女骨头急速地拾起，装进一个草袋子里。然后，其中两个黑影子用白土在墙上写下巨大的"甲子"两个字，快速地跑走了。另一个黑影子站在那里稍等了一会，敲响了门。一个灯光移到了院子，向院门走来。门开了，黑影子匆匆地闪进了门。不一会，一片漆黑中，又响起一声开门声，那个影子闪出了聚鲤园。

天亮了。

两个衣着平常的人站在开阳门附近在焦急地等待什么，其中一个就是徐奉领出宫的那个人。不过，此时他穿的不是宦官的衣服，而换成了普通百姓的衣饰。等了好大一会，昨晚穿宦官服进入皇宫的那个汉子对手拎着草袋子的汉子说：

"你二人一路，他怎么不见？"

"昨夜天太黑，他与我突然走失了，怎么也找不着。"

"我再回去找一找，两个时辰我也没回，定是有变，请你回去速报马元礼大元帅。"说着昨夜装扮宦官的汉子转身走了。

不一会，去找的汉子又回来了，后面跟着一个人。

"唐周，你跑什么地方去了，我俩等急死了。"拎着草袋子的那汉子说。

"我认不得路了。快快，我等回去。"

于是，三个人疾步如飞地走了。

太阳升高了。

灵帝没有上朝。今年是甲子之年，今日是二月初三，饮酒除灾之日，张让、赵忠等人正侍奉灵帝与何皇后等后宫嫔妃们饮酒取乐。

"启禀皇上，整个京师城全都是'甲子'二字，这次是自'甲子'在京城出现以来最多的一次，微臣不敢不报，特奏明皇上。"河南尹一大早就来奏报，

"一年多来，京城'甲子'二字不断，朕诏榜悬赏奇人来杜绝此事，可是无人揭榜，昨夜，'甲子'二字如此肆虐，你等可听昨夜城中有什么事发生？"

"并无何事。"

中常侍韩悝匆匆地闯了进来，向灵帝禀报：

"启奏皇上，太尉有一封急奏，令奴才急呈皇上。"说着，将一个书疏呈给灵帝。灵帝一看，丢下酒樽，霍然站了起来，下令到：

"速召三公、司隶上朝。"灵帝说，急步如风地走出。

张让一听让司隶校尉上朝，知是大事不好，心想："难道那日我鞭死民女之事，有人谏奏皇上？如果真是如此，我……"张让虽然吓得屁滚尿流，但他还是提心吊胆地小跑着跟在后面，来到了朝殿。

灵帝到了朝殿，太尉、司徒、司空和众司隶校尉已经在朝殿上等候着。灵帝一开口，张让心头的一块石头落地了。

原来，朝廷得到"太平道"长老张角的门徒唐周的密书，告密"太平道"派人与皇宫密谋，于三月初五，内应外合，谋反起义。

钜鹿人张角，和弟弟张宝、张梁在百姓中宣传黄老道（太平道），医治疾病，招收

门徒。四方百姓扶老携幼前往投奔,信从的人非常之多。张角就派他的八名大弟子四处传道,辗转发展信徒。十年间,徒弟达数十万人。遍布青、徐、幽、冀、荆、扬、兖、豫八州(今长江中下游以北直到黄河中下游广大地区)。这些信徒大都是受压榨的贫苦难民,张角感到,朝廷已经腐败得无可救药了,要想改变贫困难民的处境,只有推翻朝廷。于是,他把数十万信徒组织起来,让马元礼辇运金帛数车,到京师去贿赂宫中宦官,以内外接应,举兵推翻朝廷。宦官封谞和徐奉本是张让、赵忠的羽翼,但封、徐二人的权势不如张让、赵忠,心怀嫉妒,愤愤不平。他俩得到马元礼的贿赂,便与马元礼定下私约,愿作为张角的内应。马元礼大喜,便立即做好准备。现在一切就绪,派唐周等三人,送信给封谞、徐奉,约定三月五日内外并起。昨夜在那京城中荡游的那三个黑影子,就是唐周等三人。唐周的突然走失,就是他起了叛变之心,有意溜开,前去送书告密。

"传旨下去,派密使潜入邺县,捉拿马贼。备御林五千、虎贲三百随后,以防不测。"灵帝下旨。

"众爱卿,没有事就退朝吧!"灵帝过了一会说。

下午,密使就将马元礼擒住,朝廷用车裂的酷刑把马元礼处死在洛阳。紧接着,灵帝诏令三公和司隶校尉,对宫省和京城进行清洗,把凡是信奉"太平道"的、或与"太平道"有联系的宫省尉卫、宦官、吏民和洛阳官吏、百姓,斩尽杀绝。先后捕杀了一千多人。并敕令冀州刺史,逮捕张角兄弟。

这时,有急疏上奏。灵帝也来不及让常侍们宣疏,抢过去一看,原来是份警报:张角得知事情已败露,马元礼被裂尸,自称"天公将军",封弟弟张宝为"地公将军",张梁为"人公将军",命所有起义军士统统头扎黄巾(人们据此称黄巾军),作为标记,星夜举兵,提前起义。于是张角所统领的三十六方,同时响应,焚烧官府,劫掠州郡,攻占城邑。所到之处,浩浩荡荡,烽火连天,中外俱震。

"快召众公卿入宫,大殿议事。"灵帝下令说。

众公卿火速到殿,经过一番你奏我呈,灵帝下旨:

1.晋何皇后弟弟何进为大将军,加封慎侯,率左、右御林军五营,紧急前往都亭驻屯,扼守京都;

2.函谷、太谷、广成、伊阙、辕辕、旋门、孟津、小平津八个军事关口,各派得力武将把守,并赐把关武将为八关都尉。

斩了马元礼,并把军勇部署妥当,灵帝心才稍稍安了一点,这时,灵帝觉得累了。就说:"众爱卿,稍事休息,再议惩处封谞和徐奉通贼之事吧!"

正在这时,一个小太监递封密书给张让。张让假装上厕,抽身出来展开一看,是封谞的手书和一份礼单,信中说封谞和徐奉在张让宿宅恭候张让,有急事相商。张让匆匆走了回来,正值灵帝入殿,灵帝刚坐定,张让便抢先起奏:

"启禀皇上,奴才听说,封谞和徐奉二人并无通贼之为。他是以此为计,引诱贼首张角上钩,欲擒住贼首向朝廷邀功。没想到唐周抢先告密,惊动了贼首。奴才觉得,对他二人不必惩罚。"

"启奏皇上,张常侍此言有误。如果如此,他二人何不先禀报朝廷,再作引诱?"中常侍吕强奏道。吕强虽是宦官,但一直不与张让、赵忠等为伍,自强不屈,耿直不阿,忠心为国,对朝廷腐败、对宦官专政深恶痛绝,多次力谏时弊,建议重整朝纲,只因忠言逆耳,没有被朝廷和灵帝采纳。

"只因二人太贪功,打算先擒,再献给皇上邀功。故没有禀报。"张让说。

"启禀皇上……"吕强欲再谏奏。

"好啦,好啦,二位爱卿就不要再奏了。先将封谞、徐奉二人收进监狱,交廷尉查验。如无通贼之为,即刻放还。如确实通贼谋反,即斩不贷。今日朕太累了,也该歇息了,散朝。"

数日过去,从各州郡传来的尽是战败的消息。各州郡虽然都奉诏出兵伐剿"黄巾军",但"黄巾军"声势浩大,士气高涨,作战勇猛,官军不是他们对手。灵帝焦急不已,又召公卿上朝,共议讨伐良策。

"启奏皇上,微臣觉得张角兴兵作乱,矛头并非针对朝廷,是对那些乱政的奸臣不满。当除奸清佞,整顿朝纲,张贼自会散去。"郎中张钧奏道。

"贼不谋我朝廷,为何造谣'苍天已死,黄天当立'?请问张大人有何解释。"张让说。

"小人当道,何有苍天,不是'苍天已死'吗?清除败类,恢复朝纲,不正是'黄天当立'?"张钧说。

"张贼所到之处,烧我官府,劫掠官财,杀死官吏,不是对着朝廷又是对着何人?张郎中就不要再说了。"灵帝说。

"回禀皇上,洛阳、北寺监狱囚禁诸多'党人',如皇上赦免他们,他们定会对皇上感恩,报效圣上,他们都是善谋之将。西园中藏钱款,厩蓄郡国贡奉骏马,当将此班赐前方军士,激发斗志,鼓舞士气,何愁剿贼不灭?"皇甫嵩说。

"这……"这两件都是灵帝不愿意做的事,所以灵帝支吾起来了。

"如果皇上颁诏赦释'党人',开西园拨款放马,微臣愿领兵讨贼。"皇甫嵩说。

"此事,朕准奏。"灵帝说,"凡从前坐罪被徙诸徒,除谋反作乱之贼张角不赦,一律放还,尽弛党禁。并拨西园钱款三千万缗,厩马二百匹,运往前军。"

"吾皇万岁,万万岁!"

经过一番朝议,灵帝又下了一道旨谕:

——钦令皇甫嵩为左中郎将,谏议大夫朱儁右中郎将,共拨五校三河骑兵,并募壮丁四万,分讨颍川"黄巾"贼寇;

——钦令尚书卢植北中郎将,督领两万校士,讨伐张角。

此次朝议一结束,张让便鼓动三寸不烂之舌,力谏赦释"党人"种种大害,再三呈言,这样做是助奸毁政,大错特错。灵帝已经被他说动心了,后悔听信了吕强、皇甫嵩的话。但是君令已出,无法更改了。张让也只好恨得把牙咬得直响。这一日灵帝早朝，皇甫嵩的捷报传来。灵帝展开一览，得知卢植、皇甫嵩等军中充入被赦的"党人"，鼎力杀贼，转败为胜。灵帝高兴，时值赵忠为张让帮言，奏谏"党人"罪恶。灵帝将捷报出示给他们，诘责诸常传说：

"你等常说'党人'危及社稷，禁锢系狱，今朕概令废禁，'党人'却竞相赴军，为国杀贼，报效国家。而你等平日谓之忠朕俱甚，如今却反而有通贼谋反，应斩与否，朕让你等自己说！"

"启禀皇上，'党锢'皆是王甫、侯览等人所为，奴才等实不知情，也受蒙蔽，万乞陛下恩宥。"张让、赵忠等诸中常侍吓得魂不附体，连忙跪下，叩首捶胸，流涕呜咽不止。

灵帝见他们哀求的可怜之相，不禁心中怜惜，感到刚才的话说重了，让平常他最亲信的人吓着了，便起身下来，扶起他们说：

"卿等起身。封谞、徐奉枉法，与卿等无关。"停了一下说，"传旨下去，将封谞、徐奉就地问斩。"

"启禀皇上，何要怜悯佞小，不如就将他们并惩，切请皇上毋再养奸啊！"郎中张钧劝道。

张让听到此言，抬了一下头，瞪了张钧一眼，心想："只要老子不死，老子定要你不得好死！"便往前爬了两步，对灵帝说：

"启禀皇上，奴才有罪，奴才罪该万死。请皇上下旨，将我等与封谞、徐奉一同治罪砍首，只要能安天下，奴才万死无怨。"

灵帝听张让这样说，转身呵斥张钧，再用好言安慰张让等宦官。张让等人才起身告退了。

第二天起床，灵帝见寝殿值省宦官都不在位，左呼呼不到人，右呼也没有人答应，只有一个小黄门蹇硕跑了过来应答。灵帝正要动怒，侍寝的美人翠翠说：

"启禀皇上，众常侍、黄门自去收拾了，欲求退出宫省，还乡为民。还各自送书给京内京外父伯兄弟，子侄亲族，辞官退爵，并永不为吏。"

原来昨日之事，张让心中不快，他对众宦官说："公卿之群，一直想置我等内宫之臣于死地。但他们不成气候，其缘由有两个，一个是皇上不听他们的，另一个是他们各自为战。我等只有拧在一起，形成大气力，才能自保。今要让皇上感到，没有我等，不听我等的，他寸步难行。不如我等先佯装告退，让他皇上老儿尝尝没有人侍候的滋味，自会老实。"张让说了，有谁不听？今日果然都不进殿，躲在宿宅里收拾行装。

这下灵帝急了。"没有人侍奉，那朕不成了孤家寡人啦。"

"奴才侍奉皇上起榻。"蹇硕说。

"朕现在只有你一个贴身的人了，你可不要再离朕而去。你好好侍奉朕，朕不会亏待你的。"灵帝说。

不一会，张让等十常侍先来乞求皇上谕准放他们回乡为民。灵帝哪敢松口，竭力用好语宽慰,苦苦挽留。

"奴才侍奉皇上,殚精竭虑地为剿贼操劳,本是功臣,当应加赏。"张让说。这时,他们才答应留下来。

张让岂肯放弃这个机会,乘机诬陷吕强意欲"党人"共谋朝廷,并说吕强经常阅读《霍光传》,其意图是想学霍光废帝重立,图谋朝廷。

赵忠跟着附和,说吕强兄弟出任郡吏,依仗吕强权势,贪污纳贿,如此等等,谏劾吕强。此时灵帝哪敢不信,命令小黄门蹇硕手持利剑,将吕强押来。吕强知道遭到张让等陷害,已是必死无疑,气愤不过,夺过小黄门蹇硕的利剑,说:

"我死了,宫内奸贼并不会停止作恶。但是,大丈夫欲尽忠报国,岂能面对狱吏,枉受暴杖乱打,让宫内奸佞视之为乐呢?"说着,向颈上一挥,血溅黄泉。

小黄门蹇硕回来禀报,灵帝吃了一惊。

张让不肯罢休,又唆使灵帝下旨,抄没吕强家产,逮捕族人。

灵帝依言下旨后,张让接着对小黄门说:

"将吕强亲族一一缉拿归狱,严加审讯,如有一个漏网,如吕贼一样下场。"说完,他笑了笑,又把牙咬了起来,在心里恶狠狠地说:"下一个该轮到张钧这个王八蛋了!"

每当张让整倒一个异己,总是兴奋不止。张回到宫中,来到灵帝跟前。

灵帝递给他一份奏疏,说:

"卿自看吧!"

张让展开一看,只见疏上写道:

窃惟张角所以能兴兵作乱,万民所以乐附之者,其源皆由十常侍,多放父兄子弟,婚亲宾客,典据州郡,辜榷财利,侵掠百姓;百姓之冤,无所告诉,故谋议不轨,聚为盗贼,宜斩十常侍,悬首南郊以谢百姓! 又遣使者布告天下,方可不烦师旅,而大寇自消矣。

原来郎中张钧,素知吕强人品,得知吕强遭张让等诬陷,气愤之极,连夜缮好疏书,送呈灵帝。

张让吓得浑身发抖,半天说不出话来。

"奴才该死,奴才万死! 请皇上下旨,将奴才缉系洛阳监狱,问罪待斩;没收奴才全部家财私产,补助军饷吧!"张让捋去帽子,脱去鞋子,赤脚趴在地上,磕头不止。赵忠等在殿宦官,也同张让一样,个个头如饿鸡啄米撞着地皮。

"卿等都起来吧! 把衣鞋都穿上,照常办事。"灵帝和颜悦色地对张让说。接着他转脸肃声厉地,"张钧真是个狂奴,难道十常侍中,竟无一个好人吗?"

张让穿戴整齐,退了出来,马上来到御史刘岱一处,矫诏张钧与吕强一样,系"党人"羽翼,把张钧逮捕入狱。又诬陷他散布"黄巾道"邪学,是"黄巾党"的贼员。令狱吏暴杖相加。张让看着狱吏杖打张钧,还不解恨,便拿过楚杖,亲手暴打,将张钧活活打死。

"大哥,如今该解决的都解决了,从今以后,大哥可以歇息歇息了,陪着皇上玩乐玩乐,为我们指点指点,掌掌舵,宫中之事交给我们就行了。大哥辛苦了几十年,也该歇息一下了。"小黄门翟惟说。翟惟是张让堂妹夫,也是张让的心腹。

"怎么能说该解决的都解决了呢?还有一个老贼你们忘啦?那个皇甫嵩煽惑皇上,把'贼党'全都放了,与我们不共戴天,解决了吗?"张让说。"再说,宫省中险恶无比,稍一疏忽,可就没命了。"

"是,是,是,还是大哥英明。"

"我派你去送一封信,这封信关系重大,千万不可粗心大意。"张让说。

"大哥放心,为弟绝不敢疏忽!"

"你夜黑出发,将此信送往颍川。"张让说。

"回老家,太好了,为弟可顺便看望一下岳丈大人。"

"不可,送给波才。"

"啊,他可是'黄巾贼'的将帅。大哥,这可要杀头的啊!"翟惟不禁失声道。

"所以才派你去,要绝对保密,神不知鬼不觉,速去速回,确保万无一失。不然,可就……"张让说。

"大哥,有一句话不知为弟当讲不当讲,您我都是吃皇上的饭,'黄巾贼'可是要图谋朝廷,推翻皇上,那时您我还不……"

"这个你懂什么!叫你送信,就是为了将来。一是不除掉皇甫嵩,等他灭了张角回来,军功在身,手握军权,你我还不完蛋?再说,弄掉他一个皇甫嵩,朝廷不是没有别人,张角就能把廷朝弄到手?二是留一条后路,万一张角得逞,你我现在与他交通,将来他还亏待我等?"张让严肃地说。

"噢——,还是大哥想得远。"翟惟恍然大悟,佩服之情油然而生。

张钧被杖死在监狱中,尚书吴傅禀报灵帝,灵帝一副漠不关心的神态,责罚吴傅这有什么大惊小怪的。的确,灵帝什么都不关心,只关心把皇位坐稳就行了。黄巾起义,原本心中有些不安。自派左中郎将皇甫嵩、右中郎将朱儁、北中郎将卢植出征讨伐,他又觉得高枕无忧了。这一天,灵帝带着张让等,来到西园圃署,脱去龙袍,肆主做得正得意时,太尉杨赐前来禀报:

"启奏皇上,左中郎将皇甫嵩急书,乞师求救。"太尉杨赐禀报说。

"爱卿,你说如何?"灵帝一听,慌了起来,也没有主张,问杨赐。

"启禀皇上,依微臣之意,欲禁外寇,先黜内奸。"杨赐说。杨赐一直不主张以兵剑剿寇,他认为一是整顿朝廷,清洗奸臣,二是对起义人员进行疏导,逐步瓦解。三是严肃法度,整顿州郡官吏。

"兵临城下,你还这样说!你下去吧!"灵帝听杨赐这样说,心中不悦。

"张爱卿,朕欲派大将军何进前去解救如何?"灵帝对张让说。

"回皇上,千万不可。大将军屯守都亭,守护京师,千万不可动啊!"张让一听,波才将皇甫嵩包围在长社,不但不紧张,还暗暗地高兴。心想:"这下子皇甫老贼跑不了啦!"

灵帝虽然听信张让的话,不出援兵,还诏责令皇甫嵩限期破敌。但灵帝在宫中担心不已,怕皇甫嵩被黄巾军攻败,心急如焚,等待着皇甫嵩的消息。忽闻从前方传来捷报,皇甫嵩大胜波才。灵帝不由地高兴起来。

"启禀皇上,此胜乃皇上之功,没有皇上之诏,那皇甫嵩尚在长社城里怠工哩。"张让说。张让一听,皇甫嵩得胜,心中有些沮丧。原来,皇甫嵩求援不成,正心急如焚。波才几次攻城,都因城墙上官军投石猛砸,而没能攻下。此时正值仲夏,天气较热。黄巾军便用草搭作营棚,休战乘凉。皇甫嵩突然猛生一计,便对手下说,战场上变化多端,不在乎兵力多少,现在虽然贼兵多于我军,但他们结草为营,正好用计破灭他们。如果派一营军士放火烧贼营,草营一遇到火,必然一烧一大片,贼兵不就更乱了阵容,我军这时乘势出击,定可大胜。当晚,皇甫嵩命军士预备火把,等天黑透之后,登上城墙,点着火把,向起义军营中投去。恰巧这一天夜黑风大,火借风威,烧得起义军大乱。皇甫嵩命令所率军士,打开城门,杀了出去。正好遇到曹操前来助战,势力大增,一举获胜。

"爱卿有功,此乃爱卿的主意啊!"灵帝说。

"奴才看准了那皇甫嵩的花花肠子,他有意用求缓兵之计来劳烦皇上,为难皇上。皇上不给援兵,并下了催诏,他不是也打败张贼了吗?"张让说,"还有那太尉杨赐,身为朝廷'三公'之首,却不为朝廷谋事,尽来欺骗皇上,说什么'欲禁外寇,先黜内奸'。谁是内奸,朝廷公卿是内奸?他是公卿之首,他是说自己?皇上,奴才觉得他不合适当这个太尉。"

"朕本决定把太尉换了。这就把他免了,让太仆邓威继任太尉吧!"

"皇上英明。"

转眼就到六月,皇甫嵩在长社获胜后,又与朱儁、曹操三军联合起来,接连在颍川郡、汝南郡(今河南汝南东北)、陈国(今河南淮阳县)等取得了胜利。

张让为了抢功,便向灵帝建议,派小黄门左丰前往军中视察督战。被灵帝采纳。

左丰临行前,张让悄悄地交代他,卢植等人打了胜仗,俘获了不少金银财宝,这次去顺便弄些回来。

左丰第一站就是广宗(今河北威县东)城。张角被追跑到了广宗城内坚守,卢植正在广宗城外大筑围城工事,制造攻城云梯,眼看就要把广宗城攻下来了。左丰巡视一遍,对攻城诸事漠不关心,向卢植询问俘获黄巾军的财宝之事,言中透出索要意图。其实卢植并未俘获什么财宝。他攻打的是农民起义军,能有什么财宝?只好装作听不懂。卢植的一个手下劝卢植用军饷送一些财物给左丰,卢植不肯。左丰便怀恨在心,急匆匆地赶回京师,对灵帝说:

"广宗城是很容易攻破的,但卢中郎将却只筑坚固的营垒,并不打仗,想等待老天爷来收拾乱贼。"

国学经典文库

后妃宦官大传

·淫乱宫闱的恶宦·

图文珍藏版

灵帝听了，当然生怒。张让也在旁边添油加醋，火上加油。灵帝当即下旨，令朝廷命使带着槛车，前往广宗羁押卢植回京治罪。

张让感到这时让皇甫嵩去钻广宗这个陷阱是最好不过了。皇甫嵩正在东郡与黄巾军激战正酣，朝廷来了诏书，命他火速赶到广宗。皇甫嵩只好奉命前往。他日夜兼程，来到广宗，受到"人公将军"张梁率领的大兵重创。还好，这时正好黄巾军"天公将军"张角得了重病，不能起床，皇甫嵩才得以喘息。

天上落叶纷纷，飘落出一副凄凉感觉，好像就进入深秋。

皇甫嵩退至十里外固守，以逸养战。十多日之后，军士们已恢复体力，并已在广宗站稳了脚跟，皇甫嵩便寻机开战。皇甫嵩得到军情，"天公将军"张角病死，黄巾军士气不高。皇甫嵩不由地喜出望外，命令军士深夜五更发起进攻。五更一到，皇甫嵩亲自督领大军，直向黄巾军扑来。经过一番激烈交战，杀死"人公将军"张梁，并破棺割取了张角的首级，送往京城。同时，钜鹿太守郭典，也将"地公将军"张宝打败。至此，张角三弟兄全部战亡。

皇甫嵩得胜，灵帝和朝廷公卿都很高兴，张让反尔心里不痛快。这一天，他闷在家里，翟惟慌慌张张地来对他说：

"不好啦，那，那，那书信，已奏报皇，皇上啦，我，我，我们完，完蛋啦……"翟惟说着就哭了起来。原来豫州刺史王允，惩讨黄巾军，在黄巾军营帐里搜到的文书中，发现有张让以及其宾客写给黄巾军的书信，专程送到京师，呈奏灵帝。

"哭什么哭！什么完蛋不完蛋，他皇上就知道那一定是我张让写的？"张让很不耐烦地说。

翟惟没想到张让如此之镇静，便转哭为笑，不知说什么好。

正在这时，灵帝派人来召张让进见。

"张常侍，贼手中何有你的私书？"灵帝问。

"启禀皇上，此书何来？"张让问

"贼帐中来。你还抵赖。"灵帝说。

"回禀皇上，此书乃从外而来，并非在奴才家中搜获，怎么知道这其中没有诈？何能以此作为凭证。"

灵帝沉吟起来，觉得张让说的话不无道理，但对此仍存怀疑。便问："朕怎么知道你与王允两个人，谁存有诈。"

"回皇上，奴才跟随皇上身后，承蒙皇上对奴才恩重如山，奴才也因此显赫倍极，奴才早知足了，还有何意通贼？"

"张让的话不无道理。"灵帝在心里想。

"启禀皇上，那王允欺君罔上，应该逮治。"张让说。

于是，灵帝下旨，逮捕王允。

虽然，张角三兄弟捐身战场，其余黄巾起义军，仍坚持与各地官府对抗，时达十多年。

后来,凉州叛乱多年没有平息,朝臣奉诏会议出兵平叛,皇甫嵩德高望重,群臣一致推崇他。灵帝同意群臣的意见,诏令皇甫嵩领兵回镇长安。皇甫嵩回京领命。张让专程前去"拜访"了他。

"将军征讨黄巾军得了重赏,功高名重啊!"张让说。

"此乃是沐浴皇上的隆恩。"

"其实,将军也是遇着了天时。"

"天时?"

"将军火攻遇大风不是天时?擒住贼首,遇张角病死不是天时?将军所有胜利都是天时。"

"这正是圣上的福祉。"

"如果有人捅破了'天时'这层纸,将军的功名可就会在全国有很大的降低,说不定皇上要收回封赏。朝廷希望将军捐款五千万缗,以助急需,将军可愿意?"张让想以此来勒索皇甫嵩。

"在下虽无战功,更无钱捐献!"皇甫嵩当场拒绝。

回来以后,张让气愤不过,就找赵忠商量,要把皇甫嵩弄掉。

"皇甫嵩老贼,一直不把我等放在眼里,与我等作对,煽惑皇上把'党人'全放了,他得势了,对我等迟早是个灾害。"张让说。

"他领兵讨黄巾贼寇路过邺县,看到在下宅第豪华得超过了朝廷的定制,居然向皇上奏谏,要没收我家宅居,其心何其狠毒。"赵忠说。

"不如把他弄掉,一,消除后患;二,他是讨伐黄巾贼的首功之人,弄掉了他,功劳不就归我们内廷之臣了嘛。"

两人一拍即合,就一起面见灵帝,以花言巧语欺骗灵帝说皇甫嵩"屡战无功,徒糜军饷"。灵帝竟然不分青红皂白,下诏收缴了皇甫嵩左车骑将军印绶,降他为都乡侯,食秩由八千石降至二千石。

张让和赵忠的阴谋得逞后,又用花言蜜语哄骗灵帝对宦官进行封赏。灵帝居然以张让等内侍参议讨伐张角有功,封张让、赵忠等十三人为列侯。

灵帝果然信守了他当初许的愿。

十六　跪求儿媳

灵帝下旨撤掉了皇甫嵩左车骑将军,讨伐凉州叛乱的头领只好另作人选。这一天,灵帝召公卿大臣朝议此事:

"启禀皇上,凉州之乱,连年难平,乃国家之大患,当派重兵前往平息。微臣素知大将军何进在军中威高望重,督军颇严,可担当此任。"谏议大夫刘陶奏道。

"启禀皇上,司空张温对节制军旅造诣高深,不如派他督军出征。"太尉邓威上奏。

"朕准奏,封司空张温为车骑将军,出讨凉州。"灵帝说,"众爱卿,再荐一名协助车骑将军,节制军事。"

"启奏皇上,诸车骑将军赵忠,多年统领宫省禁卫,熟谙军事;他又是皇上的内臣,随军督战,最为合适。"议郎傅燮说。

"启禀皇上,前东中郎将董卓多年征羌,颇谙与羌对阵,不如让他随张车骑将军出征。"张让说。张让为了表明皇甫嵩征讨张角无功,特意推荐在征讨张角时被朝廷责罚的董卓。

"准奏,封董卓为破虏将军,归车骑将军张温节制,即持节调诸郡兵马十万,速屯善阳,平复凉州。"灵帝下旨道。

汉灵帝淫乐花招多

这次朝议,张让受到了一个启发,他想:"大凡要掌权得势的,都要掌握兵权,自入宫以来,梁冀手握重兵,不可一世;窦武手握兵权也一时权重。这次朝议,傅燮推荐赵忠,恐怕也不怀好意,因为赵手中掌了几个禁卫。崔烈已位于三公,何要自荐远征呢?其意也在一个兵权。人无兵不威啊!如今我们宦官要保住权势,要靠皇帝,也要有自己的杀手锏。"

张让去和赵忠商量,扩大宦官集团的军事力量。

中平五年(公元188年),张让以黄巾起义终不能平息,应加强京师防务为由,建议扩展宫廷兵力。灵帝连续不断地接到各州郡有"贼寇"造反叛乱的报警,觉得张让的奏言有理,谕准筹建一支新的宫廷军队:设西园八校尉。

赵忠是车骑将军,节制宫省禁卫。这次组建新军,扩充的是他的势力,他尤为热心。这一天,赵忠来与张让商议西园八校尉的人选。

"赵大人,这八个校尉除了大人这个车骑将军外,还要选八人。依在下主意,有一位是首选之人,那就是袁绍。"张让说。

"何以见得。"赵忠问。

"组建这个队伍,还不是守护宫廷,听从我等指挥?袁绍是前司空袁逢的小老婆生的,庶子早年被人欺侮,很孤独,只要谁给他一点好处,他就依附谁。据在下所知,袁绍素好游侠,这种侠义之人更好利用。"

"大人言之有理。"

"还有一位理想的人,那就是董卓。"

"此人太狂妄,连皇上都不放在眼里,几次抗诏不从,此人不可用。"

"大人,正因为如此,才是个人才。大人尽用不疑。"

"此乃……就听大人的了。"

"最好把何进也拉进来。"张让想了想说。

"何进已是大将军,兵多将广,力量颇大,让他作校尉,不是在降他吗?未必他肯。"赵忠说。

"他兵太多,守护京师都亭,整个京城不就都在他的掌握之中?把他归大人节制,就是给他套个笼头,京师不是我等的啦?他大将军照当,再任西园校尉,多给他一个头衔,他岂不肯?再说,是皇上下诏封他,他又能如何?"

正说着,管家报告张让,何皇后驾到。

"赵大人在正好。"张让还没有来得及出去迎接,何皇后已经入室。她说,"孤女听说皇上要设西园八校尉,特来向二位大人推荐武将。"

"何皇后要推荐哪位善兵将才之人呐?"张让问。

"车骑将军何苗。"何皇后说,"西园校尉乃护守宫省的禁卫军,当选可靠之人,孤女乃后宫之主,何将军乃孤女之弟,他对宫省的忠心谁能比过,选西园校尉他可是再合适不过的人了。赵车骑将军,孤女把弟弟就交给你了。"何皇后说。

"奴才虽幸能与何将军同为车骑将军,但奴才远在何将军威名之下,何皇后怎么能说把他交给奴才?奴才实不敢当。"赵忠说,"奴才以为,西园如果得到何将军这样博才忠君之将,乃是福分。奴才当鼎力效劳。"

"将军过谦了,西园诸校尉还不是归将军节领。"何皇后又转过身来,对张让使个媚眼,

"张大人,皇上面前,就请大人去美言相荐了。"

"回皇后,奴才定当不遗余力。"

这一天一大早,张让就和赵忠来到西园。

今天,灵帝召满朝文武百官,在西园集会,颁诏封授西园八校尉。

文武百官陆续到齐,灵帝在小黄门蹇硕的侍奉下驾到。文武大臣跪下,行君臣之礼,灵帝坐下,便令尚书宣诏:

吾朝浩荡,国泰民安。虽天下六顺,而治八方,但国不能无戎,省不能无守。兵强马壮则驱危抵颓,剑戟林立则宝器将兴。迭闻寇警,睥觎宫省,特设西园八校尉,以护神器。

特授小黄门蹇硕为上军校尉兼为元帅,节制以下七校尉,屯卫西园,保护宫廷。

大将军何进,驻守都屯,兵中诸事,归上军校尉调度。车骑将军何苗,亦属上军校尉节制。

收回中常侍赵忠诸车骑将军印绶,不持军事令节……

钦旨。

张让听了,大大出乎预料,没想到灵帝撤了赵忠的兵权。"他娘的,我们忙了半天,却把自己当进去了。"赵忠发牢骚地说。

张让一声不吭。

正当赵忠和张让快快地回到宿宅,灵帝派人来召赵忠进见。

赵忠匆匆来到灵帝宫中。

"爱卿节领禁卫多年,为朕立下汗马功劳,朕今特增封爱卿一万户,以示奖赏。"

"谢皇上,皇上万岁,万万岁。"赵忠伏身叩头道。

"爱卿请起。这次设西园校尉,原本想让爱卿节度,只是爱卿领大长秋,事情太忙,朕不忍让爱卿过分操劳,照顾爱卿身体,就让蹇硕统领。蹇硕比爱卿身材壮健多了,也合适领兵。"其实,灵帝在这个问题上思考了很久。宫省禁卫一直是赵忠统领,这次把蹇硕换上来,主要是灵帝感到蹇硕可靠。自从上次斩了封谞、徐奉二人,常侍、黄门求退归乡起,灵帝就感到张让、赵忠等人不好驾驭,对他们起了戒心。后来,又接到豫州刺史王允奏呈的从黄巾军营帐中搜到的张让写去的私书,虽然灵帝听信了张让的解释,但疑心并未完全消除,灵帝对张让的戒备心更重了。而赵忠又是和张让两人合穿一条裤子。随着两个皇子的逐渐长大,灵帝对册立太子之事已有考虑。但他知道张让、赵忠等人与何皇后关系密切,灵帝多次欲要废她,皆因张让、赵忠等的谏劝,才没有把她废掉。灵帝册立太子,担心的就是何皇后势力,如果再把西园八校尉交给赵忠,那不等于在何皇后的猛虎身上再添上强翼吗?为此,从那时开始,灵帝就暗暗地物色新人,他感到蹇硕对他忠心,便对蹇硕宠信起来,让他来节领西园八校尉,并把何进、何苗也归在他的麾下,也就是这个意图。此时,灵帝是来抚慰一下赵忠。

"谢皇上为奴才着想,关怀奴才。"

赵忠被灵帝召进宫,张让却来到了永安宫。张让感到,灵帝撤去赵忠的军权,似乎撤的不是赵忠,似乎是他张让,犹如他一下子被掏空似的。他得加固自己的靠山,这个靠山就是何皇后。

转眼就到了中平六年(公元189年)。

西羌叛乱连年未平,灵帝下旨,令大将军何进西行征战。

何进接旨后,来向何皇后告别,正遇张让来拜谒何皇后。

"大将军千万不要轻易西行,兵旅历来都是京师好出不好进啊!大将军离开了,恐怕就难回来了。"张让说。张让确实狡猾,灵帝令何进西征,本是蹇硕一计。西园八校尉设立后,蹇硕更是灵帝亲信。蹇硕虽受命统领何进、何苗的外戚军队和其余七个被封为校尉的士大夫、官僚的兵马,但诸人岂能服蹇硕管。尤其是何进,虽然本人优柔寡断,但有何皇后、张让等人不断为他出主意,何进也感到自己是个大将军,岂愿置一个校尉之下。蹇硕就生出一计,调何进西去,离开洛阳。灵帝便依计下了此旨。

"皇上已经下旨了,不去好吗?万一皇上怪罪下来怎么办?"何进说。

"大将军手上不是有十万大军嘛,还惧谁。皇上能下这一道旨,也能再叫皇上下另外一道旨。"接着,张让就为何进出了个主意,以黄巾军尚未平息,又有长沙贼首区星犯乱,京师不稳为由,奏谏皇上说都亭之屯守不敢调军西走。如朝廷下诏召回中军校尉袁绍来接替都亭戍守,何进再起兵征西。

"此乃好计,快去依张大人意思上奏皇上。"何皇后说。

"何进奏言不无道理,京城也是要有重兵把守,把袁绍从徐兖召回来吧!"灵帝今日身体不舒服,靠在榻上说。

"回皇上,此万万不可。召袁绍回京住屯与何大将军屯守,没有两样。他二人交通甚密。且袁绍比何进更有心计,此人更危险。"蹇硕说。袁绍因不服宦官蹇硕的统领,便联手何进,与蹇硕对抗。把袁绍支派到徐州、兖州募兵,也是蹇硕之计,如今蹇硕岂肯将他召回,"万一袁绍回来了,何进又不肯西去,岂不是弄巧成拙?"

"不如再起用皇甫嵩,让他去西征,再把董卓归他节制。"蹇硕说。皇甫嵩遭到张让的诬陷被贬,但他在京城影响很大,对宦官深恶痛绝,蹇硕感到他也是个危险人物。并州刺史董卓,跋扈狂傲,把他放到皇甫嵩手下,必然对皇甫嵩是个祸根,让他们互相争斗去吧!蹇硕想。

"朕就依爱卿。下诏封皇甫嵩为左将军,董卓为前将军,速去凉州。"灵帝说。

"启奏皇上,奴才还有一个主意,不知该不该奏。"蹇硕跪下说。

"但说无妨。"

"回禀皇上,请皇上下旨封董重为骠骑将军。"董重是董太后的从子、灵帝的从弟。

"此乃善言,朕马上下旨。"

"可去拜谒董太后?"停了一下,灵帝又问蹇硕。

"回禀皇上,奴才去过。"

"再去把刘协皇子给朕领来。"

"奴才就去!"

灵帝病重,卧床多日,不能视朝,三公九卿纷纷奏言,请灵帝册立皇太子。但在推拥刘辩与刘协的问题上,争论很激烈。灵帝则一概闻而不答。

这一天,张让、赵忠、蹇硕在宫中侍奉。董太后带着二皇子刘协来探视。

"赵常侍,你去永安宫将大皇子刘辩接来。"董太后对赵忠说。

"是!奴才这就去。"赵忠退了出去。

董太后故意支走赵忠,她有要事要对灵帝说。赵忠领大长秋,董太后觉得他是何皇后的人,对他不信任。张让因西园邸舍时,俩人结伙贪赃,董太后对他信任无比,不设防备。

等赵忠退去,董太后对灵帝说:

"皇上为国操劳,体力不支。如今这病恹恹的样子,尚不如为母了。今有话为母不能不说,社稷之重,切不可无备啊!皇上当下诏立下皇储了。"王美人死后,刘协由董太后扶养,董太后对刘协颇为喜欢。她在为拥立刘协为太子着急。

"身乃小疾,不日就好,请母后放心。"灵帝长期淫乐过度,身体早已亏空,故生此重疾,他虽心急如焚,但总感到会好起来。他对立储之事避而不答。最主要是他有疑虑,两个皇子,按照祖制当立十四岁的长子刘辩,但刘辩虽然长相娇美,尤像其母何皇后,但举止轻佻,言吐蛮横,他不喜欢。次子刘协年仅九岁,虽是庶出,但言吐稳重,善解人意,灵帝喜欢他,想立刘协为储,又怕何皇后在他驾崩后违约不从,因而对此事不轻易出口,近来身体一日不如一日,他正暗暗地扩大董太后的势力,为册立刘协为皇储创造条件,但董太后这时就要让他下诏,他感到时机没有成熟。

"启禀皇上,太后此言甚是。皇上万岁,万万岁。皇上龙体康健,册立太子也在情理之中。奴才直言,皇子刘协好学练达,颇有治国之聪,皇上应当当机立断,不可拖延。"张让跪下说。这是张让的违心话。

"张常侍言之极是,请皇上下诏。"蹇硕也跪下奏道。

"二位爱卿请起,此事太早,此事太早。下次不得再奏。"灵帝有气无力地说。

"二位爱卿,你等要好好看护好刘辩、刘协,两位皇子年幼啊!"过了一会,灵帝又说。

董太后以帝母自居,不顾灵帝旨言不准再奏言立储之事,还要劝说灵帝,就在这时,何皇后、刘辩、赵忠鱼贯而入。董太后只好不说了。

四月的一天,灵帝下诏,调各州郡军马十五万,命何进统领,前去征讨鲜卑叛乱,并令京城都亭屯守诸军由骠骑将军董重督领。此诏又是灵帝的一计,意在以增加何进实力为诱饵,调虎离山。灵帝病越来越重,他感到自己日子不长了,就与蹇硕密商,托付蹇硕,他驾崩后拥立刘协为帝。蹇硕当即献计,调何进离京。灵帝沉吟半天,说:

"恐怕何进不肯。"

"不肯就以抗旨治罪,不正好除害吗?"

"倒也是好计。"

何进正准备启程,被何皇后派人找进了宫。原来张让得灵帝下旨,就急忙来告何皇后,说此中一定有诈。

"上次西征,皇上看在京城无人固守份上,没有怪罪。这一次不能再以此为理由了,万一怪罪下来,可怎么办啦。"何进说。

"大将军,皇上可是病重了,董太后三番五次地奏请皇上册立刘协为太子,皇上未敢下诏册立,恐怕就是因为您是个大将军。大将军一走,恐怕宫中定会有变。"张让说。

"如此说来，我便不去了。"何进说。

"大将军不去也不行，皇上定会治大将军抗旨之罪，撤掉大将军。"张让说。

"那怎么办？"何皇后说。

"大将军不如口上接旨，一面佯装准备前行。一面命所辖诸将军上奏皇上，说军中操行未完，需大将军再督练一月。同时，军中做好戒备，静观动静再说。"张让说。

灵帝寝殿。

大门紧闭，一片静悄，四周是西园军士把守。近来皇上病重，禁卫军士越增越多。突然，殿门沉闷地响了一声，震破了沉静，一个小宦官急匆匆地小跑着，显得有些紧张。

张让欲进殿，被挡在外面。张让在心里嘀咕，定有什么事发生。便来到赵忠处。一问赵忠，赵忠说他也如张让一样，不准入殿。于是二人一起来到永安宫，面见何皇后。

何皇后一听，便派心腹去东宫，打探董太后是否在宫中。探子回报说董太后在宫中。众人猜不出什么事，也紧张了起来。

过了两个时辰。有诏要何大将军入殿觐见皇上。

何进匆匆奉旨前来。刚走到宫门，便被上军校尉蹇硕的司马潘隐挡住，神情紧张地扯至一旁，小声说：

"大将军千万莫入，御驾已崩，蹇硕欲杀将军，迎立皇子刘协为帝，请大将军赶快另作它计。"

原来今日早晨灵帝突然密召蹇硕进见，蹇硕匆匆赶来，灵帝就用手示意蹇硕靠近，便以微弱声音嘱咐蹇硕快去宣诏册立刘协为太子等诸事。蹇硕刚要离身，灵帝却一命呜呼，撒手人寰了。蹇硕一见灵帝断气，惊诧不已，便不去宣诏，令左右侍从，对灵帝驾崩严加守密，不准有泄。然后，拟好矫诏，派人送往大将军何进，召何进入殿，除掉何进。潘隐与何进交情很深，他得知蹇硕谋害何进，正要去都亭报信，没想到他与何进在宫门相遇，真是好险哪！

何进一听，十魂吓掉了九魂，屁滚尿流地逃回都亭，集合营兵，严守各亭。

何进刚把军士布阵完毕，宫中又派人来召他前去。此时，他岂敢轻易入内，再三查问，方知是何皇后召他，便小心前往。一到永安宫，见张让、赵忠、蹇硕等众人都在。

"啊！"何进不由地叫了一声，转身就走。

"大将军为何欲走。"何皇后叫住了何进。

何进紧张过头了。原来蹇硕见事情败露，便又生一计，匆匆地来到永安宫，向何皇后报丧，商量为灵帝发丧和拥立刘辩之事。

何进入内，何皇后将立帝诸事一一商议妥当，便吩咐众人分头去准备。

当日,刘辩即位,为少帝,尊何皇后为太后,大赦天下,改元熹光。封刘协为勃海王,任命后将军袁隗为太傅。袁隗与何进同录尚书事。

接着,又封何颙北军中侯,荀攸为黄门侍郎,郑泰为尚书。此三人都是何进兄妹的心腹。

此年少帝十四岁,不能亲政,何太后临朝。

之后,何太后为灵帝发丧,出葬文陵。灵帝在位二十一年,享年三十四岁。

这一天,何进退朝回来,何太后急召他入宫。何太后告诉何进,董太后在东宫欲让骠骑将军董重起兵造反,让何进先下手为强。

何太后对何进说,董重不除,迟早是个祸害。现在,通告三公和车骑将军何苗,列出董氏母子的罪行,打入暴室,除灾免害。

何进当即就缮书:"孝仁皇后常指使原中常侍夏恽、记乐太仆封谞等人,交通州郡,勒索贿赂,珍宝尽入私囊,败坏纲纪。过去藩妃犯罪,被罚不得留居京城,车舆、服饰不得违章,礼节、膳食不得越品。现按照祖制,经请示永乐太后谕准,罚责孝仁皇后还回本国,不得在京城逗留……"

何进将书写好,一边将此书送往三公和何苗,一边派官吏到东宫逼迫董太后出宫,同时,何进领重兵将骠骑将军府团团包围,勒令董重交出印绶。董重自知活不了了,在情急之中自杀而亡。董太后也突然暴死。至此,立帝之争宣告结束。

灵帝驾崩后,蹇硕虽然谋害何进未遂,却给何进心理上以很大的打击。何进感到自己势力不够,便派人送封急书,将袁绍从徐兖召回。

袁绍一到京师,就来见何进。

"此次好险,差一点便见不到校尉了。"何进不由地落泪起来。

"何出此言?"袁绍问。

何进把蹇硕矫诏害命之事说给袁绍听,袁绍气愤至极,赫然站起来说:

"大将军何不将阉竖丑类一并诛除,扫清奸佞呢?"袁绍说,"一直以来,宦官迷惑先帝,擅政专权,蠹国害民。如今国之将倾,民不聊生,边疆生乱,内贼蜂起,皆是那些阉党所害,大将军如一举将其掳尽,乃为国为民除害,定会名垂青史,万世称颂。"

"在下想先将蹇硕那贼诛了。只是那蹇硕手上握着西园重兵,仁兄当助我一臂之力。"

"我定鼎力相助。"

袁绍尚未走,就有一个人轻脚轻手地闪出大将军府,来到蹇硕府中。

"上军校尉大人,何进和袁绍欲发兵将宫中常侍、黄门全都诛除掉。"那个从大将军府闪出的人对蹇硕说。这人叫续中,是蹇硕安插在大将军府上的奸细。

"快回大将军府,一有情况速来报告。"蹇硕对续中说。

"是!"续中人不知鬼不觉地又缩回大将军府。

"这正合我意。他娘的,他们把内廷之臣全部清除掉,赵忠等人还能袖手旁观,坐视不管?"蹇硕说。蹇硕曾数次向赵忠、张让商量,联合起来,对付外戚。张让、赵忠等人因那次西园校尉之事怀恨在心,加上与外戚有丝丝牵连,不愿意与蹇硕合作。蹇硕感到袁绍之语正是撮合他们的一个由头,不但不紧张,反而高兴。

"嘿嘿嘿,他们逼我提前下手了。"蹇硕急匆匆地写好一封书信。

晚餐的时候,南阳同乡郭胜匆匆来到大将军府上,来见何进。

郭胜跌入室内,来不及说话,将一封书信交给了何进。何进展书一看,见上面写着:

大将军兄弟秉国专朝,今与天下党人,谋诛先帝左右,扫灭我曹,但知硕典禁兵,故且沈吟,今宜共闭上阁,急捕诛之!

何进匆匆看完,不由得惊慌失色,问郭胜:

"何来此信?"

"蹇硕命小的送给赵常侍。"

郭胜告诉何进,此信是蹇硕写给赵忠、宋典等人的。郭胜在蹇硕手下当差,颇得蹇硕信任。但蹇硕怎么也没有想到,郭胜与何进交往甚密,郭胜没有把信送到赵忠等人的手中,却把它交给了何进。

"赵常侍他们知道此事吗?"

"他们虽然知道,但不肯与蹇硕同谋。"郭胜说。

"噢……"何进愣在那里,心中无计。

"大将军如乘蹇硕尚无防备,对蹇硕突然袭击,嘱咐黄门令收诛蹇贼,定能成功。"正当何进一莫愁展之时,郭胜说。

"好!"何进当即采纳了郭胜的建议,对郭胜说:"本将军就派你去通知黄门令,让他诱骗蹇硕入宫,一举捕戮。"

真是以其欺人之道还其欺人之身。

"是!"郭胜领命而去。

深夜。何进召众公卿上殿议朝。

文武百官到齐之后,何进便宣布何太后诏书:

奸贼蹇硕迷惑先帝,专权擅政,害国害民,先帝驾崩,蹇贼心怀鬼胎,觑视神器,图谋朝廷,加害少帝,欲毁社稷,上天不容。今黄门令为圣上之安,奉令捕诛,为国除害。

原来宦官掌兵,士大夫和众官僚都感到不满,只是宦官大权在握,文武百官敢怒不敢言,此次何进杀了蹇硕,公卿大夫当然拍手称快。

"大将军,不如乘此,将所有擅权毁政的奸阉一网打尽,斩草除根?"尚书郑泰说。

"大将军,郑尚书此言乃利国良言,大将军切莫错过机会啊!"那些对宦官集团专权早就痛恨不已的公卿大臣纷纷建议。但是何进沉吟不决。

"中军校尉勿要性急,此事等我请示太后,再作定策。"何进说。

"太后，宦官害政，众人公愤，今日朝议，诸公卿武将都谏呈要诛除宦官，我感到众命难违，再说他们说的确实有理，我欲发兵收捕内宫宦官，特来请示太后，请太后谕准。"一下朝，何进就飞也似的来到永安宫，对太后说。

"中官统领禁省，从大汉建国以来就是如此，岂能就此废除？再说，先帝刚刚弃天下而去，由我临朝，我也不便于与士人共议朝政，所以此事先稳住阵式，容作缓图。"何太后说。

"是，太后说得是理。"何进退了出来。

袁绍早就来到永安门前等着何进，何进一出宫门，袁绍就迎上去问：

"太后同意啦？"

"太后不从，这如何是好呢？"何进皱着眉头，一脸苦相。

"大将军，一或失去机会，恐怕反遭狼噬，目前骑虎难下，也容不得那么多了，大将军快行动吧！"袁绍说。

"我看这样吧，不如杀一儆百，把宦官中的首恶加罪诛除了，其余的又能怎么样？"何进说。

"中官亲近的人多的是，上至至尊，布满宫廷，牵一发动全身，一动必然导致百动，岂能杀掉一两个就可以绝后患？况且，宦官同党皆是罪大恶极，怎么能分得出首与从？依我之见，必须尽诛阉竖，方可无忧啊！"

"此事不要太着急，等想到两全之策再说。"何进原本就是优柔寡断之人，所以，他还是不敢做决定。

何进出了永安宫，何进的母亲舞阳君便来找何太后。

"母亲清早来宫，有何急事。"何太后迎接上去说。

"听说你哥哥何进要将宦官全部都杀了。"舞阳君问。

"朝廷诸公卿都向他谏呈。不过，我没有同意。"何太后说。

"这就好，这就好。太后可不能让他这么做。在南阳，有句祖训，就是内寡不与外男面议同餐。百姓都能这样做，何况皇宫。如今你进宫了，做过皇后，现在是太后，但不能忘记周礼，不能不顾廉耻啊！"舞阳君说。张让、赵忠原对何进杀了蹇硕感到幸灾乐祸，也有一种报仇雪恨的痛快。

"如今皇宫，非同庶礼。但母亲请放心，议朝由为兄主持，我不与他们共议。守礼遵规，绝无偏差。"何太后说。

"这就好，遵规守礼，上天会保佑你的。如今，我何氏一家，也托少帝之福，荣华富贵，享福安乐。可要珍惜如今这等显赫啊！我想过了，我老了，我剩下的这几年光景，只有依靠小外孙了，跟着皇上享享福了。只是，只是……"说着舞阳君哭了起来，"只是，听说，何进有了大权后，便不知姓什么了，受人蒙蔽，杀左诛右，骄傲蛮横，这不是好兆头啊！对皇上也并非是福啊！你可不能不管啊！"舞阳君说。

何进几次去见何太后，何太后对他的态度居然很冷淡，何进不明白原因，再三询问，不得而知。这时张让拦住何进，故意对何进说：

"太后是为大将军欲要诛杀无辜的内廷之臣而忧愁哩。太后感到大将军没有主见,容易受人迷惑,不敢再信任大将军了。"

张让这句话,正戳到何进的疼处,何进听了,不觉心一冷。张让看透了何进的心思,又说:

"有人再三要大将军诛尽后宫宦官,其居心不良。"张让说,"大将军,太后生气是有道理的,大将军要体谅太后的苦心。如大将军再受人唆使,太后可就更不信任您了。"

一天,何进得到密报:宦官张让、宋典等人,将其控制虎贲、御林军频频调动,摩拳擦掌,图谋不轨。何进紧张起来,但他无计可施,派人把袁绍请来了。

袁绍乘机进言,劝何进召四方猛将、各处豪杰,引兵入都,逼迫何太后谕准诛除宦官。何进感到此计可行,便发书招兵入京。

"大将军,此事不妥,有道是'掩目捕雀,是讥人自欺!'说的是'以为自己看不见,世人也都看不见了'。大将军请想,捕雀这么个微小的东西,尚且不能玩'掩捕'的把戏,何况国家大事呢?如今将军仗着皇威,手握军权,龙骧虎步,高下在心,要想诛灭宦官,如火烧毛发一样容易,只要大将军当机立断,便马到成功,何必要招来外军,嗾令犯阙呢?大将军,这样做,真所谓倒持干戈,授柄于人,不但无功,反生祸端啊!"主簿陈琳一听何进引兵入京,连忙赶到大将军府,劝阻何进说。

何进听了,如莫置一闻,一笑了之。竟然催促手下赶紧缮好文书,四处派信使送信。先后派遣府掾王匡、骑都尉鲍信还乡募招军兵;又召东都太守乔瑁,屯兵成皋;武猛都尉丁原率数千人也来到河内,兵到孟津,放火烧城,火光冲天。

一日,何进刚从宫中回来,就接到信使来报,说董卓这几日就领兵到京,何进大喜。

董卓手握强兵,见汉室衰败,心怀不轨。何进召他入京,正中下怀,求之不得。侍御史郑泰和黄门侍郎荀攸俩人听说此事,一起匆匆来到大将军府。

"大将军,董卓可是一个强忍寡义,贪得无厌的人啊,如果大将军要假以政权,授予兵柄,将来他会骄恣不法,危害朝廷。大将军声望高远,功勋卓著,位踞阿衡,想要除几个宦官,何必要依靠他呢?他来到京城,定会生变,殷纣之教训不远了。大将军可要当机立断,不要让他进京入阙啊!"郑泰说。

"哎,侍御史也是太多虑了,他与我无仇,图我什么?他是恨宦官,他来诛灭内宫阉宦,太后不会责怪我的呀!"何进说。

出了大将军府,郑泰对荀攸说:

"何公执迷不悟,实在难以匡辅社稷,我们不如归乡休息去吧!"

回去后,郑泰果然要求辞官。太后谕准,他便回归故里,安享天年去了。

何太后批完郑泰的辞呈,正与何苗商议清理西园的园圃署和灵帝卖官的"邸舍"事情,何进走进宫,呈给太后一封书疏。何太后展开书笺,如下文字跃入眼帘:

中常侍张让等,窃幸承宠,浊乱海内;臣闻扬汤止沸,莫若去薪,溃痈虽然痛,胜于养毒，昔赵鞅兴晋阳之甲，以逐君侧之恶，今臣鸣鼓如洛阳，请收让等，以清奸秽，不胜万幸！

何太后看后，把书疏递给何苗，沉默不语。

何苗看了后，显得有些慌张，对何进说：

"大哥，还记得吗，那一年，我与哥哥从南阳来到洛阳，是何等艰难，何等困苦啊！亏得有内宫常侍、黄门的帮助，才有今天的富贵。大哥，国家政治，谈何容易？一或失手，泼水难收啊！还望兄长三思。"何苗故意这样对何进说，其意图是给何太后听的，他看了看何太后，见她仍然神情冷峻，眼睛注视着宫外，一动不动，像是没有听到何苗说话一样。他看了一下何进，正好与何进视线相遇，便说：

"大哥，常侍们对我们兄弟姐妹一直不薄。灵帝在世时，蹇硕尽在灵帝面前进谗言，多次阴谋整我何氏，中常侍张让始终向着我们，为大哥献了不少好计，才没有使得蹇硕得逞。如今大哥可不能好了伤疤忘了疼，对他们反目为仇啊！"

"弟弟说的这些，也确是道理。虽说张常侍是个大好人，为我们做了不少的好事，可是那蹇硕之流，一直与我何家为敌，一心想废了少帝，拥立刘协，好挟权自固。现在蹇硕诛了，可是赵忠、宋典一伙，正在备马架鞍，来者不善啊！"何进说。

"大哥也是太过虑了，绍袁整天在喊要把他们斩尽杀绝，他们不怕吗？小时候在南阳，有一次大哥吓唬我说唤狗来咬我，我还找了一根棍子握在手上，吃饭都不敢放下哩。"

何进听了不语。

何苗又建议道：

"以小弟的主意，现在不宜鲁莽行事，不如我们与内侍宦官讲和，彼此相安无事，长保富贵。"

"恐怕袁绍、董卓他们不干啊！"何进说。

"你俩都去吧，让我安静一会。"何苗的话，引起何太后的回忆。她入宫是宦官们出的力，她被灵帝临幸是宦官们帮的忙，她差一点被废，也是宦官们的斡旋，才使得她脱离危难。

"启禀太后，董卓已到渑池。"何进、何苗还未离身，小黄门苏郧来报。

"哥哥回来。"何进刚要出门，何太后又叫住他。

"自古以来，外兵入京乃国之大忌。如今董卓大兵压城，是个隐患。快想办法阻止他直驱京师。然后，诏令他退守原地。"何太后说。

何进听何太后这么一说，感到后悔。

他边走边想着，回到大将军府，就急匆匆地召谏议大夫种邵，让他赍诏前去阻止董卓领兵入京。

种邵急马赶到渑池。

"前面什么人，敢拦我军。"一个身材骠壮，满脸胡髭的大汉指着迎头疾飞而来的一队人马。

"太后有旨，请董将军接旨。"种邵勒马对那大汉说。

"接过来。"董卓也不下马，对着身边一个军官说。

董卓一看，原来是一份令他停止进师的诏令。

"此乃什么鸟诏。传令下去，加快速度，向河南进兵。"董卓看了诏书，高昂头，一副傲慢无礼的样子，大声地对随从说了一句，拍马欲走。

"将军不可。"种邵过去又堵住马头。

董卓头一挥，示意部兵持剑上前，围住种邵，一个骑马部兵将长剑抵着种邵的胸前，欲要加害种邵。

"将军三思啊！"种邵又说了一句。

"传令下去，全部军马行到阳亭，下账住屯。"董卓下令道。

"你回去复命吧！"董卓对种邵丢下一句，转身策马而去。

袁绍早晨正准备用餐，部下来报，说何进已派种邵前去渑池止兵。袁绍听后，担心何进又要变卦，便来不及用早膳了，直奔大将军府。

"大将军为何将董卓拒之门外？万一阉竖在宫中发兵起乱，大将军既要拒守京师，防止黄巾盗贼搅扰，又要驱兵宫省对付奸阉，恐怕难以为敌啊！"袁绍说。

"中军校尉可知，宫中诸多常侍、黄门，并非皆有祸心。他们召集禁卫，也是被校尉的话吓怕了，不得而已，不一定就在宫内起乱。再说，他们与校尉也无怨，在下听说，大人当这个中军校尉，还是他们向先帝举荐哩。"何进说。

"那是他们想把我也收归他们账下，想让我来为虎作伥。"袁邵说，"现在大人已是骑虎难下了，不得能却。大将军与他们的怨恨已经形成，彼此已经势不两立，不共戴天，大将军还有什么可怀疑的呢？此时大将军不决断，还等什么呢？夜长梦多，事久生变，只怕大将军要做第二个窦武了！"

"看来只有如此了。"何进说，"我把事情做了，你可要在太后面前主动担当啊！"

"此乃当然。"

于是，何进下诏任命袁绍为司隶校尉，从事中郎王允为河南尹，并拨一部分洛阳武士交袁绍调度，司察宦官。

袁绍回到家中，左想右想，觉得不可靠。他深知，何进是个没有主见的人，你说你是，他说他是，左说左是，有说右是，游离不定，变化无常，今天答应了，不到明天又变化了。"仅依靠他还是不行，此事得逼太后下决心才行。"他马上写了一封急书，派手下快马送往屯驻在阳亭的董卓。

一切安排妥当，已是中午了，这时，袁绍才用早餐。

董卓大兵虽被止住，但何太后的心仍在悬着。

"启禀太后，董卓在并州当刺史时，数次口出狂言，蔑视朝廷。先帝命他剿黄巾盗贼，他无功被免。令他随张温、皇甫嵩凉州平乱，他不服节制，却数次抗诏不从。此人倨傲不忠啊！"张让感到，何进胆小无谋，只要抓住何太后，谅袁绍怎么能耐，也不能对他怎么样。但董卓挥兵进京,逼迫太后,太后也只得舍弃宦官来保社稷了,当务之急,是把董卓赶走。张让便入见何太后,对太后说,"太后,有道是不忠之人定起歹心,倨傲之臣,必觊觎宝器。让他这种人驻在京师近地,恰似内院系猛虎,后患无穷啊!"

"常侍可有退兵之策。"何太后问。张让的话,也就是何太后一直放不下的心病。

"下诏令他退至原来屯地。太后,奴才知道董卓会抗诏不从,此正好给朝廷一个借口,令各路诸侯兴兵讨伐董卓,不如乘此机会把他斩草除根了事。"张让说。

正说着,有书信呈上。

"阉竖乱政,罪不可饶,请收阉党,不可迟疑……"是董卓呈书。原来何进任命袁绍为司隶校尉,负责监察宦官后,袁绍仍然不放心,他设了一计,信告董卓,让董卓驰驿上书,催迫何太后早下决心,董卓当然依言行事。

何太后脸色一下变了,叹了一口气,愣坐不语。

张让见太后不语,便退了出来。何太后听了张让之言,感到此建议不可行。董卓兵多势重,屯在阳亭,京师太近,逼急了,他若起乱,朝廷调兵都来不及。加上各地诸侯,对付黄巾贼和其他贼寇都尚顾不过来,未必肯出兵。

下午。

"叩请太后,尽诛浊乱内党,匡扶朝纲,时不再迟……"又是董卓上书。

"哎——叫本太后怎么下得了手啊?"何太后说。

"太后若不杀尽内竖,卓将进兵平乐观中,自来收奸……"董卓下最后通牒了。何太后十分紧张。

尚书对宦官们宣诏:

"太后有诏,令宫中中常侍、小黄门悉数遣出宫,使还里舍,只日即行,不得怠慢。"

何太后被董卓逼得无可奈何,只得下了此诏。

"完了,在宫经营四十多年全完了。"张让一听,一下子瘫在了地上,号啕大哭起来,"没想到,四十多年了,人不人,鬼不鬼,如今是这般下场。……"

张让越想心越难受,尽管他在京城有诸多宅第、苑园,家藏数不尽的钱财,足可以使一辈子过富贵的日子,但他是宦官,宫廷对他来说,犹如鱼和水一样,鱼离开了水,只有死路一条,宦官出了宫可是什么也没有了,钱再多,上大街也得遭人唾弃。

张让不甘心就这么被赶出皇宫,他在宿宅里发疯似的转了好久,便起身向大将军府走去,

来到大将军府,张让"扑通"一声跪在何进的面前。

"大将军,奴才罪孽深重,不可饶恕。奴才愿由大将军随意处置,奴才绝无丝毫怨言。大将军看在奴才侍奉皇后一场,就留奴才在宫中做牛做马,苦役杂差。求求大将军,奴才是刑阉之人,只有在宫做牛为马了。"张让叩头不止。

"求求大将军,大将军可怜可怜奴才,救救奴才。"张让身后跪了黑压压一片中常侍和小黄门。他们被赶出宫后,一直在盯着张让。刚才,他们猫在张让身后,寻踪而至。

"国如败絮,如朽木浮水。这般汹汹天下,正是因为你们这些人在朝廷浊乱肆毒导致的。如今董卓要来了,你们为什么不回各自的封地颐养余年呢?"何进说。

张让听了,不由地老泪纵横。张让像失了魂魄一样,耷拉着头,歪歪斜斜地走进这座漆黑的园宅,也不知走了多长时间,才走过一段廊房。这时,他听见沉寂中传来如要断气一样的喘息声。张让抬头一看,燕呢堂还有一丝灯光。

张让就如看到了黎明之光一样,心中一阵猛跳。

"咣当"一声,张让闯了进去。匍匐在地,向前爬去。

这燕呢堂就是张让儿子张珉和媳妇何苹的卧室,那喘息声正是小两口子亲热之声。

交欢正酣的张珉和何苹被张让突然闯入惊呆了。

"老臣给媳妇磕头,老臣求求媳妇。"张让老泪纵横地磕头不止。

"父亲。"张珉急忙滚过去搀扶张让。

张让挣脱张珉的搀扶,向赤身裸体的何苹跟前又爬了两步。

"老东西!"何苹正欲发作,见张让在她脚边伏在地上,头叩着地皮不止,便忍住了。

"快快快,把父亲扶起来! 娘的,你在干啥!"张珉怎么拉也拉不起来张让,对正寻找衣服的何苹吼道。

"我光着身子。"何苹回嘴道。

"他是宫中公公,你还怕他不成。"张珉说。

"宫中公公也是男人。"

"他是什么男人,他能侍奉你姐姐洗澡,你还有什么好怕他的。"

"啪!"张让猛地举手将一个响亮的耳光扇在了张珉脸上。

到这个时候了,张让还忌讳张珉说他不是男人。其实,宦官有个天性,最害怕别人说他的就是这句话,听到张珉这句话,张让犹如条件反射一样,发作起来。

"媳妇,老臣求你了。"他又伏身给媳妇磕头。

何苹见张让再三磕头,痛哭流涕,便知一定有什么事情,就定了定神,问:

"父亲为何如此。媳妇不解啊!"说着便去搀扶张让。

"老臣只有给媳妇磕头了。"张让跪着不起。

何苹也连忙跪下。

"老臣犯罪了,老臣就要和新儿媳一起回老家了。可是,我家世代领受皇恩,如今远离宫廷,老臣情怀恋恋,依依不舍啊! 如果老臣最后还能见见太后,就是退入沟壑,死而无怨啊!"这时,张让总算把思绪理清了,他对何苹说。

"父亲请起,父亲为朝廷辛苦半辈子了,侍奉过几代君王,是朝廷的功臣,如今父亲亦有小错，朝廷也当原谅，何必如此惊恐，如此自责？"何荦说，"父亲快快请起。儿媳定会进宫禀告太后，请太后召父亲重新回到宫中任事。"

"老臣叩谢媳妇了。"

"大哥在何处，我有急事相报。"小黄门翟惟来到了枌瑮园，对管家张顺土说。

"他天没亮就出去了，你去看看他在没在聚鲤园和瀛津园。"张顺土说。

"这下子完了，连颍川老家也完了。"翟惟泪眼汪汪地说。

袁绍得知何进悉数罢遣了中常侍、小黄门，只留他平日的私家仆人居守宫省的消息，大呼一口气："总算把这些阉害赶走了。"袁绍起身，往大将军府去，想建议何进下令各州郡逮捕宦官的亲属，归案定罪。走到半路，他又踅了回来。他怕何进又是狐疑再三，耽误时间，心想："干脆以何进的名义，直接下书不就得了，何必再去对他费口舌呢？"

当日，袁绍密派各路信使前往各州郡。

翟惟找到了瀛津园，张让果然在这里。一见到张让，翟惟就大呼：

"这如何是好，全完了……"

"叫什么叫，完就让他完去。"张让训斥道。

翟惟一看，赵忠、宋典等二十多人已经拥在了瀛津园，知张让知道此事。也就没吭声，怏怏地坐了下来。

此时张让很镇静，昨夜跪求儿媳妇之后，他就来到瀛津园。这里是他藏金贮宝的私园，他准备倾其所藏，打通门路，重回皇宫。夜间，他已经运走五车财宝，让何荦带着进宫疏通关系去了。

"你们都回去，装作什么也不知。老老实实地呆着，让人感到你们现在是孤立无援，弱如雏鸡的人，人见人怜悯，人见人痛心。他们要杀，你们把头伸着；他们要掐，你们解衣露肉。他们想怎么的，就怎么的，任其摆布。只要能活下来，只要能留在京师，只要能重进宫去，其他一律不想。"

"张常侍，我等还能进宫吗？"韩悝说。

"天不倒，就能！"张让说。

不出张让所料，第二天，京城的宦官便一个给一个人送信，召他们秘密进宫。

原来，何荦带着张让为她准备的几车财宝星夜出门，先来到母亲舞阳君跟前，献上财宝，请求她找何太后为张让等宦官说情。女儿的请求，加上重礼相送，岂有不允之理。舞阳君立刻起身，在何荦的相陪下，来到永安宫。

"你虽居太后，至尊比天，但也不能不顾亲情手足啊！你把妹妹小荦的老公公赶出宫门，小荦将来可怎么办呀？再说，中常侍、小黄门诸人，与朝廷公卿贵族，亲连亲，姻连姻，你就不怕他们怨恨。先帝去世不久，你可不能在宫中乱来啊！"舞阳君对何太后说。

"母亲，我也是迫不得已啊！那董卓把大兵开过压我啊！"何太后说。

"他还能怎么样，他一个刺史还能管得着皇帝内宫的事？你为什么怕他？"舞阳君说。一个屠夫之妻哪知其中的厉害？"你给我把中常侍、小黄门都叫回来。一个临政的孤女寡妇，谁来侍从左右,顾向应对,承宣传达,送通中外？"

"是,母亲。"何太后难违母亲之命,便决定将中常侍、小黄门重新召回宫中。

不过,她还是担心董卓不答应,就想了一招,让宦官们秘密进宫,官复原职。

张让回到离开不多日的宫省,感到是那么的亲切,又是那么的熟悉。虽然才几日,他觉得离开数载。回到宫中,犹如做梦一般。

他把他用过的东西拿起一件看看,又拿起另一件看看,似乎每一件东西都有通人心的灵性,与他在无声地沟通着。

"大哥,所有常侍、小黄门都齐了,在西园南阙等着,请大哥快去。"翟惟对张让说。

"好,你先走,我随后就到,不要让人看见了。"张让说。

"大哥放心。"

翟惟走后,张让等一小会,便出门来到西园南阙。张让把这次被逐遣出宫的宦官中的一些可靠的中常侍、小黄门召到西园,来密谋如何对付何进和袁绍。张让知道,他们进宫,何进、袁绍定不会善罢甘休的。他想把大家纠集起来,负隅顽抗。张让来到西园南阙,赵忠、宋典、毕岚、段珪等二十多人已经缩在一起,探头探脑地。

"众人兄弟,如今我等是被狼追着的兔子,已经没有路可走了,只有自己保护自己。现在我等重新回到皇宫,他们肯定不会就此罢休,定会加害我等。我等只能团结起来,跟他们斗。"张让说。

"袁绍、何进等人,再三唆使太后,要把宫中宦官斩尽杀绝,我等本来早就没有命,都是张常侍与他们周旋,才未使他们的阴谋得逞。这一次我等被他们赶出宫后,现在能返回宫中,全都沾张常侍的光,如今我们前途未卜,需同心协力,抱作一团跟他干了。不然,我们每个都没有活命的机会。"赵忠说。

"张常侍,我们听大人的,大人吩咐吧,我等绝不装孬种。"宋典说。

"赵常侍说得对。现在当务之急,要掌握何进和袁绍的动静,他们仁,我们仁;他们义,我们义;他们不对我们下手,我们也先稳住,现在不是与他们较真的时候,会有那一天的。现在最担心的,就是他们对我们下手。不要他们提着刀来了,我们还在睡觉。众兄弟,大将军府和中军校尉府如有你们的心腹,赶快布置他们监视何进和袁绍。其次就是掌握何太后的变化和底细。赵常侍,您领大长秋,此事一定留心,一有情况,马上通报给我。三是大家回去让所有的内廷之臣预备好刀剑,以防不测。"其实,张让已经在何进和袁绍身边安插了两个探子。"四是互通信息,一有动静,彼此转告。"张让说。

"要最先告诉张常侍。"毕岚说。

"最后还有一点,就是万一有什么突变,大家要一呼百应,不要各顾各。"张让说。

一切安排妥当,张让叫众人分开散去,又把赵忠、宋典、左丰三人留下,商量如何让他们节制的御林和虎贲做好戒备。

第二天,张让得到报告,说何进受袁绍相逼,欲进宫向何太后谏诛内宫宦官。

原来,袁绍得知宦官返宫消息后,赶紧来到大将军府,与何进商量对策。

"内廷奸竖全部回到宫省任事如故,大将军可知否?"袁绍问。

"不知道。太后不是下诏罢去他们官职,遣回里舍了,怎么又让他们全都回宫呢?"何进是真的不知道。

"既然大将军不知,那定是太后召他们回宫的。太后定听信宦官的谗言,受了迷惑,才做了如此错误的决定。"袁绍说,"大将军,我等为了除掉这些宫廷奸佞,可没有少费劲,如今不能前功尽弃啊!"

"也有可能是少府、大长秋诸多廷署长期是他们所统领,今日将他们都免了,宫省空了,内廷难以运转,太后不得已,才把他们召回去暂作缓解的吧!"何进说。

"一旦进宫,再除他们就难了。如果他们喘过气来,我等就是他们刀下之鬼,此事要么是你死我活,要么我死你活,没有退路。大将军不可手软啊!"

"这……"何进头脑空空,没有主意了。

"大将军快快面见太后,劝谏太后下诏尽诛中常侍这些大宦恶蠹,并选三署郎官监守宦官庐舍,隔断他们彼此交通,互相串气。"袁绍说。

"太后把他们召进去,再让她杀他们,她未必就肯。此事我已经多次面呈,皆不奏效,如今再去说,恐怕还是白搭。"何进推托不去。

"大将军可想到,如果董卓知道这些宦竖返宫,他能答应吗?听说京中有人送信给董卓了。这次董卓再挥兵直指京师,恐怕难以止住了。大将军,你快快面禀太后,赶在董卓起兵之前,把刑奸斩尽杀绝。"

"中军校尉,快快,快传信给董卓,就说太后下令尽诛宦官,让他千万不要起兵,在下马上进宫上奏太后,定把宦官除尽。"何进一听袁绍说董卓起兵就紧张了,他想起那天何太后对他说了"外兵入京,国之大忌"的话,连忙这样对袁绍说。

虽然袁绍遣书劝告董卓暂不入京。可是,袁绍去书的内容不但不是劝说董不要进兵,而是吩咐董卓务必尽快将大兵引往离京城只有咫尺的显阳苑。

张让得知这个消息,紧张得起了一身的鸡皮疙瘩。他马上派人去让段珪集合剑士中的心腹赶到他的宿宅,以备后用。不一会,段珪领了数十人,腰藏利剑,来见张让。

张让又嘱咐段珪,快去永安宫安排几个机灵人,如果何进进宫来见太后,想办法弄清楚他对太后说些什么,太后是如何谕批的。段珪领命去了。

张让安排就绪,便在宿宅等信。没过几个时辰,段珪来报,说刚才何进见了太后。张让问:

"可听清何进跟太后说了什么?"

"何进要太后尽诛常侍以下全部宦官,还说选三署郎官,监守宦官的宿宅。"段珪告诉张让。

"太后如何说?"张让头上渗出了大汗,热气熏腾。

"太后不答一言,何进枯等了好久,快快退去。"

"……"张让听了,坐着一声不吭。

"张常侍,我等现在怎么办?"段珪。

"就怕何进再去太后那里唆使。"张让沉吟说。

"不如一不做二不休。把何进杀了。"张让手一挥,脸上那个刀疤扭得十分狰狞,"不把他弄掉,他定不放过我等的。"

"大将军府可是人多势大啊!我等这几个剑士前去,绝不是他的对手。"段珪说。

"不,你把剑士领到嘉德宫。"然后,张让对段珪如此这般地吩咐道。

"他娘的,这次定叫他姓何的再不能到太后面前胡说八道了。"段珪从牙缝里挤出这句话后,领着数十名剑士走了。

段珪走后,张让把永安宫小黄门胡瑁叫过来了,让他去大将军府传何进来嘉德宫,诈骗何进说太后召他议事。胡瑁便依言前去了。胡瑁与司马潘隐交往很密,蹇硕死后,潘隐投靠了何进,张让让胡瑁去诈传太后召见何进,何进定不会生疑。

不一会,何进一如平常,急而不慌地来到嘉德宫。他以为刚才谏呈诛杀宦官的建议,太后批准了,召他前去商量,便兴冲冲地来了。进入殿门,殿内并无太后,他不由一愣,头皮直发麻。

张让却在殿内等着他。

"国家如此衰落,责任在你大将军,你怎么反而归罪于我们呢?从前,王美人被太后毒死,先帝查验核实,几经欲废太后,我等内宫之臣,涕泣解救,各人都拿出家私财产上千万作为礼物,取悦先帝,才得以挽回;先帝病重,蹇硕设计,欲遣大将军西去,好叫他操纵皇宫,欲立刘协为帝,排挤压制你何氏,我等几次为你献计献策。如今将军不记前情,恩将仇报,数次上告太后,欲将我等悉数诛灭,岂不欺人太甚!现在我等不能再顾将军的情面了,定与你赌个你死我活,大将军就不要怪我等了!"张让指着何进说。

何进无言以对,猛然转身欲要夺门而出。张让岂肯放过,急呼埋伏在门外的剑士。那数十名剑士便一跃而出,气势汹汹地冲了过来。尚方太监渠穆,冲在最前面,拔刀猛刺。何进手无寸铁,前走无路,后逃无门,束手无策,被渠穆砍倒在地。渠穆并不甘心,一刀下去,把何进的头砍飞离身体。

十七 投河自尽

同年九月,并州的董卓和袁绍,听到京师大将军何进被诛的消息,便正式宣布,以消灭宦官作乱为由,率兵直抵京师,一路杀入宫中,攻打并开始焚烧南京门。张让晋见太后说大将军兵变烧宫,便带着太后、少帝和陈留王刘协,又挟持在宫中的官员眷属,想逃入北宫。尚书卢植挺矛大骂段珪,段珪只得将太后丢下逃命。

袁绍和何进之弟车骑将军何苗一起引兵入宫,擒斩赵忠。何进的部将疑心何苗私通宦官暗害何进,于是煽动士兵和董卓之弟董旻攻杀何苗。袁绍则领兵大杀宦官,一口气杀了 2000 余人。一些没有胡须的人也被当成阉人错杀。禁卫军死伤无数,赵忠没来得及逃,除宋典外,其他九常侍,悉数被杀。

西园是张让的根据地。张让与宋典,陪同小皇帝刘辩。兵荒马乱中,西园已被围得水泄不通。整个洛阳城,已全被董卓所领的军队占领,现在只剩下西园一处了。

张让脸色惨白,颓然倒在太师椅上,少帝刘辩也顾不上什么天子之尊,帝王威严了,紧紧地拉着张让的手,惊魂未定,哆哆嗦嗦地嚷着:"快呀,快呀,你快点想办法呀,我们不能这样干等着死呀,逃跑还来得及。"此时的张让何尝不想快些跑呢,大兵压境,他也是笼子里的困兽,可是此时他又能怎样呢。

因此,张让缓缓地跪了下来,老泪如雨一般:"皇上,我们逃是来不及了,假如他们一定要杀皇上造反,不肯罢休,老奴生为忠仆,死为忠魂,愿与皇上全节而终。"

"张让!不!张公公!"皇上哭泣着说,"我还小,还不愿意死!你要救救我,不能眼看着我就这么死呀!"

这一瞬间,张让忽然萌生一种另外的想法,与其坐等死在乱军手中,何不与皇帝同归于尽!

于是,他趁刘辩伏在他身上哭泣的当儿,自靴中抽出一把金色的匕首,就在这一刹那,宋典领着禁卫军冲了进来。

"皇上!侯爷!快走!"

少帝和张让彼此一惊,张让忙把匕首送还靴中,他们何尝不想走,只是没有路呀!

"走!"张让吃惊地问:"还能往哪里走?"

宋典道:"侯爷,你忘啦,当初修西园南宫,是奴才奉命建造的,有一条地道,可直通洛阳城外。"

这才是人急心迷。张让当初为了便于财宝运出京城,确实曾命令宋典造一条地道,因为一直太平无事,早将此事忘了,现在,绝境之中,亏得宋典记得这件事,一时间不禁大有绝处逢生之感。

"太好了!太好了!"张让喜极落泪,没想到发财之道今日成了救命之途,可见我们是命不该绝,他赶紧催促皇上,逃命要紧,我们有救了。

随后,张让背起少帝,匆忙向南宫奔去,当他离开自己的侯爷府邸,他忍不住命人打开金库,看到琳琅满目的金银财宝,不禁长叹一声,随手拿起一尊雪玉观音,也不知是何人孝敬的,当时一点也没在意,如今绝处逢生,想到这位救苦救难的菩萨,一心祈求能度过这次浩劫。

出了洛阳城,来到郊外,张让额头上不禁渗出一粒粒汗珠,"好险!"他暗暗地念着。

往上游走，那是并州董卓的地盘，绝对不能去。只有往下游逃窜，幸喜茂密的芦苇，隐去了他们的身形，使他们能顺利地前进，但何处是他们栖身之所呢？张让想起孟津县令张向，那是他一个远房侄子，中平初年曾经来找过他，他交代十常侍之一张恭为他安排，后来张恭告诉他，已让张向做了孟津县令，但五六年来再也没见过张向的面。

张让告诉宋典，命人先到孟津，与张向取得联系，然后再作计较。

宋典办事非常谨慎，告诉刘弓，万一张向的态度犹疑，千万不要说出皇上的下落，也不要再回来了。宋典并说，"孟津城外河边，有条支流叫老河口，我们在老河口岸边派人等你。"

刘弓领命，化妆之后，跨马疾驰而去。

傍晚时分，张让等一行抵达老河口，在芦苇中隐藏，一心等待刘弓自孟津来复命。

"现在大概是戌时末，亥时初了吧！"张让自语着。

"正是！大概刘弓也快回来了！"宋典在旁边答着，他以为张让在关心刘弓前往孟津的事呢。

又过了一些时候，一阵急促的马蹄声划破了夜空，使得睡梦中的禁卫军从梦中惊醒，宋典匆忙起来，命众人摒息不动，随后拨开芦苇，向岸边望去。

张让和宋典看得十分真切，朦朦月光下，大约有一小队人马。当他们疾驰到老河口，勒马不前，却见一人领着一名军官模样的人向芦苇四周寻找，一面悄声呼唤着："宋公公！"

"侯爷！"

张让听出来了，叫侯爷的人正是张向。

宋典也听到为首的叫喊，是他派往孟津的刘弓。一时兴奋地冲出芦苇，也悄声地应着：

"刘弓！我们在这儿。"

随后，张让率禁卫军鱼贯走出，张向急忙下马，见张让抱着少帝，立即下跪："叩见皇上！侯爷！臣保驾来迟，请恕罪！"

"向儿！免啦！皇上睡了！"

"多谢侯爷！"

张向感到意外，如此场面，少帝居然能安然入睡。到底还是个孩子。

老河口到孟津不过三十多里路，约子时初，他们已悄然进了孟津城，张向将皇上等安置在城北一座门楼中，楼外便是滔滔黄河，楼下有水门，也是渡口，正是适宜渡河的所在。这张向也算是用心良苦，将皇上等人一一安置好了。听过张让的嘱咐，表示天太晚了，次日凌晨立即调船，并嘱令家眷们收拾妥帖，以便一同潜逃。

张让此时心中倍受感动，危难之际竟有这样一个人精心谋划。他后悔当初为什么一直疏忽这位远房侄子,现在,见张向如此忠心皇室,内心也感到一丝安慰。

不久,张向又亲自带人送来饮食,虽然是粗茶淡饭,但在一日滴水未进之下,吃得津津有味。也许是一阵饭香,皇上醒了,睁来两只又圆又大的眼睛,惊愕地四周看看,一切都是那样陌生。

张让见此情景,立时向宋典暗示,宋典随即跪下高呼:"吾皇万岁!"

张向与众人亦放下杯筷,随呼:"万岁!"

这时候的少帝,似乎突然恢复了天子的尊严,一挣扎自己从张让怀中跳了下来。

"皇上!"还是宋典嘴巴灵巧,接着说:"孟津是个小地方,比不得京城,又是深夜,一时恐怕难弄到上好的食物……"

少帝向桌子上一看,笑着说:"我知道了,这也不错嘛!"

于是,小皇帝老实不客气地拿起碗筷,忽然发现众人呆呆地望着他,便说:"还看什么,吃啊! 不要饿坏了。"

餐后,张让、宋典、张向又商讨明日渡河后逃往阳武的路线,张向熟悉地形,提供了很多意见。张让再次嘱咐张向务必积极筹妥船只,在凌晨卯时启程,以防夜长梦多,前功尽弃,张向领命回去了。

整个逃亡计划,由宋典向皇上禀奏,张让叮嘱大家早早安息,准备次日的逃亡。

皇上与张让安息在城北顶楼中,宋典和禁卫军在次楼大厅就寝。

一日辛劳,尤其是饱餐以后,一行人等均疲惫不堪,很快地鼾声阵阵。

夜,很静,只有远远传来黄河滚滚浪涛声,张让躺在床上,久久不能入睡,又过了很久,才合上眼睛,带着满腹心事渐渐进入梦乡。

不久,隐约传来三更梆鼓声,紧接着便听到城郊远远犬吠声此起彼落,将憩睡中的宋典惊醒。

宋典披衣而起,走近楼堡圆窗,这时,上弦月已爬升到中天,一片浮云飞掠,遮住明朗月光,大地顿时显得黯然失色。

当浮云掠过月面之后,蓦地,宋典发现犬吠方向,似乎有一群人影蠕动,宋典以为眼花,揉揉眼睛,仔细观瞧,一点不错,那是一批为数不少的军队,正趁着月夜向城西行进,而且行动极为迅速。

宋典大吃一惊,回首向城内望去,城内亦有军士悄然移动,看来追兵已至。这使宋典暗自叫苦,"大事不好!"宋典边自言自语,边将身边熟睡的禁卫军一一推醒,并示意众人不要燃灯,不要喧哗。然后,宋典三步并作两步,向顶楼飞奔。

"糟了!"宋典再也沉不住气了,说道:"我们被出卖了!"

"不……不会……不会吧!"张让亦惶惑地说。

"侯爷! 来不及研究这些了,快,咱们想法逃出去!"

于是,张让抱起面无人色的皇上,匆忙随着宋典下楼,禁卫军正心躁不安。

"听着!"宋典俨如大将,"我们显然被包围了,城北是一条死路,只有冲过对角横街,向城南方向逃走,如遇阻挠,一律格杀,走!"

由宋典打头阵,皇上与张让居中,禁卫军断后,鱼贯奔向楼底。

当宋典刚刚抵达楼门,蓦地,楼门打开了,张向领着衙役,手持火把,表情凶狠地出现在众人面前。

"走!哼!那里走!现在是你们这些乱臣贼子的死期到了,一个都休走。"

"张向!你……"张让气得直抖,用手指着张向,张口结舌,诧愕不已。

"好个本家叔叔,你也有今天,"张向伸出断指,"你仔细看看,这就是你的恩赐,因为买官交不出 100 两银子,居然唆使张恭老狗打断我一根小指,最后总算凑足 60 两,才得到一个孟津县令,为了敛财,你是六亲不认,你不仁在先,就休怪我不义在后,衙役们,给我冲,拿下这群老贼。"

在混战中,宋典指挥禁卫军,护着皇上与张让冲出楼外,幸亏张向带领的衙役不多,究竟抵不过训练有素的禁卫军,张让等迅速穿过横街,进入巷道之中。

也许张向的如意算盘打得太好了,城南的守军不多,经过一阵厮杀,禁卫军终于将城门打开,当他们奔入郊外丛林,却清晰听到身后追兵在高喊着:"不要放走张让、宋典,快向这边追。"

张让等一行在芦苇中疾奔,突然,张让等愕然停止下来,因为他们已听到河岸传来的马蹄声,内陆的河堤上,军队已挡住了他们的逃路。

张让放下皇上,颓然地坐在地上,连宋典也感到逃走无望了,戚戚而哀然地叫着:"完啦!完啦!"

就在这时候,听到一声雄壮而刚烈的喊话:

"禁卫军们听着!禁卫军听着!"

那是袁绍的声音。

"你们好好保护皇上,只要把张让、宋典交出来,都可以将功折罪,不然,一个时辰之后,我们将放火燃烧,你们都死无葬身之地。"

张让呆了,脸色像一张白纸。

宋典失神的眼光看着张让,嘴唇起了一阵痉挛的颤抖。

禁卫军不约而同地望着张让和宋典,面无表情。

唯一例外的是皇上,小眼珠闪烁着意外和惊喜,但一看到现场的气氛,却显出丝丝哀愁。

"怎么办?"

毫无心计的皇上在催着,张让不禁打了个寒噤。

突然,张让脸色一正,缓缓地站了起来,又扑通一声,在皇帝的面前跪了下来。

"奴才追随先皇桓帝,历经四朝,扶持汉室天下,从无二心,今乱臣祸国,不能匡随效忠以尽始终,望吾皇恕臣死罪,以报先帝于九泉之下。"

"说完,张让自靴中掏出一把金箭,交与一旁木立的宋典,对宋典以嘶哑的嗓音说:

"善自保重!"

然后,转身向河岸走去。

蓦然,身后传来一声凄厉惨叫,张让略停,头也不回,他深知宋典已自戕而杀,随即迈步走出芦苇。

河岸布满袁绍的军队,袁绍站在河堤上看得非常清楚。张让一脸凛然神色,军士们见到张让,纷纷让开,张让目不斜视,一直望着黄河对岸的远方,继续走着。一代权阉张让纵身跳入黄河。

张让死后1个月,董卓废少帝、立献帝刘协;次年董卓杀少帝及何太后;7年后,曹操挟献帝迁都许昌;31年后,献帝逊位于曹丕,东汉灭亡。

阉海权臣　厚黑高手——李辅国

人物档案

李辅国：字静忠，博陆郡（今北京市平谷区）人。唐朝中期权宦，唐代第一个封王拜相的宦官。早年净身入宫成为宦官，后因尽心侍奉太子李亨成为其心腹。唐肃宗李亨驾崩后太子李豫即位是为唐代宗，李辅国因拥戴之功更加嚣张跋扈，擅权作福。宝应元年（762年），唐代宗李豫加封李辅国为司空兼中书令，晋爵博陆郡王，又尊其为尚父，暗中却将其兵权架空，不久后派遣刺客将李辅国暗杀，下诏追赠其为太傅，谥号为丑。

生卒时间：公元前704年~公元前762年。

安葬之地：身首异处，尸弃荒野。

性格特点：样貌奇丑无比，外恭谨寡言而内狡险。

历史功过：因力劝太子李亨登基而逐渐开始掌握军权，历任元帅府行军司马、开府仪同三司、知内侍省事等要职。封郕国公，冷待晚年的唐玄宗，谋害建宁王李倓，诛杀张皇后和越王李系等一系列事件皆出自李辅国的手笔。李辅国成为大唐以来第一个以宦官身份任宰相之人，这个连玄宗皇帝宠臣高力士都未敢涉足的重职，被其开了先河。于是他自恃有功，狂妄无忌，连文臣武将入宫也必先向他朝拜，代宗只不过成了他手中的听命玩偶。

名家评点：朱元璋评价说："当时坐不当使此曹掌兵政，故肆恣暴横。然其时李辅国、程元振及朝恩数辈势皆极盛，代宗一旦去之，如孤雏腐鼠。大抵小人窃柄，人主苟能决意去之，亦有何难？但在断不断尔。"

一　始掌闲厩

许多年之后，一闻到那股淡淡的供奉佛龛的香火气味，李辅国就会情不自禁地想起那天养父带着他去见骠骑大将军高力士的情景。那是一个遥远的黄昏，那时的李辅国还不叫现在的名字，他叫李静忠，只是一个在"飞龙坊"里养马的小厮，天

天跟在养父身后,清扫马棚,给马添料喂水,洗洗测测,晚上还得起夜。那时候不觉得这日子有什么不对,反正周围的人都这么过来的。养父有五十多岁,又黄又瘦的脸上布满了密密麻麻的皱纹,就像粗糙的树皮一样,两眼浑浊,暗淡呆滞,眼角上老是沾满了眼屎。他对养子说:在宫里吃饭,手脚得勤,老老实实干活,不要有非分的想法。我这辈子见的事多了,谁要不本本分分干活,没什么好结果。养父是个老实人,他在宫中养了一辈子的马了,从没有什么怨言,还挺满足。"人要知足啊!别看我天天喂马,浑身脏兮兮的,但我吃穿不愁,比宫外的人强多啦。我们李家祖籍在岭南偏僻的山村,父母都是老实巴交的庄稼人,我小时候,他们就相继得病离开了人世,留下我和哥哥两人。我十岁时被人阉了,当时哥哥抱着我不让我割老公,说割了那玩意儿娶不上媳妇。我没听他的。可他一辈子在宫外也没成家。为什么?没有钱咋娶媳妇?"说着,养父就揉揉沾满了眼屎的双眼:"话说回来,就是娶上媳妇,生个孩子又咋样?没钱还不是跟着受罪。"

李静忠觉得养父讲得对,他很感激养父,如果没有养父收留他,或许他现在已饿死在街头了。

他生于公元 703 年,童年生活的那一段岁月,在他脑海里已依稀难辨了。他只记得他的家坐落在一座高山脚下,那是一间狭小的土屋。从他懂事起,父母的脸上就没有露过一丝笑容。父亲一年到头在田里干活,可一家人仍然吃不饱饭。兄弟姐妹中,他排行第五,小时候常常跟随着姐姐去挑野菜、拾柴禾。以后的日子他就难以回忆了。只记得来了一个人,父亲和他嘀咕了一阵后,他就被那人领走了。走南闯北,不知道去了多少地方,最后来到长安城里。那时他已十一二岁了,那人把他领到一个院子里,三天不给吃喝,饿得他眼前发黑,肚子里空荡荡的。又烧了满满两桶热水,让他从头到脚洗净了,然后把他领进一间屋子,把他的两只手捆上,扒下了裤,一边一个大汉摁住了他的两条腿。他抬头一看,屋梁顶上有一个滑轮,上边拴着一把明亮的刀子。他正惊恐时,只觉得底下一凉,眼前一黑,就什么也不知道了。等醒来时,发现他正躺在一条炕上,鸡巴已被割掉了,里面还插了鹅翎管,后来才知道那是怕尿道长死了。他这时候只觉得浑身一点劲都没有,下身疼得难受,像火烧,像水烫,像蝎蜇,像针扎,那个罪受得简直没法提,整整在炕上躺了一百多天,伤口才慢慢好了。

到了这时候,他才明白了那个人贩子是要把他送进宫里。可要进宫也不是那么容易的,得有人介绍。如果进不了宫,那就白挨了一刀,白遭一回罪了。那些日子里,人贩子总带一些人来,一来就当着他的面评头论足。

"不行,不行,人长得太丑了。你以为什么人都能进宫?一要容貌长得清秀,能讨宫里王爷宫女的喜欢;二要乖巧伶俐,会办事啊!"

"我看你让这小子白挨了一刀,容貌丑不说,人又木讷,即使送进宫里也要被赶出来。"

客人们一走,那人贩子就虎着脸,用手拧着他的脸:"你爹妈怎么给了你这么一个丑模样？唉，算老子瞎了眼，这趟买卖可要赔了。"

直到有一天，养父跟着人贩子来了，这样挨打受骂的日子才结束。养父给了人贩子十两银子，他跟着养父进了宫，改名李静忠。

养父在宫里养了一辈子的马，年纪大了，考虑人走了得有人送终，收留了他。他呢，结束了半饥半饱的流浪生涯，安下心来跟着养父在马棚里转悠。

日子久了，李静忠不安心了，他问养父："宫里当差的有多少人啊？"

"有两三千人吧！"

"都干些什么活啊？"

"那可多了，分内侍和外侍。内侍职责主要是侍候皇上、皇后、贵妃、太子，他们能出入于后宫，不过人数不多，才一二百人；大多数人跟我们一样，赶车、喂马、浇花、喂狗、看门、巡夜、抬轿、挑水、端饭，干的都是宫中的杂役，这叫外侍。要想在宫中混出个出头露脸的差使，也不容易啊！"

李静忠听了，叹了口气，也不作声，不过他不愿意象养父那样一辈子在宫里养马。

有一回，李静忠一不留神又遭小马驹暗算，将他踢得半晌没爬起来。他气极了，把它缚在一棵树上，用鞭子揍它。那马驹从出生起，还未好好挨过揍。李静忠一鞭子狠命抽在它的臀部，立刻皮开肉绽，受了惊吓，昂起头长啸一声，竟一使劲脱缰而去。那马儿绕着马棚转圈，搅得棚内的马儿也不得安宁，于是一片人喊马嘶。恰在此时，监牧令路过此地，怕受惊的马驹闯入禁苑，惊吓了宫女后妃，祸就闯大了。监牧令急急调了十几名驭手，围成圈堵住了马驹去路，终于把它制服了。李静忠却脱不了受一顿笞打。

本来，挨打对于小宦官来说是家常便饭。由于有养父的庇护，李静忠少受了很多的鞭打。可这一次无论谁去劝说都不行，监牧令动了肝火。掌管鞭打之职的太监将李静忠按在地上，用又粗又黄的竹子朝他屁股上、背上猛抽，一下一条血印子。别说是十二三岁的少年，这个罪连成人也受不了啊！才打了十多下，李静忠已皮开肉绽，鲜血崩流。养父在一旁跪下苦苦哀求，才保住他一条小命。

夕阳西下。皇宫西南角"飞龙坊"一间内舍传来了阵阵痛苦的呻吟，声音凄楚，令人不寒而栗。

已经是三天了，李静忠半死不活趴在炕上，不能动弹。伤口钻心般的疼痛，他发着高烧，浑身滚烫，人处于半昏迷中。隐隐约约地，他听见有人在叫他，他慢慢睁开眼睛，发现养父正把他抱在怀里。

"总算醒过来了，孩子，躺着别动，真把你父亲吓坏了。"养父那张满是皱纹的脸似乎又苍老许多："孩子，在宫里当差，得长点记性。你可别像父亲那样，嘴太笨，又不会来事儿，一辈子伺候马儿，吃最差的饭，拿最少的俸禄。"说着，眼泪就吧嗒吧嗒落了下来。

李静忠望着养父慈祥的面容，鼻子一酸，也无声地哭了起来。

伤好后，李静忠像变了个人。他琢磨出一个理：要想活得人模人样，离开马厩，先得把马儿调养好。他干活更加勤快，也更加用心了。

而他想离开马坊的想法不仅没有消失，反而更加强烈了。

养父知道他的愿望后，拿出半生的积蓄二十两银子，找到了他的同乡王公公。这王公公在知内侍省事、右监门大将军高力士的府邸上看门。

"小侄的事就包在我身上。"王公公收了银子，拍起了胸脯："瞅准了机会，我带小侄与高公公见一面，求他在府上安排一个差事。"

"高公公可是皇上的红人啊！皇上是一刻都离不开他。皇上说了，他最信得过高公公，只有他当值的时候，他才能睡安稳觉。你瞧瞧，侄儿如果把高公公服侍好了，一辈子有享不尽的荣华富贵，你老哥也沾光哪！"

事情就这样定了下来。

一天黄昏时分，王公公急匆匆跑来，对李静忠的养父道："侄儿的事我跟高公公说了，他老人家同意了，要我带他去见一面。"

三人急急忙忙往高力士府邸走去。

李静忠和养父神情紧张地跟着王公公走，也不知穿过了多少条长廊，上了多少级台阶，跨进了多少道朱门，终于在一间雕饰精致、有着八柱矗立的盝顶式屋顶的前厅里停了下来。

"高公公在中堂休息，我去禀报一声。"王公公对李静忠的养父说道。

过了片刻，王公公走了出来，领着他们踏上铺着华贵的宣州红绒毯的甬道，迈上中堂阶台，来到门口，掀开厚厚的织锦门帘，招呼他们走了进去。李静忠闻到了一股幽幽的香味，心情更加紧张。

厅堂里，一位穿着紫衣的中年男人斜倚在锦缎铺就的榻上，两眼微闭着养神，李静忠想这定是高公公了，赶紧跪下请安，养父也在他身边跪了下来。

高力士皱着眉头，没有吭声。来人惊慌失措的神态他早已觉察了，但他有意保持沉默。

厅里静得只听到呼吸声。李静忠跪在地上，头都不敢抬，头上紧张得冒出了汗。

"叫什么呀？"高力士拿腔捏调地问道。

"李静忠。"

"哪里人啊？"

半晌没有回答。李静忠惶惶然地摇摇头。

高力士责怪地看着王公公，怎么找了一个连籍贯都说不出来的笨小子。

"回禀老爷"王公公忙说："他从小就被人贩子拐骗到了长安，是飞龙坊李老头见他可怜收留他做了养子。"说着他介绍了跪在李静忠旁边的他的养父。

"嗯"，高力士想了想，李静忠的遭遇打动了他，他有些怜悯他："抬起头让老爷仔细瞧瞧。"

李静忠抬起头，对这位权倾一时的高公公，他心里有些害怕。但来之前王公公关照他了，叫他沉住气，别慌张。这是关键的时刻，他慢慢地定下心来，两眼平静地看着高力士。

乍一见，高力士大失所望。这小太监面容丑陋，皮肤黝黑，个头矮小。这样的人还来伺候我？现在连太子都叫我"二兄"，各位小王和公主都叫我"阿翁"，驸马叫我"爷"，这个王公公，真不会办事。他恶毒地看了王公公一眼。

王公公慌了，不知所措地站在那里。

高力士看了李静忠一眼。嘿，这小子模样长得丑，胆儿还真不小。头一回见面，倒也能沉住气。这神情，这眼神，似曾相识，有一股桀骜不驯的野性和狡黠的神情。他有些恍惚了，想起了自己的少年时代。高力士挥挥手："留下吧！"

三人退了出来。

"小子，算你运气，高公公要你了。"

李静忠连忙道谢，那间房里浓郁的香火气味似乎还伴随着他。他发誓，一定要巴结上这位名震朝野的高公公。

雄心勃勃的李静忠来到坐落在城南翊善坊高力士在宫外的府邸时，充满了幻想。

李静忠第一次来到这里时，那琼楼玉宇式的府邸，数百侍婢仆人，看得他瞪目结舌，他恍恍惚惚，神移魄荡，不敢相信眼前这一切是真的。

他尽管在皇宫里呆了多年，但宫中清规戒律甚多，作为外侍是不能在宫中随便乱跑的，像这样豪华的住宅，他是第一次见到，感到格外的惊奇。

慢慢地，心里有一种欲望产生：我什么时候也能获得这一切呢？

现实却让他失望。管家知道他是从"飞龙坊"来的，安排他仍去养马。

同样是养马，我何必来将军府上呢？一心想巴结高力士的这位小太监十分沮丧。可不久，他发现在将军府上养马与在飞龙坊是不一样的。

将军府上的马多是良马，多是皇上赏赐给将军的；坊里虽有不少良马，但李静忠只能在凡马厩里厮混。其次，将军府上的马不过二、三十匹，数量少，与坊里数百上千匹不能相比，活儿就轻松了许多。更重要的是，他现在是在高公公府上当差，虽仍是马夫，但跑出将军府，那些太监，甚至宫女见了都客气三分。

连小小的马夫都感受到了主人的权势，越发使他千方百计巴结主子。

可他却难得见上主子一面。

这位内侍省的长官，平常一直住在宫中，如玄宗的影子一般时刻相随。他在玄宗寝宫旁有一处侧院，便于皇上随时召唤他。玄宗对他也十分信任，他对大臣们说："力士当上，我寝则稳。"因而高力士日夜留在宫中，很少出去，每四方表奏，必须先递呈与他，然后才奏明玄宗。小事即由力士处理，虽是内侍省长官，权力却不亚于宰相。所以，那座处于闹市中的府邸，对主人来说，形同虚设。

一天黄昏，府门外停了一辆锦帷牛车，高力士由随从们前呼后拥，进了府门。

·淫乱宫闱的恶宦·

图文珍藏版

主人一到,府中上下张罗开了。高力士却吩咐总管不用忙乎:"宣谕众人,各归本部歇息。"原来高力士在朝廷中困乏了一天,只想去卧室独自歇息一会。

子夜,月光如水。高力士一觉醒来,觉得口渴,便大喊一声:"来人,来人哪!"不见动静,于是他起身步入中庭。正在这时,一位小黄门匆匆而入:"大人有何吩咐?"

"倒杯茶来。"

小黄门转身而去,捧了一杯热茶呈上。高力士饮了,十分舒畅,遂发现跪在地上的小黄门眼生:"咦,你是新来的?"

"回大人,奴才李静忠,'飞龙坊'调来府上养马,刚才去马棚为马添料时,打从府门前走过,听到老爷呼唤,进来侍奉老爷。"

"很好,很好!"高力士点着头,终于想起前些日子王公公曾带他来拜见过,便向庭外走去。

李静忠很乖巧,一步一趋,不离左右。

高力士很满意,心想:把这小子留在身边还是对的,如好好培养,日后必成大器。

那天高力士把李静忠留在府上当差,一方面是看在王公公的面上,更主要的是他知道李静忠的身世后,有些同情他。"小小年纪,竟和老爷我的出身相似,造孽啊!"原来,高力士也是个苦命人,他本性冯,名元一,武则天光宝元年(684年),出生于南方小镇播州(今广东高州)。年幼时,身为播州刺史的父亲冯君衡,被武则天以谋逆罪处死。他与母亲麦氏四处流浪,以乞讨为生。后来遇见了岭南讨击使李千里,李千里见他容貌清秀,聪明伶俐,就收留了他,改名为力士。

他在李千里家住了一段日子,原以为遇上了好人。哪知李千里另有所图。一天,他带了一个人,强行对小力士做了阉割手术。把他带至洛阳,作为一份特殊贡品,奉送给了武则天。

力士入宫后,武则天把他留在身边,作了一名内侍。可是好景不长,为了一点小事,武则天迁怒于他,将他逐出宫门。走投无路的他,遇上了宦官高延福,将他收为义子,从此力士改姓高。

高延福原是武则天侄子武三思的家奴,后武三思推荐他入宫,因了这层关系,高延福常带他去武三思家。一年后,因武三思推荐,高力士又回到了宫中。

以后的日子,朝廷内乱不断。长安四年(705年),先是宰相张东之杀了张易之、张宗昌,则天皇帝驾崩,中宗复位,改元神龙。嗣后,太子重俊又杀了武三思,结果他自己也被韦后与中宗诛杀。最后,韦皇后想独揽朝政,把中宗毒死了。

面对宫廷中一连串的流血事件,高力士保持沉默,冷静观察。他发现临淄王李隆基具有雄才大略,抱负非凡,暗地里在招徕人才,整军习武,日后必有一番作为,就立刻投效于他。

高力士与李隆基年龄相仿,又都喜欢骑马射箭,两人常在一起切磋武艺,很快就无话不谈,成了心腹朋友。

高力士帮助李隆基制造舆论，产生了先声夺人的效果。当景龙四年(710)六月二十日，李隆基在刘幽求、葛福顺等人支持下发动兵变时，很快就攻克了玄武门，在太极殿刺杀了韦后，把韦后集团一网打尽。随后，高力士又跟随李隆基铲除了太平公主势力，李隆基登上皇帝宝座，高力士也因功擢升，被授予银青光禄大夫、右监门卫将军、知内侍省事。

"大人，夜深了，夜露正浓，小心着凉。"身后李静忠的话打断了高力士的沉思。他回头望了李静忠一眼，见他如此乖巧，不由更加怜惜："明天甭去马棚了，就跟在我身边侍候吧！"

从此，李静忠做了高力士的贴身跟班。

高力士在朝廷中享有特殊的地位，他除了负责宫廷的禁卫外，还担任传达圣旨与掌管内务的重任，他每天住宿在宫中，侍奉皇上，做他的跟班就很不容易。

在高力士身边的太监、婢女有二十余人，十多人编成一班，再分早、晚班当勤。每天早晚，自然有仆役给高力士铺床叠被，端尿盆，端水打饭，这类事不用主子吩咐，都得主动去办。

每天等皇上退朝回到内殿，皇上常派人去把高力士找来商议诸事，此时当值的太监候在殿外，一有吩咐就得即刻去办。

李静忠在高力士的随从仆役中，因容貌丑陋，抛头露面之事轮不上他。但他善于察言观色，揣摩主子心意。比如奉茶，虽说事小，也要了解主子当时的心情，在吩咐之前，以主子喜欢的热度奉上。不烫不凉，方得主子欢心。

但李静忠并不以此满足，他的内心是想出人头地。在高力士身边他百般殷勤，一面又留心观察。高力士除受玄宗宠信，势倾朝野，结交的人甚多，上至皇上、太子，下至朝廷百官，迎来送往，应酬答对，李静忠默默看在眼里，细心揣摩，希望能学到宠信帝王及驭人处事的方法。

有件事对李静忠印象极深，那是开元二十四年(736年)，李林甫在武惠妃和高力士的支持下被任命为宰相。为了报答武惠妃，李林甫在玄宗面前不断数落太子瑛、鄂王瑶、光王琚等人的不是。目的想让武惠妃所生的寿王瑁继承太子的宝位。太子瑛生母赵丽妃原是潞州城一个色艺俱佳的娼女，李隆基当临淄王时将她纳为次妃，十分宠爱。等李隆基称帝时，就将李鸿(即太子瑛)立为太子。谁知赵丽妃不久病死了，玄宗又恩宠于武惠妃。此时唐玄宗想到赵丽妃曾有过一段倚门卖笑生涯，若以后太子瑛继位，将为天下所耻笑，于是就逐渐疏远了太子瑛。其时，武惠妃又不断在玄宗面前哭诉，诬称太子在阴结党羽，企图谋害她与寿王。玄宗听了大怒。武惠妃又指使女婿、驸马杨洄诬告太子、鄂王、光王与太子妃兄驸马都尉薛锈等人"潜构异谋"。这时玄宗已打算要废除太子瑛，但又怕遭到群臣的反对。他把宰相找来商议此事，李林甫的一番话使他终于下了决心。李林甫说："此陛下家事，非臣等所宜豫。"言外之意，废除太子，完全可当家事处理，别人无理由反对。玄宗就下诏把太子瑛、鄂王瑶、光王琚废为庶人，撵出京城，后又派人令太子瑛等三人自尽。

武惠妃以阴谋手段使玄宗杀了三位亲子后，震动朝野。此时，武惠妃想让寿王立为太子倒显得被动了，宫廷内外议论纷纷，形势对她不利。玄宗处死了三位皇子后，也生悔意，因为儿子虽不称心，毕竟没有处死的必要。这时武惠妃又病死了。太子瑛被废除后谁来继承太子位呢？成了朝野瞩目的焦点。宰相李林甫一如既往要拥戴寿王瑁。玄宗对寿王感情上也有偏爱，但担心他年龄小，又无特殊的才干，如果立了太子能否服众，会否引起政局的动荡。这时候他想到了忠王玙。忠王是杨妃所生，由王皇后抚养。在玄宗诸子中，除了庆王琮（面部受损）外，在太子瑛死后，忠王居长。立他为太子，也便于玄宗本人控制，他本人当年就是逼其父让位的，他可不想吃自己制造的苦果。

可立忠王，大臣会不会反对呢？心事重重的皇帝饭茶不香，时常在苑中独自散步，思索着。整日陪伴着玄宗的高力士，凭他的智慧，自然明白玄宗的心思。他想寻找恰当的时间向他进言，立忠王为太子。这有利于朝廷的稳定，也可适当限制已有很大权势的李林甫。但这些话他又不能直接说，二十多年来，他从未弄权，碰过是非，一切都为皇帝利益着想。

可皇上越来越闷闷不乐。尤其是他所宠爱的武惠妃去世后，心情一直不好，落落寡合。有时一个人把自己关在内书斋里大半天。

"不能让皇上伤心费神，独自忧愁了。"抱着这样的想法，高力士走进了玄宗的书房。

私下里，高力士与玄宗相见，说话是相当随便的。他先关心地问玄宗有何烦恼。玄宗叹道："惠妃死后，我的心情就没好过。"

力士道："陛下，人死不能复生。惠妃是陛下真心喜欢的女人，但天下之大，也未必就她一人。"他心想：有机会的话，老奴定会再找一个皇上喜欢的女人。接着话锋一转，"陛下贵为天子，岂可为情憔悴？"

玄宗听明白了高力士话中之意："你是我的老家奴，难道不明白我的心思吗？"

力士这才问道："是因为太子始终未定，怕王子日后相争吧！"

李隆基点头道："正是。"

"陛下又何必费心劳神呢？但推长而立，谁还敢相争吗？"

一席话使玄宗恍然大悟，他连连点头："你说得对，你说得对。"

高力士的一番话，决定了大唐皇位的继承人，玄宗终于立忠王玙为皇太子。

朝廷议论纷纷，拖了一年多的难题就这么解决了，使李静忠越发佩服高力士。在他的心目中，高力士已经成了偶像。一个太监，能做到一品官，能使宰相、主子唯唯诺诺，能对满朝公卿颐指气使，能让皇上对他言听计从，这真让他羡慕至极。他时时处处想模仿高力士，幻想着成为高力士第二。

在高力士身边呆了七、八年后，高力士已把他当作心腹。有一天，高力士对他说："你再回'飞龙坊'去吧！"李静忠听后脸色大变，不知道有什么结果等着他呢。

李静忠听后，脸色大变，愣愣地看着主子。

高力士一笑："我叫你去，不是让你再到马棚里当马夫，而是派你用场。你跟着我好多年了，也学会了认字记账，就到闲厩使当个主簿吧，也不枉跟我一场。"

年近三十，已长得膀大腰圆的李静忠不由心花怒放，可表面上却装得很平静，一副留恋的样子："奴才愿意一辈子侍候大人。"说着，竟挤出了几滴眼泪。

"哈哈"高力士满意地笑了起来，眼睛眯成一条线。又叮咛他"办事宣勤，报答皇上"，"只要好好干，就能混出个人模狗样儿"。

大唐内外闲厩使的衙门紧挨着大理寺，在皇城西处。眼下充任闲厩使者的，是深受玄宗信任的王鉷。王鉷官户部侍郎，又兼御史大夫、京兆尹及闲厩使等二十余职。在玄宗眼里，这可是一位善于为朕理财的专家。这些年，宫廷里常常举行燕乐，又到处修建皇家宫殿，眼下在骊山脚下又在大兴土木，时时感到国库里银子短缺。这时，大臣中冒出了个王鉷，不管灾年丰年，他都能把大把大把的银子往国库里送。

就是这么一个理财专家，在仕途上也是欲壑难填。他的前任杨慎矜，论辈分还算是王鉷的表叔，王鉷能升任御史还有杨慎矜的推荐之功呢。可是到了天宝初年，他觉察李林甫和杨慎矜产生了矛盾。因为杨慎矜常常把搜括来的钱财供玄宗日益奢侈的宫廷开支，深得玄宗宠爱，使李林甫对他产生了忌恨。王鉷权衡再三，投靠于李林甫的门下。

王鉷得知杨慎矜与一术士交往密切，并在玄宗面前揭露了他。李林甫指使他在御史台中的代理人栽赃陷害，最后杨慎矜在狱中被迫自尽。于是王鉷的目的达到了，他接任了杨慎矜的工作。

李静忠就是在这样的背景下走马上任的。李静忠事后才想明白，让他在王鉷手下担任主簿，是想让他充当耳目，有什么消息尽快报告主子。因为王鉷已投靠了李林甫，高力士多长了一个心眼。后来王鉷果真出了事。

王鉷有个弟弟叫王铄，倚仗兄长的势力，纠集了一批市井无赖和龙武军中下级官吏，在长安胡作非为。企图最终夺取龙武军，迫使皇帝任命王鉷为丞相。

这一切自然没有逃过高力士的耳目。当他查明王铄在禁军中的活动后，奏告了皇帝。李隆基此时仍然相信王鉷，命他和高力士、杨国忠去查办弟弟。狂妄的王铄竟以武力抗拒，高力士亲自率领四百名飞龙骑兵，很快平息了叛乱，王鉷因涉及叛乱亦被赐死。这是天宝十一载（752）的事了，此处先按下不表。

话说李静忠来到闲厩使衙门担任主簿，王鉷见了他倒也十分客气。李静忠白天除了把出入坊内的钱财物资登记造册外，晚上也常去上司家串个门子，把从衙门里搜括来的稀奇之物，孝敬了高力士和王鉷。高力士和王鉷间虽互相提防，对李静忠倒十分满意。没隔多久，李静忠就博得了王鉷信任，在衙门里上下关系都处得不错，竟如鱼得水一般。

李静忠也没忘了"飞龙坊"的伙伴，空闲时常去马厩里转悠。这时他的养父已过世了，但伙伴们见了他分外亲热，一点也不生疏。一来二往，竟在去马厩的道上遇见到了太子。

那日午后，李静忠料理完衙门中的杂事，兴致勃勃地沿宫中的甬道往马坊走去。身后传来一阵马蹄声，"闪开，让道"，他赶紧躲至道旁，一队人马已风卷残云般来到眼前。

为首的一匹银白色高头大马上，骑坐着一个三十来岁的青年。他服饰华美，体态伟丽，举止风流。

一眼就可看出，他是这队人马中的主人。

他的身后，簇拥着十几个骑马的家奴，有的托着猎鹰，有的提着猎物，一看就知道，他们正打猎归来，兴高采烈往回赶。

李静忠定神一瞧，连忙跪下："殿下，奴才该死，惊了殿下圣驾。"

太子李亨赶紧从马上下来，一脸焦急之色："撞伤了吗？"他扶起李静忠，回头叱责领头的家奴："大胆奴才，这是在大内西苑，为何驰马驱奔。"

那家奴吓得脸色苍白，不住磕头。李静忠却被太子的坐骑吸引住了，不由赞道："好马"。

"你懂马？"太子问道。

"奴才从小在飞龙坊做事，对马略知一二。这马不是内地所产，由大宛进贡。体格健壮，比一般的马要整整高出一头。最绝的是，这马有一种天生的气派，当它扬蹄疾奔时，如离弦之箭。你还未回过神来，它已不见踪影。休息时，它又极其安宁，神定气闲，昂首肃立，居高临下地打量着自己的同伴。殿下骑大宛宝马，最合适不过了。"

"噢，"太子也兴致高涨："这马也有许多讲究？"

"名堂多啦。"李静忠边走边说："有一种马，叫狮子骢，毛色栗黄，又格外雄健，扬鬃嘶鸣时，能声闻四野。它产于青海湖周围，那里水色碧澄，中有小山，长满了鲜嫩的肥草，特别适宜马的生长。传说狮子骢有狮子的勇猛，一匹一年龄的马驹，便能日行千里呢！"

"只是这种马剽悍刚烈，极难驾驭，不是骑术高超的骑手，连试都不敢试呢！"

说话间，已来到了马舍。李静忠立刻指挥人牵过了太子的坐骑，亲自动手给马卸鞍、喂水、梳洗。这匹白马刚打猎回来，浑身汗淋淋的。

"好马还要会调理"，李静忠见太子饶有兴趣，便又侃起了养马经。从喂料、喂水，到遛马、驯马，太子听得不想离开，连太阳偏西也没有发觉。直到身旁的人催促了，才依依不舍地回东宫去了。

从此，李静忠一空下来就往马厩跑，他亲自承担起调养太子宝马的职责，也经常见到喜欢狩猎的太子。经过李静忠精心护理，这大宛白马披着黄绫宝鞍，显得格外精神。每一次当太子打猎归来时，白马一见他就发出了欢快又依恋的长嘶。

马儿越来越离不开李静忠了。当他亲热地用双手搂着马脖时，宝马那玉脂般的四蹄一动也不动,并回头伸出柔软而湿润的舌头,频频地舔着李静忠的两颊,双耳竖起,那厚密的雪白的梳成三迭浪式的鬃辫,微微地颤抖着,向李静忠表达着它内心的激动。这时候,李静忠的双手便情不自禁地抚摸着马身,两眼也湿润起来。

终于有一天,李静忠牵着这头大宛宝马,跟随着太子走进了东宫。

谁也没想到李静忠的命运竟和一匹马有关,而他等这一天也实在太久了。

连李静忠也弄不明白自己的心绪。能如愿以偿人侍东宫,这是多少人梦寐以求的,他研究过高力士的发迹。高力士不就在玄宗还是太子时就投靠他,才有了今天吗?现在终于轮到我李静忠了,只要太子日后成了皇上,那他身边的近侍不一个个成了大爷?

可没过多久,李静忠的兴奋之情就慢慢消退了。平日里,太子常常把自己关在内书房里,心事重重的样子,有时出外狩猎,也难得开怀一次。这是怎么啦,您是太子殿下,怎么老是愁眉不展。

李静忠心中疑惑没法解答,经过仔细观察,他发现东宫供奉李泌必定知道谜底。

李泌,字长源,京兆治(今陕西西安)人。开元十年(722)生于一个历代世宦之家。李泌自幼聪慧好学,读了不少书,七岁那年便名震朝野,被世人呼之为神童。

那是开元十六年(728)的中秋节,玄宗在勤政楼设"大酺"以宴群臣,命令教坊、梨园弟子表演歌舞,以助酒兴。晚上,玄宗兴犹未尽,命人择日在楼下置一讲台,悉召对佛教、道教和儒教有造诣的学人,上台打擂,互相诘难,以便从中选拔人才。

天下学人闻之,尽悉应召,一时群贤云集,好不热闹。这时有一九岁小儿,身着儒服,也来参加这一盛会。他登上讲台,口若悬河,使台下听众为之折服。玄宗见他小小年纪,竟有如此胆量和辩才,非常惊奇,便令太监宣召他到楼上。原来他是李泌姑父员半千的儿子,名员俶。这员半千在武则天、中宗、睿宗时,就以才学著名,先后任弘文学馆学士、正谏大夫、崇文馆学士等职。玄宗得悉他是员半千的后代,感慨万分,道:"半千的子孙,理应如此!"稍停,又笑问员俶:"小娃娃,你还有如此聪明的小友吗?"

员俶言,跪奏道:"臣舅父家有个小儿名唤顺,年仅七岁,才思敏捷,聪慧过人。"唤顺是李泌的乳名,玄宗闻知后,更为好奇,向员俶打听了其舅父家住址及李泌的外貌后,便派中太监骑马去召李泌,将李泌抱出家中,不要让其家人知晓。太监奉旨将李泌抱出家门,送入内廷。

此时玄宗正与中书令张说在观旁人下棋,见李泌前来,端详良久,叹道:"此儿仪态万千,真是国器啊!"张说也注视李泌良久,赞同道:"果真如此。"玄宗示意张说考核一下李泌的文才,以"方圆动静"为题赋诗一首。李泌不慌不忙问道:"我很想知道方和圆的样子。"张说道:"方如棋局,圆如棋子。动如棋生,静如棋死。"说完,怕李泌年幼,不能理解其中的含义,就开导道:"你可以意虚作,不必真实地道出棋字来。"李泌仰头看了看张说，胸有成竹地道："随意而作，这就容易了。"略一沉吟，脱口诵道："方如行义，圆如用智。动如逞才，静如遂意。"此言一出，使在场的人大为惊讶。张说忙向玄宗贺喜："这是老天将这神异的小儿降临人间，是圣代的嘉瑞。"

玄宗见状，大为欢悦，将李泌抱在怀里，命人取来瓜果吃食，让李泌尽情品尝。还让他在忠王院中，居住了两个多月。时李亨年已十八，但对李泌以弟称呼，特别加以敬异，两人竟成布衣之交。及李泌年长，便在东宫供职。李亨对他敬重有加，呼为先生，无论大小事情，都咨询于他，两人形影不离，交情深厚。

李静忠了解了太子与李泌的密切关系，就想方设法与这位东宫奉读套近乎。李泌对这位来自高力士身边的贴身随仆也犹礼有加。一日得闲，李静忠带着两斤从宫中弄来的上等火前茶去拜谒李泌。来到东宫奉读房间，便听得檐下鹦鹉学舌叫道："客来了，客来了！"

"此鸟真是善解人意"，帘子响处李静忠已跨进屋内，笑着对愣着的李泌作揖道："先生难得半日闲，奴才却来搅扰您了。"李泌连忙让座。李静忠道："奴才进东宫前，已素闻先生大名，今日能与先生同侍东宫，乃奴才前世所修洪福。先生风流儒雅，喜爱品茗，奴才特意弄来一包上等的火前茶，献与先生。"李泌忙答道："这'火前茶'可是茶中珍品，小生怎敢消受。"两人谦让一番，话题引向品茶。李静忠道："我只知火前茶是珍品，却不知何故称为'火前茶'？"

"此茶产于蜀中雅州。"李泌道："雅州有蒙顶山，山中产茶，春初所采芽茶，称为'火前茶'。因采芽之后，彼处山民要烧荒一次，以备耕种，故有此称。而烧荒后的夏初，茶树又要发出叶芽，此时采得之茶，称为'火后茶'。"

"原来有如此多的讲究，我在宫中多年，对茶道自以为略知一二，与先生相比，才觉孤陋寡闻。"

说话间，李静忠已在房内找出铜炉茶具，把茶煮上，立刻清香满屋。两人将茶水倒入碧玉小盅中，开始品茗，只呷一点点便觉满口留香，与平日冲沏之茶迥然不同。

由论茶、饮茶，李静忠有意将话题引向太子："殿下近日似心事重重，眉头紧锁，我们做奴才的该为主子分忧才是。"

李泌略一沉吟，笑道："我知今日李公公来另有所图，也罢，有些情况也该让公公知晓。"说着，就沉浸在回忆之中。

太子李亨生于唐睿宗景云二年（711）九月初三，是李隆基的第三个儿子，他是冲破重重阻力来到人间的。

当年李隆基还是太子时，见宫女杨氏长得容貌秀美，温柔可人，一高兴就让她怀了孕，她就是李亨的母亲。

杨氏怀孕后，李隆基非但没有添子做父亲的喜悦，而是惊慌不安。原来，当时朝廷中太平公主正与李隆基作对。起先，在朝中飞扬跋扈的太平公主以为李隆基年少，又是自己的晚辈，并不把他放在眼里。可是，自从李隆基被立为皇太子后，她惊恐地发现李隆基英武果断，足智多谋，身边又聚集了一批才智超群的豪杰俊彦。睿宗每遇大事，总要询问宰相："与三郎议否？"这引起了太平公主的妒忌与惶恐，她想用一个平庸之主来取代李隆基的太子地位。于是，她唆使人四处散布流言，以"太子非长，不当立"为名，来动摇李隆基的太子地位。正在这节骨眼上，杨氏怀孕了。李隆基唯恐太平公主知道此事后，说他性喜女色，行为荒唐，废黜了他的太子地位。

经过深思熟虑，李隆基找来自己的亲信，东宫侍读张说，密嘱他到宫外弄一帖堕胎药来。

那天，李隆基在密室内正在煮张说给他的堕胎药，他有些心神不宁，打起了盹，一不留神把药罐打翻了。他又换了新药重新再煮，人又昏昏欲睡，竟第二次把药罐弄翻，如斯者三，使李隆基惊讶不已，将此事告诉了张说。张说原本对堕胎之事有顾忌，怕日后李隆基反悔，怪罪于他。听了后趁机劝道：这是上天要保留殿下的血肉，不应再有其他顾虑了。这样，险些被扼杀在母腹中的李亨才来到了人间。

李亨出生后，初名嗣升。由于玄宗的结发妻子王皇后婚后一直未育，尚在襁褓中的他便离开了生母，由王皇后抚养，王皇后待他如亲生儿一般。

帝王家的子女一生下来，就封官授爵，不同于普通人家。李亨两岁时，还在牙牙学语，被封为陕王。5岁时又被拜为安西大都护，河西四镇诸蕃部落大使。李亨自幼好学知礼，酷爱读书，玄宗十分喜爱他，为他延聘了当朝的饱学之士教他，如贺知章、潘肃、吕向等人，李亨也不负父望，童年时，他的聪颖和早慧，常使老师叹服。

这时的李亨无忧无虑，幸福快乐。可不久，这位皇子就体验到了生活在帝王家的不幸与险恶。

那是开元十二年（724）七月，多年来与他相依为命的养母王皇后，因遭武惠妃诬陷，被玄宗废黜，打入冷宫。这年十月，王皇后在冷宫中凄凉地死去。

这件事对李亨刺激很大。因为养母一直对他很仁慈，虽非亲生却如同己出。她一手把他抚养大，问寒问暖，养母与他已有了深厚的情谊。平日里，她又常常告诫他，要以节俭和礼让等美德，为做人立身的根本。王皇后对自己也十分克制，恪守皇家礼仪，宫中上下深孚人望。他理解这场变故，但他的性格发生了很大的变化，由活泼纯真，变得沉默寡言，喜欢一人独自沉思。

他又回到了生母杨氏身边，表面上看仍一如既往地勤奋学习，但这位英俊潇洒的少年总有一种忧郁感。

开元十五年（727）正月，李亨被封为忠王，其名由嗣升改为浚。同年五月，领朔方节度大使、单于大都护。两年后，生母杨氏病故，他感到在皇府里更加孤独。小时候，兄弟姐妹们还常常在一起嬉戏，现在也不常往来了。只是逢年过节，或父皇召见，才见一面。见面时也礼貌有加，根本没有了亲情。这使得他变得更加敏感和脆弱，言谈举止也更加小心谨慎，唯恐招致不测。

这时候的玄宗沉浸在开元盛世的梦幻中。对政事渐生懈怠之心,好大喜功,已听不进忠诚忤逆之言了。整日里在皇宫中燕尔寻欢。对李亨的关心已不如过去,尤其是李亨的养母、生母相继去世后,偶尔他也会问起李亨的情形,但给他的印象是少年老成,忠厚诚实而少机敏。

开元二十年(732),信安王李祎率领诸将大败突厥、契丹,玄宗以李亨(河北道元帅)遥统之功,加司徒。二十三年(735),改名为玙。

开元二十五年(737)四月,太子李瑛、鄂王李瑶、光王李琚被废为庶人,不久赐死于长安城东驿。这件事使李亨很伤心,却不料又成了他一生的重大转机。他做梦都没想到父皇竟册封他为太子。

这本该是件高兴的事。可一做上太子,就像坐到火炉上,日夜焦虑不安,失去了往日平静的生活。宰相李林甫似乎总在暗处窥视着他,一有机会就向他逼来。东宫供奉李泌向他进言"韬光养晦",他深以为然。每次见到父皇总是非常顺从,更不会忽视礼节;对父皇身边的人,如高力士,他尊称为"二兄";即使是暗地使绊子的李林甫他也笑脸相迎。对朝廷之事他不管不问,整日里如豪门公子般去禁苑骑马、打猎,耽于玩乐。可这有什么用呢?

"生在帝王家真不知是幸耶? 不幸耶?"李泌叹道,结束了他的叙述。

李静忠默默地听着李泌的叙述,不时插上一两句问话。李泌所讲的有些他已知晓,但很多情形是他没料到的。过去跟在高力士身旁,对宫廷斗争虽有觉察,但不像此次身在东宫,那么身临其境。但他还是往好处想,以为太子和李泌有些过虑。

"宰相李林甫和太子殿下见了面总是亲亲热热的,不会有什么隔阂吧?"

李泌摇摇头,心想:他是在装傻还是真不知道? 李林甫自从立寿王为太子失败后,他和太子间已结下了心病。

李静忠此时又添了一句:"殿下好好的,没有过失,总不会把殿下无缘无故废除吧?"

这时李泌忍不住了,说出了一番话,使李静忠大吃一惊。

天大亮了,两人密谈了一宿,悄然分手。

事情不幸被李泌言中。

李林甫想除掉太子。

李林甫是唐高祖从父弟长平王叔良的曾孙,为李唐宗室,从小不学无术,专学一套奉承拍马的本领。开元初,李林甫受到源乾曜、宇文融援引,步入仕途。在做吏部侍郎期间,他投靠于颇受玄宗宠爱的武惠妃门下,唐玄宗在宫中说些什么,想些什么,他都事先摸底。等到唐玄宗找他商议时,他就对答如流,简直跟玄宗想的一样。玄宗听了很满意,就把忠臣张九龄撤了职,让李林甫当了宰相。

为报答武惠妃,李林甫当年曾欲立寿王为太子而不曾成功。此后,他表面上和李亨关系不错,实际上彼此都有心病。李林甫明白,一旦太子嗣位,自己就会失去所有,所以他要乘机击倒太子。

太子妃的哥哥韦坚,和大唐边将、陇右兼河西节度使皇甫惟明往来密切,而皇甫惟明从小又与李亨生活在一起。在李亨做亲王时,皇甫惟明担任"友"的官职,从五品下,其职是陪侍规劝亲王。开元十八年,皇甫惟明奉旨出使吐蕃,回京后,升任河西、陇右两道节度使。李林甫认为,只要太子和韦坚、皇甫惟明往来,就是一次击倒太子的良机。

天宝五年(746)正月,手握兵权、身兼两道节度使的皇甫惟明回到京城,入朝面见玄宗。玄宗很高兴地在便殿接见了他。皇甫惟明乘机告了李林甫一状,说他专权,使朝廷缺敢言之士。

皇甫惟明说的都是实情。

可此时玄宗却听不进去,反而感到了事态严重。因为皇甫惟明、韦坚与太子有特殊关系,眼下皇甫惟明战功显赫,韦坚为朝廷理财也取得很大成功,他不愿看到太子羽翼丰满后,威胁到自己的地位,甚至重演当年自己"逼父禅位"的一幕。李林甫正是摸准了玄宗的心思,准备对太子下手了。

两天后,正逢上元节。

上元夜,通宵解除宵禁,上至皇亲国戚,下至普通百姓,纷纷上街观灯。

"殿下也在观灯?"李亨回头一看,原来是舅哥韦坚。两人在路旁嘘寒了几句就分手了。

韦坚与李亨分手后,又遇见了皇甫惟明。两人好久没见,正有满腹的话说,就并肩携手,越谈越投机,不觉来到景龙观。

这景龙观,在崇仁坊东南角,是一所道教的庙宇。两人走累了,就进观随一道士来到方丈,在方丈内饮茶聊天,兴尽而归。

谁知由此埋下了祸根。自皇甫惟明入京后,李林甫就派人暗中监视着皇甫惟明与韦坚等人的行动。当得知上元节三人曾会面消息,他欣喜若狂,当即入宫奏知玄宗,诬告韦坚以外戚身份与边帅皇甫惟明结朋,欲立太子为帝。玄宗震怒,将韦坚贬为缙云太守,皇甫惟明贬为播川(今贵州桐梓西南)太守。此时玄宗还不想扩大事态,只想惩戒一下太子。

李林甫没有就此罢休。半年后,韦坚的弟弟韦兰和韦芝在李亨的支持下,上书为兄鸣冤。李林甫借机大做文章,指使人上表攻击太子妃韦氏的家族有异谋,欲使太子早日为君。

玄宗再一次被激怒了,太子李亨见状惊惧不已,为保全自己,不得不表请与韦妃离婚。

这一连串的事变,便李静思很惊讶。起初,他以为太子个会有事;叫第二次当韦氏兄弟旧案重提,连太子也不得不提出与妃子离婚,事态就严重了。倘若太子被迫与太子妃离婚,东宫的地位就岌岌可危。

在危急时刻,太子采取了应对之策,紧张地托朝中重臣为自己求取救援。他想到了李静忠,要他去见高力士。

李静忠懂得"一荣俱荣,一损俱损"的道理,但他这个奴才,能在高力士面前说上话吗? 只能试试再说。

当两位原先的主仆相见时,高力士早已猜到了他的来意。结果他还没开口,主人就堵住了他的话:"你回去吧,好好侍候主子。"听了这句话,李静忠心中的石头也落了地。

后来,此案果然大事化小地解决了,太子不必离婚,但是把韦妃打入了冷宫,韦氏一族人也都受到贬斥,数十人受牵连,遭流放或贬斥。

事后,李静忠庆幸太子能平平安安地躲过此劫,但他对入侍东宫已没有了当初的激动和兴奋。他没有想到,这仅仅是东宫的磨难开始,还有更大的磨难和考验等着他呢。

好容易抵挡住了李林甫对东宫射出的一支支冷箭,惊魂甫定的李亨和李静忠原以为该有一段平静的岁月,偏偏祸起萧墙,又发生了太子良娣的父亲杜有邻和女婿柳勣失和闹翻,被李林甫利用,诬告太子之事。

事情发生后,太子将李泌、李静忠找来商议对策。

已是初夏,窗外莺鸟在槐林间嬉啼,暖风习习,室内充溢着槐蕊芳香。但这一切并不能使屋内主仆三人的心情宁静和安逸,反而更令人心烦意乱。

这是明摆着的事,杜有邻和柳勣都是东宫属官,又和太子沾亲带故,无论于公于私都难脱干系。

何况给杜有邻定的罪名又是妄解图谶,指斥皇上。"这可是死罪啊",李泌沉吟半晌,说道。图谶是汉代一种关于符命占验之书,据说根据书上的文字、符号,上可以推知国君的兴废,下可以算出黎民的祸福。当时,谁家藏有此书,被视作对皇上的不忠,若是对别人解释图谶,更是心怀异态了。

听李泌这么一说,李亨更加忧心忡忡,焦虑地在屋内踱着步。

李静忠见状,暗想,该是自己出头露脸的时候了,便开口道:

"殿下,奴才倒有个主意,不知当讲不当讲?"

由于这一年多来,李静忠在李亨身边,已经得到了李亨的信任,尤其是去年韦坚、皇甫惟明一案,靠他去托了高力士,帮自己渡过难关,便道:

"你且说来!"

李静忠道:

"以奴才浅见,此案与东宫有千丝万缕联系,全在于杜有邻是良娣父亲,若没有这一层关系,殿下又何虑之有?"

李泌立即高声说道:

"好! 好主意! 只是……"两人都把目光注视着李亨。

李亨此时才回过味来:"把良娣废为庶人?"他艰难地咽了下口水。

根据唐代宫闱制度,太子妃一人,下有良娣、良媛、承徽、昭训、奉仪诸品级,都是太子的夫人。由于韦坚事件牵连,李亨才把韦妃打入冷宫,现在又要轮到良娣了,作为一个太子,竟连自己的夫人都保护不了,他感到了耻辱。

何况杜良娣又是他宠爱的女人。她不但长得端庄娇丽,而且善解人意。每次临幸时,她总是温柔地迎接如失去家庭的孤儿一样悄然而来的李亨。随着李亨心情的逐渐平和,他越来越体味到杜良娣身上的无穷魅力。自韦妃被贬入冷宫后,李亨仿佛被妖魔操纵着,每夜都流连于杜良娣的身边。

杜良娣的美妙,不仅在于闺房之乐。想喝一杯茶的时候,尚未开口,她已捧来了一盅飘着清香的茶水。喜欢文学的李亨,偶尔谈到历史或诗词,杜良娣的反应使李亨知道她有很好的文学修养,在这方面,太子所拥有的女人中,没人能和她相比。

两人有时在春风陶醉的夜里,互相凝视着互诉衷肠;有时在烛光之下,兴致勃勃地谈论着诗文。每每这时候,李亨总是无限怜爱地瞧着良娣,一面用手抚摸着她的头发。他已经许诺,等他登极时,就册她为妃。现在不仅要食言了,还要违心地将她赶出宫去。

李亨的脸上露出了痛苦的神色。两人看出太子有不忍之色,又不便多言。就悄悄退出房外,心想,在利害面前,太子会想明白的。

太子最终还是采纳了李静忠的意见。因为李林甫逼迫杜有邻承认交构东宫,妄解图谶,倘若此时还不与杜家划清界限,引起父皇怀疑,便会一句话就将他废黜,甚至赐死。唯有沉默、孝谨,唯父皇之言是听,唯父皇之意是从,才是保住太子地位的唯一妙方啊!想到这里,他决心已定。

想是想通了,要做却很难。面对如花似玉的杜良娣,他实在难以实话相告。于是他又把李静忠叫来。

"殿下放心,此事包在我身上,我会把事情办圆满的。"李静忠保证道。

杜良娣最终被赶出了东宫。当她离开东宫时,已哭成了泪人。临走前,她想见太子一面,被李静忠婉言劝阻了。望着这个已换了民服的女子,蹀躞着往宫门外走去时,李静忠两眼湿润,心里涌动着凄楚又同情的复杂感情。她在宫外已没有家了,父亲被处死,母亲和家人也被流放到千里之外,出宫之后将何处栖身? 最好的出路是出去做尼姑,在青灯古佛旁度过余生。李静忠追到殿门口,将一个包裹塞到杜良娣手里,悄声说:"这是一点银两和几件衣服,是奴才孝敬主子的,老奴送主子出宫门。"

杜、柳一案最后也悄悄处理掉了,除当事人杖杀外,太子没有受任何牵连。当有人诬告杜有邻交构东宫时,玄宗开始为儿子说话:"吾儿仁孝,深居宫中,安得与外人通谋,此必妄也。"

事后,李静忠庆幸太子平平安安,又躲过一劫,"留得青山在,不怕没柴烧",只要太子无恙,就不愁我李静忠日后的飞黄腾达。

现在,太子已把他视为心腹,让他负责东宫的内坊,对他说:

"小李子,你为我立了一功,以后有你的好处。"

李静忠立即跪下：

"谢殿下隆恩。"

二　趁乱发迹

天宝十四年(755)，天下升平，繁荣兴盛。

这年十月，玄宗皇帝按例离开长安，来到相距京城数十公里外的临潼骊山华清宫避寒。千骑万乘，随从如云。随行的百官以外，自然有皇太子李亨。

这些年，朝廷人事有了一些变化。玄宗皇帝陶醉于天下太平，把政事都付诸宰相，武事尽付于边帅，自己十天半月难得坐一次早朝，只顾在后宫与妃子取乐。原来开元二十八年时，玄宗见寿王妃杨玉环明眸皓齿，肌肤细腻而丰腴，竟一见倾心。按说大唐皇帝身边并不缺如花似玉的女人，可玄宗对玉环却着了魔，将她悄悄纳入宫中。为避人耳目，玄宗将儿媳由寿王妃度为女道士，赐道号"太真"，可并未让她居于道观，而是一天竟未分离。天宝四年又册封为贵妃。杨玉环原为蜀州司户参军杨玄琰的女儿，据说此女生下时，臂上带一环，故取名为玉环。后来她父亲死后，她去投靠了叔叔杨玄琰，直到十六岁入宫成为寿王妃。如今成了贵妃后，天天与玄宗车同辇，止同室，宴专席，寝专榻，她的家族也跟着沾光。她的三位姐妹分别封了韩国夫人、秦国夫人、虢国夫人的爵号，她的兄弟也纷纷拜官授卿，官运亨通。尤其是兄杨国忠，闻玉环册封为贵妃，从家乡蜀地赶到长安，先是做了户部郎中的判官，以后竟青云直上，到了天宝十一年，李林甫病死后，玄宗任命他为宰相，身领四十余使，朝廷中大事小事，都由他独揽。杨氏一门富贵天下，长安城里流传着这样的民谣："生女勿悲酸，生男勿喜欢"，"男不封侯女作妃，看女却为门上楣"。

唐代舞乐壁画

杨国忠当权后，太子李亨的日子表面上看比过去好过一些了。原先李林甫在世时，三番五次地迫害太子，跟随太子的亲信党羽死的死、散的散、贬的贬，使他成了孤家寡人，终日惶惶不安。杨国忠对他要客气一些，也给了他一些自由，但暗地里还是防着他。因为过去李林甫在世时，杨国忠也得罪过太子，把李亨身边唯一的谋士东宫奉读李泌赶出了京城。所以，这次太子随驾上山，虽比往年自由多了，也带了许多扈从，但行动仍然小心，不敢造次。

与往年相同，上骊山避寒，主要是游玩。玄宗与贵妃天天带着皇室人员设宴、歌舞和赐浴。这华清宫的汤池有许多讲究，玄宗和贵妃洗浴用的汤池名叫九龙殿，又称莲花汤。那池壁砌着用白玉镂刻的鱼、龙、鸟、雁，池上置一横梁，上有二龙戏珠图案。池心，并蒂玉莲喷洒出蒙蒙雨雾，在乳白色的暖气中，玉梁上的凫雁似引颈而鸣。九龙殿的西面是太子汤，是太子和嫔妃洗浴之处。太子汤的西南是宜春汤，又有长汤十六所，都是皇上率嫔妃宫女沐浴、戏水和泛舟的大池。所以每次赐浴，玄宗和贵妃及众嫔妃欢声笑语不断，闹作一团。

玄宗和贵妃还常在华清宫设宴、歌舞，冬至那日，玄宗命人在按歌台举行盛会。那真是少有的繁盛场面啊，由一百二十余名乐工组成的乐队为宴会奏乐，宴会中仅侍奉的内侍和宫女也达数百人。太子、皇子和公主们都来参加盛会，宫苑中张灯结彩，喜气洋洋。

李亨本以为这次骊山避寒与往年没有多大区别，上山一个多月，天天尽兴游玩。可这时发生了一件惊天动地的大事，不仅打乱了度假，还使巍峨的大唐江山倾斜了下来。最终也改变了他的命运。

最初他是从家奴李静忠嘴里得知这一消息的。那是在冬至盛会的第二天，下了场冬雪。雪后放晴，李亨在骊山宿驿以北处滑雪。平时文弱的太子滑雪时显得灵活和机巧。正在兴头上，山坡上爬上来一个人，挡在了李亨的去处，气急败坏地嚷道："殿下，安禄山起兵造反了！"

初闻此言，李亨一震，前两年就有流言说安禄山要反，他报告了父皇，结果被父皇指斥了一顿，不由脸色阴沉了下来："休得胡说。"

李静忠急了，气喘吁吁地说："奴才不敢胡说。奴才在宫门口看见负责禁卫龙武大将军陈玄礼领着一个骑者往宫内闯，好生奇怪，禁内严禁挥鞭催马，老将军今儿个怎么啦？赶紧向跟在后面的陈玄礼将军的亲随打听，才知出了大事，逆贼安禄山在范阳起兵，连克定、恒诸州。"

"啊！"说得这么具体，看来不是谣传了，李亨想道。

这时，山下的随从也来找太子，说是皇上找殿下及宰相等文武百官于东大殿议事。李亨匆匆跟随从走了。

午后，李静忠指挥东宫的扈从打点东西，出了这么大的事，肯定要提前返回京城。这时，太子回府了，见状，奇怪地问："都在干什么？"

仆从答："李总管要我们打点行装。"

李亨道:"先都别忙着整理行装,各人该干啥干啥去!"李静忠见主子不高兴,忙紧紧地跟他进了内屋。

"皇上不相信安禄山会反,说是谣传,派人去打探消息了!"李亨边说边摇头,他是相信安禄山会造反的

安禄山(?——757),营州柳城(今辽宁朝阳)人。早年他在平卢军里当过将官,因为不遵守军令,打了败仗。边境守将把他押解到长安,请朝廷处分。当时宰相张九龄见此人双目诣笑,眉宇间隐隐透出乖桀凶悍之气,对玄宗说:"今日不杀此人,他日必为国家之祸。"可玄宗听说他打仗勇敢,不怕死,就把他放了。后来,安禄山靠奉承拍马的手段,一步步地当上了平卢节度使。

安禄山当上节度使后,就尽量搜集奇禽异兽,珍珠宝贝,经常送到宫廷讨好玄宗。他知道玄宗喜欢边境将领报战功,就采取欺骗手段,诱骗平卢附近的契丹、奚等少数民族首领和将士来谈判讲和,请人家喝酒,酒里却下了药,喝下就醉倒。他再把人家杀了,把他们头目的脑袋割下,装在木匣子里,送往长安,骗皇上说,他又打了大胜仗,这些酋长的脑袋,是他在战场上斩获的。

于是唐玄宗很高兴,就常常在长安召见安禄山。安禄山抓住机会,骗取唐玄宗的信任。他瞧不起太子李亨,见了太子不下拜。皇上问他,他装糊涂,道:"臣是胡人,不知道太子是什么官。"他长得肥胖,凸着肚子,皇上和他开玩笑:"这么大的肚子,里面装的是什么?"他马上答道:"别无他物,只有忠于陛下的赤心。"

玄宗真以为安禄山对他十分忠诚,心里很高兴。为他在长安造了一座华丽的府第。安禄山搬进王府后,玄宗每天派人陪他一起喝酒作乐,还让杨贵妃把他收为干儿子,让安禄山在内宫自由进出,亲热得像一家人一样。并除了担任范阳、平卢节度使外,又兼河东节度使,控制了北方边境的大部分地区。

对于这样一个他一手提拔起来的边将,玄宗自然不相信他会造反。

可这一次安禄山真的造反了。

其实,安禄山早就准备谋反了。他秘密地招兵买马,从边境各族的降兵中,挑选了八千名壮士,称作"曳落河",给予特殊的待遇,组成一支精兵。他又要求朝廷将范阳的三十二名汉将都撤换掉,委派了自己的人。他的身边,有史思明等一批猛将,有高尚、严庄等谋臣,并准备了大量的粮草和兵器,准备等唐玄宗一死,就起兵反唐。

可现在他等不下去了,主要是由于他和宰相杨国忠的矛盾白热化了。在杨国忠拜相前,安禄山因惧怕李林甫的阴险狡诈,他和杨国忠的关系倒也密切。等到李林甫死后,安禄山对杨国忠态度变了,在他眼里,杨国忠是靠裙带关系而出人头地的,两人遂结下了怨仇。为了牵制安禄山,杨国忠先是拉拢哥舒翰,又不厌其烦地向玄宗进言安禄山必反,时间长了,玄宗也起了疑心,便采纳了宰相建议,试召安禄山入京,以观其变。

岂料安禄山接到诏书后,便日夜兼程,风尘仆仆赶到长安,他的这番举动,使得

杨国忠陷入了被动的困境中,也让玄宗吃了定心丸,使他再也不信安禄山会举兵兴乱的消息。为了笼络安禄山,玄宗又给安禄山封官授衔,授予他尚书左仆射,兼领闲厩,群牧使。两个月后,安禄山心满意足地离开京城。

杨国忠见自己一再不厌其烦上奏安禄山必反,都始终未能取得玄宗相信,不禁恼羞成怒,便不择手段地激怒安禄山,使其速反,以证明自己的正确。他先是除掉了安禄山安插在京城的坐探吉温,又派人日夜监视安禄山在长安的私宅,然后又搜了安禄山私宅,杀了门客李超、安岱等人,终于逼得安禄山恼羞成怒,举兵反唐。

面对边地一份份急报,玄宗沮丧万分,慌忙召集百官议事。满朝大臣从没经历此等劫难,个个忧形于色,六神无主。唯独宰相杨国忠得意扬扬,成竹在胸地对玄宗奏道:"陛下,臣早已料定安禄山必反,今日不幸被我言中。然此贼实不足虑也。臣敢断言:要造反的不过安禄山一人而已,连他的部下也不会跟从,不出十天,必定有人会斩安禄山之头献给陛下。"

玄宗听了信以为真,遂放下心来。

李亨和群臣面面相觑:安禄山有精兵十五万之众,而中原近百年未见刀兵,朝廷拿什么去抵挡叛军呢?杨国忠只用大话搪塞皇上,怎么得了?大家忧心忡忡,可又拿不出良策。

在兵烽战火中,大唐皇帝直到十一月二十二日才从容地由骊山返回长安,此时距安禄山造反,已有十二天,叛军的马蹄已踏过太原,渡过黄河了。

天宝十五年六月。

夜幕刚刚降临,李静忠就悄悄地溜出东宫,去找龙武大将军陈玄礼。

这些日子,这位东宫总管忙得不亦乐乎。自安禄山起兵以来,皇上常常召太子商议,朝中一些大臣也悄悄地来拜谒太子,东宫府一改往年冷清局面,变得热闹起来。这里就有李静忠的一份功劳,他不停地打探消息,在有关人员中穿梭交往,替太子出谋划策,正酝酿着一项重大的事变。如果一切顺利,他李静忠就不是目前的状况了。

原来安禄山起兵后,一路风尘滚滚,所向披靡。中原一带百年未有战乱,已不知兵战,沿路官兵逃的逃,降的降,郡县纷纷失守,在数十日内竟横扫了河北、河南两地。玄宗此时方知形势严峻,急忙调兵遣将,可还是挡不住叛军锋芒。不久,安禄山攻克洛阳,并于天宝十五年正月自称大燕皇帝。

幸亏此时河北诸郡爆发了如火如荼的起义壮举,中原太守颜真卿、常山太守颜杲卿振臂一呼,诸郡纷纷响应,迅速组织起一支支义军,抵抗叛军,使安禄山后院失火,顾此失彼。

再说朝廷内部。自动乱以来,一向对权力极为敏感的唐玄宗,对太子的限制宽松了许多。他经常召太子议事,还给了太子许多空衔。在任命河西、陇右节度使哥舒翰领兵镇守潼关时,在"先锋兵马副帅"前面加上"太子"之名,这样的官衔过去从未有过,也使太子心中产生了憧憬。不久,玄宗想率兵亲征,下诏由太子监国。

诏书下达后,李亨欣喜若狂,李静忠也十分高兴。侍候主子这么多年,终于等到这一天了。主仆两人没高兴多久,就发现已受命监国的太子,依然没有多大实权。原来,皇上诏书一下达后,杨国忠慌了。早年在杨国忠当政前,为了讨好李林甫,他对东宫也极尽陷害之能事。倘若让太子主持朝政,君临天下,对杨氏家族无疑是场灾难。退朝后,杨国忠急忙把韩、虢、秦三夫人找来,对她们说:"太子亨恶吾家专横久矣,若一旦得天下,吾与姐妹并命在旦暮矣。"兄妹们感到大祸临头,抱头痛哭。最后由韩、虢、秦三夫人去找贵妃,请求贵妃劝说玄宗收回成命。贵妃自然晓得此中的利害,就日夜阻止皇上亲征,这样太子监国一事也不了了之。

当太子李亨得知这一情形后,不由得咬牙切齿地对李静忠道:"我与杨氏兄妹不共戴天!杨氏兄妹,我们走着瞧。一旦我攥到了传国玉玺的印钮,第一道圣旨就是,要把杨家满门抄斩,夷灭三族。"

主仆俩从此定下了清除杨氏兄妹的狠心,今夜就是为了此事,李亨让李静忠急着找陈玄礼的。

龙武大将军陈玄礼早年就跟随玄宗诛灭韦氏和太平公主,皇上对他十分信任。他领着羽林军对皇上忠心耿耿,对部属也从不倚势凌人。四十年来,他天天鸡叫起床,先练一套剑术,尔后去军营巡视。由于他不居功,不自傲,不结党营私,也不与朝官往来,在李林甫、杨国忠大兴冤狱时,不少朝臣被清除掉了,唯独他稳如磐石,拿着正三品的俸禄,安稳地做着宿卫宫廷的将军。

近些日子,一向心宁神闲的老将军也变得心情浮躁起来。一是来看望他的人多了,玄宗常常派高力士找他;杨国忠也时常邀他到府上去;连一向不抛头露面的太子亨也派近侍李静忠找了他几次。各势各派的人都来拉拢他,他能静心吗?

更主要的是他对时局越来越忧虑了。

安禄山刚起兵时,陈玄礼和朝廷中的大多数人一样,并不把安禄山当回事。岂料情势一天比一天严重,安禄山以摧枯拉朽之势席卷了黄河以北的大片河山。朝臣中,以杨国忠为首,不断向皇帝进言,把握现在的机会,展开反攻战。

皇帝征求哥舒翰的意见。哥舒翰坚决反对出关进攻。哥舒翰是一员老将,他清楚他手下的兵,虽号称二十万,但大都是从京城临时招募的乌合之众,没有多少战斗力。何况潼关是京师的最后一道屏障,地势险要,素有"一夫当关,万夫莫开"之称。所以,哥舒翰接管潼关防务第一天,在给玄宗的第一份奏章中,就提出闭关固守的策略,得到了玄宗的赞同。安禄山军队屡次攻关,都失败而归。这一守就守了半年,终于使战场形势稳定下来。

可这时,在杨国忠出关作战的请求下,朝中请战的呼声却越来越高了。长安的官员们,忽然豪壮起来,似乎个个都有奋勇杀敌的勇气。

皇帝也犹豫起来,一再催促哥舒翰出关作战。

在玄宗一再催逼下,哥舒翰自知出关作战凶多吉少,捶胸恸哭后,于六月初四率军出关。在灵宝西南的西原,遭遇叛军伏军。此处南靠首山,北临黄河,中间是一狭长隘道。遭此伏击,唐军死伤甚众,自相践踏,溃不成军。战至日落,二十万大军几乎全军覆没,仅剩八千余人逃回潼关。

可这时潼关已遭叛军团团包围,唐军残兵败将岂能抵御。消息传来,京师震惊,朝廷一片混乱。宰相杨国忠无奈之余,提出弃都逃跑之策,到蜀地避难,局面变得无法收拾了。

这些日子里,陈玄礼变得忧心忡忡。他认为朝中出了奸臣,这奸臣就是杨国忠。是他一再要求皇帝让哥舒翰出关作战,把二十万大军推向了深渊。"此人不除,国家将毁在他的手里",这一想法一产生,使陈玄礼心中一惊,但同时勇气倍添,如同回到了年轻时刻。

潼关失守后,使战场形势急转直下,河东、华阴、冯翊、上洛等地防御使皆弃城而逃,刚在河北打了几场胜仗的郭子仪、李光弼部见形势不利,也主动撤出河北,退守太原。朝廷中有不少人和陈玄礼看法相似,认为是杨国忠造成了如此局势。

就在此时,太子派李静忠主动找他联系。

李静忠来得正是时候,因为白天皇帝已把他找去,研究宫廷的禁卫情况,叫他做好"幸蜀"的准备。

陈玄礼报告说:禁军有骑兵三千五百余人,闲厩有马九百匹,已悄悄集中,可以随时护驾西行。

玄宗有些惊讶,脱口道:"这么少?"

"陛下,飞龙厩骑兵三百六十名已调出,由建宁王统领巡城,羽林军步骑一千二百人,也已调出参加城防。"

皇帝摆摆手,知道这些情况。潼关失守后,长安成了危城。太子李亨提出,为了长安城的安全,请求调出飞龙厩骑兵巡城,并由其第三子建宁王李蒂负责。玄宗同意了,因为在目前的情况下,他不得不依靠太子。

现在他有些后悔,他就是靠夺权起家的,对宫廷的权力斗争十分敏感。但眼下又不便与这位亲信多说什么,吩咐道:"你检查一下装备和车辆,马匹中也汰去一些病弱的。西行入蜀之事,须保守机密,对外只说要备战迎敌;总之,随时做好准备。"

那天晚上,陈玄礼跟着李静忠来到东宫,与来人密谈了一宿。分手时,李亨高举双手向上一揖:"这是老天赐将军助我啊!"陈玄礼也有些激动,却什么也没说。心想,外面传说太子怯懦仁慈,不尽然啊!刚才与太子的一番交谈,使他看到了其父亲玄宗年轻时的影子,"毕竟是帝王之胄啊!"他不由赞道。

太子李亨与龙武大将军陈玄礼的会面,是由李静忠一手促成的。

动乱产生后的一个最大的好处,是太子获得了更多的自由;大敌当前,再要严密监视太子已不可能了,皇帝与宰相有许多急迫的事要处理。随着形势紧张,皇帝产生了太子监国的念头,并下了诏书。这时候东宫上下欢欣鼓舞,可此事自下达诏书后就没了下文。李静忠心想莫非事情有变,果然一天上午退朝后,太子回到书房整整一下午没再出门。李静忠走进书房,关切地问道太子的心情,又直率地说:殿下近来消瘦了,国难当头,可要保重啊!

太子叹了口气,道:"叛贼固然使人忧啊,可朝廷内部也多事啊,祸起萧墙,这大唐江山难道要完了吗?"说着流下了眼泪。

李静忠跟随太子多年,从没见他如此激动,李静忠有些听出点味儿来了,不过他仍没言语。

沉默了一阵,太子告诉他,因为杨氏兄妹的阻挠,父皇又不提太子监国的事。

李静忠趁机道:"殿下息怒,此事不必生气!"

太子惊诧地问:"为什么?"

"以奴才浅见,杨氏兄妹与东宫交恶久矣,殿下监国,势必会引起他们的反对。"

太子听后,点点头,道:"静忠,你随我最久,我们之间,无话不谈,以你的意见,眼下我该怎么办?"

李静忠一激灵,他入东宫后,主子还从没这样推心置腹过。此事若讲浅了,无关痛痒;讲深了,又怕弄不好反遭麻烦。

太子见他踌躇,压低声音道:"此处没外人,但说无妨。"

"奴才有上、中、下三策。"

"先说中策。"

"中策是抓住时机,徐图发展。趁安禄山作乱,太子倚仗父皇,交结朝中内外人才,形成与杨国忠集团抗衡局面。待以时日,君临天下。"

"下策呢?"

"下策是忍辱负重,在朝中不争名利,洁身自好,凡事退让,可保无大祸。"

"上策?"

"上策"李静忠停顿了一下,古井一样的眼睛闪烁着:"殿下其实已明白我要说的,快刀斩乱麻!"对杨氏一族,——"说到这里,他用手势做了一个砍杀的姿势。

一阵寒风扑进来,满室灯烛摇曳不定,窗纸都不安地欷欷作响,书房里刹那间变得有点阴森。李亨激灵打了个噤,仿佛不胜其寒。听着院外萧索的落叶声,良久才道:"下策消极了些,上策过于凶险,中策最为稳妥。"

李静忠还想说什么,太子摆摆手:"你的意思我明白,此事急不得,日后再议"。话锋一转,换了一种亲切的口气,说:"静忠,这些日子朝廷多事,你勤快一点,多着人四处打探消息,不仅叛军之事要关心,这宫内宫外也别疏忽了。"

李静忠点头答应。

事隔不久,发生了潼关失守,皇帝惊慌失措,杨国忠提出幸蜀之策,建议玄宗弃京前往蜀地避难。

太子回府跟李静忠商议此事:"潼关一破,长安已是空城,陷落是早晚的事。去蜀地避难也是一策。蜀中物产富饶素有天府之国美称,周围悉为崇山峻岭,内外险固,易守难攻。"

李静忠听了连连摇头:"此事万万不可。蜀地虽然安全,但是远离关中、中原,不能根据战场上敌我双方变化,领导军队平息叛乱,此其一;其二,蜀中是杨国忠老巢,又身兼剑南节度使,蜀中官吏多为他的党羽,若一旦幸蜀,宰相倘若挟父皇以令天下,殿下可有身家性命之虞啊!"

这正是李亨最担心的,被李静忠一箭中的,李亨的脸色一下子变得苍白,半晌没回过神来。

李静忠道:"当今正处于非常之时,天降大任于殿下,唯用上策,方可避刀光之灾啊!"

太子心动,他明白不除掉杨国忠兄妹,非但他不能顺利登基,日后还受其乱,便同意派李静忠去游说陈玄礼,事成之后,再安排一次太子和陈玄礼的会面。临别时,李静忠哭着拜别李亨,发誓道:"此事得手,自是殿下洪福;如若不成,老奴一人引颈就戮,决不拖累殿下。"

这些天,陈玄礼对杨国忠也日益不满,但这样的事得不到皇上或太子的认可,他是不敢造次的。此时,李静忠找上门来,两人一拍即合,决定伺机除掉杨国忠。

玄宗终于同意了宰相杨国忠的请求:放弃长安,西行蜀地避难。

天宝十五载六月十三日,黎明时分。

长安城还在沉睡之中。皇宫西边的延秋门悄悄地打开了,七十二岁的开元天地大宝圣文神武证道孝德皇帝李隆基,率众出了宫门。

队伍后面的李亨骑在马上,李静忠紧紧跟随着他。主仆两人望着前方蜿蜒不绝的人流与车队,一言未发,心情也很沉重。

根据计划,第一站在离长安四十里的咸阳望贤宫,在那里稍事休整,再继续进发。

离咸阳望贤宫还剩一半的路程,队伍开始有些乱了。骑马和乘车地走在前面,行走的就挤在了后面。因出行人多,没有那么多马和车骑供人骑乘,即使是皇室,也只是直系诸王有车或马,那些宫娥嫔妃也得步行。享惯了清福的那些皇子皇孙、宦官宫女,没隔多久,便走不动了,纷纷叫苦连天,即使有扈从士兵帮助,也无济于事。

望贤宫中却无人出来迎驾。原来是咸阳县令风闻叛军逼近长安,早已弃城而逃;连打前站的宦官王洛卿见状,也拔腿开溜。

望贤宫成了一座空宫,宫门大开,大家都惊呆了。高力士对鞍座上的皇帝说:"奴婢去找食,大家先下马歇一歇。"皇帝木然地应了一声,坐在树下休息。

在队伍前后负责警卫的陈玄礼急了:"六军将士仓促应诏,一夜急行护驾,滴水未沾,如少时无食充饥,又饥又累,暗生怨恨,如何是好?"急忙找杨国忠,杨国忠也无奈摇头,吩咐随从去集市弄粮食。

原来,皇帝平日出宫,从不带吃食;每到一处,自然有地方官前呼后拥地前来接驾,根本不必担心食宿。如今却不同了,山河破碎,东都洛阳早被安禄山窃取,长安也不日落入贼手;皇帝,国家的主宰,也成了逃难之人。兵荒马乱之际,皇上失去了威势,官吏各自奔命,连一些扈从的士兵也开始不遵约束,有的甚至口出怨言。坐在槐树下的玄宗,前思后想,不禁绝望。心想,我活了七十多岁了,享尽了人间荣华富贵,如今落到这种地步,有何颜面呢?不如死了干净。

他悄悄地拔出了御剑柄,趁无人防备,就两眼一闭,右手颤颤巍巍地往脖子上抹去。

说时迟,那时快,一个人从身后死命抱住玄宗,夺过宝剑,丢在地上,跪下抱着玄宗的一条腿,哭道:"陛下要想开啊,别走这条路。"

玄宗见是高力士,泪如雨下:"你何必拦我啊,如今我是死得痛快啊!"

此时,贵妃闻讯赶来,与高力士一起劝慰:"陛下,度过此关就会好的。"

玄宗心情平静一些,见围在身旁的嫔妃、公主,皇子皇孙又饥又渴,忍不住落泪,吩咐内侍拆行宫木料,煮马肉给众人充饥。内侍不忍杀马,杨国忠跑了过来,道:"臣到村里弄了一些胡饼,陛下请略进食。"

玄宗接过胡饼,见众人饥饿,难以下咽,把它分给几个尚未果腹的皇孙。

村民们闻讯赶来,玄宗对百姓说:"卿家有饭否?不择精粗,但且拿来,我们付钱。"于是男女老少箪食壶浆,争相献食。所献多是麦豆混煮的粗粮,但这时,那些平素连宫中山珍海味都吃腻了的嫔妃皇孙们,早就饿得饥不择食。没有食具,就用手捧着,狼吞虎咽地吃着,如风卷残云一般,就都吃完了。

周围的群众见皇帝落到如此窘迫地步,不禁失声痛哭,玄宗见状也老泪纵横。这时有个白发老翁,拽杖前来,对玄宗道:"小民郭从谨,敢献刍言。未知陛下肯容纳否?"

玄宗道:"但说无妨。"

老人道:"禄山包藏祸心,固非一日,亦有诣阙告其谋者,陛下往往诛之,使得逞其奸逆,致陛下播越。是以先王务延访忠良以广聪明,盖为此也。臣犹记宋璟为相,数直言,天下赖以安平。自顷以来,在廷之臣以言为讳,唯阿谀取容,是以阙门之外,陛下皆不得而知。"

玄宗:"此朕之不明,悔无所及。"

老人道:"陛下虽受些颠沛之苦,但知道了'不明而悔',实乃天启圣聪,社稷万民之福啊!小民早知必有今日之变,只是九重严邃,区区之心无路上达。事不到今日这一地步,臣何由而睹陛下之面而诉之乎?"

一番肺腑之言,说得玄宗无地自容:"朕托任失人,托任失人啊!"

等到众人胡乱充饥后,已到未时(下午三、四时),队伍才陆续出发,人们的情绪更加低落,途中有不少人开小差的,连内侍监袁思艺也趁机溜走了。

子夜时分,队伍才抵达金城(今陕西兴平市),县令和百姓都已跑了,所幸屋中口粮炊具仍在,大家自己动手煮饭,匆匆填饱肚子。

经过一百余里路的奔波,众人已疲惫不堪,这时已不分贵贱,大家横七竖八地睡去。玄宗和贵妃在一间稍显干净的房内安歇,因无灯火,屋内漆黑一片。

夜沉沉。奔波了一天的李亨也找了一间空屋安歇，虽长途跋涉了一天，却毫无睡意。他让李静忠去看望护驾的禁军将士。不一会，李静忠悄悄进屋："殿下，陈将军也来了！"

李亨连忙起身，扶陈玄礼坐下。

"殿下，禁军现已分散居住民房，没法去看望他们。"顿了顿，才道："只是将士们又饥又渴，个个怒不可遏，老夫担心途中有变啊！"

李亨一激灵，但黑暗中，看不出他的表情。

陈玄礼突然跪下奏道："殿下，当今之计，唯有采取果断之策了。"

李亨忙去扶他，陈玄礼不肯起身，却贴着太子耳旁说了一通。

李亨慢慢地直起腰，在屋里来回踱步，没有吭声。

第二天，六月十四日。

天一亮，玄宗一行又匆匆上路。路崎岖曲折，越来越难走了。禁军将士连日来晓行夜宿，忍饥挨饿，个个牢骚满腹，怨气冲天，一场哗变一触即发。

陈玄礼骑在马上，忧心忡忡。见前军又在歇息，忙问身边军士："此是何地？"

"将军，这是马嵬驿，离开金城已有二十里了。"

陈玄礼点头，马嵬坡是一驿站，北面是驿舍，有三栋房间；南面有驿亭，驿亭旁设一佛堂。日已午，人已倦。玄宗下令驻驾，令军士们休息造饭，饭后再行。

此时，四处散开的禁军们正三五成堆，议论着什么。原来，他们从百姓口中得知，长安已陷落了，安禄山正血洗京城。那些亲属留在京城的将士闻知，忧心如焚，聚在一起商议着什么。

陈玄礼扶着大刀长柄，潸然泪下："众位将军，今日皇上幸蜀西行，事出突然，尔等所受之苦，所经之灾，老夫一一尽知。只是请诸将深思，造成国家动荡，社稷不守，百姓肝脑涂地的局面是怎么形成的？"

一将突然站起："老将军，你不用再说，如今谁不知晓那安禄山狗贼，正是以'诛国忠，清君侧'的名号起兵的。那杨家正是败我大唐江山的祸根，也害得我六军将士妻离子散，家破人亡，我等愿跟随将军去消除祸害，虽粉身碎骨，也心甘情愿。"

正商议间，有吐蕃使者二十余人，由于饥不得食，正围着杨国忠七嘴八舌地诉苦。杨国忠未及答话，禁军士兵见了，突然发一声喊："国忠与胡虏谋反！"说着便放箭射中杨国忠的马鞍，杨国忠吓得滚下马来，向马嵬驿的西门奔去，将士们蜂拥而入，将杨国忠乱刀砍死，并割下了他的脑袋。随后又杀了杨国忠之子户部侍郎杨暄，及韩国夫人、秦国夫人。

刚从驿站出来的御史大夫魏方进见状，大喝一声："尔等何故杀害宰相？"话音未落，众兵士大怒，只喊一声"杀"，也被众人杀死。左相韦见素闻讯而出，也被愤怒的将士打得头破血流。幸亏这时有人大喊一声："勿伤韦宰相！"才免于一死。

"既杀国忠，贵妃不宜供奉。"人群中有人喊了一声。愤怒的士兵呼应着，挺着带血的枪，端着砍卷刃的刀，呼啸着拥向玄宗休息的驿舍。

"不可惊驾,不可惊驾。"陈玄礼催马赶到驿站时,将士们已将馆舍团团围住了,并发出了震天动地的喊声:

"恳请陛下割恩正法,除掉贵妃。"

"外面何事喧哗?"正在驿舍中休息的玄宗,听到外面人声鼎沸,不知何故,忙问高力士。

高力士见问,忙向舍外跑去。很快,他脸如死灰般地出现在玄宗面前:"启奏陛下,国忠专权召乱,又与吐蕃私通,激怒六军,竟将国忠父子杀了。"

玄宗听了大惊失色,他意识到了问题的严重。具有几十年政治斗争经验的玄宗,拄着拐杖走出驿门。

皇帝的出现,使喧哗的军士稍显安静。身旁的高力士向陈玄礼传旨道:"宰相当诛,赦汝等擅杀之罪,着各军整队起行。"

谁知众军十听了,仍然把驿馆围住,拒绝接受命令。

玄宗见状,大为不安,让高力士催陈玄礼执行命令。陈玄礼挺挺身,转向玄宗,奏道:

"陛下,禁军将士以为:国忠谋反被诛,但贵妃不宜供奉。若不杀贵妃,誓不起行。愿陛下割恩正法。"

玄宗听后,如晴天霹雳,全身一颤。

对于玄宗来说,诛杀杨国忠尚不足惜。昨日在金城草民郭从谨所言"阿谀取容"者,对他有所触动,他对杨国忠也厌烦。可军士要杀杨贵妃,出乎他的意料。这十七年来,这位妖艳美貌的贵妃,集"三千宠爱"于一身,与玄宗两情相悦,已到了不可分离的地步。如今,他虽为皇帝,已丢失了半壁江山,惶惶如丧家之犬,唯有这可人的贵妃陪伴,才有所慰藉。要他把贵妃献出来,他实在于心不甘。可是,面对眼前这群杀气腾腾的军士,又不禁心惊肉跳,方寸大乱。稍停,才道:

"此事,朕当自处之"。说罢,转身入内,倚杖俯首而立。

驿舍外的将士见皇上不肯割爱,又骚动起来,纷纷喊道:"请皇上割恩正法!""不除妖姬,六军难安。"欲往驿舍内冲。

高力士、陈玄礼等人大惊失色,不知如何是好。

于是,稍显平静的队伍又鼓噪起来,眼看弑君的悲剧将要上演了。

在这千钧一发之际,高力士转身对陈玄礼道:"玄礼,请让军士们稍安勿躁,我去劝劝皇上。"言毕,他和韦谔等人进了驿室。

太子李亨,寿王李瑁这时也赶来了,他们都无语地侍立在皇上跟前。

左相韦见素之子、京兆司录参军韦谔见玄宗仍然犹豫不决,赶紧跪下,朝玄宗膝行一步,奏道:

"陛下,古人云'众怒难犯',现在羽林军士群情汹汹,随时会发生不测,请陛下速速裁决。"

李隆基再也抑制不住内心的惊恐、愤怒和悲哀之情,在这瞬间,他已明白,做了四十多年皇帝的他,此刻已失去了权力,不由得悲愤地叫道:"让他们都冲进来吧,我活着还有什么颜面啊!"

在场的人都惊恐地跪了下来。太子李亨此时也有些慌乱,是他怂恿和策划了这场兵变,但事情发展也出乎他的意料。原本他只想让兵士们杀了杨国忠,可眼下的局面有点失控了。于是他连忙劝道:"父皇,事不宜迟,诚如韦卿所言,安危只在瞬间,要以江山社稷为重啊!"

玄宗辩解道:"贵妃常居深宫,安知国忠谋反?"

高力士见玄宗仍执迷不悟,索性把话点明了:"贵妃确实无丝毫罪错,但如今将士们已杀了杨氏一门。此时,贵妃再留宫中,将士们自然是不会安心的。只有让将士们心安,陛下才能平安;陛下平安,大唐江山才有望啊……"

玄宗还是抱着一线希望:"高卿——"他对高力士的称呼都变了:"朕求你将随行所带宫中珍宝,赐予诛杀杨国忠的军士,晓谕六军,让贵妃留在宫中吧!"

高力士赶紧跪下叩头,凄苦地道:"陛下,如今的局面,老奴也无能为力了,唯请陛下以江山社稷为念啊,仅用珍宝已不能使六军心安了。"

当驿馆外发生骚乱时,杨贵妃由侍女陪伴着躲在内室。这时她已知道羽林军已杀了杨国忠,她很惊讶。虽然杨国忠和她在感情上并不密切,但她知道,由于她的缘故,这位从兄才逐渐爬上高位的;杨氏一门中出了宰相,对她也是有利的。但她也知道朝廷中有许多人反对杨国忠,安禄山叛乱、潼关失守与他也有关联。所以,当她听说杨国忠被杀时,只感到惊讶,却说不上有多少伤心。

当骚动的兵士们鼓噪声响起时,她侧耳细听,"陛下割恩正法"几个字使她意识到了问题的严重,原来兵士们是要她的命,她一下子如掉进了冰窖之中。

足足有一个时辰,她就躲在内室里不敢出声,她知道皇上正跟高力士等人争辩着,而争辩的结果将决定她的生死。

使她弄不明白的是,至高无上的皇帝,居然有无能为力的时候。

这时高力士来到了她的房间,他的身后,跟着两个太监,手里握着一条白罗巾。

她什么都明白了,荣与辱、悲与欢、爱与恨都将结束了。

她跨出房间,与玄宗作别。

"陛下,臣妾长辞。愿陛下好住,妾诚负国恩,死无恨矣。"贵妃泣不成声。

玄宗背着身子,觉得无颜见杨玉环:"朕有负爱妃,爱妃无罪啊,朕不久……也将追寻爱妃而去。"

贵妃这时倒平静了,死已无法避免,满腔的怨恨无处发泄,现在她把人生都悟透了,只说了句:"容我礼佛而死吧!"

玄宗道:"愿妃子善地受生。"

高力士不敢再耽搁了,他示意手下人送贵妃去佛堂。

马嵬驿的佛堂很小,只有一丈七八尺阔,二丈余深。佛堂前有一梨树,高力士将帛带系在梨树上,一头套住了杨玉环的脖子,用力一拉,贵妃便玉殒香消。

陈玄礼叩头，老泪纵横："老臣谨领圣命。祝吾皇万岁！万万岁！"

在欢呼声中，六军的哗变暂时平息了。

傍晚，李亨回到住处时，李静忠赶紧把汤水茶饭送了上来。也真难为他了，在这荒凉野地里，竟弄了一只扒鸡，一碗热汤。

他吃得很香，好久没有这么痛痛快快地吃了。多年来，压在心头的一块石头终于搬去了。他觉得特别的称心如意，想大笑，放肆的笑一场。

李静忠在一旁伺候着主子，也早已觉察出主子的心情。不知从哪里又弄来了一坛酒。打开后，酒香四溢。李亨禁不住喝了一碗。

"今天的事没想到这么顺当。"李亨有些得意地对李静忠说："斩草除根，一个都没拉下。"

李静忠道："托殿下鸿运，这是天赐良机啊！"

李亨若有所思，忽然醒悟到自己有点得意忘形了，忙匆匆用完餐，叫下人收拾了。

"静忠"李亨正色道："眼下还不是庆祝的时候。时下局势混乱，安禄山气势凶焰，山河破碎啊！"

"除掉杨国忠，殿下正可以大展宏图。此时殿下若能挺身而出，不随父皇幸蜀，而是留在中原抗敌，将深得天下民心啊！"

李亨犹豫道："父皇年已古稀，又遭此变故，心力交瘁，儿臣实在难以放心。"

李静忠知道他要顾全仁孝的名声，道："救民众于水火就是尽孝啊！奴才以为，此时正是千载难逢的良机。殿下不能学妇人之孝啊！自古乱世出帝王，殿下不能再犹豫了。"

李亨霍地站起身，急速地在屋里踱了几步。原以为李静忠不过是个察言观色的奴才，孰料节骨眼上，竟有如此心胸才智，而且对我的忠诚不亚于高力士对父皇。此人完全可以信赖。沉吟半晌，道："事已如此，也只能与父皇暂且分别。只是明日用什么理由禀告父皇。"

"这一层，奴才早已想过，不用殿下开口，到时候只需如此这般。"李静忠低声耳语道，李亨的脸上露出了笑容。

半轮残月，孤零零地挂在夜空。在凄凉的月色下，李静忠从住处悄悄地走了出来，他急着去四处游说，又得奔波一夜了。

玄宗一行在马嵬驿住了一夜，次日一早，大队准备出发时，又发生了分歧，因为杨国忠已死，还去不去蜀地呢？众将士以为不可，蜀地是杨国忠的老巢，那里的官吏都是他的人，这一去不等于自投罗网吗？

众人议论纷纷，有的主张去太原，有的主张去朔方，还有的说索性返回京城，与叛军一决高下。正当众人各执一词，争执不下时，站在一旁的高力士开腔了。

这位奴才，早已窥知玄宗的心思，但因为经过昨日事变，玄宗生怕引起众将士不满，未敢表态。此时，高力士说道："太原虽城固粮多，但距叛军太近，原本又属安禄山统辖,人心难测;朔方地近边塞,百姓中半是胡人,向来不习礼教,恐难教化;而凉州路远地偏,沙漠萧条,不利于车马往来,倒有利于逆胡骑兵驰驱,所以也不能前往。相比之下,还是去剑南最好,那里虽然路远难行,但蜀地古称天府,土地肥沃,人口众多,表里江山,内外险固。当年汉高祖就是凭借蜀地创立帝业;三国时刘备占据蜀地而三分天下。圣驾到那里可大展宏图,进可以夺取中原,守也不失为汉中之王。至于返回京城,更不足取。因为叛军已得潼关,气焰正盛;圣驾匆忙返京,即使招募数万兵马,也难以抵挡叛军兵锋啊!"

玄宗见众人没有反对,就传令起驾。

皇上的大队人马行走不远,李静忠和李亨导演的戏剧就开场了。

当地的父老百姓,扶老携幼,有数千人,挡住了玄宗一行的去路。一位白发苍苍的老者来到玄宗面前,声泪俱下地请求道:

"皇上,京城宫阙,都是陛下您的家室;先代列圣的陵寝宗庙,也都在长安,陛下怎么能把这些都抛弃呢?依草民愚见,陛下莫如留下来,募兵破贼,众乡亲们都愿从陛下破贼以保乡土。"

百姓的一番肺腑之言,使玄宗又感动又羞愧。玄宗道:"逆胡眼下锋势正盛,几十万官军都难阻挡,容朕暂避贼锋芒,徐图破贼良策。兵荒马乱,众卿家好自为之,朕愧对众卿家啊……"

言毕,欲拍马前行。

百姓见玄宗执意要走,深感失望。拦住马头,纷纷跪下请求道:"既是陛下决意西行,也应让太子留下率领父老子弟击贼啊!"

一句话提醒了玄宗,他示意李亨留下,劝慰众人。自己率众先行,要李亨事毕赴紧跟上前行的大队。

玄宗的队伍走后,道旁的百姓把李亨及东宫属员围得水泄不通,说道:"至尊既不肯留,某等愿率子弟从殿下东向破贼,以取长安。若殿下与至尊皆入蜀,使中原百姓谁为之主?"

李亨听了暗暗高兴。昨晚他和李静忠商议,有意将陛下入蜀消息散布出去。当地百姓对叛军烧杀奸淫,早有耳闻。怕玄宗一走,叛军就会骚扰此地。于是一早就扶老携幼,劝皇上留下抗击叛军。此时,李亨见围观的乡亲越聚越多,适才乡亲们的一番话又正中下怀。但他很善于掩饰自己,故作诚惶诚恐不敢贸然应允,道:

"父皇年迈,蜀道艰难,一路上风餐露宿,孤愿朝夕相伴,不忍心离开至尊。何况我还未向父皇说明,怎么能擅自留下呢?"

说着,流下了眼泪,欲策马而行。

李亨一番话,使百姓十分感动。太子笃诚孝顺,不忍离开老父,他们一时不便再说劝留的话了。

这一来,使站在一旁的李静忠暗暗焦急。糟了,戏演过头了,他暗暗向李亨三子建宁王李亨使个眼神,李亨会意,跨前一步,抓住父亲马缰,劝道:

"父王,逆胡作乱,天下分崩离析。若不顺乎民意,不借重百姓之力,怎能平定叛乱。今殿下跟随至尊入蜀,万一贼兵烧绝栈道,中原之地就拱手相让逆胡。如今众多父老相留,父王就应顺从民意,留下来率众平叛,收复失地。"

李亨还得要推让一番,便呵斥道:"孺子休要胡言。要为父成不孝之人,耻笑于天下吗?"

李亨不服,松下马缰,跪下道:"父王息怒。儿臣以为,父王追随至尊入蜀,朝夕侍奉,此乃儿女之情,常人之孝。当此非常之时,大唐江山风雨飘零,父王能留在中原,收西北守边之兵,召郭子仪、李光弼二将于河北,东讨逆贼,收复两京,使天下一统,社稷危而复安,宗庙毁而复存,那时再洒扫宫廷,仪仗恭候,迎至尊回宫,那才是大孝啊!"

李亨这几句话如石破天惊,震动了李亨等人。李亨坐在马上,眯着眼睛,对三子刮目相看。李亨原本就欣赏李亨的才智,认为其才学在长兄李俶之上。今天的事虽说跟他交过底,可没想到三儿所言高瞻远瞩,入情入理,颇为感动。这一回,他发自内心,真的淌出了热泪。

一番话说得李亨心跳血涌,他原本就没打算跟随玄宗入蜀,此时便假戏真做:"众卿平身。孤内心实不愿远离父皇,尽人子之孝。然众卿又如此至诚,孤难违众命。"李亨无可奈何叹息一声,对长子广平王道:"吾儿可速去替为父拜见圣上,奏明百姓之意,请圣上定夺。"

广平王李俶欣然应允,策马而去。

玄宗明白眼下是没法阻止李亨留下的。自逃离京师后,仅仅三日,内侍监袁思艺离他而去,朝臣杨国忠被杀,连爱妃杨玉环的生命都保不住。现在李亨铁了心,要走当年自己的路,总不能派羽林军去把他抢回来吧!他对平定安禄山叛乱已失去信心,就让他留下来吧!转念一想,玄宗心情略为平静,看不出这位平日里哼哼哈哈的亨儿,节骨眼上倒能以天下为己任,在四海动荡之时,振臂一呼。好吧,他想干就让他干吧!于是对眼巴巴望着他的长孙李俶道:

"既然如此,你回去告诉你父王,朕准他留下来率百姓讨贼。太子仁孝,可辅宗庙,尔等善辅佐之。"

接着,他又吩咐陈玄礼,从羽林军中拨出两千将士,调拨三百匹飞龙厩良马给太子,并把太子内人张良娣护送给她。尔后,派人传谕太子,让他好好干,不要挂念他,"朕与中官朝臣同行,足可平安。"

李亨得知父皇准其奏,内心异常激动。十八年来他就等着这一天,终于挣脱了父皇置于其身上的枷锁,可大干一场了。他让父皇调拨给他的二千人马与他原有部队并在一起,尔后面南跪下,哭道:"父皇,为了社稷大业,儿臣不能尽孝,侍奉在您老人家身边……"哭罢,指挥队伍出发,踏上了北上平叛的漫长道路。

三 李大"善人"

唐玄宗丢下了长安的宫阙,父祖的陵寝和广大的百姓,日夜兼程,向成都逃去。太子李亨在马嵬驿留下后,由于事出仓促,何去何从,还没有来得及考虑。眼看天色渐晚,李亨还是没有拿出什么主意。李亨三子建宁王李倓认为,李亨曾为朔方节度使,而且朔方道途较近,士马全盛,应该抓住叛军在长安掳掠,未暇略地的时机,迅速前往朔方,再徐图大举。大家觉得有理,拥着太子往北方而去。

李亨一行昼夜急行,一日来到渭水河边,已是人困马乏。

已到河心,水流湍急,李静忠牵一竹竿在前开道,李亨一手持缰,一手持竿,倒也坐得安稳。"殿下,抓紧竹竿,小心,此处水流湍急。"生死俄顷间,李静忠的絮絮叨嘱,使李亨心头一热。

终于踏上北岸,立即清点人数发现随行三千余人,只剩下两千余人侥幸过河,余者已全部溺死。目睹这一切,李亨心中泛起阵阵寒意:此去北上平叛,吉凶难卜,老天,请助我一臂之力。

开弓没有回头箭。事到如今,李亨只好硬着头皮往前冲。他安排建宁王李倓率四、五百人打头阵、长子李俶率五、六百人殿后,他和李静忠及东宫僚属居中。一路风尘仆仆,自奉天县(今陕西乾县)赶到永寿(今陕西永寿县)。吃了晚饭,稍事休息,

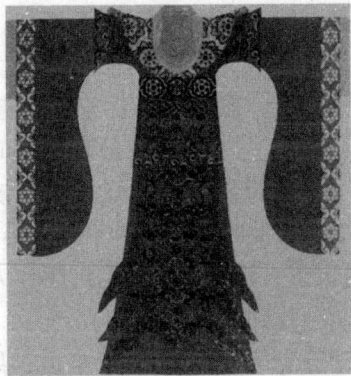

唐代服饰

为防不测,决定连夜出发。于次日凌晨,抵达新平郡(今陕西彬县)。

新平郡太守薛羽、安定郡太守徐珏闻潼关兵败,皇上弃京奔蜀,亦收拾了细软,带领家眷逃遁。行至不远,遇见李亨一行。李亨见状大怒,命人将他俩处死,以儆效尤。等到第四日赶至乌氏驿(今陕西宁县南)时,彭原郡(今甘肃庆阳西南)太守李遵闻讯,立即打开城门,率领众人迎候太子。李亨一行在彭原郡稍做停留,又折回西行,直到平凉(治今甘肃平凉),太子等人方松了一口气,此地距朔方、河西、陇右非常近,不怕安禄山追兵。

因一路劳顿,李亨睡了一夜好觉。次日醒来,人也精神多了,便吩咐李静忠把长子李俶、三子李倓等亲信找来,开口便道:"这一路众卿辛劳了。孤欲在此休整数日。李俶、李倓!"

"儿臣在!"

"命你二人在平凉招募兵马,补充粮草,注意警戒!"

两人退下后,李亨把李静忠单独留下。自潼关兵败后,李静忠为他定下计谋,

分两步走,第一步除掉杨国忠;第二步乘乱登极!眼下第一步已顺利实现,该考虑下一步该怎么走了。

李静忠察觉李亨心思,未等李亨发问,便道:"自古成大事者,要虑及三条:天时、地利、人和。"

在李亨眼里,李静忠已不仅是一个忠心耿耿的老奴了,其智谋并不亚于汉之张良,并道:"今夕何夕,胜读五车之书。不过有两点,李兄未能虑及!"

李静忠听李亨私下对他称兄道弟,心中一喜。

李亨接着道:"平凉地处偏狭,交通不便,人口稀少,实非用武之地,孤在此只作权宜之计,不宜久留。"

"至于登基嘛,孤尚未虑及,虽然今上屡言儿臣孝仁,堪担重任。儿臣以为,眼下最紧要的是平叛,图兴唐室。"

此言一出,李静忠傻眼了,他弄不清李亨此语是真是假。忙用话试探:"殿下所言甚是。殿下忠贞仁孝,朝野皆知。不过圣驾身居蜀中,远离中原。中原诸郡切望殿下率众平叛。人心所向,殿下切切不可推辞啊!"

李亨道:"眼下第一要务是平定叛乱,匡扶大唐社稷。由于父皇移幸蜀川,江山阻隔,不利于号令天下。故孤可暂时负起父皇之职。不过,此事不可草率,切不可因有了皇帝的名号,而让天下人非议。"

李静忠此时明白了李亨的为难之处,既想登基称帝,又不想背上篡父皇位的丑名,遭天下人诽谤。这倒是桩颇让人头痛的事。不过,只要太子存了登基的念头,办法总会找到的。

李静忠沉吟良久,对李亨道:"殿下放心,殿下登基乃人心所向,容奴才思虑成熟了,再向殿下禀报。"

两人正议论着,忽闻随从来报:朔方留后杜鸿渐、六城水陆运使魏少游派使者盐池判官李涵求见。

起初,朔方各地的官吏对安禄山叛乱并不担心,他们以为安禄山成不了气候,而朔方又远离中原。后来事态发展出乎他们的意料。没过多久就传来了叛军渡过黄河,占领洛阳的消息,后来形势虽一度好转,可哥舒翰率20万大军出潼关攻打叛军大败时,杜鸿渐等人闻讯如当头棒喝,惊得手足无措。杜鸿渐把魏少游等人找来商议对策,议了几条措施。一是加强军备,赶紧招募新兵,凡男子五十岁以下,十五岁以上都编入行伍,抓紧训练,由节度判官崔漪、支度判官卢简金具体操办;二是盘查库存,具凡军资、仓储、库物一一清点造册,加强监管。三是四下派人,赶紧与朝廷取得联系。最后,杜鸿渐对大家说:"各位大人,守土抗战是我们分内之事。我们是朝廷命官,拿国家俸禄,在这危难之时,不能退缩,而要同舟共济,保一方平安。"当然,他们都明白,朔方地区兵力,总共才四五千人,要想与逆胡抗衡是以卵击石,现在所能做的是保持镇静,等待朝廷消息。

几天后,派出去打探消息的兵士回来禀报:潼关失守后,皇上弃都西行。行至马嵬驿,羽林军哗变,杀了杨国忠兄妹。皇上带领高力士、陈玄礼等人去蜀地避难,留下太子李亨,组织中原军民抗击逆胡。此刻,太子李亨一行数百人已屯兵平凉,并补充了兵员五百余人,马匹数万匹。

朔方留后杜鸿渐、六城水陆运使魏少游、节度判官崔漪、支度判官卢简金等人,听到太子在平凉的消息后,十分兴奋,遂在一起商议。

盐池判官李涵是唐宗室后裔,为人干练,原来就与李亨相熟。李亨一见他十分高兴,边让座边叫人上茶。待李涵落座后,李亨详细询问了朔方情形。李涵一一如实相告,道:"朔方是战略要地,眼下吐蕃请和,回纥也归附了朝廷,四方郡县大抵都坚守拒贼,以俟兴复唐室。今殿下若能于灵武理兵,按辔长驱,移檄四方,收揽忠义之师,则逆贼不足屠也。"李亨听了如吃了定心丸,人也精神许多。待瞧了杜鸿渐的来信,更是激动。原来信中不仅邀请太子去灵武主持,还一一详细开列了兵马、军资、器械、仓储、库物等清单,李亨略一扫视一番,只见上呈:

人员:六千五百余人;

马匹:四万余匹;

粮食:一百六十万石;

马具、器械、兵甲等物各上万套。李亨兴奋地将信递给侍立一旁的李静忠,对李涵道:"禄山造反,不过大半年,然中原臣民久不见兵火,官兵纷纷逃匿,人无固志,地罕坚城,深负孤望。今孤王初临朔方,朔方士民坚守拒贼,杜、魏等众卿思报效朝廷,图破贼之方,实慰孤王之心啊!"说得情急处,两眼湿润,李涵忙跪下谢恩。当晚,由李涵带道,李亨在李静忠陪伴下,携带张良娣等六百余人出发,至平凉北境白草顿,与早已恭候多时的杜鸿渐、崔漪等人相见,君臣间又是一番唏嘘感叹,遂决定次日启程。

第二天,七月初十,李亨一行在杜鸿渐等护卫下,顺利抵达灵武。灵武是朔方的中心,城不算小,若沿着官道在城河外行走,从城北门到城南门,也有四五里路。走进城内,大街小巷里弄房舍栉比鳞次,街旁店铺一应俱全,自安禄山起兵后,一群群难民拥进城里,生意萧条,不少店铺已摘下招牌,倒闭关门了。天还没黑,街上已没有多少行人了。倒是城南的军营里,天天号声嘹亮,鼓声四起,士兵们加紧操练,给整座城市增添了临战的气氛。

那一天,七月初十是个晴天,没有风,街头的树木也不动一动。但金城官吏几乎倾巢而出,顶着炎日赶至灵武南界的鸣沙县(今宁夏忠县西南),列队迎接太子殿下。

欢迎队伍排得很长,朔方水陆转运使魏少游带领千余骑列队在前,今天由他来主持欢迎仪式。

"太子殿下驾到——!"

魏少游率领的欢迎大队排列整齐,已唰地一下跪在道房,了无声息。

此时,李亨感受到了皇家仪仗的赫赫声威。随着魏少游"参拜殿下"喊声,这位年已四十五岁的太子略一欠身,微笑答礼:"将军辛苦了。"

咚咚咚,鼓声又响起了,兵士们闻鼓整列,一个个神情严肃,刀剑出鞘,目光灼灼地列于道路两旁。阳光下,干戈耀日,士兵们似钢雕铁铸一般。

"殿下千岁,千千岁!"三鼓之后,兵士们举戈振臂而呼,声震四野,在北方广袤的大地上滚动。

在略显敬畏的山呼声中,李亨松开手中缰绳,由李静忠、杜鸿渐等人簇拥下,缓慢地向灵武城驰去。隆重威严的欢迎仪式遂告结束。

初到灵武,李静忠就在冥思苦想着让太子李亨登上皇位的具体方案。他认为现在正是太子登基的最好时机。

现在的问题是李亨本人还在犹豫。一向处世谨慎的李亨,十八年来日夜在玄宗的束缚与控制下,加上奸臣李林甫和杨国忠对他的排挤迫害,使他身上缺少帝王的霸气。每临大事,总喜欢退缩,给人印象是仁厚有余,英武气概不足。虽然现在已与父皇分道扬镳,但多年来父皇严厉束缚他的痕迹还在。李静忠想,我现在无论如何要鼓动太子登位,决不再犹豫。

在皇宫这么多年,李静忠对宫廷中尔虞我诈的权力之争早已娴熟,而且也已经看熟了。朝廷是非地,人生名利场。什么社稷啊,江山啊,别看朝臣们天天正人君子般挂在嘴上,背地里却奉承拍马,落井下石,什么丑事都做得出来。李林甫杀了多少人,才夺占了相位?杨国忠还不是靠杨贵妃的关系,靠自己排斥异己当了宰相?就连皇上,未当上皇帝前,也照样耍手腕,使心眼,甚至动兵讨伐,策划宫廷政变,一朝天子一朝臣,胜者王侯败者寇。李隆基当上皇帝,不就是从他父亲手里抢来的吗?

既然人人都在为名利钱财争得你死我活,我李静忠为何不能去争去夺;当然,他争夺的不是万贯家财,不是三品、四品官位,而是泼天的富贵,是一人之下万人之上。他把宝押在拥立李亨登基上。

太子登位对李静忠利益攸关。他入宫多年,就是等有一天太子登位后,他就成了开国元勋,如同高力士侍候唐玄宗,有享不尽的荣华富贵,要什么就有什么,让朝臣为官的都趴在自己的脚下。

这一切对他的诱惑实在太大了,李静忠开始了行动。他先在后宫中寻找同盟者,推己及人,太子登位对谁利益攸关呢?他想到了皇子李俶、李倓和妃子张良娣。

李俶、李倓虽是同胞兄弟,但性格迥异。广平王李俶忠厚稳重,做事讲究策略,和李亨什么都相像。建宁王李倓喜怒形于色,豪爽大气。两人都是英年才俊,文武双全,是父王李亨的左右膀臂。当李静忠找到他俩,悄悄地把劝李亨登位的事一说,李倓立即拍手赞同,道:"圣驾已入蜀地,唯有父王能号令天下兵马,此事事不宜迟,得赶快操办。"恨不得父王立刻就当了皇帝。李俶稳重些,但脸上亦露出笑容,表示赞同。因为李亨当了皇上,他就成为皇太子。

李静忠很满意,又与太子妃张良娣串联。

张良娣的祖母是窦昭成皇后之妹。玄宗幼年丧母，是窦氏将其抚养成人。等到玄宗即位后，封窦氏为邓国夫人。孙女张氏豆蔻年华时，被玄宗相中，将其聘为太子李亨的良娣。太子原有妃子一人，良娣二人。天宝五年，李林甫陷害太子，将太子亲信韦坚、皇甫惟明先后流放、赐死。李亨无奈，只得将韦坚之妹韦妃打入冷宫。安禄山攻陷长安时，韦妃落入贼手。天宝六年，杜良娣也因其父杜有邻一案受牵连，被逐出东宫。眼下太子身边，只有张良娣一人专心侍候。每晚睡觉时，张良娣总是靠外躺下，李亨很奇怪，张良娣体贴地说："天下多事，若敌人前来夜袭，妾用自家身体挡住贼人，殿下可从容从帐后避难；宁可祸及妾，也不能让夫君有不测啊！"李亨听了热泪盈眶，更加宠爱张良娣了。

所以，当李静忠找到她时，这位极聪慧的女人，哪有不乐意的？嫁给太子是她的自豪，太子的英武智慧，使她对夫君充满了憧憬，她与他同甘共苦，不就盼望夫君早日登上帝位吗？

不知怎么的，张良娣一听李静忠讲要拥戴李亨为帝时，就想起了这个故事。她想，韦后与中宗不是同妾与夫君很相像吗？太子在东宫十八年，遭受父皇约束，李林甫、杨国忠排挤，我和夫君亦是战战兢兢，如今快要熬出头了。

想到此，她就和颜悦色地对李静忠道：

"兄弟，你在东宫多年，对陛下和我忠心耿耿，此事办成了，我不会忘了你。"

"姐姐，你说这话就见外了。在东宫里，还有谁比得上咱俩交情。莫说拥立太子当皇上是喜事，其实也是奴才该办的事。"

李静忠和张良娣已相当熟悉，他发现良娣不仅生得花容月貌，还工于心计，现在又受太子宠爱。眼下虽然太子很信任我，毕竟势孤力单，若和张良娣联手，这朝廷中不是由我说了算吗？

和皇子、良娣串通好后，李静忠想到还必须争得地方官吏的支持。李静忠鼓起勇气去找朔方留后杜鸿渐。

哪知杜鸿渐和李静忠一拍即合。他也早就有意想拥立太子，只是不知该采用何种方式，见了李静忠就想探探太子的意思。

李静忠对他说，圣驾已做了四十多年天子了，晚年已倦于政事，早已有意让位给太子，并颁发了太子监国的诏书。不料安禄山破了潼关，此事就耽搁了。不过，在马嵬驿太子和圣驾分手时，圣驾已将大事皆委于太子了。这等于是禅让帝位了，只是缺少一道手续。太子仁孝，却不愿继位，杜大人您看，有何高见呢？

杜鸿渐一听，心里有了底，道："帝位更替，用禅让方式是最好不过的。当年尧年老时，就想把天下让给最有德望的许由，许由不肯接受，藏于箕山，被后世传为美谈。不过，当今正处乱世，太子亲征，可不能学许由啊！"

李静忠道："太子仁孝，他是断断不肯接受帝位的。这也是我为什么要找你来。我们做臣子的可要为社稷着想啊，你看能否采用请愿的方式。"

一句话提醒了杜鸿渐，臣子请愿让太子继承皇位，问题不就解决了？

杜鸿渐立即串联了河西兵马使裴冕、节度判官崔漪、六城水陆运使魏少游等人，第二天就联名上书，力劝太子李亨登基称帝，道：

"当今寇逆作乱，毒流函谷，主上倦勤大位，移幸蜀川。江山阻险，奏请路断，宗社神器，须有所归。百姓颙颙，思崇明圣，天意人事，不可固违。伏愿陛下顺其乐推，以安社稷，王者之大孝也。"

李亨见了，心里很高兴，他当然不会立刻接受。于是杜鸿渐、裴冕等人并不气馁，继续上表，并以利害得失喻之："殿下，自马嵬坡以来，所招募的将士都是关内人，不习北方水土，他们日夜思念故乡啊！所以跟随殿下一路不畏崎岖劳顿，是期望平叛，建功立业。若不能尽快打回去，恐怕人心离散，易放难收啊！若殿下登上帝位，就能鼓舞士气，一举收复失地啊！"

太子也被臣子情真意切的言辞打动了，但他还是推辞不允，没有答应臣下。就这样，杜鸿渐等人知难而进，一连上了六次请愿书。这时候李静忠有些着急了，因为历史上的禅让，一开始时虽也推辞，接受让位的人，会恭敬地说："我德浅薄，非受天下大位之器。"相同的话，相同的形式必须反复说三次。到了第四次，受让者会说："既然如此，我虽无德，也只好从命了。"眼下虽与禅让有所不同，可太子也是皇位合法继承人，战乱期间，众望所归，官吏连上六表，再推辞下去，如何是好呢？

他一边鼓动张良娣和广平王、建宁王等人劝李亨继位，一边也不顾禁忌，在朝廷上力谏道："殿下，皇上自禄山叛乱始，就有意禅让天下于你，先是颁发太子监国诏书，又在各种场合谈及退位。马嵬坡事变后，太子受命亲征，战功显赫，众望所归，天下唯殿下马首是瞻，请殿下为社稷念。等收复失地，平定反贼，再迎皇上回京。"

其实李亨又何尝不想早登帝位呢？现在见众人如此诚意与执着，连后宫及贴身家奴也沉不住气了，感到火候到了，便欣然应允。

好不容易说通了太子登基称帝，第一件急迫的大事是举行登基大典。

若在盛世，自然而然的交接，登基大典不仅要隆重，还要择一吉期。所以杜鸿渐等人想把大典弄得盛大一些，特地建一坛场。李亨得知后，便批驳道："圣君在远，寇逆未平，宜罢坛场。"

于是一切从简。七月十三日一早，李亨等人在李静忠等陪伴下，来到灵武城南楼。李亨着皇帝御礼服，在钟鼓声中接受王子以下文武官员的朝贺。前后只一刻多钟辰光，太子终于成了皇帝，是为肃宗，并遥尊玄宗为"上皇天帝"，改元至德元载，是年为公元756年。

即位典礼毕，城南楼殿堂内，群臣伏地高呼万岁，肃宗此时亦感慨万千，热泪夺眶而出。但他抑制住了，对群臣道：

"实在没想到，在这危机四伏的时刻，我接受了万民请求，登上帝位，把治理天下这副千斤重担压在了肩头。其实，在禄山作乱，京阙失守时，圣皇已久厌大位，要传位于予，并颁发了监国诏书，予恐不德，未敢承命。今群臣一再请愿，道'孝莫大于继德,功莫盛于中兴。'朕所以治兵朔方,将殄寇逆,都本于仁孝啊!"

这番话不啻登基宣言,他口若悬河滔滔不绝,像谈心,语气又极诚恳,感动得群臣心头激动,忙俯首山呼:"肃宗皇帝万岁! 万万岁!"

肃宗觉得身上的血涌到脸上,他强抑制激动的心情,连下二道谕:

第一道谕,诏告天下:于七月甲子,太子"即皇帝位于灵武。敬崇徽号,上尊圣皇曰:'上皇天帝',所司择日昭告上帝……,改元至德。"并即刻派使者赴蜀告于太上皇。

第二道谕,"内外文武官九品以上加两阶,赐两转,三品以上赐爵一级。"并组成了政府班子:以朔方节度支副使、大理司直杜鸿渐为兵部郎中,朔方节度副官崔漪为吏部郎中,并知中书舍人。以河西兵马使裴冕为中书侍郎,同中书门下平章事等。

下了殿堂后,众人叩头散去。肃宗有点恋恋不舍地绕着御座徘徊了一会儿,久久不语。侍立在身后的李静忠明白新皇帝的心情。肃宗以太子身份在历经十八年如履薄冰的煎熬之后,终于挣脱了枷锁,登上了皇位,能不激动吗? 他看了身旁李静忠一眼,这一切获得都是靠这位家奴设计定谋与运作啊!

"万岁,时候不早了,该回宫了!"李静忠道。

肃宗点点头,拉着李静忠的手道:"今晚要忙一个通宵了,朕有许多事要咨询于你啊!"

成功了! 李静忠心里非常高兴,回到住处,就忍不住哈哈大笑起来。

入宫这么多年,他受过多少折磨。因长得丑陋,又是马夫的养子,长年在"飞龙坊"里伺候牲畜,干又累又脏的话。又当了高力士的奴仆,好不容易入侍东宫,也是担惊受怕,没想到年近五十,终于熬出头了。

更使他兴奋的是,皇上能有今朝,全亏了他。他李静忠一辈子能引为豪壮的,就是拥立李亨登基皇位。

不过,眼下还不是陶醉的时候。李静忠明白,虽然他拥戴肃宗有功,被授予太子家令、元帅府行军司马事,终日伴随在肃宗左右,但因他长期只是东宫的家奴,在宫中党羽不多,后台不硬。为了掩饰自己的野心,他在外表上还和过去一样,见了谁都不忘脸上挂着笑容。也还坚持吃素,那还是少年时代跟随高力士时养成的习惯。当时是为了讨好高力士,因高力士信佛,他也跟着信佛。深受肃宗宠爱,却仍保持着谦恭的态度,此举获得了众人称赞,时间久了,大家都称他为"李善人"。

李静忠得知自己有了"善人"的绰号后,非常得意。但他还在窥伺方向,想扩大在宫中的权势,经过几番选择,他把目光瞄准了肃宗最宠爱的妃子张良娣。

正在这时候,张良娣生了个儿子,取名为佋。李静忠就找了个由头,带上三斤上等阿胶,还有杂七杂八给孩子用的小零碎,兴冲冲去贺喜。

那些天,张良娣虽刚生过孩子,身体有些虚,但精神却特别爽。张良娣平日里对李静忠就有好感,也知道他鼓动大臣们请愿,确保夫君当了皇上,今儿又见他送来这些礼物,心里高兴,笑道:"兵荒马乱的,还劳兄弟费心,这阿胶可是稀罕物啊!"两人说着话,话题就扯到了皇子身上。李静忠瞧着一直躺着睡觉的婴儿,奉承话就从嘴里溜出来了:"娘娘可真好福气啊,这皇儿面门亮堂,耳大福大,以后的福气怕是谁也比不上啊!"

张良娣一听,乐了。广平王李俶和建宁王李亨皆非她所生。她生下侣后,望着那整天睡觉的婴儿,心中就想到将来要立他为太子,她就是名正言顺的皇后了。不过,眼下最要紧的,是扶助丈夫渡过难关。

这一点,李静忠和张良娣是想到一块儿的,只不过现在,他们两人的关系越加密切了。

尽管肃宗称帝,使一度濒于瘫痪状态的朝廷重又正常运作,同时也树起了抗击安禄山叛军的大旗,但这时候,肃宗所能控制的地域是有限的,不过是河西、陇右、顺化、扶风、天水等地,留在灵武的精兵也不过数千人而已。朝廷中的大臣,文武官员不满三十人,用得顺手的,还是身边的李静忠。

那一日,肃宗正在殿内对着地图发愁,李静忠兴冲冲跑了进来:"万岁,喜事,喜事。"

"什么事让你这般猴急?"

"回皇上话,自皇上登基后,各地纷纷上表恭贺。常山颜真卿贺表刚到,说河北、河南、江淮诸道,闻知皇上即位,复国有望,遂全力以赴地坚守拒贼。"

肃宗道:"朕知他是忠臣,朕任命他为工部尚书兼御史大夫。"

"皇上",李静忠又道:"前两日从长安跑来一名军士,说皇上登位消息已传到了长安,长安的父老乡亲也日夜盼望着皇上早日收复京都。京畿的豪杰之士自发地组织起来,纷纷袭击叛军,安禄山虽占据了长安,也坐卧不宁啊!"

肃宗脸上露出了一丝笑容,随即又皱皱眉头:"新朝刚刚建立,百废待举,眼下最难的是兵员不足。"

"皇上,"李静忠道:"奴才以为眼下要防备叛军西来偷袭灵武。皇上登位,拯民于水火,必定使安禄山震怒。若派兵前来,灵武难以抵御。不若急调朔方节度使郭子仪、河北节度使李光弼会师灵武。一来以防不测,二来重树军威,增强平叛信心。"

肃宗采纳了李静忠建议。

朝廷的工作终于理出头绪,步入了正规。

黄昏时分,劳乏了一天的肃宗离开殿堂往后宫走去。虽说是后宫,其实也就是一个大院,十几间房子,除了几名宫女、太监外,身边侍奉的也就是张良娣一人。李亨等人初至灵武时,朔方留后杜鸿渐、六城水陆运使魏少游曾专门派人修葺行辕,宫中帷帐,悉仿禁中,膳食服御,备极富丽,李亨不禁叹道:"祖宗陵寝,悉被叛逆蹂躏,皇上又奔波川峡,我何思安居享乐呢?"又对身旁的人道:"我之所以不辞艰辛与危险来到这里,不是为了贪图享乐,要这些东西有什么用呢?"遂命左右撤除重帷,所进饮食，一概减省。良娣与他也同甘苦，为夫君分忧。此时，虽忙碌一天，但见朝廷事务已渐渐有了起色，屋中有贤惠的妃子在等着他，心情正好。却见良娣身边的小宫女逶迤过来，便问："有事吗？"

"哦，是万岁"。宫女吓了一跳，忙施礼道："方才娘娘叫奴婢来巷口望着，说万岁过来赶快引进屋里，今儿李公公派人送来了几斤绿豆，娘娘亲自熬了绿豆粥，说皇上近来劳累，绿豆粥败火清凉呢！"肃宗听着乐了，过去在宫里，绿豆粥也不算稀罕的，现在倒成了宝贝，也难为她一片心意。

跨进院里，见良娣正坐在炕上埋头缝衣，忙道："这才生了孩子，怎么就起来劳作了，朕的衣服也不用你补吗？"良娣掠了掠鬓发："哪是您的？是军服，适才听李公公讲，又招募了不少新兵，缺少军服，我闲着也是闲着，就叫人拿了点来。"说着指了指屋脚，果然那里堆了一堆，有三四十件，身旁的两个宫女也忙着缝衣。

肃宗道："你还在坐月子，累坏了咋办？"

良娣道："现在不是妾调养身子的时候。身为妻孥，有如夫君身上的衣服。夫君有难，妻孥当以身代，更不用说缝几件军服了。光顾了说话，夫君也要体恤自家。"说着就给肃宗端来了绿豆粥。此时，屋里的两个宫女已悄悄退下，肃宗把良娣的手放在自己胸前："等平定叛乱，收复两京，朕要好好报答爱妃。"

良娣妩媚一笑，肃宗看了心动，抚着她的肩道："眼下最要紧的是缺少人才啊！"

良娣道："一直跟随您的李静忠这回可立了大功，皇上别忘了人家。"

肃宗道："也就是他忠心耿耿，办事练达些。朕已委他重任。为表彰他助上之功，特赐名'护国'，从今后凡四方表奏，御前符印、发布军令，统统交给他去办理。"

良娣道："这就好！还是原先在东宫一直侍候陛下的人可信啊！"

一语提醒了肃宗，他想起了一个人。一拍大腿，道："啊，我怎么把他忘了，他可是文武双才，不可多得的佐君之才啊？"

良娣惊奇地问："谁啊，让陛下这么高兴？"

肃宗道："我有此人，还怕逆贼不平吗？"随即道出了他的名字。

肃宗听张良娣说还是东宫出来的人可信时，使他突然想起一位老友——东宫奉读李泌，遂拍着手道："朕怎么会把他忘了，若有此人辅佐，还愁逆贼不克、唐室不兴吗？"

第二天，肃宗便派使者带着信笺专程前往河南颍阳，李泌的隐居之地，请他出山。

当年李泌年仅七岁入宫见驾时，玄宗就让他与忠王李亨结识，并在忠王府里住了一月有余，从此，两人成了莫逆之交。天宝年间，李泌奉旨入侍东宫，李亨对这位比他年幼十一岁的才子十分尊重，称之为先生，并以师长之礼待之。李亨多次在玄宗面前举荐李泌，想让玄宗重用他，结果引起权臣杨国忠的忌恨，视其为政敌。

李泌在河南颍阳一住三年，"安史之乱"爆发，生灵涂炭，山河破碎，李泌忧心忡忡。此时，适逢肃宗李亨已在灵武即位，便派使者持肃宗书请李泌出山，李泌读了

· 淫乱宫闱的恶宦 ·

图文珍藏版

肃宗的信函,心中甚喜,连忙打点行装,在使者护送下,奔赴灵武面见新君。

这一日,李泌一行临近灵武城,就有中使骑马飞报肃宗。肃宗闻知老友来了,趿拉着鞋子就奔出临时的行宫,亲自在门口迎候。君臣相见,感叹嘘唏,李亨紧紧抓住李泌的手,想起三十年来与李泌的交往,激动地久久不肯松手,叹息道:"自卿离开东宫,朕数年来六神无主,寝食难安啊!卿如何也这般忍心,自别后也不予朕一纸半语,免生挂念?"李泌也动情地说:"与陛下别后,臣也日夜牵挂。今能再见陛下,臣心愿已足,容臣拜见陛下。""爱卿免礼",肃宗拖着李泌,不让他行君臣之礼,两人边说边入行宫。晚上,李亨设宴为老友接风,灵武城中主要的文武大臣都参加了宴会。宾主人座后,群臣发现肃宗自即位后,还没有如今晚这般高兴。宴席上,他始终让李泌坐在身旁。接受群臣们的敬酒。李泌是学道之人,一身素布长衫,白袜黑鞋,风度翩翩,有道家风范。对文武官员敬献,他以茶代酒,一一应酬,酒宴兴尽而散。宴毕,肃宗留李泌住在行宫,两人彻夜长谈。

因军情急迫,肃宗常常带李泌去军营中视察,兵士们见皇上身边有一布衣相随,常在私下议论:"那一个穿黄衣服的,是当今圣上;穿白衣服的,是山野之人。"后来,肃宗听说了兵士们的议论,觉得不妥,特地把李泌召来,把此事告诉了他,道:"并非朕逼迫卿委屈做官,实在是国家多难,卿暂且换上朝廷紫袍,以杜绝流言。"李泌不得已,脱下素色长衫,穿上紫袍官服。肃宗见了,抚须大笑,道:"先生如今已穿上朝廷的官服,岂能名不符实?"言罢,从怀中取出一纸,递给李泌。李泌接过一看,原来是敕文,上书"授李泌为侍谋军国元帅府行军长史",李泌心中一惊,知肃宗早有预谋,便稍稍稳定一下情绪,拜辞道:"臣实不敢任职,请陛下另委他人!"肃宗脸一沉,摇头道:"朕一再说了,并非逼卿,实是逆贼作乱,山河飘零。当此之时,卿应竭诚行忠孝之道,助朕成中兴之业,卿岂能一再推诿?一俟讨平逆贼之后,朕听任先生行其高志。"李泌听肃宗如此诚恳,不便再说什么,只好接受了任命。肃宗很高兴,将元帅府设在他的行宫中,有事就随时把他召来。

元帅府主管全国的军旅大事,天下兵马元帅是广平王李俶。当初肃宗想任命次子建宁王李倓为天下兵马元帅,因为建宁王性情英武,自马嵬驿李亨与玄宗分道扬镳,北上朔方途中,建宁王便挑选了一些骁勇善战之士,组成卫队,为李亨护驾。途中屡次遇上土匪和流寇骚扰,都靠建宁王英勇善战,化险为夷,建宁王在军中享有较高的声誉。李亨即位后想让建宁王任天下兵马元帅,率诸将讨伐安禄山。当他与李泌商议此事时,李泌却表示反对。他对李亨说:"陛下,建宁王雄才大略,有元帅之才。只是广平王俶是兄长,是皇位的继承人。臣担忧如果让建宁王在平叛中立下中兴之大功,广平王俶怕难以继承王位,不利于王室的安宁啊!"

肃宗不大赞同李泌的意见,道:"广平王是嗣君啊,皇位的合法继承者,何必以任兵马元帅为重啊!"

李泌见肃宗尚未弄明白,并进一步点拨道:"广平王如今尚未正式册立为东宫太子。而眼下天下多难,众目所瞩,在于元帅。倘若建宁王功勋卓著,声威天下,陛下那时虽不想让他成为储君,他手下的文臣武将怕也不愿罢休。昔日太宗和上皇,不就是这样吗?"

肃宗沉默不语。他想起了玄武门之变。觉得李泌忧之长远,便改变了主意,立广平王为天下兵马元帅。

建宁王是个胸襟坦荡之人,事后闻知此事,很敬重李泌的人品和远见,亲自去李泌处致谢:"先生所虑,正合我的本意,请受我一拜。"说完作一长揖。李泌道:"我只知为了国家和朝廷,不知为个人培植亲信党羽,王不必疑我,也不用谢我。但愿王能深明大义,便是国家社稷之幸事。"通过这件事,李泌与建宁王成了知心朋友。

广平王李俶被肃宗封为天下兵马元帅后,李泌任元帅府行军长史、侍谋军国。他和广平王在元帅府朝夕相处,关系密切。当时,唐军与叛军的战斗十分激烈,四面八方呈送的各种奏报,一天二十四小时不间断。为了不延误军情,肃宗下令让各地来的奏报先送元帅府,由李泌先作处理,遇有特别紧急的军情,才送入宫中。当时,在宫禁门侧装有轮盘,至夜晚,宫禁门便关闭了,凡有急切文书,可将它放入轮盘之中,向内旋转一下便可传递进去。肃宗对李泌十分信任,将宫禁门府的钥匙和指挥军队的符契都让李泌与广平王俶共同保管,李泌权力已超过宰相。

这种状况,引起了李辅国(注:因拥戴肃宗有功,肃宗赐李静忠名"辅国")的忧虑与猜忌,他想保住自己的地位,想方设法排挤李泌。

肃宗对李泌如此信赖和偏爱,使李辅国产生了忌恨之心。

过去,皇上遇到什么事,总要和他商议,听听他的意见,自从来了李泌,皇上就再也不找他了。眼下皇上的日常起居,还是他亲自服侍,可李泌一来,皇上就挥手让他退下。这种时候,他就感到特别的委屈和不满。

他感觉皇上像一个爱拈花惹草的夫君,李泌如娇媚百态的宠妃,而他只是一个逐渐遭到冷落的旧人,眼下虽没打入冷宫,可境况也越来越差。

他不甘心自己多年苦心经营的地位被李泌取代,不能就这样败下阵来。

他先是想法和李泌接近,和他套近乎。可要拉拢李泌也真不易。这位清瘦修长、目光炯炯的年轻人,曾入嵩山求仙学道,身上自有一种飘飘欲仙的风度和气质。对常人极有诱惑的酒色财气,在他身上不起任何作用。

李辅国无计可施,而李泌对他仍然若即若离,骨子里却瞧不起他。

这时候,皇上对李泌是日益宠信了。有一次,因唐军打了胜仗,皇上很高兴,到了晚上还不想入眠,就让李辅国把颍王、信王、益王和李泌召来,君臣五人同坐于地毯上边吃边谈。因为李泌修炼道家导引辟谷之术,不大吃食物,肃宗李亨就亲自烧了二个梨赐给李泌,以代替酒肴。颍王见肃宗待李泌如此亲厚,心生妒忌,自恃是同室兄弟,也向肃宗讨吃烧梨,肃宗道:"你可以饱食酒肉,吃的东西很多,李先生已绝粒多年,只能吃二个烧梨,你何必争呢?"颍王见肃宗一口回绝自己的请求,心犹不甘,道:"臣是想试一试陛下的心意,为什么如此偏向李先生。倘若不行,我们弟兄三人请求陛下恩赐一梨总行了吧?"肃宗仍不允许,命下人取葡萄、柿子等别的水果赐予颍王、信王、益王。颍王等三人,见肃宗如此厚爱李泌,齐声相求道:"臣等因为这梨是陛下亲自所烧,才乞求一食的。至于其他的干鲜果品,堆得如小山似的,非出自陛下之手,也没有什么意义。"

肃宗只是微笑,并不答言。颍王见状,忙自找台阶,对肃宗和李泌道:"今日相聚,先生受皇上如此深厚的恩遇,臣等请求联句,以为他年的一段佳话。"

肃宗闻言甚喜,忙命颍王先说。颍王说:"好!"脱口就道:"先生年几许,颜色似童儿"。吟罢,自得其乐地呷一口酒,对身边的信王道:"你是赫赫有名的才子,瞧你的了。"信王道:"这个有何难哉? 且听我的——"因道:"夜抱九仙骨,朝披一品衣。"吟罢,众人鼓掌喝彩。益王也不甘落后,含笑接声道:"不食千种粟,唯餐两颗梨。"三人相继说完联句,齐齐把目光瞧着肃宗,请他补上最后两句,使之珠联璧合。肃宗以箸击碗,朗声道:"天生此间气,助我化无为。""好!"颍王等人轰然叫妙。李泌受肃宗及颍王等人如此恩渥,异常激动,欲起身致谢,肃宗制止了他,坦诚地说:"先生久居名山,栖遁于幽林,不注意人世间之事。如今居住在大内禁中,帮助寡人运筹帷幄,匡救于天下,指挥皆合于玄机,是社稷的支柱。朕赐梨与臣,还不应该?"

皇上赐梨与李泌的事在宫中传开后,李辅国心中更生忌恨,既然李泌不依附于己,必须寻机陷害他。他深知肃宗对李泌感情深厚,当面诽谤肯定不行,必须采用迂回之计。

他想起了正受肃宗宠爱的张良娣。

张良娣此时也正对李泌越加恼怒。

自从李泌出现后,皇上开始常常不回宫了,白天黑夜与李泌在一起,君臣间竟有那么多的事要商量,那么多的话要说。这使得张良娣产生了莫名的妒忌。

还好,皇上对她的宠幸,和以前相比,并没有多大的差别,这使她觉得有了稍许安慰。只是她觉得,皇上对她不如过去那样迷恋,皇上的精神状态发生了奇妙的变化,如依附于母亲怀抱的少年,一夜间变得有主见了。

"这都是李泌来了后发生的变化",张良娣觉得她已不能完全独占皇帝的宠爱了。

其实,肃宗现在整天要操心战争,他还是十分疼爱张良娣的,张良娣却把皇上不能日夜陪伴她,莫名地怨恨起李泌来。

随后发生的一件事,使张良娣对李泌的怨恨加深,变得恼怒起来。

一天,肃宗给张良娣带来了一件礼物,一副七宝马鞍。这副马鞍是用蜀锦制成,七彩的丝线绣成龙凤的图案,缎面闪闪发光,周围还缀了一圈密密的珍珠,晶莹洁白,美妙无比,良娣见了,十分欢喜。

肃宗告诉她,这是远在蜀地避难的太上皇玄宗送给儿媳的。

肃宗见良娣高兴,顿生爱怜之情,心想:"爱妃一个妇道人家,和朕一起出生入死,处处替朕着想,是朕身边唯一的红颜知己。只要她高兴,朕心愿足矣。"

此时,站在一旁观看的李泌心中却不是滋味,自古王朝的衰败都是从奢侈淫乱引起。夏启建立夏朝,败在奢侈无度的桀手里;商汤建立商朝,又毁在荒淫无耻的商纣手中,眼下天下动荡,用这么贵重的马鞍,是多么不合时宜啊!他见肃宗和张良娣都在兴致上,忍了忍,还是开口道:"陛下,臣有一言不知当不当讲。"

"请讲,先生有话但说无妨。"

"陛下,臣以为,国家还处于动荡之际,百姓流离失所,国库空虚,皇室应以俭约示之天下,鼓舞人心。"

"先生指的是……"肃宗听出了弦外之音。

"恕臣直言,太上皇赐张良娣七宝马,是表彰她的德行。但眼下国势衰微,良娣应恪尽职守,做后宫表率,不宜乘此奢华之物啊!"

"臣以为,陛下应撤去'七宝鞍'上的珠玉,交付库吏,奖励给有战功的将士。"

肃宗听了,深以为然,立刻下令撤去了"七宝鞍"。

私下里,张良娣感到委屈,她是个普通的女人,喜欢华丽的物品。她对肃宗抱怨道:李泌也太小题大做,未免不近人情。

这一回肃宗没听她的,正色道:"先生所言,是为了社稷大计。"

张良娣气得七窍生烟,但她强忍着,在肃宗面前,她还不敢完全表露出来。

这时,李辅国来找她了,她终于找到了一个倾吐自己愤懑的人,两个人躲在一起痛骂了李泌一顿,他们下了决心,要把李泌从肃宗身旁赶走。

张良娣和李辅国密谈了多次,还是没有想出对付李泌的办法。尽管张良娣仗着肃宗宠她,在肃宗面前哭哭啼啼,说了李泌不少坏话,可肃宗却听不入耳,反而一再替李泌辩解。

李辅国见没法离间肃宗和李泌的关系,沮丧之余内心有些惧怕:自李泌来了后,他多年在宫中用苦心经营的地位已岌岌可危;倘若让势态发展下去,有朝一日,怕自己在宫中会无立锥之地。

既然没法正面击垮政敌,退而求其次,只得先稳固自己一方的阵脚。他想出了拥立张良娣为皇后的奇招。

他把这想法与良娣一说,良娣当然愿意喽。当肃宗还是太子时,她就盼着被册立为皇后,那是一个女人莫大的荣耀啊!她想象着自己成为凤冠霞帔的皇后以后,那李泌又算什么呢?还不被她玩弄于股掌之中。

于是,张良娣在绚烂豪华的七宝帐里施展开女性特有的魅力。一阵痛苦与欢乐交织的冲动过后,良娣开口道:

"动乱的年月里,唯有妾陪伴陛下,是贱妾最大的荣耀啊!"

肃宗想到这一年多来,良娣在军中所受的那份罪,心里很感动,天地间唯一能安慰自己的,怕只有良娣了。

"由于战争,夫君万一有难,妾当替夫君赴死,身受斧钺也是心甘情愿的!即使死后,我也会化作蝴蝶,陪伴在皇上身边。"良娣以柔软的双臂搂着肃宗脖子,喃喃地倾诉着。

"爱妃不会变成蝴蝶,我们的好日子在后头呢"。肃宗被良娣爱的呓语打动了,他觉得这个女人给他带来了无上的快乐。

"刚才的话,妾是出自肺腑,我愿是皇上一丝发、一珠坠、一缕衣,生死都属陛下。只是,现在让妾去死,妾心犹不甘。妾现在还只是一个良娣啊!"

肃宗无限爱怜地望着良娣,一激动,脱口道:"爱妃劳苦功高,朕马上册你为皇后。"

良娣就等着这句话,她欢叫一声,又投入了肃宗的怀里。

第二天,李辅国就跑来祝贺:"恭喜皇上,恭喜娘娘。陛下乃一代英明之主,良娣贤德稳重,理应册立皇后,这才叫龙凤呈祥,阴阳调和,大唐社稷复兴有望啊!奴才等着操办立后大典啊!"

肃宗笑道:"这李兄跟朕几十年,越发能揣摩朕的心思了! 不过,此事先不必张扬,朕还要去请教李泌。"

李辅国和张良娣对望一下,一丝阴影浮上心头。

肃宗皇帝一早来到元帅府,把李泌吓了一跳,他伏身叩头道:"陛下有急办的事,只管传谕召臣等进殿,怎么亲身来了?"肃宗道:"倒不是十万火急,是朕一件私事。"说着把他想册立张良娣为皇后的事说了。

"天子的事可没有私事啊,何况是册立皇后那样的大事。"李泌沉吟道,半天不吭一声。

"朕想听听你的想法。"

说是听听想法,其实早已打定了主意。李泌想,这事很难措辞。对于张良娣,他早就发现这不是一个安分的女人,不甘心止于宠妃的地位。眼下,她凭着自己出众的容貌和聪明伶俐,笼络住了肃宗,一旦条件允许,便会干预朝政。

肃宗见李泌不吭声,解释说:"良娣的祖母是昭成太后的妹妹。上皇年幼失母,由良娣祖母抚养,上皇一直很感念。朕想使良娣正位中宫为皇后,以此来慰藉上皇,先生你看呢?"

李泌感到很棘手,此事断断不可谏阻。可是他想到大唐江山,觉得不可沉默,便婉言劝道:"陛下,恕臣直言。张良娣在战争中一直陪伴着您,功不可没。可眼下国家未安,四海分崩,臣以为,陛下首先要做的是扫除逆贼啊!"

肃宗有些不高兴:"朕以为册封皇后与平定逆贼并没有冲撞啊!"

话说到这地步,无法再说下去。自古以来,做臣子的干预君主立后,很少有好结果的。但李泌凭着与肃宗的多年情谊,不想为一己私利忧谗畏讥,患得患失,开口道:"陛下,您当年在灵武即位,是迫于形势,应臣民所请。陛下曾发誓,一切都等光复两京、上皇还朝再予定夺,并非为了一己之私利。至于家中之事,应该听听上皇的想法,并不急于一时,可迟缓时日从容解决。"

李泌这一番话打动了肃宗。他是个聪明人,当初将士们拥戴自己,是希望跟随他平定叛乱、建功立业。而今反贼未平,自己却匆匆忙于封后,岂不让将士们心生疑虑,说不定还会弄僵与父皇的关系。原本父亲对自己夺取皇位耿耿于怀,这一来不更是火上浇油? 思前想后,他觉得李泌言之有理,就把册封皇后的事拖延了下来。

李辅国与张良娣知道是李泌捣的鬼,对他更是恨之入骨。

肃宗虽然很倚重李泌,对他的话无所不从;但内心里觉得张良娣也实在委屈,若在太平盛世,她早就是皇后了,还用得着在军中受苦吗? 为了安慰良娣,他便陪她饮博为乐。哪知这妇人因心中不快,在宫中竟养成了饮博的习惯,后移驾彭原,良娣竟日夕纵博,声达户外。李泌在元帅府中,与行宫只隔一墙,每夕闻良娣娇声驾语,便又入宫劝谏。肃宗碍于李泌的面子,又怕失去良娣的欢心,叫人用晒干的木菌,制成骰子,掷时毫无声息。虽仍然日日赌博,外界竟毫无知晓。肃宗因朝中事多,不能常常陪侍良娣,他就叫李辅国入宫,每日里这两人厮混在一起,纵情于娱乐博戏。

李辅国有了张良娣做后台,索性也拉开脸面,对李泌爱理不理,到处说他坏话。遇到李泌求见,他还常常使坏,明明肃宗在屋里,他偏说不在;或者就让李泌在外一等就是半天。

李泌早已觉察李辅国和张良娣对他心怀恶意,但他没往心里去。

战局的发展,使争斗的双方暂时偃旗息鼓。时间进入至德元载(756)十月后,肃宗朝廷突然陷入了困境之中。失利首先是从陈涛斜惨败开始的。指挥陈涛斜战役的唐军主帅是宰相房琯。

房琯,字次律,少好学。马嵬驿兵变后,随玄宗幸蜀,拜吏部尚书,同平章事。肃宗灵武即位后,玄宗派房琯、韦见素等人赴灵武辅佐肃宗。房琯是当时誉满海内的名士,辞吐华畅,肃宗一见倾心,立刻拜他为相,军国大事多与他商议,房琯亦以平定天下为己任,独揽大权,其他宰相见状,亦退避三舍。

房琯当了宰相之后,便想干一件大事巩固自己的地位,便上疏请战,要求率兵收复两京,这正符合肃宗的心意。肃宗虽然在灵武称帝,但毕竟未在京师长安举行过朝祭宗庙的隆重大典,未免有些名不正、言不顺。何况,这在蜀地的太上皇,虽然已经退位,但还常常以"诰"的形式发号施令,并还保留了一个有别于肃宗朝廷的小朝廷,这使李亨忧心忡忡,极想早日收复长安,举行正式的登基大典。面对房琯请战,他喜出望外,立即答应了他的请求,并加授他为招讨西京兼防御蒲潼两关兵马节度使。

房琯是一个徒有虚名的文人,喜欢高谈阔论,却从未亲临战阵,披坚执锐,带兵打仗。可他在出战前却夸下海口,对肃宗说:"臣此次出兵,定能水到渠成,马到成功。不获全胜,决不来见陛下!"在与叛军作战中,他却机械地搬用古代的"车战法"。唐军首尾不能相顾,人马相践,丢盔弃甲,损失惨重,死伤达四万余人,仅数千人生还,房琯本人也差点送命。

叛军获胜,气焰又嚣张起来。

祸不单行。恰在此时,永王李璘起兵江南,欲乘乱割据一方。

李璘是玄宗第十六子,幼年丧母,由肃宗收养成人。安禄山起兵范阳后,玄宗幸蜀,曾诏以永王李璘为山南东路及岭南、黔中、江南西路四道节度采访等使,江陵大都督。李璘从此以平叛的名义,招兵买马,欲拥兵自重。肃宗见状,寝食难安,曾下诏命李璘速去蜀中朝见玄宗,欲借此调李璘离开江陵,息事宁人。可是,李璘却利令智昏,拒不从命,肃宗无奈,只得派兵讨伐李璘,兄弟兵戎相见。

内忧外患,使肃宗感到前途渺茫,李辅国和张良娣也只得收敛起锋芒,暂时不找李泌寻衅找碴。

四　李俶之死

战场上不利局势,使肃宗忧心如焚,急忙把李泌找来商议。

李泌这些日子也在思量着应对之策,听见召唤,便急匆匆来到肃宗下榻的殿内。

李泌哈腰进殿叩拜起身,却见肃宗正枯坐在椅子上,一脸病容,手捧着一盅茶,用碗盖拨着面上的丝茶,呷了一口,扶碗盖的手有点哆嗦。他叹了口气:"房琯怎么会这么无能? 劳师糜饷,损失了我四五万人马,书生误国啊!"

李泌定了定心,肃宗用人不当,又急于求成,受了挫折,却变得毫无主见,但这些话,李泌是不会对肃宗说的。

"先生,今叛敌如此凶焰,该如何是好?"

李泌见问,定了定神,答道:"胜负是兵家常事。臣以为,不出两年,叛贼可平。"

肃宗闻言一惊,见李泌如此胸有成竹,仿佛胜券在握,便问:"先生此言,有何依据?"

李泌觉得此时应给肃宗鼓劲,便道:"臣观安禄山必败,理由有六。一是禄贼目光短浅,攻克长安后,只知大肆掠夺子女金帛,贪图享乐,岂有雄踞四海之志哉? 二是禄山手下将领,不过史思明、安守忠数人,其余部属皆迫于无奈。三是禄山从范阳起兵,攻城略地,战线过长,兵力分散。"

肃宗细一思量,觉得有理,神情略有开朗,便急急问道:"依先生之计,朕下一步该如何做呢?"

李泌不慌不忙,把思量了多日的条陈一一道来:"臣以为要采用避敌锋芒、以逸待劳之策。陛下出兵于扶风,与郭子仪、李光弼两将兵分三路,共同出击,使叛军往来于数千里,疲于奔命,首尾难顾。来年春上,复命建宁王为范阳节度大使,并塞北出,与李光弼南北犄角奔袭范阳,取其老巢。使叛贼退无所归,留无安宁,然后集中兵力,与叛军决战,则天下定矣。"

"好计!"肃宗听罢击掌叫好:"先生不愧是朕之孔明啊!"立刻召来广平王李

唐李泌引水纪念标志

俶,三人细细商议起来。

根据李泌的计谋,肃宗调兵遣将,让李光弼坚守太原,郭子仪向河东进发,不断骚扰叛军,战场局势逐渐稳定了下来。这时,传来了永王李璘兵败身亡的消息,肃宗松了一口气,又恢复了正常起居,饭量也增加了,闲时也常与良娣一起饮博取乐。

这一日,李辅国兴冲冲闯进宫来:"陛下,太原大捷。"肃宗大喜,接过李辅国递上的奏章,原来是户部尚书、同中书门下平章事、兼北都(太原)留守李光弼写的折子,他展开一看,标题十分醒目:《户部尚书李光弼跪奏太原一役击毙叛军八万余人》。

原来,至德二年(757)正月,安禄山派史思明率十万大军围攻太原,进而夺占河东、朔方。当时,太原城守兵只剩团练(地方武装)不满万人。大兵压境,李光弼泰然自若。他率领太原军民在城外掘壕御敌,又命人制作土坯数十万。等叛军攻城时,李光弼命令士兵将土坯垒在城内,一俟城墙被毁,立刻用土坯堵上。叛军围攻太原一月有余,久攻不下,便生一计。史思明挑选了一批精兵,作为机动部队。当大部队攻击城东时,机动部队便悄悄潜伏在城西,企图偷袭。无奈,李光弼军令严整,巡逻士兵高度戒备,使叛军无隙可乘,枉费心机。史思明见强攻受挫,又使出调虎离山计谋。他故意在城下设下宴席,又搭戏台演戏,谩骂污辱大唐皇帝,以激怒李光弼,引诱他开城出战。李光弼早已洞悉了史思明用心,不恼不怒,暗地里派人挖掘地道,一直挖到城外,将在城下辱骂挑战的演员捉进城里,在城头上斩首示众,吓得叛军人心惶惶,纷纷传言唐军中有一个"土行孙",从此走路时小心翼翼,唯恐不知从哪儿钻出唐军来。

史思明恼羞成怒,他自恃兵多将广,索性派兵把太原城围了个水泄不通,想困死唐军。李光弼明白太原城缺少外援,旷日持久,城中供应难以为继,便使出诈降之策,与叛军约期投降,麻痹敌人。另一方面,他让人悄悄地将地道掘至敌军营中,地道上面土层很薄,以木支撑作为陷坑。及至约期,李光弼派部将几千人出城诈降,叛军皆神气十足于营中列队观看。正准备受降之时,营中地陷,众多叛军将士纷纷掉入陷坑,死伤无数。李光弼见机出击,使叛军大败,仓皇出逃,终于赢得了太原保卫战的胜利。

肃宗看罢折子,兴奋之情溢于言表,忙把李泌等人召来:"李光弼很能干,我军在太原大获全胜。我要诏告天下臣民,褒奖有功之臣。"

李泌等人也兴奋异常:"这一仗,打掉了叛军气焰,战场局势发生了很大改观。"

于是,肃宗亲自下诏褒奖,以示荣宠。

其余有功之臣也一一褒奖,封官加爵。当晚,宫中举行了小型庆功宴会。肃宗与李泌、广平王等人饮酒寻乐,连一向滴酒不沾的李泌也喝了一口果酒。不过,那一晚他喝了李辅国特地烹制的茶后,却睡得很沉。

李泌自那天庆祝太原胜利,喝了李辅国烹制的茶后,第二日便觉头痛欲裂,一连几日浑身乏力,身子不爽,请了太医诊脉后,也说不出个子丑寅卯来。他寻思是李辅国使的坏,那杯茶水里不知弄了什么名堂,偏又没有证据,不能乱说,心里一直闷闷的,早晨发觉天正下雪,便躲在被窝里懒得起身。

门外响起了脚步声,原来是李辅国来了。一进屋,便用嘶哑的嗓子喊道:"先生真会享福,外面的雪成团成块纷纷飘落,冻得奴才浑身打战。先生倒好,躲进温柔乡不挪窝了。"

李泌见是李辅国,有些意外:"大雪天,贵客临门,真是一件雅事啊!可惜,在下身子不爽,无法起身。不然的话,又该煮雪烹茶,倒是饶有风味啊!"

李辅国听到李泌提到煮雪烹茶,心里咯噔一下,心想,莫不是他发觉自己那晚递给他的茶水中有名堂?原来,那天,李辅国在李泌的茶水里加了药粉。这药粉是李辅国从一个和尚处弄来的,无色无味,但喝下后浑身乏力,往往要调养几个月才能恢复。

今早李辅国是特地来瞧瞧李泌情形的,见他脸上泛着红潮,说话有气无力,知道这药粉起作用了,心里高兴,嘴上却道:"先生千万别起身,身子骨要紧啊!"

"也够难为先生的,皇上自灵武登基后,先生就日夜操劳,没有空闲,是累病的。"李辅国见李泌没吭声,道:"前些日子,房琯在陈涛斜一战中,损兵折将,大败而归。多亏了先生为皇上出谋划策,采用了啥牢骚战术,才使叛军首尾难顾,稳定了局势。"

李泌心中窃喜,这个阉奴把"骚扰"说成了"牢骚",还瞎摆谱。可他猜不出李辅国的来意,便道:"公公,请用茶。在下身困体乏,失礼得很。"说着,眼皮沉沉的,又昏昏欲睡。

李辅国见李泌病得不轻,暗忖:这大清早,屋内冷清得很,这个乡巴佬要是得病死了,也无人知晓。

原来，李泌喜静，他的寝房虽离行宫不远，屋的四周是一片竹林，清静得很。平日里，李泌除了与肃宗、李俶、李亨等人来往外，与朝臣们也不太走动。正逢下雪日，这里便显得格外冷清。

李辅国念及此，心中忽生歹念，何不趁此机会结果了这个乡巴佬，神不知鬼不觉，一了百了？

"喔，先生病得不轻呵。"李辅国伸出那双干枯的手，假装关心，碰了一下李泌滚烫的前额："奴才懂得一点医道，给先生推拿按摩一下吧！"

李泌睁开眼，瞧了一下李辅国，见他正神秘莫测地看着他，心中一惊，陡地生出警觉："不劳驾公公，在下也没什么大病，公公若是没事，请回吧！"

"得了病该治就治，别忌药讳医啊！先生可是皇上的主心骨啊，奴才苦点累点，也要给先生治好病。"说着，不等李泌同意，一双手就在他身体上乱揉乱摸起来。

李泌觉得不对劲，欲挣扎却浑身无力，便用力喊了一声："来人啊，来人啊！"

李辅国见李泌叫唤，心中一慌，忙用一床被子兜头给他罩上，一边狞笑道："先生别急，奴才给你盖上被子，发一身汗病就好了。"见李泌手脚乱动，索性爬上床，用他那肥胖的身体紧紧压在李泌身上。

李泌的四肢已被李辅国紧紧压着，动弹不了。身体也像被大山压着一般，胸口发闷，喘不过气来。李泌曾学过功，他赶紧封锁住经脉，进入了昏睡状态。

他在梦魇中艰难地奔突、挣扎。

他的身体如燃烧一般，火焰熊熊包围了他。"渴，渴"，下意识中，他叫喊着，可声音一出口，就软绵绵地飘散开了。

床被剧烈地摇晃着，如一叶扁舟在大海中颠簸，随时有被风浪倾覆的可能。他快支撑不住了，他发现风停了，浪静了，床不再摇晃了。一只干枯的手掀开了床被，在他鼻下探摸着，他屏住了气息，以后就什么也不知道了。

不知过了多久，李泌听到有人在焦急地喊他："先生，你怎么啦，快醒醒，快醒醒。"他慢慢睁开眼睛，发现建宁王正焦急地望着他。

"我这是怎么啦？"

李亨见他苏醒过来，松了一口气："我正要问先生呢！先生病得昏睡过去，屋内空无一人，竟没人侍候先生。万一有了好歹，可怎么办啊！"

李泌渐渐恢复记忆："李辅国呢？"

李亨愕然："我来时门虚掩着，先生躺在床上，我连连叫唤，竟一声不答。摸摸先生竟无一丝鼻息，吓得我出一身冷汗，可没见第二个人啊！先生莫非发病产生了幻觉。"

李泌环顾四周，见桌上摆着李辅国刚用过的茶盅，还冒着热气，便摇摇头，断断续续把刚才的事说了。

李亨倒抽一口气冷气，叫道："那狗奴才莫不是听到我的脚步声，从偏门溜了。"再一留神，房间的偏门果然半开着，便愤愤地说："这狗奴才忒大胆了，我要禀告父王,杀了那狗阉奴。"

李泌冷静下来,把事情细细琢磨,道:"使不得。无凭无据,皇上怎么相信?还以为臣病中出现的梦魇。即使皇上信了,李辅国也会辩解说是替我治病,反使皇上以为臣猜忌多疑,把事儿弄糟。"

建宁王想,父皇正宠信那阉奴,无论如何也不信那阉奴会谋害先生,便问:"先生,你说该怎么办?"

李泌道:"眼下只有先忍下这口气,慢慢理会。"

"你忍得了,我受不住。那狗阉奴与张良娣内外勾通,招权纳贿的丑事,也不知做了多少回,独独瞒住了父皇一人,如此下去,那还了得!如今又要对先生下毒手,真正气煞我也!"

李泌有些后悔把刚才的事全盘告诉了李亨,他了解这位小王为人正直,性情暴烈,眼里掺不进沙子,生怕他不顾场合,向肃宗告状,若出事来,反而引起李辅国和张良娣的警觉,于事不补,还惹祸招身。于是他硬撑起虚弱的身体,左劝右劝,终于把李亨说得不吭声,才放下心来。

性情急躁的李亨最终还是没有沉住气,隔了几天,便进宫去见父皇。

肃宗这些日子心境正好,一连打了几次胜仗,又平息了永王李璘,使他看到了光复两京的希望。这会儿,他正与李辅国闲聊。见李亨进来,便招呼一声,也没在意。倒是一旁的李辅国,察觉出李亨满脸怒气,心中发虚,便悄悄地溜出殿外。

李亨是个率直的人,见李辅国退出后,便不管皂白青红,把肚子里的想法一股脑儿端了出来。

他先说李辅国与张良娣如何沟通,排斥异己,做尽坏事;又说他们俩对李泌心生不满,处处使坏,甚至想趁李泌发病时害他,足足讲了半晌。

肃宗听了先是惊诧,脸色由黄泛白,尔后变得铁青,咬紧牙关,在屋里急急踱着步。最后竟克制住了自己,慢慢平静了下来。

肃宗父子俩的对话,立刻就传到了李辅国那里。原来,李辅国见李亨怒气冲冲来找肃宗,心中生疑,他退出殿堂后,派人悄悄地在屋外窃听。当他得知李亨在肃宗面前是揭穿了他和张良娣的阴谋后,大吃一惊,便匆匆来找张良娣商议。

"怪只怪那天的事,你没办利索了!"

"唉,谁想到这时候李亨闯了进来,若他晚到一会,事儿就成了。"李辅国道:"那天的事也别再后悔了,还是想想眼前该如何办吧!"

"那个李亨,真是个狂妄之徒,不知天高地厚,竟与娘娘作对,得先把他收拾了!"

"对!这一回可得好好合计,别再出纰漏了。"

李辅国与张良娣一唱一和,开始在肃宗面前演起了双簧。他们一个是哭哭啼啼,道:"夫君,您要替妾做主,逆子不忠不孝,离间挑拨,实在可恶。"一个皱眉摇头,唉声叹气:"没想到哇,貌似仁孝,竟这般狠毒。陛下,奴才侍候陛下数十年了,忠心耿耿,不曾有一日懈怠,没想到竟被人疑心别有所图。"肃宗只得好言相劝,"你们啊,真是庸人自扰,朕还是信任你们的嘛!"

似乎是为了印证肃宗的担忧,不久,宫中便出了一件大事。

午夜时分,肃宗被武士的喧哗声、宫女的叫闹声惊醒。临睡前,肃宗喝了不少酒。太原大捷后,郭子仪率军进发河东,先是击溃了叛将崔乾祐的部队,击毙叛军4000余人,俘虏5000人。又击退叛将安守忠两万余骑兵的进犯,杀敌八千,俘敌五千,稳定了河东局势。接此奏报,肃宗很高兴,他觉得光复两京已指日可待了,临睡时,喝得酩酊大醉,很快进入了梦乡。没想到,半夜里被阵阵喧闹声吵醒。

肃宗有些恼怒,大声叱责道:"何人大声喧哗?"

值夜的内侍赶紧跪下禀报:"天下兵马元帅、广平王李俶被刺。"

"啊!"肃宗被吓醒了,披衣而起,在李辅国陪侍下,急急赶往元帅府。

失血过多的李俶此时已昏迷在床榻旁,太医正忙着为他包扎伤口,他的肩膀上被刺了一刀。

谁会这么歹毒呢?肃宗望着面色苍白的儿子,心在颤抖:俶儿自幼善解人意,眼下正担负着平叛重任,谁会下此毒手?

"能闯入戒备森严的行宫里来,必定是内贼。"李辅国喃喃道。

肃宗一激灵,神智立刻清醒了,他命令李辅国,赶快封锁行宫内所有通道,任何人不许出入,一定要抓住刺客。

李辅国干得很积极,他带领禁军亲自搜捕,果然抓住了一个蒙面黑衣人,把他带到肃宗面前。

肃宗恨得把牙齿咬得咯咯响,举剑欲刺。

蒙面人俯伏在地,叩头如同捣蒜:"皇上饶命!"

"为什么要刺杀广平王?"

"是,是,……建……宁……王。"蒙面人牙齿也磕碰起来。

李辅国露出奸诈的笑容,夺过肃宗手里的剑,刺向刺客。刺客两眼惊恐地看着李辅国,想说什么,又什么也没说出口,痉挛在血泊中。

肃宗一惊,"还没问清楚,怎么就杀了他?"

"他竟敢诬陷建宁王,奴才一激动,结果了他。"

肃宗一脸悲伤,既伤心李俶被刺,又痛心李亨竟会向兄长下毒手。眼下正是国难当头,没想到亨儿竟图谋不轨,令人痛心啊!

"如何处置建宁王?"

惊愕之余,肃宗问李辅国。

"皇上已尽了慈父应尽的职责。建宁王做出这种事,只能说建宁王天运已尽,皇上不必为此烦心。"李辅国把早已想好的答词说了出来。

肃宗默默点头:"王子犯法,与庶民同罪!若饶亨儿不死,日后怕有不测。"他终于下了决心。

正在军中指挥作战的建宁王迎来了皇帝派来的使者,他怎么也没想到,父皇赐给他的是一杯毒酒和一道圣谕:"你原本是天璜贵胄金尊玉贵之人,性情英武,在艰难困境中立有功劳,朕岂不知。但你自恃有功,鬼迷心窍,图谋不轨,竟做出了弑兄丑行。此罪犯在十恶,断无可恕。朕念父子血胤相关,赐你从速自尽。若非罪在不赦,朕何忍置你于死?钦此!"

李亨接此圣旨,立刻晕了过去。等他醒过来后,欲要申辩,已被李辅国派去的杀手牢牢按住,从嘴里灌进了那杯毒酒。

亲手处决了自己的儿子,肃宗皇帝情绪低落,一连几日,提不起精神。

他原本十分宠爱建宁王,没想到他会做这种事,使他十分绝望。一日,在议完事后,肃宗对广平王李俶和李泌道:"亨儿会做这样的事,朕觉得很失望,如遭晴天霹雳一般。朕不明白,他为什么要这样?"

广平王李俶不相信他弟弟会害他,两人自幼生活在一起,感情融洽,虽一人在军中,一人在朝廷,但一直互相友爱和谦让,怎么会派人来害他呢?于是,他忍不住道:"父皇,弟弟可不是这种人啊!"

李泌在一旁吃了一惊,他知道当年玄宗是听信了李林甫和武惠妃的佞言,废黜了无辜的李瑛太子爵位,没想到肃宗竟将此事和建宁王扯到一起,还以为是为国大义灭亲。他自然也不相信建宁王会害兄长,肯定是李辅国与张良娣设下的圈套。他们这些人连皇子都害死了,何况自己一介草民呢?而眼下,肃宗偏又执迷不悟,便道:"论理,臣不该插口,可他是陛下的儿子呀……"

肃宗落下了眼泪:"你们总能明白朕为什么要他自裁,他图谋不轨,违反人伦啊!"正说着,他感到胸口隐隐作痛,说不下去。

李泌还想说什么,侍立在一旁的李辅国忙跪着答道:"皇上睿断果决,义亲灭子,千古帝王无人能及!奴才乍闻之下,为皇上悲为皇上惊,细思且为皇上喜。今日天下,安禄山作乱,山河破碎,若再祸起萧墙,自乱阵脚,将何日平叛啊!奴才追随皇上几十年,皇上夙夜宵旰,孜孜求治,为尧舜之君。皇上,您多保重,万民唯陛下马首是瞻。"

肃宗听了,眼圈便觉得热热的,心想,还是李辅国了解我啊,阴沉的脸才开朗了些,说道:"辅国说的是,社稷,重器也,虽天子不得以私踞之。朕舍不得亨儿,但国法家法俱在,只能不顾亲情了。这事就议到此。大敌当前,当务之急是君臣齐心努力,恢复京师。"说着,对李泌道:"前方有何消息?"

"昨夜从长安来了一位信使,说是叛军内部发生哗变,贼首安禄山已被部属所杀。"

肃宗大喜:"此事是否属实?"

"还未打探清楚。臣已派人速速去打探消息,一有动静,即刻禀报。"

肃宗一扫心头的阴霾,把失子之痛丢在一旁。

建宁王被害后,对广平王李俶和李泌震动很大。李泌对广平王李俶道:"殿下,以后咱们还真得多长个心眼,耳朵放长一些,他们既然连建宁王都敢杀,说不定什么时候会把刀子架在咱俩的脖子上,别等死了还不知道是怎么回事呢!"

广平王见四下无人,说,"不若先下手为强,引兵入禁宫,把两个奸人除了,以免后患。"

李泌连连摇头。

他何尝不想除掉这两个奸人呢?可外事未平,内乱又起,国家经不起这般折腾,何况,事一旦泄露,后果不堪设想。

他把这一想法告诉了广平王,临末又叮嘱道:"此事万万不可,王没有看见建宁王是如何惹祸的吗?"

广平王不悦道:"我也是为先生担忧啊!"

除去了建宁王后,李辅国松了一口气,但李泌的存在是一大障碍,他时时在思虑着如何谋害李泌。

李辅国一直没找到机会。自从那天早晨没弄死李泌后,已引起了李泌警觉,他已不住在那孤零零的屋子里了,身边总有三四个贴身侍卫日夜护着他。何况,皇上知道后,虽没怀疑他,但也斥责他做事莽撞,不懂医术就别逞能,这一来,他更是无从下手了。

随着战场上形势的稳定,肃宗对李泌愈发信任,宫中的大大小小的钥匙和各种账簿、契据,都交给了李泌,李泌的权力不仅大于宰相,而且还成了宫内的大总管。

这使李辅国心中不快,却又无可奈何。

李泌这时却想与李辅国妥协。他借故去了前线军中,将宫中的钥匙托付给了李辅国。

李辅国是个势利人,他腰中挂着沉甸甸的钥匙,心里很满足,府库中的金银财宝都由他支配,他着实神气了几天。

等到李泌从前方归来时,李辅国极不情愿地解下腰间的一串串钥匙。

李泌早已知晓这阉奴的心思,便假意对肃宗说:

"陛下,李公公一直跟随着您,在宫中德高望重,臣以为掌管府库的重任应由李公公承担,他比臣更胜任这一工作。"

肃宗一听,有些意外,他一直以为他们两人间有些隔阂,现在看来不一定属实。这两个他最亲近的人,若能携起手来,当然最好不过,肃宗便痛快地同意了李泌的请求。

李辅国欣喜若狂。原先他对李泌的忌恨,也是由于肃宗对他过于宠信引起的,现在李泌已把手中的权力交了出来,他对李泌的怨恨也暂时消除了。

李辅国觉得通往富贵和权势的大门又敞开了,他又能重新左右朝廷间的事务了。

李泌、李俶和李辅国、张良娣的关系开始有所缓和。

五　劝驾有功

至德二载(757)正月初五子夜时分,洛阳城已万籁俱寂。在大燕皇帝安禄山的寝宫外,闪过了一条黑影,他悄悄移动脚步,抽出佩刀,用刀尖拨开低垂的门帷,一侧身钻了进去。屋内红烛高烧,一张大床罗帐低垂;为病魔折磨得疲惫不堪的安禄山此时已安歇入睡,发出震耳欲聋的鼾声。

烛光照在那人脸上,满是恐怖的神色,双眼鬼火燐燐,他一咬牙,把手中的刀举过了头顶。

他叫李猪儿,是安禄山的贴身阉宦,今晚他要杀了安禄山。

李猪儿原本是契丹人,孩童时被安禄山抱进军营。安禄山见他聪明伶俐,就用刀为他去了势。当时的他血流如注,昏死了过去。安禄山用灰烬把他的下身埋了,过了一昼夜,他才苏醒过来,从此,就成了安禄山贴身宦儿。

起初,安禄山对李猪儿十分宠信。安禄山腹大过膝,每次上马,都要踩在李猪儿的肩头,才能跨上马背;每天穿衣,也要李猪儿用头顶住安禄山的大腹,帮他系紧衣带。自从安禄山起兵范阳后,得了眼疾,称帝之后,又纵欲过度,双眼由昏暗而近失明,性情也变得格外暴躁,左右侍从,稍有不如意,动辄鞭挞。李猪儿因经常侍奉在他身边,受到鞭挞的次数也最多,几乎性命难保。

他对安禄山又怕又恨,这时。严庄来找他了。

严庄原在安禄山军中做孔目官,是他鼓动安禄山起兵反唐,替安禄山出谋划策。在安禄山做了

云纹镂空狻猊足熏炉

皇帝后,他成了中书侍郎。安禄山患了眼疾后,倦于政事,所有的军国大事都委任严庄代为处理,严庄成了安禄山的代理人,大臣、将军奏事,都要经他转告,安禄山的指令,也由他向下转达。

严庄虽然贵宠如此,也免不了受到安禄山的责骂。因为安禄山的病情愈益沉重,情绪也越不稳定,便拿身边的人出气。严庄要常与安禄山商议事情,也逃脱不了皮肉之苦,日子久了,对安禄山也产生了怨恨之心。

他想除掉安禄山,首先想到了安庆绪。

安庆绪是安禄山的儿子,怎么会反对自己的父亲呢?安庆绪是安禄山第一位夫人康氏所生。安禄山叛乱后,康氏和小儿子安庆宗正在长安,被玄宗下旨杀了。安庆绪就追随父亲一路征战,成了安禄山重要的助手,被封为晋王。安禄山称帝后,他也做起了册封为太子的美梦,可是安禄山却迟迟没有封他为太子。

原来安禄山的新欢爱妾段氏见安禄山病魔缠身,凶多吉少,恐有不测,想趁安禄山活着的时候,立亲生儿子安庆恩为太子,以图日后把持朝政,免受嫡子安庆绪的制约。安禄山为讨段氏欢心,竟想册立在襁褓中的婴儿为太子,这使已近而立之年的安庆绪惶恐不安,他愤愤不平,不甘心就这样被人取代,但又无可奈何。他的心思被严庄觉察了,严庄找上了门来。

严庄开门见山道:"皇上要册立庆恩为太子,不知殿下是否知晓?"

安庆绪一脸沮丧:"庄兄,愚弟朝不保夕,岂不自知?切望兄长赐弟万全之计。"

"办法是有的,只是不知殿下愿不愿意?"

"只要能消灾免祸,弟唯兄长之命是听。"

"那好。"严庄俯过身子,在他耳边轻声说了个"杀"字。

安庆绪一惊,他没想到严庄要他弑父自立,半晌没有吭声:"怕与人情上说不过去。"

"殿下,成大事者不能操妇人之仁啊!天与弗取,反受其咎。君臣父子虽也讲个忠孝之道,但到了万不得已之时,得行万不得已之事。皇上病情严重,性情暴虐,已无法行君之道;殿下举大事而代之,大义灭亲,可谓应天顺人。"

一番话打消了安庆绪的顾虑,遂使他下了决心:"机不可失,迟则生变,我听兄长的。"

可是,由谁充当杀手呢?他们二人不约而同地想到了李猪儿。

还是由严庄去找李猪儿。

严庄把李猪儿召人密室,神色庄重地问道:

李猪儿哭泣道:"我已数不清有多少次了。"

"皇上已越来越暴戾,一发火就打人,说不定什么时候你就要送命。你甘心就这样去死吗?"

李猪儿拉住严庄的手:"大人,救奴才一命。"

严庄笑了:"我和晋王殿下要举大事,如果你不为晋王出力,今天你就甭想毫毛不损地走出这个房间。"

李猪儿一听吓坏了,可他已别无选择,就答应了严庄的请求。

再说正月初五子夜,李猪儿在严庄、安庆绪指使下,悄悄地摸到安禄山床前。他用颤抖的手掀开寝帐,只见安禄山正四仰八叉地躺在床上,鼾声如雷。李猪儿举起了刀,用足力气,向他朝夕侍奉的主人肚子上砍去。安禄山从睡梦中痛醒,杀猪般地大叫一声:"有贼"。

在无可奈何的吼叫中,他的腹部已经开裂,肚肠子咕嘟咕嘟地往外冒。他痛得在床上不停地翻滚,肠子和着鲜血,流了满床满地,不一会儿,身子便直挺挺地不能动弹了。

李猪儿完了事,匆匆出门,向严庄、安庆绪报功。刚出门口,就遇上了他俩。安庆绪挥手一刀,就把他杀死了。

这时,宫中的卫士拥了过来,严庄吩咐道:"李猪儿谋逆,杀了皇上,今已伏诛。所有人等,不得泄露消息,如有违反,一律处死。"

严庄又令人严守宫门。然后连夜将安禄山的尸首,连同李猪儿的尸体,草草用毡毯裹了,就在屋内床下挖了一个坑,一同埋了。

第二天一早,严庄传谕称圣上病重,册立安庆绪为太子,监理国事。

两天之后,严庄又宣布,圣上传位于太子,安庆绪黄袍加身,继承皇位,尊安禄山为太上皇,改国号为载初,是年为载初元年。

又过了两天,安庆绪才宣布太上皇驾崩,为安禄山发丧,把安禄山的尸首匆匆挖了出来,举行国葬。

安庆绪当上了皇帝,每日里却在宫中饮酒作乐,朝廷政事,悉听严庄一人包办"代劳"。

这场内讧,表面上只是一次权力的再分配,但它已严重地削弱了叛军力量,自此,叛军便陷入了为争夺最高统治权同室操戈的恶性局面。部将各不相服,兵权渐渐集中到史思明手中。

消息传到了彭原,肃宗意识到恢复两京的时机成熟了,便调兵遣将,准备与叛军决一死战。

肃宗探知安禄山已死的消息,大为高兴,他听取了李泌的建议,将行宫迁至凤翔。

长安城中的百姓听到肃宗已至凤翔的消息,奔走相告,纷纷从叛军的统治区域逃出,投奔肃宗。一时间,军威大震。

肃宗见形势好转,心里高兴,急忙把李泌找来,商议攻取两京。不料李泌道:"陛下,眼下与叛军决战,时机已渐成熟。只不知陛下是求速效见功还是计之长远?"肃宗诧异道:"此话怎讲?"

李泌道:"求长远之计,陛下应派西北诸军向东北挺进,从归州、檀州(沿今北京市密云区东北)南取范阳,直捣叛贼老巢,绝其退路,然后回师,将叛军聚歼于两京,方可永绝后患。"

肃宗反驳道:"今各路大军已会师于凤翔,军需补给也格外充足,当应挥兵直下两京,何必舍近求远,引兵数千里,攻打范阳呢?"

"这正是臣所虑之处。今大军猛攻两京,必然得之。可逆贼老巢尚存,假以时日,贼必东山再起,彼长我消,天下又将大乱,臣以为,此乃图一时之效,非久安之策。"

肃宗沉吟不语,许久方道:"先生之意朕已明矣,容朕细细思量再定。"

李泌退下后,肃宗思前想后,不能决断。采用李泌之策,一劳永逸地铲除逆贼,自然不错。可天长日久,就怕生变。所以他内心极想早日平定两京,把皇帝的宝座坐稳当了。

白天心绪不宁,晚上便无端生出许多恐惧。肃宗刚一合眼,便做起了噩梦。他吓得大叫一声,急忙睁开眼睛,昏暗的油灯下,火苗一闪一闪,恍如梦境。

正在值夜的李辅国听到喊声,赶快进入屋内。见肃宗神思恍惚,忙递上了碗参汤给主人压惊。

肃宗饮了一口参汤,缓过劲来,幽幽地说道:"朕在梦中又回到了东宫,真不知是何缘故,会做此梦。"

李辅国是何等狡黠之人,立刻猜出肃宗忧虑重重,必然和白天李泌献策有关。便道:"老奴跟随陛下多年,深蒙大恩。昔日在东宫侍候主子,倒也常做噩梦,那是忧虑主子处境的缘故。自陛下登基以来,老奴倒睡得安稳,因为有了依靠,皇恩浩荡,奴才不再有烦心的事了。"

肃宗道:"朕不如你啊!朕昔日在东宫时,朝乾夕惕惴惴然如履薄冰。当了皇上,又早起五更、夜伴明灯地勤政,当皇帝是件苦事啊!"说到这里,肃宗披衣而起,在屋里来回踱着步,满面戚容叹道:"朕在动乱中登基称帝,可没过上一天舒心的日子。"

李辅国道:"皇上为天下苍生,平息叛乱,呕心沥血,人也憔悴了,奴才见了也心疼啊!皇上千万保重,有什么烦恼别闷在心里。"

"难啊!"肃宗心头豁然一亮:进军之事,何不问问李辅国。他数十年来跟随朕左右,对朕忠心耿耿;再说,逆贼叛乱后,是他为朕设计定谋,先除去杨家兄妹,再登上皇帝宝座的,他的见地,不见得不如李泌呀!

肃宗道:"朕这些日子正为进军之事发愁,是一举攻克两京呢,还是引兵东下,先袭逆贼老巢。"

李辅国说:"奴才不敢妄议。"

"但说无妨。"李泌倒是竭力主张派兵袭击逆贼范阳老巢,朕怕这一来,旷日持久,一时委决不下。

李辅国道:"奴才以为,陛下应进军两京,告慰列祖列宗,也不负太上皇重托。我大唐历来以仁孝治天下,光复两京,是天下第一的大忠大孝啊!"

肃宗琢磨着李辅国的话,连连点头:"这话有理,光复两京,迎上皇还都,可解朕晨昏之恋。"

第二天,肃宗便把他与李辅国商议的结果告诉了李泌。李泌见肃宗态度坚决,也不便再说什么,便与他商议派谁去攻打两京。

天下兵马元帅广平王李俶自然是这次与叛军作战的总指挥,但他一人担纲不了这副重担,还得为他配一副手。河东节度副大使李光弼是合适的人选,但目前他在河北正与叛贼史思明浴血奋战,脱不了身,于是就想到了河东节度使郭子仪。

四月,肃宗任命郭子仪为司空,天下兵马副元帅,要他回师凤翔,准备反攻以期收复长安。

郭子仪领了回师凤翔的任务后,便率军雄心勃勃地向西开拔,一路斩将夺关,唐军如天兵天将突然杀出,杀得叛军措手不及,人仰马翻,叛将李归仁泅水而逃。

唐军士气大振。郭子仪乘胜追击,掉转兵锋,进屯滷水西岸,直逼长安。叛将李归仁率兵驻扎在长安西门外的清渠抗拒唐军。两军相持七日,叛将李归仁佯败撤退,郭子仪未能识破敌军诡计,贸然率军出击。不料叛军早有埋伏,待唐军追来,叛军两翼夹击,结果唐军大败,损失惨重,郭子仪率残部退守武功。

清渠之败,使肃宗大为震动,决战尚未打响,唐军已损兵折将,使他不得不暂缓进攻长安。

战场上形势一夜间出现逆转。

唐军苦守一年多的南阳,在叛将田承明率兵攻打下,终于陷落了,致使江汉运输支持凤翔的交通线大受威胁。

颍川(今河南许昌市)此时也被叛军围得水泄不通,危在旦夕。

上党的唐军又被叛军所困,亦是凶多吉少。

这时,朝廷上下把目光注视睢阳,关心着那里的战局。

睢阳城是通向江淮的咽喉,至德二载(757)正月,安庆绪为了进占江、淮,切断唐军物资补给线,派尹子奇率军十三万围攻睢阳。睢阳太守许远急忙派人向衮东经略使张巡求援。

张巡,邓州南阳(今属河南省)人,生于唐景隆三年(709),卒于至德二年(757)。安禄山叛乱时,张巡在真源起兵讨贼,得壮士两千余人,曾守雍丘城,杀退叛军四万,名声大震。此时,睢阳告急,张巡率兵数千入驻睢阳。睢阳城内,张巡与许远兵力相加才六千余人,叛军兵力是唐军二十多倍。但张巡善于用兵,与叛军激战十六天,歼敌二万,使尹子奇不得不退兵。

过了两个月,尹子奇得到兵力增援,又将睢阳城团团围住,以报仇雪耻。

正在这时,张巡和南霁云等十余名将领,各率五十名骑兵突然出城,偷袭敌军。敌军大乱,许多人在梦中成了刀下之鬼,此役,唐军又杀敌五千余人。

张巡想在尹子奇出阵时射杀他,但是,尹子奇是个狡诈之人,平时上阵,总让几个将领陪伴他,又都穿一色的战袍,骑一色的战马,使唐军难以辨别。张巡想出了一个奇招。一次,在两军对垒时,张巡命兵士将一支用野蒿削成的箭射向敌阵,敌人以为城里的箭已经用完,便拿着箭高兴地向尹子奇报告。

尹子奇刚把蒿箭拿到手,张巡便吩咐身旁的南霁云对准尹子奇射箭。南霁云有百步穿杨的功夫,他取箭搭弓,一箭射出,正射中尹子奇左目,尹子奇捂住脸大叫一声,跌下马来,唐军乘势杀出城来,又打了一个大胜仗。

尹子奇攻城不成,又伤一目,岂肯罢休?他回去养了一阵子伤,又带几万大军把睢阳城围住。城外的兵越聚越多,城里的兵越打越少。到后来,守城的将士只剩一千六百余人,又断了粮食,唐军士兵每天只得到一合米,用树皮、茶叶充饥,最后,兵士们熬不住了,饿得面黄肌瘦,全身浮肿。

情况越来危急,张巡只得派南霁云带领三十余骑突出重围,火速赶赴临淮去求援兵。

驻守临淮的大将贺兰进明害怕叛军,他听了南霁云陈述后,不冷不热地答道:"睢阳城现在已不知存亡与否,派援兵有什么用呢?"南霁云答道:"我以我的头颅作保,睢阳城还没有陷落。退一步说,倘若睢阳真的被叛军攻下,下一个就轮到临淮了,怎能见死不救?"贺兰进明仍然无动于衷,但他见南霁云是员猛将,想把他留下来,道:"将军远道而来,鞍马劳顿,救援之事慢慢商议,先聊备薄酒为将军洗尘。"

南霁云为了求贺兰进明派兵增援,只得出席酒宴。少顷,堂上觥筹交错,堂下美姬妹丽,轻歌曼舞。面对满桌丰盛的山珍海味,南霁云难以下咽,他涕泪交流,哭着向贺兰进明道:"我突围出城时,睢阳军民已有一月余未进粒米了,我怎能在此忍心进食呢?即使吃了,也难以下咽啊!将军您手握重兵,眼看睢阳失守,城中军民行将被杀戮,却熟视无睹,不肯分兵救援,难道是忠义之士所该做的吗?"说完,他一口把自己的一个手指咬下,道:"霁云不能完成主将交给我的使命,只好留下一个指头作证,回去也好对主将有个交代。"

在场的官员大吃一惊,无不为南霁云的忠愤感动得落下眼泪。

南霁云知道贺兰进明不肯出兵,含恨离开临淮,从别处借来援兵三千,连夜赶回睢阳。到了睢阳城边,被叛军发现,叛军仗恃人多,将唐军团团围住。南霁云带着人马左冲右杀,最后仅有一千余人入城。城中军民得知援军无望,无不失声痛哭。

此时已到了十月,张巡和许远为了保卫江淮,不让叛军南下,决心死守睢阳,与城池共存亡。城里粮食断了,他们煮树皮吃,树皮吃完了,就杀战马。战马杀光了,只好捉麻雀老鼠充饥。最后,城里只剩400余人,但没有一人叛变。

757年十月九日,因寡不敌众,粮尽援绝,将士已饿得连使弓箭的力气都没了,睢阳城陷落了,张巡等三十六名将领全部被俘。

尹子奇把他们一个个绑起来,逼他们投降。他们把刀架在张巡脖子上。张巡冷笑一声,痛骂一顿。

尹子奇无奈,将张巡等三十六人全部杀死。

睢阳虽然陷落了,但张巡率领部众一万余人,在睢阳民众支持下,前后大小四百余战,杀敌十二万之众,不仅粉碎了叛军长驱直入江淮的企图,而且为唐军反攻、收复两京赢得了宝贵时间。

睢阳一战,虽败犹荣。

由于张巡等死守睢阳,牵制了叛军主力,使唐军主力经过三个多月的休整,恢复了元气。到了八月下旬,肃宗任命天下兵马元帅广平王李俶、副元帅郭子仪及元肃宗把全部兵马十五万人,加上四千回纥精兵,都交给郭子仪指挥。临行之际,他告诫郭子仪道:"京城能不能收复,全靠你这一仗了。愿您全力以赴,莫负朕望。"

郭子仪深知此仗关系到敌我双方生死存亡,他神情肃穆地对肃宗说:"陛下,这次出征,臣已立下了破釜沉舟的决心,就是打到一兵一卒,也不收兵。不获全胜,臣断无生还之理!"说完,便带领大军浩浩荡荡出了凤翔城。

这些日子,李辅国又变得兴奋异常。不仅仅是战场上形势好转,唐军已开始发动反攻,而且他在宫中的地位越来越巩固了,他又重新得到了肃宗的许多恩宠。

成功了!李辅国有一种预感,一旦光复两京,朝廷迁至长安后,他的地位会更加尊贵,会拥有许多令人炫目的头衔,掌握生死大权,到那时,可以认为是李辅国的时代了。

所以,他对前线的形势十分关心,尤其是现在,李泌随广平王出征后,他就成了肃宗的智囊了。

唐肃宗这些日子也异常高兴,他本是一个忧郁的人,现在,近侍们常能听到他开怀大笑。只要他一笑,周围的人就松口气,猜测到:肯定是又打胜仗了吧?

人们猜得不错,唐军出师大捷。

至德二载(757)九月二十五日,唐军元帅广平王李俶与副帅郭子仪、元帅府行军长史李泌,率领朔方军及回纥、西域之军15万,浩浩荡荡自凤翔出发,杀奔长安而来。

叛将李归仁,率十万大军与唐军对垒,他们自恃兵多,率先出阵挑战,唐军冲杀过去应战。李归仁故伎重演,卖一破绽,佯败而逃,待唐军冲至阵前,突然一齐杀出。唐军一时抵挡不住,前军阵形出现混乱。在这危急关头,李嗣业扬鞭策马,飞奔阵前,他挥动战刀高喊:"现在已到了危急关头,若不以死相持,只有死路一条。"说罢,光着膀子,一马当先冲入敌阵,刀光过处,敌军纷纷倒下。

正在相持之际,郭子仪命令回纥精骑从侧翼向叛军发起进攻,一时间,喊杀声、擂鼓声震天动地。这场血战从中午厮杀到夕阳西下,直杀得天昏地暗,血流成河。叛军被杀六万余人,余众弃甲曳盔,狼狈逃回长安城中。当晚,如惊弓之鸟的叛军率残部弃城而逃。

九月二十八日,李俶与郭子仪率军高奏凯歌进入长安。百姓倾城而出,箪食壶浆夹道欢迎唐军。人人喜极而泣,场面感人。

光复长安的捷报传到凤翔,李辅国闻知入宫朝贺,肃宗高兴得热泪盈眶,涕泪交流。他当天派宦官啖庭瑶入蜀向上皇报捷,便吩咐李辅国整理行装,做好回京的准备。同时急召行军长史李泌速还凤翔。

叛军见唐军来战,倾巢而出,战至黄昏,突然杀声四起,唐军弓箭手万箭齐发,回纥兵又从背后杀将过来,叛军溃不成军,安庆绪见败局已定,匆匆收拾残部千余人,放弃洛阳而逃。

唐军收复洛阳。

两京光复后,肃宗率领文武大臣、嫔妃子孙回到长安。李辅国与张良娣始终不离肃宗左右,接受着万民的朝拜。

肃宗身边独独缺了李泌。

长安收复的捷报传来,肃宗便预计到他梦寐以求的日子正一天天临近,用不了多久,他就能重新回到京都。此刻,他想起了李泌。这位他尊称为先生的密友,自他灵武登基的那一刻起,就尽心辅佐他,为他出谋划策,从理顺朝廷内部的各种关系,到不久前攻克长安的运筹帷幄,可以说,两京的迅速光复,与李泌是分不开的。

这时候,前线大局已定,而且有郭子仪坐镇指挥,他可以放心了;而一旦光复两京,朝廷中有多少大事需处理啊!眼下急着要办的一件事,是把太上皇请出蜀都。这时候,他觉得一刻也不能没有李泌。

于是,肃宗派使者急召李泌从长安返回凤翔。

李泌第二日便来到凤翔,君臣相见,免不了一番问候,肃宗一边接受着李泌对收复长安的恭贺,一边兴奋地拉着他的手,谈起了正事。

在议论了一阵战事后,肃宗与李泌商议起收复两京后,如何犒赏有功之士。肃宗道:"如今郭子仪、李光弼已为宰相之职,克服两京、平定四海之后,则无官加封,如何是好!"

"臣已思量过此事。对位尊高官的人臣,不能一味以官赏功,这有两大害处,没有才能会碍事,权力太大又难制御。不若赏以财物土地,使他们为子孙留一笔丰厚的家产。有了家产,那些功臣就不会凭借手中权势巧取豪夺,谋取私利,对朝廷也十分忠诚。"

肃宗听了,点点头,深以为然。

李泌笑道:"若是为臣,所受封赏,却与众人不同。"

"此为何故?"

"臣绝粒修炼,又无家室,禄位与土地皆非我所需要。为陛下帷幄运筹,在两京光复之后,但能枕天子之膝睡一觉,臣就心满意足了。"

李亨听罢,知道李泌欲效仿东汉初年隐士严子陵,功成身退,乃大笑着,把话岔开。

"朕忘了告诉你,两京光复后,朕第一要办的事,是恭请上皇东归,朕能尽人子之孝,朕前日已遣使呈表给上皇了。"

"表上怎么说?"

"朕当还东宫,仍为太子,修复臣子之职,还九五之尊于上皇。"

李泌闻言大惊,忙问:"表还能返回否?"

"恐怕不行,使者已走两日,无法追回了。"

李泌叹了一口气:"上皇决不会还京了。"

　　肃宗不解。

　　李泌见肃宗困惑，一针见血指出："按道理和情势推论，陛下已难回东宫修复臣子之职；如今陛下坚持说要回东宫，上皇心生疑虑，不回来也是情理之中啊！"

　　肃宗恍然大悟。倘若父皇不回都，就会影响政局稳定和平叛战争进程，不禁忧形于色，十分紧张地问道："那如何是好？如何是好？"在屋里来回踱着步，尔后面对李泌，谦恭地道："请先生教我！"

　　李泌淡淡一笑："此事不难，请陛下稍安勿躁。臣有一计，请再遣使者入蜀，呈上群臣贺表，写明白马嵬驿请留陛下讨贼，灵武群臣劝进皇位，以及今日之战功，尤其要说明圣上思恋对上皇的晨昏之情，请速还京以尽孝养之意。如此这般，上皇便无法推辞了。"

　　肃宗听罢，十分赞赏。忙命李辅国让人取来纸笔。李泌凝思片刻，提起笔来，一挥而就，写罢，把表呈奉给肃宗过目。

　　肃宗看罢，为李泌情真意切、朴实无华的文笔感动得泣不成声，遂命人将李泌撰写的表封好，又遣宦官奉表入蜀，呈送上皇。

　　肃宗当晚留李泌一起宴饮，宴毕，李泌下榻在宫中，与肃宗同榻而睡。夜间，君臣交谈甚欢，李泌见气氛融洽，突然向肃宗求情道："陛下，还记得臣当年与陛下的约定吗？眼下两京业已光复，四海安宁，臣已报答了陛下的知遇之恩。臣想重新归隐山林，祈请陛下恩准。"

　　肃宗吃了一惊，他拉着李泌的手，道：

　　"朕与先生这些年来，风风雨雨，患难与共。现在眼看叛乱已快平定，正要与先生同享荣华富贵，先生何故要离我而去呢？"

　　李泌神情庄重地说："臣有不忌，五不可留，恳请陛下能体谅臣的苦衷允许臣离去。"

　　肃宗又吃了一惊，醉意消失了一半，问道：

　　"何谓五不可留？愿闻其详。"

　　"臣与陛下认识太早，是一不可留也；陛下太重视臣，委以重任，是二不可留也；臣受陛下恩宠太深，是三不可留也；臣在战乱中与陛下共商国策，功劳太大，是四不可留也；臣的见识超出一般人，行迹又太离奇，是五不可留也。有此五个原因，陛下何堪再用？倘若陛下念臣忠贞不贰之心，放臣还山，沐浴圣化之中，传之后世，亦为一段风云际会的佳话。"

　　肃宗听得悚然动容，但他内心却不愿李泌离去，便使出了缓兵之计："夜已深了，先生先安歇吧，此事容日后再议。"

　　李泌却去意已定，他深知肃宗素性懦弱，且又宠信李辅国与张良娣，眼下李辅国又掌握实权，他们二人正千方百计排挤自己，日后一旦进京，在朝中共事，将凶多吉少，建宁王李亨之死就是前车之鉴，便坚持道：

　　"陛下现在与臣同床而眠，尚不能应允臣的请求。日后在朝廷的殿堂之上，臣还敢有所乞求吗？陛下若不允臣之所请，这实际上是在杀臣无异啊！"说着，泪水已走珠般滚落出来。

肃宗听后惊诧不已，神情黯然地说：

"我与先生相交多年，自以为相知甚深。没想到先生对朕有如此深的猜忌。朕怎么会杀你呢？先生把朕当成了春秋时期的越王勾践吗？"

李泌一听，脸色骤变。李泌听肃宗如此说，知道他生气了，赶紧跪下，道：

"陛下误会了。正因为陛下决不做鸟尽弓藏的事，臣才斗胆要求离去归隐；倘若陛下真要杀臣，臣还敢再说归隐之事吗？要置臣于死地的，不是陛下您，而是我所说的不能够留下来的五条理由。陛下昔日待臣太好，臣有时遇事还不敢尽言；何况眼下两京光复，海内安定，臣还敢直言吗？"

李泌这番话其实是暗示朝中李辅国和张良娣互相勾结，做尽坏事；但由于肃宗信任他们，李泌见了他们也心存惧怕，不料肃宗却想岔了，他沉默了一会，问道：

"卿要离我而去，是不是由于朕没有听从你关于北伐的计谋，至今仍耿耿于怀？"

话说到这种程度，李泌不得不把话挑明：

"陛下，臣并非为北伐之事，臣所不敢直言的，是关于建宁王李亨的事。"

肃宗感到意外，忙解释道："建宁王李亨是朕的爱子，英勇果断，在战乱中立了大功，朕怎么会不知道呢！可惜，他自恃有功，又受到小人挑唆，想要谋害他的兄长广平王李俶，图谋太子之位，朕以国家社稷利益为重，不能因私废公，不得已才忍痛割爱除掉了他，先生难道不知晓朕的苦衷吗？"

李泌连连摇头，道："建宁王如果真有谋害太子之心，照理说，广平王李俶应该怨恨他。可是，广平王每次与我谈及此事，都涕泣呜咽，悲痛不已，为建宁王鸣冤。"

肃宗分辩道："不是有刺客夜刺广平王吗？而且刺客供称是受建宁王指使。"

"这必定有诈。刺客行凶之日，建宁王正在前线作战，况且已有好久未回行宫了。这肯定是有人栽赃、诬陷建宁王啊！当初陛下曾想用建宁王为元帅，是臣请求用广平王的。建宁王若心存歹心，当最恨于臣；但他却认为臣举荐广平王是忠于社稷，对臣更加敬服。从这件事，就不难看出建宁王为人坦荡、赤诚，他决不会去干伤天害理之事。"

肃宗细想那一夜晚，刺客尚未交代，便被李辅国处死了，自己在一怒之下处死了爱子。如今李泌一再辨别建宁王之冤，越发觉得自己太鲁莽了，不禁泪流满面，伤感地说："先生说的极有道理。朕现在也后悔不迭。但是既往不咎，朕不想再提这件令我悔恨不已、负疚终生的事了。"

李泌见肃宗已有悔意，不忍再说什么。只是想到自己离去后，李辅国和张良娣联手排挤广平王，想为他说情，便道：

"臣今天重提此事，不是追究陛下的过失，而是提醒陛下引以为鉴，慎重地处理这类事。"

说到这里,李泌缓缓地念起了《黄台问辞》:

"'种瓜黄台下,瓜熟子离离。一摘使瓜好,再摘使瓜稀。三摘犹为少,四摘抱蔓归'。陛下,您已经失去了一个儿子,不能再失去另一个了。"

肃宗早已听得泪流满面:"朕决不会这么做,请你录下这首歌辞,朕当书于条幅之上,以作为座右铭。"

李泌怕将此辞书于条幅,日后被张良娣与李辅国觉察,反而对广平王不利,忙劝道:"陛下只要记在心中就行了,何必显露在外,引起众人议论呢?"

君臣你一言,我一语,谈了一宿,肃宗同意了李泌的请求。

第二天一早,李泌一个人悄悄地离开了。

六 万民朝拜

唐肃宗至德二年(757)十月,李辅国跟随着肃宗回到了阔别一年多的京城长安。

入城的那一天,风和日丽,大街上挤满了人。

这时长安城西北的开远门的礼炮响了起来,在鼓乐声中,皇帝的御仗队出现在人们的视线内。先是左右羽林军的骑兵,四十人一队,有两队在前开道,两队在皇帝的銮驾两侧缓缓徐行,还有一队殿后。

当皇帝的銮驾出现在大道上时,人群骚动起来,他们欢呼着,要一睹皇帝的圣容。

唐代天台宗济公院

只一瞬间,群臣、万民不约而同,山呼海啸一般呼喊:"肃宗皇帝万岁,万万岁!"那烟花、爆竹,燃得遍地紫雾,响得似一锅滚粥,满街的人都似疯了、醉了。更有一些上了岁数的老人,点上一炷炷香,当街跪在地上,泪流满面,向肃宗磕头,他们把皇上当作了救世的菩萨。

端坐着的肃宗,感受着万民狂热的拥戴和称颂,心里也很激动。他有理由相信自己在百姓中的声望已超过了太上皇玄宗,因为是他领导了平息叛乱的战争,给人民重新带来了安宁,使多少在战争中流离失所的家庭破镜重圆。

"我已经不是当年的小李子了。"等太上皇和高力士从四川回都后,我得时刻提防他们,别让他们再次染指权力与富贵,李辅国默默地提醒自己。

在万民载歌载舞的欢呼声中,张良娣也很激动。不,她现在已升为淑妃了,可她并不满足。此刻,她两眼望着激动的人群,觉得自己应该受此礼拜,战乱中她与肃宗同甘共苦,如今一切都结束了。该享享福,她陶醉了,两眼笑得眯成了缝,但身子端坐着纹丝不动,俨然一副皇后的模样。

午后,李隆基一行六百余人正行走在蜀地一条栈道上。这条栈道,北起河池郡草凉驿,南到褒城的开山驿,全长四百余里,是傍山架木而成的悬空通道。靠山的一面,又架着铁索,铁索上的铃铛也发出叮铃咣咣的响声。

玄宗坐在轿子里,显得心神不宁。他用漠然的目光仰望着阴霾的天穹,长长地吁了一口气。骑在马上,侍候在一旁的高力士见了,忙道:"圣上,栈道上风大,小心着凉。"话音刚落,只见一股山风吹来,使玄宗浑身一哆嗦,赶紧放下轿帘,一边吩咐轿夫慢行。

玄宗是在肃宗进入长安的这一天,带着高力士、陈玄礼以及禁军六百余人,从成都启程,返回长安,如今他踏上归途已快满一个月了。

对这次回京师,他犹豫过。不是他不思念京都,说实话,在蜀地的四百多天里,他没有一刻不牵挂着长安宫阙,只是今非昔比。

当年他逃离长安时,虽然惊慌失措,可他是皇帝,还控制着自己的命运;如今他回来了,虽然同样是乘轿徐行,却已成了太上皇,须要看儿子李亨的脸色行事,身边只剩下高力士和六百余禁军。

失去了帝位,成了有名无实的太上皇,他本不愿回长安。长安光复的捷报传来时,他当然高兴;可是看了李亨的奏表后,他忧心忡忡。

原来肃宗在表上请太上皇玄宗赶紧返回京师,称自己仍将回东宫继续当太子。

玄宗看了后,心神不定。他不相信儿子的鬼话。这个貌似忠厚的儿子,诡计多端。当初,在马嵬驿,他一手策划了六军哗变,诛杀了杨氏兄妹,乘机与他分道扬镳;尔后,又借口众臣拥戴,迫不及待地称帝了。如今,他率军光复了京师,在胜利的欢呼声中,难道反而不愿当皇帝吗?难道是想把自己的父亲骗进京城监管起来吗?玄宗越想越疑虑,坐卧不宁,茶饭不思。他就派人对儿子李亨请求道:"请给我剑南道作养老之地吧!"可是儿子没有答应他,却捣鼓群臣又给他上了一份奏章。

这份由李泌起草的奏章,倒是把话给挑明了:"自马嵬请留,灵武劝进,及今成功,圣上思恋晨昏,请速还京以就孝养。"玄宗看了,稍稍放宽了心。

话说到这份上,玄宗便不好推辞,那就回去吧,老是住在成都,儿子对他也不太放心啊!

就这样,玄宗踏上了归程,这一走就是三十多天。傍晚时分,玄宗一行下了栈道,来到庙台驿。

"今夜就宿在这里吧!"身旁的高力士问道。

"唔"玄宗微微颔首,带着众人在驿馆前驻足。庙台驿是北出栈道的最后一个这驿馆不住人，半旧的房舍门都大敞着，窗纸都已破了；楹柱上的朱红漆皮也已剥落。一群人闯进院落，只听"嗖"的一声，扑棱棱惊起一群在院舍里栖息的鸟，石鸡、乌鸦、山鸡冲门而出，猝不及防间，玄宗吓得一激灵，倒是高力士眼疾手快，一手擒了一个，看时却是两只野鸡，笑嘻嘻说道："陛下好口福。"

玄宗也来了兴致，命近侍把院落打扫了一下，拣一块干净处，先自歇息去了。不一会儿，众人点起了火，在火堆上烤的野鸡肉散发出令人馋涎欲滴的浓香。高力士挑了一只鸡腿，塞在玄宗手里。玄宗大口啃着，风卷残云般便吃完了。待要再吃时，突然忆起当初逃离长安，由于走得匆忙，没带足干粮，没曾想望贤宫的官员们早已望风而逃，饿得同行的皇宫嫔妃和皇子皇孙们眼冒金星，哭哭啼啼，不得不向当地的百姓乞食吃，后来，便发生了六军哗变。这么想着，玄宗竟没了胃口，怅怅地望着屋外漆黑的夜，听着索索的秋风，久久才叹息一声，对守在一旁的高力士道："这一路上，闻着栈道上的铃声，使人心都碎了。力士，快拿笔墨来，让朕填一首曲，解个闷吧！"力士遵命，玄宗拿过笔，略一思索，填了一首词：

"袅袅旗旌背，残日风摇影；归路犹是来路，一样雨霖铃喧。子规啼血，哀猿断肠，好叫人怕听。应道留难归也难，愁塞长空秦天暗。

懒问戎机班朝事，盼回长安怕见长安。纵然殿阁依旧，三郎已非昔时颜。余生堪怜，听屋外风声雨声，淅淅沥沥，一片凄然心暗听，伤情处，欲与何人说？"

写完，玄宗把笔往地下一掷，禁不住落下泪来。高力士见状，赶忙劝道："陛下一路劳乏，该早些安歇，不应再写这些抒发胸臆、伤情触痛的词儿。若传扬出去，恐有不便，当今皇帝仁孝，只怕皇帝左右之人会拨弄口舌，无事生非。"

玄宗一愣，忙道："你说得对，快把这词给烧了吧！"

高力士卷起玄宗写的那首词，放在火堆上烧了。

"不能写哀伤之词，朕就写一首明快的吧！"玄宗意犹未尽，赋诗一首，题为《幸蜀西至剑门》：

"剑阁横云峻，銮舆出狩回。

翠屏千仞合，丹峰五丁开。

灌木萦旗转，仙云拂马来。

乘时方在德，嗟尔勒铭才。"

这首诗玄宗也是有感而发，一路上他目睹剑门天险，朕想到自古以来多少兴亡之事，痛感治理国家在德不在险，所以在诗中唱出了"乘时方在德"的调子，同时也又庆幸自己能返回京师，"銮舆出狩回"，心情是轻松的。

这回轮到高力士看不懂了，刚才玄宗还是忧心忡忡，抱着听天由命的哀伤回京师的，现在却突然情绪高涨起来，说很喜欢早日回长安，喜耶，悲耶，到底哪一个是真，哪一个是假呢？心中却有些悲哀：太上皇失去皇位后，连写一首词真实抒发胸臆的自由都没有了。必须听从肃宗的喜怒而喜怒，这次回京师得处处小心啊！

高力士的担忧不是多余的，玄宗一行来到扶风，便发生了一件不愉快的事情。

那一日，玄宗一行风尘仆仆赶至凤翔，迎面走来了一队人马，走在队前的是肃宗心腹宦官李辅国，他来到玄宗面前，下马跪拜问安道："奴才奉皇帝旨意，来迎接太上皇。太上皇到望贤宫时，皇帝还要亲率文武在那里迎驾。"

玄宗点点头，问道："你带来多少人？"

"三千禁军。肃宗皇帝怕路上不安全，从这里到京师，由我等护送太上皇进京。"说着手一挥，这三千精骑，便把跟随太上皇的六百禁军都缴了械，弄得玄宗目瞪口呆。他想发火，但知道眼下已成了笼中鸟，发火有什么用呢？心里却有股怨气：这亨儿也太不像话，说什么晨昏之恋，名义上派三千禁军护卫，实际上却把父亲监视了起来。他叹了一口气，愤懑、疑思、焦虑、惆怅，还有一丝莫名的恐怖骤然袭上心头，嘴上却道："好，好，临至王城，还是亨儿想得周全，想得周全啊！"不知不觉间，落下了泪来。

玄宗一赌气，在凤翔逗留了七、八天，尔后在数千精骑的护卫下，浩浩荡荡向东进发，十二月初，来到了咸阳。

十二月初三，唐玄宗在李辅国等三千精骑的护卫下到达咸阳望贤宫。旧地重游，玄宗感慨万千。

这时，肃宗听说玄宗已到望贤宫，便风风火火领着一帮人前来迎候。肃宗特意脱下了自己所穿的黄龙袍，重新换上做太子时所穿的紫衣，望着南楼飞身下马，伏身跪拜于楼下。玄宗见状，急急走下楼来，弯下腰抚摸着肃宗不停地抽泣着。肃宗也伏在地上，手捧着玄宗的双脚呜咽不已，泣不成声。

玄宗老了许多，也瘦了许多，头发几乎全白了。仅仅一年多时间，他经历了安禄山叛乱，杨贵妃被杀，让位于儿子，逃难四川，太多的磨难使这位昔日雄心勃勃的皇帝锐气大减，感情也更脆弱了。

玄宗从随从手上要来了黄龙袍，亲自给肃宗穿上。肃宗却伏地叩头，坚辞不受。

玄宗劝道："我儿，天数和人心都已归于你了，你的孝心朕心领了，别再推辞了。朕已年老，儿当皇上，朕才能安享余年啊！"

肃宗推辞不过，只得将黄袍拿来穿上。

此时，被拦挡在御仗外围观的父老百姓们，目睹此景，情不自禁地鼓起掌来，"万岁，万万岁"的欢呼声震耳欲聋。

肃宗被百姓的赤诚感动，命令李辅国，让负责警卫的禁军让开，放千余人进来参拜上皇。

群众用同样的热情欢迎着玄宗，这位过去的皇帝。并说："臣等今日复睹二圣相见，死无恨矣！"

玄宗面对这样热闹的场面，激动不已，他已经久违了这样热闹的场景了。"真是孝顺的儿子"，玄宗喃喃地道，他感到儿子深得民心。

第二天，玄宗在肃宗陪同下，前呼后拥地上路了。肃宗亲自为玄宗挑选了一匹温顺的马，扶玄宗上马后，然后接着马缰，要为父亲引路，尽人子之孝。行了数步，玄宗止之。肃宗这才上马，在玄宗面前缓缓前行，为父亲开道。玄宗颇为感慨，对左右侍从道："我做天子五十年，从未觉得显贵；今天成为天子之父，才真正觉得显贵啊！"高力士忙奉迎道："太上皇和皇上父子情深，是我们做奴才的幸事啊！"在肃宗身边一直冷眼观察的李辅国也连忙应声附和，并带领侍从等欢呼万岁。

肃宗陪着玄宗回到长安。

朝拜仪式结束后，玄宗径往长乐殿，向列祖列宗谒拜，痛哭流涕。尔后，便知趣地离开大明宫，因为大明宫是当朝皇帝与百官治理国家政事之所在。玄宗搬到兴庆宫去住了。过了些日子，玄宗便将传国宝玺正式传给了肃宗。肃宗痛哭流涕地接受后，从此便再也不说"儿避位东宫"之类的话了。

紧接着，玄宗和肃宗又互赠尊号。

至此，最高统治权力的移交才宣告结束，肃宗正式登基，圆了名副其实的皇帝梦。

安顿下来后，肃宗开始对臣子们以功封赏。

这里要说到我们这本书的主人公李辅国，这些日子里他洋洋得意，睡梦中都要笑出声了，他觉得他达到了人生最辉煌的顶峰。

如今，两京收复，肃宗在大赏功臣之余，当然不会忘记重赏身边的这位功臣，他能在危难之中即皇帝位，使多年的梦想成真，主要是借助于李辅国之力。肃宗在诏书中称赞李辅国能"志除奸恶，忠诚济危"，说了一大通溢美之词，尔后授予他为光禄大夫殿中监同正员判行军事，封郕国公，总管宫中大政。

这时，李辅国已身兼数职，他总管了宫中大大小小的事务：马房、园林、钱库、粮食、禁军，甚至还管理着皇子、公主们的起居事务。宫中上上下下都有他的耳目，人人见了他都俯首帖耳。

他现在还专掌禁军。他知道，皇宫中谁握有禁军，谁就拥有了一切。权力，必须靠禁军来维护。

这个心宽体胖的宫中总管，如今养成了一个嗜好，闲时喜欢去禁军营苑，看看士兵们在演习场上操练。每天晚上，宫中各处巡逻的带兵头目，都要向他汇报。他只有在接到平安的报告后，才能放心入睡。而宫中周围，禁军巡逻的脚步声，则成了他的安眠曲。

李辅国从跟随肃宗重新入京后，夜夜睡得很香甜。

还有一个人，现在也心满意足，夜夜做着美梦。她，就是如今已封为皇后的张淑妃。

当两京收复的消息传来，肃宗对有功之臣一个个论功行赏，她便不安分起来。因为她记得，肃宗对她许下的诺言，等到天下太平之日，就立她为皇后。如今，李泌也已被排挤走了，这皇后的桂冠该稳稳地戴上了吧？

那一晚，肃宗正在大明宫看着奏章，张淑妃身边的一贴身宫女一挑帘悄然进来，肃宗一抬眼看见了，问道："是淑妃叫你来的？有什么事吗？"未及宫女答话，淑妃张氏已徐步进来，跟在她身后的一位宫女，手中端着一只景泰蓝大盘，盘中一个火锅正烧得翻花滚烫，冒着白烟。肃宗心头一热，道："这么晚了，难为你想着。"说着，就放下手中的奏章，招呼张淑妃坐下。

那张淑妃脸上早已挂满了笑容，款款在肃宗身旁坐下，亲手拿了一个碗，把那火锅汤往碗里舀，道："这些日子，皇上入京后没歇的时辰，连妾的去处也顾不上了。妾寻思皇上办的都是大事，可别累坏了身子。便亲自下厨，动手做了一锅野鸡鱼头豆腐火锅，这是你最爱用的，也给你去去乏。"

肃宗听着淑妃诉说，早已呵呵笑了起来："还是我的淑妃想得周全。这些天忙得脚不着地，原想着看完这几份奏章就往后宫去的。"伸筷子从碗里夹出一块细白如腻脂般的豆腐，吹了吹吃了，又舀了一匙汤品尝了，不禁大赞："好！"张淑妃也抿嘴笑了起来。

待到肃宗用完膳，宫女们前呼后拥着肃宗和淑妃往宫里安歇。两人上了床，淑妃却微微咳了起来，肃宗一惊，才知这些日子张淑妃身子有些不爽。肃宗抚着她的秀发，缓缓道："你病得不是时候，眼下两京收复，天下太平，该爽朗欢喜起来才是啊！"

淑妃似乎心事很重，娇小的身躯偎在肃宗怀里，慢慢低了头，竟悄悄用手拭起泪来。

"怎么了？"

"没什么，高兴的。"

"高兴还哭？"

"女人高兴和男人不一样。"

肃宗莫名惊诧。淑妃却道："这会儿，你猜我在想什么？我在想自马嵬驿后，妾跟随陛下的日子，那真是苦哇。终于熬过来了。"

肃宗也受了感动："朕不会忘记的。朕回京后事情多，没有多在你这里过夜，没想到你身子都不爽起来。"

淑妃却一改愁容，道："皇上别担忧，妾身子没病。只是盼望着什么时候，皇上把皇后的桂冠给妾戴上。"

"那不容易吗？朕明早就下旨，你就是朕的爱后，天下之母，朕所有的就是你的。"说着忘情地搂住淑妃，在她脸上、颊上、眉眼上印了无数个吻。

第二天，肃宗上了朝廷，正寻思着该如何提封淑妃为后的事，却见案卷中放着一封李辅国的奏章，上云："国不可一日无君，也不可一日无后。当初是因为战乱，才停止了国家应有的礼仪。如今两京已克，天下承平，臣请立张淑妃为皇后。"

肃宗想，自己身边的这个老奴越来越会办事了，他总是不动声色地提醒自己该做的事，实在让人称心。

肃宗马上召近臣们商议立张淑妃为皇后之事。大臣们自然不会提什么反对意见。他们明白,这只是走走过场,张淑妃与肃宗在战乱中患难与共,皇上早有意立她为后了,便一个个上表祝贺,拣喜庆的话说。

此事便定了下来。肃宗命李辅国选了一个吉日,举行了盛大的授后庆典。张淑妃终于如愿以偿地坐上了皇后宝座。

七 辅佐太子

"郕国公回府,官民回避呀!"

时近黄昏,在长安东市街口,传来金吾静街之声。

随着一阵马蹄声,躲在街市两旁的老百姓,惊恐地发现由数百名骑兵护卫着的郕国公金顶篷牛车出现在大街上,正戒备森严地向郕国府而去。

"呀,好威风啊,有这么多卫士护车。"

"是谁?是当今宰相吗?"有人小声问道。

"嗨,宰相有这么大的气派?告诉你,他比宰相的权力还大。"

"难道是皇上?"问的人吓白了脸。

"小心,他是皇上身边的红人,开府仪同三司、太子家令、判元帅府行军司马事、郕国公。"

道旁的两人还在小声议论着,李辅国手下的卫士们挥舞着马鞭便冲了过来:

"闪开,竟敢冲了郕国公的大驾!"

说着,鞭子挥了过来。

此刻,坐在辇中的李辅国正闭目养神地想着心事。收复长安以后,他的地位更高了,权势也更大了。他专掌禁兵,住在皇宫里,在京城也置了宅院。肃宗的一切诏敕,都要经他过目并签署后才能发出;散朝以后,不论宰相还是其他朝官,再有奏章,都要通过他上达肃宗,再通过他把处理决定转告奏事者。肃宗对于他,又十分信任。朝廷中的许多大事都委任于他,这无疑将生杀大权交给了李辅国,使李辅国成了皇权的实际操纵者,于是李辅国与张皇后联手,独断专行,在朝廷中愈益胡作非为起来。

为了控制住朝廷百官,李辅国在朝中安插了不少耳目,有不听召唤的,他便想方设法,罗织种种罪名,把他除掉,朝廷中竟有一半人成了李辅国的党羽。

李辅国很得意,他终于成了高力士第二,甚至比当年的高力士还厉害百倍,朝廷中没有人不怕他的。

随着他权势的显赫,李辅国的财产也迅速膨胀起来。

按说李辅国也是够富的,单单是肃宗这些年的大量赏赐,也早已家财万贯了。可李辅国却是一位见钱眼开的主儿,对金银财宝总露出一副贪婪的嘴脸。

他知道肃宗信佛,便怂恿肃宗修建佛庙,肃宗委托他来办理。李辅国便在京城中修建了宝寿寺。把那寺庙造得金碧辉煌，不知花去了国库中多少银子。乘修寺机会，李辅国不知克扣了多少银子。寺庙造好后，举朝大臣全都备礼恭贺。入得寺来，先得撞钟，撞一下钟，就得捐钱百缗。一般官员都得撞十次钟，捐钱上千缗。官职高的，撞的次数就越多，捐的钱也就多。真是钟声一响，黄金万两，白花花的银子都滚入了李辅国的腰包。

除了聚敛钱财外，李辅国还爱好收藏稀世珍宝。他手下的人，变着法儿替他大肆在朝廷内外搜括。他卧室内有一方用五彩丝线编织的地毯，这地毯织得十分精巧，每一方寸之内，都织成了歌舞伎乐，及青山大河之景。更妙的是，一遇微风吹拂，那地毯上便有金色蜂蝶上下飞舞，又有燕雀鸣叫跳跃，细细观看，还辨不出真假。李辅国十分喜爱，每晚临睡前，总要观赏一番。

得了宝物，李辅国便重重赏赐献宝之人。只需动动嘴，那献了五彩宝毯的主儿，便官升三级，青云直上。这一来，自有那奉承拍马的，寻着了升官的捷径，千方百计弄来奇异珍宝，孝敬李辅国。李辅国的府第上，天天门庭若市，送礼的、献物的络绎不绝。而李辅国则照单全收，既发了财，又网络了人，用他的话说，要保住泼天的富贵权势，金银与走卒一样都不可缺少。

李辅国一行在一座豪华的住宅前停了下来，李辅国由侍从搀扶着下了辇，见本府总管领着仆人一字儿排开，在府门前跪安着，李辅国视而不见，被侍卫簇拥着，进入殿内。

李辅国在内室里，躺在交椅上，正眯缝着双眼，欣赏着一件宝贝。

这不是一件普通的宝物，而是大唐的一件传世之宝，唤作玉龙子。当年太宗皇帝在晋阳宫得到它，长孙皇后一直将它压在箱底里。

此时，李辅国摩挲着这件晶莹剔透，耀眼生辉的玉器，满心欢喜。他见过的宝贝也不算少了，可从没见过有这么光色齐整、晶莹透亮的玉件，"果真是罕世之宝啊"，他玩摩端详了一阵，把玉龙子用一只匣子装了，小心收好，陷入了沉思。

这件宝物是昨天张皇后派人悄悄送来的，不消说，这是太上皇李隆基赏赐与她的。

张皇后也是一位喜欢奇异珍宝之人。在她的后宫，堆满了数不清地从各地搜括来的奇异罕宝。她对这些宝物看管得严严的，一旦进入后宫，就别想再往外拿。如今，她忍痛将玉龙子赠予李辅国，使李辅国大感意外。李辅国沉吟半晌，揣摩着皇后的心意来。

这些年来，李辅国与张皇后内外勾结，逐渐掌握了朝廷大权。他对张皇后的脾气心性也捉摸透了，张皇后肯如此花大本钱，绝不仅仅是答谢他在她立为皇后上出的力，肯定有大事求他。

果然被李辅国料准了，今天白天，张皇后派人悄悄把他叫去，向他露了底。

在皇后的内室里，张皇后斜依在锦榻上，向他投来热切而娇媚的目光。她外披紫色纱罩衫，衫上的龟背纹隐约可见，罩衫的薄纱下透出丰满的前胸和圆润的臂

·淫乱宫闱的恶宦·

图文珍藏版

膀。李辅国禁不住多看了她一眼，心想：怪不得肃宗被她迷住，倘若我不是那劳什子割了去，见了她也难免心旌荡漾。

"阿兄啊，"张皇后私下里对李辅国的称呼总是那么情切切、意绵绵，她微微启动朱唇，轻声细气地说："多亏了你相助，使我能顺利地主掌六宫。"

李辅国一听，忙跪下奏道："这是娘娘的造化，奴才愿一辈子侍候娘娘。"

皇后两眼有些湿润："难得你如此忠心，这朝廷中除了皇上，妹就对阿兄最为知心，有什么事都不瞒你。阿兄有什么事，妹也当自己的事。"

李辅国点点头，他是个乖巧之人，早已听出张皇后话中之意。原来，当年建宁王在世时，常常在肃宗面前告李辅国的状，多亏了张皇后通风报信，才除掉了建宁王，并把不听使唤的李泌赶走了。

"娘娘隆恩浩荡，辅国敢不尽心竭力，以供驱使，"李辅国索性把话挑明："娘娘有话就直说吧，我一定尽力去办。"

张皇后这才不绕弯子，告诉李辅国，前些日子皇上去兴庆宫探望太上皇时，太上皇告诫儿子要他早立太子，以定社稷。张皇后探知这一情况后，立刻缠绕着肃宗，要他答应立其所生儿子兴王李侶入主东宫。肃宗道："侶儿聪慧过人，可惜年纪尚幼，让他去主东宫，怕大臣们争议。"可张皇后不依不饶，非要肃宗立兴王为太子不可，肃宗被逼无奈，勉强答应了，不过最后又道："请给我一点时间，让我设法去说服大臣们。"张皇后听了心中不安，赶紧找李辅国商议。

李辅国陷入了沉思。他心底里当然是愿意立张皇后所生的李侶为太子，可李侶年仅七岁，根本没法与立有赫赫战功的李俶相比。但如今张皇后正受到皇帝的宠信，立兴王李侶为太子也不是没有可能。于是，李辅国答应了张后的请求，在适当的场合劝说肃宗立李侶为太子。

不过，他内心却担忧宰相李揆和李岘会强烈反对立李侶为太子。

这一点，他没向张后说。

夜深人静，肃宗辗转反侧，久久未眠。

为了立太子之事，肃宗颇费心思，久难决策。

眼下已光复了京师，连太上皇都在催促立储君之事，他却踌躇起来。

若从德才及功绩方面衡量，广平王李俶是最佳人选。因为，第一，广平王身为天下兵马大元帅，主持戎旅多年，战功赫赫，在朝廷中深孚众望，能肩负起掌管国家大政的重任；第二，广平王年已三十多岁，在肃宗所生十四个皇子中排行第一，自古以来，长子都是皇位的法定继承人。第三，玄宗也十分看重李俶。当年李俶才出生时，身体羸弱，玄宗亲临看望，见其天庭饱满，便道李俶"福过其父"，十分钟爱。如今其父李亨已是肃宗皇帝，李俶要"福过其父"，不也预示着要当皇帝吗？

肃宗皇帝立李俶为太子的想法，遭到了张皇后的强烈反对。

张皇后在动乱中始终陪伴着肃宗，深得肃宗宠爱。所生李侶，伶俐可爱，也是皇帝的宠儿。只是年纪尚幼，肃宗怕立李侶为太子，会引起大臣们的非议。

不过,张皇后态度坚决。每次见到肃宗,她都执意要请求一番。面对皇后美丽的容貌,成熟丰满的身材,肃宗犹豫了,他不忍让自己心爱的女人失望。

就在这时,李辅国也向肃宗施加压力,竭力称赞李佋聪慧过人,前程远大,一张广额方颐的脸,极似皇帝本人。说得肃宗心绪更乱,拿不定主意。

可是,册立太子已不能再拖,东宫之主一日不立,朝阁的稳定便一日可忧;急于施展中兴抱负的肃宗,为择东宫之主,愁得寝食不安。

咚,咚……

待漏院里又传来了报时的通鼓声。

已是三更了,烦躁不安的肃宗突然想到了两位宰相李揆和李岘,明天何不听听他们的意见。这么想着,一阵睡意袭来,肃宗渐渐地进入了梦乡。

李揆和李岘素有能臣之名。李揆字端卿,出身于山东豪门,祖父李玄道,曾任文学馆学士;父亲李成裕,为秘书监。

李揆早慧,从小写得一手好文章。开元末进士,补陈留尉,因政绩突出,很快被肃宗发现,提升为右拾遗,以考功郎中知制诰,不久拜中书舍人,兼礼部侍郎。

在任礼部侍郎期间,李揆考核官吏注重人品、才干,深得肃宗信任,曾当面赞扬他:"卿门地、人物、文学皆当世第一",提拔他拜中书侍郎、同中书门下平章事。

李岘和李揆一样,也是因为有才干而受到肃宗重用。李岘为宗室后裔,祖父李恪为唐太宗李世民的第三子。李岘年轻时以门荫入仕,累迁高陵令。后人为金吾将军,任京兆府尹。天宝十三年,宰相杨国忠因李岘不依附自己,借雨灾将其贬为长沙郡太守。但老百姓却怀念李岘,当年长安米价昂贵,老百姓做歌谣道:"欲得米粟贱,无过追李岘。"

李岘处事老成,富有经验。长安光复后,肃宗任命礼部尚书李岘、兵部侍郎吕湮、御史大夫崔器共同审理变节投敌的唐旧臣陈希烈等300余人的案件。吕湮和崔器都是在灵武时追随李亨起家的新贵,他们对变节投敌者表现出义愤填膺的姿态,主张一律以叛乱罪处死,只有李岘不同意。

他对肃宗说,不能把投敌者统统杀掉,提出三条理由。第一条,当初安禄山气焰凶虐,太上皇仓促间弃群臣南巡,群臣与百姓各自逃命,被安禄山势力胁迫而降者,情有可原,不得不分青红皂白一律杀掉。第二条,现在虽已收复了两京,但河北的大片土地还控制在安庆绪、史思明手里,那里还有不少被迫降贼的唐臣和百姓,若将这三百人统统杀掉,势必会坚定那些人为贼效力,不愿反正自新。第三条,若将这三百人一律处死,也不合古训。三百人中间,大多数是胁从者,应区别对待。

争论了数日,肃宗同意了李岘的意见,将这三百名投敌朝官分等治罪。不久,肃宗提拔李岘为吏部尚书同平章事,对李岘倍加信任。

两位正受重用的宰相如今却甚为苦恼。原来,李辅国仗恃着拥戴肃宗之功,与张皇后勾结,专横跋扈,屡屡干预朝政。不仅朝廷中官吏的任命,都要得到李辅国的同意,而且,连御史台、中书房、门下省三司以及府、县审理的案件,也都要报告给李辅国，并按他的意思办。李辅国则拉大旗作虎皮，声称是皇帝的制敕，必须执行，弄得谁也不敢吭声。这两位想干一番的宰相也形同虚设，心里恼恨不已，但又不敢公然与李辅国和张皇后对着干，投鼠忌器，他们怕违背了皇帝的心意。

正在这时，肃宗来找他们了，征求立太子之事。

徘徊犹豫的李亨一听李揆、李岘二相已恭候在殿外，忙宣他们进见。

李揆、李岘在李辅国导入下步入殿内，跪于御案前行了大礼。肃宗却频频招手：

"卿等平身，快快入座吧！"

待李揆、李岘入座后，肃宗用目示意李辅国退下，李辅国无奈退出，心生疑惑。自李泌走后，肃宗议事从没有回避过他，满腹狐疑的李辅国往殿外走时，步伐缓慢而沉重，他意识到皇帝密召二相，定是商议册立太子之事。

当李辅国沮丧地退出时，李揆和李岘也颇感意外，他们俩迅速交换了一下会意的眼色，皇帝的这一举动，使他们很欣慰。

殿内只剩下君臣三人，肃宗才压低声音诉说了近日的烦恼。

李揆和李岘一致反对立李侗为太子。

兴王李侗非但没有超过广平王李俶的任何优势，相形之下还暴露出许多致命的缺陷。第一，兴王李侗年纪尚幼，仅仅是一个六、七岁的幼童，从大唐王朝长治久安的角度考虑，他显然不宜册立为太子。第二，广平王立有赫赫战功，如果舍长立幼，势必会引起皇室诸兄的不满，埋下日后同室操戈、手足相残的祸患。

二相的激烈反对，使肃宗深思。他感到不能单凭个人感情来决定关系到大唐王朝能否长治久安的大事。他思虑再三，对二相道：

"楚王李俶年长，阅历丰富，又建有大功，立他为太子，卿等有什么意见？"

李揆立刻奏道："若立楚王为太子，此乃社稷之福啊！"说完，与李岘一起跪下再拜，向肃宗表示祝贺。

"朕计决矣。"肃宗脸上露出了刚毅之色，终于下了决心。

乾元元年（758）十月，肃宗下诏册封楚王李俶为太子，更名为李豫。

闹得沸沸扬扬的太子风波遂告平息。

这一日，宫廷中特别繁忙。光顺门已搭起了高大的彩楼，沿路锦帐宫灯，直接到御花园中。文武百官的妻妾们，穿着光鲜的礼服，心情激动地簇拥在光顺门旁，恭候着皇帝、皇后。

这是乾元二年（759）初春，宫廷中正在举行皇后亲蚕典礼。

皇后亲蚕，是古已有之的一项重要祭祀仪典。每逢春日，皇后要率领六宫嫔妃及朝廷命官的女客，在禁苑桑林园内，祭祀蚕神，祈祷风调雨顺，五谷丰登。

亲蚕典礼虽然年年举行，但这一年规模超过以往，大张旗鼓，连皇帝及大臣们都惊动了。

在亲蚕大典前五日，张皇后的正坤宫女官、内侍便进入了紧张的亲蚕斋戒活动。皇后焚香沐浴后,由尚服女官给她戴好皇后金冠,穿好黄罗鞠衣,由尚仪女官执着玉笏,跪请皇后升入斋室。嫔妃们跟随在皇后身后,在斋室内依次跪下,听皇后宣读皇帝就亲蚕仪典所做的谕示。宣读后,各归斋室,开始五日的斋戒。到第六日,尚仪复来跪请皇后升座,举行正式的亲蚕仪典大礼。

往年的亲蚕仪典由皇后单独主持,但这一次非同小可,皇上亲自陪伴,还带了一批亲近的大臣和随从。

这一切都是李辅国一手策划和操办的。

原来,在肃宗册立成王李豫为太子后,使张皇后陷入了愤怒、绝望的境地。一连几日,她朝肃宗发火,肃宗被逼无奈,便推脱是宰相们的主意,若立兴王为太子,怕难以服众。

伤心和愤怒终于平息了,张皇后和李辅国对二位宰相产生了怨恨心理。

一日,张皇后把李辅国召来商议陷害李揆、李岘的办法。李揆和李岘虽位极人臣,但处事公道,又深得肃宗信任,两人想了半天,竟找不出李揆、李岘的罪状,不由得泄了气。

张皇后叹道:"我是徒有皇后之名,势力所及,仅限在后宫。若像当年的韦后,拥有无上权力,要撤换一、两个宰相,还需绞尽脑汁?"

一席话提醒了李辅国,他知道这个女人非等闲之辈,早晚要干预朝政。如果她真能像韦后那般垂帘听政,对他来说,也是一件好事。不过,要干预朝政,总得有个名号,何不先指使朝臣上一奏本,请求给皇后加一尊号?皇后拥有了尊号,为日后干预朝政便铺平了道路。李辅国便把心中的想法告诉了张后。

张后听了果然喜欢,连称妙计。

"眼下正是春天",李辅国道:"按惯例,皇后要率六宫嫔妃祭祀蚕神,等到亲蚕仪典那一天,我将皇帝请来,大办酒宴,酒醉饭饱之时,以百官名义上一奏章,请求给皇后加一尊号,皇上一高兴,事情就成了。"

老谋深算的李辅国把张皇后说得心里痒痒的,两人对视一下,得意地笑了起来。

最近的一段时间里,肃宗显得格外的平静。册立太子的事终于圆满解决,使皇帝松了一口气——这种感觉,如同长途跋涉的人到达宿营地,如释重负一般。

肃宗是以乘乱夺权取得天下的,对储君问题一直很敏感。从理智上判断,他以为太子非成王李豫莫属,无论从立功立贤,还是立长角度,莫不如此。但感情上,他又受惑于张皇后。他信任这个女人,动乱中建立的感情是铭心刻骨的。虽然她成为皇后以后,和李辅国联系,悄悄地网罗自己的势力,但肃宗仍然爱恋着她。可能是因母而及子,他对年幼的兴王十分偏爱,这么一来,在册立太子上,他一度犹豫。

幸亏李揆等人及时提醒,使肃宗理智战胜了感情,册立成王为太子,此举赢得了朝臣们的赞扬。可因此而使皇后落落寡合。他实在迷恋这位美貌的女人,不忍心看到她的伤心。当她冲他发火时,肃宗竟然有一种负疚的感觉,觉得没有立兴王为太子,是欠了她很大的人情。面对皇后蛮横的质问,懦弱的皇帝竟把责任都推到了宰相们的头上,对哭泣着的皇后,无力地辩解道:"皇帝有时候也是最不自由的人啊,他不能随心所欲的处事,要兼顾方方面面,你应该体谅我这种左右两难的处境啊!"

这等于是向皇后道歉,只差没说谢罪的话。胡搅蛮缠的皇后听肃宗如此诉说,心底里更不把丈夫放在眼里,只是觉得不要把事情弄得太僵,何况木已成舟,再闹也无法改变事实,才收敛了。

在肃宗看来,皇后还是贤惠明理的,虽然有时会耍些脾气。

日子恢复了平静。但夫妻间的感情却起了变化。有时,肃宗和皇后独处时兴致很高,皇后却懒懒的如例行公事一般,使肃宗颇为扫兴。为了讨好皇后,皇帝竟也耍起了手段。

皇后是有意如此,她知道他离不开她,便带着提弄的味道,让丈夫今后更听她的话。

肃宗却陷入苦恼之中,不能老是用奇异珍宝讨好皇后,这种事传出去他多没有面子,总要想一个补偿的办法。

正在这时,李辅国找他来了,奏道:"如今春事正盛,三代后妃,皆亲蚕桑之事;今张皇后德被六宫,正可行亲蚕之礼。"

肃宗一听,觉得这是讨好皇后的办法,他知道皇后爱虚荣,喜欢热闹,面对群臣和嫔妃跪拜欢呼,她会得到极大的满足。

他立刻准了李辅国的请求,并下谕要搞得热闹一些。

李辅国笑了,不用皇帝提醒,他也准备大弄一番。

"咚咚咚"三声鼓响,宣告了亲蚕典礼正式开始。身着礼服的皇后,戴着镶有珠宝的凤冠,在司宾女官导引下,步入亲蚕坛。那坛高六尺,周围长五十步,坛四周依次立着六宫嫔妃,百官命妇们则齐齐跪于坛前。

这时,赞礼官宣读文书,皇后朝南方跪下,祭拜天地和蚕神,尔后在司宾女官搀扶下徐徐站起;有尚仪捧来蚕筐,皇后手执桑枝向筐中一抛,算是亲蚕。

一时鼓乐齐鸣,在笙歌声中,尚仪走向前喊道:"礼毕",皇后在华盖罩顶、侍卫警跸前后簇拥下,下了亲蚕坛,登上了凤辇,驱车来到光顺门迎晖殿。殿前的文武官员,早已排列整齐恭候皇后大驾。

"皇后驾到,众官及命妇接驾!"随着内侍一声呼唤,众官将目光齐齐投向徐徐而来的凤辇,一齐正冠、撩裙,在李辅国拂尘的指引下,向凤辇齐齐跪下。

鼓乐大作。鼓乐声中,皇后步下车辇。"陛下万岁,万万岁,万万岁!"传来了洪亮的山呼朝拜声。

皇后接受着百官的欢呼,悠然地笑着,眼光对列队跪下的朝官扫视一遍,就像一只搔首弄姿的凤凰,栖息于迎晖殿的楼门前,构成了一幅色彩艳丽的画面。

过足了瘾的皇后终于传出口谕:

"众卿,平身!"

尔后在尚仪导引下,步入殿内。肃宗早已穿好礼服,在正殿内等着她呢。

原先亲蚕典礼都是由皇后一人主持,如今皇帝与百官迎接,可谓史无前例。皇后在百官面前要足了威风,并没有要结束的意思。她对众嫔妃下旨道:"本后与众卿,奉今上敕令,亲蚕把神;托天地福佑,仪典圆满结束。望卿等各遵坤道,广积阴德,助明君中兴大唐之愿,早日得遂。众卿会于东殿,庆贺亲蚕成功。"

"谨领懿旨!"命妇们跪伏谢恩。

立于肃宗身后的李辅国此时也走上前来,道:

"奉皇上敕谕。为庆贺皇后亲蚕成功,文武大臣在两殿领宴。"

"臣等领旨谢恩!"众人也齐齐跪下。

规模宏大的宴会开始了,皇帝与皇后同席,乐队为宴会奏乐。这是宫廷中少有的热闹的场面。面对着祝贺、欢呼和谄媚的笑脸,皇后得意地笑了。

李辅国在宴会上张罗着,心里很得意,一切都如设想的进行。

悠扬的乐声,伴着欢快的劝酒辞,充满了东、西殿内。"只待酒过三巡,我便指使朝臣们以祝贺为主,请求皇上为皇后上尊号。"

这时,皇帝和皇后正开怀大笑,他们在大笑中接受着群臣祝贺,此时,一大臣在李辅国示意下,向皇帝和皇后走去。

向皇帝和皇后走去的是侍御史毛若虚。前些日子,李辅国把他找去,对他说:"皇后贤惠,辅助今上,励精图治,乃万民之福啊!尔等可在皇后亲蚕大典之日,上一奏章,请求加封皇后为'辅圣'尊号。"毛若虚听了,连连点头。

毛若虚深知,李辅国因辅助皇上灵武登基有功,深受皇帝宠信,手中握有大权。眼下,连皇后也特别倚重他。故在毛若虚这批文武朝官心目中,他是一位炙手可热的人物,其权势早已超过当年的高力士。如今他正想巴结李辅国和张皇后,哪有不应承之理。

此刻,毛若虚一手撩袍,一手端着酒杯,正朝皇帝和皇后那一桌走去。来到跟前,单腿跪下,奏道:"臣等,恭贺二位陛下,万岁,万万岁!"

"罢了吧!"肃宗笑容可掬,心情正好,用手一抬道:"今儿皇后亲蚕大典,赐筵群臣和嫔妃,大家同乐,不必拘礼。"

毛若虚起身,向皇帝和皇后敬酒,奏道:"……自两京光复以来,朝阁有明君主掌,有皇后辅佐,国家呈兴旺之象,黄童白叟,共享盛世之福,臣等恭贺我皇万岁,万万岁! 恭贺皇后娘娘万寿无疆! 为国家强盛,敬请加封皇后'辅圣'尊号。"说完,便从怀中掏出奏本递上。

这时,殿内群臣们也都纷纷朝皇帝、皇后跪下,道:

"恭贺万岁,恭贺陛下。"

"万岁有皇后辅佐,乃小民之福,群臣请求给皇后加封尊号。"

肃宗听了,瞟了身旁皇后一眼,笑道:"皇后贤惠,朕岂有不知之理? 若说封号,也确实该赐以佳号。"说着,拍拍皇后的手,"只是今日宴饮,是请诸位欢聚一堂,庆贺亲蚕成功,大家要尽兴吃喝,别负了良辰美酒啊!"

说音刚落,宰相李揆已捉摸出皇帝的心思,忙道:"今日皇上、皇后招待群臣,除贺喜外,不议事,臣等难得轻松,来,为两位陛下万寿无疆,干杯!"

"干杯!"群臣嚷嚷着,宴会进入了高潮。

散席后,肃宗把宰相李揆召至密室。他来回踱着步,对李揆道:"朕难得清闲一日,可恶那毛若虚在宴饮时还上什么奏本,扫兴,扫兴!"

李揆听了,走近肃宗道:"扫兴事小,臣以为此事大有名堂!"

肃宗愣了一阵,自言自语道:"朕也奇怪,为何在酒席上那毛若虚要凑热闹。"

"臣以为,他是受人指使才上这一奏本?"

"谁?"

"臣不敢说。"

肃宗又愣,摇摇头:"不说也罢,朕心里也明镜似的,朕叫你来,心里已有怀疑,只是想证实一下。"

原来,肃宗有时虽显得懦弱,但他对权力十分敏感。这次皇后举行亲蚕大典,是他同意的。但他没想到李辅国竟大操大弄起来。在典礼上,皇后光彩照人,十分风光,群臣们跪下朝拜时,站在皇后身旁的肃宗,觉得自己成了陪衬,心里很不舒服。宴会上,当毛若虚当众上奏要加封皇后尊号时,群臣们竟群起响应,这使肃宗吃了一惊。从这件事上,他发现了皇后的野心。他开始怀疑,这次亲蚕是李辅国与张皇后设的圈套,想利用亲蚕典礼拉拢群臣,给皇后加封尊号,然后呢……肃宗不敢再想下去,对李揆说:

"卿看给皇后封号之事,有何不妥?"

从皇帝的面部表情已读出皇帝此时心情的李揆,这时打定了主意,道:"臣有心腹之奏。"

"但说无妨。"

"臣以为封皇后尊号,万万不妥。依历朝惯例,母后嫔妃,皆是去世后方赐予谥号,岂有生前定谥号的? 何况,自平定两京后,张皇后与李辅国暗地勾结,在朝中结党营私,已大失国母之仪,岂可再上尊号?"

肃宗点点头,近来他也觉察出张皇后与李辅国互相联手,干预朝政,根本不把他放在眼里。肃宗对二人也渐生不满,可一个是昔日功臣,一个是受宠的爱妻,肃宗只得摇头叹息。

"皇后生前上尊号的,历朝历代也有例外",李揆道:"那就是景龙年间,当时韦氏专恣,想学则天皇后,乃称'翊圣',弄得天下大乱。今陛下立志中兴,以礼治国,千万不能违反祖宗先例,使后宫乱政啊!"

肃宗闻言动容:"卿所言甚是! 事关天家骨肉,皇帝皇后,卿敢于直言,真忠臣耳。皇后上尊号之事,就此作罢。"又道:"朕今日与卿所言之事,不得外传。朕知你忠君,但也得仔细,君不密失其国,臣不密失其身。道乏罢。"

李揆起身告辞,心里乐滋滋的,边往外走边想:下一步该如何对付李辅国、张皇后,不过,这事得与李岘商议。

常侍皇帝左右的李辅国,分明感到了皇帝身上出现的变化。过去遇到朝政要务,总要询问自己,没有他的首肯,皇帝就难以放心。现在来了一百八十度大转弯,有什么事,不仅不与他商议,即使李辅国追问起来,也常常不置可否地搪塞一番。

取代李辅国地位的是当朝的两位宰相李揆和李岘。两京光复后,局势并不稳定。安禄山虽死,但史思明、安庆绪却收复旧部,仍然盘踞在河北的大部分地区。经过几年的战乱,经济萧条,百姓生活贫困。各地上疏的奏本,多是一些使人忧虑的消息。远的不说,就以京畿诸县为例,因叛乱造成数十万人外出,田园荒芜,如今两京虽已光复,但农村缺少劳力,在田头劳作的都是白发苍苍的老妪。眼下,又正逢干旱,京畿地区,也和附近的河南、山东等道一样,正在漫天飞蝗的侵袭下痛苦呻吟,告急文书,日见三传。

"京畿地区,已屡见以人为食,易子为食!"这是京兆尹的亶疏。看到这样的奏疏,李亨抚案叹息:"竟有这样的事!"他心想,不用逆贼作乱,长此以往,才收复京城的唐军,又会把京城丢失的。

负责皇帝日常起居的李辅国,在暗中窥视着皇帝的一举一动,他留意着皇帝已阅批过的谏疏,见皇帝已独自关在屋里不思饮食,颇为忧虑,便对肃宗道:"陛下食寝俱废,已使阖朝震骇,望大家保重身体。"

"国势如此,尔为我家老奴,岂可谏朕懈怠。"李亨闷闷不乐地说:"宣宰相李揆、李岘上殿见我。"

"领诏!"

李辅国奉谕后,极不情愿地去叫李揆、李岘,眼下,军国大事皇帝都委任宰相,李辅国有一种失落感。

当晚,李辅国在伺候皇帝安寝后,回到内记厅堂,却没有入座审看六部所呈奏疏。他屏退小太监,独自在厅堂里揣摩着对策,直至中宵,仍不得结果。为了稳住心神,他排除异念,归座审读奏疏。

现在朝廷百官上朝奏事,都先由李辅国代替皇帝接奏,由他通览一遍后,再拣重要的转奏皇帝。所以,每天,李辅国都要看几十份奏章。

"唔,好!"尚未看完一本疏本,这位殿中监和皇宫总管便击掌吐出一个"好"字。这是长安京兆尹上的奏本,说近来长安盗贼太多,社会秩序不够安稳,百姓深受窃贼之害,终日惶惶不安。盗贼盛行,这位皇宫总管怎会击掌叫好呢?原来,他心头另有打算。

这些日子,他和皇后精心策划的几件事都没办成。沉思良久,李辅国从案头取来一张碧苔笺,提笔将本疏要旨,摘录笺上,然后将笺贴于疏头,放置于"待呈御览"的练囊中。接着又写一奏章,上书:为捕捉京都盗贼,保百姓平安,建议选羽林军五百人,由自己亲自指挥巡逻。

写完后,李辅国大大松了一口气,心想,不管宫闱中出什么事,只要握有兵权,就什么都不怕了。

礼部尚书李岘被肃宗提拔为中书侍郎同门下平章事,执掌宰相之职,已近一个多月了。

这位宰相大人,年轻时就显露出众的才华。虽然他是宗室旧族,但主要是靠才干,一步步从官场上走了过来。天宝年间,即以善于理财名震四方。安禄山乱起时,李岘为凤翔太守,匡扶肃宗,深得皇上赏识。两京光复后,从肃宗入京,为御史大夫、兼京兆尹。

此时,经历了大乱的大唐社稷,虽已收复两京,却仍处于风雨飘摇之中。安禄山虽死,其主将史思明在假意投降唐后,复又叛乱。内乱不止,民不聊生,使肃宗忧心忡忡。

立志于重振大唐国威的肃宗,意识到必须招徕贤才,兴国才有望。

他开始注意到了李岘。

"唐朝光复两京,要创中兴之世,粮食为第一要务。"在李岘的一本奏疏中,肃宗读到这样的句子深以为然。"禄山叛乱,造成田园荒芜。去夏今春,由于旱灾,京畿一带大为歉收;官仓皇库原本早已储备,宫室的供给都大成问题。眼下叛乱未平,军资耗费甚大,若不早做预谋,后果不堪设想。"

"庙廊大器之才啊!"看了这份奏章,肃宗喟然叹道,并几次召李岘咨询国事,无论是治政、经济还是兵战,他都应答如流,使肃宗甚为满意,并提拔他当了宰相。

李岘也以解决财政为己任,上任后大刀阔斧,革除弊政,赢得了朝野一片赞誉,时人封其为"救时之相"。

对旁人的赞许,李岘没有丝毫自满,反而心事重重。尽管在百官前,他仍不失镇静、沉着的风度;但每当步入台省后,他便常常愁眉不展,短吁长叹。

他忧愁的是宦官李辅国独揽朝政,常常干预其他宰相的事务。

李辅国因在安禄山叛乱时,拥戴肃宗有功,深得肃宗的宠信。肃宗也常与他议论国政大事,朝廷内外,其权势无人能比。后来竟发展到收罗爪牙,在朝廷内外探听消息,凡对李辅国、张皇后不满者,即被铁链索枷,投牢下狱。凡朝廷的重要囚犯,御史台、大理寺还没有最后判决,李辅国一道口谕下达,生死皆决于他。连宰相李岘、李揆等人也只能保持沉默,这使李岘深为恼怒。

"不能再继续下去了!"李岘有一次憋不住对李揆道:"你我身为宰相,不敢明斥其奸,反而实之,是侮今上啊!上诬于天,下侮其君,国运可知,何来洪昌?何来中兴唐室啊?"

李揆听了李岘的肺腑之言,忙把他引为心腹和同盟,把皇上召见他,征询他对封皇后尊号二事告诉了他。李岘听了,十分兴奋:"这才是明君的气派啊!"李岘激动地对李揆说,两人结成了同盟,共同对付李辅国和张皇后。

李辅国的奏折展开在皇帝御案上时，李亨眉头紧锁，举棋不定。

想着天下叛乱未平，京都又盗贼蜂起，他的眉头越拧越紧。李辅国建议由他带领500羽林军在皇宫内防盗，若在平时，李亨早就会准奏了。可眼下，他对这位跟着自己一辈子的阉奴起了疑心。

眼下，肃宗反复看着李辅国的奏章，还是拿不定主意，便吩咐下人："宣李岘上殿。"

李岘却姗姗来迟。过了半个时辰，李岘出现在宣政殿门前。

李亨有些不满，一向行动敏捷的宰相，为何今天行动迟缓。正要责问，却发现宰相在进殿时，一拐一拐大为不便。

"卿有足疾吗？"肃宗问道。

李岘跪拜道："启奏陛下，臣非足疾也，而有心腹之疾！"

李亨没听明白，疑惑地望着他。

李岘从象笏里取出一页纸来，捧呈给皇帝："这是臣今晨当值时，收得的行军司马李辅国的诏令，说为防京城盗贼，要组织五百羽林军成立缉捕队，知照银台省。"

肃宗闻言大惊："此事朕尚未决定，那阉奴竟自作主张。"

原来，李辅国以为他的奏章皇上肯定会准奏，便迫不及待准备起来。他知会银台省，是要警告一下那些宰臣们，是他控制着宫中禁军，谁敢不听话吗？哪知弄巧成拙，李岘把他的诏令给皇帝看了，使皇帝大为震怒。

"这便是臣心腹之疾啊！"李岘道："皇上万万不可授兵权于行军司马，那样会后患无穷。"

肃宗点头，李辅国背着他草拟诏书，使他十分震怒。可李辅国与张皇后串通一气，使肃宗颇感棘手。怪不得李岘要微跛上殿，却奏非患足疾，而是"心腹之疾！"

好一个"心腹之疾！"疾在肢体尚可疗救，疾在腹心欲救难呵。这句奏对，使皇帝明白要了却心腹之患，必须对宫闱、阉奴要加以限制。

"臣以为，要疗救心腹之患，要还政于紫微省台。"李岘从皇帝阴云密布的脸上，感触到了轰鸣于皇帝内心的雷霆，索性不管不顾，豁出去了：

"凡皇上发布军政诏令，应由宰相草拟办理；平时百官上朝奏事，也应由宰相代替转奏，不应由宦官从中干涉。"

说着，李岘一一列举了李辅国平时专权乱政的罪状。

"李辅国啊李辅国，你深负朕望。"肃宗听完李岘禀告，恼恨、震惊与失望交织于心，使他终于下了决心。

"卿仗义执言，乃忠臣耳。朕有卿等辅佐，何愁国运不昌？"肃宗道："朕念卿忠直，准卿所求。从今后，凡草拟诏书，皆由宰相代理；内外百官奏报，也由紫微台直呈朕御览。"

"臣领诏！陛下圣明，大唐社稷复兴有望。"李岘激动得热泪盈眶，跪在地上连连磕头。

李辅国万没想到,他精心设计的计谋又失败了。这位元帅行军司马很快就打听到是由于宰相李岘的告状,使肃宗打消了用羽林军捕盗的念头,并且同意李岘的请求,把草拟诏书的事宜交给宰相办理。

当夜,李辅国屏去近侍,严闭帐帏,就着榻前的火盆,半倚在卧榻上紧张筹措。

他愤怒到了极点,因为几件好事都是被宰相们搅黄了。但由于皇帝正信任李岘,他又无法发作,心里就更加闷闷不乐,"哼,终有一天,我要把他的脑袋拧下来!"李辅国不由得叫出了声。

震怒之余,李辅国冷静下来,把事情前前后后又思量一遍。他发觉,入京以来,皇帝对他握有大权起了疑心,并且开始假借朝官的势力制约他,这是大出他预料之外的。

"今天是输了,可还有扳本的机会。"心烦意乱的李辅国冷静下来后,觉得此刻最好的对付办法是以守为攻,索性辞去判元帅行军司马事,试探一下皇上的心思。李辅国啊李辅国,不可再贸浪行事,如今的皇上想做一番业绩,稍有不慎,后果难以设想。李辅国不停地告诫自己,天亮后,他要面见皇帝。这一次朝拜,对他来说,非同小可,他要思虑得细一些,再细一些。

李亨同意李岘请求,要还政于宰相府后,心中一直惴惴不安。他早就觉察出李辅国与张皇后暗地勾结,培植党羽,在朝野中势力越来越大。但又念他灵武劝驾之功,对自己又忠心耿耿,不忍心对他下手。李岘的奏告,使他如梦方醒,看到了问题的严重。他想起了历史上宦官乱国的教训,决心要加以整顿。

"自古政令皆由中书省出,自我朝实行三朝六部制以来,尚书、中书、门下三省和吏、户、礼、兵、刑六部各司其职,互相补充。大权集中在圣上手中。如令阉奴李辅国一人把持,草菅人命,弄得朝廷上下怨声载道,民怨鼎沸啊!"

肃宗想着李岘的泣告,胸中骤然升起烦恼、失望之情,李辅国啊,你深负朕望,为了社稷安定,朕要限制你的权势。

就在这时,李辅国前来求见。

"奴才叩见陛下。"

李辅国一出现在门口,皇帝就吃惊地发现:往日骄横无比的他,如今一副落魄的窘相。

"奴才德簿才拙,自任元帅府行军司马以来,尽心竭力,夜不能寐,但因奴才功高位显,竟遭小人所谗,奴才请免去元帅府行军司马一职,以避嫌疑。"

李辅国的一番话,出乎肃宗意料。望着跪伏于地的老臣,他一摆手,赐座于李辅国。

李辅国入座后,一边窥视肃宗,一边继续表演:"皇上,奴婢追随陛下多年,在战场上夺隘攻城,幸托皇上洪福,能平乱克京。如今大功已成,奴婢此生已别无奢求,只愿重新担任太子詹事一职,永远陪伴圣上左右,心愿足矣。"说着,语气嘶哑,竟流下了眼泪。

被李辅国的一番哭诉,弄得手足无措的肃宗,又改变了主意:他不同意李辅国辞职,对李辅国以前的事也未予追究。

躲过了这一劫难的李辅国一面暗自庆幸,一面心底里发誓要复仇。

李岘成了李辅国最为忌恨的人。肃宗把朝中的大事都与李岘商量,李辅国感到他的地位受到了李岘的威胁。数日来,他夜不能寐。

好景不长,来了皇帝的老友李泌,他可是个有本事的人,后来,李辅国绞尽脑汁,和张皇后联手,终于把李泌排挤走了。可眼下偏偏又冒出一个李岘,是李唐宗室,金枝玉叶,又颇有才干。在皇上面前经常想些富国济民的点子,颇得皇上信任。

李辅国遭冷落了,朝廷上的事眼下大多由李岘处置了。李辅国当然不肯罢休。要排挤掉李岘,他要拿出全部精力对付他。

他想啊想,渐渐地理出头绪,要离间李岘与肃宗的关系。别看李辅国没有什么学问,可对皇帝的性情、脾气摸得很透。他清楚皇帝疑心太重,对权力很敏感,他只有让肃宗对李岘生疑,认为李岘专权,才有可能把他赶出朝廷。

他在等待这样的机会。

一晃有半个月的光景。这日李辅国带着一群随从出了皇宫,沿着平康坊的南北大街慢慢地往自己的府宅走去。

"官民回避啊!"仆从骑着马吆喝着在前头开道,其实,每次李辅国外出巡游,车马相接,前后卫队多达三百余人。京师的百姓知道是大官出行,早已纷纷躲避。可偏偏今天出了岔,有个四十多岁的妇女,跪在李辅国的轿前,凄厉地高叫:"李大人啊,你为民妇做主啊,冤枉啊!"

仆从一愣,立刻挥起鞭子,叱骂着,那民妇却死死不愿动身。

李辅国透过轿帘望着那妇人,觉得眼熟,可一时又想不起在哪儿见过。便对侍卫摆摆手,用嘶哑的嗓子道:"问那刁妇,有什么冤啊!"侍卫得到指令,恶声恶气地对那妇人嚷道:"快说,有什么冤屈?"

那女的抽泣道:"我是张李氏,是凤翔七马坊押官的妻子……"话未说完,就从怀里掏出一张状纸,递了上去。李辅国接了状纸,只瞧了一眼,便对侍卫挥挥手,示意带她到府上去说话。

一行人又重新启程,半晌,来到李辅国住宅。

到了殿堂,那妇人便跪在李辅国面前:"大人,张豹子冤枉啊,您可得为民妇申冤啊!"李辅国一愣,怪不得这么面熟,原来她是豹子的妻子,这个忙他是会帮的。

张豹子何许人也,原来,李辅国小时候在"飞龙坊"养马时,与张豹子干的是一样的活。两人情投意合,互相照应。后来,李辅国投奔高力士,承蒙高力士推荐,当上了闲厩使主簿,张豹子是他手下最得心应手的小兄弟。张豹子隔三岔五的送些银子给李辅国,安禄山叛乱,李辅国追随李亨离京,他们才分了手。等到两京光复,张豹子便兴冲冲地找上门来。

李辅国一见多年未见的老友,忙命人摆上上等的酒席,自己陪着,问起别后的情形。两人说到动情处,眼睛都有些湿润了。

张豹子道:"兄弟,您现在是风光了,跟着皇上,一呼百应,哪像我可惨了。自安禄山进京后,我就栖栖惶惶地离开皇宫,来到乡下。找了个18岁的大姑娘,凑合着过日子。兵荒马乱的,又遇着连年涝灾、旱灾,两口子要吃没吃,要喝没喝,苦得很哪!"

李辅国道:"那就别回去了,留在宫中弄个官做做吧!"

"不行啊,别人不知道,你还不知道我吗?我是斗大的字认不了二升,到时候闹出笑话来,还不是丢你的人嘛!"

思量了半天,李辅国让他当了凤翔七马坊押官。

张豹子上任后,仗着有李辅国这一靠山,在乡里耀武扬威,鱼肉人民,变着法儿搜括钱财,后来竟发展到拦路抢劫,在光天化日下,对路人行劫,弄得怨声载道。天兴县尉谢夷甫根据百姓举报,派兵把张豹子抓来,第二天准备依律处斩。

张豹子妻子李氏闻讯,想起张豹子平日常说如今皇上的红人李辅国是他的把兄弟,便上京城告状来了。

次日,李辅国派人传话给监察御史孙蓥,让他重新审理凤翔七马坊押官的抢劫案。孙蓥为人老成谨慎,对李辅国插手御史台审案,很是反感。但由于李辅国常常假借圣旨,胡作非为,孙蓥又不得不小心提防。他命人把那桩抢劫案的卷宗调来,一个人仔仔细细地翻阅了几天,又审问了有关人等,感到事实清楚,量刑准确,张豹子妻子鸣冤实在是胡搅蛮缠。

孙蓥原本就看不惯李辅国在朝廷中倒行逆施的行径,复审完毕,他便直截了当地写上了复审意见:此案事实清楚,张犯死有余辜,无冤可诉。

李辅国看了孙蓥呈送的复审意见,气得脸色发白,但他又无话可说,因为人家是依法断案,不便发作。便把御史中丞崔伯阳、刑部侍郎李晔、大理寺卿权献叫来。

宾主落座后,李辅国开口道:

"今日叫三位大人来,说来也没什么大事。我有一个故旧,原是个本分人,在凤翔七马坊谋个押官的差使,被人诬告,那天兴尉的谢夷甫不分青红皂白地把他抓来砍了头。如今那故旧的妻子不服,跑到京城诉冤,有劳三位大人重新审理一下此案。"

崔伯阳、李晔、权献三个原本已听说此案,知道张豹子是个恶棍,死有余辜,但在李辅国面前,话也不能直直地说了,崔伯阳便代表众人回道:

"李公公,崔某等人职在阁臣,为皇上办事,当依律断案。请李公公放心,吾辈决不会徇私枉法。"

李辅国一听,觉得不是味,心想:好你个老小子,我若要依律断案,还找你们干什么?看来你们和孙蓥是一个鼻孔出气。但话已出口,不能收回,便虎着脸道:

"就这样吧!等案子有了结果,我便奏明皇上。"

三位大臣听出了李辅国话中之意:他又拿皇上来吓唬人!仗着自己和皇上的

交情,想逼迫他们就范。

三人面面相觑,告退出来。

若在过去,李辅国这么一说,朝臣们早就唯唯诺诺,按照李辅国的意思办了。可眼下情形不同了,皇上日益信任宰相李岘等人,对李辅国、张皇后益发冷待。善于察言观色的朝官们是很敏感的,他们不想买李辅国的账,三人一合计,来个公事公办。把案子调来重新审理一遍,得出的还是四个字:无冤可诉。

虽说是早有预料,可"三堂会审"的结果,仍使他大为失望。"这班朝臣着实可恶。"他实在咽不下这口气,无论如何得把这案子翻过去。

他知道这是他与朝臣们的较量,如若稍一后退,往后就别再想干预朝政了。到那时朝臣们就会联合起来在自己的头上拉屎拉尿了。

"老爷,侍御史大人已到。"门侍进来报告道。

李辅国从沉思中唤醒,今晚他专设宴邀请侍御史毛若虚,他觉得为了翻案,这位侍御史大人是个能出力的人。

"晚宴准备好了吗?"李辅国边往外走,边问。

"早备齐了!"

"快请客人。"

侍御史毛若虚接到李辅国的晚宴邀请后,非但不感到其中有什么蹊跷,反而觉得荣幸非常,忙着赶来赴宴。

这是他第一次步入元帅府行军司马事的内廷,夜已深沉,他没有心情观察周围的环境,只是一心一意跟在提着灯笼的仆人身后。穿过漫长的回廊,转过一盏盏红色的宫灯,仆人在一间殿堂前停了下来,李辅国正站在门前迎候。

面带微笑的毛若虚见李辅国亲自迎候,受宠若惊,忙施礼问候,两人一番寒暄,步入殿内。

酒席宴上,毛若虚对李辅国的请求一口应承,其实,他早就想巴结皇上身边这位红人了,正愁没有机会。临别时,李辅国命下人送珠玉一斗给毛若虚,真是出乎意料的庞大数目。

当毛若虚捧着李辅国的赏赐回去时,喜悦的情绪已经到了巅峰,"一定要把这个案子翻过来。"平时一脸阿谀笑容的中年人,现在扬起了眉毛,横眉冷目,甘愿为李辅国效劳。

御史中丞崔伯阳听说侍御史毛若虚把人犯张豹子释放了,却捉拿了天兴尉谢夷甫时,勃然大怒,冲到侍御史府台与他理论。

"身为御史,职责就是惩恶扬善,尔却玩忽职守,颠倒黑白,是何居心?"

面对崔伯阳一连串的诘问,自知理屈的毛若虚无言以对,只得落荒而走,找李辅国寻找庇护,李辅国引他去见肃宗,见了肃宗,毛若虚扑通一声跪倒在地。肃宗大为惊讶:"爱卿快快起来,出了什么事?"

毛若虚道:"前些日,出了一起抢劫案,说是凤翔七马坊押官张豹子拦路抢劫,被天兴尉谢夷甫捉拿了,预备依律斩处。张妻不服,上京城告状。臣觉得此案可疑,光天化日之下,堂堂朝廷命官,怎么如禽兽般公然抢劫? 一审问才知是谢夷甫制造的冤案。臣身为御史,当秉公办事,便把此案翻了过来,哪知捅了马蜂窝。"

"怎么啦?"肃宗诧异地问道。

"崔伯阳、李哗、权献等人串通一气,说臣审案不公,设计害我,臣请求陛下饶臣不死。"

肃宗看着毛若虚可怜的样子,有些不信:"崔伯阳他们果真这么厉害吗?"

站在一旁的李辅国乘机诬告:"陛下,今日之事名为弹劾侍御史,暗地里是指向奴才的。奴才蒙陛下擢拔,常侍左右,为朝臣中一班小人所忌。如今崔伯阳等人借一起冤案挑起事端,欲置奴才于死地啊!"

肃宗是个无主见之人。先是听了李岘等人意见,以为李辅国太专横,便有意冷淡他。如今见李辅国和毛若虚两人一副可怜相,信以为真,便道:

"尔等放心,朕岂是昏庸之人? 尔等忠勤,朕岂不知? 朕替你们做主!"

"陛下圣明!"两人还在演戏,殿外传来一阵喧嚷,门侍匆匆进来奏道:"陛下,御史中丞崔伯阳求见,有急奏呈上。"

肃宗皱眉头一皱:"速宣崔伯阳上殿!"门侍领诏而去。在肃宗示意下,李辅国和毛若虚悄悄躲进内室。

崔伯阳怒气冲冲走上殿来,他要弹劾徇私枉法的毛若虚。

他知道毛若虚的背后,一定有李辅国撑腰。弹劾这名阿谀之徒,自己要冒一定的风险。不过,他不想再沉默了,一定要在皇上面前揭露了李辅国这个阉奴。

"臣崔伯阳叩见陛下,弹劾徇私枉法的侍御史毛若虚。"崔伯阳一上殿,就大声奏道。

肃宗阴沉着脸,见崔伯阳一副桀骜不驯神态,心中不快:"尔有何证据?"

"李辅国门人,凤翔七马坊押官张豹子横行乡里,光天化日下公然行劫,被天兴尉谢夷甫捉拿归案,人证、物证俱在,侍御史毛若虚为了讨好李辅国,徇私枉法,审判不公,竟然释放疑凶,归罪谢夷甫,如此审案,天理难容。"

肃宗听了,想:果然不出李辅国所料,对崔伯阳所奏,他并未听清多少,便冷冷地打断道:"卿不必再奏,朕知道了!"

崔伯阳吃了一惊,犹不甘心:"皇上,对这种枉法舞弊、玩忽职守行径,必须严惩,否则将铸成大错。"

肃宗听了不高兴了:"这大唐江山,是朕之江山,尔等毋庸多言。"

崔伯阳仍不屈不挠:"大唐江山,自然是陛下江山。然臣等身为朝官,当受命辅佐陛下,敢不舍命死谏,除奸人,安社稷!"

"大胆!"脸色气得发白的肃宗实在憋不住了,命令左右:"将这大为不逊的奴才推出去,革了他的御史中丞一职,贬出京城。"

侍卫将震怒得如石雕般的崔伯阳推出殿堂。

余怒未消的肃宗一连下了几道诏令,革去监察御史孙蓥、刑部侍郎李晔、大理卿权献的职务,一同贬出京城,流放边远州县。

肃宗诏书一公布,引起朝臣们震动。

"成功了!"

李辅国听到肃宗贬斥三大臣的诏令后,心情陡然轻松了许多,不过,现在还不是庆贺的时候,他要把宰相李岘也牵涉进去。

"崔伯阳等人在圣前污辱侍御史,言词不逊,贬出京城是罪有应得。但他们如此胆大妄为,是有宰相李岘撑腰。"

"未必吧!"肃宗不同意把此事与李岘牵涉在一起,语气有责怪李辅国的味道。

李辅国对肃宗的不满并不理睬:"臣把整个事件的过程仔细做了调查,发现崔伯阳等人都是宰相的亲信,宰相权势太盛,崔伯阳等人才敢胆大胡为,甚至违逆皇上,愿皇上三思。"

肃宗听出了李辅国的口气充满信心,心里也有些怀疑,自己对李岘恩宠有加,使他掌握了天下大权,倘若私下里结党营私,无益于朝野平安。

肃宗沉默不语,李辅国把这一切都看在眼里,他知道皇上猜忌心重,对权力十分敏感,只要心里产生了怀疑,胜负就等于决定了。

"启奏陛下,"这时,近侍匆匆走入朝堂,跪在奏告,"紫微令李岘求谒陛下。"

"啊?"肃宗有些意外,他刚刚下达了贬斥崔伯阳等诏书,李岘就来求见。他顾不上细想,命道:"宣上殿来!"

李辅国想了想,闪到御案前,悄声对皇帝说:"陛下还是不见冢宰为好。"

"嗯!"肃宗诘问道。

"冢宰此来,定是为崔伯阳等人说情,臣怕陛下仁慈,同意冢宰所请。"

"那又如何?"

"君王无戏言。明君尤应讲信。朝令夕改,徒招朝野疑惧,百官难安其位,朝政更难兴盛。"

李辅国一番话,把肃宗的退路堵死了。肃宗凝神细想,觉得李辅国言之成理。

这时,李岘已走上殿来,李辅国悄悄地躲进内室。

"臣李岘,请陛下圣安。"

远远看见李岘上殿的皇帝,见他面色苍白,神思恍惚,不由地关切地问道:"爱卿有恙乎?如何脸色发白?"

李岘被皇帝问话感动,想到自己担任宰相以来,屡屡受李辅国的掣肘,一股辛酸之情涌上心头。但他克制自己,声音略带沙哑地禀道:

"臣近日虽身染小疾,但无大碍。臣忧虑的是社稷纲纪败弛,朝臣心寒啊!"

"哦?"肃宗听出李岘话中有话,他望着宰相,内心希望他别再往下说。

可偏偏这时候,李岘却理直气壮地说道:"臣以为陛下对崔伯阳、李晔、权献等责之太重,三人忠于君而遭斥逐,万望陛下,开恩重审,莫使无辜之人蒙不白之冤。"

"无辜之人?"肃宗恼怒地将一卷案宗扔给李岘:"崔伯阳等审案粗疏,不辨奸邪忠直,幸有侍御史毛若虚才把这案子翻了过来。"

李岘却不去翻这卷案宗。

肃宗见他无礼,责问道:"尔为何不看?"

"臣不信这些东西。毛若虚审案,爱用酷刑,如同武后朝的来俊臣与周兴,严刑逼供,不足为信。望陛下深察之。此类奸人,决不可倚为心腹,付以重任。"

肃宗再也沉不住气了,心想,果真如李辅国所言,李岘与崔伯阳等已沆瀣一气,结为私党。更可恶的是,他不仅将毛若虚视作来俊臣,把朕也当作了武后。朕真是瞎了眼,怎么会提拔他当了宰相? 气极、怒极,肃宗沉下脸道:"卿,不必再奏! 此事,朕自会料理!"说完,气鼓鼓地离座而去,留下李岘一人独自在殿堂内发呆。

隔了些时日,肃宗把李岘的宰相职务撤了,将他赶出京城,贬为蜀州刺史。

李辅国终于报了一箭之仇。

八　皇上赐婚

临近中午,太液亭里外就处处挂起了红灯。时已暮春,太液亭周围花草茂盛,有许多锦帐幔被搭盖在草地上。

宫廷中已有好久没有举行如此盛大的宴会了。

这次宴会是由张皇后出面张罗的,名叫"谢春宴"。出席宴会的除了少数大臣外,都是清一色的女眷,尤其欢迎朝中大臣的未出阁的公主参加。

午时初刻,头戴凤冠的皇后在皇帝陪伴下,被一群人簇拥着出现在宴会上。宴会上鼓乐齐鸣,女眷们忙不迭地跪下行礼,三呼万岁。

行礼过后,舞会便开始了。参加宴会的女眷们翩翩起舞,尤其是平日里被深锁在深院中的大家闺秀,格外兴奋,她们穿着盛装,舞步徐缓轻盈,舞姿如梦如幻,很快成了舞会的主角。

李辅国也参加了这次宴会,他站在皇后身旁。与往日不同的是,他今天似乎也显得特别激动。置身于各种香味充斥、各种娇媚柔软声音飘扬在宴会上,他有了一种过去没有的冲动,一脸兴奋地注视着在宴会上四处飘动的姑娘们,在搜寻着中意的"目标"。皇后看了李辅国

唐代宦官

一眼,脸上露出了暧昧的笑容。她没想到这位被阉割的男人的脸上,竟浮现出一种她十分熟悉的神情,难道他是正常的男人,也有欲吗? 一旦他拥有了自己的女人,他如何"处理"她呢? 想到这,皇后禁不住放声笑了起来,笑得花枝乱颤……

李辅国被皇后的笑声惊醒,他觉察出皇后笑声中的味道,但他没有恼怒,反而很感激她。

今天的宴会其实是皇后特意为李辅国安排的。

自从设下圈套将李岘从宰相位置上贬出京师后,李辅国气焰更加嚣张,文武大臣们皆畏其权势而避之,而一些势利小人趁机献媚拍马,贿赂公堂,连许多节度使都来依附李辅国,若有不从,则很难升迁。

京兆尹元擢是个官迷,他见李辅国如今权倾朝野,便一门心思想巴结他。打听到李辅国贪婪钱财,喜欢搜罗天下珍宝,便动足了心思,搜来了奇异珍宝,去孝敬李辅国。

想走门道却连连碰壁,元擢闷闷的心神不定。痛定思痛,元擢觉得还是出手的货档次太差,若是稀世珍宝不愁不能讨得李辅国的欢心。于是,他仗着在京城做着京兆尹的便利,一有空就派人在长安城四处觅宝。一日,手下人给他弄来了一尊二尺长的美人雕像。这雕像是用和田玉做的,冬温夏凉,摸上去滑爽细腻,如人的肌肤一般。元擢心中一动,便把它献给了李辅国。

说也奇了,这位五十来岁的太监朝夕与那玉人相伴,竟朦朦胧胧地产生了一种欲望。每晚他与玉人相拥而卧时,恍恍惚惚觉得是与一位美人相眠,这美人有血有肉,双腿修长,胸部丰满,他变得心荡神摇,想入非非,日子长了,他终于明白了他需要什么,他要一位女人。

这念头一出现,他惊异于自己被阉割了这么多年,竟不能忘情于人欲。不过,他现在可是个为所欲为的人了,太监讨老婆,有什么不可以呢?

他把他的想法告诉了张皇后,张皇后听了,先是一愣,睁大眼睛看着他,像不认识一般。等明白了李辅国不是开玩笑时,便禁不住笑了起来,哈哈哈,笑得她花枝乱颤,眼泪都快流出来了,好不容易才止住了笑容。

没奈何,张皇后替他安排了一次宴会,名为谢春宴,实是为李辅国选美人。

年方二八的元玉兰生着一双杏眼,顾盼生辉,双肩微削,肌肤娇嫩。玉兰姑娘不仅长得俊美,也读得满腹诗书,琴棋书画,无所不通。父亲元擢常常爱怜地望着女儿,道:"你真是投错胎了,若是个男孩,新科状元便是你的了。"

女儿知道父亲热衷名利,偏偏人到中年,没有子息,便安慰道:"女儿有何不好,天天陪着父母,侍奉二老,快快乐乐,心愿足矣。若封了官,就失去了自由身。"

父亲摇摇头,无可奈何地对夫人道:"都是你惯坏的,才读了几日书,就看不起为官的父母了。"

女儿撒娇地拉着父亲的手:"没有哇,女儿只是不想离开家,念念书,弄弄笔墨,过无拘无束的生活嘛!"

"你呀,再过两年,一出嫁就没有自己了。"

"为什么一嫁就没有自己了呀?"

"上面要孝敬公婆,还要侍候丈夫。"元夫人笑道:"若再有几个小姑子,就更没有你过的日子,哪还有自己呀?"

"那女儿就找一个能疼我,惯我的人嘛!"

元擢皱起了眉头,不满地说:"说得越来越不像话了,还像是从读书门第家出来的大家闺秀吗?"

玉兰吐了吐舌头,躲进了自己的闺房,去看书了。

这一日,玉兰在书房里吟诵着屈原的《离骚》:"纷吾既有此内美兮,又重之以脩能。扈江离与辟芷兮,纫秋兰以为佩……"吟到高兴时,便在锦瑟上谱出曲子,试着唱了起来。

这时,元擢上朝回府,侧耳倾听着女儿美妙的歌声,不禁听呆了。一曲终了,才回过神来,走进女儿书房。

"爸爸,"女儿亲热地叫了一声。这时她发现父母手中拿着一张请柬:

"这是皇后、皇帝发的邀请。"元擢得意地说:"下午跟我去宫中赴宴。"

女儿惊喜地叫了起来,她从没有入宫过,不知道宫中是如何的典雅富贵,现在有机会参加大唐皇朝最高级的社交活动,禁不住欢喜雀跃。

元夫人也很高兴,她替女儿挑选了一袭红色的丝绸服装,把女儿打扮得漂漂亮亮,目送着父女俩去赴宴。

玉兰抱着好奇和激动的心情参加了舞会。

踏着音乐节拍,女眷们缓缓起舞,她着一身绣花的红衣,十分抢眼。渐渐的,不少人跳累了,退场休息了。场中只剩下十几名活泼的少女舞得尽兴,欲罢不能。全场的目光都注意到了她。

李辅国也注视着她。宴会一开始,李辅国就发现了她:她那细高挑的身材,椭圆形的脸上配着一对灵活的眼睛,在场上跳起舞来,如精灵般飘忽着,李辅国双眼都发直了,咽了一下口水。

皇后也发现了她。舞曲终了,皇后把她叫到身边,问了她许多话,还向她介绍了身后的公公:"他就是郕国公,辅佐皇上成就了大业。"

玉兰弯弯膝施了个礼,见李辅国两眼直勾勾地瞧着她,脸绯红了,低下了头。

元擢见女儿被皇后叫去,兴奋得直搓手,他觉得自己鸿运高照,激动得不能自拔。

第二天上午,元宅大门前来了一队皇家人马,为首的一位大臣在一名侍卫牵引下,走进院内。

"圣旨到,元擢接旨!"

一声呼喊,惊动了元府上下,元擢领着妻儿急急忙忙从内室中奔出,跪在来宣读诏令的大臣前。

"大唐皇帝诏令：……朕念及故吏部侍郎元希声之功，特赦其孙女元玉兰与郦国公李辅国成婚，一切事宜均由朕主持，钦此。"

元擢、元夫人和玉兰跪在那里，诏书宣读完了，还懵懵懂懂，未听明白。直到那位大臣直瞪瞪地盯着他们，元擢才回过神来，声音颤抖地道："臣元擢……携全家……谢主隆恩！"

一行人把一包包的贺礼搁在院中离去了，元擢一家瘫坐在地上，不知所措。

皇家的人一走，元府上下闹成了一锅粥。

元小姐万万没有想到参加了皇宫中的一次舞会，却遭来如此厄运。年方二八的元小姐，明眸皓齿，有一副高挑的身材。左邻右舍都知晓，元家有个美人儿倾国倾城。从前年开始，便有富家子弟，到元府求婚。来的人络绎不绝，也有富得流油的，或学贯五车的，但元小姐都瞧不上眼，一口回绝了。谁也猜不透玉兰的心思，许是她诗书看多了，在她心中，未来的夫婿，不仅要知书识礼，出身豪门，还要风趣、幽默、夫妻间举案齐眉，相敬如宾。

她做梦也没想到，皇帝会下诏令，强行将她许配给五十来岁的李辅国，年龄长她一倍不说，还是一个太监，她一个女儿身，往后日子该如何过啊？

"不行，得求求父亲，推掉这门亲事。"这么一想，她就强笑着向元擢道："爸，女儿不愿嫁给太监嘛，女儿不愿嘛。"

元擢一脸茫然，他也没想到带女儿参加了皇宴，会有这样的结果。本来，他只是把这次赴宴当作一次接近皇上、皇后、巴结李辅国的机会，现在看来，皇后设宴早有预谋，为了给那个老阉儿选美人。他看着哭成泪人的女儿，什么话也说不出，重重地叹了一口气。

"你倒是说话呀？"见丈夫闷不作声，元夫人急得指着他的鼻子骂了起来："成天想做官，难道要把女儿送给宦官？告诉你，这是我的女儿，谁也不准碰一个手指。"

"妇道人家，懂什么。"

这时，女儿在一旁哭道："爹，难道你忍心让女儿落入火坑吗？"

"女儿，事已如此，皇上已经下令，这违旨的罪可承当不起啊！"

玉兰听了如雷击一般，呆了半晌，撒腿往书房奔去。边跑边喊："我不想活了，我不想活了。"

元夫人见状，赶紧跟了过去："好闺女啊，……"

哪知玉兰一时想不开，真存了轻生的念头，长这么大，父母把她当掌上明珠，惯她、哄她，万事都由着她，突然在终身大事上，让她配给了一个老太监，她如何不怨、不恼。偏偏这事儿又是皇上下的诏令，铁板钉钉，容不得改变了。罢，罢，我还是死了好。

进了书房，她就把门关得严严实实，又搬来了椅子把门堵上。然后，就翻找刀、剪之类的东西。找了半天，找出一把小刀，拿在手里却迟迟下不了手。

·淫乱宫闱的恶宦·

图文珍藏版

这时,元夫人在门外把门擂得乒乓响:"女儿,快开门,快把门打开。"

玉兰听母亲一叫唤,心一狠就把刀子往胸口捅去。

元擢和仆人们听到惊叫声,都急急赶了过来。一个身健体壮的仆人用力把门撞开,只见玉兰躺在地上,人已昏了过去。

元夫人捶胸顿足,呼天抢地地大哭起来:"都是那老不死的,害了我的女儿啊!"

一伙人急忙将小姐抬到床上,仔细察看,却没发现伤口,原来小姐气力小,又穿着厚厚的衣服,仅仅把外衣捅破了两层,受了惊吓,才昏厥了过去。

在众人的齐声叫唤中,玉兰苏醒过来。她脸色苍白,默默地看着母亲和父亲,泪水像断线的珍珠不停地滚落下来。

元擢这些日子急得如热锅上的蚂蚁。皇帝的诏书下来已有些日子了,女儿却病了躺在床上。

望着女儿病恹恹的脸色,他的心也如刀绞一般。可皇帝已下了圣旨,此事已无回旋余地。再说,女儿与李辅国成亲,好处也不少,白花花的银子暂且不说,对自己仕途也大有裨益。往后,自己能凭着女儿的关系,出入皇宫,谁见了也会敬自己三分。

这么想着,他便把亲情搁在一边,去劝说女儿。

"好女儿啊,爹舍不得你离家。但皇帝下了圣旨,也是我们元家的荣耀啊!爹当了几十年的官,还只是个京兆尹。如今可不同了,我家与李辅国结了亲,贺客盈门,爹感受了富贵逼人的快意啊!"

玉兰没吱声,静静地听着。

"女儿,李公公可不是一般的宦官,他的财富天下第一,在朝中的势力超过了宰相。你跟着她,有享不尽的荣华富贵啊!"

似乎是为了验证元擢的话,一群年轻力壮的太监,前呼后拥着来到了元府,他们送来了李辅国的聘礼,那大大小小的木箱堆满了元府大厅,元擢跑前跑后张罗着,望着那绸缎、绫罗、金银、珠宝,两眼放出光来。

目睹这一切,玉兰叹了口气。坐在一旁的元夫人一把搂住了她,禁不住又流泪了,她知道等待女儿的会是什么。

春暖花开的日子里,李辅国成亲了。

迎娶新娘那天,京城轰动。老百姓听说太监娶妻,都当作笑话谈论。偏偏李辅国仗着权势,大摆阔气。

盛大的迎亲车队驶到元家府邸时,已是中午时分。

元玉兰一大早就起床了。四名梳妆娘围着她团团打转。扯脸描眉,匀粉搽朱,足足忙了一个时辰。

她觉得害怕,又无可奈何。在她印象中,李辅国是个满脸皱纹的老头,她在那天的舞会上见过他一面,当时他站在皇后身后,也斜着双眼,只在她鬓边裙下打着旋儿。如今要成为他的妻子了,他会如何对待她呢?她有一种无助的感觉,如同一只羔羊面对一匹饿狼。

府外,人喊马嘶,乐声大起,迎亲的队伍到了。

要上轿了,玉兰倒镇定下来。她如木偶般被人牵着坐上了花轿。宝马香车开道,一行人吹吹打打往兴庆宫驶去。

车队驶入了热闹的长安大街,围观的人议论纷纷。

"看新娘来啦。"

"新娘是谁呀?"

"元京兆尹家的千金,嫁给了宫中的李公公。"

"唉,一个如花似玉的美人,偏要去嫁给老公。图什么呀?"

"可惜了,可惜了,鲜花插进牛粪里。"

玉兰面无人色地坐在轿里,两眼失神地看着车外。和暖的熙风把路人的议论断断续续地送入她的耳中,她再也控制不住自己,掩面而泣。

坐落在兴庆宫门外的"郕国公府",挂灯结彩,贺喜的宾客川流不息。

这座府邸,是皇帝和皇后赐予李辅国的结婚礼物。它由二十多个宫殿台阁结构而成。以木兰为椽,文杏为柱。华榱雕楣,重轩镂槛。府中还有一座园林,亭台池园,相得益彰,真是一座豪华的建筑。

"恭喜李大老爷大婚之喜,洪福齐天,大吉大利。"

贺礼的宾客挤满了大厅,都是有头有脸的体面人物。他们都借此机会想巴结一下这个在皇帝面前说一不二的郕国公。

来道贺就不能空着双手,众官员们都纷纷争献贺礼,主管收礼的登记、收礼,忙得不亦乐乎。

李辅国站在一旁,与众官员客套几句,心里乐滋滋,今天他是娶了媳妇,收了银子,人财两旺啊!

"咚咚咚。"

三声鼓响,迎亲的车队到了,一时鼓乐齐鸣,众官员如众星捧月般围着李辅国出来,迎接新娘。

在嫔相导引下,元小姐披着红色的鲛绡盖头,下了花轿,步入厅堂,宾客中响起一片喝彩声。

正忙碌间,门官飞奔进来报告:"万岁和娘娘驾到!"

李辅国和新娘带领百官,赶出府门外,跪迎接驾。

皇帝和皇后的光临,使婚礼进入了高潮。

这场规模盛大的婚礼持续的时间很长,直闹到曙色微明,筵席还未散去。

元夫人非常兴奋,她心爱的女儿今天新婚归宁。这个乖女儿从小就是她的掌上明珠。女儿对母亲也特别亲热,平日里聊聊说说,有个头疼脑热,也是女儿最关心。这不,才走了三天,元夫人就思女心切,按说女儿嫁给的是权势显赫的老公,怎么叫她平添烦恼呢。

企盼着,企盼着,门口响起了鞭炮声,是女儿回来了。元夫人一阵慌乱,刚起步就一个趔趄,做丈夫的扶了她一把,道:"女儿才走几天,就这样丧魂落魄。"

"只怕你也想断肠了吧!"

正说着,元玉兰已慌忙奔上前来:"爹、妈,可想死女儿了!"一头竟扑向元夫人的怀里。

做母亲的赶紧将女儿搂紧:"让娘看看,唉,才走了几天,怎么就瘦了?"说着眼泪就掉了下来。

母女俩簇拥着进入卧房,关起门窗,说着说着,竟抱头痛哭起来。

黄昏时分,女儿要回府了。玉兰磨蹭着,拖了半晌,才上了花轿。

以后的日子里,元玉兰相隔十天、半月就回娘家省亲。在娘家轻轻松松消磨几天,李辅国便打发人催逼她回府。玉兰一听说李辅国派人催唤,便吓得珠唇失色,如遇到恶狼一般,紧紧地搂着母亲,乞求道:"女儿不想回府。"做母亲的心如刀绞般疼痛,想想李辅国权势熏人,得罪不起,便强忍泪水,好言相劝女儿回府。每一次,女儿都是一步三回首与娘泣别,如同生离死别。这情景,使元夫人生疑。私下里她悄悄问女儿:"李辅国对你好吗?"女儿却光哭泣,不说话。

元夫人纳闷,女儿婚后半年,就这般憔悴,莫不是有何不可启齿之事?想想女儿终日陪着一个无用的老太监,守着活寡,如一朵花空自开落,也怪不得她心中怨恨。只是细察女儿神情,似受了莫大委屈,有难言之隐。私下里,她唠唠叨叨地跟丈夫说了。

元擢这些日子心中也不好受。他责备自己官迷心窍,竟误了女儿终身。

李辅国产生结婚的念头是元擢拍马巴结引发的。当初,元擢送了一尊玉美人给李辅国,使他爱不释手,竟想要一位真美人,巧的是,他偏偏娶了元擢之女,这可真称得上报应。

其实,在李辅国心目中,结婚是他人生的目标。当年他被人强行去势时,他就发誓要活出个人样来。等到他真的活出人样、位极人臣后,总觉得缺了点什么。元擢送的那尊美人像,使他恍然明白,原来缺的是女人。经过一番策划,由皇后做媒,皇帝主婚,他与如花似玉的元小姐拜了天地,他的虚荣心也得到了满足。

如今,守着这位美人,李辅国的性意识似乎被唤醒了。白天他要元小姐陪着饮酒作乐,到了晚上,便抱着美人不肯安分地休息。偏偏他又失去了男人的能力,这就产生了一种反常的心理,用口咬,用手抓,弄得元小姐见他如老鼠碰上猫,整日惊恐不安,一有空闲,就往娘家跑。

这一日,元玉兰找了个理由又回娘家。适逢元擢去衙内值宿,元夫人便和女儿同床安眠。临睡时,母女俩说着事儿。元夫人无意中伸手却碰着了玉兰的粉臂,只觉原先那滑腻如脂的肌肤上,却鱼鳞似的布满伤疤。不觉万分惊讶,忙道:"女儿啊,这是咋的啦?你好端端似玉雪般的肌肤,怎会生出这么多伤疤?"女儿见问,眼泪扑簌簌地往下掉。元夫人不放心，索性下了床，拿了烛台，往女儿身上细细照看，只见身上青一块、紫一块，全是牙齿咬伤、指甲抓伤的痕迹。元夫人怔怔地望着自己的女儿，不敢相信自己的眼睛。

半晌，她才回过神来，一把搂住了女儿，声音凄惨地说："女儿啊，这是咋回事？妈给你做主。"

玉兰见瞒不住，再也憋不住了，掩面失声痛哭起来："这都是那老阉物弄的。他也不想想自己是个无用之人，偏生出了变态的心理。每夜里由着他揉着搓着，抓着咬着。还不过瘾，非要弄出血来，方才罢休。"

听着女儿哭诉，元夫人悲愤无比："这个老禽兽，要了我女儿的命。女儿啊，这些日子，你是怎么熬过来的？我老婆子如今也豁出去了，明日里定不放我儿回去，待那老禽兽来时，我和他拼命。"

母女俩抱头痛哭，凄厉的哭声使人闻之心惊。

第二天，郕国府的仆人备轿来接玉兰，元夫人正在气头上，喝命门人把那轿子砸了。那班随从回去把经过的情形一说，李辅国明白是元小姐平日里受了委屈，惹恼了元夫人。心想，就让玉兰在娘家多呆几日，等气消了再把她领回来。

那晚上，李辅国独自脱衣睡了。夜深了，却翻来覆去难以入眠。原来自打结婚后，每日里有玉兰相伴，如今一人安眠，倒不习惯了。他索性起床，叫醒了府中仆人，让他们陪着自己取乐。

自打结婚后，李辅国喜欢在府中举行歌舞宴会。他一面命女仆跳舞，一面饮酒。那些女仆，都是经过歌舞训练的，有的是直接从寻欢场中买来的，举手投足，丰姿绰约。李辅国看得兴起，便拍拍这个，摸摸那个，直闹到天亮。

这样便成了习惯，第二夜，李辅国又让府中女仆唱啊、跳啊，玩耍一番。

第三夜，李辅国玩了新的花样。他让女仆分成两组举行相扑比赛。

那些二八妙龄的女孩，身穿短褂、短裙，上露玉臂，下露腿膝，中间露出一大节腰腹，相向一躬，便捉对相扑起来。玩到后来，双方你拉我扯的，都成了半裸的身子。李辅国一时兴起，把那些美貌的女人捉来，手抓口咬，一个个被弄得青一块、紫一块，才肯罢手。

这样胡闹了几天，李辅国还是难忘那元小姐。他便派人传话给元擢，质问他：嫁出去的女儿何故强留在家，是何礼法？

元擢一听，慌了手脚。这元擢及其家族，一身的禄位，都仗着李辅国的照拂，如何敢得罪了他。偏偏那元夫人怨气难消，说什么也不肯将女儿放回郕国府中。元擢一怒之下，竟动起手来。元夫人不甘示弱，两人厮打在一起，急得元小姐劝了这边，劝不了那边，最后跪在双亲面前，两老夫妇才松了手。

元擢道："我的好女儿啊，你得为全家想想。得罪了李公公，咱们谁都担待不起啊！父亲求你啦，咱们家的希望都在你一人身上。"说着竟给女儿下跪了。

玉兰见了，她也跪下："爹、妈，你们别再吵了，我求求你们啦。事已如此，是女儿命苦,女儿认命了。女儿马上回去,是火海也得跳。"

元擢、元夫人和女儿搂抱着哭成一团。

第二日,元玉兰哭哭啼啼回到了李辅国身边。

九　淫乱李府

李辅国结了婚后,便沉浸在温柔乡中。三天五日不去宫中,一脑门子的心思全放在了秘戏图、房中术上,竟比风月场上的高手还要着迷。原来李辅国虽被去了势,却还有欲,于是养成了淫色的变态嗜好。

每次他研究完了秘戏图、房中术之后,便招来元夫人或家中婢妾姬妓,让她们按图索骥。他是一个无用之人,没法讲究床笫之私,便以折磨她们取乐。府中上下,从夫人至女仆,人人都成了他的玩物。

这一日李辅国睡到午时才起床,吃了饭,人还神思恍惚,门人便急急地走进屋内:"老爷,门口来了位公公,说有要事禀报。"李辅国想起又有些日子没去宫中了,便懒懒地道:"宣他进来。"

进来的是太上皇李隆基身边的太监小鸭儿,李辅国一见他,心里咯噔一下,知道出了大事。

这小鸭儿天宝年间进宫,生性机敏,口角伶俐,深得李隆基的欢心。李隆基逃往蜀郡后,他又投降了安禄山;收复两京后,他和陈希烈等人,成了肃宗的俘虏。因他是一名小太监,所以没有收狱,交给了玄宗发落。玄宗见了他,起先有些恼火,骂他忘恩负义。小鸭儿却诡辩道:"奴才该死。但奴才该死又不愿死。陛下大驾蒙尘赴蜀,奴才身陷贼手,本应慷慨赴死。但奴才思念陛下之恩,一生一世当侍奉陛下,故与逆贼虚与委蛇,苟全性命,为的是今日能再侍奉陛下。"一席话说得李隆基消了火气,道:"好个巧言令色的奴才。"就这样,小鸭儿又回到了李隆基身边。

小鸭儿是个机灵之人,他看见李隆基当了太上皇后,已失去了权势,只是安静地在兴庆宫里过着优裕的生活。如今年岁已高,行走不便。若太上皇一死,自己年纪轻轻的,得赶快寻找后路。

思来想去,他瞄上了李辅国。李辅国如今大权在握,是肃宗身边红人,后宫总管。在他看来,只有巴结上了李辅国,就不怕日后没饭吃。于是,他有事无事,常去李辅国府中走动,不时把兴庆宫的宝物弄一些偷偷孝敬李辅国,一来二去,他与李辅国牵上了线。

李辅国怎么会留意小鸭儿这样的太监呢?

原来,他需要在太上皇身边安上一个密探。

李辅国知道,他眼下的一切,都是靠鼓动李亨,抢夺了李隆基的帝位得来的,想想自己原只是东宫中的一名内侍,如今一步登天,尝到了权力带来的好处,他可不想再失去了。

对于李亨,他是放心的,这位皇帝,自己跟随他有几十年了,他的脾气性格都摸得很透,现在虽不能说已将这位天子玩弄于股掌之中,但他说什么,皇上总是照办。

李辅国惧怕兴庆宫,担心太上皇李隆基复位,那他李辅国就要倒大霉了。

那个高力士,见了李辅国,虽然显得不亢不卑,但骨子里是瞧不起他的。这一点李辅国能感觉到。但李辅国对他也毫无办法,论辈分,高力士还是他的老主人呢。

所以,兴庆宫就成了李辅国的一块心病,他每天派人密切监视着太上皇,一有动静,就叫小鸭儿赶紧报告。

三年过去了,李辅国没发现有什么异常,但他没有放松戒备。

高力士望着主子,无奈地叹了口气。

还在几个时辰前,当李隆基在甘露殿刚刚坐定,并抱着高力士号啕大哭:"今日若不是爱卿,朕就要死于李辅国的刀下。"

高力士扶着李隆基:"老奴以为李辅国没有这个胆量逞凶,今日他带着禁军,只是抖抖威风罢了。"

"噢,"李隆基略为放心,用眼扫视周围,殿内幽暗,光线不足,庭角挂着蛛网,尘灰遍地。太极宫久不住人,一副凋零荒凉景象。

"亨儿受辅国小儿摆布,竟如此无情对待他的老父啊!"李隆基又落泪了。

高力士见老主子落入如此境地,内心凄楚,不过他觉得李辅国今日已露凶相,此事决不会就此罢休。斟酌再三,索性就把心里话说了出来:

"陛下,观今日之事,老奴以为李辅国不会再允许老奴及陈将军等人留在陛下身旁了。"

李隆基受到震动,想了想,道:"我儿不会如此绝情。"

高力士道:"但愿如此。奴才担心皇上受小人挑拨,到时候,请陛下自己多加保重。"

"高兄,别离开朕。"年老的太上皇像个可怜的孩子抓住高力士的手:"朕要去找皇上,让他答应朕。"

高力士摇摇头,心想,除非我和陈将军等一班旧人被赶走,否则太上皇是见不到皇上了。

其实,李隆基心里也明镜似的,他紧紧攥着高力士,生怕他会马上消失。

李辅国和程元振等人素服跪在李亨脚下。

"臣等,叩见陛下!"

李亨惊异地看着众人,一脸茫然。

李辅国悄悄地窥视着皇帝的神情:

"兴庆宫低矮潮湿,臣等为太上皇龙体着想,将太上皇恭请到太极宫居住。因搬迁仓促,太上皇稍受惊吓,臣等素服向皇上请罪。"

"噢",李亨不以为然,笑道:"众卿平身。众爱卿,南宫和西内,都是皇家宫殿,太上皇住在哪里都一样嘛。卿等无用多虑。"

李辅国等面露喜色,松了一口气。

"再说,卿等的用意是为了社稷安定,担忧小人蛊惑父皇,迁至西内,使小人阴谋难以得逞,卿等何惧也?朕要大大赏赐卿等。"说着,命人取来银子5000两,让他们赐予禁军将士。

"谢主隆恩"。李辅国和程元振等禁军将领纷纷叩头致谢。

程元振等禁军将领退出后,李亨把李辅国单独留下,两人密议了半天。

过了几天,李亨下了三道上谕。

第一道:高力士流放至距京师三千一百里的巫州(治今湖南黔阳西南黔阳镇)。高力士一生追随玄宗50余年,无论是在开元天宝的太平盛世,还是在安史之乱爆发后的流亡岁月中,他都矢志不渝地不离玄宗左右,深得玄宗赏识与信任。如今却将他流放了,罪名是在功臣阁偷看文书,暗交逆党。

第二道:追随玄宗鞍前马后几十年的龙武大将军陈玄礼被勒令退休,回原籍养老,玉真公主离宫重归玉真观做女道士;九仙媛、红桃遣至距长安二千二百多里的为州安置。

第三道:原来跟随太上皇的太监、乐工、宫女一律遣散,另从大明宫拨宫女百人至太极宫做洒扫杂役。同时指派咸宜公主和万安公主负责侍候太上皇的饮食起居。

圣旨一下,太极宫人心慌慌,李隆基就病倒了。

分手的日子到了,为了免得玄宗伤心过度,高力士、陈玄礼、玉真公主等人前一天都没有向玄宗讲明,只是服侍他睡下后,默默地在心头向他告别。第二天,天还朦朦胧胧的,就悄悄地离开了太极宫,离开了京城。

玄宗起床后,所有服侍他的人都换了,幸亏李亨又派了女儿万安公主与咸宜公主。

从此,玄宗整日愁眉不展,郁郁寡欢,对生命已无所留恋。

李辅国春风得意,把太上皇迁到西内,赶走了高力士后,他可以安枕无忧了。

朝廷中布满了他的耳目,大臣们见了他都唯唯诺诺,谁要是流露一丝不满,他马上把他发配出京。

如今的他又有了一个新的头衔:兵部尚书。这是皇帝因他监视太上皇有功,封赏他的。

李辅国上任后,皇帝下诏在皇宫设宴,百官纷纷前来贺喜。宴席上,君臣饮酒作乐,赋诗唱和,李辅国好不得意。

使肃宗惊讶的是,李辅国并没有因当上了兵部尚书而满足,他向皇帝提出了当宰相的要求。

此时的李亨因积劳成疾,已躺在御榻上。当他听到李辅国那贪得无厌的要求后,他很吃惊,半晌没有说话。他因患病,已很久没有理事了,朝政大事由李辅国和张皇后代理,现在这个家奴竟得陇望蜀,公然向朕要宰相当,这个老阉奴,懂得什么朝政国事? 晓得什么纲纪宪章? 还不是念其平乱有功,保驾得力,才使他身居高位,可他竟不满足,李亨气得说不出话。

这时,李辅国正瞪大了双眼盯着李亨。

两人谁也不说话,最终还是李亨先开腔:

"爱卿,以您的功劳,什么官不能当啊! 只是宰相一职,由内侍省官吏出任,史无先例啊! 朕担心文武百官会不赞成。"

李辅国听出了李亨话的意思,知道他不同意,却往朝臣身上推。好吧,我让朝臣们上表推荐,看你还有什么话说。

李辅国自以为皇帝之能做皇帝,是他一手安排的。从李泌离京、李岘被贬后,他对皇帝越来越不讲究细节。现在连高力士也被赶走了,他更是为所欲为,独断独行了。

为了当宰相,李辅国开始在宫中大肆活动。

李辅国觉得舆论造得差不多了,便亲自上阵,带着礼品,去仆射裴冕家求见。

裴冕与李辅国是老相识了。当年,李辅国随太子李亨北上灵武时,时任河西兵马使的裴冕在李辅国的鼓动下,上表力劝李亨登基称帝。因为有了患难中结下的友情,两人私交甚好。只是后来李辅国权势越来越大,独断专行,裴冕才与他渐渐疏远了。

此刻,李辅国带着礼物上门,裴冕连忙设宴欢迎。酒过三巡,宾主尽欢,李辅国觉得该是说明来意的时候了,便带着随意的口吻说道:

"裴大人近日可曾听说什么吗?"

李辅国有意设问,想让裴冕提起朝臣上表荐他为宰相的事。其实,裴冕从李辅国一上门,就猜到了来意,只是打心底里厌恶他的做法。但他不敢得罪他,便应付道:

"噢,是指推荐郿国公当宰相吧?"

李辅国得意了:"百官们太抬举老夫了。不过眼下天下尚未安定,皇上又卧床不起,你我都是灵武起家的老人了,可得为皇上分忧啊!"

"那是,那是,郿国公喝酒。"裴冕有意转移话题。

李辅国却盯住不放,直截了当地把话说了出来:

"那些上表的官吏的美意,老夫心领了。本来老夫也不想当什么宰相,可经不住群臣一番劝说,说实话,老夫也有些心动了。再说,当宰相也是为江山社稷,不是为自己嘛。你看老夫的想法对嘛。"

"为国分忧自然不错,只是宰相的杂事太多……"

"嘿,老夫不怕麻烦。不瞒你说,老夫今日来,是想请裴大人以你的名义给皇上递一奏章。"说着将事先准备好的推荐自己为宰相的奏表递了上去。

裴冕不情愿地接过奏表,如吞下一只苍蝇般难受,脸上却笑道:"郿国公太抬举

国学经典文库

后妃宦官大传

·淫乱宫闱的恶宦·

图文珍藏版

我了。只是这么大的事儿，我裴冕一人可担当不起。容我与朝臣们再商议商议。"

"那好，"李辅国看了他一眼，起身告辞："裴大人费心了，留步吧！"

李辅国夜访裴冕的事很快被李亨知道了，他有些着急，怕大臣们顶不住李辅国的诱惑或畏于他的权势，真的上表荐他，到那时不答应他吧，恐怕会出乱子。"真是自作自受。"李亨叹道，当初是他一手提拔了他，眼下李辅国羽翼丰满，越来越不像话。如今他又久病缠身，万一他去世，这老阉奴弄不好会闹出乱子来。看来，宰相是无论如何不能让他当的，只是不能硬来。思虑再三，他暗中召见了宰相萧华。

萧华，萧嵩子。天宝年末为兵部侍郎。安禄山作乱时，一度被安禄山俘获，后以魏州之地举兵响应唐军。光复两京后，李亨将他拜为宰相。

萧华应召来到长生殿李亨寝室，李亨躺在床榻上，形容消瘦。萧华惶恐地跪下："微臣拜见皇上。"

李亨伸出手，做了个手势，轻声道："平身吧！今日朕单独召见卿，卿可以不拘礼仪。"说着，气快喘不过来。

萧华没料到皇上病成这样，哽咽道："陛下多自珍重。"

李亨点点头："李辅国想当宰相，让朕失望。"皇上一开口就让萧华吃了一惊，他是个忧谗畏讥之人，原先还以为皇上也有此意呢。

"此事不妥啊！哪有宦竖之人任冢宰之职？朕怕破了例，酿出事端，子孙遭殃啊！"

话已挑明了，萧华也无顾忌："臣明白。圣心所虑，正是臣等焦虑之事。李辅国居功自傲，已养成专横跋扈之气。若再身居枢要，还怕陛下百年之后……"

李亨摆摆手，阻止了他再说下去。眼下他还不想惹恼李辅国，他心里正后悔当初为什么不对李辅国加以限制。他停顿了一下，又说："你是忠贞老臣了，朕信得过你。朕怕就怕百官大臣真把推荐奏章递上来，那就难以劝阻李辅国人相了。"

"臣明白。臣受陛下恩重如山，当竭尽弩钝，报效圣上高厚之恩。"

"明白就好。赶快去吧，把朕的意思告诉裴冕和其他大臣。"

当晚，萧华悄悄地来到裴冕府上，对他转告了皇帝的意思。裴冕恍然大悟，他对李辅国专权跋扈早就不满，对萧华说："当初，李辅国来求我，我还以为是皇上默许的呢。现在明白了，即便把我双臂砍断了，我也不会替他呈表让他当宰相。"说完，当着萧华的面，把那日李辅国给他的奏章撕了。

萧华很感动，把此事转呈给李亨。李亨听了十分高兴，心里轻松了许多。

李辅国可不是省油的灯，他吃了哑巴亏，对萧华和裴冕恨之入骨。表面上却不露声色，暗地里在寻找反击的机会。

"这件事说明皇帝对我已有了戒心，以后处事还得小心。"李辅国反省道。

李亨也察觉到了李辅国的野心，他想一步步地削夺他的势力。可是他现在时常会头晕，他的脸色变得苍白，躺在床上的时间越来越长了。这使他很苦恼，他还有许多事没办，尤其是不能让李辅国再这样下去了。

皇帝强支撑着身体又回到了武德殿,那是他在宫内理政的地方。

他惊奇地发现张皇后已待在那里了,她神色紧张,手里捧着一道奏章。

皇帝因为身体不好,有时就让张皇后和李辅国代理朝政,可没让她待在自己的理政处啊!对这种非礼的举动,他刚要叱责,张皇后却禀报道:

"陛下,江淮、太原一带相继发生兵变。"

"啊,"李亨急急接过奏章,才翻阅了一下,便一阵昏眩,倒了下来。

"陛下,陛下"张皇后焦急地喊了起来。

听到惊呼声,内侍匆匆进来,大家小心翼翼地把皇帝移到御榻上。

御医来了,一阵紧张忙碌后,皇帝睁开了眼睛,望着围在榻前的众人,轻轻地说:"传太子李豫。"

李亨病重,李辅国大大地松了一口气。

他密切注视着李亨的病情。御医每次为李亨诊治,他都到场。并把御医叫到屋外细细盘问。

"你看皇上这个病怎么样?"

"奏李尚书,"御医慢条斯理地说:"皇上龙颜红而欠润,主中有燥热,难于消散;皇上之气由上脘浮于两肩之外,主心有内忧而惑于外邪;皇上之声宏而不畅,主怒气郁结于中而不得宣泄。"

李辅国听不明白,不耐烦道:"什么燥热、怒气、内忧、外邪,你说痛快点,是个什么症状?"

御医吓坏了,结结巴巴道:"皇上……肝火盛,腹内有积水;肾气虚,尿中带血,病得不轻。"

"能治好吗?"

"臣不敢妄言,将竭尽平生所学,尽力而为。"

皇帝的病果真被御医言中了,经过治疗,病情虽被稳住了,却也了无进展。李辅国每日去探望李亨,他和皇帝的关系又有了缓解。

李辅国想了很多,他在为皇帝的后事悄悄做准备。第一步,他想与太子李豫修复关系。一旦皇帝驾崩,太子继位,再去投靠就太晚了。问题是,过去他得罪过太子。为了专权,他与张皇后联手,排挤太子。使太子在朝廷中没法立足,只得带着军队四处征战。眼下,太子刚从前线被皇帝召回,李辅国大献殷勤。

第二步,李辅国开始排斥异己。现在他把宰相萧华和仆射裴冕视作眼中钉。眼下李亨病重,他觉得机会来了。他一方面亲自主管对皇帝病情的治疗,趁机隔断了皇帝与宰臣们的联系。宰臣们要见皇帝,都须经过这位后宫总管的同意,而且往往很难批准。另一方面,趁皇帝病重,在皇帝面前奏报宰相萧华专权,请李亨贬黜其职。可怜肃宗,在马嵬驿兵变中,何等英武果断,如今病魔缠身,为防生变,只得长叹一声,关照李辅国:"国朝内政,还赖卿多为朕留心。宰臣一事,可便宜从事。"

李辅国有了李亨这番话,立刻入殿升帐,传旨免去萧华宰相之职,并引荐朋党元载人相。一时间,朝臣中唯李辅国马首是瞻,李辅国得意扬扬,朝廷中无论大事小事,都必须听命于他。

他没料到,他的所作所为,引起了昔日盟友张皇后的怨恨,结果引发了一场血腥大屠杀。

宝应元年(762)的元宵节到了。按照惯例,这一天是普天同庆的日子。白天,在兴庆宫外广场上有各种游艺活动,晚上,朝臣和宫女一起上街观灯。

天还没亮透,程元振就率领北门禁军在兴庆宫内外,排好仪仗,放出警戒线。

天亮后,张皇后代表李亨登上勤政楼,接受百官朝拜后,分头落座,观看勤政楼前广场的歌舞表演。

长安城里的百姓兴高采烈地涌上大街,兴庆宫内外人山人海,许多作坊都关门了。

咚咚的鼓声响了,广场上的歌舞表演开始了。

坐在楼前观看演出的张皇后郁郁寡欢,丈夫病重,她哪有心思看演出啊,只是出于礼仪,她勉强坐在那儿。

这些年,张皇后与李辅国一直是盟友。

这两个亲密无间的盟友,怎会变得生分呢?

事情的起因只是一件小事。

那一年,荆南山中发掘出二十多块晶莹透亮的大宝玉。这玉非同一般,形状各异。其中有两块玉生成一副龙、凤轮廓,头、须、尾、羽竟十分逼真,更妙的是,这一龙、一凤恰好是一对。

那地方官吏得了宝物后,将它们分别装入锦盒,上书"龙凤呈祥"四字,派人送到京城。

爱美之人,人皆有之。李辅国得到这宝物后,细细观赏,越看越喜欢。原来他发现这宝物真是罕见的珍品。那龙玉呈幽蓝色,在暑天置于屋中,满屋会生出凉意。这凤玉呈淡红色。在三九天屋外滴水成冰,把凤玉置于室内,却满屋生辉,如置身于阳春三月天气。

李辅国得了这两件宝贝,自然是爱不释手。可瞧着瞧着,突然生出忧虑来。因为他跟皇后有约,各地呈送的贡品,不管是什么,都要拿出来两人共享。可李辅国对这两件宝物实在喜欢,便私下藏匿了起来。

这事不知怎么走漏了风声,张皇后知道后不高兴了,便问李辅国索要,李辅国送了一点金环、首饰之类物品给皇后,这两件稀罕物始终不肯出手。

张皇后很不满意,按说,她不缺珍宝,这些年她搜罗的珍宝已装满了几十箱,但她是个贪婪的人,凡是世上有的她都想占为己有,尤其是罕世珍品。更主要的是她从李辅国藏匿宝物的举动中,嗅出一丝不祥的气息。这个老阉奴开始独断专行起来,眼里已没有了皇后,心里便存了一份戒心。

人有了戒心,看什么都不入眼。她发现李辅国越来越张狂了,朝廷中的事从不与她通报,势力也越来越大,甚至提出要当宰相。尽管后来李亨、萧华给李辅国碰了一个软钉子,但这事对皇后震动很大。

她感到不能再忍耐下去了。

她是一个有野心的女人。她的内心深处是想当女皇帝,做武则天第二,她开始拼命往这方面努力。她也曾扪心自问,做武则天第二,是不可企及的事吗? 不,不是,应该是完全可能的。只要抓住机会,就能成功。

眼下机会来了,李亨病重,一旦去世我该垂帘听政了。可她吃惊地发现,朝廷内外都是李辅国的人了,李辅国这个忘恩负义的小人,翅膀硬了,也不把我皇后放在眼里。应该二人平分的权力,他一人独揽。更可气的是,现在竟连朝中发生的事都向她隐瞒了。她突然清醒过来,现在如果李亨去世了,别说她垂帘听政,恐怕在朝廷中的立锥之地都没有了。

要除掉李辅国,她下了狠心,可该从何下手呢? 她绞尽脑汁,也没想出好办法。

"咚、咚、咚",广场的鼓声又一次响起,把她从沉思中惊醒。此刻,广场内外的欢庆已进入了高潮。心事重重的张皇后已无心观看,吩咐下人起驾回宫。

皇后的车驾在回宫途中,与一辆华美小巧的辇车相遇。这辇车竟不回避,在皇后仪仗队前停了下去。

"谁这般放肆,竟挡了娘娘的驾!"内侍的小头目刚要发火,只见从辇车中走出一位凤冠珠颤的女子,她风风火火走到皇后车辇前,双腿一跪就大喊一声:"皇后娘娘你能带我进宫,去见皇兄吗?"

"噢,是咸宜公主。"皇后见她丧魂落魄模样,有些吃惊,忍不住问道:"太上皇好吗?"

"娘娘,太上皇辟谷服气了,我不知该怎么办?"咸宜公主说着竟落下泪来。

皇后对李隆基没什么好感,才不愿管他死活。正想敷衍几句,却听到公主抱怨道:"都怪郕国公,把太上皇迁到西内,如今他一个人孤零零的……"

皇后一听这话,心头一亮:"机会来了,这正可以攻击李辅国。"忙亲热地叫人把公主扶起,和她同坐一车,心直口快的咸宜公主把皇后当成了好人,一五一十讲开了。

咸宜公主是接替玉真公主,由李亨派去照料李隆基的。一到那里,她就觉得压抑,太极宫的侍卫由李辅国负责,平时宫里的宫女、太监不能随便外出,也不准会客,如一座牢狱。更使人担忧的是李隆基已万念俱灰,整日枯坐着,手拿着一只雕刻着老人像的木偶,嘴里反复念叨着一首诗:"刻木牵丝作老翁,鸡蛋鹤发与真同。须臾弄罢寂无声,还似人生一梦中。"起初,咸宜公主没听明白父亲在念叨什么,等到听清后,她哭了,她觉得父亲真可怜。

可让她担忧的是,最近几日,父亲除喝一点水外,竟什么也不吃了。俗语说,人是铁,饭是钢,一个风烛残年的老人,不吃饭怎么挺得住,他终于病倒了。

咸宜公主心急如焚,万一父亲有个三长两短如何交代。她去找兄皇,在大明宫前被卫兵拦住了，说是皇帝吩咐，此时不见客。她只得打道回府，不曾想遇上了皇后。

咸宜公主断断续续说完了，张皇后迅速地运转着生机。刚才已决定要除掉李辅国，现在就利用咸宜公主和太上皇的境况，在皇帝面前告一状。这么想着，皇后一把抓住公主的手："你别担心，我带你进宫！"

李亨听到江淮、太原相继发生兵变的消息后，一病不起，再也没有下过地。

御榻上的李亨发着高烧，神智一会儿清醒，一会儿糊涂。元宵节那天，他又一次从昏眩中醒来，自忖来日无多，把朔方、河中、北庭、潞泽节度行营兼兴平军、定国军副元帅郭子仪和太子李豫叫来。

郭子仪拜皇帝于床前，转身又拜李豫。

李亨道："回拜大将军。"

太子李豫赶紧回礼。

李亨道："史思明逆贼未除，江淮、太原一带又生内乱，国家动荡，社会不宁，朕却卧床不起，朕死不瞑目。"

郭子仪赶紧跪下："皇上吉人天相，阳寿还长着呢。臣府里有一良医，善以针石、汤剂治疗疑难诸症。臣右臂有风湿关节炎，就被他治好了。臣待会叫他为圣上看看。"

李亨摇摇头："若说良医，朕宫里太医不比卿府里的差，只是大限到了，朕心里有数，非药石能疗救的。"

立于一旁的太子再也憋不住，痛苦地叫一声："父皇！"热泪夺眶而出。

李亨示意让他俩坐下。然后紧抓住郭子仪的手，语重心长地说："子仪，河东平乱的重任，朕就全托付给你了！"

郭子仪听后呜咽流泪："老臣受命，决不负陛下重托，将以死效忠朝廷。"

李亨点点头："这下我就放心了。"

尔后转向太子："儿子，你也年近不惑了，打了这么多年仗，说给我听听，打仗靠什么？"

"用兵之道，贵在出奇制胜。"

李亨满意地点点头："为政亦如用兵，有正有奇，奇正相克相生啊……"

"儿子谨记了。"

李亨又道："儿啊，不记得是哪位贤哲说的，民为本，社稷次之，君为轻。如今我把治理朝政的重任托付你了，你来监国吧！"

李豫诚恐诚恐，刚想推脱，被李亨用眼色制止了。这时，皇后带着咸宜公主一阵风似的闯了进来。郭子仪起身告辞："子仪谨记陛下遵嘱。"告退出宫。

张皇后眼珠滴溜溜乱转，看看李亨，又看看李豫，想说什么又忍住了。

咸宜公主本来是因父皇病危向李亨问计的，见皇兄也重病缠身，一时不忍再说，便道：

"兄皇近日好些了吗？"

李亨点点头，示意她坐下。

一旁的皇后急了，她急巴巴地把公主拖来是要叫她告李辅国状的，却见公主成了闷葫芦，不由得额上渗出一层细汗，索性自己开了腔：

"今日元宵，外头闹得红火，妾惦记着圣上，急急回宫，不曾想遇着妹子，述说了太上皇的近况。"

一番话说得咸宜公主再也憋不住了。向兄皇泣诉道："父皇辟谷已有三天了，人躺在御榻上起不来了……"

李亨听了，情绪激动，胸脯剧烈地一起一伏，半晌没有说话。

皇后趁机道："都是李辅国，逼迁上皇，幽囚于西内。"

李亨叹了一口气，他有些后悔。当时是听了李辅国的话，把父亲硬迁到西内，如今看来是防备过头了，不过，皇后当时也赞同的，她怎么说这话呢？

皇后见李亨不吭声，对太子道："那个老阉奴，近日越发不像话，专横跋扈，谁都不放在眼里，皇上万一……有咱娘俩的苦日子哩！"

李豫对张皇后很反感，心想你过去一直和李辅国勾结，如今闹翻了，想找同盟了。不过，李辅国也不是好人。

李亨这时心里明白得很，眼下史思明叛军未灭，江淮一带又闹兵乱，宫闱再闹事，社稷就完了。眼下我又疾病缠身，不能和李辅国闹翻，便对李豫道："你记住朕告诉你的话吗？眼下要沉住气，别轻举妄动。"说完，就昏了过去。

皇帝在昏睡中，似乎听到了周围人的哭泣。他还有一丝感觉、一丝神志。如驾着一条小舟，漂泊在惊涛骇浪的海面上，大海的怒涛随时要吞没他。不，这小舟不能被吞没，他还有千斤重担没有卸却呢？他还要嘱咐儿子……他挣扎着，慢慢睁开了眼睛。

"醒了，醒了！"太子、皇后和咸宜公主都松了一口气，一旁的御医发觉前胸后背都被汗湿透了，头上的头发也湿漉漉的。

李亨睁开眼睛，第一个动作是用手抓住李豫，说："快叫宰相来，朕要下诏。"

当晚，朝臣们都读到了皇帝下的太子监国的诏令：

……朕号慕弓箭，寝居缞绖，顷以疾苦，未能康宁，残寇犹虞，中原多垒，军国大务，理须参决，乃眷匕邕，恭承宗祧。皇太子豫，天纵聪明，日跻圣德，中兴宸构，已有大功。问安寝门，知九国之梦；制胜戎阃，高五品之才。时方艰难，礼在谅暗，且以庶政，委之元子，宜令权监国。

紧张的一天过去了。

再过二十四小时，这座宁静的宫城就要发生血腥的屠杀。

挑起这场屠杀的是一位贪欲熏心的女人，可最终结果却出乎她的预料。

此时，张皇后正倚靠在床前想着心事，紧张、兴奋又焦虑不安。一切都布置好了，只等明天天亮以后。

国学经典文库

后妃宦官大传

·淫乱宫闱的恶宦·

图文珍藏版

她是在听到李隆基去世的消息后,打算除掉李辅国的。

宝应元年(762)四月初五,李隆基积郁成疾,逝世于西内神龙殿。噩耗传来,李亨又昏厥了过去,张皇后意识到,再不想法除掉李辅国,就要阻碍她当上女皇。

她秘密召见了太子李豫。

"李辅国要置你我于死地。"

皇后一开口就让李豫吓了一跳,他神情肃穆地看着他。

"李辅国长期出入禁中,统率禁军,诏书敕令皆由他所出,又擅自威逼太上皇迁到西内冷宫,其罪罄竹难书。唯一所忌恨者就是你我两人。今皇上弥留之间,李辅国很可能伙同党羽阴谋作乱。"

李豫知道张皇后说的大部分是真实的,但从眼下看,李辅国真正伙同党羽,下毒手的可能性不大。他洞悉张皇后是想借助于他去除掉李辅国,但表面上却不露声色,故意问:

"那该怎么办?"

"为今之计,唯有请太子设法将其除之,免生祸患。"

李豫沉默了。这主意若出自他人之口,他十有八九会采纳的,李辅国心毒手狠,害死了他弟弟,又逼走了李泌,朝中贤臣良相也死的死,贬的贬,他早有诛李辅国之心。但现在的时机尚不成熟,禁军由李辅国把持着,弄不好会身首异地。更何况,眼前的女人曾跟李辅国一鼻孔出气,她用的是借刀杀人之计,想借我的手除掉李辅国后,再来对付我,然后自己当女皇,世上难道有这般好事? 李豫想到这里,主意已定,道:"如今父皇病重,李辅国又是勋旧功臣,不请示父皇骤然发兵诛杀李辅国,会使父皇受到惊吓,病情加剧。此事还是从缓商议吧!"

皇后见太子一味推脱,以为他胆小怕事,哼,这样的人还想当皇上,好吧,既然不同意跟我一起干,我以后把你也杀了。嘴里却说:"你说的也有道理,你暂且回府吧,待我再想一想。"

李豫刚出宫,皇后派人快快找来越王李系。李系是李亨的二儿子。收复两京后,因李豫做了太子,李亨就让他当了天下兵马元帅。但李亨了解他,知道他志大才疏,有勇无谋,并没让他出京带兵打仗,一直住在京城。

李系到来后,皇后便说:"皇上病危,李辅国欲谋反,太子懦弱不足以办大事,你能诛杀李辅国吗?"

李系一听,便拍胸脯答应下来了。

在他看来,有父皇和皇后做主,这事举手之间即可办成。

"越王勇气可嘉。"皇后赞叹道:"有你的勇敢,加我的智谋,贼人何愁不能诛? 事成后,你代太子监国,治理天下。"

李系有些顾忌:"能行吗? 兄长是太子呀!"

"先以皇上的名义把太子请进宫里,然后再除掉李辅国。"

"儿臣谨遵母后之命。"李系别有所图,也不虑后果了。

当下，李系找了皇后的心腹宦官段恒俊，让他挑选了200名精壮太监，佩带佩剑，埋伏在长生殿内，准备假传圣旨，先召李豫进宫，把李豫控制起来，用皇上和监国太子名义除掉李辅国。尔后废除太子李豫，由李系继承帝位，张皇后便成了拥立新皇帝的皇太后，而段恒俊也成了佐命元勋。

西边天的最后一抹余晖刚刚消退，殷勤的月光把它那富有梦幻色彩的光辉洒向大地，月光笼罩下的禁苑一片沉寂。这时，大明宫西南一侧，一条黑影从古松的阴影下闪出，悄悄地走进了李辅国的府邸。

来客是负责掌管宫中禁军射手的内射生使程元振。他得到情报。明日（四月十六日）张皇后和越王李系，指使宦官段恒俊带领200名会武功的宦官，埋伏在长生殿，以皇帝的名义召见李豫，尔后谋杀李辅国，废太子，拥越王李系为帝。

李辅国正欲就寝，听了密报，睡意顿消。他与张皇后为争权夺利已闹得不可开交，如今皇后要效仿武则天，动刀动兵，他并不特别意外，只是事涉重大，他要证实一下。

"情报是否可靠？"

"事实确凿。我安排在皇后宫中的眼线向我报告，今夜长生殿已经封闭。"

李辅国冷静下来，仔细想想，觉得对手太幼稚了，我在宫中内外都有耳目，皇后却征调200人埋伏于长生殿，岂有不被泄露的？哼，毕竟是妇孺人家成不了大事。想到这，他心里一亮，他与张皇后的这场生死搏杀，李豫是关键，谁控制了李豫，谁便稳操胜券。他对程元振道：

"事不宜迟，赶紧封锁宫中各个大门，不准任何人进出。明日先阻止太子入宫，尔后麾动北军，搜捕宫中乱党，记住，决不能让太子被皇后抓去，这是成败的关键。"

宝应元年（672）四月十六日，是个晴朗的好天气。

傍晚时分，李豫接到太监传达的李亨召他进宫的口谕，叫他从凌宵门入宫。他立刻启程，途中，他有些生疑。往常他出入大明宫走的是南门，现在却规定让他走凌宵门（即西北门），这是何故？前些天，张皇后要我诛杀李辅国，被我婉拒了。这次进宫，跟皇后有关吗？

李豫心里七上八下，车辇却在离凌宵门几百步时被程元振的人马拦住了。

程元振道："殿下万万不可入宫，宫中疑有他变。"

李豫一惊，宫中果出事了？但他却装作不信："父皇病重，召我入宫，岂会有事？别疑心生暗鬼，草木皆兵。"

程元振急了，忙把张皇后和李系的阴谋和盘托出。

李豫却做出孝子的样子："父皇病势危急，万一不测，我做人子的，能因怕死不进宫吗？我一定要进宫，你别拦我，即使死了，也要见父皇一面。"

"殿下身系天下安危，臣冒死也不愿殿下轻赴险地。"说罢，程元振一挥手，兵士们蜂拥而上，将李豫请进了飞龙厩的官署中，派兵保护起来。

皇后与越王在宫中久候太子不到，心里正忐忑不安。

这时候,李辅国和程元振带着禁军闯入了大明宫,迎头遇上段恒俊率领的200名内监。两支人马便在丹墀下厮杀起来。这二百名临时凑起的乌合之众,哪是训练有素的禁军的对手,一交手就被打得稀里哗啦,死伤大半,其余放下刀棍,四处逃命。禁军一拥而上,抓住了越王和段恒俊。

躲在殿内的皇后当发觉禁军冲入宫中时,便心知不妙,李辅国先发制人了。她感到了死亡的恐怖,心怦怦乱跳着。怎么办? 我该怎么办? 情急中,求生的欲望使她往长生殿跑。

李辅国指挥禁军打败了段恒俊的人马后,发现独独少了张皇后。他命令程元振立即封锁大明宫各门及所有通道,任何人不许出入。然后带领着几百名禁军在宫中搜查。

除了皇帝的寝宫外,所有的地方都搜寻遍了,没有发现皇后踪影。

李辅国把手一挥,和程元振一起,带着禁军,直接冲进皇帝的卧室。

宫中喧哗声使昏睡中的李亨睁开了眼,他想知道出了什么事,环顾四周,竟无一人。这时,皇后惊慌失措地闯了进来,她披散着头发,满面泪痕,扑倒在李亨御榻前。李亨想伸出手摸摸她的脸,手臂却无力地垂了下来。皇后见状,轻轻地拉起李亨的手,用脸贴着,李亨感觉到了她的脸滚烫滚烫。

"我好怕。"皇后说:"李辅国想杀我,陛下你要救我……"她不停地说着,半天才发觉李亨又昏睡了过去。

室外的脚步声越来越响,终于,李辅国和程元振出现在寝宫门口。

李辅国一下子愣住了,他看见往日如泼妇般的皇后换了个人,如娇弱的女子依偎在丈夫臂弯里,脸痴痴地贴着李亨的手,眼里充满了泪水,这是一对多么恩爱的夫妻啊,李辅国不由地止住了脚步。

皇后看见了他们,惊悸了一下,突然清醒过来,用手摇晃着李亨的手:"皇上,快救救我。"

撕心裂肺的叫喊声把李亨从昏睡中又一次拉了回来。他睁开眼,发现皇后惊恐的脸,吃惊地瞪大了眼睛。这时程元振冲到床前,一把抓住皇后。皇后一屁股坐在地上,哭叫起来:

"李辅国,你带剑入宫,要犯上作乱吗?"

李辅国冷笑一声:"本大将军奉太子东宫之命,捉拿逆后,保护我万岁。"说完,和程元振一起,生拉硬扯,把皇后拖出室外,交给了禁军,把她关了起来。

李亨躺在床上,眼睁睁地看见皇后被拖了出去,急得面红耳赤,呼吸越发粗重,胸膛剧烈地上下起伏,他拼命地挣扎、呻吟,眼前老是浮现李辅国那张狰狞的脸,禁军凶神恶煞地挥舞刀剑,太监、宫女们倒在了血泊里,大明宫染成了红色。

李亨在宫中又昏睡了两天,到了第三天,即四月十六日,他觉得脑袋訇訇作响,身体正变得僵硬。当訇訇声最后消失时,他觉得身体像轻云一样飘散了,在没人知晓的情况下咽了气,享年52岁。

李亨去世时,离李隆基逝世才十三天。

李辅国拘禁了张皇后、越王李系等人后,皇宫就实行了宵禁,宫城内外所有大大小小的门都被武士拱卫着,平日里在重楼深殿来回穿梭走动的嫔妃、宫女和内侍们,被严格限定了活动空间,违者一律处死。

这些天,宫中进行了大搜捕,把张皇后的同党都抓了起来。等到李亨去世后,李辅国便迫不及待地处死了张皇后、李系和段恒俊等人。一切都弄妥帖了,四月十九日,请出了太子李豫。在禁军护卫下,李豫与朝中宰相见面。当天,李豫在两仪殿给肃宗发丧,宣读了肃宗充满对生命无限眷恋与希冀之情之遗诏。

四月二十日,太子李豫在李辅国、程元振拥戴下,在两仪殿继帝位,是为代宗。

十　尸弃荒野

新皇帝李豫今天要去含元殿主持朝会,可他脸色阴沉,当了皇帝,并没有使他有一种轻松感,反而感到很压抑。

他并不是怀疑自己没有能力担当国家重任,在做太子时就显露了卓越的才华。战乱中辅佐李亨治理天下,立有赫赫战功,在群臣中享有很高声誉,他继承帝位,应是顺理成章的。

可现在他当了皇帝,仍感处处受束缚,什么都做不了主,一切得听李辅国的,心里很不痛快。

这种不痛快在朝堂上没法表露,只能在后宫发泄在嫔妃、宫女和侍卫身

唐三彩

上。宫女们见了他总得小心翼翼,真是伴君如伴虎啊!

此刻,端捧着翼善皇冠、九龙嬉水长裘的侍女,正跪立着为李豫更衣,待一切都收拾停当,李豫无精打采地说声"起銮吧!"内心已厌烦了天天上朝议事。

守候在宫门旁的知内侍省长官程元振立即铆足了劲高声传旨"驾启大明宫"。自从他侦知张皇后与越王阴谋,与李辅国一起谋杀了张皇后、李系,拥立李豫登基后,他便升迁为知内侍省,飞龙副使,他对这位新皇帝小心侍候,已获得了李豫好感。

李豫在程元振和近侍的簇拥下，乘上车銮，来到含元殿。

"吾皇万岁，万万岁！"

百官朝拜如仪之后，新近升任司空兼中书令的李辅国接过了皇帝的长方形黄绫盛诏匣。

近来，李豫几乎天天下诏，任免一批官吏，而任免的标准又让人捉摸不定。被免官的人中有不少既有政绩又有声誉，而升官的人中平庸的居多。这么一来，朝臣们惶恐不安，暗地里议论纷纷。有聪明者终于看出了窍门：原来这一切都是由新任司空李辅国的好恶来决定。皇帝不过是摆设，大小事情都要听李辅国的。即使是朝中宰相出入宫闱，也必须先由李辅国批准。如此一来，朝臣中有趋炎附势者拼命去走李辅国的路子，而正直的大臣敢怒不敢言，只能保持沉默。

"退朝！"

李辅国宣读完诏令，李豫便宣布退朝，在程元振等簇拥下，匆匆离去。

李辅国也在百官簇拥下打道回府。

正如朝臣们猜测的那样，今天皇帝的诏令又是由李辅国一手操办的，他对此已经习以为常。

时近申时。

呈膳太监仍被程元振阻于丹墀下。他发愁地对程元振指指头上已微微西偏的日头，又焦灼地指指殿中，程元振淡淡一笑，朝他摆摆手，他只得背转身，悻悻而去。

今天退朝后，李豫就一个人独自待在紫宸殿内，冥思苦想。

他对李辅国早就不满。当年是他谋害了弟弟李亨，挤走了恩师李泌，把祖父李隆基迁至西内，他对他恨之入骨。可眼下朝中多为他的私党，李辅国又老谋深算，握有禁军，轻易还动不了他，怎么办呢？

父皇啊父皇，你可知道孩儿的苦衷，当年你为何放纵那奴才，如今他爬到儿的头上来了，甚至公然对儿说："大家只管坐在宫中，外边的事情尽情听老奴处置好了。"竟然忘了当奴才的本分。父皇啊，你种的苦果让儿来吞。

李豫心里不断埋怨着去世的李亨，眼前浮现出父皇临死的那一幕，那凄凉的眼神、无奈的苦笑，耳边突然响起父皇的临终嘱托：

"儿啊，你要记住我的话，为政亦如用兵，一正一奇，奇正相生……"

"民为本，社稷次之，君为轻。"

李豫全身微微一震，似是悟到了什么，当时听父亲嘱托时，并未在意，原来父亲的话义深而旨远，他早就料到自己去世后，儿子会面对权阉当道的难堪局面，要儿子用正奇之理为政。英明啊父皇，李豫怨气顿消，发自内心地赞叹起来。

"用正招，用奇策！"李豫嘴里喃喃着，脸上渐渐露出笑容，他对冥冥之中父皇的在天之灵起誓道："父皇放心，儿能保住大唐社稷。父皇若天上有知，当看儿郎的手段。当今权阉，我要他不出半年，便遭血光之灾，死无葬身之所。"

李豫冷静地分析了朝廷形势后，准备对李辅国施以打击。

和他父亲不同,李亨生性懦弱,当要处置一件事时,往往多方考虑,迟迟下不了决心。而李豫则不同,做太子时,他隐忍自重,对李辅国的骄横不闻不问,以避祸保身。现在他成了天子,到了果敢攻击的时候。

李豫攻击的手段出人意料,他下了一道诏书,宣布封李辅国为尚父。

尚父的尊号往往是封给德高望重的人臣,因为他们肩负辅佐新主的重任。先秦时姜子牙曾辅佐周文王打败商朝,建立周朝。武王即位后,尊称姜子牙为尚父,以父辈礼仪来对待子牙。三国时期,蜀国的刘备临死时嘱咐三个儿子要把丞相诸葛亮当作父亲,不可有所怠慢。刘禅继位后,一直把诸葛亮称作"相父"。

现在李辅国也有了如此高的荣誉,他很得意,一点没猜到李豫的用心。

李豫采用的是麻痹敌手的策略,把所有的荣誉、头衔都赐给你,暗地里蓄势待发,这在兵法中叫作"能而示之不能"。或者叫正招。

接下来李豫出了一招奇策,那就是拉拢李辅国的党羽,让他们去对付李辅国。

李豫选中了程元振。

程元振是李辅国的心腹,在肃宗病重,张皇后与李辅国为争权而角逐处于白热化时,程元振党附于李辅国,赢得了李辅国的信任,升为飞龙副使,知内侍省。

程元振代替了李辅国,负责后宫事务。他精心伺候着李豫,时间长了,他发觉天子对他也十分宠信。可他并不满足,有李辅国在前处处掣肘,不能为所欲为,他可不愿永远这样受制于人。

可是,李辅国现在正受恩宠,一会儿赐他"尚父"尊号,一会儿又任命为司空兼中书令,中书令相当于宰相,李辅国在老主子那里也没求得的职位,如今竟轻易地到手了,李辅国高兴得在府里大宴宾客,飞觞醉月,逸兴遄飞。

可有一次程元振发现,皇帝私下里对李辅国并不放心。

那天退朝后,李豫把程元振叫到密室,给他看了一份奏章。

这是一份密奏,署名处已被李豫涂了,故不知是何人所写。程元振很惊讶,发现是奏告尚父李辅国的。

"谁这么大的胆子,敢在太岁头上动土。"

程元振心里嘀咕着,仔细一看,发现一张纸上密密麻麻都写满了,共列了十余条罪状,不外是结党营私、专权跋扈之类,其中有两条颇引人注目,一是告他,朝臣官吏馈送礼品,俱云"恭进";二是凡与属员物件,全北向磕头谢恩。程元振看到这里,想,这是参李辅国自拟皇上了。

"尚父有功于国,居然有人居心不纯,参奏他老人家。"程元振试探性地说道。

"是啊!"李豫淡淡地说:"也没有什么了不得的大事。不过,这类奏章现在愈益多了,而且讲得有板有眼,朕也感到难办啊!"

程元振一听,觉得有戏,忙改口道:

"那些写参本的或许是别有所图,不过,奴才有时也觉得尚父做事有点跋扈,不把您皇上放在眼中。朝廷内外一切事情,都得先经过尚父的手,让他过目,作了裁定,才交给皇上。就连朝廷百官每次朝见皇上,也都要先拜见尚父,详细禀明自己有什么,出来时还要汇报自己和皇上谈话的内容。"

"有这等事?"李豫有点吃惊。

"唉,朝臣们私下都议论纷纷,说皇上太仁慈了,有些话奴才还说不出口。"

李豫道:"你尽管说,不要拘君臣之礼。"

"大臣们现在都说,朝廷中是先有尚父后有皇上。"

李豫叹了口气:"我这皇帝当得也没滋味。难怪下面人议论。"

程元振见状,豁出去了:"陛下,奴才冒死罪进……"

"说。"

"今上要安宫闱、定天下,要稍加制裁尚父的权力啊!"

李豫就等着他这句话,但他却说:"尚父有功于国,诛逆后,辅佐二帝。"

"陛下要以社稷为重啊!"程元振一副忧国忧民模样,内心却为自己打算。

李豫拉拢了程元振后,考虑再三,认为登基半年多以来,基础已稳,可以向李辅国动手了。

动手之前,先有一番准备功夫,他把指挥禁军的权力交给了程元振。对李辅国说:"李司空,你是三朝元老了,为我大唐王朝立下了很大的功劳。朕念你劳苦功高,年龄大了,公务太繁重了,禁中事务就交给程公公吧!"李辅国没有生疑,程元振是他一手提拔的,他很放心。何况,自己确实是上了年纪了,头发白了,牙齿也松动了,身上不是这儿病就是那儿病,行动也不如以前那般灵活和方便,他同意了李豫的要求。

初战告捷,李豫一不做二不休,没多久便以李辅国年老为名,下诏解除了他元帅行军司马及兵部尚书等职,以左武卫大将军彭体盈代为闲厩群牧、苑内、营田、五坊等使,以程元振代行军司马。

这一回,李豫不再装装门面了,李辅国几次求见,都被太监挡在宫外。为了防止李辅国党羽闹事,他在宫外给他修了一座住宅,索性把他赶出了宫闱。

李辅国被罢官赶出宫外,如晴天霹雳一般。一生的钻营就此落空吗? 这样想,眼前便一片漆黑,临出宫时,他磨磨蹭蹭,希冀着有同好旧友前来送行,出乎意料,除了有十几个太监给他照料物品外,竟无一个大臣嘘寒一番。想起过去自己进进出出,前呼后拥,大臣们无不含笑相迎,如今见了,却视若无睹,个个面凝秋霜,使他有一种失落感。

他恨皇帝竟然如此无情,过去真是走了眼,小看了皇帝老儿。原以为他懦弱怕事,居然不动声色,悄悄地把老子的权收了,尔后一脚踢出了宫外。

他抱着一丝希望,去找程元振,希冀他在皇帝面前通融一番,事情或许会有转机。哪知这位昔日门生,早已顺风转舵,到他府上去了两次,竟没有见到他本人,真是忘恩负义的东西。

罢了,罢了,还是先出宫再说吧!

李辅国心灰意冷地住到宫外去了。门前冷落,和昔日辉煌时光,别于宵壤。这位热闹惯了的权阉,一旦失势,难以忍受居家岁月的冷清与寂寞。有一次,他命令下人驾车到城里观光,李辅国坐在车辇里往四处张望,倒也忘却了心中的烦忧。

"快来看啊,这就是被逐出宫的李公公。"

"啊,长得这般丑陋,把我们老百姓害得不浅。"

大街上的人们发现了李辅国,立刻围了过来。

"嘿,他也有今天,当今皇上可真是一代明君啊!"

"这个李公公,别瞧他现在这模样,坏事做绝了,逼迁太上皇至西内、杀死张后、正直的大臣一个个都被赶出朝廷⋯⋯"

李辅国赶紧把车帘放下,吓得大气不敢出,挥舞着手叫道:"快走,快走!"

李辅国的车辇终于冲出了人群的包围,但他本人受了惊吓,病倒了。

他没想到老百姓对他这般仇视,听说他被赶出皇宫,百姓欢欣鼓舞地上街庆祝,放起了鞭炮。

受了刺激的李辅国感到问题严重,思虑再三,还是早早脱身,免得引来杀身之祸。他写了一份奏章,请求辞去中书令一职。

李豫很快同意了他的请求,本来他不主动辞职的话,李豫也要罢免他的中书令一职。为了不致过于冷落了李辅国,李豫在解除他的中书令后,又封了他一个虚号:博陆王。

按照惯例,在接受了皇帝赐予的封号后,要写一封谢表。尽管皇帝已把他作为眼中钉赶出朝廷,但他还须好言敷衍一番皇上,以表对皇上的忠诚。

可李豫连敷衍文章都不让他做了。那天他去中书省,走近官署,看门的官吏就挡住了他:

"尚父罢相,不能复入此门半步!"

李辅国气得脸色苍白,这些势利小人,我在位时趋前迎奉,如今见皇上把我毫不留情地赶出宫,竟也落井下石。哼,天下事难说得很,被赶出宫,也可以被请回宫中,说不定我再次回来,我就非宰了这小子不可,哼!

李辅国骂骂咧咧离开了,他要去找李豫,事情都是他引起的。

李辅国怒气冲冲闯入大明宫,这一回没受到挡驾。因为负责护卫的禁军都认识他,虽没有了过去那般热情迎候,倒不至于翻脸不认人。

李豫见他来了,有些惊讶,但还是热情迎候。

李辅国耿耿于怀地述说了他在中书省门口遇到的遭遇,这位七十多岁的宦官气得言不择辞,只求一时痛快:

"岂有此理!岂有此理!那些势利小人都在看皇上的旨意,老奴事郎君(指李豫)不了,请归地下事先帝(指李亨)!"

说完,竟气得晕厥过去。

李豫紧皱眉头,命御医给李辅国治疗。等李辅国稍加休息,派人将他送往府邸！

李辅国这么一折腾，死期到了。

原来李豫还在犹豫。因为李辅国在灵武拥戴李亨称帝，在李亨病重时，又诛杀张皇后，若将其除掉，怕有非议。

现在李辅国因中书省官吏阻挡他进署，而借机发挥，使他觉得留下这个老阉奴有害无益。这个阉奴刁钻得很，一生伺候了三朝君主，知道了宫闱中不少秘密，留着他是个麻烦。思虑再三，觉得不用再做敷衍文章了，把这个图功自傲、不识时务、目中无君的老阉奴打发掉算了。

"你不是要事先君吗？好，朕成全你。"李豫终于下了决心。

公元762年，宝应元年。十月十八日。

深夜，温馨、神秘、恐怖的黑夜。

一位黑衣人悄悄地靠近李辅国的宅院，一瞬间，他已越过墙头，消失在融融的夜幕中。

次日一早，京城中流传着一件怪事，有刺客昨晚潜入李辅国卧房，将睡梦中的李辅国的脑袋砍下，投入厕所中。并斩下其右臂，用以奠祭玄宗，李辅国就这样结束了他的一生，时年59岁。

李辅国死后，李豫曾装模作样下令调查，缉拿刺客，后不了了之。李豫命人用木头做了一个脑袋，安在李辅国的无头尸上，举行厚葬，追赠为太傅。

李豫的举动迷惑了不少人，世人纷纷猜测李辅国的死因。后来，杭州刺史杜济酒后失言，谈及此事，说是一位担任牙门将的武人奉李豫之命刺杀了李辅国。

不管谁杀了李辅国，他的死是罪有应得。

恃功骄横终伏诛——安德海

人物档案

安德海:清末宦官,直隶南皮(河北省南皮县)人,自宫入宫,人称"小安子"。他在八九岁时净身,进宫后在咸丰帝身边为御前太监。由于安德海聪明伶俐,很快就得到了咸丰帝和叶赫那拉杏贞的好感。咸丰死后安德海立下大功成为慈禧心腹。同治八年,他奉慈禧之命,到江南采办服饰,走到山东地方,被巡抚丁宝桢擒获处决。

生卒时间:公元前1844年~公元前1869年。

安葬之处:裸尸暴市,供人观看,安葬地不详。

性格特点:聪明伶俐,处事圆滑,艺术精巧,知书能文;桀骜不驯,善于察言观色,阿谀奉承。

历史功过:曾参与多次战争并取得了重大胜利,致力于改革军制和加强国防建设,为中国近代化进程做出了重要贡献。却因恃功自大,干预朝政,打压恭亲王,挑拨慈禧太后与慈安太后,树敌众多,疯狂敛财,骄横处世,最后落个伏诛济南,身首异处的下场。

名家评点:曾国藩评价说:"这件敢在太岁头上动土的惊人之举,一时震惊满清朝野,曾国藩赞叹丁宝桢为'豪杰士'。权阉安德海伏法,也使得朝野上下人心大快,一时'丁青天'之誉传遍民间。"

一　自宫入宦

在清代,太监的地域来源特别集中,绝大多数太监来自北方。直隶,即今天的河北省。在清代,直隶省的青县、静海、沧州、任丘、河间、涿县、大成、昌平、平谷及南皮等县,是"盛产"太监的地方。晚清几个著名大太监的老家也都集中在这里。例如,有清一代品位最高、权势最大、财富最多、任职时间最长的大太监李莲英就来自大成县,中国历史上最后一名权宦小德张来自静海。安德海虽然也来自这一地区,但具体地方,则说法不一。有的书籍说他来自南皮。也有的说来自青县。还有的认为他是宛平县人。据山东巡抚丁宝桢审讯安德海的口供记录透露,安德海是直隶青县人。但是据唐益年先生在《清宫太监》一书中分析,直隶青县可能说的是安德海的祖籍,而安德海在入宫登记时的户籍则是顺天府属下的宛平县人。因此,安德海来自宛平县的说法比较可信。

"太监"之名始于明代,此前则被称为宦官、内臣、寺人、阉人等。清沿明说,宫廷中所有的宦官一律称为太监。鉴于许多人当太监是生活所迫,所以清宫太监除极少数之外,绝大多数出自贫苦之家。贫苦之家出身的人内心是充满矛盾的,他们既痛恨有钱有势的人,同时又羡慕有钱有势的人。清代虽然处于封建社会后期,社会生产力比以前有了很大发展,但封建经济的基本格局仍未改变。当时摆在人们面前的出路主要有如下三条,一是去当官,二是经商,三是务农。做官的途径通常有两条,第一是科举成名之路,就是刻苦学习,埋头书城,皓首穷经,下苦功夫读书,沿着秀才、举人、进士、翰林的阶梯步步高升,然后,弄个一官半职,光宗耀祖。这条路一直被视为做官之正途。不过,能在这条路上成功的人只是极少数,而失败者则是绝大多数。做官的另外一个重要途径就是花钱买官。在清代,用钱不仅能买到官,而且还是合法的。这种办法还有个好听的名字,叫"捐纳"。但是,捐纳只是给有钱的地主、商人步入仕途开辟的一个捷径,穷人是无钱捐官的。至于经商,既要有一定的资本,又要承担较大的风险,因而也只能是少数人所为。绝大多数人,走的还是务农之路,面朝黄土背朝天,过着半饥半饱的生活。

在做官不成,经商无钱又无术,务农又不能彻底摆脱贫困的情况下,人们开始另觅生路,寻找他途。其中有的人便选择了"太监"之路。确实,有些人在进宫当了太监之后,不久便陡然发迹,由贫困潦倒、卑微下贱变得有钱有势、威风凛凛,成为暴发户。当然,在清宫中,太监人数众多,能够发迹的太监为数寥寥。尽管不少太监们都是抱着发财升官的目的走入清宫,但大多数人的梦想都化为泡影。然而,即使不能成为暴发户,无法显赫一时,可衣食住行还是能够保证的。特别是那些发了迹的太监对当地贫苦人家的影响是非常大的,不少人便步他们的后尘,割掉生殖器,入宫为监。而那些"先行一步"发迹的太监往往成为他们的援引者或介绍人。安德海也是这样走上太监之路的。

前面已经提到,安德海是顺天府属下的宛平县人,祖籍直隶青县,生于道光二十四年七月二十一日(1844年9月3日)。他家境贫寒,看到本乡的一些贫困人家子弟进宫之后不久,竟然发迹,他心里十分羡慕,也动了心,想效法他人,撞撞运气。当太监的前提条件是阉割,即割掉生殖器官,也叫"净身"。因为皇室贵族为了保持三宫六院的"贞洁"和安全,只能允许净了身的男人为他们服役。当然,"净身"是每一个太监终生不能忘怀的痛苦经历。因为那个时代医学比较落后,没有什么麻药,没有注射针、止血药,硬把人的生殖器官从身上割下来,其疼痛可想而知。晚清的一位宫廷太监曾这样叙述他被"净身"的经过:"有一天,我父亲哄着我,把我按在铺上,亲自下手给我净身。那可真把我疼坏了,也吓坏了。疼得我不知道昏过去多少次。……一根根脉通着心，心疼得简直要从嘴里跳出来了。从那一天起，我的整个生殖器官便同我分家了。动完这种手术后，要在尿道上安上一个管子，不然，肉芽长死了，尿就撒不出来啦，还得动第二次手术。我后来听懂得这个道道的人讲，割掉那个玩意儿以后，不能让伤口很快地结疤，要经过一百天，让他慢脓长肉，所以要经常换'药'。说实在的，哪里是药呢，不过是涂着白蜡、香油、花椒粉……的棉纸儿。每一次换'药'，都把人疼得死去活来。我记得，那个时候，我整天躺在土炕上，父亲只准我仰面朝天。有的时候，脊梁骨像断了一样，想翻一下身，可是哪敢动一动呢，就是略微欠一下身子，伤口也牵着心疼呢！大、小便就这样躺着拉、尿。屁股下面垫着灰土，灰土天天换，也是湿漉漉的。"由此可见，"净身"并不是一个简单的外科手术，而是一种极其残忍的酷刑。

清代太监的来源，大体上有这样二种情况，一种是通过报名的方式由官方加以招募选用的。另一种则为自宫，即民间私自阉割。在清朝初年，对于自宫，政府曾发布命令，加以禁止。例如，顺治初年曾规定，凡有私自阉割者，本人及下手之人皆处斩，全家发边远充军。但此后这一严禁政策逐渐放宽。至康熙时代，又规定：嗣后有诓骗及强迫阉割者，仍照律治罪。情愿将其子阉割以及本身情愿阉割者，免治罪。乾隆之时，也规定：嗣后如有并无他故而自行净身者，准其投内务府派拨当差，照例验看。清政府一再放宽对民间自宫的禁制，主要是因为这些太监来源于自行净身的投充者，而并非来自遭受宫刑的罪犯或者战俘。但所谓"自宫"，在绝大多数情况下并不是出自当事者的自愿，而是为生活所迫。那些贫穷之家的家长狠心将自己的子孙自幼净身，使他们遭受皮肉之苦和心灵的创痛，就是希望他们日后进宫，谋取生计。这些人构成了清朝太监的主要来源。另外，自宫者中间，还包括大量被诓骗拐卖的幼童。他们被拐卖者送到专门从事阉割业的铺子，遭到强行阉割。除此之外，为贪图富贵而自宫者也不乏其人。

太监们的阉割术，除少数是由家长或他人实施外，大多数是由民间专门的"包办"机构办理的，也就是《大清会典》中所说的牙行。关于牙行的情况，清宫档案中并没有记载，但从一些清宫太监的回忆中可略见一斑。据晚清宫廷太监回忆，光绪二十六年（1900年）前，在北京有两家专门从事这种营生的"包办"机构，一家是南长街会计司胡同的"毕五"，另一家则是位于地安门内方砖胡同的"小刀刘"。这两家的户主，不仅从事合法的阉人活动，而且还享有国家俸禄，官位为七品。他们每年按季度分别向内务府交进40名太监。净身之类的手续，也全由他们包办。光绪二十六年（1900年）后，"毕五"和"小刀刘"两家"包办"机构被取消，净身手续则由内务府下属机构慎刑司负责。

史籍记载，安德海是"以自宫入内为阉臣"的。有人据此认为安德海的阉割手术是自己所为。但是，这种推断是很难成立的。安德海做阉割手术时，仅是一名十余岁的少年，既不懂得必要的手术知识，更难以忍受手术造成的巨大痛苦，在这种情况下，由他自己独立实施这种手术是无法想象的。估计安德海的阉割手术，或是

· 淫乱宫闱的恶宦 ·

图文珍藏版

由家人所做，或是由牙行所做。为了便于管理和役使，并保证宫廷安全，清代宦官初入宫时年龄都不大，一般在 20 岁以下，小的在 10 岁以下，最小的仅有六七岁。安德海何时入宫为监，许多书籍都没有具体的时间记载。

关于安德海的名字，也有不少说法。许多记载都把他写成"安德海"，并说当时人们习惯地称他为"小安子"。严格地讲，这是不准确的。从所有的清宫档案和比较正规的历史资料记载来看，应是"得"而非"德"。另外，安德海在宫中还有一个名字，叫"灵珊"，有的档案中也写作"伶珊"，这个名字是慈禧太后为他起的。清朝的皇帝及后妃等主子一般都喜欢役使小太监，除了他们的官名外，往往还要御赐一些十分亲昵的"爱称"，慈禧太后尤其喜欢这样做。

太监进宫后，一般由敬事房总管太监根据宫内各处的缺额和需要分派。敬事房是清朝专门管理太监的机构，又称"宫殿监办事处"，属总管内务府管辖。敬事房的主要负责人是总管太监，在内宫地位极高。清宫太监可分为"内宫太监"与"外围太监"两大部分。"内宫太监"直接为皇帝、后妃、皇子公主等服务，受敬事房直接管理。"外围太监"则间接为皇室服务，并同时接受敬事房和内务府各衙门或礼部、工部、太常寺等衙门的双重管理。其中，内宫太监又分为皇帝、后妃、皇太后（太妃、嫔等）、皇子公主、一般服务等五个系统。属于皇帝系统的太监一般都有权有势，地位高、待遇好。特别是其中的一些太监，由于负责保管皇帝的钱财、使用的文具、纸张、穿戴的衣帽等，因此与外朝采办、制造这些物品的衙门机构及官员有了直接或间接的联系，从而给他们创造了敲诈勒索外朝官员的诸多机会。清宫后妃系统的太监则处于次要、从属地位。这是因为，在清宫中，后妃基本上处于无权的地位，因此，她们所使用的太监的地位及待遇也相应地要低一些。从封建礼法上看，皇太后（包括太妃、太嫔）的地位要高于后妃，因此，她们的太监配置及地位要优于后妃。在一般情况下，封建皇帝掌握着绝对的权力，太后，太妃等在宫中也是处于无权的地位。但在特定的历史条件下，这种情形也会发生改变。如在晚清时期，曾出现了慈禧太后几度"垂帘听政"的局面。在长达近半个世纪的时间里，太后实际上成为皇权的代表和象征。因此，在这个时期，太后系统的太监，权势逐渐膨胀。至于皇子和公主系统的太监，则始终处于不稳定的状态。因为皇子成年后将要分府出宫，公主成年后也将要下嫁出宫，太监的数量总是处在不断地变化之中，而且，一般来说，地位比较低，在宫中影响不大。除了以上四个有专门服务对象的太监系统外，还有一个分布于宫内各处从事一般服务的太监系统，包括内宫各门负责启闭关防打扫值班等杂务的太监；宫内御花园等处负责园内坛庙香烛、管理花树鱼鸟、陈设打扫、值班守卫等杂务的太监；负责宫内举行宗教活动或祭祀活动的场所，如中正殿等处的陈设、香烛、打扫等杂务的太监；负责宫内打扫、运水、烧水、烧炕等杂差的太监。与其他系统的太监相比，这些太监的地位、待遇比较低下，所干的差使也多为低贱或苦重的活，特别是他们接触皇帝及后妃的机会较少，因此，升迁发迹的机会也特别的少。

刚进宫的太监,在被派了差务后,首先要办的事就是拜师学艺。清宫内的礼仪和规矩特别繁多复杂。因此,初进宫的太监必须先跟师傅学习这些。所谓师傅,一般是宫内那些地位高、年纪大、资历老的总管太监和首领太监。在熬过几年的学徒生活后,太监才可以正式当班。安德海入宫后的最初一段时间,曾在何处学艺供差,目前还没有准确而可靠的史料加以证实。此后不久,那拉氏便成为安德海侍奉的主子。那拉氏即后来在中国近代史上名噪一时,统治中国近半个世纪的慈禧太后。那时,那拉氏也刚进宫不久,两人之间的关系是主子和奴仆之间的关系。初入宫廷的安德海小心翼翼地伺候着主子。很快,在众多的太监中,安德海露出了锋芒,得到了那拉氏的赏识。实际上,安德海本人与其他太监相比,的确有些过人之处。据史书记载,安德海很聪明,知书能文,艺能精巧,能讲四书五经,后来曾一度做太子伴读,尝以先代名儒自居,这种说法不免有些夸张,但安德海聪明伶俐恐怕是真实的。而清宫内的众多后妃女主,一般都喜欢用那些聪明伶俐的小太监,这主要是出于感情和心理上的需要。因为她们虽贵为国母,但在一整套僵化的封建礼仪束缚下,同样没有任何自由。高墙大院和清规戒律极大地限制了她们的生活空间和活动范围,陪伴她们的常常是孤独和寂寞。在这种情况下,她们对那些小太监十分喜欢宠爱,这既可以使他们解闷开心,打发漫长而无聊的生活,也可以采用赏赐恩惠的方法,使小太监们感恩戴德,以满足他们爱好虚荣的心理。作为女性的那拉氏同样也有这样的情感及心理需要。再加上安德海又狡黠多智,善于溜须拍马,阿谀奉迎,察言观色,所以,很快就得到了那拉氏的重视和欣赏。随着那拉氏地位的升迁,安德海也跟着飞黄腾达起来。

二 勾结那拉氏

清王朝是中国历史上最后一个封建王朝,从 1644 年清兵入关统治中原算起,到 1912 年清朝灭亡为止,在 268 年的统治中,清代共经历了十个皇帝,即:顺治、康熙、雍正、乾隆、嘉庆、道光、咸丰、同治、光绪、宣统。清朝在康熙、雍正、乾隆三个皇帝统治的一百多年时间里,曾盛极一时,当时,中国社会出现了一个政治安定、经济繁荣的平稳局面,历史上称之为"康乾盛世"。不过,"盛世"只是相对而言。从乾隆中叶以后,清王朝的统治便开始由"盛"转衰。

承接这种衰世的首先是嘉庆皇帝,在他于 1896 年即位的当年,中国中南部的几个省份便爆发了大规模的白莲教起义。清政府动用了很大的军事力量,费了九牛二虎之力,才将起义镇压下去。嘉庆死后,其子旻宁即位。尽管他年富力强,而且有一个吉祥的年号"道光",但世道并非像他所希望的那样光明,相反,颓世有增无减,问题成堆。此时,他不仅面临着大量的国内问题,而且还面临着由于西方东侵所造成的"外患"压力。在他即位当皇帝的第二十个年头,即 1840 年,爆发了著名的鸦片战争。结果,使用弓箭刀矛、土枪土炮的清军被拥有坚船利炮的英国东方远征军打得惨败，最后，虚骄自大的道光帝被迫派钦差大臣去和英方乞和，并于1842年8月29日在南京下关的一艘英国军舰上签订了中国近代史上的第一个不平等条约——《南京条约》，中国从此步入了半殖民地、半封建社会的轨道。

鸦片战争十年之后，道光帝死去，其第四子奕詝继承皇位，改年号为咸丰。1851年为咸丰元年。这位新皇帝也是生不逢时。此时的中国，世道更衰。咸丰元年（1851年），在中国南方的两广地区就爆发了震动全国的太平天国农民起义。太平军在领袖洪秀全领导下，英勇作战，屡挫清军，由南北上，并占领南京，建立了一个与清王朝相对峙的农民革命政权。太平天国农民起义和遍及全国各地的反清起义互相呼应，对清王朝的封建统治构成了极其严重的威胁。内忧未平，外患又接踵而至。19世纪40年代，英国发动了可耻的鸦片战争，14年之后，英国又联合法国，在俄美两国的支持下，发动了对中国的第二次鸦片战争，再次对中国大打出手，古老的中国又一次遭受到西方侵略者炮火的洗劫，而清王朝在这场战争中表现得更为软弱无能，不堪一击。英法联军虽然占领了不少中国的城镇要塞，但他们并不罢休，继续侵犯，并于1860年10月攻陷了中国的首都北京。在中国近现代历史上，中国的首都曾三次被外国侵略者占领，这是第一次。英法联军在攻占了这座千年古都之后，对她进行了野蛮蹂躏。有园中之最美称的皇家园林——圆明园在惨遭联军的抢掠后，被付之一炬，化为瓦砾。

就在英法侵略联军进逼北京之际，身为大清帝国一国之主的咸丰皇帝吓得惊慌失措，不思抗敌之法，反而于咸丰十年九月二十二日（1860年8月8日），急急忙忙地携带着皇后钮祜禄氏、宠妃懿贵妃叶赫那拉氏等13名妃嫔、5岁的儿子载淳以及一大批文武亲信大臣逃离北京，同年九月三十日（1860年8月16日），来到了位于今天河北省境内的承德避暑山庄，住进了那里的烟波致爽殿西暖阁。这里本来是避暑胜地，然而，咸丰一行此次到这里不是"避暑"，而是"避敌"。在这支避敌队伍里，太监安德海也在其中。当咸丰帝带着皇后嫔妃及手下大臣前往承德避难之时，安德海作为那拉氏身边的亲信太监也一同前往。

频繁的"内忧"使咸丰帝终日忧思，寝食难安。严重的外患，犹如火上浇油，雪上加霜，使他更加心绪烦躁。据记载，咸丰在这个时期脾气暴躁，喜怒无常，这大概与当时的形势有很大关系。严重的局势，社稷的安危，已使他忧心忡忡。加之沉湎声色，荒淫无度的宫廷糜烂生活，使他思虑伤神，渐形气弱，难以抵抗热河冬季的严寒，于是，痰嗽旧病复发。尽管从京城中招来不少名医高手，但由于病入膏肓，药石不灵，病情愈来愈重。咸丰帝自己也预感到大难临头，死期将至。临终前，他命大臣代笔书写了遗诏，做出了两项重要决定：一是立自己的独生儿子载淳为皇太子，二是任命八个人为赞襄政务大臣，扶助幼主，负责政务。这八位顾命大臣是：怡亲王载垣，郑亲王端华，协办大学士兼户部尚书肃顺，额驸景寿，军机大臣穆荫、匡源、杜瀚、焦佑瀛。其中，肃顺、载垣、端华三人掌握实权。

咸丰十一年九月二十六日（1861年8月22日），刚过而立之年的咸丰皇帝终于一命呜呼,病死在承德避暑山庄的烟波致爽殿,他的独生儿子、年仅 6 岁的皇太子载淳在他的灵前即位,成为新的清朝最高统治者。但载淳年幼,不能理政,因此,清政府的实权落入了辅政的八大臣手中。八大臣大权在握后,飞扬跋扈,引起了两宫皇太后的不满。两宫皇太后是指母后皇太后钮祜禄氏和圣母皇太后叶赫那拉氏。钮祜禄氏是广西右江道道员穆扬阿的女儿,咸丰帝登基之前她已经入宫为皇子福晋。福晋,是满语妻子的意思。咸丰二年(1852 年),钮祜禄氏正式立为皇后。与叶赫那拉氏相比,钮祜禄氏性格温和,且善于规谏,在原则问题上颇有见地。叶赫那拉氏原是咸丰皇帝的妃子,满洲镶蓝旗人。按清制,满洲有上三旗和下五旗之分。所谓上三旗,指的是正黄旗、镶黄旗和正白旗,下五旗指的是镶白、正红、镶红、正蓝和镶蓝。上三旗由皇帝亲自统领,政治地位较高。但是旗籍在一定条件下可以变更,即可由下五旗升入上三旗,称为"抬旗"。"抬旗"的条件有两种情况,一是皇帝的特旨,二是皇太后和皇后的娘家。那拉氏家原来是镶蓝旗,在她被正式封为圣母皇太后之后,他家的旗籍也由下五旗被抬入上三旗中的镶黄旗。那拉氏既有姿色又有才干,权力欲望极强。据记载,咸丰皇帝在位时,她曾代之批阅奏章,对处理政务时有干预,颇知政事。第二次鸦片战争期间,英法联军攻打北京时,她曾反对咸丰帝逃往热河,后来又反对同英法议和,在对外政策方面,主张持强硬态度。她时常干预政务,引起了咸丰帝身边亲信大臣肃顺等人的不满与反感,他们曾向咸丰皇帝献计,主张铲除那拉氏而留其子继位。在后宫眷属的生活供应方面,肃顺等人又一贯采取压抑限制的办法。载淳即位后,那拉氏与钮祜禄氏并称为两宫皇太后,钮祜禄氏称"母后皇太后",又称"东太后",徽号"慈安"。叶赫那拉氏原为皇贵妃,地位低于皇后钮祜禄氏,但因其儿子是皇帝,母以子贵,故也称为"太后",又称"圣母皇太后""西太后",徽号"慈禧"。据说,钮祜禄氏被尊为皇太后的时间比那拉氏早一天,这是肃顺等人有意安排的,目的在于抬前者压后者。所以这些,都使那拉氏对肃顺等人恨之入骨,怀恨在心。

那拉氏是一心想扳倒搞掉肃顺等人的。而慈安太后对肃顺等人也是心怀不满。到了热河以后,肃顺、载垣、端华等人包揽大权、恃宠骄横。三人常便服便冠,出入宫闱,甚至直趋咸丰帝寝宫,不避嫔御。这种粗暴行为,慈安颇看不惯。因此,她也同意那拉氏的主张,成为那拉氏谋除肃顺党人的亲密伙伴。肃顺一伙对这两位皇太后虽有戒心,但并没有把她们放在眼里。毕竟她们是女流之辈,且年龄不大。当时,慈禧 27 岁,而禧安仅 25 岁。然而,肃顺等人没有料到,正是由于他们掉以轻心,麻痹大意,竟酿成了杀身之祸。

慈禧和慈安两太后经过密商,深深感到单凭她俩的实力,击败对手,取得胜利,是远远不够的。只有借助其他力量,增强实力,才能在这场政争中稳操胜券。此时她们想到了一个令她们比较放心的合作者,这就是在朝廷上举足轻重的恭亲王奕䜣。道光皇帝共有九个儿子,咸丰帝奕詝排行老四,奕䜣是他的异母弟,排行老六,俗称"鬼子六"。咸丰帝生母因病早逝。母亲离世后,年幼的奕詝即由奕䜣的生母照料、抚育。奕䜣的母亲对待奕䛣,视同已出。奕䛣和奕䜣,自幼一同读书,共同练武,一起玩耍,形影不离,兄弟关系十分亲密。道光帝死后,奕䛣即位当了皇帝,他还算知恩图报,即位之后不久,就封奕䜣为恭亲王,屡委重任,恩宠有加。可是几年后,在是否为病故的奕䜣生母加太后尊号的问题上,兄弟二人之间发生了矛盾,感情受到了伤害。英法联军进逼北京时,咸丰帝逃往热河避难,临走之时,封奕䜣为钦差便宜行事全权大臣,留在京师,处理对外交涉事宜。奕䜣对咸丰帝重用肃顺等人十分不满,对肃顺等人排斥异己的做法充满怨恨。两宫皇太后之所以想借助奕䜣,就是试图利用他们之间的深刻矛盾。可是,恭亲王奕䜣远在京师,必须派一个可靠之人,设法和他取得联系,将热河行宫发生的一切事情及她们要铲除肃顺等人的计划告诉恭亲王。那么,谁是最合适的信使呢? 两宫皇太后经过反复商量,周密盘算,最后决定让那拉氏身边的心腹太监安德海担此重任。安德海领受任务后,第二天一早,就匆匆地离开了热河行宫,悄悄地返回北京,来到恭亲王府,将夺取权力的阴谋密报给恭亲王奕䜣。

由于咸丰帝与奕䜣以前存有芥蒂,致使他在临终顾命之时,竟然未将奕䜣列入顾命大臣之列,这无论从奕䜣对清王朝所做的贡献上来看,还是从他与咸丰皇帝的血缘关系上来看,都是极不合适的。不仅如此,而且,由于肃顺等人从中阻拦,使他连往热河行宫奔丧的权利都没有,而在北京的尚书陈孚恩却被召往热河奔丧。这些使奕䜣感到极度失望,同时,也加深了他对肃顺一伙的愤恨。奕䜣在接到安德海的密信后,立即给以答复,并再次向热河行宫发出了要求奔丧的折子。肃顺接到了奕䜣的奏折后,立即找到载垣、端华,商量对策。肃顺认为,奕䜣请求前来热河奔丧,只是一个借口,实际上是向他们示威、夺权,所以,必须阻止他来热河。载垣当时则认为,奕䜣是咸丰皇帝的弟弟,他前来热河奔丧,名正言顺,加以阻止,很难办到。肃顺则灵机一动,想出了一条妙计。他以京师重地、留守重臣一刻也不得离开为由,回绝了奕䜣的请求。那拉氏见自己的夺权计划被肃顺所打乱,立即找到慈安太后商量对策。她对慈安太后说,事已至此,除密诏奕䜣前来热河行宫外,没有其他办法。慈安表示同意。于是,由那拉氏亲拟诏书,加盖象征皇帝权力的"御赏"和"同道堂"两颗印章,派人送往京师,召恭亲王奕䜣速来热河行宫,共商夺权大计。执行这次任务的密使,还是太监安德海。可以说,安德海此次执行的"重要任务"为日后飞黄腾达奠定了基础。

安德海星夜兼程,准时将密诏送到了奕䜣手里。奕䜣接到密诏后,立即启程,打着奔丧的旗号,来到了热河行宫。此时,那里正举行咸丰帝的丧礼(殷奠礼),为了掩人耳目,奕䜣奔到咸丰帝梓宫前,放声大哭,声彻殿陛,闻者无不落泪。祭奠完毕,在安德海的精心安排下,两宫皇太后召见了奕䜣。为了避免肃顺等人产生疑心,奕䜣故意请载垣、端华、肃顺等人跟他一同入见。载垣等人原打算力阻奕䜣进见两宫皇太后,以防止出现对他们不利的局势,但奕䜣主动请他们相陪,却使他们放松了警惕。于是,奕䜣便单独与两宫皇太后见了面,时间长达两个小时左右,是多日来两宫皇太后召见亲王大臣时间最长的一次。两位皇嫂向奕䜣愤怒地诉说了肃顺等人近日来有意离间关系及跋扈不臣的种种行为,并要求奕䜣设法诛灭他们。奕䜣当场提出两点建议,一是要下手解决肃顺等人,非还京不可,而且要速归。他保证,对京师的人心和布置有绝对把握。二是一旦发动政变,保证不会有外国势力的干扰和阻挠,如果出现麻烦,唯他是问。这样,铲除肃顺等人的政变计划,最终敲定。

恭亲王奕䜣回京后,积极联络人员,组织力量,进行政变的准备和部署。根据辅政八大臣的议定,咸丰皇帝的梓宫于咸丰十一年九月二十三日(1861 年 8 月 19日)离开热河行宫返京,灵柩由肃顺等人亲自负责护送。两宫皇太后和小皇帝则从间道先期回京,迎接灵柩。两宫皇太后认为这是发动政变的极佳时机。九月二十九日(8 月 25 日),两宫皇太后和小皇帝载淳先回到北京。到京后,她俩立即和奕䜣密商了发动政变的具体事宜,第二天(8 月 26 日)两宫皇太后公布了在热河行宫就已拟好的上谕,宣布了载垣等人的数项罪状,下令将他们革职拿问,严行议罪。随后,载垣等人陆续被捕。这样,咸丰皇帝指定的八个顾命大臣仅辅政 73 天,就宣告结束了。十月初九日(1861 年 9 月 6 日),载淳于太和殿正式即位,登上了皇帝宝座,原定的年号"祺祥"也被改为"同治"。所谓"同治",就是小皇帝和两个皇太后共同治理天下的意思。随后,两宫皇太后批准了由礼亲王世铎等人会奏的十一条"垂帘章程",开始垂帘听政,实际执掌清政府的最高统治权。政变终于成功。这次宫廷政变发生于 1861 年,这一年是旧历辛酉年,因此,这次政变又称为"辛酉政变"。

政变成功后,两宫皇太后对自己的政敌进行了严厉的惩处。辅政八大臣中,载垣、端华被逼令自杀,肃顺则在北京的菜市口被斩首示众,其余五位,或被革职,或被充军。对参与这次政变的有功人员,两宫皇太后则给予了丰厚的奖赏。恭亲王奕䜣被封为议政王,领班军机大臣,参与政务的最高决策,并兼管总理各国事务衙门。其他有功的军政人员也各得封赏。在"辛酉政变"中,太监安德海不辞辛苦,奔波于承德北京之间,为两宫皇太后和恭亲王奕䜣传递消息,充当密使,为这次政变的成功立下了汗马功劳。政变成功后,两宫皇太后也没有忘记这位忠实可靠的奴才。尤其是慈禧太后对安德海更是大加赞赏,破格提拔他为太监大总管。太监大总管是清宫所有太监都眼热的一个职位,也是太监中最高的级别。按清宫旧制,在宫内服务满 30 年,且无太大过错者,方能破格提拔为大总管。这时,他还不到 30岁。

安德海一步登天。他的主子逐渐地独揽朝纲,这也预示着安德海将会有了强有力的靠山,"前途光明"。

<h1 style="text-align:center">三　太后宠幸</h1>

太监不得干政,这可以说是清朝的祖宗法规。乾隆皇帝在位时,曾说过:明朝

的灭亡,不是亡于流寇盗贼,而是亡于宦官。又说,我大清朝列圣所制定的家法事事都超越了以往的古代,特别是有关宫廷的法制,制定得尤为严密,世祖皇帝在登基之初,就在内府立了铁牌,永远禁止宫内太监不得干预朝政,至今又有一百多年,从来没有一个人能够弄权,作威作福,这固然是因为法制的严厉,而根本的原因在于有德之君的清明。事实也确是如此。对于明代太监干预朝政所造成的严重后果,清朝最高统治者有着充分而清醒的认识。从入关统一全国以后,几代清帝都十分重视这个问题。例如,1653年,刚刚入主中原后,顺治皇帝便在一份上谕中对太监做出六条规定:第一,凡系内员,非奉差遣,不许擅出皇城;第二,职司之外,不许干涉一事;第三,不许招引外人;第四,不许结交外官;第五,不许使弟侄亲戚暗相交结;第六,不许假弟侄等人名置买田产,因而把持官府,扰害人民。除了这六不许之外,顺治帝还指出,在外官员也不许与宫内太监互相勾结,如果有内外交结者,被人检举告发,并且属实,一并正法。他还下令该上谕用满汉两种文字刊刻,告示亲王以下大小官员及军民人等知之。两年以后,他又命令工部铸成铁牌,立于内务府和宫中交泰殿内,并提醒清宫太监们要从明代王振、汪直、曹吉祥、刘瑾、魏忠贤等太监干预朝政,祸国殃民的史实中,吸取教训,引以为戒。最后,他明确宣告,以后但有犯法干政,窃权纳贿,嘱托内外衙门、交结满汉官员,越分擅奏外事,上言官吏贤否者,即行凌迟处死,定不姑贷。凌迟是一种从古代流传下来的酷刑。用严刑峻法来约束和限制太监对朝政的干预,并明立铁牌,表明顺治皇帝对这个问题的确是高度重视的。顺治以后,康熙、雍正、乾隆等清帝对宫中太监的管理都是比较严格的。嘉庆、道光皇帝在位时,不仅抄录"铁牌"上的敕谕,在宫中各处张挂,告诫太监不要疏忽大意,违反祖制;而且还针对太监中经常出现的一些问题,制定了各种"治罪条例"。但是,总的来说,清初那些关于太监的严苛规定,并未能贯彻到底,而是逐步放宽。到了慈禧太后当政的时代,许多祖制被她公开地践踏,太监终于有了"翻身"得志的机会。咸丰十一年(1861年)"辛酉政变"的发生,给晚清政局带来了重大影响。以此为契机,长期以来太监不得干政的祖宗家法开始被打破。

辛酉政变前,手握大权的顾命八大臣与野心勃勃的慈禧、遭到排挤的恭亲王奕䜣之间存在着深刻的矛盾。为了打败政敌,慈禧和奕䜣联手发动了政变,以迅雷不及掩耳之势,一举剪除了肃顺等人。政变成功后,对于胜利果实,嫂叔二人进行了分配,彼此各得其所。慈禧同慈安一道垂帘听政,登上了清朝最高统治者的宝座,奕䜣则获封议政王,出任军机揆首,兼管总理各国事务衙门,并担任宗人府宗令、总管内务府大臣、领神机营、稽查弘德殿一切事务等要职,集军事、政务、外交、皇室事务诸种大权于一身,成为朝中炙手可热的第一权贵。奕䜣在出掌军政大权以后,采取了安外攘内的政策,促成了所谓"同治中兴"局面的出现,他也因此而成为中兴功臣,受到朝野上下的普遍吹捧。一连串的胜利,使奕䜣开始变得居功自傲,头脑发热,于是,在用人行事、言谈举止方面逐渐流于放肆,大有架空皇太后之势。这种态势,自然为权力欲望极强的西太后所不容,对奕䜣的不满也就日渐表露出来。

察言观色、溜须拍马、投主子所好是清宫得势太监们的共性，而安德海表现得尤为突出。在揣摩、分析透了西太后对奕䜣的态度后，安德海为了讨好主子，便利用与西太后经常接触的机会，在她面前时常说一些奕䜣的坏话。西太后早就清清楚楚地意识到，在朝廷内部，能够对自己的统治构成威胁的只有恭亲王奕䜣一人，对他不能不防。而安德海那些添油加醋、无中生有的话吹进她的耳朵里之后，更加深了她对奕䜣的不满和戒心。西太后逐渐下了决心，一旦有机会，绝对不能放过奕䜣。机会终于来了。

同治四年三月四日（1865年2月7日），翰林院编修兼署理日讲官蔡寿祺上疏朝廷，列举种种事实，弹劾恭亲王奕䜣。在奏疏中，蔡寿祺认为奕䜣犯有食墨、骄盈、揽权、徇私等四大罪状，在陈述完奕䜣的罪状后，蔡寿祺还大胆地提出了要奕䜣罢官引退的建议。蔡氏的这份奏疏，如同一块巨石投入湖水，使平静的紫禁城内掀起了一场轩然大波。由于事情发生得太突然，奕䜣似当头挨了一棒，被打得晕头转向，不知所措。其他大臣也惶恐不安，担心因此而遭到牵连，祸从天降。而西太后表面上装作很生气，但心里却暗暗高兴。

蔡寿祺弹劾奕䜣的奏疏递上后，两宫皇太后立即召见了周祖培等数名大臣，让他们对恭亲王奕䜣从速议处。周祖培回答说：此事须有实据，请太后容我们退朝后详察以闻，并请大学士倭仁参加调查此事。两宫皇太后表示同意。随后，倭仁、周祖培等人召讯了蔡寿祺。蔡供认，他所罗列的奕䜣四大罪状全是风闻，并无实据。倭仁等人将这个结果向两宫皇太后作了覆奏。很快，慈禧太后以同治帝的名义将她亲笔草成硃谕颁下。其中写道："据蔡寿棋奏，恭亲王办事徇情、贪墨、骄盈、揽权、多招物议，种种情形等弊，似此重情，何以能办公事，查办虽无实据，事出有因。"最后，慈禧太后就是以这个"虽无实据，事出有因"的罪名，革去了奕䜣的"议政王"称号，罢黜了他的一切差使，不准他干预一切公事。在这场政治较量中，慈禧再度取胜，而她的对手奕䜣则被打得措手不及，败得狼狈不堪。

然而，奕䜣并不是等闲之辈。毕竟他是咸丰皇帝的弟弟，同治皇帝的皇叔，且久居枢垣，树大根深，党羽伙众，并得到洋人的赏识。另外，一些王公大臣见如此显赫之恭亲王竟落得个这样下场，也不免产生兔死狗烹之感。于是，一些为恭亲王申辩的奏折纷纷递上。面对这一份份为奕䜣说情请命的上疏，慈禧感到，恭亲王的确非同一般，不可小视。如果置众论于不顾，非要制奕䜣于死地，则对于统治大局可能不利。考虑到这些，慈禧只好偃旗息鼓，鸣锣收兵。三月十六日，一道明发上谕颁下，奕䜣又重新被任用，但他的"议政王"称号并没有恢复，而且也不能参与军机处。他们一些死党见状，继续为他说情。奕䜣本人也在两宫皇太后召见他时，痛哭流涕，表示悔过。不久，西太后再下懿旨，恢复了奕䜣的军机揆首职务，奕䜣在谢恩时，"伏地痛哭，无以自容"。

由于安德海在慈禧面前屡进谗言，挑拨中伤，导致奕䜣丢掉了"议政王"头衔。而安德海却因此而深得慈禧太后的赏识，变得更加有恃无恐。他甚至寻机刁难奕近进见西太后。据记载,有一天,奕䜣请见,慈禧当时正与安德海谈话,竟然对奕䜣置之不理。安德海以太监身份与西太后闲谈,使管理国政的恭亲王不能及时奏报军国大事,这不仅使恭亲王奕䜣本人遭受了侮辱,而且这种做法也是公然违背清宫有关禁令的。奕䜣气得浑身发抖,他真想立即置安德海于死地,以解心头之恨。可是他没有这样做,而且暂时也不敢这样做。他知道安德海依靠的是慈禧,不把他放在眼里,前些时候的风波与这个太监有直接关系。眼下,他只有忍气吞声,等待时机。如果有了机会,他也不能亲自动手,倘若自己动手严惩安德海,慈禧绝不会袖手旁观,定会出面百般袒护,那样,自己不仅达不到目的,还可能因小失大,他隐忍了。但他也从此下定决心,只要让他抓住了机会,一定要除掉安德海。

安德海造谣中伤,挑拨是非,不仅得罪了恭亲王奕䜣,而且招致了朝廷内外文武百官的普遍痛恨。可是,安德海少年得志,自恃西太后宠幸,不可一世,除了文武百官之外,他竟然胆大妄为地挑拨慈禧太后与同治皇帝之间的母子关系。同治帝载淳长到 10 岁时,已很懂事理,他对安德海的所作所为十分讨厌,经常在众人面前厉声训斥安德海,弄得安德海下不了台。载淳虽只是 10 岁幼童,但他毕竟是一国之君,贵为天子,安德海再得志,也是太监和奴仆,所以面对年幼的同治帝的斥责,敢怒不敢言。但安德海也有一定之规,他不敢直接顶撞天子,却敢向主子告当朝皇帝的恶状,说他的坏话,挑拨她们母子之间的关系。慈禧太后每逢这时常常不问青红皂白,偏信安德海一面之词,将同治小皇帝传去,教训一顿。年幼的同治帝心里清楚,这是安德海从中作祟的结果,因而对安德海更加痛恨。有一次,同治皇帝从慈安太后的宫中出来,发现有人鬼鬼祟祟地跟在后面,原来是安德海在暗中监视他。同治帝见状,特别生气,一把抓住安德海,大声地吼道:"好你个小安子,不要以为母后宠你,你就可以为所欲为,总有一天,我会拿下你的头。"说完,使劲一推,拂袖而去。同治皇帝的这几句话,把安德海吓得浑身发抖。安德海赶紧向慈禧太后求救。他哆哆嗦嗦、慌慌张张地跑到慈禧宫中,跪在慈禧面前,痛哭流涕地说:"皇太后啊!皇帝要杀我!"慈禧听了安德海的述说后,立即派人将同治帝叫来,训斥一顿。同治帝被气得咬牙切齿,可是自己羽翼未丰,不掌实权,只好忍气吞声,挨了一顿训斥的同治皇帝闷闷不乐地回到自己寝宫。

在慈禧太后的庇护下,安德海拨弄是非、干预朝政已成恶习。他不单挑拨慈禧与同治的母子关系,就是在两宫皇太后之间,他也竭尽挑拨离间之能事。"辛酉政变"成功后,两宫皇太后开始"垂帘听政",共同执掌清王朝最高统治大权。从名义上看,慈安太后的地位要高于慈禧太后。可是,慈禧太后是一个野心和权力欲都非常强烈的女人,她不甘心受制于慈安,总想把实权操在自己手中。安德海对这一点看得十分清楚,也看出东太后不是西太后的对手。他为了讨好主子,挖空心思向慈禧太后献计献策。安德海善于挑拨离间,也很会把握分寸和时机。有一天,安德海对慈禧太后说:据我观察,东宫可是渐渐抓权了,望太后以后要小心点才是。奴才想,您本是皇上的生身母亲,平素您老人家对东宫也太客气了。从今以后,您可不能心肠太软了,如果再这样继续下去,别说奴才这条命保不住,恐怕连太后您的根基也不稳了。慈禧太后早就有排挤慈安、独揽大权的企图,所以听了安德海这席话后,为了达到目的,也想听听她的心腹太监的看法。她问安德海:既然是这样,那么依你之见该如何办呢? 安德海不慌不忙,把他早已盘算好的抓权计谋一一道出。慈禧太后听完后,十分高兴,对她这位亲手提拔的太监总管更加信任。所以,在慈禧太后一步步独揽清王朝大权的过程中,安德海为主子出了大力。

安德海得志、发迹与西太后有直接关系。他得势后,不忘紧紧依靠西太后,帮她排除异己,为她充当耳目、爪牙,使主子对他更加信赖。他在宫中有西太后为靠山,如鱼得水,文武百官,皇帝太后均奈何他不得,这也为他培植个人势力,创造了条件,以致出现了他门庭若市的局面。若不是西太后,宫中谁人能把一个太监放在眼里呢?

在清代,特别是在晚清,政治极其腐败,官吏贪污受贿之风颇盛,太监们也纷纷效尤。特别是一些有权有势的大太监置禁令于不顾,采用各种卑劣手段,聚敛钱财。

随侍慈禧太后任御前女官达二年之久的德龄在她写的回忆录《御苑兰馨记》一书中,对安德海敲诈勒索,聚敛钱财的情况曾有所记述,虽不免有些夸张和虚构,但多少也反映了一些情况。据她说,同治皇帝载淳出生后,咸丰皇帝大喜,不少人也前来进贡。各地的道台提督等大小官员带着各式各样的珍贵礼物纷纷前来奉献,络绎不绝。可是送礼的人走到城门口的时候,就非停下来不可,因为有太监在那儿坐镇,若不先将他们孝敬一下,这些礼物是难以通过的。得到贿赂之后,把门太监才将送礼之人放入第一道门,进入庭院,但必须经过的门还有好几道,每一道门的太监都得孝敬,而最后一道则是非大大孝敬不可的总管太监安德海。送礼的官员必须亲自参见安德海,呈上一张用黄纸写成的礼品单,上面写着送礼人的名字,而在黄纸正中则写明受礼人的名字。所送礼物的合适与否全在于安德海的一句话。他在朝廷里的势力是了不起的。假使所送的礼物不合圣心,那么,那个送礼的人就失去了恩宠,因此而使礼物被退回,或安德海不肯查视,都是极其丢面子的耻辱。安德海跑出去看礼物时,往往会哼一声:"这些都不好,都不合适!"送礼的官员遇到这种情况,就连忙回答:"啊,我差一点忘记了! 敝督叫卑职给他的好朋友安德海总管请安。又叫卑职给总管带来一点小意思买茶的! 他因为不知道总管的口味,所以没有敢买茶叶来,只送了钱来好请安总管随便买。"因为这"一点钱"是二万两纹银——都是五两一只的元宝,——所以难怪安德海觉得他的礼物很合适。然后安德海就将礼物捧到皇帝、皇后或兰贵妃那里去。这三位大人物说不定还会看不上那些礼物,可是,如果宫门费是相当可观而安德海满意的话,那么,安德海就会答道:这份礼物虽不合适,但这对花瓶可以摆在下房里,那架钟在禁卫营里还可以用得,至于这串珠子,皇上可以随便给那个宫女。不用说的,皇帝、皇后或兰贵妃都相信安德海的意见是不会错的,所以就将礼物收了下来,而安德海也就可以安安稳稳地把那笔钱存在钱庄里了。京城里好几个大钱庄都与安德海有来往，而且他存的钱也最多。如果送礼的人所付给安德海的茶钱还不太多，使安德海看不上眼，在这种情况下，安德海就会说："陛下，这样东西不行！缺少审美的观念。这也花不了多少钱。送礼的人不看重皇上而只敷衍了事是显而易见的。我应该就叫他们用自己的脚力再带回去？"哪一位官员的贡物被如此打退，则被认为是极大耻辱，出现这种情况，就只好告休了。

《清代野史》一书中，收入了篇题为《圆明园总管世家》的文章，该文讲述了安德海索贿的一件事情。圆明园是清朝皇家园林，这里环境优美，人称"万苑之园"。清王朝曾苦心经营圆明园150多年。1860年，英法侵略联军进攻北京，将圆明园所藏的珍宝抢劫一空，然后又放了一把火，使这座精美绝伦的皇家园林毁于战火，化为灰烬。同治初年，贪图享乐的慈禧太后不顾国破民穷，曾计划修复圆明园，但当时慈禧的权力尚未达到顶峰，仍多少受制于慈安。当时，慈安太后以为，东南未平，国家多故，不宜兴作。因此，被毁的圆明园始终没有得到修复，一直荒废。后来，清王朝的统治大权逐渐被慈禧太后独揽。在生活上，慈安太皇以俭德著称，而慈禧太后则与之不同，非常奢侈，"颇事华美"。另据《清代野史》一书记载，李三是京城中的一个大骗子，李光照是广东的一名奸商。当时，李三正拥资居津、沽，往来南、北洋，与李光照至新加坡及南洋各岛经商，十分富有。他们得知慈禧太后讲究享乐，以为有隙可乘，"思藉修国以售其奸"。于是，他们便密商对策，四处活动。一天，李光照来到殷德家，以殷德父亲之故旧身份求见。殷德当时是圆明园的管园大臣。两人见面后，李光照谎称自己愿意捐献"木植万株，石砖器皿"，修复圆明园。并希望殷德出面上奏朝廷，促成此事。殷德私下对李光照说："恢复圆明园，是我先人的愿望。有宗室某大臣及某宫内太监，全部愿意为皇上的园居而拿钱。现在你既然愿意捐输木植砖石，那他们也一定愿捐工程钱，我在中间给你们撮合，对朝廷讲工程很容易办，这样，事情一定能成。只是太后左右可能为难，因此非采用贿赂手段不可。"李光照说："这事好办。拿十万两银子分别贿赂，怎么样？"殷德一听，欣然同意。随后，李光照把殷德带到李三之家，介绍他们认识，并在留春精舍设宴招待。恰好经常出宫寻欢作乐的同治帝也来到这里，他把殷德叫来，问了许多有关圆明园的事情。第二天，殷德又陪同治帝参观了圆明园废址，凡是名胜之处，殷德均一一指点说明，同治帝动了心，对他说："你只管奏来，我已决定重修圆明园。"当晚，殷德与二李也进行了商量。殷德认为，既然皇上已当面答应修复圆明园，那么，原打算用于贿赂的十万两银子可以不用花了，皇太后那边只要奉送一些珍宝就可以打发。李三也同意这样办，并答应事成之后，赠给殷德美女和名马。几天后，由李光照具名进呈园总管，转由内务府代奏。内务府大臣万恒受呈后转告了西太后。西太后当时很犹豫。一方面宫内拘束，也想修复圆明园，享受园居之乐；另一方面，此修复工程浩大，牵扯面太多。于是，她就派身边的亲信太监安德海前往视察园务状况。安德海对此事早有所闻，他认为自己发财的机会来了。安德海首先矫旨传唤了殷德，吓唬他说，这桩事广东商人从中牟取了不少好处。你要想办成这件事，必须先献给我十万两白银，否则我治你们勾结串通之罪。因为殷德与李三已将十万两白银瓜分，所以，他竭力辩解说，并无行贿之事。安德海一听，大为恼火。殷德回去后，把情况告诉了李三，李三答应以5万两白银贿赂安德海，用5万两白银贿赂内务府大臣。安德海嫌太少，坚决不答应，一定要20万两。李三只好求其他太监帮助说合，并且在留春精舍设宴招待安德海，最后，答应给安德海10万两白银，安德海这才同意。

　　安德海利用职务之便，勒索了许多钱财。这些不义之财，主要用来维持他奢侈豪华的日常生活。他曾花了不少钱，购买了侍女安马氏。不仅如此，安德海还借母亲病故之机，大设仪仗，大摆筵席，以显示自己的富有和威风。其挥霍之巨，出手之大，令人叹为观止。据《帝后与太监》一书介绍：安德海的母亲死了，安德海少不得要回家哭拜祭奠，但他想的不是思念老母，而是借机显示一下他大总管的威风，摆一摆他高人一等的气派。他从北京动身时，随身就带了一位主持丧葬的总理，此人姓田名定，在京师专门给有钱有势的人家举办丧事。安德海把他请来，也想给他母亲举办一个隆重的丧事。田定办这种事很有经验，也知道安德海的权势，自然不敢怠慢。在发丧一个半月前，就上了差，搭上灵棚、孝棚、经棚、鼓乐棚、候客棚、待客棚，对厅、过厅、宾相厅、迎门厅、过街牌坊，还扎了金山、银山、蓬莱山、楼台殿阁亭榭轩，糊了牛头、马面、金童、玉女、大鬼、小鬼、判官、开道鬼、开路财神、金毛狮子、四大天王和罗汉，所用的席清一色是崭新的。近处不够用，就用船从白洋淀载来。有人计算了一下，一共动用了108艘大小船只专门用来运苇席。丧仪所用桌椅和上边的围子、垫子也全都是新的，近处不够，就到远处去买。好在这个不完全立即用。除此之外，还用了大量的白绫子、白绸子、白缎子。据说由于用量太大，把天津所有商号的白绫、白绸和白缎子都买光了。结果导致这些商品的价格上涨了一倍。所用的纸张都是从河间、沧州、天津、济南等地买来的。其时，又请来了和尚、尼姑、道士，人道数均为108人。念经、跑方取水上法台、走金桥、迈银桥、过奈何桥、整天锣鼓喧天，笙管齐奏，吹吹打打，鞭炮齐鸣，神枪轰响，惊天动地，热闹非凡。丧葬期间，安德海为了显示权势与铺张，大摆宴席，不仅招待各方来客，连那些乞丐也用不着沿街乞讨了，只要到他家座席即可填饱肚皮。为了给丧母出殡搞得排场奢侈，他花去了慈禧太后赏给他为其母办丧事的5000两白银，但实际上这点儿银子是远远不够的。

四　斩首示众

　　安德海虽是一个"刑余之人"的太监之辈，但却由于得宠于慈禧太后，更由于在西太后身边的特殊地位，可肆无忌惮地在宫廷内外、朝野上下，制造谣言，玩弄是非，挑拨离间，违反禁令，干预朝政，并仰仗西太后，逐渐揽权，索贿敲诈，贪赃枉法。

他还经常出宫与一些不法之徒相勾结,沆瀣一气,狼狈为奸。安德海的所作所为,使他成为恶贯满盈、人人痛恨之辈。

同治皇帝早就有心想杀掉安德海,以发泄心中的愤恨,可惜这位少年天子当时并没有多少实权,也就无从找机会下手;慈安太后对安德海也是怀恨在心。她亲眼看见安德海与慈禧勾勾搭搭,关系暧昧。在一同"垂帘听政"后不久,慈禧便在安德海的帮助下,逐渐集权专擅,而安德海则依仗慈禧对他的宠信,根本不把慈安太后放在眼里。因此,慈安太后也在寻机除掉安德海,一旦得手,既可以泄私愤,又可以借此打击慈禧太后的气焰。至于恭亲王奕䜣,则更是想置安德海于死地。同治四年(1865年),奕䜣被慈禧太后革去了"议政王"的称号。奕䜣事后得知,自己之所以遭此打击,主要是太监安德海从中屡次挑拨中伤之缘故。并且,在他失去"议政王"称号后,安德海又对他屡屡刁难,这使得他对安德海恨之入骨。另外,在对待太监的看法上,奕䜣与其他王公大臣也有所不同,他从来没有谄事太监的习惯,他始终认为,太监是所有皇族的奴才,没有必要对这些"非男非女"之辈低三下四。正因为如此,安德海对他素来有仇隙。因此,对于安德海,他一直在寻找铲除的时机。此外,一些富有正义感并重视祖训的王公大臣、文武百官对安德海违反祖制、为非作歹的行径也深恶痛绝。在这样的前提下,安德海虽有慈禧太后为靠山,但实际上在宫中四面树敌,对立面也是相当多的。

在晚清的地方大吏中,山东巡抚丁宝桢算是一位比较清廉刚正的地方官员,他也对安德海恃宠弄权十分不满。据说,一次,丁宝桢进京入觐,奕䜣便向同治帝和慈安太后推荐说:丁宝桢此人,为官清廉,胆大心细,可以借助他除掉安德海。并且奕䜣还设法使同治帝和慈安太后秘密地召见了丁宝桢。随后,同治帝派人与丁宝桢商谈了诛灭安德海的秘密计划。丁宝桢在领受了这项特殊任务后,回到了山东。他在等待时机。过了不久,这个机会终于来了。

同治八年(1869年)七月,安德海率领一队人马,离开清宫,出京南下。安德海一行这次出行,名义上是因为同治皇帝要举行大婚,慈禧让他去南方采办服饰布料。清代祖制规定,清宫太监未经差遣不许擅出皇城。安德海深知,他这次出京,是有违祖制的。因此,出京行动,十分秘密,未敢声张,即没有告诉慈安太后,也背着恭亲王奕䜣。但奕䜣早已从宫内得知安德海一行出京的消息。据记载,安德海此次违制出京南下,并得到慈禧太后的同意,是中了同治皇帝设下的圈套。原来安德海对京城、宫廷的奢华生活有些厌烦了,总想找个借口出去转转,一是看看外面的光景,二是显示一下他大总管的威风。于是,他就以去南方替同治帝织办龙衣为由,向慈禧太后请示。在一旁的同治帝不仅不加以阻止,反而主动怂恿,并提议说最好是去广东,以便对安德海的行动自如操纵。慈禧没有看破这是同治帝的计谋,欣然同意了这个建议,派安德海前往。

安德海一行离京南下是在同治八年(1869年)七月。七月初三这天,安德海将宫内太监陈玉祥、李平安、李得喜、郝长瑞、李顺、计得寿等人及私宅管家黄石魁、田儿与在宫内当差的内务府苏拉(即仆役)金安言、刘文瑞、刘凯、黄喜及在金安言名下服役的张瑞等人找来,向他们宣布现在奉旨出京赴苏州采办龙袍,并要他们随从同行。为了保证一路安全,他还雇用了韩宝清等五名保镖,付给每名保镖身价银200两。到通州后,安德海雇用了两只太平船和数只小船,沿运河南下。安德海的座船上,插着大小旗帜。大旗上写着"奉旨钦差采办龙袍"字样,小旗上面画着太阳及三足乌。船的两侧,都插着龙凤旗帜,迎风招展。除此之外,船上还设有女乐,一路上品竹调丝,设宴作乐,吹吹打打,好不热闹。

安德海一行浩浩荡荡、威风凛凛地向南行进,引起了运河沿岸人们的兴趣和注意,不少人前往观看,围观的人甚至将交通都堵塞了。此时的安德海威风惬意到了极点,然而,安德海根本没有料到,他违反祖制、擅离京城且招摇过市的做法早已引起了朝廷内外的极大不满和愤慨。早在这年四月,山东巡抚丁宝桢与正在他那里做客的名士薛福成也曾谈论过安德海,丁宝桢私下对薛福成说:"听说安德海即将前往广东,看来一定要经过山东。如果安德海路经山东时把他抓起来,来个先斩后奏,怎么样?"薛福成对安德海为虎作伥的行径早已深恶痛绝,听到丁宝桢的除奸打算,颇中下怀,于是便抓住时机,进一步鼓动丁宝桢一定要乘时除掉安德海,建此"不世之业"。蒙在鼓里安德海已是大祸临头,死期将至。

据说,在得到安德海一行离开京师的确切消息后,恭亲王奕䜣立即派人前往山东,通知巡抚丁宝桢,让他迅速做好张网捕鱼的准备,并告诉他这是同治皇帝下的命令。早就秘密接受除奸任务的丁宝桢在接到密旨后,立即给当时的山东德州知府赵新发了一封密函,七月二十一日是安德海的生日。为了庆祝自己的生日,安德海竟在船上供设了龙袍,让所带的随从人等向龙袍罗拜并称为他祝寿。这件事在民间引起很大震动。赵新,山西平遥人,是一名阅历丰富、见多识广、机敏干练的地方官员。最后,采取了一面对安德海等人继续监视,一面向丁宝侦巡抚"夹单密禀"的万全之策。所谓"夹单"就是便条。这种办法是:如果丁宝桢见到夹单报告而不向朝廷参奏,则夹单系非正式公函,既不存卷,自然不会走漏消息,安德海就不会知道,无法对他施以报复手段;如是丁宝侦一定要御前参奏安德海,那么,是福是祸则全由丁宝桢一人负责,而与他赵新这个地方官员无关。这的确是一个两面见光、左右逢源的对策,赵新认为比较安全,于是赶快将安德海一行已到德州的情报,报告给丁宝桢。丁宝桢接报后,立即以"太监自称奉旨差遣,招摇煽惑,真伪不辨"为由写了一份奏折,态度既十分强硬而措辞又非常巧妙。折中写道:我大清国已建立二百余年,从来不准宦官与外人交接,也未有过派太监赴各省之事。况且龙袍是皇帝专用之衣,自有织造等专人制造,如若必须采办,只要皇帝下一道命令,那么,织造等便会立即遵办,何必要用太监跑那么远的地方花那么多的钱去办呢?况且皇太后和皇上一向崇尚节俭,全国人民对此十分钦佩和景仰,他们断不会派太监出外办理此事。即便实有其事,朝廷也会明降谕旨并有公文通知我,而该太监来回往返照例也应该有传牌勘合等公文,也决不能听任其随便游行。尤其令人感到奇怪的是,龙凤旗帜是皇帝专用的禁物,如果真是在清宫内服务的太监,就应该知道这个礼法,怎么敢违反制度随便妄用呢?至于其出差而携带女乐,尤为不成体制。因此,这种做法显然是招摇煽惑,骇人听闻,性质是非常严重的。丁宝桢在折中还表示,自己身为地方大员,"职守地方,不得不截拿审办,以昭慎重。"

七月二十九日(6月21日),丁宝桢派信使以400里的速度将拜封的奏折驰递京师,与此同时,丁宝桢又密令东昌府知府程绳武率人迅速跟踪追捕安德海一行,不得有误。程绳武骑着马,率领一队兵丁,冒着盛夏酷暑,顶着炎炎烈日,尾随安德海座船三天三夜,但考虑再三,始终没敢对安德海下手擒拿。这时,安德海一行已坐船由德州驶抵临清地方,因河水浅阻,安德海打算由水路改走旱路,于是先派黄石魁、田儿假充钦差前站官,沿途雇觅车辆等候,随后大队人马开始弃船乘车,改走旱路,继续南行,由临清、东昌至汶上、宁阳,又折回泰安。一路之上,安德海一行声势浩大,气焰嚣张。遇有盘问,安德海就派韩宝清等五名镖手上前,进行恐吓。眼看安德海一行就要离境而去,丁宝桢急了,赶紧命令总兵王正起率兵追捕。王正起立即出发,飞速追赶,在泰安县知县何毓福的配合下,八月初二日,将安德海本人及其随从人等共计68人在泰安县城南关一并抓获。随即将安德海及跟随三人解送到济南府巡抚衙门。

险些漏网的安德海被押到济南,丁宝桢心里很高兴,他亲自出马,对安德海进行审讯。最初,不知底细的安德海觉得自己是西太后身边的红人,因而有恃无恐,十分骄横。在巡抚大堂上,安德海十分嚣张,竟然以威胁的口吻对丁宝桢大肆咆哮:"我是奉慈禧皇太后懿旨出京采办龙衣的,谁敢把我怎么样?你们这样对待我,难道不想活了吗?"面对安德海的威胁,丁宝桢毫不畏惧,他当面质问安德海:既然是奉旨办差,为什么没有谕旨及传牌勘合等公文?为什么违例携带妇女、妄用禁物,并且一路招摇,震惊地方?这一连串的质问,问得安德海行色惶恐,哑口无言,他耷拉着脑袋,自称该死。直到这时,安德海才感到形势不妙。在审讯过程中,丁宝桢还从安德海的贴身衣包中搜出干预地方公事的纸片二张,并在他的随身衣箱中发现龙袍一领,翡翠朝珠一挂,这些东西全都作为安德海的罪证被收存起来。审讯完毕,丁宝桢即将安德海等人收监候旨。

在安德海被抓的同一天,信差也把丁宝桢的奏折送到京师。这份奏折递上去以后,立即在宫廷内部掀起了一场轩然大波。据说丁宝桢的奏折递上之时,正赶上慈禧太后生病,几天未闻政事,因此,只由慈安太后和同治皇帝召见大臣。慈禧偶然没有临朝,给铲除安德海提供了一个天赐良机。等慈禧太后得到安德海在山东被捕的消息时,大吃一惊,可为时已晚,无法挽回,只好忍痛与慈安太后、同治皇帝召集恭亲王奕訢以及军机处、内务府王大臣商议此事。如何处置安德海,这的确是非同一般的小事。因为这要牵扯到慈禧太后。在议处安德海的过程中,有的大臣鉴于安德海是慈禧太后的宠监,为了讨好慈禧太后,便替安德海辩解开脱。同治皇帝的态度则十分明朗,他气愤地说:"此曹如此,该杀之至。"恭亲王奕訢当时话虽说得不多,但态度却非常明确而坚决,他竭力主张对安德海实行严惩。军机大臣文祥、宝鋆、沈桂芬、李鸿藻等人也一一表态,支持恭亲王的主张,同意诛杀安德海,以维护祖宗家法的尊严。最后,经慈禧太后同意,决定对安德海进行严惩。八月初三日,军机大臣宝鋆拟写了以皇帝名义颁发的密谕,并以600里速度飞寄直隶、两江、漕运总督及山东、江苏等省巡抚。密谕措辞非常严厉,

丁宝桢在将安德海等人逮捕收监后,本打算在接到朝廷的命令后,再对安德海发落。可是,就在这期间,安德海见处置自己的朝旨未到,气势反而又嚣张起来。他想,自己毕竟是慈禧皇太后身边的亲信太监,并立有功劳,因此不会忍心看着自己的忠实奴才被杀的,定会想办法解救他。正由于他还抱有这种幻想,因此,即使在被押期间,他仍敢口出狂言,说丁宝桢等人是自找罪受。在安德海的威胁下,官吏们有些紧张害怕。此刻,丁宝桢考虑到朝廷完全有可能对此案做出与自己想法不同的处理意见,那样的话,对自己则是非常不利的。为了防止夜长梦多,出现变故,除奸不成,反留后患,丁宝桢便想破釜沉舟,先斩后奏。当然,这样做要冒很大风险。毕竟安德海不是一般的太监。此刻,丁宝桢的家属和手下官员都为他捏着一把汗,他们不同意这样冒险。泰安县知县何毓福甚至跪在丁宝桢面前,力劝丁宝桢三思而后行,说此事重大,无论如何,也要等到朝廷旨意下达之后再行决定。就在这关键时刻,朝旨到了。八月初六日夜间亥时,信差将关于处理安德海的密谕送到了济南。当丁宝桢看完可将安德海"就地正法"的密谕后,心中悬着的石头终于落地。密谕寄到的第二天,也就是八月初七日,丁宝桢派兼署桌司的潘霨及抚标中军参将绪承二人,督同府县官员将安德海绑赴刑场,斩首示众。这样,慈禧太后非常宠爱的这个小太监,终因恃宠骄横,违反祖制,命丧泉城,结束了短暂的一生。

丁宝桢在将安德海正法后,立即向朝廷呈递了一份奏折,汇报情况。朝廷在接到丁宝桢的这份奏折后,又有八月十一日发出了第二道上谕,上谕除了说明要求丁宝桢将安德海的随从人等分别严行惩办外,还重申了朝廷维护祖制尊严的决心,要太监们从安德海一案中吸取教训,引以为戒。

八月十一日这天,朝廷还发出了另外一道上谕,要求丁宝桢对安德海的随从人员严厉查办,并命令丁宝桢将所查获的安德海衣物箱笼等项,立即派员解送京师,交总管内务府查收。经过丁宝桢的审讯,最后,安德海的20多名随从、亲信遭到严厉惩处。安德海南下时,在沿途搜刮了不少财宝,计有:骏马30匹,黄金1150两,元宝17个,大珠五颗,珍珠鼻烟壶一枚,翡翠朝球一挂,碧霞朝珠一颗,碧露犀数十块,此外还有一些其他珍宝。按照上谕的命令,这些财宝全被没收解京,收入内务府充公了。

安德海一案被严厉处理后,在社会上产生了很大的反响,特别是在宫廷中,震动尤为强烈。不少京内外文武大员奔走相告,弹冠相庆,喜悦之情溢于言表。如同治皇帝的老师翁同龢在日记中写道:"闻太监安子行至济南,为丁中丞(宝桢)执而下诸狱,专折入告,有旨寄直隶、河南、山东,未知作何处置也。其家已查封矣,快

哉！快哉！"人们在高兴的同时，也对刚正不阿的山东巡抚丁宝桢大加称许，给予极高评价。当时任直隶总督的曾国藩曾对手下幕僚说："我患眼疾已有好几个月了，听到安德海被处理这件事，眼上的白斑一下子就开了，丁宝桢真是个豪杰之士呀！"据说，李鸿章在看到处决安德海的邸抄后，精神为之一振，马上将邸抄传给手下幕客们看，并说："稚璜（丁宝桢字）这下成名了！"这些记载充分反映了人们对安德海的痛恨。

安德海被诛，满朝文武绝大多数，尤其那些平日对安德海恨之入骨，或经常被他所刁难的官员、王公大臣无不拍手称快。但兔死狐悲，也有相当一部分人对他的死表现出了"悲伤"，其中就有慈禧太后。据说慈禧太后在事发后不久曾对她的另一个宠监李莲英语重心长地说："小李子，他们今天砍了安德海的头，说不定哪天还要干什么，咱们娘们可得提防着点儿。"

如前所叙，太监是封建肌体上的一颗毒瘤，只有在封建体制下，才能得以滋生、发展。晚清几个大太监的出现与慈禧太后——这个给中华民族带来了无穷祸患的女人有着直接关系。她诛杀了丁宝桢，实际上是杀一儆百，一方面是炫耀自己的权势与淫威，另一方面是公开为她的忠实奴才——宠信太监打气、撑腰。

丁宝桢杀了一个安德海，但并未解决太监给晚清社会带来的祸患，也不可能根治太监这一毒瘤。所以，安德海被诛杀后，李莲英得到了他早就眼热的大总管职位，在慈禧太后庇护、宠信下，其权势和地位远远超过了安德海。只不过李莲英、小德张等人接受了安德海的教训，比他更阴险狡猾。

特别提示：

本书在编写过程中，参阅和使用了一些报刊、著述和图片。由于联系上的困难，和部分作品的作者（或译者）未能取得联系，对此谨致深深的歉意。敬请原作者（或译者）见到本书后，及时与本书编者联系，以便我们按照国家有关规定支付稿酬并赠送样书。

联系电话：010-80776121　联系人：马老师

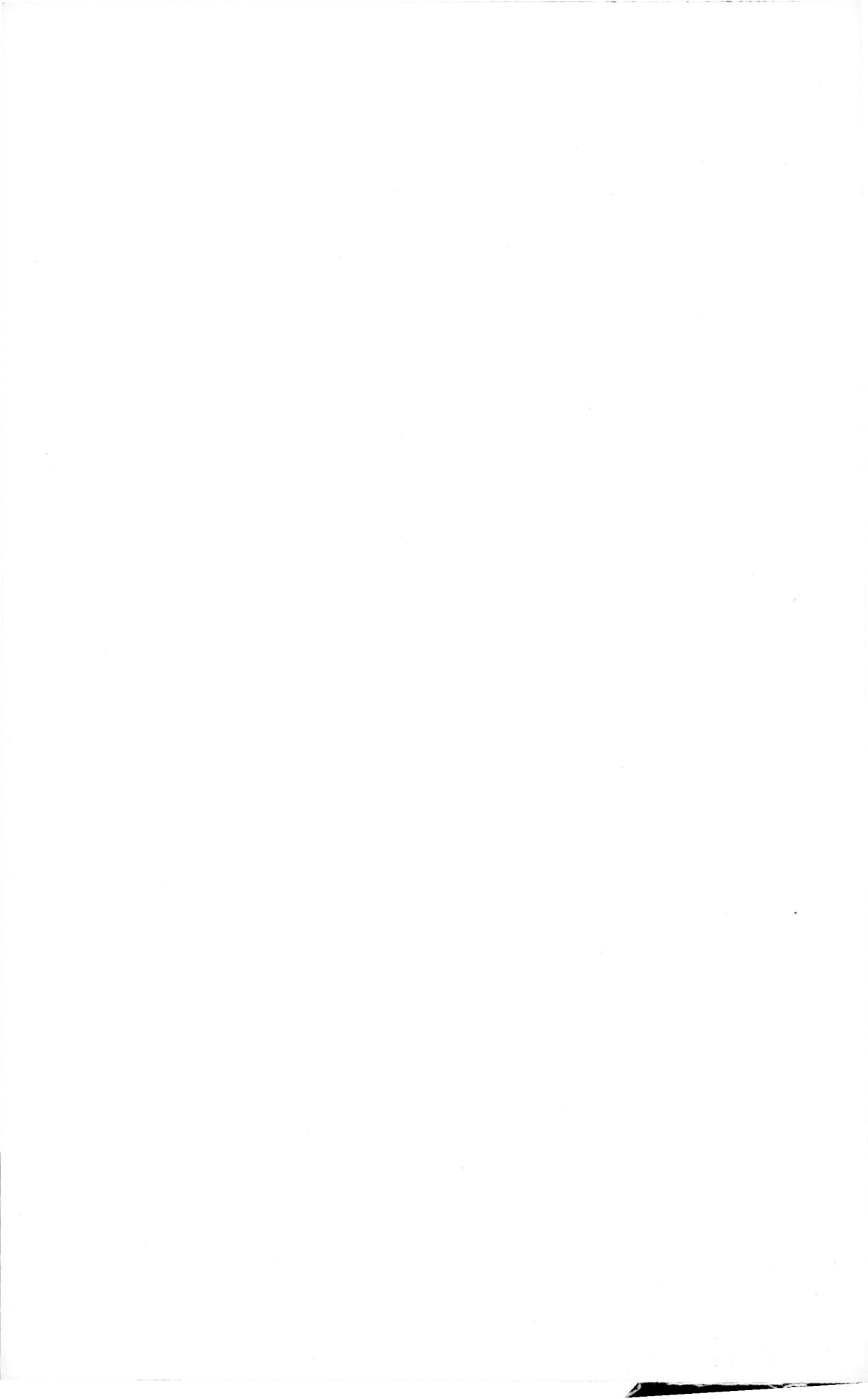